INSTRUMENTOS DE GOBERNANZA PÚBLICA

PRESENTE Y FUTURO

INSTRUMENTOS DE GOBERNANZA PÚBLICA

PRESENTE Y FUTURO

Dirección

Lucio Alves Angelo Junior

Coordinación

Jaime Phillips Letelier

Natália de Melo Lacerda

Mariana Iglesias Letelier

Oscar Moreno Corchete

COLEX 2025

Calle Costa Rica, número 5, 3.º B (local comercial)
A Coruña, 15004, A Coruña (Galicia)
info@colex.es
www.colex.es

I.S.B.N.: 978-84-1194-844-9
Depósito legal: C 40-2025

SUMARIO

CAPÍTULO 3

FUNDAMENTO MATERIAL DE LOS DELITOS ESPECIALES A PARTIR DE SU ORIGEN HISTÓRICO: DEL DERECHO PENAL MILITAR AL FUNCIONARIAL CIVIL

Alejandro Leiva López

CAPÍTULO 4

UN MODELO DE *COMPLIANCE* «CUASI-PENAL» PARA LAS PERSONAS JURÍDICAS: PERSPECTIVA ALEMANA

Marina Oliveira Teixeira Dos Santos

CAPÍTULO 5

LA CONFIDENCIALIDAD DE LA PROTECCIÓN AL DENUNCIANTE *VERSUS* LA TRANSPARENCIA DE LAS INSTITUCIONES

María Cristina Fernández González y Juan Vega Felgueroso

CAPÍTULO 6

LA APLICABILIDAD DE LAS OBSERVACIONES GENERALES DEL PIDESC EN LAS JURISDICCIONES SUPERIORES LATINOAMERICANAS. UNA APROXIMACIÓN

Rodrigo Andrés Poyanco Bugueño

CAPÍTULO 7

MANUAL: SOPORTE DE INSTRUMENTOS TEÓRICOS-NORMATIVOS PARA DETECCIÓN DEL FALLO GUBERNAMENTAL Y FISCALIZACIÓN CIUDADANA

Gustavo Adolfo García Soria Ramírez

CAPÍTULO 8

POLÍTICA MEDIOAMBIENTAL EN LA UNIÓN EUROPEA: LOS SISTEMAS DE COMERCIO DE DERECHOS DE EMISIÓN CON ESPECIAL REFERENCIA AL CASO ESPAÑOL

Johana Aguilar Téllez

CAPÍTULO 9

AMBIENTES DIALOGADOS EN SEGURIDAD PÚBLICA: *ACCOUNTABILITY* ARGUMENTATIVA Y LEGITIMIDAD POLICIAL

Rafael Ferro Angelo

CAPÍTULO 10

GESTIÓN DEL PATRIMONIO INMOBILIARIO DE LA UNIÓN EN BRASIL: LAS DIFICULTADES DEL ÓRGANO COMPETENTE

Daniel Pais Da Costa

CAPÍTULO 11

GOBERNANZA: PARADIGMA DE LOS PRINCIPIOS DE BUEN GOBIERNO

Juan Gálvez Galisteo

CAPÍTULO 12
CONSTRUCCIÓN COLABORATIVA DE MARCOS REGULATORIOS DE LA GOBERNANZA DEL AGUA EN COLOMBIA

Camilo Cruz Merchán

CAPÍTULO 13
GOBERNANZA GLOBAL Y LA LUCHA CONTRA LA CORRUPCIÓN: LA RED *'GLOBE'* DE COOPERACIÓN JURÍDICA INTERNACIONAL

Diogo Queiroz Oliveira

CAPÍTULO 14

LA DEMOLICIÓN COMO MEDIDA DE GOBERNANZA DEL TERRITORIO: UNA HERRAMIENTA MULTIPROPÓSITO

Tomás Valenzuela Zañartu

CAPÍTULO 15

EL PARADIGMA DE LO VERDE EN LA UNIÓN EUROPEA: UN ANÁLISIS DESDE EL PRISMA RURAL

Pilar Talavera Cordero

CAPÍTULO 16

CONTROL DE CONFIANZA: UNA SIMULACIÓN PERMITIDA EN LA FISCALÍA DEL ESTADO DE MICHOACÁN, MÉXICO

J. Melchor Tapia Monge

CAPÍTULO 17

EL MANEJO DE LA GOBERNANZA Y SUS CONSECUENCIAS EN LA PARTICIPACIÓN CIUDADANA EN MÉXICO

Adriana Cantón Balcázar

CAPÍTULO 18

PRÁCTICAS ESTRATÉGICAS DE GOBERNANZA Y *COMPLIANCE* PARA EL DESARROLLO HUMANO: UN ANÁLISIS DESDE BRASIL

Thiago Allisson Cardoso De Jesus

CAPÍTULO 19

LA RESTAURACIÓN ECOLÓGICA Y GOBERNANZA AMBIENTAL EN CHILE: PERSPECTIVAS, DESAFÍOS Y OPORTUNIDADES DE MEJORA

Felipe Pavez Torrealba

CAPÍTULO 20

VISIÓN ECOCÉNTRICA DEL AMBIENTE EN LA ACTIVIDAD DE GOBERNANZA: MEJOR PROTECCIÓN MAYOR RESPETO A DERECHOS

Ana María Ramírez Sánchez

CAPÍTULO 21

GOBERNANZA HÍDRICA EN CHILE EN SITUACIÓN DE SEVERA SEQUÍA: ANÁLISIS Y ALCANCES DE SU REGULACIÓN

Ítalo Montes Cáceres

CAPÍTULO 22

GOBIERNO ABIERTO SUBNACIONAL: BALANCE DE LA POLÍTICA PÚBLICA DE TRANSPARENCIA DEL MUNICIPIO DE BUCARAMANGA, COLOMBIA

Miguel Jesús Pardo Uribe, María Eugenia Bonilla Ovallos y Eduardo Villareal Cantú

CAPÍTULO 23

INNOVACIÓN, SOSTENIBILIDAD Y ESTADO DE DERECHO: PERSPECTIVAS DESDE AMÉRICA LATINA CON UN ENFOQUE EN PANAMÁ

Luis Oliva

PREFACIO

Ignacio Covarrubias Cuevas
Decano de la Facultad de Derecho
Universidad Finis Terrae

Antes de todo, es necesario agradecer a la Universidad de Salamanca, por intermedio del profesor doctor Pedro Nevado-Batalla Moreno, director del Programa de Doctorado y de Centro de Investigación para la Gobernanza Global, por la oportunidad de realizar este trabajo conjunto. El Seminario Internacional de Jóvenes Investigadores «Instrumentos de Gobernanza Pública: Presente y Futuro», realizado en Salamanca a fines de 2023, bajo la dirección académica de D. Lucio Alves Angelo Junior, así como esta obra, son verdaderos logros.

Los vínculos formalizados a través de aquel evento no sólo han sido facilitados porque son inseparables del prestigio y de la historia de la Universidad de Salamanca, sino como han sido cruciales las cualidades personales del Dr. Pedro Nevado y la labor de D. Lucio Angelo Jr. Como lo señalé hace algunos meses, cuando suscribimos nuestro primer convenio en Santiago de Chile, para nosotros, para la Universidad *Finis Terrae*, es clave conocer y apreciar a las personas con quienes vamos a llevar adelante cualquier tipo de cooperación. En efecto, quienes representan a una institución dan cuenta, de algún modo, el modo de ser de tales instituciones. De poco sirven los diseños para hacer justa a una institución si quienes las integran descansan más bien en las reglas y en las políticas institucionales o estatales si éstas no van acompañadas de un esfuerzo personal para ser mejores.

Como hemos discutido y aprendido a lo largo de nuestras jornadas, muchos problemas acuciantes en la actualidad suelen quedar invisibilizados, devaluados o reducidos porque son abordados, ya sea, desde la sola autonomía individual, ya sea, desde el mercado, desde el Estado, o bien, debido a que se estimaba que se trataba de un asunto de la esfera de la vida privada. Por ello, muchas de las temáticas aquí abordadas por nuestros autores darán cuenta de esta problemática.

En segundo término, nos hace mucha ilusión esta asociación puesto que abre perspectivas precisamente allí donde es posible subrayar la centralidad de la persona, entendiendo ésta como como alguien interdependiente. Las soluciones son muy distintas si provienen de perspectivas que abordan una sola dimensión de lo humano. Por ello es que ni el mercado, ni los derechos individuales, ni el Estado, han podido aisladamente dar cuenta ni satisfacer los anhelos de la condición humana. Por esta razón, se hace imprescindible estudiar y debatir la gobernanza como forma de interacción entre múltiples actores, establecida con el objetivo de alcanzar resultados beneficiosos a la colectividad a través de una verdadera cooperación, institucional y personal, bajo los dictámenes del Estado Democrático de Derecho.

En este contexto de interdependencia, es posible conjeturar que todas las personas, sin excepción, necesitamos, en algún momento de nuestras vidas, ser cuidados y/o cuidar de otros. Esta constatación indesmentible, que hasta ahora ha sido abordado preferentemente como un asunto circunscrito a la esfera privada, ha cobrado relevancia en el debate público precisamente porque nuestras actividades y acciones cotidianas e invisibles son las que hacen posible la sostenibilidad de la vida en cada una de sus etapas[1].

Por ejemplo, lo que sucede en el núcleo familiar no es muy distinto a lo que ocurre en materia de sostenibilidad ambiental, un ámbito que nadie diría que pertenece a la vida privada, y donde, sin embargo, estamos cayendo en la cuenta de lo crucial que son los hábitos virtuosos acompañados de políticas públicas integrales que no queden solamente circunscritas a las herramientas propias del ámbito jurídico y económico: esto es lo que hoy suele denominarse «las pequeñas acciones para el cambio» y quiere decir que los incentivos o regulaciones estatales no bastan para sostener en el tiempo aquellos hábitos que sean suficientes para posibilitar el desarrollo sostenible, incluso respecto de la necesidad de enfrentar la corrupción y fortalecer las instituciones. Y eso porque, a falta de virtudes personales, terminado el incentivo, la conducta suele retomar su cauce originario.

En fin, para no padecer de aquello que denunciaba Ortega y Gasset —pasa, decía, que no sabemos lo que nos pasa— se hace indispensable una aproximación apta para aproximarnos a la complejidad de lo real, con diagnósticos idóneos que nos permitan captar la unidad en la interdependencia, en sus implicaciones mutuas y multidimensionales. En un ambiente de gobernanza, se trata del desafío de la complementariedad de los aspectos heterogéneos en un mundo que ha tendido más bien a la fragmentación, a la disyunción y lo binario. Esta negación a integrar la multiplicidad y diversidad de la unidad de lo humano, dice Pierre Manent (2022), ha intentado suplirse

1 García Cox, E. (2023): *Comentario posteado de invitación a apoyar Iniciativa Popular de Norma sobre derecho al cuidado*, n.° 6.091. En línea: https://www.linkedin.com/posts/egarciacox_derecho-al-cuidado-activity-7078100187499356160-91Oe/?originalSubdomain=es (fecha de consulta: 01 de octubre de 2023).

con la exigencia de la «interdisciplinariedad», «como si la mera suma de sus parcialidades pudiera alguna vez producir la unidad de la mirada imparcial»[2].

No hay nada exclusivamente biológico, psicológico, natural ni cultural. Es imposible describir puramente «hechos» sin que se cuelen valoraciones. Nada es meramente corpóreo ni solamente espiritual, ni del todo natural o del todo cultural. La complejidad de lo real se asemeja más a un tejido, a hilos entrelazados que a planos superpuestos[3]. Al dejar de ver *the big picture*, perdemos la perspectiva de conjunto. Dejamos de preguntarnos sobre la unidad que se esconde tras la pluralidad y que la hace posible. Cada perspectiva diversa ilumina alguna dimensión del conjunto. Las partes tienden a chocar o dejan de ensamblarse cuando no tienen en vista el todo. Es el desafío de lo uno y lo plural: simplemente no puede haber pluralidad sin unidad.

Así, a nombre de la Facultad de Derecho de la Universidad *Finis Terrae*, agradezco su amable acogida y abrigamos la esperanza de que el Seminario[4] y esta obra contribuyan a fortalecer nuestros vínculos con miras a una enriquecedora colaboración humana y académica.

---

2 MANENT, P. (2022): *La Ciudad del Hombre*. Santiago, Instituto de Estudios de la Sociedad (200).

3 PEÑA, J. (2023): *Conjunción: una clave antropológica*. Clase magistral. Inauguración Año Académico Universidad de los Andes (2). Abril de 2023. En línea: https://acspm.cl/noticias/jorge-pena-vial-participa-en-la-inauguracion-del-ano-academico-de-la-universidad-de-los-andes/.

4 Se puede acceder a todas las jornadas del Seminario Internacional a través de la página del CIGG en la plataforma *Youtube*. En línea: https://www.youtube.com/watch?v=z9A-cYWaAees.

PRESENTACIÓN Y AGRADECIMIENTOS

Lucio Alves Angelo Junior
Director Académico
Seminario «Instrumentos de Gobernanza Pública: Presente y Futuro»

Hablar de gobernanza involucra desafíos múltiples, pues esta es su naturaleza: plural, relacional, cambiante. Viva. Así, estudiar los asuntos de interés público requiere abordar diversos matices de la democracia, del ejercicio y control del poder, del buen gobierno y de la sostenibilidad, sin olvidar la sinergia de diversos actores e instituciones, formales e informales, en el proceso de decidir, ejecutar y evaluar. Es en el marco de esta cooperación donde se articulan, concretan y armonizan las contribuciones de todos los interesados.

La dirección del Seminario Internacional de Jóvenes Investigadores «Instrumentos de Gobernanza Pública: Presente y Futuro» no constituye un mérito, sino una justa retribución a aquellos quienes con sus comunicaciones, ponencias y artículos permitieron su realización. Esta obra les pertenece a todos y cada uno de los participantes, y su existencia cobra pleno sentido a través de su interacción con ella. Por medio de la valoración y contemplación ustedes no solo la preservan, sino que también le infunden vida y relevancia, convirtiéndola en un símbolo compartido de nuestra cultura y nuestra historia.

Asimismo, resulta imperativo expresar nuestro más sincero agradecimiento al profesor Pedro Tomás Nevado-Batalla Moreno, distinguido director del Centro de Investigación para la Gobernanza Global de la Facultad de Derecho de la Universidad de Salamanca, y al profesor Ignacio Covarrubias Cuevas, ilustre decano de la Facultad de Derecho de la Universidad *Finis Terrae*. Su inquebrantable confianza y la valiosa oportunidad que me han brindado no solo han sido fundamentales para esta labor, sino que también han contribuido significativamente al avance y enriquecimiento del conocimiento en nuestro campo. Su generosidad ha permitido que esta iniciativa se materialice y alcance su plena expresión.

Particularmente, mi más profunda gratitud a mis directores de tesis, los insignes profesores Nicolás Rodríguez García y Ana Carrillo del Teso. Su constante apoyo me ha motivado a no alejarme de las temáticas de gobernanza, aun cuando la línea de investigación principal de mi doctorado se centra en los ámbitos de Justicia, sistema penal y criminología. A través de su invaluable guía y su compromiso con la formación académica de excelencia, ustedes han permitido que mis estudios se enriquezcan con esta perspectiva interdisciplinaria. Todo ha sido crucial para el desarrollo integral de mis capacidades y para la ampliación de mis horizontes académicos. Por su liderazgo ejemplar, muchas gracias.

Por último, expresar mi eterno reconocimiento hacia nuestros destacados y diligentes coordinadores del libro, el profesor Jaime Phillips Letelier, Natalia de Melo Lacerda y Mariana Iglesias Letelier. Tampoco puedo dejar de mencionar a nuestros moderadores, Thiago Marcantonio Ferreira, Ángela Galerón Martín y Leonardo Avelar Guimarães, cuya amable colaboración ha sido fundamental para el éxito de nuestro seminario, así como el apoyo constante aportado por Pablo Ramos Hernández y Óscar Moreno Corchete. Resulta insuficiente expresar el nivel de respeto y admiración que les debo a cada uno de ustedes, ya sea por la ejecución impecable de las tareas o por la amistad y dedicación a nuestros objetivos comunes.

De Brasília a Salamanca, primavera de 2024.

CAPÍTULO 1

DESAFÍOS DE LA DESIGUALDAD DIGITAL

Nancy Barra Gallardo
Profesora Titular. Universidad Finis Terrae
Investigadora Colaboradora. CIGG-Universidad de Salamanca

Sumario: I. Antecedentes generales. II. Educación. III. Trabajo. IV. Salud. V. Nuevos derechos. VI. Política y democracia. VII. Administración pública. VIII. Palabras finales. Referencias.

I. Antecedentes generales

El término «digital» es habitual en nuestros días, de uso cotidiano y sin que nos mueva a mayores cuestionamientos o disquisiciones. En este contexto estamos habituados a hablar de brecha digital para aludir a la desigualdad o dificultad en el acceso a internet y a las tecnologías de la información (TIC); sin embargo, este término nos queda estrecho frente a las disparidades que se generan por la denominada cuarta revolución industrial.

Me refiero con esto al fenómeno que se ha venido desarrollando desde fines del siglo pasado en función de la tecnología y que ha implicado desdibujar los límites entre lo físico, lo biológico, lo digital y lo virtual, incorporando robótica, automatización, internet de las cosas e inteligencia artificial (IA). «Muchos autores hablan de una cuarta revolución industrial, caracterizada principalmente por los rápidos avances de la robótica y la comunicación entre máquinas inteligentes, que supondrá un salto tecnológico incluso superior a los producidos por las revoluciones anteriores (el desarrollo de la máquina de vapor y la mecanización en la segunda mitad del siglo XVIII, la electricidad a finales del XIX, y la automatización durante el siglo XX)»[1]. Esto lo hace mucho más disruptivo.

A través de la historia los cambios tecnológicos tuvieron un desarrollo que tardaba décadas o incluso siglos para generar avances graduales en las tecno-

1 Álvarez Rubio, B. (2017: 445).

logías ya presentes. «Lo nuevo en nuestra época es el promedio de cambio del poder informático y la penetración de la tecnología de la información en todas las esferas de la existencia. (...) La revolución informática es la primera que conjuga tantos individuos y procesos en un mismo medio de comunicación y traduce sus acciones en un único lenguaje tecnológico. (...) Los efectos de la revolución se extienden a todos los niveles de organización humana»[2].

Internet[3], a diferencia de los medios de comunicación más tradicionales, posibilita que muchas personas interactúen con muchas otras con prescindencia de la ubicación física de cada cual; de allí que su potencial en cuanto a la interrelación sea muchísimo más amplio. «Internet tenía 40 millones de usuarios en el mundo en 1996, alcanzó los 2.000 millones a finales de 2010. Los abonados al teléfono móvil, que eran 16 millones en 1991, en 2010 llegaron a 4.700 millones, lo que significa que la gran mayoría de la población mundial está conectada. A finales del 2008, cien millones de videos son vistos diariamente en *YouTube*. Cada segundo se crean tres *blogs* en el mundo y más de cien millones de *blogs* son actualizados cada día. Estos datos nos ayudan a entender la magnitud de la velocidad del cambio, que la convierte en el factor fundamental del proceso globalizador»[4].

> «Se han digitalizado esferas de la política, de la sociedad y de la economía casi de la noche a la mañana. La pandemia de la COVID-19 ha supuesto un punto de inflexión en estos cambios, porque, si bien se hubieran incorporado a nuestras vidas a la larga, una buena parte de la población todavía no estaba preparada para asumirlos de forma tan repentina»[5].

En cuanto al acceso efectivo a conexiones de internet y dispositivos como computadores, teléfonos móviles u otros, encontramos intentos por estrechar esta brecha en las campañas de entrega de *notebooks* en colegios, instalaciones de redes de *wifi* en lugares públicos, no obstante tienden a subsistir los problemas de conectividad por condiciones geográficas y el costo asociado a ello; así como el gasto que debe asumir el Estado en su conjunto para efectos de contar con los medios y tecnología necesarios para hacer operativo este sistema y mantenerlo en funcionamiento[6].

---

2 Kissinger, H. (2016: 343).

3 Internet «permite la integración potencial de textos, imágenes y sonido en un mismo sistema que puede ser interactuado desde infinidad de puntos situados en cualquier lugar del mundo. Se puede, además, elegir el tiempo en que se desea actuar (real o demorado). El vehículo que permite este tráfico es una red extendida por toda la Tierra, compuesta de múltiples fragmentos conectados entre sí (cables telefónicos, figuras ópticas, ondas de radio, conexiones vía satélite y líneas submarinas). Es la infovía, la gran telaraña mundial». Muñoz Machado, S. (2000: 17).

4 Ottone, E. (2011: 36).

5 Baños, P. (2023: 224).

6 Resultan indiciarias las estadísticas mexicanas acerca de las dificultades de acceso, puesto que «en 2011 solo el 32 por ciento de los hogares encuestados por el Instituto

A mediados de 2021 solo entre el 5 % y el 15 % de los adultos en la mayoría de los países de América Latina y el Caribe tenían habilidades informáticas y de resolución de problemas de nivel medio o alto en entornos con un elevado grado de tecnología frente al 29,7 % en los países de la Organización para la Cooperación y el Desarrollo Económicos (OCDE). A igual data menos del 50 % de la población tenía conectividad de banda ancha fija y solo el 9,9 % contaba con fibra de alta calidad en el hogar; si bien el 87 % de la población vivía dentro del alcance de una señal de 4G el uso y la penetración reales siguen siendo del orden de un 37 %. Solo cuatro de cada 10 latinoamericanos de zonas rurales tenían opciones de conectividad en comparación con el 71 % de la población de zonas urbanas[7].

En Chile, al primer semestre de 2021, existían más de 20,5 millones de conexiones a Internet móvil, los que suelen tener una cuota limitada de datos para navegar por internet o un elevado costo asociado (18,5 de las cuales utilizan tecnología 4G) y 3,8 millones de conexiones a Internet fija[8]. Esto es, más de una conexión por habitante. Sin embargo, la distribución no es homogénea y persisten brechas en el acceso a Internet, por razones económicas o geográficas, entre otras[9].

Las dificultades geográficas, de conexión y de costo, no sólo afectan a las personas, también a las instituciones públicas, fundamentalmente los municipios, que se encuentran en localidades geográficamente distantes o aisla-

---

Nacional de Estadística y Geografía (INEGI) poseía conexión a internet. La misma fuente indica que sólo el 41 por ciento de los encuestados hace conexiones respecto a la categoría de lo político. Ello no discrimina si las conexiones se realizan en función de los trámites ante la administración electrónica del estado o de acciones participativas autónomas. En el punto anterior cabe la sospecha de una baja participación ciudadana, pues la mayoría de los usuarios no posee educación cívica suficiente para interesarse en la vida política de la nación.». En Aguirre Sala, J. F. (2013: 143).

El 70,4 % de la población nacional accedió a internet a junio del año pasado en Chile, de acuerdo con las estimaciones de País Digital. Así, serían alrededor de 12 millones de personas las que han usado este servicio en el último tiempo, cifra que contrasta con el 64,6 % que lo había utilizado a inicios del 2013. Sin embargo, Chile aún se encuentra alejado de los índices que manejan los países más desarrollados: las naciones de la OCDE promedian más de un 80 % de uso de internet entre su población. El 97,7 % de los jóvenes entre 16 y 24 años utilizan este servicio, cifra que contrasta con el 24,1 % observado en adultos entre 65 y 74 años. Fundación País Digital señala que Chile se comienza a acercar a altos niveles de uso en la población, pero que serán «cada vez más difíciles de elevar, dadas las características etarias de la misma que aún no vislumbra los beneficios de internet». Ver Roberts, R., Weidenslaufer, C. (2021).

7 Drees-Gross, F.; Zhang, P. (2021).

8 Roberts, R.; Weidenslaufer, C. (2021).

9 El Informe «Desigualdad digital en el 2020» realizado por la Fundación País Digital señala, por ejemplo, que el 81 % de las personas que viven en zonas urbanas son usuarios de Internet, porcentaje mayor que el 57,9 % de personas usuarias de Internet en zonas rurales. Igualmente, las regiones de Chile muestran diferencias similares: mientras la mayor cantidad porcentual de usuarios está en la región Metropolitana con el 87 % de la población, en la región de Ñuble el porcentaje alcanza 64 %». Ver Roberts, R.; Weidenslaufer, C. (2021).

das. Otro de los problemas técnicos de ordinaria ocurrencia dice relación con la obsolescencia de los equipos de los que se dispone, algunos de los cuales no permiten la actualización de los sistemas operativos y navegadores.

La brecha digital hoy va más allá del acceso a la tecnología —aparatos y redes—, sino que, fundamentalmente se refiere a dos dimensiones posteriores al acceso, la de uso-desarrollo de habilidades y capacidades críticas en cuanto a su utilización —y la calidad de uso o de apropiación— uso significativo de la tecnología en cuanto al control, selección, utilización y creación de contenidos de las tecnologías digitales.

Es importante preguntarnos acerca de su impacto en la población, en los ciudadanos, no sólo en cuanto al acceso al uso de tecnologías, sino a su potencial de uso, pues de no ser este eficiente, en lugar de entregar mayores y mejores posibilidades de acceso a servicios o desarrollo personal, impactará en agudizar la desigualdad, amén de otras afectaciones de derechos a las que aludiré más adelante.

En efecto, el mayor uso de tecnología no es equivalente a mayor desarrollo, aun cuando constituye una herramienta adicional para optimizar y potenciar ese desarrollo, sin embargo, esto requiere de un conjunto de cosas, habilidades sociales, densidad y calidad del tejido social, políticas públicas, e incluso cuestionamientos éticos para poder extraer su mayor potencialidad.

La gente no siempre usa completamente el potencial de las innovaciones, por más extraordinarias que éstas sean[10]. Ha sucedido con el potencial de los ordenadores, de las *tablets*, de los *iPads*, de las aplicaciones, de los teléfonos inteligentes; para constatarlo no basta más que mirar a nuestro entorno más cercano, y a nosotros mismos.

También incide en esta perspectiva el creciente envejecimiento de la población[11] y el bajo uso de estos medios por parte de este grupo etario[12], aun cuando puede ser de mayor profundidad o intensidad si se le compara con otros segmentos, una vez que se adaptan al nuevo lenguaje de carácter iconográfico que no está basado en letras y fonemas al que no está habituado de manera natural o intuitiva quien no es nativo digital[13].

---

10 Fernández, C. B. (2008: 44).

11 Según información publicada por la OMS en su sitio web, entre 2015 y 2050, la proporción de la población mundial con más de 60 años pasará de 900 millones hasta 2000 millones, lo que representa un aumento del 12 % al 22 %. El envejecimiento de la población es más rápido en la actualidad que en años precedentes. Para poner un ejemplo: Francia dispuso de casi 150 años para adaptarse a un incremento del 10 % al 20 % en la proporción de la población mayor de 60 años, mientras que países como Brasil, China y la India deberán hacerlo en poco más de 20 años. *Envejecimiento y salud.* (2022, 1 octubre). En línea: https://www.who.int/es/news-room/fact-sheets/detail/ageing-and-health (fecha de consulta: 15 de julio de 2023).

12 Sobre el uso de las TICS en España véase Agudo, S.; Pascual, M.; Y Oviedo, J. (2012).

13 Jaramillo, O. (2020).

Ello nos obliga a apartarnos de una visión dicotómica de las primeras aproximaciones a este tipo de problemáticas —que ponían el acento únicamente en el acceso y la conectividad o en una mirada binaria de conectados y desconectados, que nos incita a asumir que por el hecho de estar conectados desaparecen las diferencias— hacia una visión multidimensional vinculada a otros determinantes sociales. Esta visión pone especial énfasis en nuevos desafíos, como las libertades civiles del uso de internet, el derecho a la privacidad y el olvido, el acceso, la libertad de expresión, el derecho a la seguridad e integridad física y psíquica, la transparencia, la identidad digital, las dinámicas de ejercicio del poder, el carácter comercial de la *web* y su relación con el flujo equitativo de información[14], entre otras.

De este modo el término «brecha digital» ha quedado superado en cuanto a su significado inicial, correspondiendo referirnos a esta problemática más bien como «desigualdad digital», en tanto permite tener una visión más amplia de aquella, englobando las dificultades de acceso, de uso y de la calidad de uso.

Es en este contexto en el cual, hemos sido testigos y protagonistas, en gran medida impelidos por la extensión de la pandemia, de cambios vertiginosos en el modo en que enfrentábamos los más diversos aspectos de nuestra vida: el comercio, la salud, el trabajo, el estudio, la economía y las relaciones interpersonales, todo ello de manera acelerada lo vimos trasladado al mundo online, y esto se produjo en cuestión de semanas o meses para algunos —aun cuando las expectativas previas los situaban en un horizonte de años— sin embargo, para otros ello aún no constituye una realidad cotidiana.

Sería muy ambicioso de mi parte pretender en esta oportunidad abordar en su integridad las diversas esferas de nuestra vida que se han visto afectadas por este fenómeno y sus efectos y desafíos futuros para el derecho y la formulación de políticas públicas —puesto que algunos de ellos ni siquiera somos capaces de visualizar aún, por la vertiginosa evolución que experimenta el tema—, de modo tal que me permitiré poner el acento en algunos de ellos, a efectos de mover a la reflexión.

II. Educación

En primer término, me parece relevante atender a algunos datos sobre alfabetización.

Los datos más recientes del Instituto de Estadística de la UNESCO muestran que más del 86 % de la población mundial sabe leer y escribir, con respecto a un 68 % en 1979. A pesar de ello, en todo el mundo hay, al menos,

14 Nosiglia, M.; Andreoli, S. (2022: 4).

763 millones de adultos que no saben leer ni escribir, así como 250 millones de niños que no adquieren las competencias básicas en lectoescritura[15].

Del resultado de la prueba PISA 2018, aplicada por la OCDE, se advierte que uno de cada cuatro estudiantes de los 36 países miembros de la organización no puede completar las tareas más básicas de lectura, mientras que el 51 % de los estudiantes en América Latina y el Caribe no podían leer y entender un texto[16]. Esto resulta relevante puesto que las deficiencias de comprensión lectora podrían afectar las oportunidades de desarrollo de las personas en un mundo cada vez más digital, como advirtió el Secretario General de la OCDE, Ángel Gurría, al presentar el informe, señalando que «sin la educación adecuada, los jóvenes languidecerán al margen de la sociedad, incapaces de enfrentar los desafíos del futuro mundo del trabajo, y la desigualdad continuará aumentando»[17].

Según se detalla en un informe de junio de 2022, publicado por el Banco Mundial, la Organización de las Naciones Unidas para la Educación, la Ciencia y la Cultura (Unesco), el Fondo de las Naciones Unidas para la Infancia (Unicef), el Ministerio de Relaciones Exteriores, del Commonwealth y de Desarrollo (FCDO) del Reino Unido, la Agencia de los Estados Unidos para el Desarrollo Internacional (USAID) y la Fundación Bill y Melinda Gates, la tasa promedio mundial de pobreza de aprendizajes para 2015, reveló que el 57 % de los niños de 10 años de los países de ingreso bajo y mediano no podían leer y comprender un texto simple, que es la forma de medir la pobreza de aprendizaje, porcentaje que se incrementó con la pandemia estimándose que el 70 % de los niños de 10 años no pueden comprender un texto simple[18].

Esto nos plantea un desafío múltiple desde la perspectiva de la formulación de las políticas públicas asociadas a educación y es sólo una instancia del proceso educativo de la vida de una persona. Si bien la alfabetización tradicional cubre un porcentaje importante de la población, estamos distantes de obtener plena cobertura y aun así debemos profundizar la alfabetización digital, no sólo a nivel escolar, sino que para las diversas etapas de la vida.

En cuanto a la alfabetización digital aún nos encontramos con dificultades para traspasar el primer peldaño, el de la conectividad o el acceso a la tecnología, ya que en ocasiones la falta de conectividad hace muy complejo el poder acceder a los recursos educativos básicos, pudiendo citar algunos casos en Colombia y Chile en los que durante la pandemia los estudiantes

15 Unesco (2023).

16 World Bank (2021).

17 Bbc News Mundo (2019).

18 World Bank *et. al.* (2022).

debían subir a los techos de las casas[19] o a árboles[20], para poder conseguir señal que les permitiera acceder a clases en línea. Cuando se dan las condiciones para su uso, las plataformas en línea suelen facilitar la comunicación y el monitoreo de los alumnos. No obstante, estas herramientas suelen ser más apropiadas para los estudiantes más grandes, que pueden presentar una mayor propensión al aprendizaje independiente. Los cursos en línea tampoco son ideales para el desarrollo de ciertas habilidades no cognitivas, como la perseverancia, la tolerancia y el aprendizaje colectivo, para lo que la instrucción presencial puede estar mejor diseñada[21].

La pobreza de aprendizaje refuerza además que no es suficiente saber leer y escribir, o en términos digitales, tener conexión a internet; sino que además es necesario desarrollar ciertas habilidades para que herramientas como la lectoescritura o la conectividad sean debidamente aprovechadas y en definitiva importen una mejora en las condiciones de vida de la población. Como las desigualdades no son equivalentes en los distintos sectores de la población, en razón de elementos etarios, ruralidad, formación académica previa, u otros; las iniciativas de alfabetización digital deben formularse atendiendo a todas aquellas particularidades, por tanto, su formulación debe ser múltiple.

Así, parece ser necesario que los currículos o mallas de estudio en los diversos niveles estudiantiles incluyan contenidos digitales, tendientes a desarrollar la capacidad de uso y la calidad de uso de las TIC y la IA.

Por otra parte, es necesario tener presente que la calidad de la docencia es un determinante clave del aprendizaje de los estudiantes, por lo que los profesionales de la educación deben estar especialmente capacitados no solo para la docencia a distancia mediante el uso de TIC, sino también en el desarrollo de las habilidades pedagógicas necesarias para que, de manera presencial o remota, sean capaces de transmitir conocimientos, contenidos y destrezas, para un entorno digital. Me parece que los docentes tampoco pueden prescindir de la existencia tanto de las TIC como de las herramientas de IA, sino que deben aprender a convivir con ellas y a incorporarlas en su quehacer como una herramienta que les permita una mejor vinculación con sus estudiantes y, de paso, una forma también de educar a estos en el adecuado o útil uso que se puede hacer de ellas[22].

---

19 Cooperativa (2020).

20 El Tiempo (2020).

21 World Bank (2021).

22 En este sentido se puede citar la Guía para Docentes: Cómo usar *ChatGPT* para potenciar el aprendizaje activo, emitida recientemente por el Ministerio de Educación chileno. En línea: https://ciudadaniadigital.mineduc.cl/wp-content/uploads/2023/05/Guia-para-Docentes-Como-usar-ChatGPT-Mineduc.pdf (fecha de consulta: 14 de octubre de 2023).

Proporcionar infraestructura digital va más allá de asegurar acceso equitativo y asequible a internet de banda ancha; para la educación, se debe complementar con plataformas y contenidos adecuados para la enseñanza y el aprendizaje, además de proporcionar dispositivos.

Más aún, es fundamental tener la capacidad humana para cerrar las brechas digitales en educación a largo plazo. Los docentes deben recibir capacitación para desarrollar sus habilidades digitales y pedagógicas de manera que puedan utilizar efectivamente la tecnología educativa como parte del proceso de aprendizaje. Los docentes deben estar en capacidad de ofrecer instrucción individualizada que se adecúe al nivel de cada estudiante. Asegurar que estos cuenten con las habilidades digitales relevantes también les permitirá aprovechar plenamente la tecnología educativa para mejorar los resultados de aprendizaje y, a mediano y largo plazo, vivir y desempeñarse en la sociedad digital.

En Brasil, se ha creado recientemente *Educação em Rede*, una plataforma de capacitación docente que tiene como objetivo la formación de más de dos millones de maestros en habilidades digitales y pedagógicas durante la pandemia de COVID-19. Hasta la fecha, han participado 500.000 docentes en cursos rápidos y herramientas. La iniciativa ha tenido buena acogida, pero los resultados iniciales destacan que cursos rápidos para docentes que tienen como objetivo que entiendan rápidamente cómo utilizar las herramientas de educación a distancia podrían no ser suficientes para mejorar a largo plazo la experiencia de los estudiantes. Para asegurar que los estudiantes reciban el apoyo pedagógico de alta calidad que necesitan, la capacitación en temas digitales debe complementarse con una estrategia sostenible de desarrollo profesional, y asesoría y mentoría para los docentes[23].

Así al menos debiéramos preguntarnos: ¿Vamos a seguir enseñando lo mismo y de la misma manera, simplemente variando la plataforma en la que se entregan los contenidos? ¿Basta con centrarnos en las escuelas para avanzar en alfabetización digital, o debemos atender a los diversos estadios educativos para ir profundizando y reforzando estos nuevos conocimientos y habilidades, así como los que se requieran a futuro? ¿Cuál es el actual y el futuro contenido del derecho a la educación?

III. Trabajo

Probablemente el ámbito del trabajo sea aquel en el que la historia de las anteriores revoluciones industriales nos puede aportar más luces. La aplicación de las TIC y la IA en sus distintas variantes puede generar un incremento de la productividad y una disminución de las tareas pesadas o repetitivas, puede mantener a una empresa conectada permanentemente con sus clien-

23 World Bank (2021).

tes, a través de asistentes virtuales, sin que su actividad se vea restringida al horario de atención presencial a público.

Por otra parte, puede repercutir de manera directa en la reducción de los actuales puestos de trabajo e incluso en la eliminación de algunas tareas. Pensemos no sólo en la automatización y uso de la robótica al interior de las industrias tradicionales, que ya la han venido incorporando desde hace mucho tiempo, sino que también en su uso en restaurantes, hoteles, vehículos autónomos, tanto de transporte de pasajeros como de carga; o el impacto de la IA en guionistas y actores de cine, que ha desembocado recientemente en una huelga en Hollywood. Consecuencialmente al aumentar la tasa de desempleo, disminuye el nivel de consumo, la inversión y consecuencialmente la producción y el crecimiento. Incrementa el impacto medioambiental por el consumo energético que implican los diversos dispositivos. Provoca también un impacto en el sistema de pensiones. Por cierto, que todo ello al margen del descontento social que esta situación puede traer aparejada.

> «La aplicación de la IA conduce a la automatización de ciertos puestos de trabajo. Es cierto que puede incrementar la productividad, y con ello los beneficios, pero a su vez puede repercutir de manera directa en una reducción de los puestos de trabajo y en la necesidad de desarrollar otro tipo de habilidades específicas, incrementando la brecha entre los que tienen un nivel de estudios más elevado y los que carecen de él»[24].

En este escenario pareciera requerirse de cierta flexibilidad para adaptarse a sucesivos cambios de tareas e incluso a cambios de profesión durante la vida laboral, para lo cual muchas veces la hiper especialización que se ha experimentado tanto del punto de vista de la formación educativa como laboral pudiera constituirse también en una barrera.

Las brechas de habilidades de los trabajadores pueden constituir una limitación a la capacidad de las empresas para competir en una economía digital global. «El viejo esquema en el que uno estudiaba de joven y aplicaba lo que había aprendido durante el resto de la vida se ha vuelto obsoleto. Lo que estudiamos en la Universidad hace 10, 20 o 30 años ya es algo prehistórico en la mayoría de nuestros trabajos. Tendremos que estudiar de por vida, en períodos intermitentes, para actualizarnos y reinventarnos según los requerimientos del mercado laboral. Quienes no estudien o no sigan estudiando se quedarán cada vez más atrás»[25].

> «La percepción del desempleo tecnológico está poniendo cada vez más en el centro del debate la posibilidad de introducir mecanismos de renta básica para toda la ciudadanía, que permitirían revertir en cierta medida la creciente desigual-

24 Baños, P. (2023: 229).

25 Oppenheimer, A. (2018: 344).

dad y favorecer la cohesión social. Sin embargo, la introducción de una renta básica universal, si bien soluciona problemas de subsistencia material, podría no ser suficiente para favorecer la dignidad de muchas personas, que necesitan cumplir una función en la sociedad para sentirse plenamente miembros de ella. La cohesión social no es solo una cuestión meramente económica, sino que una parte fundamental de la misma es el sentimiento de pertenencia a la comunidad, uno de cuyos instrumentos fundamentales es el trabajo»[26].

Por supuesto que se generarán nuevos puestos de trabajo asociados a las nuevas tecnologías, pero ello no implica que en el corto plazo sean ocupados por las mismas personas que fueron desempleadas o desplazadas del mercado laboral, ya que una vez más dependerá de sus capacidades de uso y calidad de uso de las TIC e IA, y su capacidad para adaptarse. Ello nos lleva a que educación y trabajo están fuertemente imbricados y que las políticas públicas que se promuevan en un sector deben ser coherentes con las del otro, ya no son dos etapas de la vida sucesivas una a la otra, sino que se encuentran en permanente interrelación.

El teletrabajo también ha experimentado un crecimiento importante desde 2020 a la fecha y si bien en los casos de puestos de trabajo posibles de teletrabajar ha implicado mayor disponibilidad para la vida familiar o personal —al eliminar los tiempos de desplazamiento—, con el consiguiente menor impacto en el medio ambiente, reducción de costos asociados a transporte o alimentación, también ha producido dificultades. La legislación[27] ha debido hacerse cargo de temas como el derecho a la desconexión digital, el costo de aprovisionamiento de herramientas tecnológicas adecuadas para llevar a cabo tal labor y las condiciones de seguridad y salud en el entorno en que se realizarán las tareas; sin embargo, se presentan otras externalidades como el aumento del sedentarismo, el menor contacto social y el impacto en el comercio vinculado a alimentación, transporte, hotelería, vestuario, entre otros.

En este caso las preguntas serían: ¿Ante las ventajas que presenta el uso de las TIC y la IA en las empresas, como abordaremos las externalidades negativas de la misma, fundamentalmente en el empleo? ¿Cómo abordaremos el desempleo tecnológico en el corto y mediano plazo y qué mecanismos emplearemos para mitigarlo en el largo plazo? ¿Cuál es el futuro contenido del derecho al trabajo?

IV. Salud

La telemedicina experimentó un auge importante a partir de 2020 por razones obvias, muchas personas la utilizaron de modo intensivo durante

26 Álvarez Rubio, B. (2017: 459). A favor de la renta básica universal ver Bregman, R. (2017).

27 En Chile, la ley N.° 21.220, modificó el Código del Trabajo con el objeto de regular el trabajo a distancia y el teletrabajo.

el confinamiento por la pandemia para mantener el control médico de sus enfermedades base, una vez concluida aquella, su uso continuó siendo más o menos generalizado.

Si bien para algunos resultó difícil acceder a telemedicina por las deficiencias de conectividad o de capacidades de uso, ya mencionadas, la incorporación de las TIC en salud «nos brinda el potencial para mejorar el registro clínico, lograr una mejor coordinación, calidad y seguridad de la atención, facilitar el acceso al conocimiento y también la posibilidad de habilitar nuevos modelos de cuidado de la salud (...) gatillando un fuerte impulso para incorporar también las modalidades de atención y monitoreo de los pacientes a distancia, entre otras. La crisis se ha traducido en un significativo impulsor de la así llamada transformación digital en salud, que algunos expertos están definiendo en estos días como una verdadera "conversión" hacia la Salud Digital»[28].

A mi juicio, la telemedicina facilita la accesibilidad a los servicios sanitarios, el seguimiento de las enfermedades crónicas y la educación sanitaria del paciente en medicina preventiva y salud pública[29], aunque no está exenta de riesgos en ausencia de una regulación efectiva de protección de datos personales[30]. En este escenario *big data* y gobierno abierto podrían visualizarse como elementos de riesgo a la debida protección de los datos personales. «La capacidad de almacenamiento de los equipos informáticos y la velocidad de transmisión de las actuales redes permiten conexiones masivas y automatizadas —*big data*— que, además, se llevan a cabo por cauces no formalizados aprovechando la apertura de los datos sanitarios gracias a las numerosas políticas de *open data* que se están implementando en los últimos años al amparo del denominado Gobierno Abierto, así como debido a la ingente información de libre acceso disponible en Internet.»[31] Así en países como Chile en que la legislación sobre los datos personales es antigua y exigua[32], la regulación de las cesiones de datos personales se ve sobrepasada, o dicho de otro modo, el contar con el consentimiento del titular no es garantía

28 PÉREZ, C.; CONTRERAS, J.; MATTOLI, M. (2020).

29 En este sentido se pronunció el Director General de la OMS en su Alocución de apertura de la reunión de los ministros de salud del G20. Sesión inaugural del 18 de agosto de 2023.

30 A diferencia de lo que sucede en la Unión Europea, con la adopción el 27 de abril de 2016 del Reglamento General de Protección de Datos que substituye a la Directiva 95/46/CE, y de la Carta de Derechos Fundamentales de la Unión Europea que lo regula en su artículo 8°.

31 VALERO, J. (2014: 637).

32 Aun cuando se encuentra en trámite un proyecto de ley sobre la materia, el cual regula los principios rectores de la normativa, sus definiciones esenciales, marco de derechos y deberes, situaciones especiales y la autoridad encargada de velar por la efectiva protección de los derechos que garantizan la vida privada de las personas y la fiscalización de estas normas. Boletines 11092-07 y 11144-07, refundidos.

suficiente, ya que muchas veces el otorgar dicho consentimiento es requisito previo para acceder a las prestaciones.

La IA con frecuencia se basa en el análisis masivo de datos *(big data)*, lo que supone la necesidad de tratar información que proviene de fuentes muy diversas y, sobre todo, que puede haber sido obtenida para concretas finalidades que, más tarde, se ven superadas al reutilizarse la información para otras muy distintas[33].

La problemática sobre los datos personales en salud trasciende a lo que comúnmente se denomina la ficha clínica —visualizada clásicamente como un documento— y a los datos sensibles que ella pueda contener; desde hace un tiempo regulada en Chile por la ley N.° 20.584, que regula los derechos y deberes que tienen las personas en relación con acciones vinculadas a su atención en salud.

En efecto, se pueden establecer diversas categorías en las que los datos sensibles de salud resultan relevantes y a la vez pueden ser afectados:

a) **Datos clínicos**: usualmente se encuentran en poder de los prestadores de salud, públicos y privados. Hoy especialmente relevantes en el monitoreo y seguimiento a distancia de los pacientes, mediante telemedicina e incluso con fines preventivos.

b) **Datos relacionados con la actividad de prestación de los servicios sanitarios** y, en concreto, con la gestión de la misma: logística, costes, distribución, gerencia. La interconexión automatizada de información puede redundar en una mayor eficiencia en el gasto, tanto privado como público, detectar posibles fraudes en la contratación de los servicios, así como optimizar mecanismos de transferencia de recursos asociados al domicilio del beneficiario, como el denominado per cápita[34] a nivel de salud municipal en el caso chileno.

c) **Datos farmacéuticos y vinculados a la investigación**: fundamentalmente de interés de la industria y centros académicos de investigación. En ellos no deja de estar involucrado un interés público. Las técnicas de *big data* pueden resultar de gran utilidad a la hora de valorar y comparar la eficacia de tratamientos y servicios desde la

---

33 Valero, J. (2023: 360).

34 El aporte per cápita corresponde a aquel regulado en el artículo 49 de la ley N.° 19.378, Estatuto de Atención Primaria de Salud Municipal que dispone que cada entidad administradora de salud municipal recibirá mensualmente del Ministerio de Salud (MINSAL), a través de los servicios de salud y por intermedio de las municipalidades correspondientes, un aporte del Estado que se determinará de acuerdo con los criterios que señala. Además, en el caso que las normas técnicas, planes y programas que imparta el MINSAL con posterioridad a la entrada en vigencia de ese texto legal, impliquen un mayor gasto para la municipalidad, el aludido aporte mensual se integra por los recursos adicionales que contempla su artículo 56.

perspectiva de la ejecución de tareas de investigación, para lo cual la identificación de los usuarios puede no resultar imprescindible, en la medida que se pretenda identificar tendencias o llevar a cabo valoraciones generales[35], o incluso focalizar los esfuerzos investigativos. Incluso en el diseño e implementación de políticas públicas a partir de los patrones o tendencias que puedan inferirse de los sistemas de gestión basados en el *big data*. La importancia del *big data* en estos momentos —y de cara al futuro— es inigualable entre otras razones por la velocidad a la que permite trabajar a los científicos y la reducción del tiempo en cuanto a determinar un diagnóstico[36].

d) **Datos relativos al comportamiento de los pacientes**: no necesariamente relacionados en forma directa con las prestaciones de salud, como por ejemplo la movilidad en episodios de cuarentena, en que los permisos de desplazamiento se concedían por razones médicas, debiendo ello constar ante la autoridad encargada de concederlos.

Así surgen las dudas: ¿Estamos resguardando debidamente los datos personales en salud? ¿Los usuarios del sistema de salud son plenamente conscientes del tratamiento de sus datos?

V. Nuevos derechos

Hemos ido incorporando nuevas categorías como el derecho al olvido, la autodeterminación informativa o los neuroderechos. Todos ellos tienen en común una cierta vinculación con el derecho a la vida privada o intimidad, es decir, el poder mantener en resguardo y alejado de terceros ese círculo o espacio exclusivo de la persona, en el que situamos los aspectos más esenciales del ser humano que lo hacen ser identificable frente a los otros.

En medicina las aplicaciones clínicas de las imágenes cerebrales se han enfocado a propender al bienestar de pacientes con trastornos de diversa índole, pero fundamentalmente neurológicos, refinando los diagnósticos y ofreciendo opciones terapéuticas como implantes cocleares para la sordera, estimuladores de médula espinal para el mal de Parkinson. No nos resulta extraño el uso de exámenes como electroencefalogramas o resonancias magnéticas, que en definitiva no hacen sino traducir la actividad cerebral a efectos de detectar patologías y definir su tratamiento.

Sin embargo, más allá de la esfera médica —o quizás incluso en ella—, implican el riesgo de intrusión en la esfera privada de las personas, potencialmente causando un daño físico o psicológico, o permitiendo una influen-

35 Valero, J.; López, J.A. (2002: 641).

36 Navas, S. (2020).

cia indebida en su comportamiento[37], para tales efectos baste con mencionar la existencia del neuromarketing. Sus implicaciones éticas y jurídicas requieren de regulación y adaptación permanente a la evolución científica que se vaya produciendo, incluso respecto de derechos de más antiguo cuño como la libertad, la intimidad, la integridad psíquica o el derecho a no ser discriminado.

Las neurotecnologías entendidas como aquellas que permiten medir, registrar, alterar y/o manipular la actividad cerebral mediante aparatos tecnológicos representan, en cierto modo, la conjunción entre la inteligencia artificial, la neurociencia y la informática, e implican también un riesgo al decodificar la actividad mental del usuario, ya que sus condiciones de uso no están reguladas[38].

> «Las nuevas neurotecnologías abren la puerta a peligros de manipulación e intervención directa sobre nuestro cerebro y nuestro sistema nervioso, amenazando nuestra integridad mental y, con ello, el último reducto de nuestra identidad y nuestra intimidad: la conciencia»[39].

Importan «nuevos desafíos para la gestión de los datos que no solo se refieren a la privacidad y la autonomía individuales, sino también a nuevos riesgos de discriminación y sesgos en el empleo, la educación, las finanzas, el acceso al seguro médico y otras esferas importantes para la distribución de los recursos sociales»[40].

En este contexto me parece necesario destacar una reciente sentencia de la Corte Suprema chilena[41], relativa a la privacidad de la información cerebral de un usuario del dispositivo «Insight» de electroencefalografía portátil e inalámbrica, que recopila información sobre la actividad eléctrica del cerebro, datos sobre gestos, movimientos, preferencias, tiempos de reacción y actividad cognitiva de quien lo usa.

Discurre la Corte a partir del texto constitucional que en su artículo 19 numeral 1 —luego de la modificación introducida por la ley N.° 21.383—, dispone que «el desarrollo científico y tecnológico estará al servicio de las personas y se llevará a cabo con respeto a la vida y a la integridad física y psíquica. La ley regulará los requisitos, condiciones y restricciones para su utilización en las personas, debiendo resguardar especialmente la actividad cerebral, así como la información proveniente de ella».

---

37 IENCA, M.; ANDORNO, R. (2021: 143).

38 Sobre este tema, ver ROBERTS, R. (2019).

39 AUSIN, T.; MORTE, R.; MONASTERIO, A. (2020).

40 Ídem.

41 Rol N.° 1005.065-2023, Girardi/Emotiv INC. Al respecto ver NAVARRO, E. (2023).

Dicho precepto, a su juicio, materializa la especial preocupación del constituyente en el tema de la neurotecnología y los derechos humanos. Alude también a diversos instrumentos internacionales que reconocen la relación entre ciencia y derechos humanos, tales como el Pacto Internacional de Derechos Económicos Sociales y Culturales, la Declaración sobre la Ciencia y el Uso del Saber Científico y Programa en Pro de la Ciencia de la UNESCO y la Declaración Universal sobre Bioética y Derechos Humanos de la UNESCO; como también a la ley N.° 20.120, sobre la Investigación Científica en el Ser Humano, su Genoma y Prohíbe la Clonación Humana.

Concluye —en su considerando octavo— que, «ante el desarrollo de nuevas tecnologías que involucran cada vez más aspectos de la persona humana, aspectos que era impensable hace algunos años que pudieran conocerse, se debe otorgar una especial atención y cuidado en su revisión por parte del Estado, con el fin de prevenir y anticiparse a sus posibles efectos, además de proteger directamente la integridad humana en su totalidad, cuestión que incluye su privacidad y confidencialidad y los derechos propios de la integridad psíquica y del sujeto de experimentación científica». Igualmente reconoce que «ante la llegada de una nueva tecnología como la que es objeto de autos, que trata de una dimensión que antaño era absolutamente privada y personal, tratada en entornos estrictamente médicos, como es la actividad eléctrica cerebral, se hace absolutamente menester que prohíba permitirse su comercialización y uso en el país, sean esta tecnología y dispositivos analizados por la autoridad pertinente, entendiendo que plantea problemáticas no antes estudiadas por ella».

En su parte resolutiva acoge la acción interpuesta ordenando que «el Instituto de Salud Pública y la autoridad aduanera evalúen los antecedentes en uso de sus facultades, disponiendo lo que en derecho corresponda, a efectos que la comercialización y uso del dispositivo "Insight" y el manejo de datos que de él se obtengan se ajusta estrictamente a la normativa aplicable en la especie y reseñada en es(t)a sentencia. Ello sin perjuicio que la recurrida deberá eliminar sin más trámite toda la información que se hubiera almacenado en su nube o portales, en relación con el uso del dispositivo por parte del recurrente».

Como puede advertirse, la Corte reconoce que nos enfrentamos ante una tecnología nueva, cuyos alcances no han sido previamente analizados y hace un llamado a las autoridades sanitaria y aduanera a hacer efectiva la protección de un derecho tradicional como el de la integridad física y psíquica, pero también al manejo de los datos que por intermedio del dispositivo se obtengan. No hay un pronunciamiento directo de su parte, pero si debemos reconocer que pone de relieve la existencia de un riesgo de vulneración de derechos y la circunstancia de enfrentarnos a fenómenos nuevos que requieren de una opinión técnica.

En otro orden de cosas, me parece relevante hacer una pequeña mención al metaverso. Aun cuando hoy al referirnos al concepto de metaverso podemos asociarlo a actividades más bien de entretenimiento fundamentalmente vinculadas al cine y los videojuegos, ya plantea una serie de interrogantes en cuanto a la vinculación y actuación en un mundo virtual paralelo. Es decir, «una interfaz de acceso a información, productos, relaciones y ocio, en la que todos los elementos existentes son de carácter digital, virtual, en un entorno tridimensional igualmente virtual»[42].

Es así como la regulación empieza a discurrir sobre la base de legislaciones en temas tan importantes como la protección de datos, la vida privada o intimidad, la ciberseguridad, la identidad digital, el dinero digital, la propiedad industrial e intelectual, la neuro manipulación, o la desinformación.

Además, es factible que todo aquello que involucra un conflicto o problema en el mundo real, y en nuestro actual ámbito digital, se replique en similares términos en esta nueva interfaz.

Vale cuestionarnos: ¿Si el catálogo de derechos existentes es suficiente para enfrentar estos desafíos ampliando su alcance o continuarán surgiendo nuevos derechos? ¿Cuál será el eventual contenido de estos y cómo se determinará? ¿Qué tan calificados nos encontramos los operadores del derecho para hacer frente a estas nuevas categorías y para su adecuada y acertada interpretación?

VI. Política y democracia

Nuestros días se distinguen por la «omnipresencia de las nuevas tecnologías en todos los aspectos de la vida individual y colectiva»[43], de la que no se excluyen, por cierto, las esferas política y jurídica[44].

En política se ha llegado incluso a sugerir la sustitución de las instituciones representativas en las cuales la democracia se basa en la participación indirecta de los ciudadanos a través de sistemas de mediación representativos articulados fundamentalmente a partir de los partidos políticos, por una democracia fundada en la participación directa e inmediata de los ciudadanos mediante el uso de TIC e IA[45]. En este contexto se desarrolla el concepto

42 Baños, P. (2023: 248).

43 Pérez, A. (2017: 57).

44 En este sentido Area, M.; Pessoa, T. (2012: 14) señalan que «Las TIC han provocado o al menos han acelerado una revolución de amplio alcance en nuestra civilización que gira en torno a la transformación de los mecanismos de producción, almacenamiento, difusión y acceso a la información; en las formas y los flujos comunicativos entre las personas; así como en los lenguajes expresivos y de representación de la cultura y el conocimiento. Los nuevos tiempos han generado nuevos actores (Internet, la telefonía móvil, los videojuegos y demás artilugios digitales) que están cambiando nuestra experiencia en múltiples aspectos».

45 Pérez, A. (2017: 67).

de «democracia líquida». Esto resulta más teórico que real, en la medida que no todos los ciudadanos las usan, comprenden, tienen acceso o confían en ellas.

Entre las ventajas de acudir a la IA para la relación entre representantes y ciudadanos se suele esgrimir el que se trata de un mecanismo neutro, objetivo, sin sesgos ideológicos, morales, o de otra índole, con una disponibilidad permanente (24/7); sin embargo, olvidamos que el algoritmo debe ser «creado y/o alimentado» por una persona y en ese proceso cabe la duda de si la subjetividad de ese ser humano, sus sesgos e intereses, no quedarán plasmados, de modo consciente o no, en su obra.

Ello al margen de la representatividad o falta de ella que podemos atribuir a un sistema que parte de la base no sólo de la conectividad, sino que, del uso intensivo, el que sabemos no es equivalente a nivel general de la sociedad. Así, si agregamos el concepto de *machine learning*, cómo precavemos que al aprender del grupo de la sociedad que participe de esa interacción el algoritmo no pierda su objetividad e imparcialidad.

De este modo replicaríamos las disfuncionalidades que advertimos en el sistema democrático representativo, pero con un sustrato material distinto. O quizá aún peor. Un mero formalismo vacío de contenido y de sentido de pertenencia a una comunidad.

BENJAMIN BARBER sostiene que «La tecnología en realidad nos amenaza con hacernos menos democráticos de lo que éramos porque, mientras que todos pueden abrir la boca y hablar, todos pueden escuchar, todos pueden levantar la mano y votar, hay millones de personas que no tienen acceso a Internet ni capacidad —incluso si se les diese acceso— para aprovechar y desplegar los programas y el contenido de Internet»[46], parafraseándolo podemos sostener que la tecnología nos hace más desiguales, puesto que si bien muchos pueden aprovechar las ventajas y potencialidades de ella, millones de personas no tienen acceso a internet ni el capital humano para optimizar el uso de las potencialidades que ofrece.

La alta cantidad de personas que se relacionan a través de internet y las redes sociales, lo que constituye una de sus grandes ventajas y/o fortalezas, puede constituir también una debilidad o desventaja al incrementar las dificultades para conseguir acuerdos o consensos sobre determinadas materias, que no caigan en el simplismo de la mayoría absoluta, sin una deliberación previa.

Además, se suele atribuir a las redes sociales el producir un efecto burbuja, atendido que las personas sólo tienden a relacionarse con quienes tienen una tendencia de pensamiento similar a la suya, reforzando que se encuentran en el razonamiento correcto y sin mayor apertura a opiniones divergentes.

46 BARBER, B. (2006: 25).

«Los blogueros no hablan más que de su propia tribu; la gente solo encuentra aquella información que anda buscando; la información se convierte en incomunicación»[47].

En cierto modo, podría fomentar un distanciamiento mayor del ciudadano hacia los asuntos públicos, podría darse una mayor desafectación de los asuntos públicos puesto que la interacción con una «máquina» puede resultar menos atractiva que aquella que se produce entre personas. No es factible teorizar sobre la base de las potencialidades del medio si el usuario, el ciudadano, no está capacitado, y a veces ni siquiera interesado, en explorar y explotar todo ese potencial.

De este modo en definitiva se acrecentaría de manera masiva lo que el profesor Nevado-Batalla denomina el «ciudadano-niño», como antónimo de aquel consciente de su condición de tal, comprometido con la vida pública y con una orientación hacia el bien común[48]. Las herramientas tecnológicas, son eso instrumentos, más o menos perfectibles en su formulación y establecimiento; el uso que se haga de ellas puede hacer la diferencia. Ese uso, vendrá establecido por las personas que conformen una sociedad en un momento determinado, el capital cívico es, por ende, esencial para que esos medios funcionen[49] y, en definitiva, para la calidad de la democracia.

¿No es ese componente subjetivo el que enriquece la democracia? Precisamente si pensamos en un sistema democrático en el que la deliberación tenga un punto central, esos elementos que la IA ofrece desaparecer o al menos aminorar pudieran presentarse como relevantes y deseables a efectos de aportar desde la mirada parcial a la discusión del bienestar general.

No se trata de desechar de plano el uso de la tecnología en este ámbito, puesto que el uso de *big data* puede ser útil al momento de analizar requerimientos y necesidades de los ciudadanos, con miras a la configuración de políticas públicas, o respecto a la evaluación de la eficiencia y eficacia de algunas de ellas. Puede emplearse para aglutinar la opinión de una cantidad importante de personas respecto a un tema específico que puede ser de su particular interés, es decir, orientadas a partidos políticos, asociaciones y grupos de ciudadanos, pero siendo conscientes de que no necesariamente su opinión será representativa de la sociedad en su conjunto.

Desde el punto de vista del control y la rendición de cuentas, nos enfrentamos también a un desafío. «La complejidad de los modelos matemáticos que se utilizan en estos algoritmos —también en lo que respecta a su capacidad de aprendizaje— hace que sean más bien opacos, lo que tiene como consecuencia que no puede saberse en detalle cómo funcionan, ni tampoco

47 Berggruen, N.; Gardels, N. (2013: 138).

48 Nevado-Batalla, P. T. (2022: 33 y ss.).

49 Barra, N. (2019: 433).

se puede buscar —ni, por tanto, pedir— responsabilidades cuando fallan. La incapacidad de establecer responsables alienta prácticas de despersonalización y fragmentación de la asunción de la responsabilidad en el ámbito político, justo cuando debería ser, al contrario, precisamente para evitar una práctica habitual en el sistema actual»[50]. Así, abandonaríamos categorías como la transparencia, la rendición de cuentas, la *accountability* y la *responsiveness*, cuya inclusión en nuestro Estado de Derecho ha implicado un avance significativo en temas tan cruciales como la lucha contra la corrupción y el buen gobierno.

En sintonía con lo ya dicho y en clave democrática, para poder desempeñar de mejor manera su rol, es necesario que el ciudadano esté informado de los objetivos, planes y programas que trasuntan las políticas públicas, para que pueda evaluar su implementación y controlar su ejecución debidamente[51].

Así, «el acceso a la información es indispensable para asegurar la transparencia y permitir que los ciudadanos se interesen y participen en los asuntos de relevancia pública. El derecho de acceso es, entonces, un presupuesto indispensable para la participación política, entendida no solo como el derecho a votar y ser elegido, sino también como el derecho a participar en la deliberación de los asuntos públicos»[52].

En términos prácticos ello se traduce en portales en los cuales se materializan las obligaciones de transparencia activa que pesan sobre las instituciones públicas. Sin embargo, a su respecto también pueden existir brechas o desigualdades de comunicación o de comprensión por parte de los ciudadanos, que es preciso superar para que la entrega y publicidad de determinada información tenga sentido y utilidad reales.

> «Un aumento de información y comunicación no **esclarece** por sí solo el mundo (...) Cuanta más información se pone en marcha, tanto más intrincado se hace el mundo. La hiperinformación y la hipercomunicación no proyecta ninguna **luz** en la oscuridad»[53]. El exceso de información puede resultar tan pernicioso como la ausencia de la misma. «El exceso de información hace que se atrofie el pensamiento. El diluvio de información al que hoy estamos expuestos disminuye, sin duda, la capacidad de reducir las cosas a lo esencial (...) En un determinado punto, la información ya no es informativa, sino deformativa; la comunicación ya no es comunicativa, sino acumulativa»[54].

---

50 Baños, P. (2023: 147).

51 Barra, N. (2019: 332).

52 Jaraquemada, J. (2008: 144).

53 Byung-Chul, H. (2015: 80).

54 Byung-Chul, H. (2014: 89).

No estoy abogando porque se reduzca el nivel de transparencia, sino por cumplirlo de manera efectiva. A mi juicio ello no se reduce a disponibilizar una serie de archivos en formato PDF u otro similar, que terminan agobiando al ciudadano.

No debiéramos cuestionarnos si las TIC e IA serán usadas en política o no, esa es una discusión superada por los hechos, el punto es ¿cómo utilizaremos estas herramientas tecnológicas para fortalecer la calidad de la democracia y mejorar el capital cívico de los ciudadanos?

VII. Administración pública

El sector público se enfrenta a este escenario desde una triple perspectiva: como regulador, no sólo fijando la normativa legal y derivada para el uso de las TIC e IA, sino que fiscalizando su debido cumplimiento; como propulsor de políticas públicas orientadas a disminuir la desigualdad digital y como usuario de estas herramientas. Se yergue así tanto en sujeto qué experimenta esta nueva realidad social disruptiva, como en ente regulador y de control tanto de la ejecución de las pertinentes políticas públicas como de la normativa asociada, con miras al interés general.

La Administración en el presente precisa de técnicas electrónicas, remotas, informáticas y telemáticas que le permitan la mejor realización de sus funciones, atendida la multiplicidad de sus tareas actuales y la gran cantidad de población que debe atender. Así surge el principio de eficacia como condicionante de su actividad, sin que pueda obviar el respeto a los derechos de los ciudadanos.

La modernización tecnológica de la Administración no constituye una opción que recaiga en quien tiene el control del poder, sino que es un proceso de obligado inicio y desarrollo, por cuanto el uso de las TIC y la IA facilita la consecución de objetivos legalmente establecidos en la realidad actual y futura, en el que ellas suponen un medio para mejorar el control y responsabilidad de las instituciones públicas, de incrementar la participación ciudadana y de agilizar la gestión pública[55].

En este contexto podemos visualizar diversos grados de impacto en la Administración Pública, desde la introducción de un menor o mayor nivel de tecnología, hasta un replanteamiento de la Administración en su conjunto, desde la forma en que realiza sus procesos hasta la formulación específica de las políticas públicas, la regulación y el control.

Por cierto que las TIC y la IA pueden resultar muy útiles a nivel operativo para la gestión de expedientes, la tramitación de procedimientos masivos o la revisión de la gestión de sus procesos, incluso procesos como las licita-

55 En este sentido, Díaz, C. y Díaz, M. (2011: 139).

ciones públicas o la selección de personal, podrían ser más eficientes debido a la IA, aun cuando es menester que su uso revista las garantías suficientes de imparcialidad. El empleo de IA por el sector público obliga a establecer mecanismos de control para generar confianza en el uso de algoritmos decisionales en ciertos contextos, sin prescindir de la rendición de cuentas.

Por supuesto que el riesgo de decisiones arbitrarias o injustas, afectaría la confianza de los ciudadanos en la administración y en la legitimidad de esta última. Un ejemplo[56] de esto es el caso de la autoridad tributaria holandesa y el empleo de un algoritmo de autoaprendizaje para crear perfiles de riesgo a objeto de detectar fraudes en las prestaciones de cuidado infantil, a consecuencia de lo cual se exigió a familias de escasos recursos la devolución de importantes sumas de dinero por prestaciones percibidas indebidamente, lo cual, además de implicar una vulneración al Reglamento General de Protección de Datos Personales (RGPD), fue erróneo y se basó en ciertos sesgos étnicos.

Ello evidencia que, desde la perspectiva del ciudadano, es menester que la regulación se haga cargo de cuestiones tan relevantes como la transparencia y motivación de las decisiones públicas en cuyo proceso de adopción se hayan empleado algoritmos. Es preciso establecer en esos casos garantías para que los ciudadanos puedan defenderse frente a errores o discriminaciones, asegurando su tutela judicial efectiva.

En cuanto a la transparencia de la actividad administrativa algorítmica, resulta preciso establecer claramente la obligación de publicar la existencia de sistemas algorítmicos desplegados en el sector público para la toma de decisiones administrativas con el fin de garantizar un adecuado escrutinio público de la actividad administrativa; junto con ello, han de reforzarse las exigencias de motivación mediante su conexión con la publicidad activa, dando a conocer los diferentes extremos relacionados con el funcionamiento de los sistemas algorítmicos, que pueden sintetizarse en los siguientes: responsabilidad sobre el modelo, fines del mismo, datos empleados, tipo de algoritmos en los que se basa, lógica de funcionamiento, medidas de prevención de sesgos, evaluaciones previas y posteriores de impacto, y documentación técnica asociada al modelo. Y todo ello, mediante el establecimiento de reglas jurídicas claras y precisas, de carácter vinculante[57].

Esta exigencia de motivación y transparencia pasa por la referencia a las bases de datos procesadas con medios masivos como el *big data*, lo cual resulta útil para establecer la calidad del dato y la pertinencia de su uso, así como una explicación sucinta de la regla lógica que subyace al algoritmo, para verificar la ausencia de sesgos o arbitrariedades y que se ajusta a dere-

56 En línea: https://www.politico.eu/article/dutch-scandal-serves-as-a-warning-for-europe-over-risks-of-using-algorithms/ (fecha de consulta: 01 de junio de 2023).

57 Martín Delgado (2023:177).

cho. En este sentido, la Carta de Derechos Digitales en su párrafo XVI, derechos de la ciudadanía en sus relaciones con las Administraciones Públicas, numeral 7, letra c), señala que se reconoce el derecho a «obtener una motivación comprensible en lenguaje natural de las decisiones que se adopten en el entorno digital, con justificación de las normas jurídicas relevantes al caso y de los criterios de aplicación de las mismas».

La utilización de la IA por las Administraciones, organismos y entidades del sector público puede ser muy beneficiosa para las personas interesadas y para la sociedad en general, pero su buen y correcto funcionamiento depende de diversos factores, siendo uno de ellos la generación de confianza para las personas que vayan a ser destinatarias de resoluciones y actuaciones que les afecten generadas por sistemas de Inteligencia Artificial, y para que ello ocurra así, la posible exigencia por los ciudadanos de responsabilidad en este ámbito debe entenderse como elemento de control de la actividad que las Administraciones desarrollen y también de resarcimiento de los posibles daños que se generen mediante este tipo de actuaciones[58]. Esta responsabilidad puede materializarse mediante obligaciones de mitigación, resarcimiento, rectificación, corrección o modificación del algoritmo[59].

En este sentido, me parece relevante destacar el artículo 41.2 de la ley española N.° 40/2015, de Régimen Jurídico del Sector Público, que prevé que «en caso de actuación administrativa automatizada deberá establecerse previamente el órgano u órganos competentes, según los casos, para la definición de las especificaciones, programación, mantenimiento, supervisión y control de calidad y, en su caso, auditoría del sistema de información y de su código fuente. Asimismo, se indicará el órgano que debe ser considerado responsable a efectos de impugnación», la cual de manera implícita establece la obligación de ejercer este tipo de controles.

En la medida que los distintos órganos públicos trabajen en base a plataformas interoperables el intercambio de datos entre ellas, combinado con el uso de métodos similares de análisis de datos puede incrementar la productividad al interior de la Administración pública, su eficiencia y la cooperación entre aquellos. Por supuesto que esto también implica una necesidad desde la perspectiva regulatoria en orden a aclarar la responsabilidad por la calidad del dato que cada cual aporte a esta red general, las obligaciones y derechos que a cada una de dichas entidades les corresponderá no solo en cuanto a la gestión de los datos, sino que también en la seguridad de los mismos; sin dejar de lado la pertinencia de un tratamiento diferenciado para la información confidencial, y las prevenciones respecto a la licitud de su uso cuando han sido entregados a la Administración para una finalidad específica.

---

58 Martínez Gutiérrez, R. (2023: 250).

59 Para más detalle sobre este punto véase Cotino Hueso; L. (2023).

Aquí es obligada la mención a las auditorías de los sistemas de información y de ciberseguridad para garantizar la existencia de una seguridad razonable sobre el conjunto de sistemas de información y su adecuado funcionamiento. No basta con que el sistema sea transparente, el ciudadano necesita la seguridad de que su funcionamiento es correcto. Tales controles deben ser periódicos, a efectos de estar atentos también a los riesgos de desactualización del sistema en cuanto a los datos a partir de los cuales se nutre y su adaptación a nuevas circunstancias.

En mi opinión podríamos reconducir sus deficiencias al clásico concepto de «responsabilidad por falta de servicio», al enfrentarnos a falencias en la calidad del sistema, sesgos o discriminación algorítmicos, o divulgación de datos personales. La dificultad estriba en singularizar a la «persona» responsable en el caso de actuaciones automatizadas que no requieren la intervención directa de un empleado público, si bien el control y la supervisión de la decisión pueden imputarse en última instancia a quien haya diseñado la herramienta, sea *in house* en un organismo de la Administración o mediante la externalización de servicios.

Desde la perspectiva del control, resulta útil el uso de algoritmos predictivos de reincidencia de conductas previamente detectadas como irregulares con el objeto de focalizar las acciones de fiscalización; el uso de *big data* puede proporcionar alertas financieras útiles para las pertinentes auditorías; posibilita llevar a cabo análisis previos al desarrollo de la auditoría propiamente tal focalizando el objetivo de la misma, mejorando la eficiencia de las auditorías; y permite una identificación de riesgos a partir de información objetiva y actualizada.

Para efectos regulatorios y de formulación de políticas públicas, el análisis masivo de datos permite contar con información actualizada para una adecuada toma de decisiones, focalizarse en aquellas áreas específicas que presenten una mayor demanda social, mejorar la calidad de los servicios que entregan y la oportunidad en la satisfacción de las necesidades públicas. De este modo viene a reforzar la motivación de las decisiones públicas.

En este punto es necesario tener en claro que se trata de herramientas de procesamiento de datos y no necesariamente de una fuente de información o conocimientos, ya que ello dependerá de la calidad del dato con el que se trabaje.

Como reflejo de la sociedad, la Administración pública en el uso de TIC e IA para acometer sus funciones, también debe hacer frente, en su interior, a las desigualdades ya expuestas.

Se requiere del desarrollo de capacidades no solo en infraestructura tecnológica, para solucionar los inconvenientes de carácter técnico, financiero y de calidad del dato, y para acceder a los mismos; sino que también a nivel del personal que labora en sus entidades, en el cual, sin lugar a duda, se encuentran presentes las mismas desigualdades digitales que en el resto de la sociedad, por lo que sus miembros también requieren de la debida alfabetización digital. En este camino, algunas plazas específicas pueden desaparecer, otras reducirse o mutar en cuanto a la forma de operar y también surgir algunas nuevas, tal como sucede en el ámbito privado.

Así, el desarrollo de conocimiento y capacidades internas relativas a TIC e IA posibilitará una mejor adaptación de sus empleados a la transformación en la forma de trabajar al interior de la administración, que sean capaces de detectar riesgos y deficiencias en el uso de aquellas, así como desarrollar nuevos sistemas basados en IA.

Ello es particularmente relevante si pensamos que una externalización masiva del tema implicaría trasladar el ejercicio de potestades públicas al ámbito privado e incluso otro riesgo adicional asociado, la captura del regulador. La particular razón de ser de la administración y el ejercicio de potestades públicas que subyace a aquella, complejizan aún más el panorama.

La administración, y las instituciones públicas en general, se encuentran en una importante tensión, en orden a acometer debidamente, tanto en su frente interno, como externo los desafíos de la desigualdad digital ¿cómo conseguimos avanzar de manera decidida en ambos frentes, al interior de la administración y de cara a los ciudadanos, procurando la aprobación oportuna de la regulación necesaria, la adecuada formulación de políticas públicas coherentes y consistentes, la reducción de las desigualdades digitales en ambos escenarios, la protección de los derechos fundamentales, y la satisfacción de las necesidades públicas?

VIII. Palabras finales

Lo señalado hasta aquí, trasunta una serie de interrogantes más que el proponer soluciones. En ello radica el objetivo planteado al formular estas reflexiones: mostrar algunas de las desigualdades digitales y mover a la reflexión a su respecto y acerca de cuáles son las preguntas que debemos formularnos para acometerlas debidamente en el futuro.

Sea que se tenga una visión más o menos optimista al respecto, lo que sí resulta indiscutible es el cambio en la realidad en la que se desenvuelve la sociedad. En efecto, «la administración digital ofrece servicios que implican menos costes (en tiempo y esfuerzo) para sus usuarios; gracias al comercio electrónico los consumidores obtienen mejores precios y una oferta mayor o, como consecuencia del uso de las redes sociales, los activistas pueden coordinarse para la acción colectiva de forma más efectiva y eficiente. (...) El uso de determinados servicios de internet ofrece ventajas competitivas para sus usuarios y, por lo tanto, el "no uso" de estos servicios afecta negativamente a las oportunidades reales de los ciudadanos»[60].

60 Robles, J. M. (2017: 11).

«Nos dirigimos a la "ratificación, algoritmización e hiperconectivización de todas las esferas de las relaciones humanas", lo que produce una transformación inevitable en cualquier proceso productivo, educativo, comunicativo, decisorio, asistencial, selectivo y democrático»[61]. Es necesario repensar en cómo se establecen los equilibrios entre las potencialidades que las TIC, la IA, la automatización y la robótica ofrecen en estos ámbitos, la esencia de los derechos fundamentales y la finalidad de bien común que debe orientar las actuaciones del Estado. En el terreno político, ello se hace aún más necesario, en el entendido de que querremos mantener la democracia como forma imperante de organización social y política, pues no podemos afectar sus postulados esenciales sin ponerla en riesgo.

Como he pretendido plantear en el transcurso de esta exposición, los estudiantes, consumidores y trabajadores públicos y privados, que cuentan con la infraestructura y las habilidades adecuadas se están beneficiando de las ventajas de las herramientas tecnológicas, pero eso no incluye a todos. Desde el ámbito de «lo público» corresponde que procuremos que todos y cada uno de los integrantes de la comunidad se encuentren en condiciones de acceder al tan anhelado «bien común», a ese conjunto de condiciones que les permitan el mayor desarrollo material y espiritual posibles.

La OCDE reconoce que la adopción de tecnologías digitales y la difusión del internet han sido fundamentales para mantener cierta continuidad a las actividades empresariales, el empleo y la educación desde el hogar, aunque la brecha digital, en especial la falta de internet de banda ancha de alta velocidad y de habilidades digitales, ha impedido que todos puedan obtener los beneficios.

Como contrapartida, el mayor desarrollo y expansión de las nuevas tecnologías para por ejemplo consumidores y empresas, y el aumento en los servicios de comercio electrónico y entrega a domicilio denota un cambio de hábito importante como también una oportunidad para quienes han podido adaptarse a este nuevo tipo de transacciones comerciales generando una modernización o un cambio en los puestos de empleo requeridos por los mismos.

En la educación, el uso de mecanismos híbridos, incrementando de modo paulatino la adopción de herramientas digitales —previo reforzamiento de las habilidades docentes necesarias—, puede contribuir a concentrar los esfuerzos en la superación de las asimetrías existentes entre alumnos derivadas de las pérdidas de aprendizaje a las que he hecho referencia anteriormente, favoreciendo la comunicación con sus pares y profesores y permitiendo a estos últimos un monitoreo constante de su evolución y aprendizaje.

La inclusión digital es sinónimo de inclusión económica financiera y social, esta última en áreas tan claves como educación, trabajo y telemedicina.

61 Baños, P. (2023: 143).

Como ya he esbozado, los profundos cambios sociales experimentados con la implementación y desarrollo de la sociedad tecnológica han determinado una necesidad constante de continua adecuación del ordenamiento jurídico, en lo que a la actividad de los poderes públicos se refiere y especialmente en la protección del ejercicio de los derechos fundamentales, entre ellos, a la integridad física y psíquica, a la igualdad, la tutela judicial efectiva, la no discriminación arbitraria, la protección de la intimidad y de los datos personales, y los neuroderechos.

Se trata de una tarea que debemos abordar en lo inmediato puesto que reducir la desigualdad digital nos permitirá en el mediano y largo plazo reducir también las desigualdades en aspectos tan fundamentales de la existencia como el acceso a puestos de trabajo, a educación y desarrollo cultural, a salud, servicios sociales, comercio y servicios financieros.

Reitero la necesidad de adoptar políticas públicas transversales que se hagan cargo de los desafíos que he descrito y de otros posibles que se me hayan quedado en el tintero en esta oportunidad o que surjan a futuro. Es necesaria una visión sistémica, tanto en la regulación como en la implementación de planes y programas a nivel gubernamental. Ciencia, tecnología, políticas públicas y derecho están hoy más imbricados que nunca.

Depende de cada uno de nosotros el que esta nueva revolución industrial se transforme en un amplificador de las desigualdades ya existentes o en una herramienta de gestión de políticas públicas inclusivas, con miras al interés general.

> «Es realmente importante que volvamos a imaginar, una y otra vez, para qué sirven estas tecnologías, a quienes sirven, y que pensemos de forma más creativa e inclusiva sobre cómo podemos aprovechar estas tecnologías para que sean un aliado en lo que intentamos conseguir, en lugar de un sustituto de lo que ya tenemos»[62].

Referencias

Agudo, S.; Pascual, M.; Oviedo, J. (2012): «Usos de las herramientas digitales entre las personas mayores». *Comunicar*, vol. XX. N.º 39 (193-201). En línea: https://www.revistacomunicar.com/verpdf.php?numero=39&articulo=39-2012-22 (fecha de consulta: 11 de septiembre de 2023).

Aguirre Sala, J. F. (2013): «Nuevos alcances de la participación ciudadana a través de las redes sociales». *Culturales*; Vol. 1 N.º 2, Universidad autónoma de Baja California: México (119-150).

62 Darling, K. (2023: A8).

Area, M.; Pessoa, T. (2012): «De lo sólido a lo líquido: las nuevas alfabetizaciones ante los cambios culturales de la Web 2.0.» *Revista Comunicar*. Revista Científica de Educomunicación, vol. XIX. N.° 38 (13-20).

Ausin, T.; Morte, R.; Monasterio, A. (2020): «Neuroderechos: derechos humanos para las neurotecnologías.» *Diario La ley*, N.° 43, Sección Ciberderecho, 8 de octubre de 2020. En línea: https://globernance.org/wp-content/uploads/2020/04/20201008-Neuroderechos-_Derechos.pdf (fecha de consulta: 6 de septiembre de 2023).

Álvarez Rubio, B. (2017); «La cuarta revolución industrial: ¿cómo remodela el mundo?» En: Cortés De Abajo, E. (coord.): *Una mirada al mundo. Un intento de ensayo global* (2.ª ed.) España. Universidad Nebrija (461-448).

Baños, P. (2023): *La encrucijada mundial* (3.ª impresión) España. Editorial Ariel.

Bbc News Mundo (2019): «Pruebas PISA: qué países tienen la mejor educación del mundo (y que lugar ocupa América latina en la clasificación)». En línea: https://www.bbc.com/mundo/noticias-internacional-50643441 (fecha de consulta: 11 de septiembre de 2023).

Barber, B. (2006): «¿Hasta qué punto son democráticas las nuevas tecnologías de telecomunicación?» *Revista de Internet, Derecho y Política*, n°3 (17-27).

Barra, N. (2019): «El Control Social en la prevención de las malas prácticas administrativas y la corrupción». Chile: *Ediciones Universidad Finis Terrae.*

Berggruen, N.; Gardels, N. (2013): *Gobernanza inteligente para el siglo XXI. Una vía intermedia entre Occidente y oriente.* Buenos Aires. Editorial Taurus.

Bregman, R. (2017): *Utopía para realistas: a favor de la renta básica universal, la semana laboral de 15 horas y un mundo sin fronteras*. Barcelona. Publicaciones y Ediciones Salamandra S.A.

Byung-Chul, H. (2015): *La sociedad de la Transparencia*. Argentina. Herder.

Byung-Chul, H. (2014): *En el enjambre*. España. Herder.

Cooperativa (2020): «Estudiante no volverá a subir al techo: logran conectividad remota de Internet». En línea: https://cooperativa.cl/noticias/pais/region-de-la-araucania/estudiante-no-volvera-a-subir-al-techo-logran-conectividad-remota-de/2020-06-25/100908.html (fecha de consulta: 17 de agosto de 2023).

Cotino Hueso, L. (2023): «Discriminación, sesgos e igualdad de la inteligencia artificial en el sector público» En: Gamero Casado, E. (Dir.) *Inteligencia artificial y sector público. Retos, límites y medidas.* Valencia. Tirant Lo Blanch.

Darling, K. (2023): «La inteligencia artificial ahora mismo no es como la inteligencia humana». Santiago de Chile. *Diario El Mercurio*. 16 de septiembre de 2023.

Díaz, C.; Díaz, M. (2011): «El empleado público ante el procedimiento administrativo: deberes y obligaciones de buena administración». Madrid. *La Ley*.

Drees-Gross, F.; Zhang, P. (2021): «El escaso acceso digital frena a América Latina y el Caribe ¿Cómo solucionar este problema? Blogs del Banco Mundial». En línea: https://blogs.worldbank.org/es/latinamerica/el-escaso-acceso-digital-frena-america-latina-y-el-caribe-como-solucionar-este (fecha de consulta: 18 de septiembre de 2023).

El Tiempo (2020): «Niña en el norte de Santander debe subirse a un árbol para recibir clases». En línea: https://www.eltiempo.com/colombia/otras-ciudades/coronavirus-y-cuarentena-nina-en-norte-de-santander-recibe-clases-en-un-arbol-495056 (fecha de consulta: 17 de agosto de 2023).

Fernández, C. B. (2008): «La Ciudad 2.0: de las carteleras a las ciudades digitales». *Diálogo Político, Konrad Adenauer Stiftung.* Buenos Aires. Argentina. Año XXV. n°1, Marzo (35-50).

Jaramillo, O. (2020): «Los desafíos de la brecha digital en la nueva normalidad». *Boletín Observatorio Internacional*, n° 49, julio-agosto. Facultad de Humanidades y comunicaciones Universidad Finis Terrae. En línea: https://comunicacionesyhumanidades.uft.cl/articulos-del-boletin/item/los-desaf%C3%ADos-de-la-brecha-digital-en-la-%E2%80%9Cnueva-normalidad%E2%80%9D?category_id=58 (fecha de consulta 18 de septiembre de 2023).

Jaraquemada, J. (2008): «Nueva ley de transparencia y acceso a la información pública: construyendo confianza institucional». En: Larraín, H. (Coord.): *Transparencia y acceso a la información pública en Chile: la modernización que faltaba*. Santiago de Chile. Editorial JGE.

Ienca, M.; Andorno, R. (2021): *Hacia Nuevos Derechos Humanos en la era de la Neurociencia y la Neurotecnología. Análisis Filosófico*, vol. 41, n.° 1 (141-186).

Kissinger, H. (2016): *Orden Mundial. Reflexiones sobre el carácter de los países y el curso de la historia* (3.ª reimpresión). Barcelona. Pengüin Random House Grupo Editorial SAU, Ed. Debate.

Martín Delgado, I. (2023): «La aplicación del principio de transparencia a la actividad algorítmica». En: Gamero Casado, E. (Dir.): *Inteligencia artificial y sector público. Retos, límites y medidas*. Valencia. Tirant Lo Blanch (131-194).

Martínez Gutiérrez, R. (2023): «Responsabilidad administrativa por el uso de la Inteligencia Artificial». En: Gamero Casado, E. (Dir.): *Inteligencia artificial y sector público. Retos, límites y medidas.* Valencia. Tirant Lo Blanch (227-253).

Mineduc (2023): «Cómo usar ChatGPT para potenciar el aprendizaje activo». En línea: https://ciudadaniadigital.mineduc.cl/wp-content/uploads/2023/05/Guia-para-Docentes-Como-usar-ChatGPT-Mineduc.pdf (fecha de consulta: 16 de septiembre de 2023).

Muñoz Machado, S. (2000): *La regulación de la red. Poder y Derecho en Internet.* España. Taurus.

Navas, S. (2020): «Aspectos Jurídicos de las aplicaciones móviles de salud (apps sanitarias y wearables)». *Diario La Ley*, n.º 5811.

Navarro, E. (2023): «Protección constitucional de los neuroderechos». *El Mercurio Legal*. 23 de agosto de 2023. En línea: https://www.elmercurio.com/Legal/Noticias/Analisis-Juridico/2023/08/23/912728/proteccion-constitucional-neuroderechos.aspx (fecha de consulta: 18 de septiembre de 2023).

Nevado-Batalla, P. T. (2022): *Política vs Gestión Pública: la tentación del abuso*. España: Colex.

Nosiglia, M; Andreoli, S. (2022): «Brecha digital: articulaciones institucionales, estrategias de formación inmersiva y contextos de innovación». *Documentos de trabajo*, n.º 64, 2.ª época.

Oppenheimer, A. (2018): ¡Sálvese *quien pueda! El futuro del trabajo en la era de la automatización*. (4.ª ed.). Argentina. Pengüin Random House Grupo Editorial S.A.

Ottone, E. (2011): *Gobernar la globalización*. Chile. Ediciones Universidad Diego Portales.

Pérez, A. (2017): *Ciberciudadanía o ciudadanía.com?* (1.ª ed.). España. Gedisa Mexicana.

Pérez, C.; Contreras, J.; Mattoli, M. (2020): «La conversión a un mundo digital hiperconectado en salud impulsado por la pandemia del COVID-19». *Revista médica de Chile,* vol. 148, n° 8 (1223-1224). En línea: http://www.scielo.cl/scielo.php?script=sci_arttext&pid=S0034-98872020000801223&lng= (fecha de consulta: 15 de septiembre de 2023).

Roberts, R. (2019): *Neurotecnologías: los desafíos de conectar el cerebro humano y computadores.* Biblioteca del Congreso Nacional de Chile. Asesoría Técnica Parlamentaria. En línea: https://obtienearchivo.bcn.cl/obtienearchivo?id=repositorio/10221/27272/1/If01_Neurotecnologias_BCN_final.pdf (fecha de consulta: 22 de septiembre de 2023).

Roberts, R.; Weidenslaufer, C. (2021): *Acceso y conectividad a internet. Regulación en Chile y experiencia comparada.* Biblioteca del Congreso nacional de Chile. Asesoría Técnica Parlamentaria. En línea: https://obtienearchivo.bcn.cl/obtienearchivo?id=repositorio/10221/32224/2/BCN_acceso_a_internet_2021.pdf (fecha de consulta: 18 de septiembre de 2023).

Robles, J. M. (2017): «¿Por qué la brecha digital es un problema social?» *Panorama Social*, n° 25 (9-16).

Unesco (2023): En línea: https://www.unesco.org/es/literacy/need-know (fecha de consulta: 11 de septiembre de 2023).

Valero, J. (2014): «Acceso, reutilización y gestión avanzada de la información en el ámbito de la Administración sanitaria: implicaciones jurídicas desde la perspectiva de la innovación tecnológica». En: Valero, J.; Fernández, M. (Coords.): *Régimen Jurídico de la Transparencia del Sector Público. Del derecho de acceso a la reutilización de la información.* España: Thomson Reuters Aranzadi (631-667).

Valero, J. (2023): «Las singularidades del tratamiento de datos de carácter personal en entornos de inteligencia artificial en el sector público». En: Gamero Casado, E. (Dir.). *Inteligencia artificial y sector público. Retos, límites y medidas.* Valencia: Tirant Lo Blanch (227-253).

Valero, J.; López, J.A. (2002): «Algunas consideraciones sobre el derecho a la protección de los datos personales en la actividad administrativa». En: Del Aguayo, I.; Rodriguez-Arana, J. (Dirs.). *Panorama de las Administraciones Públicas en el siglo XXI.* Madrid: Instituto Nacional de Administración Pública. Boletín oficial del Estado (1469-1491).

World Bank (2021). «Acting Now to Protect the Human Capital of Our Children: The Costs of and Response to COVID-19 Pandemic's Impact on the Education Sector in Latin America and the Caribbean». https://openknowledge.worldbank.org/handle/10986/35276 (fecha de consulta: 12 de agosto de 2023).

World Bank *et al.* (2022). «The state of Global Learning Poverty: 2022 Update». En línea: https://thedocs.worldbank.org/en/doc/e52f55322528903b27f1b7e61238e416-0200022022/original/Learning-poverty-report-2022-06-21-final-V7-0-conferenceEdition.pdf (fecha de consulta: 5 de septiembre de 2023).

CAPÍTULO 2

DE LA TRANSPARENCIA A LA *ACCOUNTABILITY* SOCIETAL: UNA INVESTIGACIÓN CONCEPTUAL Y DIMENSIONAL

Lucio Alves Angelo Junior
Centro de Investigación para la Gobernanza Global
Universidad de Salamanca

Suylan De Almeida Midlej E Silva
Profesora Asociada
Programa de Pós-Graduação em Administração
Universidade de Brasília (UnB-Brasil)

I. Introducción[1]

Los conceptos de transparencia, *accountability* y *accountabilty* societal abordados en este trabajo, así como sus principales dimensiones, a pesar de

---

1 El presente artículo ha sido originalmente admitido para presentación en el *VIII Encontro Nacional de Administração Pública* —EnAPG— realizado a fines de 2019 en la ciudad de Fortaleza. Su primera versión en portugués consta de los registros del evento (Código: EnAPG311). Su traducción al español ha sido acompañada de nuevas aportaciones teóricas obtenidas tras el avance de las investigaciones de los autores respecto de las temáticas en el ámbito del Grupo de Estudios *Sociedad, Estado y Corrupción* —GESOCC— y del Centro de Investigación para la Gobernanza Global —CIGG. Más allá del idioma, los nuevos estudios han sido conducidos con un enfoque preponderantemente hispanoamericano, con la finalidad de contribuir especialmente a los propósitos de la obra en este ámbito geográfico particular.

la falta de uniformidad en la literatura, permiten vislumbrar la existencia de un contexto común, en el que los actores gubernamentales sujetos a control interactúan con sus propios organismos o con la sociedad en un sentido amplio, siempre partir de datos puestos a disposición de manera mínimamente adecuada. También es importante reconocer que la transparencia no es un fin en sí mismo[2], aunque es un factor crucial para esta interacción[3], en la que el elemento central es la información.

Sin embargo, todavía no ha sido posible establecer conexiones teóricas indiscutibles entre la transparencia y la *accountabilty* societal. De ahí que la presente investigación indaga si es correcto establecer un marco relacional directo o indirecto entre dichos conceptos y, como consecuencia si la respuesta es positiva, si es posible identificar prácticas para ampliar su comprensión, así como para mejorar la implementación de políticas públicas enfocadas a la transparencia y a la rendición de cuentas gubernamental.

El objetivo del presente trabajo, por lo tanto, es investigar la existencia de un vínculo teórico entre las principales dimensiones relacionadas con la transparencia y la *accountability*, con énfasis en la *accountabilty* societal (o social, expresión igualmente encontrada para describir el mismo fenómeno). Este artículo igualmente busca plantear una problemática con relación a la casi omnipresente expresión «rendición de cuentas», muchas veces comprendida como sinónimo, o traducción exacta al idioma español del término anglosajón *accountability*. Para los fines de esta breve investigación, es relevante la alerta en el sentido de que estas dos formas van a ser tratadas como expresiones que poseen caracteres distintos.

El presente ensayo está estructurado en tres partes, además de la presente introducción. La siguiente sección presenta la metodología empleada en una investigación bibliométrica y bibliográfica previa, así como también en la revisión conceptual. A continuación, los siguientes apartados presentan los resultados encontrados en la literatura más relevante de acuerdo con criterios elegidos y expuestos en la metodología y se pasan a describir estos múltiples abordajes a los conceptos nucleares ora discutidos: transparencia, *accountabilty* y *accountabilty* societal, así como sus posibles interacciones que han sido investigadas por las ciencias sociales. La cuarta y última parte presenta las consideraciones finales y las posibles lagunas a las que todavía puede enfrentarse el mundo académico en lo que se refiere a la interacción entre los conceptos.

Partiendo de la premisa de que dichos temas son de suma importancia para pensar la Administración Pública y la gobernanza en la actualidad, tras

2 Nevado-Batalla Moreno (2014: 4-5) señala que la transparencia tiene al ciudadano como destinatario y debe funcionar como un instrumento de participación y control, «coadyuvando entonces a generar una mejor gestión pública».

3 Diamond; Morlino (2005); Koppel (2005).

el análisis de las principales dimensiones asociadas en la teoría a cada uno de los conceptos, se las puso lado a lado bajo un esquema que permite una visión panorámica de cada uno de los rasgos preconizados por la literatura, lo que permite un abordaje más didáctico. Para esta finalidad, se destacaron las nociones clave comunes a la transparencia y la *accountability*, incluso según su vertiente societal, sin olvidar los diversos alcances que puede conllevar la expresión «rendición de cuentas», según acepciones menos o más restringidas. Por ende, los resultados discuten esta posible relación entre los conceptos abordados, sin la cual el ejercicio del control social resultaría más dificultoso.

II. Metodología

El trabajo partió de una revisión bibliográfica, precedida de una investigación bibliométrica, que permitió suponer una relación entre los conceptos investigados. Como punto de partida, el análisis se realizó a partir de publicaciones nacionales y extranjeras, en los idiomas portugués, inglés y español, centrándose en las interfaces entre el postulado de la transparencia y la *accountabilty* societal, además de haber constatado los posibles desdoblamientos teóricos que involucran a esta última, utilizando como fuentes teóricas primarias los trabajos de O'Donnell (1998), Peruzzotti y Smulovitz (2002), y Gurza Lavalle e Isunza Vera (2010).

Tras buscar las cadenas «*accountability societal*» y «*social accountability*», «*transparency and accountability*» *y* «*transparencia e accountability*» (expresiones exactas), en las bases Capes (Brasil) y *Spell,* se obtuvo una muestra de 34 artículos. Todo ello tras eliminar los que quedaban fuera del ámbito del estudio propuesto, los que no tenían un número relevante de citas (menos de 5, según criterio elegido por los autores) o los que constituían las propias fuentes primarias. Cabe destacar que el análisis de los resultados, en esta etapa, tuvo un enfoque cuantitativo y un diseño descriptivo, basado en datos secundarios y en un muestreo no probabilístico, aunque sin un corte temporal específico en las búsquedas.

La no inclusión de la clave «rendición de cuentas» en los términos de búsqueda exacta se explica por las distintas amplitudes conceptuales que la involucran, muchas veces comprendida como sinónimo de *accountability*, opción con la cual los autores no están de acuerdo y que será abordada por este trabajo en momento oportuno. Sin dudas, una búsqueda que incluyese dicha *string* en español habría redundado con una cantidad muy superior de referencias, pero a la vez se estaría admitiendo resultados cuyo alcance semántico no correspondería al planteamiento crítico que se hace a las limitaciones que su traducción puede implicar. Esencialmente, por esta razón, se optó por no utilizarla, aunque merece la pena poner en claro que tampoco existe una opción al uso artificial de la terminología extranjera, sino que buscamos evidenciar la necesidad de indagar su sentido completo siempre que se esté frente a la expresión[4] para evitar una comprensión equivocada. Por esta razón, la investigación expresa su intuito de debatir esta disonancia.

Como resultado, se verificó que la transparencia y la *accountabilty* societal se mencionan de manera general en el mismo contexto científico, aunque la forma en que la literatura las aborda conjuntamente sigue siendo heterogénea, como se demostrará más adelante. También cabe destacar que las publicaciones de carácter empírico fueron francamente superiores, cerca de cuatro veces las de carácter teórico (79 % y 21 %, respectivamente), lo que refuerza la opción del enfoque propuesto en esta investigación y corrobora su justificación teórica, ya que predominan claramente los trabajos empíricos.

En cuanto a la naturaleza de los datos, a pesar de un cierto equilibrio entre los estudios cualitativos y los «cuali-quantitativos» (32 % de los casos para cada uno), ambos aspectos corresponden aproximadamente al doble de lo encontrado para el enfoque cuantitativo, cuya representación no es nada despreciable (15 %). En el 21 % de los casos no hubo clasificación, dado su carácter teórico.

Para el siguiente paso del estudio, se realizó una nueva búsqueda, esta vez sin finalidad métrica, en las bases de datos Capes, *Spell* y *Google Scholar,* a cuyos resultados, para su análisis, se añadieron trabajos ya indicados en la investigación bibliométrica y otros encontrados en las referencias de los autores ya conocidos (asemejándose a la técnica de muestreo «bola de nieve»), para la caracterización de los temas en estudio y sus posibles relaciones, incluyéndose ahí las nuevas aproximaciones necesarias a la publicación en el idioma castellano, como expuesto en la nota 1.

Las cadenas originales de búsqueda, en esta etapa, se centraron en las expresiones «*accountability societal*» y «*transparencia*», inclusive sus posibles variantes en inglés y español, ahora ya de forma aislada, así como en temas relacionado con «controle social» y «participação democrática» (cadenas en portugués). A continuación, el análisis de los textos tenía como objetivo identificar las referencias al tema «transparencia», llegando a los resultados que se exponen a continuación. Finalmente, se ha accedido a referencias de interés registradas en estos mismos textos encontrados originalmente, y las siguientes cuando necesario (repitiéndose la «bola de nieve»), ya que, a menudo, se encontró que había adherencia con esta investigación y cuyos contenidos permitían enriquecer la base teórica utilizada.

4 De momento, es suficiente ilustrarlo con el trabajo SCHEDLER (1999), donde la primera versión publicada en México, inicialmente en el año de 2004, tradujo el título original «*Conceptualizing Accountability*» como «¿Qué es la rendición de cuentas?». Sin perjuicio de esta opción, el autor no deja de profundizar la discusión respecto de la traducción y la necesidad de reconoces sus caracteres esenciales.

III. Conceptos y dimensiones analizados

1. Transparencia

SCHNACKENBERG y TOMLINSON (2016), al afirmar la multidimensionalidad de la transparencia, pudieron identificar, mediante una revisión bibliométrica entre las publicaciones con alto factor de impacto, que las investigaciones más relevantes la conceptualizaban mencionando tres formas esenciales: divulgación, claridad y precisión. Esta descomposición en tres dimensiones llevó a los autores a formular que la transparencia se caracterizaría por la percepción de calidad en la información compartida intencionadamente por un determinado emisor.

Así, desde una perspectiva instrumental, se pudo afirmar que la simple provisión de información pública por parte de los gobiernos no garantiza por sí misma a los ciudadanos el ejercicio de todas sus prerrogativas como tales. Sin embargo, es todavía una herramienta importante para verificar la correspondencia entre las acciones de los gobiernos y las demandas y expectativas de la comunidad[5], lo que contribuiría a reducir lo que el Banco Mundial ha denominado como *accountability* gap (brecha o laguna de *accountability, en traducción libre)* al abordar esta disonancia, en un informe de mayo de 2016 elaborado en el marco del Programa *Global Partnership for Social Accountability*[6]. Por lo tanto, la transparencia del Estado puede ser un medio para democratizar su relación con la sociedad civil, así como un recurso para que la población ejerza control sobre la Administración Pública[7]. En la misma línea, ABRUCIO y LOUREIRO (2004: 75 y ss.) recuerdan que la producción y difusión de información fiable y de calidad a los ciudadanos es una de las condiciones para una efectiva *accountability.* En ese sentido, la transparencia funciona como elemento limitador y preventivo[8] de las conductas corruptas, pues reduce la opacidad del poder[9] y expone el gobierno al escrutinio de los demás actores interesados *(«stakeholders»)* que conforman el sistema político y social, lo que aumenta las posibilidades de responsabilización y de sanciones[10].

5 OLIVEIRA JÚNIOR, T. M.; JORDÃO, C. S.; CASTRO JUNIOR, J. D. (2014).

6 WORLD BANK (2016: 4). En línea: https://documents1.worldbank.org (fecha de consulta: 26 de octubre de 2018).

7 MATIAS-PEREIRA (2005).

8 Pese a la mención de su carácter preventivo, RODRÍGUEZ GARCÍA Y ORSI (2011, 2012) incluyen la transparencia como dimensión relevante de las actividades de persecución penal y de administración de justicia con naturaleza represiva.

9 SCHEDLER (2008: 26).

10 BERTOT; JAEGER; GRIMES (2012).

Respecto de este abordaje a la calidad, es igualmente importante tener en cuenta que la *cantidad* de información disponible no debe ser diminuta a punto de no generar ningún beneficio, pero tampoco debe ser excesiva a punto de crear lo que Byung-Chul (2015: 80-81) ha denominado como «hiperinformación» e «hipercomunicación», que conllevan, de otra mano, una extremada dificultad de interpretación y de procesamiento por los interesados. En otras palabras, información escasa o superabundante son las dos caras de la misma moneda de la inutilidad para fines de transparencia.

Como consecuencia del uso adecuado de una cantidad balanceada de información, es posible vislumbrar y modelar una opinión pública consciente que permite el seguimiento efectivo de la compatibilidad de los planes de gobierno con los compromisos políticos adquiridos durante las elecciones, así como la implementación de las políticas y servicios públicos y el establecimiento de responsabilidades a los agentes públicos. Además, esta información resulta útil para el proceso de toma de decisiones y el consecuente aumento del bienestar común. Así, se entiende en consecuencia, que tales productos (producción y difusión adecuadas) son igualmente esenciales para el control del poder y constituyen elementos estructurales para construir una sociedad igualitaria y sostenible[11].

Algunas investigaciones empíricas han demostrado que el planteamiento de la transparencia como panacea para la corrupción debe verse con templanza y que los ambientes transparentes, si no se asocian a otros contextos favorables, pueden tener consecuencias perjudiciales para la sociedad, en lugar de desalentar la desviación. A través de experimentos basados en «*juegos de castigo institucional*», que utilizaban estímulos y recompensas para evaluar los niveles de cooperación entre los individuos en varios niveles, se encontró que la ausencia de mecanismos de sanción efectivos en sociedades en las que hay transparencia y conocimiento general sobre las desviaciones en la conducta de los líderes, estos comienzan a sentirse seguros para seguir practicando actos de corrupción porque se sienten protegidos por la certeza de la impunidad[12]. Estos hallazgos indican, por lo tanto, la necesidad de que el Estado garantice que aquellos que practican actos ilícitos no se queden exentos de las consecuencias por sus acciones.

Finalmente, Michener y Bersch (2011) identifican la «visibilidad» como un atributo de la transparencia y ya se reconoce que esta, asociada a mecanismos como el compromiso Sociedad-Estado, constituye una base fundamental para la *accountability societal*, el gobierno abierto y la coproducción de servicios y soluciones a problemas que antes sólo se asociaban a la figura del Estado[13]. Asimismo, la *accountability* como corolario de la transparencia

11 Schommer *et al.* (2015).

12 Muthukrishna *et al.* (2017).

13 Guerzovich; Schommer (2018).

puede visualizarse cuando se propone que los gestores públicos tengan la obligación de *rendir cuentas* de sus actos y, en caso de irregularidades, que puedan ser hechos responsables[14]. Sobre este tema, DIAMOND y MORLINO (2005) afirman de forma inequívoca que la transparencia constituye un elemento integrante de la accountability.

2. *Accountability*

Uno de los puntos de partida de este artículo, cuando se propone a analizar el contenido de la *accountability*, ha sido la afirmación de ANNA MARIA CAMPOS (1990) en el sentido de que inexiste una traducción literal y en vocablo único al portugués para la expresión *accountability*, de modo a reflejar la posible ausencia de esta noción en la realidad de ciertas sociedades. En continuación al trabajo de la profesora, PINHO y SACRAMENTO (2009) señalaron la existencia de una gran diversidad de traducciones basadas en diferentes fuentes léxicas a partir del inglés al portugués. La consulta a los diccionarios, aunque reforzó la falta de una traducción unívoca, permite evaluar una idea implícita de responsabilidad personal, unida a la noción más explícita de rendir cuentas. Los autores también concluyen, lapidariamente, que «el estudio sobre la comprensión del significado de la *accountability* tiene un carácter progresivo e inagotable», y pretende garantizar que el poder se utilice siempre en beneficio del interés público. De manera semejante, trabajos posteriores lograron identificar algunas etapas esenciales de este amplio proceso de índole democrática, como la información transparente a los ciudadanos, la rendición de cuentas por parte de los agentes públicos y su potencial responsabilización por los actos practicados[15].

En el idioma castellano, tampoco se ha encontrado una traducción semánticamente idéntica y reducida a una sola palabra. Frente a esta realidad, el conjunto vernáculo más difundido para expresar la idea es, indubitablemente, la «rendición de cuentas». GURZA LAVALLE e ISUNZA VERA (2010: 20), por ejemplo, la utilizan para designar sintéticamente la *accountability* en la lengua española. Y, de hecho, lo mismo resuena en la aproximación del gobierno de España, que define la rendición de cuentas con la misma extensión[16]. Esta problemática ha había sido planteada y profundizada por SCHEDLER (2008:

---

14 SILVA; PEREIRA; ARAÚJO (2014).

15 PRADO (2006).

16 Según el Portal de la Transparencia de la Administración General del Estado, "La rendición de cuentas es el deber que tienen las personas que ejercen labores de servicio público de informar, justificar, responsabilizarse pública y periódicamente sobre el uso dado a los fondos asignados y los resultados obtenidos siguiendo los criterios de eficiencia, eficacia, transparencia y legalidad. En línea: https://transparencia.gob.es/transparencia/transparencia_Home/index/PublicidadActiva/Presupuestaria/RendicionCuentas.html (fecha de consulta: 1 de noviembre de 2022).

11-12) que, al iniciar su abordaje a «la palabra mágica, el concepto clave» que es la *accountability*, subrayando su origen en el inglés como «*lingua franca*» de la comunidad internacional y de la Ciencia Política comparada, reconoció no haber un «equivalente preciso en castellano, ni una traducción estable»[17]. El autor considera que el concepto no haber sido todavía totalmente desarrollado puede ser un escollo, pero ello no hace imposible identificar dos elementos indisociables de su construcción y de sus finalidades, como combatir los abusos de poder, a saber: la *«responsabilidad»* (descompuesta en *«*información*»* y *«*justificación*»*) y las sanciones, o castigos, cuyos significados pueden resumirse en el deber de información y explicación pública de los actos practicados, en relación con la primera, y la capacidad de punición, en relación con la segunda, en casos de violaciones a los deberes públicos por parte de funcionarios y políticos[18].

No obstante, observamos que una de las dimensiones que componen la respondabilidad para SCHEDLER en verdad estaría mejor ubicada en el ámbito de la transparencia. Es que este desplazamiento del elemento central que es la información puertas adentro de la *accountability* nos parece aislarlo de sus otros atributos esenciales, como la calidad y la visibilidad, en el contexto en que conforman la transparencia como un antecedente necesario, de acuerdo con lo establecido en la literatura estudiada. En otras palabras, aunque es verdad que no se puede prescindir de la información, esta ya se encuentra en el núcleo de la transparencia (como presupuesto), razón por la cual comprendemos que al ámago de la respondabilidad bastaría que se hiciese presente la justificación, que nos parece lo equivalente semántico a rendir (entregar) cuentas. Pero ese acto, despojado de la amenaza de castigo, no constituye la *accountability* en su entereza. De todos modos, en este contexto se puede entender la *accountability* como un fenómeno que resulta del control, en el que se agregan la necesidad de ser transparente, explicar la adopción de decisiones de interés público y la posibilidad de sanción.

Respecto de la sanción, a pesar de su relevancia, es necesario advertir que esta tampoco parece presentarse como elemento suficiente o preponderante para la *accountability*, una vez que su existencia, sea social o formal, aunque contribuye para mejorar los niveles de las prestaciones públicas bajo ciertos contextos, no necesariamente conlleva resultados sostenibles o mejores servicios a favor de la población. En efecto, si de una mano las sanciones pueden implicar una mayor atención de los proveedores de servicios públicos,

---

17 El autor cita algunas alternativas como "control", "fiscalización", o "responsabilidad", aunque afirma la "rendición de cuentas" como expresión "más cercana" al sentido original. De todos modos, igualmente señala que esta traducción "impone un lenguaje más tortuoso, menos elegante", principalmente cuando conlleva la necesidad de adjetivarla.

18 *"Answerability" y "enforcement"*, en sus acepciones originales, lo que genera otros "problemas formidables de traducción" (SCHEDLER, 2008: 13-17). La opción por la traducción estéticamente disonante y poco difundida "respondabilidad" se trata de una concesión explícita del autor a la falta de mejor opción en el contexto de su trabajo.

motivación y mayor disponibilidad de personal y material, de otra, algunos resultados negativos han sido observados, como la reducción de transparencia, descrédito, represalias, amenazas y daños a la moral del personal. Así, si no se ha construido relaciones o sistemas para promover en buen comportamiento, muchos dilemas éticos asociados a esfuerzos de sanción han que ser considerados de manera cuidadosa[19]. Sin perjuicio de lo expuesto, en el ámbito del enfrentamiento a la corrupción, sobresale la importancia de indagar si las sanciones son adecuadas para la prevención y represión de actos ilícitos, si los medios jurídicamente disponibles para esta finalidad son suficientes[20] y aclarar las condiciones bajo las cuales las propias agencias de investigación, como las Unidades de Inteligencia Financiera, se sujetan a rendir cuentas[21].

A estas ideas se agregan otros estudios que preconizan formas más amplias (y menos precisas) de definir la *accountability,* como simplemente «hacer que los actores estatales rindan cuentas de sus actos»[22], sin olvidar los presupuestos de la posibilidad de acceder a la información gubernamental y de imputar formal o informalmente la responsabilidad, además de la propia posibilidad de sancionar.

De todos modos, la *accountability* también puede concebirse bajo una dimensión horizontal, en la que el control se ejerce dentro de la estructura estatal, por medio de organismos jerárquicamente equivalentes a los controlados o no, y la dimensión vertical, en la que los ciudadanos ejercen el control sobre sus representantes, en una relación de clara subordinación de éstos a aquellos, principalmente por medio del proceso electoral en el cual la no reelección aparece como forma de sanción[23]. No obstante, precisamente por entender la posibilidad de ir más allá de estas dos dimensiones clásicas, GOETZ y JENKINS (2001) identificaron posibles formas híbridas *(diagonales)* de *accountability,* con las que se pretendía superar ciertos límites de los mecanismos verticales y horizontales, con el compromiso de los ciudadanos con los organismos de control del Estado (horizontales), vigilando conjuntamente la calidad de los servicios públicos, y con la elaboración paralela e independiente de informes de cuentas públicas que a veces contradecían las versiones oficiales. En ambos casos, es importante señalar la estrecha relación con el concepto de «coproducción» de información y control, formulado por DOIN *et al.* (2012). Otra característica relevante surge de la percepción de que la *accountability* requiere de un vínculo entre actores; unos legitimados por la

19 ASTON, A; ZIMMER SANTOS, G. (2022: 4).

20 RODRÍGUEZ GARCÍA, N. (2013: 136).

21 CARRILLO DEL TESO, A.E. (2014: 187 y ss.).

22 FOX (2006).

23 O'DONNEL (1998: 112-113).

ley para exigirla y otros, bajo el mismo marco legal, obligados a brindarla, por lo que se evidencia un concepto relacional[24] y dinámico.

Al identificar la fragmentación conceptual existente entonces en la literatura internacional sobre la *accountability* y al atribuir a dicho fenómeno la etiqueta de *trastorno de accountability múltiple* Koppel (2005)[25], vislumbró cinco dimensiones, esenciales y distintas, que deberían constituir la *accountability* del Estado ante la sociedad: transparencia, responsabilidad, controlabilidad, receptividad y capacidad de respuesta[26]. El autor también afirma que la disparidad de concepciones de la responsabilidad tiene el potencial de socavar la eficacia de la organización, lo que justifica un intento de unificación.

Sin embargo, parece estar seguramente establecido en la literatura que la participación y el compromiso de los ciudadanos son elementos clave para la conducción de los asuntos de interés para la comunidad, sin los cuales no habría forma de lograr la efectividad de las políticas públicas de interés social. Así, los resultados de estas interacciones surgen como consecuencia de nuevas actitudes y prácticas, capaces de redefinir la cultura política, razón por la cual se afirma que «el control ejercido por los ciudadanos ante el poder público constituye un bien público fundamental»[27]. Aquí, incluso es posible diferenciar el control ciudadano, realizado individualmente, del control social, logrado por actores colectivos. Sin embargo, aunque desde este punto de vista son preferibles las formas de control más estables y a veces complejas como la última, no se puede desmerecer la importancia de las intervenciones más simples y oportunas como en el primer caso. En apoyo de esta formulación, se afirma que la existencia del control es un requisito previo para la existencia de la *accountability*, aunque no es cierto lo recíproco, ya que no todas las formas de control (como el previo) incluyen mecanismos de responsabilidad y sanción[28]. Lo que se puede extraer para los fines del presente trabajo es que la inexistencia de una traducción literal ya sea para la *accountability* o para sus numerosas variantes presentadas, no impide la identificación de características convergentes a lo largo de la literatura (aunque con potenciales variaciones, dependiendo de los enfoques de los autores).

Sin perjuicio de lo anterior, los hallazgos tienden a superar el modelo tradicional de *accountability,* sea como simples «rendición de cuentas» o ya como un proceso unidireccional, proponiendo, si no enfoques más amplios

24 Cider (2011); Moncrieffe (2011). Schedler (2008: 14) se refiere a una «relación de diálogo entre los actores que exigen y los que rinden cuentas (...) involucrándolos en un debate público».

25 «*Multiple accountabilities disorder*», en la expresión original.

26 «*Transparency, liability, controllability, responsibility, and responsiveness*».

27 Doin *et al.* (2012: 58).

28 Gurza Lavalle; Isunza Vera (2010: 20-31).

respecto a la interacción Sociedad-Estado, modelos que, de un modo u otro, priorizan o relativizan el peso y la función de uno o más actores a lo largo del proceso. Es dentro de estas concepciones donde podemos enmarcar otro segmento teórico en torno al cual también gravita la presente investigación: la *accountability «societal» o «social»*. Aunque las expresiones sí son equivalentes en portugués[29] y tampoco parecen alejarse en el idioma castellano[30], además de traducir un cierto extranjerismo[31], se ha optado por la primera en el título no solo por ya haber sido acuñada por otros autores hispanófonos, sino porque también ejerce una función particular de realce, por ser menos común.

3. *Accountability* societal

Retomando la referencia a la verticalidad defendida por O'DONNEL (1998), aunque hay sido acuñada posteriormente, en el sentido de que los ciudadanos se ubican en una posición de superioridad al Estado y a sus miembros (electos o no), es posible entender la razón por la que CAMPOS (1990) se preocupaba con la insuficiencia del sufragio como instrumento de *accountability*, como señalan PINHO y SACRAMENTO (2009: 1345-1355), lo que da lugar a otros procesos de control de los representantes elegidos que pueden ir más allá del momento electoral.

En la misma línea, CARNEIRO y COSTA (2001) llamaron a la *social accountability* la expansión conceptual que podría darse en el eje vertical, siendo ésta una forma de control voluntaria y generalmente ejercida de forma organizada, a lo largo de los mandatos electivos, ya sea por medios institucionalizados o no, admitiendo incluso el uso de medios informales por parte de la sociedad. De otra mano, PRZEWORSKI (2006) advirtió que en América Latina la debilidad del control popular sobre los gobiernos es inherente a la forma de democracia local, lo que impone claramente la necesidad de nuevos enfoques, como el de la *accountability* social. Según PERUZZOTTI y SMULOVITZ (2002) esta debe incorporar otros conceptos de la literatura sobre la sociedad civil y la esfera pública, con énfasis en los importantes roles que desempeñan las asociacio-

29 Según el Diccionario Priberam de la lengua portuguesa *(Dicionário Priberam da Língua Portuguesa)*:
«Societal (so·ci·e·tal) adjetivo de dois gêneros. Relativo ou pertencente a sociedade (ex.: inserção societal). = SOCIAL. Origem etimológica:inglês societal». En línea: https://dicionario.priberam.org/societal (fecha de consulta: 29 de septiembre de 2023).

30 El Diccionario de la lengua espanõla de la Real Academia no reconoce «societal» como una palabra, pero ello no ha impedido su uso relativamente común en el presente ámbito de estudios. En línea: https://dle.rae.es/societal?m=form (fecha de consulta: 29 de septiembre de 2023).

31 Por su origen inglés. *Vid*. Nota 6, arriba.

nes, los movimientos organizados con reivindicaciones, las organizaciones no gubernamentales (ONG) y los medios de comunicación en general.

Sin desprenderse de las pautas anteriormente expuestas en la literatura, PERUZZOTTI y SMULOVITZ (2002: 32) definieron *la social accountability* como «un mecanismo de control vertical y no electoral de las autoridades políticas basado en las acciones de un amplio espectro de asociaciones y movimientos ciudadanos, así como en las acciones de los medios de comunicación». Los principales movimientos asociados al fenómeno serían, por tanto, la denuncia e investigación pública, la movilización social, la denuncia ante los organismos de control horizontal y el litigio judicial ordinario, tanto contra políticos como contra burócratas.

Otra perspectiva interesante sobre los elementos que componen la noción de *social accountability* es la introducida por SCHOMMER *et al.* (2015), en la que el compromiso permanente y mutuo entre las agencias estatales que producen información y ejercen control sobre el gobierno y todos los demás actores en el desarrollo de tales actividades presentes en la sociedad civil, como los ciudadanos, individualmente o agrupados en consejos o asociaciones. Tales observaciones, según los mismos autores, son coherentes con lo que DERNHARDT y DERNHARDT (2015) habían afirmado hace tiempo sobre la *accountability* (aunque sin calificarla de «social»), como un fenómeno complejo, local y coproducido por múltiples agentes a través de procesos abiertos e innovadores.

En la literatura anglófona, FOX (2009), por su parte, afirma que el aspecto social de la *accountability* fue formulado bajo marcos conceptuales que deben ser superados (por ejemplo, aquellas mismas dimensiones *espaciales* propuestas por O'DONNEL en 1998), por lo que es necesario establecer deductivamente nuevas proposiciones, distinguiendo los enfoque «táctico» y «estratégico», así como una relación entre lo que el propio autor llamó «voz» y «dientes» (éstos, en alusión a la capacidad de respuesta) y la integración vertical de diversos actores. Factores como la información sobre los servicios públicos centrada en el usuario, la existencia de criterios de agregación y representatividad a la voz colectiva, la capacidad *(«dientes»)* del Estado para responder a la voz de los ciudadanos, ya sea a través de sanciones o de reformas proactivas, y la consideración de enfoques tanto preventivos como reactivos pueden ser decisivos para promover una verdadera *accountability* social[32]. Eso sin perjuicio de lo que proponían BRUDNEY y ENGLAND, ya en 1983, respecto de la importancia de esfuerzos voluntarios de individuos o grupos destinatarios de políticas públicas dirigidos a mejorar la calidad de los servicios, lo que funcionaría como inductor de situaciones en las que los supuestos de la *accountability* social podrían emerger con mayor vigor.

32 Fox (2009).

Según GUERZOVICH y SCHOMMER (2018), la «*accountability* social» puede definirse como el alcance y la capacidad de los ciudadanos para movilizarse y actuar más allá de las elecciones, con el fin de involucrarlos, desencadenar respuestas basadas en sus necesidades y hacer que los agentes estatales y los proveedores de servicios públicos rindan cuentas. Los autores también señalan que la modalidad social de *accountability* comparte en gran medida elementos clave de otra estrategia de interacción denominada «gobierno abierto», cuyos ejes centrales serían: la transparencia sostenible, la rendición de cuentas, la participación y la capacidad de respuesta del gobierno ante sus propios ciudadanos.

GURZA LAVALLE e ISUNZA VERA (2010), en un amplio estudio, señalaron la necesidad de establecer precisiones conceptuales sobre estas expresiones clave para orientar sus estudios y, en su síntesis, clasifican los mecanismos de *accountability* bajo una nomenclatura que ha venido a englobar tanto las matrices espaciales (*v. g.* vertical y horizontal) como la calidad de los implicados en sus relaciones. Inicialmente, los autores introdujeron la idea de que actores colectivos, en calidad de tales, más que prácticas de participación, tienden a adoptar prácticas de representación, aunque los conceptos de control social son generalmente pensados sin reconocer esta circunstancia. Esto se debe a que las formas más exigentes de control exigen que estos actores colectivos traten de influir en los procesos de toma de decisiones en nombre de alguien, de manera que se caracterice esta práctica de representación. En el ámbito del control social, por lo tanto, las más altas expectativas de la ideología participativa sólo podrían alcanzarse a través de expedientes no electorales de representación política[33]. De ahí que los autores afirmen que sería posible abordar las interfaces socio-estatales desde el momento en que se verifica la presencia concomitante de un sujeto estatal por un lado y un sujeto social por el otro. Como consecuencia lógica de este razonamiento, es cuando un actor social surge como representante de otros (ya sean individuales o colectivos), en experiencias dirigidas a lograr la rendición de cuentas de los actores estatales, que se caracteriza la *accountability* societal. Así, este proceso no sólo buscaría activar los mecanismos de pesos y contrapesos inherentes al propio Estado democrático (lo cual es claro en el ejemplo anterior), sino también contribuir a la formación de la opinión de la sociedad sobre el desempeño de los actores estatales, generando críticas o reconocimiento de la legitimidad de sus acciones, trascendiendo el ciclo de sanción o recompensa que se da en los actos de renovación electoral[34].

Por último, cabe señalar que SMULOVITZ y PERUZZOTTI (2000) definieron la *accountability* social indistintamente para los actores colectivos, los ciudadanos o incluso los medios de comunicación independientes, comprendiendo tanto la movilización ciudadana como los escándalos mediáticos y la

33 GURZA LAVALLE; ISUNZA VERA (2010: 62-64).

34 MANIN (1997).

provocación del funcionamiento de los mecanismos de control horizontales propios de las democracias. Sin perjuicio de lo expuesto, no se puede olvidar que, en la «*societal accountability*», los actores, individuales o colectivos, muchas veces no actúan con plenitud y, «carentes de recursos para aplicar sanciones materiales efectivas, muchas veces se tienen que limitar a la mera ventilación pública de sus acusaciones»[35].

IV. Conclusiones

Como visto, los conceptos de transparencia, *accountability* y *accountability* societal comparten, de hecho, importantes atributos formulados y ya consolidados por la literatura, muchas veces solapándose, pero sin perjuicio de que, a nivel teórico, la existencia de una estrecha relación es innegable. No sería excesivo admitir, por tanto, que la *última* puede entenderse como una forma de *accountability* centrada en la figura de los actores de la sociedad, necesariamente instrumentalizada por la transparencia, y que puede manifestarse de varias maneras. La síntesis de los hallazgos está puesta en la Tabla I a seguir:

Tabla I: Principales conceptos y dimensiones encontrados en la literatura

Transparencia	Accountability	Accountability Societal
Información/ Claridad/Divulgación/ Disponibilidad/Precisión (SCHNACKENBERG; TOMLINSON, 2016)	Transparencia (DIAMOND; MORLINO, 2005; KOPPEL, 2005)	Participación ciudadana/ compromiso local (SCHOMMER *et al.*, 2015)
Información/Completitud/ Calidad/Fiabilidad (ABRUCIO; LOUREIRO, 2004)	Información/Participación/ Repre-sentación (GURZA LAVALLE; ISUNZA VERA, 2010)	Participaciónde la Sociedad Civil Organizada (PERUZZOTTI; SMULOVITZ, 2002; GURZA LAVALLE; ISUNZA VERA, 2010)
Visibilidad (MICHENER; BERSCH, 2011)	Respondabilidad/ responsabilidad/ capacidad de respuesta (GURZA LAVALLE; ISUNZA VERA, 2010; FOX, 2006; KOPPEL, 2005)	Actividad mediática (PERUZZOTTI; SMULOVITZ, 2002)
Ausencia de asimetría (PINHO; SACRAMENTO, 2009)	Información/ Respondabilidad/ Sanción (SCHEDLER, 1999)	Co-producción de servicios (GUERZOVICH; SCHOMMER, 2018)

35 SCHEDLER (2008: 21).

Transparencia	Accountability	Accountability Societal
Co-producción de la información (DOIN *et al.*, 2012)	Controlabilidad/ receptividad (KOPPEL, 2005)	Actores colectivos (GURZA LAVALLE; ISUNZA VERA, 2010; PERUZZOTTI; SMULOVITZ, 2002)
Balance entre calidad y cantidad (BYUNG-CHUL, 2015)	Control (GURZA LAVALLE; ISUNZA VERA, 2010; KOPPEL, 2005; DOIN *et al.*, 2012; MATIAS-PEREIRA, 2005)	Presión sobre las agencias de control (GOETZ; JENKINS, 2001)
Inexistencia de opacidad del poder (SCHEDLER, 2008).	Influencia Electoral (O'DONNEL, 1998; MANIN, 1997)	Agregación y representatividad a la voz colectiva (FOX, 2009)

Fuente: Elaboración propia.

Además, habiendo identificado varias líneas teóricas cuyas dimensiones se basan en la existencia de elementos comunes e inseparables de los conceptos investigados, tales como la disponibilidad de información clara y precisa, la posibilidad de justificación y sanción, así como la participación de los actores sociales, es posible establecer, al menos observando una porción relevante de la literatura, una relación de continencia sucesiva que parte de la transparencia, como elemento central y antecedente, a la *accountability* y sus caracteres propios, incluyendo su vertiente societal como subconjunto si aislados sus actores específicos, como se esquematiza en la Figura I.

Figura I: Resumen esquemático de las dimensiones propuestas por la literatura.

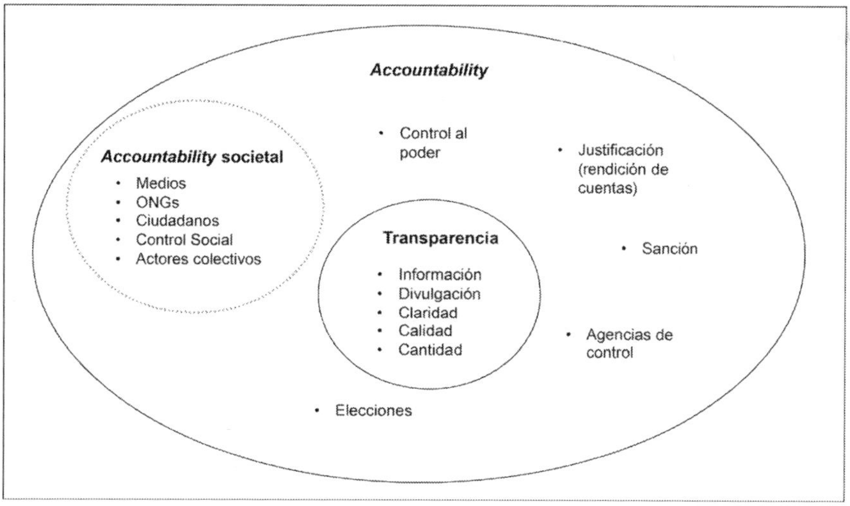

Fuente: elaboración propia.

Del esquema expuesto anteriormente, se puede extraer que la divulgación de informaciones claras, con calidad y cantidad adecuadas a su manejo por los ciudadanos y grupos de interés se convierte en un elemento central en este proceso que debe (o debería) culminar con la *accountability*. Por tanto, no es descabellado admitir que sin la transparencia como dimensión interna de la *accountability* no sería posible el control, y mucho menos el control social, por lo que es importante que esta relación casi simbiótica funcione satisfactoriamente, según la teoría, para que la administración pública pueda fortalecer sus mecanismos inherentes de forma a garantizar la prevalencia del interés público.

En cuanto a la «rendición de cuentas», a pesar de su uso consolidado en el idioma español, comprendemos que esta constituye solamente uno de los componentes (aunque esencial) de la *accountability*, como se ve en la figura. En este particular, debe ser entendida como una dimensión más cercana a la justificación y que no necesita la información como elemento asociado, una vez que esta ya es un supuesto de la transparencia sobre la cual se apoyan las demás dimensiones de la *accountability*. Como afirmado anteriormente, si en un cierto contexto la «rendición de cuentas» no se hiciera acompañar, implícita o explícitamente de la posibilidad de sanción al agente culpable, tampoco se estaría tratando en rigor de lo que se busca comprender como sinónimo de *accountability*. Sería una rendición de cuentas incompleta. Parece, por lo tanto, que el planteamiento respecto de una (im)posible traducción de la *accountability* al portugués también se traslada de cierta forma al español, no solo porque su terminología consagrada no logra hacerlo a través de un único vocablo, sino también porque su contenido podría quedar demasiado acortado. De todos modos, lo más importante, en este momento, es poner atención en estas posibles interpretaciones o alcances distintos y así evitar sesgos o conclusiones equivocadas cuando se esté tratando de la rendición de cuentas.

Referencias

Abrucio, F. L.; Loureiro, M. R. (2004): «Finanças públicas, democracia e accountability: debate teórico e o caso brasileiro». En: Arvate, P. R.; Biderman, C. *Economia do setor público no Brasil.* Rio de Janeiro: Elsevier (75-102).

Aston, A; Zimmer Santos, G. (2022): *Social accountability and service delivery effectiveness: what is the evidence for the role of sanctions?* En línea: https://documents1.worldbank.org/curated/en/099534209302293819/pdf/IDU0aff7666c06b8804bc00a9170ce2d26867056.pdf (fecha de consulta: 10 de octubre de 2023).

Bertot, J. C.; Jaeger, P. T.; Grimes, J. M. (2012): «Promoting transparency and accountability through ICTs, social media, and collaborative e-government». *Transforming Government: People, Process and Policy*, vol. 6, núm. 1 (78-91).

Brudney, J. L.; England, R. E. (1983): «Toward a definition of the coproduction concept». *Public administration review*, vol. 43, n.º 1 (59-65).

Byung-Chul, H. (2014): *En el enjambre*. España. Herder.

Byung-Chul, H. (2015): *La sociedad de la Transparencia*. Argentina. Herder.

Campos, A. M. (1990): «*Accountability*: quando poderemos traduzi-la para o português?». *Revista de Administração Pública*, vol. 24, núm. 2 (30-50).

Carrillo Del Teso, A. E. (2014): «Unidades de inteligencia financiera: las TICs en la prevención del blanqueo de capitales». En: *Moderno discurso penal y nuevas tecnologías: memorias [del] III Congreso Internacional de Jóvenes Investigadores en Ciencias Penales, 17, 18 y 19 de junio de 2013*. Salamanca: Ediciones Universidad de Salamanca (187-200).

Carneiro, C. B. L.; Costa, B. L. D. 2001: «Inovação institucional e *accountability*: o caso dos conselhos setoriais». *VI Congreso Internacional del CLAD sobre la Reforma del Estado y de la Administración Pública*. Buenos Aires, Argentina (5-9).

Cider. Centro Interdisciplinario de Estudios sobre el Desarrollo (2011): *Informe final de investigación. Análisis y estudio de experiencias de accountability social en américa Latina*. En línea: http://ahernand.uniandes.edu.co/Documentos/infor-me_final_accountability_social2011.pdf (fecha de consulta: 29 de agosto de 2018).

Diamond, L.; Morlino, L. (2005): *Assessing the quality of democracy*. JHU Press.

Doin, G.; Dahmer, J.; Schommer, P.; Spaniol, E. (2012): «Mobilização social e coprodução do controle: o que sinalizam os processos de construção da lei da ficha limpa e da rede observatório social do brasil de controle social». *Pensamento & Realidade. Revista do Programa de Estudos Pós-Graduados em Administração-FEA*, vol. 27, núm. 2 (56-79).

Fox, J. A. (2006): «Sociedad civil y políticas de rendición de cuentas». *Revista Perfiles Latinoamericanos*, vol. 13, n.º 27 (33-68).

Fox, J. A. (2009): «The uncertain relationship between transparency and accountability». *Development in practice*, vol. 17, n.º 4-5 (663-671).

Goetz, A. M.; Jenkins, R. (2001): «Hybrid forms of accountability: citizen engagement in institutions of public-sector oversight in India». *Public Management Review*, vol. 3, n.º 3 (363-383).

Guerzovich, F.; Schommer, P. C. (2018): «Social Accountability and Open Government: Different Types of Collaborative Engagement». *Revue Internationale des Gouvernements Ouverts*, vol. 7 (149-164).

Koppell, J. G. (2005): «Pathologies of accountability: ICANN and the challenge of "multiple accountabilities disorder"». *Public administration review*, vol. 65, n. 1 (94-108).

Gurza Lavalle, A.; Isunza Vera, E. (2010): «Precisiones conceptuales para el debate contemporáneo sobre la innovación democrática: participación, controles sociales y representación». En: Isunza Vera, E.; Gurza Lavalle, A. (coords.) *La innovación democrática en América Latina. Tramas y nudos de la representación, la participación y el control social* (19-84).

Manin, B. (1997): *The principles of representative government*. Cambridge University Press.

Matias-Pereira, J. M. (2005): «Reforma do Estado e controle da corrupção no Brasil». *Caderno de Pesquisas em Administração*, vol. 12, n.º 2 (1-17). En línea: http://repositorio2.unb.br/jspui/handle/10482/919 (fecha de consulta: 25 de octubre de 2023).

Michener, G.; Bersch, K. (2011): «Conceptualizing the quality of transparency». *1.ª Conferência Global sobre Transparência*. Rutgers University: Newark.

Moncrieffe, J. (2011). *Relational accountability: complexities of structural injustice*. Zed Books Ltd.

Muthukrishna, M.; Francois, P.; Pourahmadi, S.; Henrich, J. (2017): Corrupting cooperation and how anti-corruption strategies may backfire. *Nature Human Behaviour*, vol. 1, n.º 7 (138).

Nevado-Batalla Moreno, P. T. (2014): «Paradigmas de la mejora y el control de la gestión pública (transparencia, responsabilidad y calidad de los servicios): perspectivas desde el ordenamiento jurídico español» *Iustitia*, n.º 12 (329-349).

O'donnell, G. A. (1998): «Horizontal accountability in new democracies». *Journal of democracy*, vol 9, n.º 3 (112-126).

Oliveira Júnior, T. M.; Jordão, C. S.; Castro Junior, J. L. P. (2014): «Transparência, monitoramento e avaliação de programas no Brasil: em busca de opacidades que podem restringir o exercício do controle social». *Revista do Serviço Público*, vol. 65, n.º 1 (25-47). En línea: https://repositorio.enap.gov.br/handle/1/1375 (fecha de consulta: 15 de noviembre de 2023).

Orsi, O. G.; Rodríguez García, N. (2011): *Transparencia, acceso a la información y tratamiento penal de la corrupción.* España. Editores del Puerto.

Peruzzotti, E.; Smulovitz, C. (2002): «Accountability social: la otra cara del control». *Controlando la política. Ciudadanos y medios en las nuevas democracias latinoamericanas* (23-52).

Pinho, J. A. G. D.; Sacramento, A. R. S. (2009): «Accountability: já podemos traduzi-la para o português?». *Revista de Administração Pública - RAP*, vol. 43, n.º 6 (1343-1368).

Prado, O. (2006): «Agências reguladoras e transparência: a disponibilização de informações pela Aneel». *Revista de Administração Pública*, vol. 40, n.º 4 (631-646).

Przeworski, A. (2006): «Social accountability in Latin America and beyond». *Enforcing the Rule of Law: Social Accountability in the New Latin American Democracies* (323-333).

Rodríguez García, N. (2013): «Corrupción, estado de derecho y poder judicial: retos y límites de las iniciativas supranacionales e internacionales de asistencia y cooperación judicial penal». En: Berdugo Gómez De La Torre, I.; Bechara, A. E. L. S. (coords.): *Estudios sobre la Corrupción: una reflexión hispano brasileña.* 1.ª ed. (135-240).

Rodríguez García, N.; Orsi, O.G. (2012) «Administración de justicia y persecución penal de la corrupción. Políticas de transparencia activa en el Ministerio Público a partir de la experiencia argentina». En: Fabián Caparrós, E. A.; Ontiveros Alonso, M.; Rodríguez-García, N. (coords.) *El derecho penal y la política criminal frente a la corrupción.* Instituto Nacional de Ciencias Penales (105-196).

Schedler, A. (1999): «Conceptualizing Accountability». En: Schedler, A.; Diamond, L.; Plattner, M. F. (eds.): *The Self-Restraining State: Power and Accountability in New Democracies. Boulder y Londres: Lynne Rienner Publishers* (13–28).

Schedler, A. (2004): «¿Qué es la rendición de cuentas?». *Cuadernos de transparencia*, n.º 03, 1.ª Ed. IFAI. Ciudad de México.

Schedler, A. (2008): «¿Qué es la rendición de cuentas?». *Cuadernos de transparencia*, n.º 03, 6.ª Ed. IFAI: Ciudad de México. En línea: http://biblioteca.udgvirtual.udg.mx/jspui/bitstream/123456789/1047/1/Qu%C3%A9%20%20es%20la%20rendicion%20de%20cuentas.pdf (fecha de consulta: 10 de octubre de 2023).

Schnackenberg, A. K.; Tomlinson, E. C. (2016): «Organizational transparency: A new perspective on managing trust in organization-stakeholder relationships». *Journal of Management*, vol. 42, n.º 7 (1784-1810).

Schommer, P. C.; Rocha, A. C.; Spaniol, E. L.; De Sousa, A. D.; Dahmer, J. (2015): «Accountability and co-production of information and control: social observatories and their relationship with government agencies». *Revista de Administração Pública - RAP*, vol. 49, n.º 6 (1375-1400).

Silva, W. A. C.; Pereira, M. G.; Araújo, E. A. T. (2014): «Estudo da criação de valor econômico e transparência na administração pública». *Desenvolvimento em Questão*, vol. 12, n.º 26 (142-176).

Smulovitz, C.; Peruzzotti, E. (2000): «Societal Accountability in Latin America». *Journal of democracy*, vol. 11, n.º 4 (147-158).

World Bank (2016): «Global Partnership for Social Accountability in Review».

CAPÍTULO 3

FUNDAMENTO MATERIAL DE LOS DELITOS ESPECIALES A PARTIR DE SU ORIGEN HISTÓRICO: DEL DERECHO PENAL MILITAR AL FUNCIONARIAL CIVIL

Alejandro Leiva López
Profesor-Investigador
Universidad Finis Terrae

I. Introducción

El origen de los delitos especiales, que algunos denominan como delitos especiales *propios*, delitos *especiales de deber*, o como aquí se conciben, delitos *estatutarios*, se remonta al Derecho romano (siglo V d. C.) y, en concreto, a las disposiciones que consagra el Digesto en relación con los delitos militares. Tales ilícitos, denominados allí como *delicta propria*, en oposición a los *delicta communia*, han sido objeto de mención en prácticamente todos los trabajos que se han abocado con cierta profundidad a este tema. Sin embargo, su evocación no suele pasar de una mera enunciación histórica o testimonial.

Este trabajo busca rescatar los aportes que tal categoría primigenia entregó al contenido material de los que hoy conocemos como delitos especiales y como ello incide en el tratamiento de la intervención criminal —el problema de la participación—, para desde allí, recuperar su naturaleza —su *ratio essendi*— en cuanto cualidad limitadora del círculo de destinatarios de la norma.

La relevancia de rescatar dicha naturaleza radica en que, partiendo del ejemplo de los *delictum proprium* brindado por la ley, los glosadores romanos creyeron posible afirmar que no había motivo alguno para circunscribir el ámbito de los *delicta propria* únicamente a los delitos militares, sino que también debía extenderse a los delitos de funcionario y a los delitos cometidos por religiosos[1]. Esta forma de entender los delitos especiales fue recepcionada por un grupo no menor de juristas alemanes del siglo XIX, quienes vieron en tal categoría los fundamentos para sostener la impunidad de todo partícipe *extraneus* en un delito funcionario *(Amtsverbrechen)*. Dichos aportes, empero, no han sido objeto de mayor atención por parte de la dogmática actual.

Así, el recurso a las disposiciones del Digesto no debe entenderse como un mero antecedente desprovisto de relevancia actual. Muchas de las normas que allí se contienen poseen su corolario en la ley vigente —especialmente en materia militar— y su lógica habría servido de base al legislador histórico como principio ordenador del Código Penal español de 1848-50. Sin ir más lejos, Pacheco distinguió con nitidez los delitos militares de los delitos comunes, abogando por que los primeros tuviesen su propio código, sin perjuicio de lo cual y, atendido su carácter igualmente especial, destinó un título propio a los delitos funcionarios, dando cuenta de dicha autonomía.

II. Origen de los delitos especiales: los *delicta propria* y los *delicta communia*

El origen de los delitos especiales se suele atribuir a las normas sobre Derecho penal militar contenidas en el Digesto de Justiniano[2]. Sobre el Digesto o Pandectas, parte principal del *Corpus Iuris Civilis*, se ha dicho que es el libro para la jurisprudencia de todos los siglos. *Auctoritas iuris* para la Edad Media, se convirtió al llegar la Moderna en la *ratio scripta* por excelencia. Así, cuando el emperador Justiniano (527-565) promulgó el Digesto en el año 533 d. C.,

1 Cfr. STURM (1939: 4), nota 8.

2 Aquí se recurrirá a dos versiones: una primera, que mantiene el texto en latín con traducción al castellano en paralelo de: GARCÍA DEL CORRAL (1889); EL MISMO (1897a); y EL MISMO (1897b); y una segunda, cuya versión en castellano corresponde a: D´ORS (1968) y, EL MISMO (1975). Para una revisión completa de la evolución histórica de los delitos especiales, véase: GÓMEZ MARTÍN (2006: 4), quien, a su vez, reproduce gran parte de la investigación doctoral de STURM (1939). En efecto, señala Gómez Martín, a juzgar por el material disponible relativo a la evolución histórica del concepto de delito especial, no cabe duda de que Sturm puede ser considerado, en realidad, una autoridad en la materia señalada, ya que su obra constituye uno de los escasos referentes en la literatura de nuestro contexto cultural. Asimismo, con referencia a esta categoría para dar cuenta del origen de los delitos especiales, véase: NAGLER (1903: 18 y ss., 99 y ss., 113 y ss. y 147 y ss.). Antes: SCHWARZE (1873: 141). En Chile, el primero en referirse al origen de los delitos especiales a partir de los *delictum propium* romanos fue: GRISOLÍA (1975: 5).

su finalidad era doble: por un lado, debía constituir una edición oficial de lo más selecto de la jurisprudencia romana, y, por otro, el Digesto, como todo el *corpus iuris*, significaba una afirmación de la unidad imperial que Justiniano quería restaurar y que de hecho restauró en buena parte, apoyado en sus éxitos militares[3].

En concreto, la primera referencia legal expresa a los delitos especiales provendría de la figura de los *delicta propria*, prevista para los delitos militares en el Digesto[4], en contraposición a los *delicta communia*. Este ordenamiento jurídico designaba con el nombre de *delicta propria* a todos aquellos delitos que tan solo podían ser cometidos por una *clase* determinada de ciudadanos (los militares)[5], distinguiéndolos de los delitos que podían ser cometidos por cualquiera[6].

Así, en el Libro XLIX, Título XVI, del Digesto (D. 49, 16, 2), bajo el epígrafe *de re militari [Cf. Cod. XII.35. (36)]*, apartado uno, se consagra que «Los delitos y actos que cometen los militares pueden ser *especiales o comunes*, por lo que la persecución de los mismos *es también especial o común. Es delito especialmente militar el que uno comete como militar*»[7].

3 D´ORS (1968: 7 y ss).

4 Véase: STURM (1939: 4). Con referencia a la categoría de los *delicta propria*, véase, asimismo: MEZGER (1958: 148, 308), para quien delito especial («crimen especial», «delito especial» o «*delictum proprium*») es el hecho punible en el cual la posibilidad de una autoría inmediata está limitada típicamente a un círculo determinado de autores; esto es, a lo que está especial y personalmente cualificado. En tal sentido, considera Mezger, los delitos de los empleados públicos (§§ 331 y ss.) representan los ejemplos más importantes de delitos especiales. También serían delitos especiales los hechos punibles en los que la autoría está ligada a determinadas condiciones jurídicas (abogado, § 300; tutor, § 181; etc.) o naturales (sexo masculino, §§ 175 y 181a; etc.).

5 Como veremos, aquí yacería la principal crítica a la noción de los *delictum propium* trazada por los romanos, crítica que daría lugar a la concepción, generalmente rechazada, de los «delitos de clase» o *Standesdelikte*. Sobre dicha noción y su vigencia actual volveremos más adelante.

6 En este sentido: GÓMEZ MARTÍN (2006: 4, 5).

7 Cfr. D´ORS (1975: 789). El texto original en latín reza: «1. ARRIUS MENANDER *libro III. de re militare. Militum delicta sive admissa aut propia sunt, aut cum ceteris communia: unde et persecutio aut propia, aut communis est. Proprium militare est delictum, quod quis uti miles admittit*». Cfr. GARCÍA DEL CORRAL (1897a: 853). Misma distinción, pero refiriéndose a *delitos militares y delitos comunes*, se encuentra en las normas sobre «Sucesión de los veteranos y militares» (D. 38, 12, 1): «Paulo y Menandro escriben que se debe conceder la facultad de hacer testamento al militar que ha merecido la condena a la pena capital, y que, si ya ha sido castigado, sus bienes pertenezcan abintestato a sus parientes, siempre que haya sido castigado por un *delito de carácter militar* y no por un *delito común*». Cfr. D'ORS (1975: 124 y ss.), «*Militi, qui capite puniri meruit, testamentum facere concedendum Paulus et Menander scribunt; eiusque bona intestati, si punitus sit, ad cognatos eius pertinere, si tamen ex militari delicto, non ex communi punitus est*». Cfr. GARCÍA DEL CORRAL (1897a: 127). En adelante, y para citas del Digesto, la cursiva es nuestra.

De acuerdo con STURM[8], a partir del ejemplo de *delictum proprium* de los delitos militares brindado por la ley, los glosadores romanos creyeron posible afirmar que no había motivo alguno para circunscribir el ámbito de los *delicta propria* únicamente a los delitos militares, sino que también debía *extenderse* a los delitos de funcionario y los delitos cometidos por religiosos. Así, quedaron bajo el ámbito de dominio de los *delicta communia*, en cambio, delitos tales como el asesinato o el adulterio.

La relevancia de la expansión de la lógica militar a los delitos funcionarios tiene importantes efectos, especialmente para matizar aquella fina frontera que separa la esfera castrense-institucional de la civil-institucional, existiendo, como veremos, más aspectos que las emparentan que aquellos que las distancian.

El Derecho alemán común, agrega STURM, asumió de modo prácticamente completo la clasificación de delitos en *delicta propria* y *delicta communia* heredada del Digesto[9]. La doctrina que se ocupó de comentar esta recepción observó que la principal novedad aportada por la legislación alemana clásica a esta materia vino representada por una voluntad de destacar en mayor medida la relevancia de la *infracción de deberes especiales* como fundamento de los delitos de funcionario[10].

Estos delitos pasaron a ser concebidos como delitos *disciplinarios especiales* a través de los que un servidor del Estado lesionaba los deberes de servicio que recaían sobre él y que él mismo asumía. La esencia de estos hechos disciplinarios, y, con ello, de los delitos propios, no consistía en la lesión de un supuesto derecho de los particulares en contra del Estado o en un incumplimiento contractual del funcionario en contra del Estado, sino en la vulneración misma del *deber* que configuraba el contenido del servicio público. Como destaca GÓMEZ MARTÍN[11], esta concepción del injusto de los delitos de funcionarios, sugerida desde la doctrina comentarista del Derecho alemán común por Luden, fue recogida y potenciada por un sector de la

8 STURM (1939: 4), nota 8. *El desarrollo de los delitos especiales en la ciencia y jurisprudencia en el siglo XIX.*

9 STURM (1939: 4 y ss.).

10 Sobre aquellos autores alemanes del siglo XIX que rescatan la tradición romana de los *delictum proprium* y la restricción que ellos generan en la participación, trataremos enseguida.

11 Quien, a partir de su tesis doctoral y luego libro —véase: GÓMEZ MARTÍN (2003)—, ha hecho uno de los aportes histórico-jurídicos más relevantes en materia de delitos especiales. Para una revisión completa de la evolución de los delitos especiales, véase: GÓMEZ MARTÍN (2006: 7 y ss.).

doctrina alemana de principios del siglo XX, del que formaron parte autores como BINDING[12] o NAGLER[13].

En efecto, la investigación doctoral de JOHANNES NAGLER —discípulo de BINDING—, publicada en 1903 bajo el título «La participación en los delitos especiales» *(Die Teilnahme am Sonderverbrechen)*, constituye un referente ineludible para el estudio de esta problemática. Esta tesis buscó hallar la esencia del delito especial —a partir de la categoría romana de los *delictum propium*— en el hecho de que su norma (primaria) estuviese orientada solo a determinadas personas; sin perjuicio de lo cual los *extranei* también serían destinatarios (secundarios) de la norma especial, lo cual permitiría, a juicio de Nagler, fundamentar su punición a título de participación.

Pues bien, a partir de los *delictum proprium* —dentro de los cuales incluyeron los delitos funcionarios u oficiales *(Amtsverbrechen)*—[14], tales juristas llegaron a la conclusión de que son delitos especiales todos aquellos en los cuales *solo un intraneus puede intervenir*[15].

Así, ARNOLD[16] puso el énfasis en la *especial relación laboral funcionaria* que rige al *intraneus*, de tal manera que, a su juicio, «sólo el funcionario público que también tiene a su cargo los fondos puede participar en el delito de infidelidad de un tesorero». Por su parte, ROBHIRT[17] sostuvo: «no es posible negar que todos los delitos oficiales o funcionarios requieren de una persona que esté en una especial relación de servicio como parte de su tipo, *por lo que solo pueden ser cometidos por un sujeto de esta* índole». Con ello, ROBHIRT afirma que no se pretende negar la posibilidad jurídica de declarar responsables, por la *vía de la legislación*, a personas que se encuentran fuera de esta relación de servicio o laboral especial por su participación en la vulneración de tal relación perpetrada por personas sí vinculadas por ella. Más bien solo se trata de discutir cómo se debe manejar el tema en el ámbito del derecho alemán común o de otra legislación que no se explaya expresamente sobre

12 Sin embargo, Binding no desarrolla en su *Die Normen* —al menos en su primera edición— la categoría de los delitos especiales. Pero la influencia que habría tenido en el trabajo de Nagler habría determinado las conclusiones que alcanzaría luego este último.

13 NAGLER (1903).

14 En efecto, y como destacan STURM (1939: 4 y ss.), y, más recientemente, GÓMEZ MARTÍN (2006: 4-5), la categoría de los *delictum propium* fue extendida por los glosadores romanos a los delitos de funcionario y a los delitos cometidos por religiosos, hasta alcanzar al Derecho alemán común del siglo XIX, desde donde Nagler propone su tesis.

15 La referencia a los *delictum propium* del Derecho romano como pilar histórico-normativo de los delitos especiales también es reconocida expresamente por NAGLER (1903: 18 y ss.). Sin embargo, a diferencia del presente trabajo, Nagler no habría revisado aquellas normas del Digesto que permiten sustentar, en atención a la naturaleza de tales ilícitos, la impunidad del *extraneus*.

16 ARNOLD (1849: 295 y ss., 381 y ss.).

17 ROBHIRT, F. (1851: 498 y ss., 517 y ss.).

el asunto que nos ocupa. «El delito oficial o funcionario, como tal, es sancionado porque el servidor funcionario vulnera gravemente sus especiales deberes funcionarios. *Ese delito solo puede ser cometido por un servidor. Solo un servidor tiene los señalados deberes funcionarios*»[18].

Asimismo, BRACKENHÖFT[19] extrae la naturaleza intransmisible del delito funcionario a partir de la doctrina del *crimen de residuis* previsto en el Digesto de Justiniano[20]. Afirma BRACKENHÖFT[21] que «... solo un funcionario público de tesorería (caja) puede cometer el *crimen de residuis*; solo él tiene el deber de efectuar el pago y solo él puede vulnerar ese deber... *Ya por ello una participación de otros parece imposible*»[22]. El desarrollo del pensamiento de BRACKENHÖFT en su artículo sobre «Cómplices generales y especiales en actos delictivos»[23] se resume así:

> «(...) aquel que ayuda a o es cómplice de un llamado delictum propium no puede ser juzgado de acuerdo a la punibilidad del autor, porque ésta aquí siempre depende de las particulares circunstancias personales de este último; si él mismo no incluye a la vez un delictum commune, es decir, si la ley solo explicita la figura como un delito especial, entonces en ninguna parte es posible la complicidad en el mismo. Porque los delitos de este tipo son violaciones de deberes oficiales y de servicio que única y exclusivamente pueden ser cometidos por aquella persona que se encuentra en la relación de servicio o funcionaria especial de la cual emanan estos deberes. Incluso una persona que se encuentra en exactamente la misma relación no podría prestar asistencia o ayuda penal. Un funcionario de caja (tesorería) que ayude a otro que también está a cargo de la administración de una caja, pero separada de la suya para cometer el crimen de residius, o un soldado que facilite a otro la deserción, no se encontrarían, en el caso de esta ayuda o complicidad, en ninguna otra relación más que la se tendría con un particular, porque no se trata, en ninguno de dichos casos, de su propio deber de servicio o funcionario a cuya violación él ayuda y, al igual que la persona privada (particular), no sería considerado como cómplice de un acto criminal».

18 ROBHIRT (1851: 498 y ss., 517 y ss.).

19 BRACKENHÖFT (1839: 136).

20 El *crimen de residuis*, contenido en el Libro XLVIII, Título XIII del Digesto (D. 48, 13, 2), bajo el epígrafe de *Ad legem Iuliam Peculatus, et de Sacrilegis, et de Residuis* apartado dos, consagra: «Por la ley Julia relativa á los residuos es responsable el que retuvo dinero público destinado para algún uso, y no lo invirtió en él». Cfr. GARCÍA DEL CORRAL (1897a: 769).

21 BRACKENHÖFT (1839: 136).

22 BRACKENHÖFT (1839: 136). El destacado es nuestro.

23 BRACKENHÖFT (1840: 410 y ss., 423). Especialmente, p. 423. El destacado es nuestro.

En esta línea también se ubica KÖSTLIN[24], quien utilizó tal secuencia de ideas para su afirmación de que el delito especial no permitiría la participación de *extranei*: «la ayuda o complicidad es un acto criminal solo en la medida en que el acto que se apoyó sea posible referido al cómplice mismo. Por lo tanto, *no es punible si un mero delito funcionario es apoyado por una persona que no se encuentra bajo el mismo deber funcionario*».

Para SCHWARZE[25], por su parte, son «*delicta propria* los que solamente encuentran su fundamentación en la misma relación especial. *Solamente son posibles dentro de esta relación y se limitan a la misma*».

Y, finalmente, resulta necesario destacar los aportes de uno de los más importantes juristas de su época, Josef KOHLER[26], quien llegó a concluir que «no es posible hablar ni de una inducción ni de complicidad o de una autoría indirecta de un no funcionario en el caso de un delito oficial, *dado que un no funcionario no tiene un deber profesional que podría vulnerar de manera leve o grave con mayor o menor* éxito».

Con todo, y a partir de la ya citada tesis de Nagler, GÓMEZ MARTÍN[27] afirma que existiría acuerdo en la doctrina en torno a la cuestión de que el ámbito de aplicación actual del concepto de delito especial ya no coincide «exclusivamente» con el de los llamados «delitos de clase» *(Standesdelikte)*, «delitos de oficio» *(Berufsdelikte)*, «delitos de funcionario» o «delitos militares»; nociones que, de acuerdo a este autor, habrían sido superadas por los llamados «delitos de posición»[28].

La tradición romana de los *delictum propium* se mantendría aún vigente en el ámbito militar e, incluso, para los delitos de funcionario (dentro de los que es posible agregar el delito de prevaricación). En tal sentido, la presumida superación de los llamados delitos de clase o *Standesdelikte* resulta admisible en la medida en que, por medio de dicha crítica (delitos de clase), se entienda la superación de una concepción meramente formal-positivista de los delitos especiales; esto es, aquella errónea concepción que sostiene que un delito es especial por el solo hecho de que típicamente se exija una determinada característica o cualidad en el sujeto activo[29]. En contra, la naturaleza propia de los delitos especiales —en términos materiales— parece hallarse

24 KÖSTLIN (1855: 285).

25 SCHWARZE (1873: 141).

26 KOHLER (1890: 134 y ss.).

27 GÓMEZ MARTÍN (2006: 10).

28 GÓMEZ MARTÍN (2012a: 19). Para una crítica a los delitos de posición bajo la tesis de Gómez Martín, véase LEIVA LÓPEZ (2024: 133 y ss.).

29 En este punto, agradezco las opiniones y comentarios del profesor Ricardo Robles Planas, quien, en amistad académica, me ha compartido su parecer respecto de la noción moderna de los *Standesdelikte* y su vigencia actual en el sentido aquí expuesto.

en su *especial contenido de injusto*, que, como se expondrá, no sería otro que la lesión interna de determinados deberes dentro de muy específicas instituciones.

Por de pronto es posible reconocer en nuestro actual sistema —al igual que en el Derecho romano clásico— una tajante separación en la punición de aquellos delitos que solo pueden cometer militares respecto de aquellos que no revisten dicho carácter, al punto de distinguirse quiénes pueden *intervenir* en tales delitos, las penas aplicables y la jurisdicción que conoce cada una de dichas responsabilidades, por cierto, de forma separada a la del mundo civil.

En tal sentido, se estima relevante revisar a continuación las reflexiones que Francisco Pacheco llevara a cabo en la España de mediados del siglo XIX, especialmente en relación con la extensión de dicha lógica militar a los delitos de funcionario.

III. Los comentarios de Pacheco y los códigos penales militares español y chileno

En los comentarios de PACHECO (1881), es posible advertir una clara distinción entre delitos militares y aquellos otros delitos que, sin perjuicio de que puedan ser cometidos por cualquiera, se consideran figuras comunes que se ven agravadas en caso de ser ejecutadas por militares. En otros términos, distinguir entre lo que puede reconocerse como verdaderos delitos militares y los delitos comunes.

En este sentido, PACHECO[30] creyó necesario dejar fuera del Código Penal los ilícitos militares, los cuales, en cambio, debían encontrar albergue en una ley y código propios:

> «Ni por las personas que naturalmente han de cometerlos, ni por la naturaleza misma de los hechos en que han de consistir, ni por la gravedad especial que no puede menos de comunicarle su índole, tienen que ver nada ordinariamente estos delitos con los delitos comunes, con las leyes del orden general. La milicia es una ciudad aparte, una sociedad de especial y privilegiado género, que se funda en condiciones facticias pero necesarias, y que há menester para su existencia y su ordenación un régimen singular, una severísima disciplina, una penalidad propia, un código, en fin, expresamente adaptado a su particular gobierno» (sic)[31].

Este subconjunto de normas penales se destacaría por un régimen particular que conserva esencialmente la regulación dispensada en el Derecho romano, amparado en una estricta disciplina, funcionalmente jerárquica, fundada en deberes específicos de carácter intransmisibles y una penalidad

30 PACHECO (1881a). En adelante y para citas de Pacheco, el destacado es nuestro.

31 PACHECO (1881a: 117 y ss.).

y procedimiento propios. En efecto, y a pesar de que nuestro Código Penal (chileno) no hace tal distinción, el Código Penal español (1848-50) consagra en su artículo 7.° que «No están sujetos a las disposiciones de este Código los *delitos militares* (...), ni los demás que estuvieren penados por leyes especiales». La disposición en comento tendría su origen en el artículo 5.° del Código Penal francés[32] y 469 del Código Napoleónico[33]. Al respecto, señala Pacheco: «Los deberes son allí otros que en la sociedad común; y la sanción de esos deberes no puede ser la misma. Es indispensable para ella una ley aparte de la ley ordinaria, en la que podremos encontrar señales como delitos capitales, hechos que, según ésta, *ni aun quizá merecerían el nombre ni las penas de faltas simples*. En eso no hay dificultad alguna» (sic)[34].

Asimismo, Pacheco se pregunta sobre qué son los delitos militares, presentando para ello tres posibles respuestas: 1) que solo son aquellos que los militares cometen; 2) únicamente los que deben su existencia como delitos al Código Penal militar o la Ordenanza; o 3) cualesquiera que estén penados por esta para los militares, estén o no penados en las leyes comunes para los demás ciudadanos.

La primera hipótesis, afirma, encuentra una dificultad insalvable en la misma palabra de la ley, pues esta no dice «los delitos de los militares», como debería decir en semejante caso. La calificación no recae sobre el agente, sobre el criminal, sino sobre el delito mismo. Si hubiera sido aquella hipótesis la cierta, se cuestiona Pacheco, ¿por qué el artículo no había de haber hablado de la manera en que podía y debía hablar? ¿Por qué no hubiera dicho lo que quería decir?[35] Por otra parte, argumenta, los militares pueden evidentemente cometer delitos que no tengan la menor relación con su estado: «Muy lejos del cuartel y de sus compañeros puede haber ido un oficial a mezclarse en una fabricación de moneda falsa»[36].

Respecto de la segunda tesis, esto es, si son delitos militares solo aquellos contemplados en el código del ramo, Pacheco sostiene que por delitos militares únicamente se han de entender los que deben su existencia a la ley especial, pues ellos *vulneran la disciplina, hieren la subordinación o comprometen la suerte del ejército*. Un abandono de guardia, un acto de desobediencia a los jefes, la deserción; el descuido o el no cumplimiento de las obligaciones de un centinela, y otros de la misma índole, constituyen la clase que inquiri-

32 Cód. Franc. Art. 5. «Las disposiciones del presente código no se aplican á las contravenciones, delitos y crímenes militares».

33 Cód. Napol. Art. 469. «Los estatutos especiales militares regirán para las infracciones de tal naturaleza».

34 Pacheco (1881a: 117 y ss.).

35 Cfr. Pacheco (1881a: 118).

36 Pacheco (1881a: 118).

mos, o en que nos ocupamos: «*Segun la ley comun, semejantes actos, ó no serían punibles, ó serian solo faltas leves*» (sic)[37].

Un interesante fallo sobre la lógica que aquí se expone —y de la que nuestro actual sistema penal militar ha sido heredero— procede del Quinto Juzgado Militar de Punta Arenas, Chile. Se trata, en este sentido, de deberes ajenos al mundo civil y solo vinculantes en sede militar. Los hechos, en resumen, son los siguientes: «(...) se comprobó que el Suboficial Robert Antonio López Olguín ingresó a una persona extranjera a un recinto militar sin revisión previa de sus antecedentes y posteriormente al puesto de mando, entre el 15 de agosto de 2015 a las 19:00 y el 16 de agosto de 2015 a las 08:40, descuidando la atención de su puesto y condicionando el actuar de dos hombres de Guardia a no realizar su acción de control, induciéndolos, de esta manera, a cometer una falta a la disciplina. La misma investigación establece que el procesado López Olguín, con su actuar, infringió su deber militar al incumplir lo dispuesto en el MAI-01001 «Manual de procedimientos de seguridad militar ED-2012» que dispone entre otras cosas: «Toda persona que concurra a un recinto militar debe ser debidamente identificada (...)». Con lo anterior se acredita que el deber militar que debía cumplir al momento de los hechos el SOF López Olguín, estaba clara y perfectamente difundido y publicado al personal de la V División del Ejército, de modo que no es posible alegar la ignorancia al respecto ya que dichos deberes solo debían haber sido debidamente cumplidos. Cuarto. Que, los hechos anteriormente descritos son constitutivos de delito de INCUMPLIMIENTO DE DEBERES MILITARES (sic), hecho punible y sancionado en el artículo 299 N.° 3 del Código de Justicia Militar (...). En el delito de incumplimiento de deberes militares su fundamento radica, precisamente en la mantención de ella, la cual constituye la columna vertebral de las Fuerzas Armadas, las que perderían, sin disciplina, su cohesión y tornarían estéril su empeño de forjar combatientes esforzados y entregados al cumplimiento del deber; y, a lo largo de la carrera militar, la disciplina va encarnándose en un conjunto de deberes que se incrementan grado a grado, deberes que exigen su cumplimiento para asegurar el funcionamiento del sistema institucional y proteger la vida de las personas que integran las instituciones armadas, por ello para ingresar a una unidad militar, un extranjero debe estar previamente chequeado en cuanto a sus antecedentes, por ello la necesidad de dar dedicación exclusiva al desempeño de las funciones del puesto de mando por parte del suboficial de turno en él, toda vez que es ahí donde consta el detalle del despliegue todas las unidades de la división que se encuentren en el terreno, más aún durante el desarrollo

37 Muy probablemente la frase de Pacheco es tomada de la norma del Digesto ya mencionada (D. 48, 19, 14), que, a mi juicio, limita expresamente la punibilidad de delitos militares a *extranei*.

de un juego de guerra, situación además que era conocida por el encartado puesto que su desempeño permanente era en el Departamento III de dicha unidad de armas combinadas»[38].

En tal sentido, el fundamento de Pacheco para afirmar el tratamiento diferenciado de dichas transgresiones con el mundo civil radicaría en la idea que preside a la milicia: «las necesidades reconocidas de ésta, la seguridad que ha menester para no convertirse de un ordenado y útil cuerpo en un anárquico y horrible caos de personas humanas, todo esto ha hecho que se les saque de esa insignificancia o esa inculpabilidad, y se les designe como gravísimos hechos, que se expían de ordinario nada menos que con la muerte. La ley militar *es sola la que los ha hecho crímenes, y el nombre de delitos militares se les aplica con plena é irrecusable exactitud*» (sic)[39].

Que éstos sean efectivamente de los que habla tal artículo, escribe el autor, es un punto sobre el que no cabe la menor duda; sin embargo, la dificultad no residiría allí, sino en determinar si la expresión *delitos militares*, que le es propia, le es también peculiar y expresiva: si el soldado que comete un robo o un homicidio ha de ser penado con arreglo a la legislación ordinaria y común, o de acuerdo con la legislación militar[40].

En este punto, y como se viene anunciando, Pacheco distingue nítidamente aquellos delitos que solo pueden cometer los militares de aquellos otros que, por ser ejecutados por militares, pese a ser comunes, ven agravada su punibilidad. En otros términos, no todo ilícito cometido por un militar ha de quedar, necesariamente, dentro de la esfera castrense. Tales sujetos (militares) también podrán cometer delitos comunes, pero nada de ello obsta a que ciertas conductas, dada la especial relevancia que cobran dentro de la esfera militar, sean únicamente punibles dentro de tal esfera[41].

Así, en concepto de Pacheco, la institución de la milicia no solo trae legítimamente como consecuencia la creación de *delitos especiales*, sino también la modificación, agravándolos, de otros que eran ya verdaderos delitos, pero cuya criminalidad sube de punto por la consideración de ser militares los que los cometen: «Esa severidad, ese orden, esa disciplina, que se ha de infun-

---

38 Sentencia, QUINTO JUZGADO MILITAR DE PUNTA ARENAS, Rol N.° 75-2015, de fecha 17 de marzo de 2017. El destacado es nuestro.

39 PACHECO (1881a: 119).

40 PACHECO (1881a: 119).

41 Esta lógica, como se ha señalado, es la misma que acoge el Digesto para los *delicta propria*. Véase, *v. gr.*, (D. 47, 18, 3): «PAULO. De las penas de los militares, libro único. - El militar que fué sorprendido hurtando en un baño debe ser expulsado con ignominia». Cfr. GARCÍA DEL CORRAL (1897a: 716). Sobre los delitos comunes cometidos por militares volveremos *infra*.

dir en los ejércitos, si produce sus resultados *creando nuevos deberes*, también los produce haciendo más rigurosos muchos de los deberes antiguos y comunes»[42].

Concluye Pacheco, en respuesta a las hipótesis planteadas, que «delitos militares son los que declara y pena la ley militar; sea que la ley común no los haya declarado, porque solo en la milicia pueden cometerse; sea que declarados en aquella el código militar haya agravado su carácter y aumentado su pena, para el caso de que por militares sean cometidos» (sic)[43].

Esta concepción de la especial regulación de los delitos militares, que reconoce Pacheco, se confirma en el más reciente de los códigos militares españoles. En efecto, a partir de la Ley Orgánica 14/2015, de 14 de octubre, que consagra un nuevo Código Penal Militar para España[44] (en adelante «CPM») y se afirma, ya en su preámbulo, la necesidad de promulgar un nuevo Código Penal Militar que no solo se deriva del tiempo transcurrido desde su entrada en vigor, sino también de su naturaleza de «ley penal especial», que debe acoger en su articulado únicamente los preceptos que «no tienen cabida en el texto común o, aun teniéndola, requieren alguna previsión singular que justifique su incorporación a la ley militar dentro del ámbito estrictamente castrense que preside su reconocimiento constitucional»[45].

La separación de ámbitos, fuera de lo meramente formal, tendría, así, un sentido específico en cuanto el contenido de injusto que se halla en esta categoría. Tal contenido de injusto, o de injusto especial, daría cuenta de que los bienes allí tutelados solo tienen vigencia y reclaman resguardo para quienes están dentro de la institución militar *(intranei)*.

42 Los ejemplos que cita permiten aclarar aún más su parecer: «Entre el militar y el que no lo es, no hay solo la diferencia de nuevos motivos penales; hay asimismo la de haberse aumentado la gravedad de los que eran por la ley común. A las obligaciones que comparte con todos, aumenta el soldado las que le son propias, no únicamente en sus especiales funciones, en su particular ministerio, sino en los deberes que le alcanzan como á sus conciudadanos. Robar es siempre y para todos, un delito; pero bien concebimos que en un soldado se mire como delito mayor. Sublevarse, conspirar para destruir el gobierno, son crímenes para todos los súbditos; pero, sin duda ninguna, conspirar y sublevarse es más criminal en los militares que en los paisanos, y debe ser reprimido con penalidades más severas. Si, pues, un soldado roba, conspira ó se insurrecciona, la razón dice que, no por la ley general, sino por su propia ley, debe ser juzgado y castigado. El crimen es otro en intensidad, aunque tenga el mismo nombre; y para esa distinta naturaleza no es el Código ordinario quien posee la justa balanza» (sic). Cfr. Pacheco (1881a: 119).

43 Cfr. Pacheco (1881a: 119).

44 Y deroga la Ley Orgánica 13/1985, de 9 de diciembre, de Código Penal Militar, así como cuantas disposiciones se opongan a lo establecido en la presente Ley Orgánica, y deroga el párrafo final del artículo 13 de la Ley Orgánica 4/1987, de 15 de julio, de la Competencia y Organización de la Jurisdicción Militar.

45 Cfr. Preámbulo, Ley Orgánica 14/2015, de 14 de octubre, del Código Penal Militar español.

Sin ir más lejos, e interpretando el artículo séptimo bis del anterior Código Penal Militar español, la jurisprudencia de la Sala Quinta y Sala de Conflictos del Tribunal Supremo español, consideró que debía aplicarse tal cuerpo legal cuando los miembros de la Guardia Civil, desde su condición de militares, atenten contra determinados bienes jurídicos que adquieren relevancia penal, solo en cuanto los atentados se realicen desde dentro.

Así, constituirán delitos especiales de este tipo siempre que los militares

> «realicen hechos que afecten a bienes jurídicos propios del orden castrense radicados sobre todo en la disciplina, la relación jerárquica, la unidad y la cohesión interna, la protección de los medios y recursos puestos a su disposición o al desempeño de funciones y cumplimiento de deberes esenciales no encuadrables en los servicios policiales»[46].

En este sentido, el Libro Segundo del actual CPM español, sobre los «Delitos y sus penas», tipifica los delitos militares y establece las penas a través de sus cinco títulos, donde se recogen los ilícitos penales específicamente castrenses con una tipificación precisa, respetuosa con el principio de legalidad y taxatividad, debidamente depurada y actualizada. Por ello, el núcleo más característico de las infracciones penales militares, agrega el preámbulo, está constituido por los delitos «contra la disciplina», que se agrupan en el Título II.

Todas estas particularidades del régimen militar y la existencia de delitos que solo resultan de la infracción de normas que contienen deberes específicos y ajenos al mundo civil, parecieran llevar a la conclusión de que en tales ilícitos no sería posible punir a los *extranei*, a quienes les resultaría vedada no solo la autoría, sino también la participación.

Así, HIGUERA GUIMERÁ[47] (autor de una de las monografías más completas sobre Derecho penal militar español) estima que si un extraño participa en un delito especial propio, como, por ejemplo, en el abandono del servicio de armas o de transmisiones del art. 144, o en el delito de abandono de puesto de centinela del art. 146, como quiera que no existe figura delictiva paralela en el Código penal común, «es imposible castigar al partícipe con la pena del partícipe del correspondiente delito común»[48]. Frente a la intervención de un

---

46 Cfr. Preámbulo, Ley Orgánica 14/2015, de 14 de octubre, del Código Penal Militar español. El destacado es nuestro. Por cierto, ha de tenerse presente que la Guardia Civil española, al igual que Carabineros de Chile, es una policía esencialmente militarizada y, en tanto, sujeta al respectivo código del ramo, con su propio sistema de normas y reglas penales esencialmente cerradas.

47 HIGUERA (1990: 51).

48 HIGUERA (1990: 379 y ss.). En opinión del autor, la única solución debe venir por la vía del Derecho positivo o legislativa. Es decir, hubiera sido preciso que el Código Penal Militar resolviera este problema consagrando en uno de sus artículos la atenuación obligatoria de la pena del partícipe extraño en un delito militar propio.

extraño en un delito militar «propio», señala Higuera, se plantean dos alternativas: o se sanciona al extraño con la pena del partícipe del delito militar o, con base en el principio de legalidad, se decreta su absolución. Concluye: «De entre estas dos posibles soluciones, en mi modesta opinión, sería preciso acudir a la última, por ser más acertada y convincente, pero sobre todo más respetuosa con el principio fundamental de la legalidad»[49].

En cuanto al Derecho penal militar chileno, nuestro Código de Justicia Militar, de 1944 (en adelante «CJM»)[50], distingue con nitidez aquellos delitos puramente militares[51] de aquellos otros delitos que, al responder a una lógica común, solo son aplicables a particulares o, se ven agravados por la concurrencia de un militar. Esto no significa otra cosa que nuestra legislación militar, en concordancia con la española, es depositaria de un cúmulo de normas especiales a partir de las cuales sería posible comprender de mejor manera la lógica de esta categoría delictiva en relación a la participación. Si dicha lógica, tal como postularon los comentaristas italianos, resulta extensible a los delitos funcionarios, es un aspecto que trataremos a continuación.

Para mayor claridad, se propone aquí una sistematización de los delitos contenidos en el CJM que puede reflejar de mejor modo la distinción arriba anunciada entre: delitos propios militares y delitos comunes.

Nuestro texto punitivo castrense distingue dos clases de ilícitos: primero, aquellos delitos que son exclusivamente castrenses (y que sancionan ataques a la institución *desde dentro*), y; segundo, aquellos delitos en que es posible la intervención punible de un civil (ataques a la institución *desde fuera*); es decir, delitos comunes. Asimismo, y respecto de esta segunda categoría, es

49 Cfr. HIGUERA (1990: 379 *in fine* y s.). Asimismo, agrega el autor, y teniendo presente la solución ya planteada respecto del delito militar impropio (caso en el que procedería la imputación por el delito común para el extraño), no sería convincente, señala, tratándose de delito militar propio, sancionar en este último caso al *extraneus* bajo el mismo título de imputación que el militar. Ello, afirma Higuera, produce «una situación desigual, con una clara y muy notoria discriminación, que la propia Constitución no admite en su art. 14, entre el castigo del extraño partícipe según sea el delito especial propio o impropio». En: HIGUERA (1990: 380).

50 Cuyo origen, al igual que nuestro Código Penal, proviene del Derecho español; como describen Cea y Coronado, sería a partir de Carlos III y las «Ordenanzas de Su Majestad para el Régimen, Disciplina, Subordinación y Servicio» de 1768, las que se aplicaron a todos los Ejércitos del Rey incluyendo, en período indiano, su aplicación en Chile hasta 1839, fecha en que se publican las «Ordenanzas Generales del Ejército», primer texto de derecho militar patrio. Las Ordenanzas del Rey, afirman tales autores, se aplicaban excepcionalmente a sujetos civiles, tales como parientes y criados del militar, y en casos expresamente señalados («muy acotados»), como quienes contribuyesen a la deserción de la tropa, cometiesen delitos en recintos militares y atentados contra centinelas, entre otros. Cfr. CEA Y CORONADO (2011: 73 y ss.).

51 En reconocimiento expreso a esta categoría, véase: MERA (2000: 28): «Los hechos comprendidos en esta jurisdicción especializada son solamente aquellos que constituyen delitos militares propios, por infringir los deberes del oficio militar».

posible distinguir tres hipótesis diferentes: a) aquellos delitos que constituyen, sin más, delitos comunes (cuya característica típica es, precisamente, la comisión por parte de civiles); b) delitos comunes, pero agravados para quienes revisten la calidad de militar (por lo que, en realidad, no serían propiamente militares); y c) aquellos delitos en los que, aunque son propiamente militares en sentido estricto, el legislador ha consagrado expresamente la punición del no militar interviniente (o paisano).

En cuanto a la primera categoría (delitos propia o exclusivamente militares), su fundamento material radica en que el legislador no sanciona allí cualquier conducta lesiva para todo bien jurídico-penalmente protegido, sino que muy determinadas y concretas acciones u omisiones que, de ordinario, no poseen significación alguna para quienes no forman parte de tales instituciones (FF. AA. y Carabineros de Chile). Sin que la siguiente constituya una enumeración taxativa, a esta primera categoría corresponderían prácticamente todos los delitos contemplados en el Título VI del Libro III CJM, sobre «Delitos contra los deberes y el honor militares». Entre estos, es posible destacar el «delito contra el honor militar» del art. 288; el delito de «ceder ante el enemigo» del art. 290; el de «negligencia u omisión de deberes» del art. 291; el delito de «ataque al enemigo contra la orden del superior» del art. 292; la «omisión de constituirse ante una alarma» del art. 293; el delito de «excusa injustificada de incumplir los deberes» del art. 294; el delito de «autolesiones» del art. 295; el más conocido delito de «incumplimiento de deberes militares» del art. 299[52]; el delito de «abandono de puesto» del art. 300; el delito de «faltar a la consigna» del art. 301; el delito de «dormirse en el servicio» del art. 302; los de «abandono del comando» y «abandono del puesto por quien está al mando de guardia o patrulla» de los arts. 303 y 304; el delito de «abandono del servicio» del art. 305; «embriaguez o pérdida de conciencia» del art. 307; «abandono de destino o residencia» del art. 308; la «reiteración de ausencias ilegitimas» del art. 313; y el delito de «deserción», «deserción en tiempos de guerra» y «deserción simple y calificada» de los arts. 314, 315 y 316[53].

Se trata, en tal sentido, de conductas que solo adquieren relevancia jurídico-penal en la medida en que sean llevadas a cabo por quienes, estando dentro de la institución, se encuentran jurídico-penalmente vinculados con ella por medio de ciertos deberes y principios que apuntan al orden, disciplina, unidad y cohesión interna como fines propios y exclusivos de la mili-

52 Con todo, esta figura ha sido declarada inconstitucional por parte del Tribunal Constitucional chileno, en razón de que la fórmula «incumplimiento de deberes militares» «presenta un déficit de taxatividad al no describir la conducta incriminada expresamente, derivándola a una regla contenida en una norma de inferior categoría (reglamento), la que es discrecionalmente interpretable». Véase: STC, Rol N.° 12.305-2021, de fecha 1 de marzo de 2022, considerando trigésimo sexto.

53 Sobre estas últimas figuras («deserción» y sus modalidades), resulta relevante destacar la disposición del art. 324 del CJM, que consagra una regla de comunicabilidad expresa para el civil o militar que induzca, fuerce o auxilie a tal delito. Sobre ello, volveremos enseguida.

cia[54]. Por ello, la autolesión —como ejemplo paradigmático de ilícito puro militar— solo es considerada punible en la medida en que el militar, al atentar contra su propia integridad, afecta a un recurso funcionalmente relevante para los fines castrenses (servir «físicamente» en la guerra). Ni la autolesión ni la colaboración a la autolesión en el ámbito civil han sido elevadas a injusto penal, precisamente, por la ausencia de tales deberes[55]. Y lo mismo ha de predicarse respecto de otras conductas que en el ámbito común carecen de relevancia penal, tales como el incumplimiento de deberes militares, el faltar a la consigna (orden específica militar), la embriaguez o la pérdida de la conciencia, entre otras de las aquí mencionadas.

Para estos delitos, y dada su especificidad, el legislador militar consagra, asimismo, una serie de circunstancias modificatorias exclusivamente militares. Entre ellas, se destacan: la eximente del art. 208 por uso de armas para cumplir la «consigna» recibida; la atenuante del art. 209, consistente en realizar una «acción distinguida» luego del delito; la atenuante del mismo artículo que considera la «hoja de vida» del militar; y las agravantes especiales del art. 213, entre las que se encuentran: la de ejecutar el delito «frente al enemigo» o, la de «ejecutarlo ante tropa reunida». Asimismo, y entre las eximentes exclusivamente militares, el CJM consagra la ya referida eximente del art. 207, fundada en la «ignorancia de los deberes militares» (aplicable al *bisoño*), o la del militar que actúa en «obediencia debida» del art. 214, caso en el cual el único responsable será el superior que hubiese impartido la orden (salvo las excepciones que la misma regla consagra).

Finalmente, y para esta primera categoría de ilícitos, el artículo 6° CJM es preciso al definir quiénes se consideran militares[56] y el artículo 11 deja

54 En este sentido, afirma Higuera: «En el Código Penal Militar, como principio general, la inmensa mayoría de sus delitos tipificados, son delitos especiales porque se exige que el sujeto activo sea precisamente un militar, concepto definido en el art. 8. Estos delitos son a su vez, generalmente, delitos especiales propios, dado que no tienen correspondencia en el Derecho Penal común. Así, por ejemplo, muchos de los delitos contra las leyes y usos de la guerra, los delitos contra la disciplina, los delitos contra los deberes de servicio, o los delitos contra los deberes relativos a la navegación». En: Higuera (1990: 370).

55 En tal sentido, señala Mera: «Resulta obvio, en efecto, que en el caso de los civiles, mal podrían éstos infringir deber militar alguno o atentar en contra de la disciplina propia de las instituciones armada». Cfr. Mera (2000: 13). Y agrega, más adelante: «En efecto, los delitos castrenses suponen la infracción no sólo de deberes militares (como el de la disciplina), sino que la afección de un bien jurídico de mayor jerarquía, referido a la eficacia de las Fuerzas Armadas en su rol protector de la seguridad exterior. Sólo cuando mediante la infracción de la disciplina y de otros deberes militares se compromete el bien jurídico mencionado trascendiéndose el ámbito puramente disciplinario, se configura el injusto constitutivo de los delitos militares». Cfr. El Mismo (2000: 25).

56 «Art. 6°. Para los efectos de este Código y de las demás leyes procesales y penales pertinentes, se considerarán militares los funcionarios pertenecientes a las Fuerzas Armadas y de Carabineros de Chile, constituidos por el personal de planta, personal llamado al servicio y el personal de reserva llamado al servicio activo.

claramente establecido el tratamiento procesal aplicable. Así, esta última disposición señala que: «El Tribunal Militar tendrá jurisdicción para juzgar no sólo al autor de un delito de jurisdicción militar, sino también a los demás responsables de él, *en tanto revistan la calidad de militares*»[57].

Sin perjuicio de tales delitos, y como se anunciara, existe una segunda categoría de delitos por los cuales el legislador castrense reconoce que ciertos bienes jurídicos de interés para las Fuerzas Armadas también pueden ser puestos en riesgo o lesionados por sujetos que no pertenecen a la institución militar. Es decir, ataques que, pese a provenir *desde fuera*, son merecedores de pena dada su potencial afectación por parte de terceros. Así, se encuentran expresamente sancionados ciertos delitos «Contra el orden y seguridad del ejército» (Título V del Libro III), tales como el delito de «instigación a la insubordinación colectiva» del art. 274; el delito de «violencias o maltrato contra el centinela en campaña» o «contra el centinela» de los arts. 281 y 282; «amenazas u ofensas al centinela» o «amenazas, ofensas o injurias a las Fuerzas Armadas» de los arts. 283 y 284, entre otros, todos los cuales se refieren típicamente a quien «no es militar» o, derechamente, haciendo alusión al «civil» que los comete. En el mismo sentido, y entre aquellos delitos que atentan «Contra la soberanía y seguridad exterior del Estado» (Título II del Libro III CJM), se encuentran los delitos de «liberación de prisioneros de guerra» del art. 248, «espionaje» del art. 252 y el delito de «divulgación de secreto» del art. 255, todos los cuales han sido razonados como ilícitos que *cualquiera* puede cometer.

La idea anterior se ve confirmada al constatar que no solo el CJM castiga conductas «comunes» que pongan en riesgo la «seguridad exterior o interior

---

Además, se considerarán militares los soldados conscriptos; los Oficiales de Reclutamiento; las personas que sigan a las Fuerzas Armadas en estado de guerra; los prisioneros de guerra, que revistan el carácter de militar, los cadetes, grumetes, aprendices y alumnos regulares de las Escuelas Institucionales y de Carabineros de Chile.
Con todo, los menores de edad siempre estarán sujetos a la competencia de los tribunales ordinarios, de acuerdo a las disposiciones de la ley N.° 20.084, que establece un sistema de responsabilidad de los adolescentes por infracciones a la ley penal. Para efectos de determinar la competencia de los tribunales militares, la calidad de militar debe poseerse al momento de comisión del delito».

57 La norma en comento fue modificada por el artículo 4° de la Ley N.° 20.477, de 30 de diciembre de 2010. Dicha ley vino a sustraer a los civiles de la competencia de los tribunales militares. Así, el artículo 1° de la ley señala: «Restricción de la competencia de los tribunales militares. En ningún caso, los civiles y los menores de edad, que revistan la calidad de víctimas o de imputados, estarán sujetos a la competencia de los tribunales militares. Ésta siempre se radicará en los tribunales ordinarios con competencia en materia penal». Y el inciso segundo, agrega: «Para estos efectos, se entenderá que civil es una persona que no reviste la calidad de militar, de acuerdo al artículo 6.° del Código de Justicia Militar». Como es sabido, antes de esta ley los tribunales militares poseían competencia para juzgar a civiles que hubieran intervenido en un delito militar, siempre que se tratara de ilícitos en que expresamente la ley militar así lo estableciera. Hoy opera la misma regla, pero dicha intervención es privativa de los tribunales comunes.

del Estado». Como se sabe, también se encuentran aquellos delitos contemplados en los Títulos I y II del Libro II del Código Penal (arts. 106 y ss.), los cuales suelen tipificarse aludiendo a «todo el que», «el chileno» o «todo individuo», con independencia del código en el que se contengan.

Por otro lado, y siguiendo la clasificación arriba propuesta, se encuentran aquellos delitos que, siendo comunes o simples, se ven agravados al ser cometidos por un militar, o lo que tradicionalmente se conoce como delitos especiales impropios[58]. Entre ellos, se destacan: el delito de «hurto y robo de material de guerra» (de los art. 354 y ss. CJM, en relación con los arts. 432 y ss. CP); los delitos de «incendio», «estragos» y «daños» (de los arts. 35 y ss. CJM, en relación con los artículos 474 y ss., y 484 y ss. del CP); o el delito de falsedad militar (de los arts. 367 y ss. CJM, en relación con las falsedades de los arts. 193 y ss. del CP). En todos estos casos, pese a tratarse de delitos cuyo requisito típico sea la intervención de un «militar», no se trata sino de ilícitos comunes que responden a la lógica agravatoria ya señalada. Por ello, y ante la eventual intervención de un *extraneus*, es perfectamente posible sostener la punibilidad de este último, sin perjuicio de la necesaria división del título de imputación para quien reviste la calidad de civil[59].

Por último, es posible encontrar tipos penales que, sin perjuicio de tratarse de delitos propiamente militares, en los que el legislador castrense ha decidido —*expressis verbis*— sancionar a quien intervenga sin detentar la cualidad especial de militar. Así, por ejemplo, está el delito de «traición, sabotaje o fuga» del art. 245 CJM (delito propio militar), en relación con el art. 246 del mismo código, el cual extiende expresamente la responsabilidad al «no militar»[60]. Lo mismo ocurre respecto del delito de «omisión en impedir delitos» del art. 251, disposición que contempla en su inciso segundo la punición del

58 Con todo, tal clasificación no será seguida en esta investigación por resultar obsoleta. No existen delitos especiales propios o impropios, pues la especialidad supone la restricción del círculo de destinatarios de la norma. Así, la existencia de un delito común paralelo, *v. gr*. el hurto respecto de la malversación, no afecta la especialidad de esta última figura. Los delitos, o son comunes, o son especiales, pero no existe una categoría que permita aunar ambas cualidades, por resultar aquello contradictorio.

59 De la misma opinión, para el Derecho penal militar español, Higuera: «Si un extraño es partícipe en el delito militar 'impropio', como por ejemplo el de sustracción o receptación de material o efectos que, sin tenerlos el militar bajo su cargo o custodia, estén afectados al servicio de las Fuerzas Armadas, del art. 196, se impondrá la pena del partícipe del correspondiente delito común que en este caso sería el delito de hurto o en su caso el de receptación». En: Higuera (1990: 379). Con todo, la división del título de imputación para estos casos (delitos especiales impropios) no es una consecuencia que se considere unánime. Especialmente contrario a la división del título de imputación (en sede de penal "civil"): Novoa (1966: 246).

60 «Art. 246. Si en los crímenes indicados en el artículo anterior incurriere un chileno no militar o individuo de las clases de tropa, la pena podrá rebajarse uno o dos grados, según las circunstancias y las consecuencias que hubiere tenido el delito; excepto, en el caso del número 7°, los que sean jefes o promotores del complot o movimiento sedicioso».

«(...) chileno *no militar* que, en igual caso, no diere cuenta a alguna autoridad militar». Y, el delito de «rebelión militar» del art. 265 CJM, en caso de que «(...) *los no militares*... estén mandados por militares (...)»[61], entre otros.

A partir de la clasificación aquí propuesta —y que distingue entre delitos propiamente militares y aquellos que, pese a estar consagrados en el CJM, no serían, sino, delitos comunes— adquieren coherencia una serie de disposiciones del Código castrense que, sin tal sistematización, carecerían de sentido.

Así, por ejemplo, el CJM dispone en su art. 215 que «Los delitos militares serán sancionados con penas comunes o con penas militares, *según la naturaleza del delito*». Tal disposición carecería de lógica si entre los delitos que consagra el CJM no existiesen, por una parte, delitos exclusivamente militares y, por otra, delitos comunes.

Asimismo, la propuesta clasificatoria aquí esbozada es consistente con las penas accesorias que proceden, por una parte, solo para militares y, por otra, solo respecto de civiles. Así, el art. 217 CJM especifica que son penas militares accesorias: la «degradación», «destitución», «separación del servicio», «suspensión del empleo militar» o la «pérdida del estado militar», entre otras; y son, en cambio, penas accesorias comunes por delitos militares las contenidas en art. 221 CJM: «Las penas comunes por delitos militares llevan consigo las accesorias previstas *en el Código Penal* y, además, respecto de aquellos que tenían la condición de militares al momento del delito, las que se determinan en el artículo siguiente, en tanto le fueren aplicables». Y, en general, el art. 205 establece que para los efectos de penalidad se considerarán supletoriamente aplicables las reglas del Libro I del Código Penal, siempre que «no se opongan a las reglas contenidas en este Código», reconociendo la autonomía punitiva asociada al carácter propio del ilícito militar[62].

---

61 Respecto de este último delito, es necesario distinguirlo, dada su propia fisionomía, de aquel contemplado en el art. 121 CP, «rebelión por alzamiento a mano armada», por ser este último un delito común y diferente.

62 Reconociendo en lo esencial la clasificación aquí propuesta, véase: STC, Rol N.° 2794-2015 de fecha 12 de mayo de 2016, Considerando decimoctavo: «Que, como puede apreciarse, no todo lo que haga un militar, en servicio activo, sea en un recinto, tiempo o acto de servicio, corresponde a una función militar, única que autoriza la configuración de un delito militar o la 'militarización' para efectos de juzgamiento de un delito común. En esos otros casos (fuera de función militar), el asunto es de competencia de la justicia común, sin necesidad de cuestionar la constitucionalidad de la competencia extendida a delitos comunes cometidos por militares, conforme al artículo 5.° numeral 3.°, del CJM. Porque, en definitiva, el bien jurídico de protección penal militar —*sustantiva y procesalmente*— es el correcto desempeño de la función militar».
En sentido similar y como señala Mera: «(...) la jurisdicción penal militar en tiempo de paz sólo debe ocuparse de conocer aquellos delitos directamente relacionados con dicho entrenamiento, esto es, los hechos que infrinjan gravemente los deberes que al militar le correspondan como tal y que comprometan significativamente la función militar (guerra y preparación para la misma)». Cfr. Mera (2000: 16).

En definitiva, esta técnica del legislador de encerrar el círculo de intervinientes en materia de delitos propiamente militares *(delictum propium)*, no respondería únicamente al hecho de que se limite lingüísticamente su aplicación a «militares», o lo que se suele conocer como «*Standesdelikte*» o «delitos de clase» (argumento meramente formal); sino porque el legislador ha decidido castigar la lesión de ciertos bienes llevadas a cabo única y exclusivamente por sujetos que, perteneciendo a una institución sometida a un régimen estatutario, la lesionan *desde dentro*.

Este último, a mi juicio, sería el contenido de injusto que el legislador penal quiere castigar. En ellos, el sujeto no está lesionando una conducta generalmente lesiva para bienes jurídicos, sino que se está produciendo la lesión de determinadas reglas internas cuya vigencia solo es posible afirmar *en* la institución. Si no se tiene la condición de obligado, de sujeto que debe respetar desde dentro las reglas internas, entonces la conducta no sería en absoluto lesiva. Ello ha sido reconocido por nuestro Tribunal Constitucional («TC»), el que, conociendo de un requerimiento de inaplicabilidad por inconstitucionalidad respecto del artículo 299 numeral 3° del Código de Justicia Militar (cuyos hechos tienen origen en el conocido «caso Antuco»)[63], sostuvo que la expresión «deje de cumplir sus deberes militares» es equivalente a describir «*el núcleo central de la prohibición y que, tratándose de una conducta atribuible sólo a los militares, estos constituyen un grupo de sujeción especial, que conocerían sus deberes y, por lo tanto, las consecuencias de su no cumplimiento*»[64].

> «El fundamento del requerimiento suponía que el tipo penal de incumplimiento de deberes militares corresponde a una ley penal en blanco que vulneraría el artículo 19 numeral 3° de la Constitución, esto es, el principio de tipicidad o taxatividad, pretensión que fue desestimada al concluir el tribunal que el tipo contiene una descripción suficiente del "núcleo central" de la conducta punible y que dicha afirmación se sostiene en que los "deberes militares" no constituyen para los militares referencias indeterminadas o desconocidas, sino conceptos precisos con cuyo contenido los oficiales, tal como en el caso del requirente Patricio Cereceda Truan, se familiarizan desde el inicio de su formación en las Escuelas Matrices de Oficiales de las Fuerzas Armadas, pues son parte de su malla curricular y en torno a los que transcurre la totalidad de la vida castrense, además de vincularse directamente al carácter de "disciplinadas" que el artículo 101, inciso tercero, de la Constitución Política les otorga a las Fuerzas Armadas[65]».

63 Cfr. STC, Rol N.° 559-2006 de fecha 7 de junio de 2007, considerandos 9.° y 10.°.

64 Cfr. STC, Rol N.° 559-2006 de fecha 7 de junio de 2007, considerandos 9.° y 10.°. En el mismo sentido, véase: STC, Rol N.° 468-2006, de 9 de noviembre de 2006.

65 Cfr. STC, Rol N.° 559-2006 de fecha 7 de junio de 2007, considerandos 9.° y 10.°. Con todo, y como se adelantara, la figura del 299 CJM fue declarada inconstitucional (STC, Rol N.° 12.305-2021, de fecha 1 de marzo de 2022), a pesar de sendos fallos en que se fundaba sobradamente su respeto al mandato de taxatividad.

En este sentido, adquiere particular relevancia un fallo del TC que en el año 2016 resolvió un requerimiento de inaplicabilidad por inconstitucionalidad respecto del artículo 5.°, numeral 3.°, del CJM[66]. En la sentencia aludida, se acoge en términos explícitos la tesis de impunidad del tercero *extraneus* que interviene en un delito especial propio militar. Para ello, el TC recurre a la conocida clasificación que distingue entre delitos especiales propios e impropios. Son delitos cualificados propios, afirma, «aquellos que no tienen correlato basal o residual en una figura típica de Derecho Penal común, de modo tal que, si por alguna razón no se castigan por la figura propia, la conducta queda *completamente impune*. Tal ocurre, verbigracia, con las figuras de prevaricación judicial o administrativa, o de malversación de caudales públicos por aplicación indebida, etcétera, en las cuales no es posible sancionar a otro título»[67].

Asimismo, y con relación al delito propio militar sobre el cual recae el fallo, el TC sostuvo: «En general, la jurisprudencia chilena tradicional aceptaba la comunicabilidad (por razones más bien político-criminales), para castigar también al *extraneus*, pero hoy ha tendido a uniformarse en el sentido de la incomunicabilidad de las calidades personales del *intraneus*. Lo que significa, por ejemplo, que el partícipe civil de un delito cualificado militar, será sancionado bajo el tipo residual de base si éste existe (en el caso de los delitos cualificados impropios) *o la conducta simplemente quedará impune (si es un delito cualificado militar propio)*»[68].

> «Los fundamentos que llevan al TC a estas conclusiones no son otros que aquellos extraídos de la especial sujeción a deberes que detentan los funcionarios, sean estos civiles o militares. Así, con relación a tales delitos, afirma: "son aquellos en que el injusto típico está basado en el quebrantamiento de un deber que proviene de una norma diversa a la penal general propiamente dicha —tales como no matar, no robar, no abusar sexualmente, etcétera—, deberes que emergen desde el ámbito extrapenal administrativo, profesional o militar, *inter alia*, sólo para ciertas personas que se encuentran en una determinada posición de deber, que son los únicos que —en principio— pueden cometer esos delitos, ya que las otras personas no cualificadas no tienen los mismos deberes. Así, estos deberes rigen sólo

66 El requerimiento, en concreto, buscaba evitar que fuese un tribunal militar el que conociera de los ilícitos de falsedad documentaria militar y fraude al fisco, en que intervinieron dos miembros de la milicia en conjunto con un particular. Para ello, uno de los militares procesados promovió una cuestión de competencia ante el Juzgado de Garantía para que fuese este el tribunal que conociera del delito de fraude al fisco —y no el tribunal militar—, solicitud que fue rechazada por el Séptimo Juzgado de Garantía de Santiago (fecha 28 de noviembre de 2014, causa Rit N.° 20.255-2014) y que, al momento de la presentación del requerimiento, estaba siendo conocida por la Corte de Apelaciones de Santiago, bajo el Rol N.° 3489-2014. Cfr. STC, Rol N.° 2794-2015 de fecha 12 de mayo de 2016.

67 Cfr. STC, Rol N.° 2794-2015 de fecha 12 de mayo de 2016, considerando vigesimonoveno. El destacado es nuestro.

68 Cfr. STC, Rol N.° 2794-2015 de fecha 12 de mayo de 2016, considerando trigésimo. El destacado es nuestro.

para ciertas personas que se encuentran en una determinada posición de deber, que son los únicos que —en principio— pueden cometer esos delitos, ya que las otras personas no cualificadas no tienen los mismos deberes»[69].

Estos deberes, mencionados a lo largo del texto militar, se materializan, por mandato del artículo 431 CJM, en los reglamentos que el Presidente de la República debe dictar para cada una de las ramas de las FF. AA. y se traducen en conductas típicas, tales como «incumplimiento de deberes militares»; «faltas de disciplina»; «reglas de servicio y demás necesarias para el régimen militar», todas las cuales van acompañadas de penas, a su vez, especiales, tales como «amonestación», «reprensión y arresto militar», «suspensión del empleo», «retiro», «disponibilidad», «calificación y separación del servicio», tratándose de oficiales y «rebaja en el grado», «deposición del empleo» y «licenciamiento del servicio», tratándose de individuos de tropa o de tripulación, entre otras; todas ellas conductas que resguardan ciertos bienes jurídicos (honor, disciplina, valentía)[70] que no resultan exigibles para terceros y, por tanto, suponen penas inaplicables a quienes no detentan la cualidad especial de militar.

IV. Valoración provisional y una primera aproximación a los «delitos estatutarios»

De lo hasta aquí revisado surge la interrogante —ya anunciada— de si resulta posible reconocer una lógica similar a la militar en aquellas estructuras que parecen reunir atributos análogos a los, en principio, estrictamente castrenses. En este punto, parece necesario recordar que, partiendo del ejemplo de los *delictum proprium*, los glosadores romanos creyeron posible afirmar que no había motivo alguno para circunscribir el ámbito de los *delicta propria* únicamente a los delitos militares, sino que también debía *extenderse* a los delitos de funcionario y a los de eclesiástico[71]. Esta noción, como se revisó, fue rescatada en la Alemania del siglo XIX por diversos autores, quienes incluyeron bajo tal categoría *(delictum propium)* los llamados delitos funcionarios u oficiales *(Amtsverbrechen)*. Y en lo que respecta a nuestra

69 Cfr. STC, Rol N.° 2794-2015 de fecha 12 de mayo de 2016, Considerando vigesimonoveno.

70 En relación a este punto y, regresando a los comentarios al Código Penal español de 1848-50, Pacheco da cuenta de esta lógica al comentar el art. 158: «La ley no puede hablar de un comandante de barco que se rinde y entrega porque no cree poder defenderse. Aunque en ello hubiere habido cobardía, *no por eso tendrémos un delito que pueda penar el Código. Sólo las leyes militares podrán penarlo, cuando se trate de soldados de tierra ó de mar. Mas en las personas de que aquí se trata, el miedo no es un delito, como el valor no es una obligacion.* Quien se entregó por miedo, está exento de responsabilidad, cuando el miedo fué fundado é insuperable» (sic). Cfr. Pacheco (1881b: 11).

71 Cfr. Sturm (1939: 4).

tradición, Francisco Pacheco fue consciente de las similitudes que rigen jurídico-penalmente el ámbito castrense y el funcionarial (civil), incluso al punto de cuestionarse si, al igual que en los delitos militares, los delitos cometidos por empleados públicos debían ser acogidos, también, en un cuerpo diverso al Código Penal. Pese a ello, Pacheco llegó a la conclusión de que una tal separación no era necesaria, pues dentro del Código Penal los delitos de funcionario ya poseían un título propio, lo cual, a su juicio, era suficiente para distinguirlos de los delitos comunes, manteniendo, así, su especial lógica[72].

Pero más dignos de atención parecen los comentarios de Pacheco respecto del delito de malversación de caudales públicos. Tal ilícito, contenido en el artículo 318 del Código Penal español de 1848-50[73], se restringía, al igual que la actual figura del artículo 233 CP chileno, al «empleado público que, teniendo a su cargo caudales o efectos públicos o de particulares (...) los substrajere o consintiere que otro los substraiga (...)».

Pues bien, para Pacheco la participación en este delito se vería limitada por consistir en la infracción de un deber que solo regiría respecto de quienes sean funcionarios públicos y, asimismo, tengan a su cargo dichos efectos. Pero ¿qué ocurre, entonces, con los partícipes *extraneus* en tal ilícito? La respuesta de Pacheco resulta llamativamente categórica y, hasta donde llego, ningún tratadista ni estudioso de la participación en delitos especiales ha reparado en ella. En concreto, afirma Pacheco: «Conjuntamente con los empleados que cometen este delito, pueden concurrir particulares que sean co-autores, cómplices, ó encubridores en él. *El presente capítulo no dice sobre ellos nada; pero claro está que no es aquí donde debe buscarse su pena. Tales delitos, en tales delincuentes, son sólo privados, y corresponden á títulos que hallaremos después*» (sic)[74].

---

72 Cfr. PACHECO (1881a: 123).

73 «El empleado público que teniendo á su cargo caudales ó efectos públicos, los sustrajere, ó consintiere que otro los sustraiga, será castigado: 1.° Con la pena de arresto mayor, si la sustraccion no excediere de 10 duros. 2.° Con la prision menor, si excediere de 10 y no pasare de 500. 3.° Con la prision mayor, si excediere de :500 y no pasare de 10.000. 4.° Con la cadena temporal, si excediere de 10.000. En todos los casos con la de inhabilitacion perpétua absoluta» (sic).

74 Cfr. PACHECO (1881b: 510). Asimismo, y al referirse a la figura del encubrimiento (que, por cierto, aquí no se estima como participación en sentido estricto), plantea una lógica similar: «La primera es que intervenga abuso de funciones públicas. Nótense bien las palabras de la ley. No es el caso de ésta que la ocultación se verifique por un funcionario, sino por uno que abuse con ella del encargo público que le asiste. Ha de ser por consiguiente un funcionario que deba perseguir al reo. Ha de ser de los destinados á aprisionarle. O bien ha de mediar algún acto de sus atribuciones, empleado para proteger la ocultacion ó la fuga del delincuente. Es encubridor el comisario de policía, que le debe buscar, y le tiene en su casa. Es un encubridor el alcalde que le da pasaporte. En tales casos, hay delito de funcionario público que falta á sus obligaciones, y hay encubrimiento de aquel otro crimen principal. Y esta excepcion es justa. No es laudable la delicadeza que conduce á tales resultados. Los deberes del funcionario en ejercicio son mucho más severos que los deberes comunes» (sic). Para esta última cita, véase: PACHECO (1881a: 273).

Para Pacheco, el destino que debe darse a los partícipes *extranei* en la malversación de caudales públicos (por cierto, un delito especial), parece inclinarse por una tesis incomunicante, a menos que concurra un ilícito común que admita el castigo del interviniente extraño: la malversación, en cuanto sustracción, afirma, no sería sino «(...) un verdadero hurto, y de baja é infame especie» (sic)[75].

> «A lo menos llamativo resulta constatar que el CJM, al igual que nuestro CP, tipifica y sanciona en su articulado el delito de malversación de caudales públicos, ilícito que en el texto militar recibe el nombre de "malversación de bienes de las Fuerzas Armadas". Así, el art. 348 CJM dispone: **"El que en tiempo de guerra sustrajere, consintiere que otro sustraiga o aplicare a usos propios o ajenos los caudales o efectos de cualquiera clase pertenecientes al Ejército, y que se encuentren a su cargo, será castigado (...)"**. En tal sentido, se podría afirmar que el presente es un delito común, pero agravado en la medida en que sea ejecutado por un militar (de acuerdo con la clasificación arriba propuesta); sin embargo, ello sería un error. En ambos cuerpos normativos, tal ilícito constituye un delito especial, exigiendo, uno, la concurrencia de un empleado público y el otro, la de un militar. Se trata, si se quiere, de un delito **doblemente especial**, pues en ninguna de sus hipótesis admitiría la intervención de un paisano o particular, a menos que, concurra un delito paralelo que eleve a injusto la intervención del extraño. Sobre la conocida distinción entre delitos especiales propios e impropios, se volverá en el capítulo segundo de esta investigación».

Pues bien, sin perjuicio de que Pacheco parece tomar claramente una posición respecto del tema aquí estudiado, abogando por la impunidad del partícipe *extraneus* en delitos especiales, el español no entrega una opinión mayormente fundada ni tampoco se aboca al problema con la debida atención y profundidad. En efecto, al comentar el art. 69 del texto español, actual art. 64 del nuestro (y las demás normas a las que se suele acudir en la búsqueda de una solución a este problema), tampoco se expresa mayormente, salvo en reiterar lo que es por todos conocido: incomunicabilidad de circunstancias modificatorias *personales* y comunicabilidad de las circunstancias *objetivas*, exigiendo, en esta última, conocimiento por parte del interviniente en quien no recae tal circunstancia.

En tal sentido, parece necesario discurrir aquí en cuáles serían aquellos aspectos que definen la participación en delitos militares, dando cuenta de lo que se estima como un *propio sistema de intervención penal*. Desde allí procede analizar cuáles serían aquellos aspectos comunes que la participación en delitos militares posee con relación a la participación en delitos especiales (en el ámbito civil). En otros términos, lo que interesa analizar es si aquellos especiales deberes a que están sometidos los funcionarios militares —y cuyo quebrantamiento puede dar lugar a un injusto propio militar— poseen algún

75 Pacheco (1881b: 510), Tomo II.

correlato con los deberes a que están sometidos los funcionarios públicos civiles —cuya infracción, a su vez, puede dar lugar a un injusto propio o especial— en el ámbito civil.

Por cierto, tal análisis parte de la premisa —compartida por la doctrina mayoritaria— de que aquello que distingue a los delitos especiales es, precisamente, su especial contenido de injusto[76]. Los delitos especiales, afirma Gómez Martín, se caracterizan por un contenido de *injusto especial* distinto al injusto de los delitos comunes y únicamente realizable (para Gómez Martín, a título de autor) por los sujetos específicamente previstos en el tipo. Asimismo, la tesis más divulgada en aras de dar fundamento al especial contenido de injusto en esta categoría ha sido, precisamente, la de los especiales *deberes* a que está sometido el sujeto *intraneus*[77].

Con todo, el «deber especial», a pesar de constituir uno de los argumentos más difundidos en esta materia, no ha sido mayormente explorado en nuestro ámbito, especialmente en relación con los delitos militares y los delitos funcionarios. En tal sentido, parece necesario discernir en qué consistirían dichos deberes y si ellos poseen algún tipo de conexión entre ambas esferas (deberes militares y deberes funcionariales).

Respecto de las diferencias, y pese a que el funcionario militar, al igual que el funcionario público, está sometido a un régimen de mayor severidad en relación con los particulares, el derecho militar eleva a injusto penal ciertos atentados que solo afectan la disciplina y orden interno, lo que no ocurriría en materia funcionarial civil, en donde dichos atentados permanecerían, por regla general, en la esfera administrativo-disciplinaria (o el llamado «Derecho Administrativo Sancionador»).

En efecto, algunos tratadistas del derecho militar han señalado que el derecho disciplinario castrense, en relación con el derecho disciplinario general, supone notoriamente un «plus» de rigurosidad y de dureza[78]. Compárese, por ejemplo, con el régimen disciplinario de los funcionarios civiles del Estado o con el régimen disciplinario que establece la Ley Orgánica del Poder Judicial, en cuanto ambos consagran como sanción máxima la «destitución» o «remoción» del cargo (arts. 66 y ss. de la Ley N.° 18.575, y art. 332 numeral 3° COT). En cambio, al concretarse los actos o comportamientos ilícitos dis-

---

76 Por todos, véase: Gómez Martín (2012b: 7); Gómez Martín (2006: 67 y ss.). Así, y según este autor, la tesis del especial contenido de injusto constituiría una de las líneas de pensamiento más extendidas entre la doctrina alemana y ha sido fundamentada, en general, en cuatro ideas: 1) la norma especial, 2) el deber jurídico especial, 3) la posición especial y, 4) el dominio normativo del hecho.

77 Para una revisión histórica de la evolución del concepto de deber en relación a la autoría, véase: Roxin (2000: 413 y ss.). Para sustentar su teoría de los delitos de infracción de *deber*, Roxin recurre, entre otros, a los aportes de Schmidt (1936: 7), nota 16; quien, a su vez, recurre a Nagler (1903: 110 y ss.).

78 Cfr. Higuera (1990: 52 *in fine y s.*).

ciplinarios en sede militar, «éstos suponen un mayor recorte de los derechos y libertades cívicas y, por otra parte, las sanciones previstas son más graves, pudiéndose llegar incluso a la privación de libertad personal, lo que no ocurre con los funcionarios civiles del Estado o con los jueces y magistrados»[79]. En este sentido, se ha llegado a señalar que la distinción entre delito y falta a la disciplina sería solo *cuantitativa*, pues ambos serían manifestaciones de un mismo poder punitivo del Estado[80].

Sin embargo, las diferencias entre el ámbito penal militar y el ámbito funcionarial civil tenderían a disminuir frente a la constatación de que el derecho militar también se asienta sobre una lógica «publicista». Se trata, afirman Cea y Coronado[81], de una rama del Derecho Público, especial, nacional e internacional, que regula la organización y funcionamiento de los cuerpos armados y de sus integrantes para el adecuado cumplimiento de sus *deberes y fines*, respectivamente. Así, y como es sabido, en nuestro país las Fuerzas Armadas dependen administrativamente del Ministerio de Defensa y, en caso de guerra, su jefe supremo será el Presidente de la República. En otros términos, se trata ciertamente de una rama del Derecho Administrativo[82], lo que favorecería la tesis de que la diferencia entre el injusto penal especial militar y el injusto penal especial civil sería solo de índole cuantitativa.

Contribuye a la tesis anterior, asimismo, el que los deberes militares —cuyo incumplimiento puede dar lugar a un delito propio militar— no se hallan contenidos en el Código del ramo (CJM), sino que, de acuerdo con el art. 431 CJM, es el Presidente de la República quien debe dictar para cada institución «los reglamentos correspondientes sobre los deberes militares, las faltas de disciplina, las reglas del servicio y demás necesarios para el régimen militar».

Pues bien, sobre los deberes propiamente militares ya hemos tenido ocasión de exponer, por lo que basta con reiterar que éstos responden a una lógica fuertemente disciplinar y están basados en un estatuto jerárquico de enérgico acatamiento de órdenes. A su vez, están inspirados en la protección

---

79 En el mismo sentido: Cea y Coronado (2011: 65 y s.).

80 Cfr. Cea y Coronado (2011: 66). En el mismo sentido: Beclua y Rodríguez (1988: 183). No entraremos aquí en la profusa discusión en torno a la naturaleza de la sanción disciplinaria —si esta es o no de naturaleza penal— por alejarse del problema objeto de esta investigación. Para tal discusión, véase, entre otros: Cordero (2013: 79-103); Bermúdez (1998: 323-334); Vergara Blanco (2004: 137-147).

81 Cfr. Cea y Coronado (2011: 1).

82 Cfr. Cea y Coronado (2011: 36). Las Fuerzas Armadas y Carabineros de Chile, en tal sentido, forman parte de la Administración del Estado de conformidad con lo previsto en los artículos 24, 32 N.° 17 y 18, 101 y siguientes de la Constitución Política de la República; artículo 1° del Decreto con Fuerza de Ley N.° 18.575, Orgánica Constitucional de Bases de la Administración del Estado, en relación con el artículo 1° de las Leyes Orgánicas Constitucionales de las Fuerzas Armadas y Carabineros de Chile, números 18.948 y 18.961, respectivamente.

de ciertos bienes jurídicos que atañen solo a quienes se encuentran dentro de la institución; bienes como el honor, valentía, unidad y cohesión interna, así como la protección de los medios y recursos puestos a su disposición para el desempeño de funciones específicas.

Pese a ello, la jerarquía, profesionalismo y disciplina no son características distintivas solo de los cuerpos castrenses, sino que, por el contrario, *se extienden a todos los integrantes de los* órganos *de la Administración del Estado*[83]. Esto lo confirman las disposiciones contenidas en los arts. 7.°, 17 y 20 de la Ley Orgánica Constitucional de Bases Generales de la Administración del Estado. Los funcionarios de la Administración, señala el art. 7.°, «estarán afectos a un régimen jerarquizado y disciplinado. Deberán cumplir fiel y esmeradamente sus obligaciones para con el servicio y obedecer las órdenes que les imparta el superior jerárquico». En ello insiste el art. 17, indicando que «Las normas *estatutarias* del personal de la Administración del Estado deberán proteger la dignidad de la función pública y guardar conformidad con su carácter técnico, profesional y jerarquizado». Y el art. 20 dispone, por su parte, que «La Administración del Estado asegurará la capacitación y el perfeccionamiento de su personal, conducentes a obtener la formación y los conocimientos necesarios para el desempeño de la función pública». En esta lógica, se ha expresado que uno de los fines externos de la Administración del Estado es la defensa y el ejercicio de la soberanía, lo que permitiría dimensionar la relevancia que el Derecho Administrativo tiene con relación a las Fuerzas Armadas y de Orden y Seguridad Pública, por cuanto ciertos intereses colectivos fueron considerados como función y misión de esos órganos[84].

En relación al deber de obediencia presente en materia funcionarial civil, el profesor Silva Cimma[85] ha señalado que:

> «(...) es un principio básico de toda organización administrativa, en virtud del cual el funcionario debe cumplir las órdenes emanadas de sus superiores jerárquicos. Su basamento cardinal está sin duda en la noción de jerarquía administrativa. En el campo de la Administración Estatal siempre debe existir un superior que manda y un subordinado que obedece. La estructura administrativa esencialmente piramidal así lo impone. De otra manera ésta se transformaría en un caos. La obediencia, así comprendida, está por lo demás muy vinculada a las normas sobre disciplina administrativa y sobre la obligación de prestar servicios por parte de quien trabaja al servicio del Estado. Dentro de estos contextos la obediencia es piedra angular del sistema administrativo, ya que difícilmente puede concebirse el desarrollo normal de una Administración sin su existencia».

83 Así: Cea y Coronado (2011: 27).

84 Cfr. Cea y Coronado (2011: 35).

85 Silva Cimma (1993: 60 y s.).

Dicho lo anterior, no parece estar sujeto a discusión que en el ámbito público civil (funcionarial) también es posible reconocer estructuras jerárquicas y disciplinalmente rígidas, con principios propios, y, tal como en el mundo castrense, un sistema altamente normado de atribuciones y deberes (de allí el término «estatutario» con el cual definimos estos delitos). Así como un uniformado puede incurrir en «incumplimiento de deberes militares» del mismo modo un funcionario público puede incurrir en «notable abandono de deberes»[86].

Con estas disquisiciones, por cierto, no se pretende defender aquí un sistema que sancione el mero incumplimiento de deberes personales o el hecho de que en tales delitos se vulnere únicamente la relación existente entre funcionarios y el Estado, crítica que Rodríguez Collao traduce como aquel «sesgo autoritario»[87] que solía caracterizar a este grupo de delitos *(Standesdelikte)*.

Por de pronto, lo que se quiere poner de relieve es la existencia de determinados ámbitos del ordenamiento jurídico en que el legislador se refiere a un grupo muy determinado de sujetos que, estando bajo una lógica *estatutaria* (militares, funcionarios o jueces), infringen ciertos deberes que pareciera que adquieren vigencia *solo* dentro de tales instituciones. En este sentido, las semejanzas entre los deberes militares y los deberes civiles que dan paso a un injusto especial —sin perjuicio del factor cuantitativo ya expresado—, serían esencialmente *cualitativas* con relación al injusto general de los delitos simples o comunes. Por ello, la punición de dichos comportamientos (injustos especiales) solo se explicaría en tanto se trata de ciertas instituciones de trascendencia para la comunidad que, dada su función específica y excluyente (protección de la soberanía, seguridad nacional, la función pública y su correcto funcionamiento o, la administración de justicia), el legislador ha querido sancionar únicamente a los sujetos que tienen a su cargo —les incumbe— su cautela.

Ello no obsta, por cierto, a que el legislador admita y declare punibles ataques realizados contra tales instituciones *desde fuera*. Como ya hemos tenido ocasión de revisar, en el ámbito militar se sanciona, entre otros, el delito de «instigación a la insubordinación colectiva» del art. 274 CJM. Y lo mismo es posible de advertir en los delitos contra la función pública. Así, se ha elevado a injusto penal el comportamiento de aquel sujeto que soborna a un empleado público para que este ejecute funciones *propias de su cargo*; y en materia judicial, se considera un atentado contra la administración de justicia el falso testimonio y la presentación de pruebas falsas, ambos buenos

86 Véanse aquí, por ejemplo, el art. 52 N.° 2 letra c) de la Constitución Política de la República; los arts. 49 bis, 51 bis, 58, 60, 65 y 76 de la Ley N.° 18.695, Orgánica Constitucional de Municipalidades; y art. 119 de la Ley N.° 18.834, sobre Estatuto Administrativo.

87 Cfr. Rodríguez Collao (2005: 335). La crítica de Rodríguez Collao la extraería, a su vez, de: Queralt (1997: 417-419).

ejemplos de ataques desde afuera que han sido especialmente considerados por el legislador.

En efecto, y en relación al delito de soborno, ya GRISOLÍA afirmaba que dicho precepto (art. 250 CP) tiene por objeto establecer la punibilidad del tercero *extraneus*, el que, de no existir tal disposición, debería en rigor permanecer impune[88].

En definitiva, considero que existen buenas razones para sostener que la clásica categoría de los *Standesdelikte* o «delitos de clase» subsiste en el moderno Derecho penal, si bien no bajo la noción formalista con que tradicionalmente se los ha encasillado. Existen actualmente ciertas constelaciones —militares y civil funcionariales— sujetas a un régimen de deberes interno fuertemente normados y de naturaleza estatutaria (y de allí la diferencia cualitativa arriba expresada) en que ciertos deberes, exclusivos de quienes pertenecen a tales instituciones, son de carácter permanente y no meramente circunstanciales[89], los cuales fundamentan el injusto de estos especiales delitos y dan contenido material a su particular configuración normativa.

V. Conclusiones

El origen histórico de los delitos especiales los ubica en la regulación fijada para los delitos militares o *delicta propria* contenidos en el Digesto (D. 49, 16, 2), los cuales se distinguían de los delitos comunes o *delicta communia*, puesto que, los primeros solo podían ser ejecutados por quienes revestían la calidad de militares. En tal sentido, esta normativa excluía la punibilidad

88 Cfr. GRISOLÍA (1975: 27 y ss.). Se refuerza esta tesis, primero, por una razón de texto: tal ilícito (art. 250 CP) se encuentra en el Título V del Libro II, esto es, entre los «crímenes y simples delitos cometidos por empleados públicos en el desempeño de sus cargos»; pero, a diferencia de los restantes ilícitos allí contenidos, el art. 250 no utiliza la fórmula «el empleado público que» para referirse al sujeto activo, sino que utiliza expresamente la fórmula «el que», en clara alusión a aquellos sujetos que son ajenos a la institución (sujeto activo simple). En segundo lugar, pues el legislador estaría asumiendo implícitamente que un funcionario, por el hecho de pertenecer a la institución —esto es, por el hecho de *estar dentro*—, no requiere de otro para llevar a cabo una acción u omisión que *el mismo puede cometer.* Y, finalmente, pues asiste una razón histórica en cuanto a la menor pena que contemplaba originalmente el art. 250 (la pena correspondiente a los cómplices). Por ello, Fuensalida, al comentar tal disposición, precisó: «Mas, considerando el código que en las penas de los que obran por dádiva o promesa se toma en cuenta la calidad agravante del empleado público *i que esta circunstancia no debe afectar a los sobornantes que no abusan de funciones públicas, les ha impuesto una pena menor*, sin desvirtuar por esto el verdadero carácter de dichos delincuentes». En: FUENSALIDA (1883b: 248). El destacado es nuestro.

89 Pese a que aquí no es posible ahondar mayormente en ello, existen ciertos ilícitos —que suelen denominarse delitos especiales— que no lo son en realidad, sino que se trata de verdaderos DELITOS DE POSICIÓN (de allí que dependan de un criterio circunstancial y no permanente), cuya lógica responde más bien a la de los delitos comunes.

de quienes no detentaran la calidad de militares o *extranei*. Dicha regulación sirvió de base para extender su lógica a la regulación posterior de los delitos de funcionario y los ejecutados por religiosos.

La moderna regulación de los delitos militares, en nuestro entorno, mantendría dicha *ratio*, circunscribiendo los tipos militares a quebrantamientos especiales de deber o violaciones de deberes militares que inciden directamente en el bien jurídico protegido: la eficacia en el desarrollo de los cometidos estrictamente castrenses y a una serie de conductas concretas que podrían ser definidas como acciones de riesgo e incumplimiento de deberes militares fundamentales.

La relevancia del estudio de los delitos militares radica en que tras ellos se configura un verdadero *sistema de intervención penal*, comprensible solo bajo el prisma de los especiales deberes a que están sometidos ciertos sujetos. Tales sujetos se hallan regidos, a su vez, por un sistema jurídico densamente integrado de principios y reglas estatutarias, características que también sería posible reconocer en la administración pública y la administración de justicia.

De asumirse los delitos militares como punto de partida de los llamados delitos especiales propios (estatutarios), se presenta la cuestión de si es posible aplicar dicha lógica a la solución del actual problema de participación de *extranei* en delitos especiales, cuestión que aquí se estima posible y supone la impunidad del partícipe en quien no recaen estos especiales deberes, salvo una disposición expresa que reconozca normativamente la afectación desde afuera del bien jurídico, en principio, afectable solo desde adentro.

Referencias

Arnold, F. (1849): *Blättern für Rechtssanwendung, zünachst in Bayern.* Bayern. Erlangen. En línea: https://opacplus.bsb-muenchen.de/Vta2/bsb10709937/bsb:11603724?page=27 (fecha de consulta: 29 de septiembre de 2020).

Beclua Fraga, R., y Rodríguez Villasante, J. (1988): *Comentarios al Código Penal Militar* Madrid. Editorial Civitas.

Bermúdez Soto, J. (1998): «Elementos para definir las sanciones administrativas». *Revista Chilena de Derecho,* Número especial (323-334).

Binding, K. (1872): *Die Normen und ihre* Übertretung, *eine Untersuchung* über *die rechtmässige Handlung und die Arten des Delikts* (Tomo I.). Leipzig. Verlag von Wilhelm Engelmann.

Binding, K. (1965): *Die Normen und ihre* Übertretung, *eine Untersuchung* über *die rechtmässige Handlung und die Arten des Delikts.* 4° ed., Tomo I. Leipzig. Scientia Verlag Aalen.

BINDING, K. (1915): *Strafrechtliche u. strafprozessuale Abhandlungen.* Tomo I. Munich y Leipzig.

BRACKENHÖFT, T. (1840): «Allgemeine und befondere Gehülfen bei verbrecherifchen handlungen en Archiv des Criminalrechts». *Neue Folge* (Ed. por Ernst Ferdinand Klein y Gallus Aloys Kleinschrod). En línea: https://books.google.cl/books?id=vV4TAAAAQAAJ&pg=PA410&lpg=PA410&dq=allgemeine+und+besondere+Geh%C3%BClfen+bei+verbrecherischen+handlungen&source=bl&ots=mtRV5K8RD6&sig=ACfU3U0GaqguT8CvUe9XUcxu7-sF_RGYKQ&hl=es&sa=X&ved=2ahUKEwi3vljU1o7sAhV2ILkGHScRCwQQ6AEwAHoECAQQAQ#v=onepage&q=allgemeine%20und%20besondere%20Geh%C3%BClfen%20bei%20verbrecherischen%20handlungen&f=false (fecha de consulta: 29 de septiembre de 2020).

BRACKENHÖFT, T. (1839): *der Robhirtschen Abhandlungen zivilistischen und kriminalistischen Inhalts, Bd.* III.

CEA CIENFUEGOS, S., Y CORONADO DONOSO, R. (2011): *Derecho militar, Parte General* (Ed. Abeledo Perrot, Tomo I.). Santiago. Legal Publishing Chile.

CORDERO QUINZACARA, E. (2013): «Concepto y naturaleza de las sanciones administrativas en la doctrina y jurisprudencia chilena». *Revista de Derecho Universidad Católica del Norte*, Vol. 20, N.° 1 (79-103).

D´ORS, Á. (1975): *El Digesto de Justiniano* (Tomo III.). Pamplona. Aranzadi.

D´ORS, Á. (1968): *El Digesto de Justiniano* (Tomo I.). Pamplona. Aranzadi.

GARCÍA DEL CORRAL, I. (1889): «Cuerpo del Derecho Civil Romano. Primera Parte». *Instituta-Digesto* (Tomo I.). Barcelona. Jaime Molinas Editor.

GARCÍA DEL CORRAL, I. (1897a): «Cuerpo del Derecho Civil romano». *Digesto de Justiniano, Primera Parte* (Tomo III.). Barcelona. Jaime Molinas Editor.

GARCÍA DEL CORRAL, I. (1897b): «Cuerpo del Derecho Civil romano». *Digesto de Justiniano, Segunda Parte* (Tomo V.). Barcelona. Jaime Molinas Editor.

GÓMEZ MARTÍN, V. (2016): «¿Delitos de posición con infracción de deber? Reflexiones sobre el ejemplo de la corrupción médica privada». *Cuadernos de Política Criminal,* n.° 118, I, época II (87-114)

GÓMEZ MARTÍN, V. (2012a): «Delitos de posición y delitos con elementos de autoría meramente tipificadores: una distinción necesaria para los delitos especiales de funcionario». *Revista Doctrina y Jurisprudencia Penal,* vol. 8, año 3.

Gómez Martín, V. (2012b): «Delitos de posición y delitos con elementos de autoría meramente tipificadores. Nuevas bases para una distinción necesaria». *Revista Electrónica de Ciencia Penal y Criminología*, 14-01 (1-29).

Gómez Martín, V. (2006): *Los delitos especiales*. Madrid. Edisofer S.L. y BdeF.

Gómez Martín, V. (2003): *Los delitos especiales* (tesis doctoral.). España. Universitat de Barcelona.

Grisolía Corbatón, F. (1975): «La comunicabilidad en los delitos de malversación y fraude». *Revista de Ciencias Penales,* N.° 1, enero-junio, 3a época, T. XXXIV (3-47).

Higuera Guimerá, J. (1990): *Curso de Derecho penal militar español, Parte General.* Barcelona. Ed. Bosch.

Kohler, J. (1890): *Studien aus dem Strafrecht* (Tomo I). Ed. J. Bensheimer.

Köstlin, Reinhold (1855): *System des deutschen Strafrechts, allgemeiner Theil.* Tübingen. Ed. Laupp. (285). En línea: https://play.google.com/books/reader?id=MVIUAAAAQAAJ&hl=es&pg=GBS.PR3 (fecha de consulta: 29 de septiembre de 2020).

Leiva López, A. (2024): «Los delitos de posición: aproximación normativa a una nueva categoría delictiva». En Ríos, R. y Machado, L.: *Diálogos chileno-brasileiros de Direito Penal e Processual Penal.* Sao Paulo. Tirant lo Blanch (133-154).

Mera Figueroa, J. (2000): *La Justicia Militar en Chile*. Santiago. Nueva Serie Flacso.

Nagler, J. (1903): *Die Teilnahme am Sonderverbrechen ein Beitrag zur lehre von der Teilnahme* Leipzig. Verlag von Wilhem Engelmann.

Pacheco, J. (1881a): *Código Penal. Concordado y comentado* (5.ª ed., Corregida y Aumentada, Tomo I). Madrid. Imprenta y Fundición de Manuel Tello.

Pacheco, J. (1881b): *Código Penal. Concordado y comentado* (5.ª ed., Corregida y Aumentada, Tomo II). Madrid. Imprenta y Fundición de Manuel Tello.

Pacheco, J. (1881c): *Código Penal. Concordado y comentado* (5.ª ed., Corregida y Aumentada, Tomo III). Madrid: Imprenta y Fundición de Manuel Tello.

Queralt Jiménez, J. (1997): «Delitos contra la Administración Pública en el nuevo Código Penal», en: Gimeno, Q. y M. (1995): *Estudio y aplicación práctica del Código Penal.* Madrid (417-419).

RobHirt, F. (1851): *Beiträge zur Lehre von der Anstiftung zum Verbrechen», en: Archiv des Kriminalrechts, Neue Folge* (Ed. por Ernst Ferdinand Klein y Gallus Aloys Kleinschrod, Halle). En línea: https://dlc.mpdl.mpg.de/dlc/view/escidoc:25646:8/recto-verso (fecha de consulta: 29 de septiembre de 2020).

Rodríguez Collao, L. (2005): «La función pública como objeto de tutela penal». *Revista de Derecho de la Pontificia Universidad Católica de Valparaíso* (XXVI, semestre I).

Roxin, C. (2000): *Autoría y dominio del hecho en Derecho penal* (7° ed.). Madrid. Editorial Marcial Pons, Traducción de Joaquín Cuello Contreras y José Luis Serrano de Murillo.

Schmidt, E. (1936): *Die militärische Straftat und ihr Täter.*

Schwarze, F. (1873): *Kommentar zum Strafgesetzbuch für das deutsche Reich.* Leipzig. Ed. Fues Berlag, R. Reisland. En línea: https://reader.digitale-sammlungen.de/de/fs1/object/display/bsb11158075_00005.html (fecha de consulta: 29 de septiembre de 2020).

Silva Cimma, E. (1993): *Derecho Administrativo chileno y comparado. La función pública.* Santiago. Ed. Jurídica de Chile.

Sturm, W. (1939): *Die Entwicklung der Sonderverbrechen in Wissenschaftund Rechtsprechungseitdem 19. Jahrhundert* (Tesis doctoral.). Freiburg.

Vergara Blanco, A. (2004): «Esquema de los principios del Derecho Administrativo sancionador». *Revista de Derecho Universidad Católica del Norte*, N.° 2, 2004, Año 11 (137-147).

Jurisprudencia citada

- STC, Rol N.° 12.305-2021, de fecha 1 de marzo de 2022.
- STC, causa Rol N.° 2794-2015 de fecha 12 de mayo de 2016.
- STC, causa Rol N.° 468-2006, de 9 de noviembre de 2006.
- STC, causa Rol N.° 559-2006 de fecha 7 de junio de 2007.
- QUINTO JUZGADO MILITAR DE PUNTA ARENAS, Rol N.° 75-2015, de fecha 17 de marzo de 2017.

CAPÍTULO 4

UN MODELO DE *COMPLIANCE* «CUASI-PENAL» PARA LAS PERSONAS JURÍDICAS: PERSPECTIVA ALEMANA

Marina Oliveira Teixeira Dos Santos[1]
Centro de Investigación para la Gobernanza Global
Universidad de Salamanca

I. Introducción

Los programas de cumplimiento o *compliance* empresarial, de manera amplia, no se limitan al ámbito del Derecho penal y significan el cumplimiento con el ordenamiento jurídico a través de la adopción de buenas prácticas y de una estructura empresarial que permiten la identificación, clasificación y minimización de los riesgos operativos y legales que se enfrentan las perso-

---

1 Investigadora contratada predoctoral en formación. Financiada con cargo a la convocatoria de contratos predoctorales USAL 2021, cofinanciada por el Banco Santander. Miembro del Proyecto I+D «*Configuración y efectos de los sistemas de Gestión del riesgo legal*» del Ministerio de Ciencia e Innovación, con referencia PID2019-107743RB-I00. Miembro del Centro de Investigación para la Gobernanza Global de la Universidad de Salamanca y del GIR en Justicia, Sistema penal y Criminología. Esta investigación fue desarrollada en el ámbito de una estancia de investigación predoctoral en la Universidad de Saarlandes (Universität des Saarlandes) con la tutoría del Profesor Doctor Dominik Brodowski. Agradezco el apoyo que me fue dado durante mi estancia en la Universidad de Saarlandes por él y todo el equipo del Departamento de Derecho penal y Derecho procesal penal.

nas jurídicas[2]. Asimismo, RODRÍGUEZ-GARCÍA (2023: 1-16) añade al concepto de *compliance* la ejecución de «una cultura de comportamiento ético, en una suerte de mutua retroalimentación y reciprocidad en los pensamientos y en las conductas»[3].

Concretamente, discutimos los prototipos de imposición de *compliance penal* a través de la atribución de algunos de los modelos de responsabilidad penal para la persona jurídica. Sea a partir de un modelo de transferencia de la responsabilidad de los directivos y representantes (heterorresponsabilidad) o de la responsabilidad propia de la persona jurídica (autorresponsabilidad)[4], es una cuestión de política-criminal determinar no solamente si uno de estos modelos será aplicado, como también si existirán sanciones similares a la pena «criminal» que podrán ser atribuidas a la persona jurídica[5].

En España, por ejemplo, hay un modelo de autorresponsabilidad regulado en el art. 31 bis Código Penal (en adelante, CP). Se atribuye automática y directamente la responsabilidad penal a la persona jurídica a partir del análisis de su estructura interna de cumplimiento normativo[6]. Específicamente, es la existencia de un programa formal y eficaz de *compliance* que puede llegar a eximir o atenuar la responsabilidad penal de la persona jurídica, de forma que se establece un sistema de palo y zanahoria a través del cual se incentiva la existencia de programas de cumplimiento eficaces a través de la amenaza de la responsabilidad penal[7].

No obstante, Alemania no aplica ninguno de estos modelos de atribución de responsabilidad penal a la persona jurídica y tampoco tiene prevista una sanción *penal* que se le pueda aplicar. Por consiguiente, el deber de mantener en el seno empresarial una estructura de *compliance* deriva de otras áreas distintas del Derecho penal[8].

La inexistencia de un modelo de *criminal compliance* en Alemania no significa que las personas jurídicas que actúen en este país no tengan programas de cumplimiento[9]. En efecto, como analizamos en las primeras líneas de este

---

2 PÉREZ FERRER (2018: 130); ROJAS ARIAS (2020).

3 RODRÍGUEZ-GARCÍA (2023: 2).

4 NIETO MARTÍN (2013: 21); ENGELHART (2014: 57-59); VARELA; MANSDÖRFER (2021: 123 Y SS.); BLANCO CORDERO (2023: 6).

5 TIEDMANN (2014: 13).

6 ANZOLA; OLIVEIRA TEIXEIRA DOS SANTOS (2022: 1359).

7 Además, sobre las investigaciones internas *cfr.* LEÓN ALAPONT (2023: 341 y ss.); AYALA GONZÁLEZ (2020: 277 y ss).

8 KRAUSE (2018: 186); YUNING (2018: 197).

9 En el 2020 se señalaba que 97 % de las corporaciones con más de diez mil empleados habían implementado un programa de cumplimiento y destacaban que la lucha contra la corrupción era uno de los objetivos principales (BEHR; GUTTENBERGER; BUHL, 2020: 11).

trabajo, los programas de *compliance* corporativos son más amplios que su relación directa con el Derecho penal. Desde nuestra perspectiva, son tres las grandes razones, independientes y complementarias, por las cuáles, a pesar de la inexistencia de un modelo de responsabilidad penal de la persona jurídica, los programas de *corporate compliance* siguen siendo una realidad en el país.

La primera de ellas está relacionada con la transcendencia global del *Foreign Corrupt Practices Act* (FCPA) de Estados Unidos (EE.UU.). Aunque esta ley existe desde el año 1977[10], su importancia se debe a los efectos extraterritoriales que ejerce, dado que tutela los hechos realizados por toda persona jurídica del mundo que opere a través o por el territorio de EE.UU., así como las que «se encuentren registradas, que posean valores en EE.UU. o que deban presentar informes de actividades económicas a la Comisión de Bolsa y Valores»[11], prohibiendo la práctica del soborno y exigiendo de las personas jurídicas la existencia de programas de cumplimiento eficaces. Por ejemplo, a partir de registros contables precisos y controles internos[12]. Concretamente, es la aplicabilidad extraterritorial del FCPA, aliada al sistema estadounidense basado ampliamente en la celebración de acuerdos con la Fiscalía que estimulan todavía más la implantación de los programas de *corporate compliance,* en la medida en que estos suelen ser incluidos junto con las demás sanciones económicas a las corporaciones que hayan incumplido las normas del FCPA. De esta manera, las empresas originalmente alemanas, siempre y cuando operen internacionalmente, con la posibilidad de actuar sobre el territorio estadounidense, acaban siendo sujetos pasivos en potencial del FCPA estadounidense y, por lo tanto, sometidas a las obligaciones de cumplimiento exigidas por esta norma[13].

La segunda grande razón es denominada por Laufer[14] como el «*compliance game*»: las corporaciones implantan programas de cumplimiento con el objetivo de evitar los malos impactos que su inexistencia podría generar a su reputación[15]. En este sentido, las personas jurídicas adoptan programas

10 El FCPA fue promulgado como resultado de «un desborde de actuaciones de empresas privadas en el extranjero» (Rojas Arias, 2020:190), con el objetivo de impedir prácticas corruptas y establecer un campo de negocios éticos y transparentes, restableciendo la confianza en la integridad empresarial (Department of Justice, 2020: 2-3).

11 Oliveira Teixeira Dos Santos (2021: 774).

12 Ferré Olivé (2023: 66-67).

13 Sobre la posibilidad de una normativa europea similar al FCPA cfr. Bernard (2021: 4-9).

14 Laufer (2016: 80).

15 Varela; Mansdörfer (2021: 141).

de *compliance* de cara al público con el objetivo de proteger su credibilidad debido a la aparente legitimidad y buena imagen que le confieren[16/17].

En tercer lugar, pero no menos importante, se encuentran las estructuras legales[18] que, en Alemania, hacen con que el *criminal compliance* no sea una realidad, sino que sí un *cuasi-criminal compliance*[19] o, en castellano, un modelo de cumplimiento cuasi-penal. Desde esta perspectiva, entendemos por «*cuasi-penal*» el conjunto de reglas cuyas características se asemejan a las tradicionales del Derecho penal[20], pero no se corresponden completamente con ellas[21].

Harding[22], sobre las medidas «cuasi-penales», destaca que se parecen al Derecho penal, pero debido a elementos significativos no puede llegar a ser lo mismo. De manera que la distinción se encuentra en la naturaleza específica del procedimiento, las agencias involucradas y las sanciones que pueden ser aplicadas. Concretamente, es fundamental que haya una diferencia significativa y aceptada con relación al estigma negativo asociado al Derecho penal en comparación con las medidas «cuasi-penales».

A partir de esta perspectiva, el objetivo de este trabajo es analizar los tres grandes modelos de *cuasi-criminal compliance* en Alemania a través de las reglas y sanciones previstas para el sistema bancario y financiero, el modelo de la Ley de Infracciones Reglamentarias *(Gesetz* über *Ordnungswidrigkeiten, OWiG)* y el más reciente sistema de la Ley de la Cadena de Suministro *(Gesetz* über *die unternehmerischen Sorgfaltspflichten in Lieferketten, LkSG)*.

Tras comprender el funcionamiento de este modelo de *compliance* cuasi-penal, vamos a traer algunas reflexiones finales relacionadas con las ideas de *eficiencia y eficacia* con relación a este sistema alemán de incentivo a la existencia de programas de cumplimiento eficaces. Tanto a través del soporte

---

16 Rojas Arias (2020: 196) concluye que el compliance fue «una herramienta de control normativo impulsada desde el sector público», pero que, respaldando esta idea del compliance game «ha tenido amplio desarrollo en los mecanismos de autorreferenciación del ámbito privado».

17 Pérez Ferrer (2018: 129) destaca que los programas de cumplimiento se imponen, aunque no exista una relevancia en el plan legislativo dado que «la propia dinámica del mercado» acaba imponiéndolos para las corporaciones «al ofrecer una mayor garantía de idoneidad de cara a las posibles contrataciones, fundamentalmente en el sector público».

18 Varela y Mansdörfer (2021: 111) analizan como el compliance penal no es más que una manera «penal» de concretar el programa de *compliance* regulatorio.

19 Vogel (2014: 240).

20 Harding (2022: 133) analiza los requisitos formale para que uma conducta sea «penal» y el uso del Derecho penal como *ultima ratio*, llegando a la conclusión de que se puede recurrir a sanciones (en general) en áreas no penales con un efecto de *deterrence*.

21 Franssen; Harding (2022: 5).

22 Harding (2022: 134).

informal del Estado para la manutención de un buen clima corporativo, como a partir de la existencia de determinadas normas administrativas relacionadas con la existencia de algunas medidas de cumplimiento específicas[23].

II. Los modelos de *cuasi-criminal compliance* en Alemania

1. El sistema bancario y financiero

A partir del 2014[24] se ha regulado en el ámbito de los sistemas bancario y financiero una obligación relacionada con la gestión de los riesgos que, de una manera específica, dispone para las instituciones de estos sectores la imposición de multas vinculadas a la responsabilidad penal individual del alto mando. Es decir, los directivos y ejecutivos de bancos e instituciones financieras.

En efecto, antes de 2014, tanto el sector financiero como el bancario ya tenían obligaciones relacionadas a la gestión del riesgo y a la implantación de estructuras de cumplimiento debido a la existencia de reglas específicas para el sector, consideradas *soft law*[25], como a través de las ISO. No obstante, es este cambio de paradigma regulatorio que, determinando la responsabilidad penal de los directivos, a través de la perpetración de delitos cuando la falta de gestión de riesgos amenace a la viabilidad de los bancos (§54a *Kreditwesengesetz*) o genere insolvencia o sobreendeudamiento en el caso de las instituciones financieras (§142 *Versicherungsaufsichtsgesetz*), acerca el sistema nacional alemán un paso más cerca de este modelo de *compliance* cuasi-penal[26] y es responsable por diluir las líneas claras entre los conceptos de responsabilidad individual y corporativa[27] con relación a la imposición de medidas de cumplimiento.

---

23 Este raciocinio parte de los dos primeros niveles de acción regulatoria de Engelhart (2014: 69-72), en que el tercero sería la imposición de sanciones a la falta de cumplimiento y el último nivel sería la exclusión de responsabilidad debido a una obligación general de implantar programas de *compliance.*

24 A partir de la aprobación de la Propuesta de Ley propuesta inicialmente en marzo de 2013. Aprobado en agosto de 2013 por el *Bundesrat. Bundesgesetzblatt. Gesetz zur Abschirmung von Risiken und zur Planung der Sanierung und Abwicklung von Kreditinstituten und Finanzgruppen.* 7 de agosto de 2013, pp. 3090 y ss. Responsable por alteraciones en la Ley del Sistema Bancario *(KReditwesengesetz)* y en la Ley de Supervisión de Seguros *(Versicherungsaufsichtsgesetz)*.

25 Sobre las *soft laws* provenientes del Estado *cfr.* Varela y Mansdörfer (2021: 146); sobre las *soft laws* que derivan del Banco Central *cfr.* Bwodowski (2016: 238 y ss).

26 Por consiguiente, se ultrapasa el sistema de las circulares administrativas que constituían las *soft laws* (Richter, 2014: 324).

27 Richter (2014: 333).

No obstante, aunque se pueda relacionar esta regulación a un modelo «cuasi-penal» de responsabilidad de la persona jurídica en la medida en que las multas que le son aplicadas a la persona jurídica —de manera indirecta— se limitan a los máximos del Derecho penal. Esto debido a que se regula la gestión de los riesgos a través de la responsabilidad penal de la persona física. Por consiguiente, son sólo en algunas excepciones que se permite la imposición de multas más elevadas, que llegan a los 10 % a 15 % de la facturación anual global de la persona jurídica[28/29].

2. La ley de infracciones reglamentarias

Cuando se debaten los mecanismos cuasi-penales en el sistema alemán,[30] normalmente es la Ley de Infracciones Reglamentarias *(Gesetz* über *Ordnungswidrigkeiten, OWiG)*[31] el ejemplo más usado como oposición al sistema penal del Código Penal (Strafgesetzbuch, StGB)[32]. En el ámbito de la Ley de Infracciones Reglamentarias la forma básica de sanción es una monetaria, nombrada multa regulatoria *(Geldbuße)*[33]. Y a través de esta multa se prevé una contrapartida equivalente para la inexistencia de la responsabilidad penal de las personas jurídicas dado que se permite la imposición de multas cuantiosas, que se han ido ampliando a lo largo de los años[34]. Es decir, a partir de este mecanismo no penal, se permite sancionar con gravedad —aunque nunca con el mismo estigma— a las personas jurídicas que no cumplan los mínimos deberes de supervisión relacionados a un programa de *compliance.*

La Ley de Infracciones Reglamentarias exige a los propietarios (§ 130 OWiG) y a los órganos y representantes (§ 9 OWiG) de las empresas —independientemente de su sector o naturaleza— que adopten medidas de supervisión. Con relación a la supervisión exigida, debe ser suficiente para, en el ámbito de la operación, prevenir o hacer mucho más difícil la perpetración de la infracción reglamentaria o del delito penal (§130 (1) OWiG).

De esta manera, si éstas resultan ineficaces y dan lugar a la comisión de una infracción, dichos sujetos cometerán una infracción reglamentaria que podrá atribuirse a la empresa (§ 30 OWiG). Por lo tanto, es posible sancionar

---

28 *Cfr.* §81.4 *Gesetez gegen Wettbewerbsbeschrankungen* (competencia) o §56 6. - 8. *Gesetz uber das Kreditwissen* (prestimos).

29 BRODOWSKI (2022: 53).

30 Sobre una perspectiva histórica de los mecanismos cuasi-penales en Alemania *cfr.* BRODOWSKI (2022: 42-48); SIEBER (2020: 305-307).

31 Sigue prácticamente intacta desde su reproducción en 1968 (BRODOWSKI, 2022: 48).

32 BRODOWSKI (2022: 50); SIEBER (2020: 302).

33 *Cfr.* sobre el procedimiento, BRODOWSKI (2022: 51).

34 BRODOWSKI (2022: 52).

a la persona jurídica a través del hecho delictivo perpetuado por la persona física[35]. En tales casos, la multa reglamentaria puede ascender hasta diez millones de euros (§ 30, 2 OWiG), aunque ya se conocen casos de multas impuestas hasta mil millones de euros a determinadas corporaciones[36]. Asimismo, la multa puede ser aplicable al sucesor legal, hasta el valor de los activos asumidos, en el supuesto de sucesión universal o parcial en la persona jurídica de acuerdo con el §30 (2a) OWiG.

Concretamente, la sanción prevista se basa en una multa dispuesta en el §17.4 OWiG que, aunque deba variar entre cinco y mil euros, siempre debe exceder el beneficio financiero obtenido por el infractor. Asimismo, existen previsiones específicas para el confisco cuando una persona no pueda ser procesada, permitiendo el decomiso del valor equivalente (§27 OWiG), incluso teniendo en cuenta el estatus de limitación de determinadas personas[37].

Para terminar, el § 130 OWiG regula la multa aplicable directamente a la persona jurídica, pero distinguiendo los hechos cometidos con dolo, en cuyo caso la multa puede alcanzar los diez millones de euros (§30 (2) 1. OWiG), de los hechos perpetrados con negligencia, escenario en que las multas no deberían ultrapasar los cinco millones de euros (§30 (2) 2 OWiG). No obstante, prevalece la regla del §17 OWiG, de tal manera que, a pesar de los límites mínimos y máximos dispuestos, la multa tiene que ser suficiente para exceder el beneficio financiero obtenido por el infractor[38], una regla importante a la hora de considerar el uso de estos mecanismos de atribución de responsabilidad reglamentaria a la persona jurídica como incentivo para la manutención de programas de gestión de riesgos.

3. La ley de la cadena de suministro

De manera más reciente, tenemos el último eslabón de este *compliance* cuasi-penal en Alemania a través de la Ley sobre las obligaciones de diligencia empresarial en las cadenas de suministro (en adelante, Ley de la Cadena de Suministro), aprobada en julio de 2021 *(Gesetz* über *die unternehmerischen Sorgfaltspflichten in Lieferketten, LkSG)*[39]. Se lleva aplicando desde enero de 2023 a las personas jurídicas con más de tres mil empleados y será aplicable a todas aquellas con más de mil empleados a partir de enero de 2024.

35 Rogall (2018); OWiG §30 Rn. 1.

36 Brodowski (2022: 53).

37 Sieber (2020: 314).

38 Siempre considerando que la falta de supervisión ha generado una infracción reglamentaria, dado que los casos que resultan en delito (penal) se encuentran bajo una regla de cálculo de la multa diferente. *Cfr.* §30 OWiG.

39 *Gesetz über die unternehmerischen Sorgfaltspflichten in Lieferketten (LkSG)*. 16 Julio 2021. Bundesgesetzblatt, Teil I, n.46: 2959 y ss.

Concretamente, obliga a todas las personas jurídicas, independientemente de su naturaleza o función —como en la Ley de Infracciones Reglamentarias y diferentemente de lo visualizado en el sector financiero y bancario—, siempre y cuando tengan: *(a)* oficina central, sucursal principal o sede administrativa en Alemania, empleando trabajadores en Alemania o desplazados en el extranjero o *(b)* cualquier sucursal en Alemania[40] y empleen al menos 3000, para la primera fase, trabajadores en territorio alemán (§1 (1) LkSG).

Los deberes impuestos por esta Ley se relacionan a evitar, identificar y minimizar los riesgos de violación de derechos humanos y daños al medio ambiente, a través de medidas de prevención con la imposición de medidas correctivas y la realización de un informe periódico a las autoridades competentes con relación a actuaciones de su propio negocio, de sus socios contractuales (para la entrega de bienes o la prestación de servicios a la persona jurídica) y de otros proveedores indirectos (cuyos suministros sean necesarios para la producción del producto de la empresa y el uso del servicio realizado)[41] es decir, su cadena de suministro (§2 (5) LkSG).

En el §2 (2) LkSG se especifican los riesgos de derechos humanos que deben ser tutelados, como la prohibición de emplear a niños menores de determinada edad (según la legislación del lugar del empleo), la prohibición de formas peores de trabajo a niños menores de 18 años, la prohibición de trabajos forzados (incluyendo los casos de esclavitud y trata de personas), la prohibición del incumplimiento de las obligaciones de seguridad y salud ocupacional, la prohibición de desigualdad de trato, la obligación de asegurar un salario razonable que debe corresponder al mínimo aplicable en la legislación del lugar de empleo, entre otras medidas. Concretamente, con relación a los daños al medio ambiente, se tutela la prohibición de provocar daños en el suelo, la contaminación del agua o del aire (§2 (2) 9 LkSG), la prohibición de manejo, producción y tratamiento de determinadas sustancias peligrosas como el mercurio de acuerdo con Convenios específicos[42], etc.

Los deberes de *compliance* incluyen la implantación de un programa de gestión de riesgos eficaz, la determinación de una persona o departamento responsable por su supervisión, la realización de análisis de riesgo periódicos anuales (§5 (4) LkSG), el establecimiento de un canal de denuncias interno (§8 LkSG), la realización de documentación e informes (§10 LkSG), entre otras obligaciones (§3 LkSG). En este sentido, son deberes mucho más amplios que los anteriormente estudiados, que se limitaban a la supervisión por parte de los directivos, del alto mando y del órgano de dirección de la corporación.

40 De acuerdo con el § 13d Código del Comercio *(Handelsgesetzbuchs)*.

41 Además, un proveedor indirecto puede ser considerado directo caso se haya llevado a cabo la contratación a través de un diseño cuyo objetivo era eludir los requisitos de diligencia (§5 (1) LkSG).

42 *Cfr.* Convenio de Minamata o Convenio de Basilea.

Debido a ser aplicable a los socios contractuales y a los proveedores indirectos, la gestión de los riesgos implica prevenir, minimizar o poner fin a su alcance no sólo con relación a los intereses de sus empleados, sino también aquéllos dentro de su cadena de suministro (§3 (4) LkSG). En el ámbito de esta cadena de suministro, la persona jurídica debe actuar a través de medidas correctivas que lleven al fin de la infracción o de la lesión, a través de la elaboración de un plan, de la fusión con otras empresas, la suspensión temporal de la relación comercial o, como última circunstancia, la ruptura de la relación comercial en el supuesto de violación muy grave, la falta de resultados positivos tras la implementación de medidas correctivas o la inexistencia de otros medios más suaves disponibles (§7 (2 y 3) LkSG).

Para ello, esta nueva regulación también ha creado una autoridad propia. Una oficina denominada BAFA *(Bundesam für Wirtschaft und Außenkontrolle)* cuya labor es monitorear y aplicar la Ley de la Cadena de Suministro, así como desarrollar y publicar guías (§20 LkSG) sobre las cuestiones de *due diligence* que deben aplicar las personas jurídicas, contribuyendo con la lista de medidas de *compliance* a las que cada empresa está sujeta[43].

De manera similar a la Ley de Infracciones Reglamentarias, la Ley de la Cadena de Suministro impone sanciones altas atribuibles a las personas jurídicas que pueden llegar hasta los ocho millones de euros o, en el supuesto de personas jurídicas cuya facturación anual global supera los 400 millones de euros, el 2 % de su facturación anual global. Además, para algunos supuestos de multa (§24 (1) LkSG) se puede incluir la exclusión para la adjudicación de contratos públicos (§22 LkSG).

III. El *compliance* cuasi-penal *versus* la responsabilidad penal de la persona jurídica

En definitiva, los programas de *compliance* empresarial no son por naturaleza Derecho penal[44], ni llegan a depender de una responsabilidad penal para su existencia y, quizás, eficacia. En realidad, el Derecho penal es una herramienta más para la imposición de programas de cumplimiento a través del riesgo asociado a la responsabilización penal de la persona jurídica, relacionado con la estigmatización negativa propia del Derecho penal. En este sentido, se nota la importancia de la manutención de programas de cumplimiento eficaces, normalmente relacionados con la prevención de delitos político-económicos y de corrupción, en el ámbito del *compliance* penal en la medida en que se asocian los programas de cumplimiento a la atenuación o exención de la responsabilidad penal, como podemos observar en el modelo español del art. 31 *bis* CP.

43 Pelz (2023); Saulich (2023).

44 Ferré Olivé (2023: 71) destaca que «el *compliance* em esencia no es Derecho penal, sino un mecanismo de gerenciamiento de riesgos basado em reglas técnicas de gestión corporativa».

Volviendo al caso alemán, la existencia de este modelo cuasi-penal de cumplimiento no ha eximido el país de debates sobre la regulación de una responsabilidad penal para las personas jurídicas[45]. Concretamente, desde el 2013 son varias las propuestas *de lege ferenda* en este sentido[46]. Por ejemplo, el Borrador de Ley para introducir la responsabilidad penal en el Estado de Renania del Norte-Westfalia de 2013 *(Der Entfuwurf eines Gesetzes des Landes Nordhein-Wesfalen)*, la propuesta legislativa de la Asociación Federal de Abogados de Empresa de 2014 *(Bundesverbands der Unternehmensjuristen)*, las Tesis de Frankfurt de 2018[47] o el Proyecto de Múnich para una «Ley de Sanciones Empresariales» de 2019[48]. Más recientemente, el borrador de ley para reforzar la integridad en la economía de 2020[49] establece de manera clara la necesidad de exigir responsabilidades a las personas jurídicas, reforzar la confianza en la integridad de la economía, cumplir con los instrumentos internacionales y europeos que prescriben la responsabilidad por determinadas infracciones de las personas jurídicas y estimular las prácticas de cumplimiento y las investigaciones internas.

Además de la discutida cuestión si sería aconsejable introducir la responsabilidad penal de las personas jurídicas[50] —incluyendo si es compatible con el concepto de culpabilidad[51] o si se puede afirmar que una persona jurídica, como una ficción, tiene capacidad para actuar por sí misma[52]— o si es suficiente el actual sistema cuasi-penal administrativo[53], es imprescindible saber si el *corporate compliance* alcanza los estándares de eficacia deseados o, en caso contrario, los problemas que plantea.

Mirando a estos programas *compliance* cuasi-penales, observamos cómo pueden llegar a ser tan punitivos y preventivos como el modelo de *criminal compliance*, siempre y cuando mantengan una diferencia esencial relacionada con la censura impuesta por el Derecho penal y su consecuente estigma[54].

---

45 Wessing (2012: 302).

46 Varela; Mansdörfer (2021: 108); Yuning (2018: 201).

47 Jahn; Schmitt-Leonardy; Schoop (2018).

48 Saliger (2020: 14).

49 Bmjv (2020). Drs. 19/23568. «Entwurf eines Gesetzes zur Stärkung der Integrität in der Wirtschaft». 21.10.2020.

50 Sobre los beneficios de un *compliance* penal *cfr.* Varela y Mansdörfer (2021: 111-113); Gangotena (2016: 282). A partir de una perspectiva diferente, Zaffaroni (2016: 37-38) señala que el Derecho penal tiene un aspecto preventivo limitado en delitos de naturaleza político-económica, lo que significa que es necesaria una reforma en las instituciones de control que son competentes para aplicar la *soft law.*

51 Schünemann (1979: 233).

52 Frisch (2013: 361).

53 Schünemann (2014: 15).

54 Harding; Franssen (2022: 409).

De manera que, aunque similares o cercanos a las medidas penales, debido a estas diferencias sustanciales no lleguen a constituir «Derecho penal».

Concretamente, los modelos de *cuasi-criminal compliance* estudiados permiten la discrecionalidad en la persecución, la no necesidad de actuación por parte del Tribunal y el desarrollo de procedimientos más flexibles[55] que pueden conllevar a una mayor *eficiencia.*

No obstante, se diferencian del Derecho penal en la medida en que, con pocas excepciones —como la de la nueva Ley de la Cadena de Suministro, en que se permite añadir a la multa la exclusión para la adjudicación de contratos públicos—, los mecanismos *cuasi-penales* no suelen permitir la imposición de obligaciones para actuar de determinada manera, ni llegan a tener el mismo respecto con relación a la protección de los derechos fundamentales[56] y del debido proceso legal[57/58].

Por consiguiente, si bien pueden ser más *eficientes,* no necesariamente serán más *eficaces* a partir de una perspectiva amplia del término, que puede llegar a comprender la protección de los derechos de defensa, un proceso penal con todas las garantías, etc. Siempre y cuando, en un primer momento, haya consenso sobre su aplicabilidad a las personas jurídicas[59].

En definitiva, para llegar a una conclusión sobre la eficiencia y la eficacia de los mecanismos de *cuasi-criminal compliance* se hace necesario observar si los objetivos del *corporate compliance* son cumplidos. En este sentido, debe haber un programa de cumplimiento suficiente para prevenir[60], detectar

55 Brodowski (2022: 59); Sieber (2020: 303).

56 Sieber (2020: 302) refleja que los mecanismos cuasi-penales pueden eludir los límites del Derecho penal establecidos por la salvaguardia de los derechos fundamentales y de las libertades civiles. Asimismo, el autor plantea los problemas específicos relacionados con el derecho a permanecer en silencia, dado que el Tribunal Constitucional alemán no reconoció este derecho a las personas jurídicas (2020: 319).

57 Además, aunque el principio de culpabilidad se aplique a la mayoría de los mecanismos cuasi-penales, no llega a tener la misma eficiencia que en el Derecho penal (De Joung, 2022: 215-218).

58 Sobre las diferencias entre el Derecho penal y administrativo *cfr.* Sugman Stubbs (2022: 344-346). El autor divide ambas áreas del Derecho a través de la clasificación que se realiza en el derecho nacional, la naturaleza de la ofensa y la severidad de la sanción a partir de una perspectiva de la Corte Europea de Derechos Humanos (Sugman Stubbs, 2022: 354).

59 *Cfr.* Díaz Lema (1979) y Brodowski (2014: 221) sobre las garantías que deben tener la persona jurídica en el proceso penal, aunque con un nivel de protección más pequeño. *Cfr.* también Moreno Catena(2019: 1012) y, sobre la presunción de inocencia para la persona jurídica *cfr.* Pillado González (2019: 1111).

60 Rodríguez-García (2023: 3) destaca la función preventiva del *compliance* corporativo en la medida en que «convierte en un mecanismo anticipado ante un posible escenario, pertinente e individualizable en cada caso, minado de posibles vulnerabilidades».

y remediar los riesgos legales[61] que no se limite a un elemento cosmético[62] y se integre de forma genuina a la cultura empresarial[63]. De tal manera que se crie y mantenga una ética corporativa capaz de alcanzar una verdadera prevención[64].

Con relación a la dicotomía «mecanismos cuasi-penales versus intervención del Derecho penal a través de la responsabilidad penal de la persona jurídica», creemos que, además del propio *compliance game* mencionado durante la introducción de este trabajo, para la existencia de verdaderos programas de cumplimiento que no se limiten a una mera «fachada», es fundamental que existan suficientes incentivos para las personas jurídicas[65].

Concretamente, cuando planteamos el problema del *corporate compliance,* no podemos olvidar que la creación y manutención[66] de programas de *compliance* es un proceso costoso para las corporaciones[67]. Por ejemplo, Krause señalaba en el 2018 que, en media, las empresas con más de mil empleados llegaban a gastar 1,33M euros por año en medidas de cumplimiento[68]. Asimismo, la dependencia del poder judiciario a la hora de establecer parámetros con relación a los deberes de vigilancia impuestos a las corporaciones aumenta la inseguridad en cuanto a qué tipos de medidas de cumplimiento las personas jurídicas deben mantener. Para ilustrar, el Tribunal Federal de Justicia alemán *(Bundesgerichtshof)* ha llegado a la conclusión de que las empresas deben probar una supervisión adecuada que sea capaz de prevenir significativamente la infracción, destacando que esta «supervisión adecuada» dependerá del tamaño de la empresa y del tipo del negocio[69/70].

---

61 Haney (2019: 26); ROOT (2019: 18).

62 Laufer (2014: 27).

63 Bussmann (2011: 435); Bussmann; Niemeczek; Vockrodt (2016); Gangotena (2016: 285).

64 Varela y Mansdörfer (2021: 139) destacan que la mejor prevención es la existencia de una ética corporativa. *Cfr.* TIEDMANN (2014: 14) y Engelhart (2014: 64).

65 Yanning (2019: 207) subraya que «It is true that the compliance program is a favor did by corporation for prevention and investigation authority. Only when there are sufficient incentives provided to corporations for these good Samaritan efforts, could there be authentic and genuine cooperation from the corporations' side».

66 Sobre la cuestión administrativa y organizacional de los programas de cumplimiento eficaces *cfr.* Schulz (2018: 128 y ss.) y Rodríguez-García (2023: 3-4).

67 Laufer (2018: 38) señala, además, que los costes de *compliance* y de regulación continúan a aumentar sin que mantengan una correlación con los requerimientos legales, los riesgos regulatorios y los fallos de cumplimiento.

68 Krause (2018: 186).

69 Krause (2018: 187).

70 En España, de manera similar, dispone la Circular 1/206 de la Fiscalía General del Estado que los programas de cumplimiento deben adaptarse a la normativa que se aplica concretamente, a la naturaleza y al tamaño de la persona jurídica. *Cfr.* Pérez ferrer (2018:130).

De esta manera, las medidas de *cuasi-criminal compliance* pueden tener un carácter preventivo y punitivo similar al Derecho penal, debido a las cuantiosas multas y la amplitud de sus efectos[71] —destacamos los deberes de supervisión con relación a los socios contractuales y proveedores indirectos en el marco de la Ley de la Cadena de Suministro—, y, por consiguiente, pueden constituir incentivo suficiente para que las personas jurídicas implementen programas de *compliance* verdaderamente eficaces.

Sin embargo, consideramos que la hiperregulación existente[72], las incertidumbres en torno a los requisitos legales y a las medidas de gestión de riesgo que deben ser aplicadas por cada persona jurídica concretamente, en razón de su actividad, naturaleza y tamaño, podrían representar retrocesos en este ámbito[73]. A ello, añadimos la amplitud de elementos que la persona jurídica debe considerar a la hora de monitorear, prevenir y —quizás, como en el modelo de la Ley de la Cadena de Suministro— corregir: protección de derechos humanos, protección del medio ambiente, riesgos relacionados con la falta de supervisión que conlleve a la inviabilidad o sobreendeudamiento (sector financiero y bancario, estudiado en líneas anteriores), entre otros. Esto caso listemos solamente los que derivan directamente de los mecanismos cuasi-penales de Alemania, puesto que, si llegamos a añadir la cuestión internacional, los problemas mencionados escalarían de forma progresiva, dado que la misma corporación debería preocuparse con el cumplimiento de lo establecido en regulaciones sobre lavado de capitales,[74] corrupción y soborno (por ejemplo, a través del FCPA), entre otras obligaciones derivadas de legislaciones nacionales y convenios internacionales[75].

---

71 Recordamos que en el ámbito de la Ley de Infracciones Reglamentarias la multa puede ser aplicable al sucesor legal, hasta el valor de los activos asumidos, en el supuesto de sucesión universal o parcial en la persona jurídica de acuerdo con el §30 (2a) OWiG.

72 FERRÉ OLIVÉ (2023: 71) se refiere a que el programa de cumplimiento no sólo debe ajustarse a la normativa de la FCPA estadounidense, como también a la interna de los países donde hace negocio y, por lo tanto, puede ser obligada a desarrollar «más de un programa de *compliance* anticorrupción, o bien a incorporar la estrategia de prevención de los sobornos en un único *compliance* de prevención de delitos, pero más complejo y ambicioso».

73 Por no hablar en las dificultades relacionadas a la determinación del criterio de aplicación de la ley penal nacional ante la responsabilidad de la persona jurídica. Con relación a ello, BLANCO CORDERO (2023: 7 y ss.) examina la tesis minimalista, según la que se aplica la ley del lugar dónde se lleva a cabo el hecho de conexión de la persona física; la tesis maximalista, según la que es el lugar dónde ha habido el fallo organizativo que determina el territorio de la responsabilidad penal; y las posturas intermediarias con relación al interés económica y la actividad de la empresa.

74 *Cfr.*, a título de ejemplo, la regulación sobre la prevención del lavado de capitales con relación a los proveedores de activos virtuales en ANZOLA y OLIVEIRA TEIXEIRA DOS SANTOS (2022).

75 La sobrerregulación también se ve afectada desde una perspectiva internacional, dado que las personas jurídicas con actuación en más de un Estado deben reflejar las más

IV. Conclusiones

Con base en el análisis llevado a cabo, se pueden extraer escasas conclusiones afirmativas. No obstante, concomitantemente se suscitan numerosas cuestiones.

En un primer momento, observamos que el sistema de *compliance* cuasi-penal de Alemania, tan punitivo y preventivo como el modelo completamente penal, plantea cuantiosas obligaciones de cumplimiento para las personas jurídicas. A partir de la previsión específica a determinados sectores, con la imposición de unos deberes de supervisión que puedan prevenir o impedir la inviabilidad, el sobreendeudamiento o la insolvencia de las instituciones bancarias y financieras. Asimismo, a través de la regulación general de la Ley de Infracciones Reglamentarias, con la ampliación de los deberes de supervisión a todas las personas jurídicas, de manera que se pueda prevenir la comisión de infracciones reglamentarias y delitos. Y, para terminar, a partir de las vastas obligaciones impuestas por la Ley de la Cadena de Suministro, para personas jurídicas con sede administrativa o sucursal (en general) en el territorio alemán, pero dependiendo de la cantidad de empleados en territorio nacional, relacionadas no sólo con la prevención y detección de infracciones a derechos humanos y al medio ambiente, sino también con la imposición de medidas de corrección que deben aplicarse a las operaciones propias de las corporaciones y a las de sus socios contractuales y proveedores indirectos.

No obstante, hemos analizado cómo, a pesar de estas conclusiones, se sigue debatiendo la posibilidad de inclusión de una responsabilidad penal propia para las personas jurídicas en Alemania. Y, desde un análisis de *eficiencia y eficacia* respecto a las medidas cuasi-penales, en contraste con el ámbito penal, proponemos algunas preguntas que quedarían por resolver.

Los mecanismos cuasi-penales pueden ser más eficaces que los penales, debido a las características del procedimiento que permiten una mayor flexibilidad y discrecionalidad. Sin embargo, ¿esta eficiencia compensa los costes en derechos y garantías? Por otro lado, siendo el Derecho penal la última *ratio*, ¿no permanecen los mecanismos cuasi-penales como los más adecuados para incentivar los modelos de gestión del riesgo, investigaciones internas, deberes de supervisión y corrección? Es decir, para mantener el Derecho penal como un Derecho penal mínimo, los mecanismos de *cuasi-criminal compliance* constituirían áreas más adecuadas del Derecho para cumplir con el mismo objetivo de la responsabilidad penal de la persona

---

variadas normativas en materia de *compliance*. Blanco Cordero (2023: 20), no obstante, destaca que «es ciertamente discutible que ante tal riesgo se deba exigir a las empresas que escudriñen los diferentes modelos preventivos vigentes en cada Estado en el que operan para adaptarse a ellos» puesto que esto sería imponerle «una obligación de imposible cumplimiento».

jurídica: incentivar —a partir de una estrategia de palo y zanahoria— y obligar las personas jurídicas a mantener programas de cumplimiento eficaces.

Para concluir, la propia dificultad con el sistema de imposición del *compliance* corporativo, relacionada con los criterios amplios de definición de la supervisión adecuada por los tribunales nacionales, por ejemplo, así como la sobrerregulación de la materia y a la existencia de deberes «transnacionales» para las personas jurídicas que actúan en el territorio de dos o más países, se suman a la hora de constituir problemas concretos en la formulación de la estructura de los programas de cumplimiento. De esta manera, además del análisis de eficiencia y eficacia intrínseco a los mecanismos cuasi-penales de *compliance* en Alemania, es fundamental una mejor compaginación de la legislación aplicable a la hora de plantear mecanismos de gestión del riesgo —de cumplimiento— que no sólo sean eficaces, sino realmente capaces de cumplir con sus objetivos de prevenir, detectar y remediar.

Referencias

Anzola, A.; Oliveira Teixeira Dos Santos, M. (2022): «The regulation of Money laundering and corporate criminal responsibility in Spain: compliance as a key for Virtual Asset Service Providers». *Revista Brasileira de Direito Processual Penal,* vol. 8, n.º 3 (1335-1370).

Ayala González, A. (2020): «Investigaciones internas: ¿Zanahorias legislativas y palos jurisprudenciales?» *InDret: Revista para el Análisis del Derecho,* n.º 2 (270-303).

Behr, N.; Guttenberger, D.; Buhl, S. (2020): «Anti-Bribery and corruption». En: Baker Mackenzie. *Compliance and Investigation Trends in Germany in 2020.* En línea: https://insightplus.bakermckenzie.com/bm/attachment_dw.action?attkey=FRbANEucS95NMLRN47z%2BeeOgEFCt8EGQJsWJiCH2WAXW59W9rh3JQRTA%2Fb21QxYZ&nav=FRbANEucS95NMLRN47z%2BeeOgEFCt8EGQbuwypnpZjc4%3D&attdocparam=pB7HEsg%2FZ312Bk8OIuOIH1c%2BY4beLEAe7voAhbvutKQ%3D&fromContentView=1 (fecha de consulta: 2 de noviembre de 2023).

Bernard, P. (2021): «Challenging the Global Policeman: an advocacy for a European FCPA». *Social Science Research Network,* (1-11). En línea: https://doi.org/10.2139/ssrn.3935056 (fecha de consulta: 15 de Agosto de 2023).

Blanco Cordero, I. (2023): «Responsabilidad penal de la persona jurídica extranjera por los delitos cometidos en España». *Revista Electrónica de Ciencia Penal y Criminología,* n.º 25-04 (1-32).

Brodowski, D. (2014): «Minimum procedural rights for corporations in corporate criminal procedure». En: Brodowski, D., Espinoza De Los Monteros De La Parra, M., Tiedemann, K.; Vogel, J. *Regulating Criminal Corporate Liability.* Heidelberg. Springer (211-226).

Brodowski, D. (2016): «El mecanismo único de supervisión del Banco Central Europeo sobre las instituciones de crédito. Una transformación de la responsabilidad criminal corporativa». En: Saad-Diniz, E.; Sabadini, P.; Brodowski, D.; Espinoza De Los Monteros De La Parra, M. *Regulación del abuso en el* ámbito *corporativo: El rol del Derecho penal en la crisis financiera.* Resistencia. ConTexto (235-252).

Brodowski, D. (2022): «Quasi-criminal Enforcement Mechanisms in Germany: Past and Present». En: Franssen, V., Harding, C. *Criminal and Quasi-Criminal Enforcement Mechanisms in Europe.* London. Hart (41-66).

Bussmann. K.D. (2011): «The impact of personality and company culture on company anti-corruption programs». En: Erp, J.; Huisman; W.; Vande Walle, G. *The Routledg Handbook of White-Collar and Corporate Crime in Europe*. London. Routledge (435-452).

Bussmann, K.D.; Niemeczek, A.; Vockrodt, M. (2016): «Compliance und Unternehmenskultur. Eine empirische Untersuchung zur Wirksamkeit von Anti-Korruptionsprogrammen». *Monatsschrift für Kriminologie und Strafrechtsreform* (23-41).

De Joung, F. (2022): «Four dimensions of nulla poena sine culpa: the principle of individual culpability in contexts of criminal and quasi-criminal law enforcement in Europe». En: Franssen, V.; Harding, C. *Criminal and Quasi-Criminal Enforcement Mechanisms in Europe.* London. Hart (137-220).

Department Of Justice, Criminal Division (2020): *A resource guide to the U.S. Foreign corrupt practices act*. En línea: https://www.justice.gov/media/1106611/dl?inline (fecha de consulta: 3 de noviembre de 2023).

Díaz Lema, J. M. (1989): «¿Tienen Derechos fundamentales las personas jurídicas?». *Revista de Administración Pública,* n.° 120 (79-126).

Engelhart, M. (2014): «Corporate criminal liability from a comparative perspective». En: Brodowski, D.; Espinoza De Los Monteros De La Parra, M.; Tiedemann, K.; Vogel, J. *Regulating corporate criminal liability.* Munich. Springer (53-78).

Ferré Olivé, J. C. (2023): «Compliance anticorrupción». *Revista Penal México,* n.° 22 (65-77).

Frisch, W. (2013). «Strafbarkeit juristischer Personen und Zurechnung». En: Zöller, M.; Hilger, H.; Küper, W.; Roxin, C. *Gesamte Strafrechtswissenschaft in internationaler Dimension, Festschrift für Jürgen Wolter zum 70 Geburtstag.* Berlin. Duncker & Humblot (349-373).

GANGOTENA, M. (2016): «Responsabilidad penal en la toma de decisiones y supervisión dentro de las empresas». En: SAAD-DINIZ, E.; SABADINI, P.; BRODOWSKI, D.; ESPINOZA DE LOS MONTEROS DE LA PARRA, M. *Regulación del abuso en el* ámbito *corporativo. El rol del Derecho penal en la crisis financiera.* Resistencia: ConTexto (279-292).

HANEY, B. (2019): «Calculating corporate compliance & the Foreign Corrupt Practices Act». *Journal of Technology Law and Policy,* n.° 9 (1-34).

HARDING, C.; FRANSSEN, V. (2022): «Criminal and Quasi-Criminal Enforcement Mechanisms: proposal for a more coherent European approach». En: FRANSSEN, V.; HARDING, C. *Criminal and Quasi-Criminal Enforcement Mechanisms in Europe.* London. Hart (393-410).

JAHN, J.; SCHMITT-LEONARDY, C.; SCHOOP, C. (2018): «Unternehmensverantwortung für Unternehmenskriminalität. Frankfurter Thesen». *Wistra* (27-31).

KRAUSE, M. (2018): «The impact of compliance liability and sentencing of corporations. A comparable approach between Germany and the us». *Revue Internationale de Droit Penal,* vol. 89, n.° 1 (185-195).

LEÓN ALAPONT, J. (2023). *Canales de denuncia e investigaciones internas en el marco del compliance penal corporativo.* Valencia. Tirant lo Blanch.

MORENO CATENA, V. (2019): «El derecho de defensa de las personas jurídicas». En: GÓMEZ COLOMER, J.L. *Tratado sobre compliance penal: responsabilidad penal de las personas jurídicas y modelos de organización y gestión.* Valencia. Tirant lo Blanch (1009-1038).

NIETO MARTÍN, A. (2013): «Problemas Fundamentales del *Compliance* y el Derecho Penal». En: MONTIEL, J.; ORTIZ, I. *Compliance y teoría del derecho Penal.* Madrid. Marcial Pons (21-46).

OLIVEIRA TEIXEIRA DOS SANTOS, M. (2021): «Reflexiones sobre la relación entre el *compliance* y la colaboración con la justicia: la Operación Lava Jato». En: RODRÍGUEZ-GARCÍA, N., RODRÍGUEZ-LÓPEZ, F. *Compliance y responsabilidad de las personas jurídicas.* Madrid. Colex (769-786).

PELZ, C. (2023): *Liferketten in der Unternehmenspraxis: lieferkettensorgfaltsprlichtengesetz.* Heildelberg. Müller.

PÉREZ FERRER, F. (2018): «Cuestiones fundamentales de la responsabilidad penal de las personas jurídicas y los programas de cumplimiento normativo *(compliance)*». *Revista de Derecho Empresa y Sociedad,* n.° 13 (122- 138).

PILLADO GONZÁLEZ, E. (2019): «Presunción de inocencia y *Compliance*». En: GÓMEZ COLOMER, J.L. *Tratado sobre compliance penal: responsabilidad penal de las personas jurídicas y modelos de organización y gestión.* Valencia. Tirant lo Blanch (1091-1120).

Richter, T. (2014): «The new German Ringfencing Act stablishing criminal liability of banking and insurance executives for failures in risk management: a step towards corporate criminal liability?». En: Brodowski, D.; Espinoza De Los Monteros De La Parra, M.; Tiedemann, K.; Vogel, J. *Regulating corporate criminal liability*. Munich: Springer (321-336).

Rogall, K. (2018): «§§30, 130 OwiG». En: *W. Mitsch. Karlsruher Kommentar zum Gesetz über Ordnungswidrigkeiten.* 5 Aufl. München.

Rodríguez-García, N. (2023): «El Sistema penal español en tiempos de *compliance:* ¿de dónde venimos? ¿A dónde vamos?». *La Ley Penal,* n.º 160 (1-16).

Rojas Arias, J.C. (2020): «Epistemología del *compliance* como criterio de funcionamiento social y empresarial». *Pensamiento Jurídico,* n.º 52 (181-200).

Root, V. (2019): «The compliance process». *Indiana Law Journal*, vol. 94, n.º 203 (203-251).

Rodríguez-García, N. (2023): «El Sistema penal español en tiempos de *compliance:* ¿de dónde venimos? ¿A donde vamos?». *La Ley Penal,* n.º 160 (1-16).

Saliger, F. (2020): «Modelles eines Verbandssanktionenrechts». En: Kubiciel, M. Neues *Unternehmenssanktionenrecht ante portas: Auswirkungen auf Unternehmen und Rechtsanwaltschaft.* Baden-Baden. Aufl (13-20).

Saulich, C. (2023): «Due diligence obligations in Metal Supply Chains». En: *SWP Comment,* 32 (1-7).

Schulz, M. (2018): *Compliance-Management im Unternehmen*. Wirksamkeitsfaktor «Compliance-Kultur». Frankfurt. Fachmedien Recht und Wirtschaft.

Schünemann, B. (1979): *Unternehmenskriminalität und Strafrecht*. Köln. Heymann.

Schünemann, B. (2014): «Die aktuelle Forderung eines Verbandsstrafrechts — Ein kriminalpolitischer Zombie». *Zeitschrift für internationale Strafrechtsdogmatik* (1-18).

Sieber, U. (2020): «Administrative sanction Law in Germany». En: Dyson, M., Vogel, B. *The limits of criminal law.* Cambridge. Intersentia (302-331).

Sugman Stubbs, K. (2022): «Two forms of Smudge: an ECtHR perspective on the blurring of boundaries between criminal and administrative law». En: Franssen, V., Harding, C. *Criminal and Quasi-Criminal Enforcement Mechanisms in Europe.* London: Hart (343-366).

Tiedmann, K. (2014): «Corporate criminal liability as a third Track». En: Brodowski, D.; Espinoza De Los Monteros De La Parra, M.; Tiedemann, K.; Vogel, J. *Regulating corporate criminal liability.* Munich. Springer (11-18).

Varela, L, Mansdörfer, M. (2021). *Principios de Derecho Penal económico*. Barcelona. Bosch Editor.

Vogel, J. (2014): «Rethinking criminal liability». En: Brodowski, D.; Espinoza De Los Monteros De La Parra, M.; Tiedemann, K.; Vogel, J. *Regulating corporate criminal liability*. Munich: Springer (337-344).

Yuning, R. (2018): «Carrot and stick: the liability regime and compliance program incentivizing a comparison between the USA and Germany». *Revue Internationale de Droit Penal*, vol. 8, n.° 1 (197-212).

Wessing, J. (2012): «Braucht Deutschland ein Unternehmensstrafrecht?». *Zeitschrift für Wirtschaftsrecht und Haftung im Unternehmen* (301-305).

Yuning, R. (2018): «Carrot and stick: the liability regime and compliance program incentivizing a comparison between the USA and Germany». *Revue Internationale de Droit Penal*, vol. 8, n.° 1 (197-212).

Zaffaroni, E. (2016): «El rol del derecho penal y la crisis financiera». En: Saad-Diniz, E.; Sabadini, P. Brodowski; D., Espinoza de los Monteros de la Parra, M. *Regulación del abuso en el* ámbito *corporativo. El rol del Derecho penal en la crisis financiera.* Resistencia: ConTexto (21-38).

CAPÍTULO 5

LA CONFIDENCIALIDAD DE LA PROTECCIÓN AL DENUNCIANTE *VERSUS* LA TRANSPARENCIA DE LAS INSTITUCIONES

María Cristina Fernández González
Universidad Europea de Valencia

Juan Vega Felgueroso
Agencia Valenciana Antifraude

Sumario: I. La corrupción como elemento nuclear legislativo: aproximación legislativa. 1. El Derecho penal en la lucha contra la corrupción. 2. La corrupción en la legislación del Derecho administrativo. 3. La recurrencia del debate sobre la idoneidad de la persecución de la corrupción en el ámbito penal vs el ámbito administrativo. II. Las estrategias de la legislación del Derecho administrativo en la lucha contra la corrupción. 1. La inclusión de la ciudadanía en la lucha administrativa contra la corrupción. 2. La transparencia, la confidencialidad y el anonimato en la lucha administrativa contra la corrupción. 3. El conflicto entre la transparencia y la confidencialidad: la sentencia núm. 198/2020 del Tribunal Superior de Justicia de la Comunidad Valenciana. III. Conclusiones. Referencias.

I. La corrupción como elemento nuclear legislativo: aproximación legislativa[1]

1. El Derecho penal en la lucha contra la corrupción

La lucha contra la corrupción resulta ser, desde principios del siglo XXI, uno de los temas recurrentes de preocupación de la sociedad, manteniéndose desde 2001 de forma ininterrumpida entre las respuestas de la ciudada-

1 El presente trabajo se elabora en el marco del Convenio realizado por la Universidad de Salamanca (Máster en Estrategias Anticorrupción y Políticas de Integridad) con la Agencia Valenciana Antifraude, continuando la colaboración académica e institucional de ambas administraciones. Asimismo, forma parte del Grupo de Investigación de Criminología Aplicada a la Prevención, Reinserción y Perfilación Criminal (GICA) de la Universidad Europea de Valencia.

nía a los tres problemas principales del país en la serie documental elaborada por el Centro de Investigaciones Sociológicas[2]. Ello conlleva que, atendiendo este sentir y su consecuente debate social, el legislador haya venido fijando el tema, con mejor o peor fortuna, entre sus prioridades, lo que ha provocado que la lucha y prevención contra la corrupción sea a día de hoy una de las materias de mayor expansión en todas las ramas del ordenamiento jurídico.

El ámbito natural de esta legislación dictada contra la corrupción ha venido siendo, históricamente, el Derecho Penal, en el que la persecución de los ilícitos relacionados con la corrupción se da por supuesta, y ello porque el Derecho Penal determina en nuestro ordenamiento jurídico los límites de la punibilidad y tiene, además, la misión de reafirmar y asegurar las normas fundamentales de una sociedad, lo que Hassemer (1984: 391) y otros autores denominaron como la «prevención general positiva».

No obstante, tampoco la forma de utilización del Derecho Penal es vista de forma pacífica por la doctrina, que viene criticando duramente, en palabras de Agapito (2023:6), la falta de «sosiego legislativo y uso político del Derecho Penal». Así, este autor recuerda que el Código Penal, pieza angular de la regulación de los ilícitos en nuestro ordenamiento jurídico, se ha visto modificado a lo largo de la anterior XIV Legislatura (2019-actualidad) con hasta 16 reformas, de las que 7 se han producido en el año 2022. Tal y como recuerda el mismo autor, «precisamente la avalancha de reformas penales producidas desde 2019 comenzó afectando, entre otros delitos, a la malversación, ya que la LO 1/2019, de 20 de febrero, introdujo la responsabilidad penal de las personas jurídicas para este delito en el art. 435.5.º CP, —sin mucho sentido— hay que decirlo»[3].

2. La corrupción en la legislación del Derecho administrativo

Ahora bien, esta atención al fenómeno de la corrupción por el legislador no se agota en el Derecho Penal, debiendo indicarse que el Derecho Administrativo ha venido desplegando, singularmente en la segunda década del siglo XXI, una mayor actividad en la lucha contra la corrupción.

En la última década del siglo XXI, el Derecho Administrativo ha desempeñado un papel más activo en la lucha contra la corrupción, complementando al Derecho Penal. Este enfoque se materializa mediante dos técnicas ya conocidas y una tercera, aún no completamente evaluada por la doctrina. La primera técnica es el Derecho Administrativo Sancionador, similar al

2 Cis (s.f.) *Tres problemas principales que existen actualmente en España* (Multirrespuesta %). Centro de Investigaciones Sociológicas. En línea: https://www.cis.es/cis/export/sites/default/-Archivos/Indicadores/documentos_html/TresProblemas.html (fecha de consulta: 19 de marzo de 2024).

3 Agapito (2023:6).

Derecho Penal. La segunda implica el uso de métodos represivos indirectos, como las prohibiciones de contratar en el ámbito del derecho contractual público, una práctica con sólida tradición.

Finalmente, en lo que hace a las novedosas técnicas, desconocidas en nuestra tradición jurídica estatal, no así en los ordenamientos autonómicos como el valenciano, balear y andaluz, que han sido incorporadas del Derecho Comunitario. Nos referirnos a la protección en sede administrativa de los denunciantes de corrupción, en los términos que fija la reciente y vigente Ley 2/2023, de 20 de febrero, reguladora de la protección de las personas que informen sobre infracciones normativas y de lucha contra la corrupción que ha venido a transponer al derecho interno la DIRECTIVA (UE) 2019/1937 del Parlamento Europeo y del Consejo de 23 de octubre de 2019 relativa a la protección de las personas que informen sobre infracciones del Derecho de la Unión.

La aprobación de la señalada Directiva responde a lo que Fernández Ajenjo (2023:45) califica como un intento de lucha internacional contra la corrupción, que viene instado por un amplio sector de la sociedad civil, así como también de las personas denunciantes que ya habrían pasado por procesos de denuncia. De esta forma, las autoridades europeas, aceptada la importancia de recibir información por cauces más ágiles, deciden identificar buenas prácticas internacionales, acordando que una de ellas es precisamente la facilitación de denuncias y la protección de los denunciantes.

La Ley 2/2023 tiene como objetivo promover la ética y el cumplimiento de normativas tanto en las Administraciones Públicas como en el sector privado. Se centra en fortalecer la lucha contra la corrupción al proteger a quienes denuncien infracciones relacionadas principalmente con su trabajo o profesión. Esta ley requiere que las entidades públicas y privadas con 50 o más empleados establezcan canales internos de información. Además, garantiza que las denuncias se manejen de manera efectiva y legaliza la posibilidad de denuncias anónimas en nuestro sistema jurídico.

La normativa autonómica de protección a las personas denunciantes, preexistente a la estatal, está compuesta singularmente por la Ley 11/2016, de 28 de noviembre, de la Agencia de Prevención y Lucha contra el Fraude y la Corrupción de la Comunitat Valenciana, la Ley 16/2016, de 9 de diciembre, de creación de la Oficina de Prevención y Lucha contra la Corrupción en las Illes Balears y la Ley 2/2021, de 18 de junio, de lucha contra el fraude y la corrupción en Andalucía y protección de la persona denunciante.

3. La recurrencia del debate sobre la idoneidad de la persecución de la corrupción en el ámbito penal vs el ámbito administrativo

La utilización del Derecho Administrativo para articular los sistemas de lucha contra la corrupción por el ordenamiento jurídico con anticipación al

Derecho Penal, que mantendría su naturaleza de última *ratio*, no es una especial novedad, mereciendo significarse que sobre esta cuestión ya se formularon diversos debates en su día.

Efectivamente, en la actualidad numerosos autores sostienen la idoneidad de potenciar la lucha contra la corrupción en sede administrativa. Así, CAPDEFERRO (2020:7) sostiene que el Derecho Administrativo puede contribuir a la lucha anticorrupción de varios modos, señalando entre otros el de efectuar «una investigación imparcial e independiente de las denuncias recibidas». En la misma línea MOLES (2022) sostiene que «el Derecho Penal no puede ser, pues, la primera barrera en la contención de la corrupción, sino la última y mucho mejor dotada. Antes debiera funcionar otro dique de contención: el Derecho Administrativo sancionador».

Sin embargo, y por eso señalamos la cuestión como paradójica, no hace tanto tiempo gran parte de la doctrina, así como de la sociedad, demandaba una mayor intervención del Derecho Penal, al considerar que la Administración era incapaz de perseguir la corrupción y controlar la legalidad, en tanto por su eficiencia como por su eficacia y la contundencia de las sanciones por vía penal. Así, por todos, señalando la inoperancia de la Administración a la hora de impedir y controlar la corrupción QUINTERO OLIVARES (2013:23-25) sostenía la necesidad de articular una persecución penal por la absoluta ineficiencia del Derecho Administrativo. Incluso yendo más a allá, MARTÍN VALDIVIA (2013:101-133) precisaba lo inoportuno de perseguir la corrupción mediante el Derecho Administrativo, al señalar que la que la falta de idoneidad del Derecho Administrativo para luchar contra la corrupción no solo resulta de la legislación, sino de «la ineptitud o indolencia de quienes deben hacerlas valer», esto es, los cargos políticos y los funcionarios que deben controlarlos, razón que aconseja llevar la cuestión a sede judicial penal.

En idéntico tono, sobre la inoperancia del Derecho Administrativo en la persecución de la corrupción, se pronunciaba en su día, además de la doctrina académica, la más autorizada jurisprudencia, por todas la Sentencia de la Sala de lo Penal del Tribunal Supremo de 27 de noviembre de 2009 en la que se dejó dicho que «...la desastrosa situación a que, a pesar de la normativa legal y administrativa, se ha llegado en España respecto a la ordenación del territorio, incluida la destrucción paisajista, justifica que, ante la inoperancia de la disciplina administrativa, se acude al Derecho Penal, como Última Ratio (...)»[4].

En todo caso esta vuelta al Derecho Administrativo como elemento para perseguir la corrupción, así como su verdadera efectividad o ineptitud, no es objeto de este artículo, en el que solamente dejamos anotado el marco legislativo actual, del Derecho Administrativo, al objeto de analizar las concretas estrategias de persecución diseñadas en las actuales normativas administrativas, que da lugar a una serie de conflictos no adecuadamente resueltos, singularmente entre la confidencialidad y la transparencia.

4 STS de 27 de noviembre de 2009, rec.1539/200 (ECLI:ES:TS:2009:7703).

II. Las estrategias de la legislación del Derecho administrativo en la lucha contra la corrupción

1. La inclusión de la ciudadanía en la lucha administrativa contra la corrupción

La doctrina más autorizada en la articulación de medidas de lucha contra la corrupción en el marco legislativo administrativo ha venido señalando, entre ellos VILLORIA, que las más adecuadas son aquellas que efectúan una combinación de cultura ética y normas[5]. Lo que NETTEL, RUIZ Y BELLO (2017: 156) califican como buena administración, tendrá una estrecha vinculación necesariamente con el procedimiento administrativo, estableciendo que los objetivos de las normas internas y el cumplimiento de una administración eficaz influenciada por la cultura ética es precisamente el principio y fin del derecho administrativo.

La potenciación de la cultura ética, por medio de la información e inclusión de la ciudadanía en los asuntos públicos, ha dado lugar a la utilización de esta medida de forma también procedimental, mediante el combate de la corrupción por medio de la denuncia de la ciudadanía, al haberse demostrado que la persecución basada exclusivamente en la investigación de órganos especializados, ya sean judiciales o administrativos, resulta insuficiente, siendo necesaria una perspectiva holista, tal y como señalan los estudios de HUBERTS y HOAKSTRA (2016:19).

Para lograr que la ciudadanía participe denunciando la corrupción y el fraude, es crucial brindar formación en cultura cívica. Esta educación busca romper con la vieja idea de que los empleados deben mantener silencio como muestra de lealtad y compromiso hacia sus empleadores, ya sean del ámbito público o privado. Asimismo, es esencial superar la creencia de que los problemas internos deben resolverse en secreto y sin transparencia.

---

5 A lo largo de su obra, VILLORIA destaca que existe un conflicto latente entre las normas que prescriben sanciones más severas en el ámbito del Derecho Penal y la promoción de una ética cívica a través de las normas sociales informales. Este conflicto se relaciona directamente con los derechos fundamentales, ya que la imposición de castigos más severos puede chocar con los principios de justicia y equidad que respaldan estos derechos. Al mismo tiempo, la formación ética y cívica es fundamental para preservar y promover los derechos fundamentales, ya que contribuye a prevenir la corrupción y garantizar un entorno más justo y respetuoso de los derechos humanos. En este sentido, se plantea un equilibrio delicado entre la represión de la corrupción a través del Derecho Penal y la promoción de una cultura ética que respete y proteja los derechos fundamentales de los individuos.

Para ello resulta sumamente trascendental y necesario solventar la compleja posición en que se encuentra en cada momento el ciudadano que va a formular una denuncia por fraude y corrupción. Así, como recoge RODRÍGUEZ BARRUETA (2023:338):

> «El dilema ante el que se encuentra el denunciante se basa en una decisión de cálculo costes-beneficios; beneficios que son relativos (contribuir al bien común, fortalecer el mecanismo de gestión de la empresa) y unos costes muy claros que se traducen en la existencia de riesgos para el informante».

En esa misma idea, el mismo autor indica lo siguiente:

> «En este sentido, una buena política pública que fomente la denuncia ha de desarrollar incentivos atractivos para que el ciudadano denuncie sobreponiéndose a los costes mencionados y al rechazo cultural que respecto de la figura del delator o chivato existe en nuestra sociedad. La recompensa (pagar por la información), la sanción y los beneficios punitivos son los otros sistemas de incentivos que se plantearon»[6].

Por lo tanto, entendemos de los anteriores autores que es fundamental abordar la compleja situación en la que se encuentra el ciudadano que decida denunciar casos de fraude y corrupción. La complejidad de los costes a los que se enfrenta el denunciante se entiende como unos beneficios relativos, pues, en cualquier caso, los costes a los que se enfrentan son mayores y de influencia directa sobre el mismo. Por ese motivo, posteriormente se señala la necesidad de implementar políticas públicas que puedan ofrecer incentivos atractivos a la ciudadanía para superar esos costes y erradicar la posibilidad de sufrir el rechazo asociado a la figura de la persona denunciante.

En este sentir, la confidencialidad, los canales de denuncia anónimos y las instituciones independientes que se proponen en la vigente Ley 2/2023 suponen un incentivo claro para tratar de paliar las dificultades enfrentadas.

2. La transparencia, la confidencialidad y el anonimato en la lucha administrativa contra la corrupción

En la actual lucha contra la corrupción, la participación de toda la sociedad es esencial, fomentando la presentación de denuncias para revelar fraudes y actos corruptos. En este contexto, las estrategias del Estado para involucrar a la ciudadanía se basan en dos pilares principales: aumentar la transparencia en la Administración y proporcionar canales de denuncia con confidencialidad y/o anonimato. Aunque estos elementos pueden parecer opuestos, especialmente la transparencia en comparación con la confidencialidad y el anonimato, los tres conceptos son fundamentales en las estrategias anticorrupción.

6 *Ibidem.*

Los señalados conceptos tienen que ver con un clima de confianza hacia las instituciones, puesto que en la segunda estrategia de denuncia de irregularidades interviene el dilema moral en el que se estudia de forma exhaustiva la transparencia y la privacidad desde una perspectiva de responsabilidad pública y divulgación de información que, necesariamente, debe ser pública, como sostienen Ceva y Bocchiola (2019:187-206).

Sin embargo, y reflejado en unas instituciones más que en otras, la transparencia tiende a ser utilizada como un arma de doble filo, manejada para la solicitud de información a los organismos encargados de auditar y controlar a los propios órganos públicos. Dicho conflicto se representa en las últimas sentencias del Tribunal Superior de Justicia de Valencia, en las que se enfrentaba la posición de un órgano administrativo encargado de investigar la corrupción y el fraude, como es la Agencia Valenciana Antifraude, que consideraba que la información que manejaba debía tener carácter confidencial y reservado en tanto el procedimiento administrativo se ventilaba. En la posición procesal opuesta, una síndica de les Corts Valencianas sostenía su derecho, dimanante del *ius in officium* parlamentario a obtener la documentación con el objetivo de desempeñar sus funciones de control político.

El conflicto, de naturaleza compleja y gran interés, surge de la inclusión en el Derecho Administrativo de técnicas de investigación y análisis —cuasi judiciales— que carecen de tradición en nuestro ordenamiento jurídico y que por ello resultan de difícil encaje, provocándose con ello conflictos. Es por este motivo que creemos necesario analizar exhaustivamente cada concepto, efectuando la necesaria conceptualización de cada elemento en conflicto.

2.1. La transparencia

El concepto de transparencia en la información, tal y como expone Rodríguez Sánchez (2019:21-54) se muestra como un principio obligatorio en cualquier democracia. Siguiendo ese argumento, «la transparencia consiste en poner a disposición de la ciudadanía la información facilitada desde los poderes públicos», de tal forma que la ciudadanía tenga acceso a información relevante de sus instituciones, como el gasto de los recursos públicos, sus representantes, las políticas que se quieren desarrollar desde cada institución, y múltiple información relativa a la actividad en general.

A ojos de Troncoso (2021:157), la transparencia se consolida como un «límite al poder público y un instrumento de control», que emana de la necesidad de una democracia participativa y el empoderamiento de los ciudadanos frente a posibles abusos de poder. Ante la capacidad de supervisar la actividad administrativa, damos poder a los gobernados y, siguiendo al mismo autor, rompemos la barrera existente entre los ciudadanos y los gobernantes, acercando a la ciudadanía los procesos participativos y los asuntos públicos.

La importancia de este concepto se concentra en una efectiva y pretendida rendición de cuentas de los representantes, una mejora en la calidad de la economía —dada la transparencia de las cuentas— y la búsqueda de que los representantes privados conozcan de primera mano toda aquella información que se encuentre disponible. Como señala Blasco Díaz (2023:21) el interés de la transparencia como un principio de buen gobierno radica, precisamente, en que la ciudadanía conozca en qué se gasta el dinero público y la recepción de garantías de que el dinero se ha gastado de manera correcta. De esta forma, se limita de manera específica aquellos conocimientos a los que la ciudadanía precisa acceder, tanto para demandar una mayor *accountability* como para aumentar la confianza de la población civil sobre las instituciones.

Sin embargo, el principio de la transparencia no es ilimitado, precisando determinada opacidad en ciertos asuntos[7] a los que los ciudadanos, y cierta parte de los representantes públicos, no tienen acceso[8].

La transparencia, además, ha sido descrita por diferentes organismos internacionales como la ONU o la OEA como un derecho a la libre información que se entiende como un derecho no solo a ofrecer la información, sino también a recibirla. En ese mismo orden, los Principios de Tshwane[9] acuerdan en otro objeto de estudio anteponer la transparencia y la publicidad frente a los secretos de estado, manifestando que la información debe ser accesible a cualquier ciudadano, considerando además que los secretos de Estado generan cierta desconfianza y desigualdad en la población. En referencia a esas mismas organizaciones, ha sido en el marco de la UNESCO, tal y como bien nos ofrece Rodríguez Sánchez (2019:21) cuando se ha comenzado a hablar de un derecho de acceso a la información relacionado con determinados principios de transparencia y democracia, en el que la asimetría de información se deconstruye, contando con organizaciones que facilitan el acceso a la información.

---

7 FERNÁNDEZ-GONZÁLEZ (2021: 327 y ss) analiza el conflicto entre transparencia y opacidad de la información en materias específicas de ciberseguridad y agencias de seguridad estadounidenses, exponiendo una dicotomía irresoluble a largo plazo, dada la complejidad y los conflictos bélicos que se ven comprendidos en cierta información clasificada.

8 Ejemplo de ello se encuentra en la Ley 9/1968, de 5 de abril, sobre secretos oficiales, que en su artículo octavo termina que el conocimiento de la información clasificada corresponde únicamente a las personas debidamente facultadas para ello, con las limitaciones recogidas en la misma. Sin embargo, desde hace varias legislaturas, algunos partidos políticos instan su modificación para el acceso a la información que, en distintos pareceres, debería ser pública. Para más información: https://www.elconfidencial.com/espana/2020-06-23/congreso-diputados-apoya-tramitar-reforma-ley-secretos-oficiales-pnv-aitor-esteban_2652023/ (fecha de consulta: 11 de febrero de 2024).

9 Open Society Justice Initiative. *Principios globales sobre seguridad nacional y el derecho a la información* («Principios de Tshwane»). 2013. En línea: https://www.justiceinitiative.org/uploads/eecb593a-d6f8-4dfa-b3cd-0d3f671a626c/tshwane-espanol-10302014%20(1).pdf (fecha de consulta: 11 de febrero de 2024).

En España, a la vez que sucede con otras materias, el acceso a la información pública se sitúa como referencia nacional en la Ley 19/2013 de Transparencia, Acceso a la información pública y Buen Gobierno, pero a su vez, también se encuentra regulada en algunas comunidades autónomas, dada su capacidad legislativa en ciertas materias. Concretamente, ese es el caso, entre otras, de Andalucía con la Ley 1/2014, de 24 de junio, de Transparencia Pública de Andalucía, de Murcia con la Ley 12/2014, de 16 de diciembre, de Transparencia y Participación Ciudadana de la Comunidad Autónoma de la Región de Murcia, La Rioja con la Ley 3/2014, de 11 de septiembre, de Transparencia y Buen Gobierno de La Rioja, en Cataluña la Ley 1/2014, de 29 de diciembre, de transparencia, acceso a la información pública y buen gobierno de Cataluña, en Aragón la Ley 8/2015, de 25 de marzo, de Transparencia de la Actividad Pública y Participación Ciudadana de Aragón y en la Ley 1/2022, de 13 de abril, de Transparencia y Buen Gobierno de la Generalitat Valenciana.

Lo curioso de estas nuevas regulaciones en torno a la Transparencia es que, ya no solo se consolida como un derecho para la participación ciudadana y su acceso a la información para el mayor control de los representantes públicos, sino que, además, también se configura como un método de obtención de información con carácter general, dando esa misma posibilidad a los representantes de la ciudadanía. En esa información se puede incluir, como no, la identidad de aquellas personas que realizan denuncias y contactan con la agencia, así como también el estado de los procedimientos de investigación.

2.2. La denuncia de irregularidades

Otro elemento clave para la rendición de cuentas y la prevención de la corrupción son las denuncias. Según la Real Academia de la lengua española[10], son informes presentados a una autoridad competente sobre la comisión de un delito o una posible falta. En nuestro contexto, las denuncias pueden llegar a través de diversos medios y formas, destacando la importancia de preservar la identidad del denunciante mediante la confidencialidad o mantener el anonimato, permitiendo así la recepción de denuncias anónimas.

Con una gran influencia anglosajona, el sujeto que emite estas denuncias se ha calificado tradicionalmente como el *whistleblower,* considerándose este la persona o personas que, ante la presencia de un acto ilegal o una irregularidad, se encarga de notificarlo a una autoridad determinada[11]. Esta información que se encarga de recopilar, la entrega posteriormente ante

10 La Real Academia de la Lengua Española (RAE) define al acto de denunciar con una acepción misma desde el significado del propio Derecho: Der. Dar a la autoridad judicial o administrativa parte o noticia de una actuación ilícita o de un suceso irregular.

11 (Vestri, 2022: 287).

la autoridad encargada de recibir la información, que puede producirse de manera interna —*insider*— o entregarla a organismos externos encargados de la recepción e investigación —*outsiders*— como mecanismo alternativo[12].

Estas denuncias pertenecen, siguiendo la terminología de SANTORO y KUMAR (2018) a la clasificación de «denuncias de irregularidades». Este tipo de denuncias abarcan una variedad de prácticas que se revelan en beneficio propio al acceder a información privilegiada de una organización privada o una administración pública. En este contexto, se observa un esfuerzo por aumentar la transparencia en entornos opacos, donde un individuo específico divulga información confidencial o clasificada, lo que puede implicar una exposición de prácticas irregulares o ilegales. Esta divulgación puede ser motivada por un sentido de responsabilidad ética o moral, así como por un deseo de corregir comportamientos indebidos y promover el bien común. En consecuencia, estas denuncias desempeñan un papel crucial en la revelación y la lucha contra la corrupción y otras formas de irregularidades, al tiempo que plantean desafíos y riesgos para quienes deciden dar a conocer esta información confidencial.

2.2.1. La denuncia confidencial

Las denuncias confidenciales se refieren a aquellas en las que el receptor conoce la identidad del denunciante, pero no la revela. Según FERNÁNDEZ AJENJO (2022:185), este tipo de denuncias se encuentra entre las denuncias públicas y las anónimas, considerándose un canal de comunicación constante con el denunciante conocido, pero no revelado. El mismo autor señala el talón de Aquiles de este método: la identidad del denunciante se podrá revelar cuando las autoridades de la Administración de Justicia así soliciten a través de una orden judicial.

En un primer momento, la Directiva 1937/2019 hacía una mayor alusión a la reserva de confidencialidad como método de protección a la persona denunciante. VESTRI (2021:289) hace alusión a una gran cantidad de ocasiones en las que el concepto de confidencialidad se menciona a lo largo de la Directiva, entrañando que incluso mantener en secreto la identidad —sin obligaciones— se puede considerar también un elemento más de la protección de la confidencia. No obstante, la confidencialidad sí es considerada un requisito para los mismos canales, no en tanto como el anonimato, donde se presta libertada a los Estados para regularlo.

Siguiendo el hilo del elemento negativo de este método, muchos estudios indican que no todas las organizaciones toman las medidas adecuadas para garantizar la confidencialidad del denunciante. Esto se debe a que los denunciantes perciben poca independencia al informar irregularidades dentro de la

12 (GARCÍA-MORENO, 2021:444).

entidad. Por lo tanto, para asegurar una percepción de seguridad en la toma de decisiones, el anonimato suele preferirse sobre la confidencialidad, ya que mantener el anonimato implica desconocer del todo la identidad, y por ende, es información que nunca ha sido conocida.

Como bien señala Vestri (2021:295) la confidencialidad era el elemento más incorporado en la legislación autonómica que regulase las autoridades independientes destinadas al combate a la corrupción. Es el caso de la legislación aragonesa y la de Castilla y León, costumbre no compartida por la Comunidad Valenciana, que optó por incluir los mandatos de la Convención de las Naciones Unidas contra la Corrupción (en adelante, CNUCC), incorporando la posibilidad del anonimato en las denuncias.

2.2.2. Las denuncias anónimas

En el caso de las denuncias anónimas, este tipo de divulgaciones suelen requerirse en este formato dada la naturaleza de la información entregada, que puede generar cierto riesgo de represalias a los divulgadores.

Dicha forma es la más recomendada por la Agencia de Prevención y Lucha contra el Fraude y la Corrupción de la Comunitat Valenciana —en adelante AVAF— correspondiendo un amplio número de denuncias anónimas que han demostrado su utilidad, ya que en su mayoría presentan indicios claros de fraude o corrupción, válidos para los organismos correspondientes. No solo la AVAF ha permitido las denuncias anónimas, sino que, tal y como ha recopilado Sierra Rodríguez (2020) otras regiones como Cataluña, Islas Baleares y Navarra, a las que se ha sumado recientemente Andalucía, también permiten en cierta medida la recepción de denuncias anónimas.

No solo se pueden presentar las denuncias anónimas ante el buzón web de la Agencia, sino que, conocida la larga experiencia de represalias a las que se han enfrentado la Agencia ha optado por recibirlas también de forma verbal, ante funcionario competente sin que este identifique a la persona atendida y sin necesidad de firmar la denuncia, como consecuencia al acoso institucional.

La utilización de la denuncia anónima no significa que se descarte la confidencialidad, como así se muestra en la última Memoria[13] presentada en el año 2022 por la AVAF, en la que, pese a la mayoría de las denuncias anónimas, hasta un total de 263 que suponen el 58,31 %, sin embargo, también se mantiene un alto ratio de denuncias nominales, considerándose un 39 % de denuncias identificadas de personas físicas, y un 2,66 % de denuncias presentadas por personas jurídicas, también identificadas.

13 Avaf. Memoria de actividad. Ejercicio (2022) En línea: https://www.antifraucv.es/wp-content/uploads/2023/03/MEMORIA_AVAF_2022_CAS.pdf (fecha de consulta: 11 de febrero de 2024).

Debe significarse que en el pasado existía un interesante debate doctrinal y jurisprudencial sobre la validez o no de la denuncia anónima, que no obstante en la actualidad se encuentra totalmente superado, y ello porque la Ley 2/2023 ha venido a positivizar la adecuación de la denuncia anónima, tal y como se prevé en su artículo 7.3 en relación con las denuncias formuladas por los canales internos, el artículo 17.1 en relación con los canales externos, y con carácter general en relación con las denuncias formuladas ente la Autoridad Independiente de Protección al Informante en el artículo 21.1.º al regular las garantías de los ciudadanos ante esta nueva institución.

Sobre todo, es interesante añadir que las denuncias anónimas no sólo tienen un respaldo legal por la vigencia de la Ley 2/2023, sino que como señala González Uriel (2024) este tipo de prácticas se han visto aumentadas previa aprobación de la misma ley, considerando la existencia de agencias o instituciones autonómicas que permitían la anonimidad de la denuncia. En cualquier caso, y al menos en el ámbito del proceso penal, la LECRIM no las regula, pero tampoco prohíbe su utilización como afirma el mismo autor, que también recuerda la aceptación de las denuncias anónimas por la Sala Segunda del Tribunal Supremo. En esa misma resolución, el Alto Tribunal validó a través de la STS 272/2020 del 6 de febrero de 2020, la posibilidad de que una denuncia anónima pueda dar origen a la *notitia criminis*, además de otorgar importancia a la por entonces no transpuesta Directiva 2019/1937.

3. El conflicto entre la transparencia y la confidencialidad: la Sentencia núm. 198/2020 del Tribunal Superior de Justicia de la Comunidad Valenciana

Considerando los elementos de los que hemos hablado, la transparencia, a efectos de la relación entre la política y la Administración, se utiliza como un arma arrojadiza, provocando una mayor brecha en la relación entre la Administración pública y la clase política, singularmente en relación con los representantes públicos. Esa facción que Longo (2008:304) analiza provoca que se manifieste uno de los rasgos más importantes en esa relación: «asignación de un rol de confrontación como guardiana de la ética pública».

Troncoso (2021:174) señala que entre los *watch dogs* de la ética pública no solo se encuentran los históricamente conocidos como medios de comunicación, ONG's o sindicatos, sino también los partidos políticos, que demandan un mayor acceso a la información pública amparándose en su fundamentación constitucional. La justificación u objetivos de su acceso tienden a asociarse a las exigencias del artículo 23.1 de la CE en la que se otorgue a los representantes públicos la información relevante y necesaria para la libre y efectiva participación de la ciudadanía en los asuntos públicos. Esta apreciación beneficia a la imagen de la Administración y la confianza ciudadana, pero también se derivan riesgos y cuestiones elementales a tener en cuenta.

En otro orden, la transparencia se convierte un elemento problemático, pues su cumplimiento como principio para la mejora del proceso de la participación democrática de los ciudadanos en las decisiones políticas ha sido regulado, pero también ha incluido determinados apartados que favorecen una perjudicial actividad: el mal uso de la transparencia por parte de los Grupos Parlamentarios. Esto es así porque, aunque efectivamente se haya regulado el elemento de transparencia, existen resistencias en el marco parlamentario a su aplicación efectiva, ya que tal y como VEGA FELGUEROSO (2021:317-334) indica, existen una serie de áreas totalmente inmunes al control de la ciudadanía y a la transparencia, resultando ser, una de estas zonas oscuras del ordenamiento, la financiación de los partidos políticos vía los grupos parlamentarios.

La correcta utilización de la transparencia por los grupos parlamentarios no solamente encuentra resistencias en su aplicación a los propios Grupos Parlamentarios en cuanto a su transparencia interna, sino que también tiene anomalías en la utilización de la transparencia a nivel externo. Una de esas resistencias se aprecia en el control de la Agencia Valenciana Antifraude por parte de las Corts valencianas que a continuación analizaremos.

3.1. Contextualización del caso práctico: normativa legislativa de aplicación

El legislador valenciano promulgó el 28 de noviembre de 2016 la Ley 11/2016, que establece el marco normativo para la creación y funcionamiento de la Agencia de Prevención y Lucha contra el Fraude y la Corrupción de la Comunitat Valenciana. Esta ley confiere a la Agencia un estatus legal específico al otorgarle personalidad jurídica propia y plena capacidad de obrar, y la adscribe a Les Corts, el parlamento autonómico de la Comunidad Valenciana. Este marco legal proporciona a la Agencia el respaldo institucional necesario para desempeñar sus funciones en la prevención y el combate de la corrupción en el ámbito autonómico.

Por lo demás, en lo que hace a la confidencialidad, es de ver que el artículo 8 de la señalada Ley reguladora de la Agencia establece que «las actuaciones de la agencia deben asegurar, en todo caso, la reserva máxima para evitar perjuicios a la persona o a la entidad investigada y como salvaguardia de la eficacia del procedimiento jurisdiccional o administrativo que se pueda iniciar como consecuencia de estas actuaciones»[14]. De esta forma, se entiende que, siguiendo con las indicaciones previamente señaladas en cuanto a la confidencialidad, la Agencia debe mantener el secreto de las informaciones obtenidas durante sus investigaciones para la protección de la privacidad de

14 AVAF. Confidencialidad. s.f. En línea: https://www.antifraucv.es/confidencialidad/ (fecha de consulta: 11 de febrero de 2024).

las partes involucradas, preservando la efectividad del procedimiento legal que pueda surgir como resultado de las investigaciones.

La otra norma en conflicto se encuentra recogida en el artículo 12 del Reglamento de Las Corts Valencianas, que regula el conocido como *ius in officium*, derecho de los diputados de la cámara, para el mejor cumplimiento de sus funciones parlamentarias, a «recabar los datos, informes y documentos administrativos, en papel o en soporte informático de las administraciones públicas de la Generalitat, que obren en poder de éstas y de las instituciones, organismos y entidades públicas empresariales dependientes de la misma».

3.2. Exposición de los elementos fácticos concurrentes

El conflicto en la aplicación de las normas señaladas en el apartado anterior surgió el día 28 de agosto de 2019, cuando una síndica[15], esto es la máxima representante de un Grupo Parlamentario en les Corts, dirigió escrito al Presidente de les Corts solicitando a la Agencia Valenciana Antifraude copia íntegra de un determinado expediente de investigación, incluyendo todas las actuaciones practicadas hasta esa fecha, con motivo de la presentación de una denuncia relativa a un supuesto falseamiento de contenidos en la justificación de concesión de ayudas públicas para la promoción del valenciano por parte de dos empresas. Como es fácil de comprender el asunto tenía connotaciones marcadamente políticas, y ello porque la síndica solicitante de la información se integraba en el Grupo Parlamentario del Partido Popular, mientras que el empresario denunciado era el hermano del Presidente de la Comunidad Valenciana, miembro del Grupo Parlamentario del Partido Socialista.

El día 18 de octubre de 2019 el Director de la Agencia contestó al Presidente de les Corts, en respuesta a la solicitud de información efectuada denegando el acceso a la información, y ello toda vez que las actuaciones de investigación se encontraban sometidas al deber de confidencialidad y reserva prescritos por la Ley 11/2016, de 28 de noviembre, reguladora de la Agencia. Con todo, desde Dirección se aludía a que «los diputados y diputadas no podrán solicitar a la Agencia de Prevención y Lucha contra el Fraude y la Corrupción documentación e informes relativos a expedientes de investigación que se encuentren en tramitación»[16].

15 Artículo 23.5 del Reglamento de Les Corts: El *síndic* o la síndica es el máximo representante del grupo parlamentario.

16 En tal documento, dirigiéndose al *Síndic de Greuges*, se rechaza, a través de distintos argumentos jurídicos indicando la importancia de la Ley 11/2016 reguladora de la Agencia, la solicitud de los documentos que pueden comprometer, precisamente, la confidencialidad de la actuación de la AVAF. En este sentido, se inicia un conflicto de derechos, entre los cuales la Transparencia y el acceso a la información son dos elementos que,

El 3 de noviembre de 2019, la síndica presentó un recurso contencioso-administrativo mediante el procedimiento especial de protección de derechos fundamentales. En este recurso, alegó que su derecho constitucional, específicamente el derecho a participar en los asuntos públicos según el artículo 23 de la Constitución, había sido vulnerado. Para respaldar su argumento, hizo referencia a la supuesta infracción del artículo 12 del Reglamento de Les Corts. Este recurso fue presentado con el objetivo de impugnar una presunta violación de sus derechos fundamentales y buscar una reparación a través de los mecanismos legales disponibles[17].

3.3. Posiciones jurídicas de las partes y del Ministerio Fiscal

La diputada recurrente, sindica de su Grupo Parlamentario, entendía conculcado su derecho fundamental reconocido por el artículo 23.2 de la Constitución Española; el derecho al *ius in officium* del cargo público representativo, señalando que no se ajustaba a derecho la denegación, en cuanto que se apoyaba en la Ley de Transparencia, siendo obvio que la sindica no actúa en su condición de ciudadana que insta acceder a la información pública, sino como diputada autonómica en su función de control que le es propia y en los términos que le reconoce el Reglamento de les Corts Valencianas.

En el lado contrario la Agencia Valenciana Antifraude sostenía que el acto impugnado no había transgredido el ámbito o límites del derecho fundamental, y ello, porque entendía que el derecho de los parlamentarios a la participación en los asuntos públicos no es un derecho absoluto, y se trata de un derecho de configuración legal, estando limitado en consecuencia por las previsiones establecidas en las leyes, entre otras la propia Ley 11/2016 reguladora de la Agencia, que limita el acceso a la documentación al considerarla confidencial mientras se desarrollan las investigaciones, lo que conduce a la conclusión de que el artículo 12 del Reglamento se encontraría limitado por los artículos 6, 8, 10, 11, 14, y 29 de la Ley 11/2016, de manera que la entrega de la documentación solicitada además de suponer incumplimiento de esa ley, pondría en riesgo las actuaciones de esclarecimiento de los hechos o conductas sobre los que existen indicios o elementos de posible fraude o corrupción, en la medida que pudiera ser conocida y pública, lo que perjudicarían el buen fin de la investigación. En definitiva, el carácter confidencial de la información se justifica por la necesidad de salvaguardar la neutralidad e imparcialidad de las personas que realizan las actuaciones de investigación en la Agencia, sin injerencias ni presiones de ningún tipo, además de la

aunque necesarios, no siempre deben ser aplicados en las instituciones de control donde puedan realizarse investigaciones iniciadas por la denuncia de posibles afectados.

17 Dicho recurso se resuelve posteriormente en la STSJ CV de 4 de junio de 2020, fallando a favor del derecho de la Síndica a acceder a la información solicitada. https://www.iustel.com/diario_del_derecho/noticia.asp?ref_iustel=1199980

necesidad de proteger otros bienes jurídicos como el derecho fundamental a la defensa de las personas investigadas. Además, consideraba la Agencia en dicho litigio que el artículo 12 del Reglamento de les Corts Valencianes no le alcanzaba, toda vez que según la interpretación de la Agencia el derecho del artículo 12 solo alcanza a órganos integrados en el ejecutivo autonómico.

El Ministerio Fiscal en su intervención en el litigio sostenía que el derecho a la información de la diputada recurrente es consustancial al derecho a participar en los asuntos públicos, razón por la que no puede no puede entorpecerse limitarse, o bloquearse, so pena de conculcar el artículo 23 de la CE, solicitando por ello la estimación de la demanda. Sin embargo, en el escrito de conclusiones, a la vista de todo lo actuado y del debate jurídico planteado, el Ministerio Fiscal cambiaría diametralmente su posición y peticionaría la íntegra desestimación de la demanda, y ello porque según el parecer del Ministerio Fiscal la entrega de la documentación abría de vulnerar la confidencialidad del denunciante, con clara vulneración de la Directiva de la Unión Europea 2019/137, relativa a la protección de las personas que informen sobre infracciones del Derecho de la Unión, artículo 16.

3.4. La fundamentación jurídica de la sentencia dictada en el procedimiento

El 4 de junio de 2020 fue dictada la sentencia núm. 198/2020 por el Tribunal Superior de Justicia de la Comunidad Valenciana, en la que analizando el tema planteado se llegó a la conclusión de que existía un deber de entrega de la documentación, y en su virtud se estimaba la acción.

La fundamentación de la Sala de lo Contencioso del Tribunal Superior de Justicia de la Comunidad Valenciana se erige sobre tres pilares esenciales. En primer lugar, se destaca la primacía absoluta del Reglamento por encima de otras leyes autonómicas, lo que establece un marco normativo claro y determinante. En segundo lugar, se llega a la conclusión de que el Reglamento es, de hecho, aplicable a la Agencia Valenciana Antifraude, lo que refuerza la legitimidad y pertinencia de la acción emprendida. Por último, al abordar la cuestión de la confidencialidad, la sentencia arroja luz sobre un aspecto crucial al determinar que este principio no puede operar en detrimento de los derechos de los parlamentarios, ni tampoco en las actuaciones del Ministerio Fiscal y de los Jueces y Tribunales.

A continuación, se pasan a desarrollar cada uno de los elementos indicados.

3.4.1. La primacía del Reglamento frente a otras leyes autonómicas

Frente a las afirmaciones de la Agencia que pretendía limitar el alcance del artículo 12 del Reglamento de les Corts a una configuración legal, y por lo tanto ceñir su aplicación de conformidad con lo dispuesto en la Ley 11/2016 reguladora de la Agencia, la Sentencia núm. 198/2020 concluye que el Reglamento es una norma con una posición preeminente en el ordenamiento jurídico autonómico, y por ello la misma ostenta un contenido blindado frente a otras normas autonómicas, incluidas las leyes de la Generalitat.

Además, la Sala de lo Contencioso valenciana efectúa un expresa cita de la Sentencia del Tribunal Constitucional 40/2003, de 27 de febrero, que en su Fundamento Jurídico Segundo establece que «ha de recordarse que asimismo, como inequívocamente se desprende del inciso final del propia art. 23.2 CE, que se trata de un derecho de configuración legal, y esa configuración corresponde a los reglamentos parlamentarios, a los que compete fijar y ordenar los derechos y atribuciones propios de los parlamentarios, los cuales, una vez creados quedan integrados en el estatuto propio del cargo, con la consecuencia de que podrán sus titulares, al amparo de del art-.23.2 CE reclamar la protección del *"ius in officium"* que consideren ilegítimamente constreñido por actos del poder público....». La Sentencia núm. 198/2020 cierra la cuestión recordando que «no ofrece duda que esa doctrina es aplicable, tanto a los derechos de los Diputados y Senadores como a los de parlamentarios autonómicos».

Resulta, así, que la limitación a la configuración legal del *ius in officium* no puede operarse mediante ley ordinaria, ni siquiera, en el caso estatal, mediante ley orgánica, y ello porque la referencia a la configuración legal del derecho parlamentario solamente puede operar, de conformidad con la doctrina del Tribunal Constitucional, mediante la regulación reglamentaria cameral. Así las cosas, cualquier limitación al derecho de los parlamentarios a obtener la documentación que interesen solamente podría operar por la vía de la modificación y limitación de este derecho en el reglamento correspondiente de cada cámara parlamentaria.

3.4.2. De la aplicación del Reglamento a la Agencia Valenciana Antifraude

Por otro lado la Sala de lo Contencioso del Tribunal Superior de Justicia de la Comunidad Valenciana también llega a la conclusión, frente a lo sostenido por la Agencia Valenciana Antifraude, que el artículo 12 del Reglamento de les Corts no se limita a establecer un derecho de los diputados a obtener datos, informes y documentos administrativos de las *Consellerías* y demás órganos de poder ejecutivo autonómico sobre las que ejerzan la acción de control de la acción de gobierno, sino que se extiende a todo el ámbito autonómico, señalando muy en concreto en relación con la de Agencia de Prevención y Lucha contra el Fraude y la Corrupción de la Comunitat Valenciana que «es un organismo o entidad dotada de personalidad, sí, pero dependiente de la Generalitat, en concreto de la primera de sus instituciones de autogobierno, artículo 20.1 y 2 del Estatuto de Autonomía; léase precisamente artículo 1.1 de la ley reguladora del organismo público personificado, que adscribe la Agencia a les Corts. Por ello mismo la solicitud de la diputada encontraba acomodo en el precepto que invocó».

Con todo, y en cuanto a lo establecido por la Sala, aunque es cierto que la misma cuenta con una personalidad jurídica propia, la misma está subordinada a la Generalitat Valenciana, concretamente a *Les Corts*, que es la principal institución de autogobierno de la región, tal y como se señala en el propio Estatuto de Autonomía de la Comunidad Valenciana. Por ello, esa adscripción otorga razón a la diputada, ajustándose su petición al precepto indicado en su solicitud.

3.4.3. De la colisión entre la confidencialidad y el derecho al *ius in officium*

Finalmente, en cuanto a la vulneración de la confidencialidad, la Sala recuerda que la resolución impugnada sostenía la no entrega de los expedientes de investigación en el deber de confidencialidad y reserva prescritos en la Ley 11/2016, de 28 de noviembre, de la Generalitat, reguladora de la propia entidad y de su actividad, artículos 6, 8, 10, 11, 14, y 29.1, 2.º.

Sin embargo, la Sala señala que «el artículo 9.1 del mismo cuerpo legal prohíbe divulgar los datos ni informar a otras personas o instituciones que no sean las que, de acuerdo con la normativa vigente, puedan conocerlos por razón de sus funciones».

Y en este aspecto la Sentencia resuelve la cuestión señalando que entre aquellas personas o instituciones que pueden conocer de lªs actuaciones confidenciales se encuentran los miembros de las Corts así como la Fiscalía y los Juzgados y Tribunales, tal y como se señalada en el Fundamento Jurídico Séptimo de la Sentencia en los siguientes literales términos: «...el artículo 9.1 del mismo cuerpo legal prohíbe divulgar los datos ni informar a otras personas o instituciones que no sean las que, de acuerdo con la normativa vigente, puedan conocerlos por razón de sus funciones. Claramente comprendiendo a la Fiscalía (art. 4 de su estatuto orgánico, ley 50/1981) y, desde luego a Juzgados y Tribunales, pero también a los miembros de las Corts en los términos de su Reglamento, como venimos insistiendo».

Así las cosas, el derecho a la confidencialidad ha quedado delimitado, a juicio de la Sala, no en relación con la transparencia, sino en relación con la propia Ley 11/2016, que hace vencer a la confidencialidad en base al artículo 9.1, dando lugar a que la Sala considere que la confidencialidad no opera ni en relación con la Fiscalía, ni con los Juzgados y Tribunales ni en relación con los parlamentarios de les Corts.

El segundo argumento de la confidencialidad, que defendían tanto la Agencia como el Ministerio Fiscal, relativo a la protección de la persona denunciante, es solventado por la Sala en base a dos argumentos. En primer lugar, la Sala afirma que la protección al denunciante, invocada con acogimiento en la Directiva 2019/1937, no sería de aplicación por razones temporales. En segundo y último lugar, la Sala precisa que existen cuestiones singulares en el asunto, ya que como la denuncia la había presentado en su día la propia diputada ahora solicitante del acceso a la documentación «ante esa eventualidad, en último extremo se habría renunciado al supuesto derecho a la protección del denunciante».

Por todo lo expuesto la Sentencia estima el recurso contencioso interpuesto por la síndica contra acuerdo del Director de la Agencia de Prevención y Lucha contra el Fraude y la Corrupción de la Comunitat Valenciana y acuerda la anulación de la resolución impugnada, declarando vulnerado el derecho fundamental recogido en el artículo 23.2 de la Constitución Española y reconociendo el derecho de la parlamentaria demandante a obtener la documentación solicitada.

III. Conclusiones

A la luz de los argumentos presentados, se llega a la conclusión de que el dilema entre la confidencialidad y la transparencia en las actuaciones administrativas se vuelve relevante en ciertos casos, especialmente cuando se relaciona con procedimientos judiciales ante cualquier Juzgado o Tribunal, acciones del Ministerio Fiscal o solicitudes de acceso parlamentario.

Ante estas lagunas en la confidencialidad, sería prudente considerar la necesidad de modificar la legislación correspondiente, especialmente los reglamentos parlamentarios, para establecer claramente los límites del acceso de los diputados a los expedientes de investigación en curso. Esto es importante porque con frecuencia, las solicitudes de acceso a estos expedientes por parte de los representantes están motivadas por el deseo de obtener información sobre investigaciones que involucran a miembros de su propio partido político. Este tipo de acceso puede comprometer la efectividad de la investigación al revelar prematuramente información sensible y estratégica, así como dar la oportunidad de represaliar a personas involucradas en el proceso de denuncia.

Otro elemento importante para considerar es la naturalidad con la que un representante solicita esta información en relación con una investigación que afecta a un partido político rival, con la intención de utilizarla con fines políticos para desacreditar al adversario. Este uso partidista de los procedimientos de control contra la corrupción distorsiona los objetivos originales de la investigación y subvierte su propósito fundamental, afectando además a la confianza ciudadana respecto a la eficacia de la administración y sus propósitos. En este contexto, se compromete no solo la confianza en las instituciones y partidos políticos, sino también la confianza en las entidades encargadas de combatir problemas graves como la corrupción. Se reconoce que las solicitudes de información pueden ralentizar el trabajo de estas instituciones durante el proceso de entrega de los datos solicitados a la misma.

De este modo, y para finalizar, es esencial abordar estas preocupaciones mediante una revisión cuidadosa de los protocolos y regulaciones pertinentes, garantizando que la confidencialidad se preserve cuando sea necesario para proteger la integridad de las investigaciones en curso y evitar su instrumentalización con fines espurios. Esto ayudará a fortalecer la confianza en el sistema de justicia y en los procesos democráticos, así como a garantizar una lucha efectiva y justa contra la corrupción, aumentando la participación de la ciudadanía en poner freno a un problema que afecta a todos.

Referencias

Agapito Roca, L. (2023): «Una primera valoración de la reforma de la malversación vuelta al pasado». *Diario La Ley,* N.º 10230.

Bocchiola, M (2020): «The distinctiveness of whistleblowing». *The Journal of Value Inquiry,* vol. 54, N.º 4, (607-626).

Capdeferro Villagrasa, O. (2020): «La eficacia anticorrupción de los códigos éticos y de conducta: el papel del Derecho Administrativo». En *Revista General de Derecho Administrativo*, N.º 54.

Ceva, E., y Bocchiola, M. (2019): «Personal trust, public accountability, and the justification of whistleblowing». *Journal of Political Philosophy*, vol. 27, N.º 2 (187-206)

Fernández Ajenjo, J. A. (2022): *Instituciones de investigación administrativa y auditoría forense para la prevención del fraude y la corrupción en las administraciones públicas.* Tirant lo Blanch.

Fernández Ajenjo, J. A. (2023*): Comentarios de la Ley 2/2023 reguladora de la protección de las personas que informen sobre infracciones normativas.* Tirant lo Blanch.

Fernández González, M.C. (2021) «Agencias de seguridad e inteligencia artificial: el caso Snowden a estudio». En: Terrón Santos, D. y Domínguez Álvarez, J.L. (dirs.) *Inteligencia artificial y defensa: nuevos horizontes.* Obra Colectiva. Aranzadi Thomson Reuters.

García-Moreno, B. G. (2021). «El concepto de alertador (o whistleblower): Consideraciones a la luz de la directiva (UE) 2019/1937». En Rodríguez García, N. y Rodríguez-López, F. (eds.) *Compliance y responsabilidad de las personas jurídicas.* Valencia. Tirant lo Blanch. (441-460)

Hassemer, W. (1984) *Fundamentos del Derecho Penal*. Bosch. 1984

Huberts, L y Hoekstra, A. (2016): «Integrity management in the public sector: The Dutch approach». *Bios*.

Martín Valdivia, S.M. (2013): «De cómo el Derecho Penal ha certificado el ocaso de la disciplina urbanística (el deterioro de métodos y objetivos en la lucha contra la indisciplina urbanística y el protagonismo del legislador y la jurisprudencia en la deriva de la institución)», en Suárez López, J.M. y Morillas Cueva, L. (dir.) *Urbanismo y corrupción política (una visión penal, civil y administrativa),* Dykinson.

Moles Plaza, R. (2022) «Sobre la inexplicable ineficiencia del Derecho Administrativo en la lucha contar la corrupción». *Hay Derecho.* En línea: https://www.hayderecho.com/2022/02/19/no-hay-derecho-sobre-la-inexplicable-ineficiencia-del-derecho-administrativo-en-la-lucha-contra-la-corrupcion/ (fecha de consulta: 11 de febrero de 2024)

Nettel Barrera, A; Aguado Romero, G., Vázquez Avedillo, J. F., Ruiz Canizales, R., Bello Gallardo, N., & Lara Piña, N. P. (2017): *Derecho Administrativo y Administración Pública: entre lo Sustantivo y lo Adjetivo.* Tirant lo Blanch.

Oller Rubert, M. (2023): *La garantía de la* ética *y la anticorrupción desde la responsabilidad social de la Administración.* Tirant lo Blanch.

Quintero Olivares, G. (2013): «Urbanismo y corrupción en la Administración Local», en Suárez López, J.M. y Morillas Cueva, L. (dir.) *Urbanismo y corrupción política (una visión penal, civil y administrativa).* Dykinson.

Rodríguez Barrueta, A. (2013): «Medios para la persecución y represión de la corrupción». *Eunomía. Revista en Cultura de la Legalidad,* N.° 24.

Rodríguez Sánchez, C.M. (2019): «Exposición general del significado y alcance del principio de transparencia y de su regulación internacional en España», en Martín Delgado, I. (dir) *Transparencia y acceso a la información pública: de la teoría a la práctica.* Iustel.

Santoro, D., Y Kumar, M. (2018): *Speaking truth to power-A theory of whistleblowing* (Vol. 6). New York, NY. Springer.

Sierra Rodríguez, J. (2020): «Impulso europeo al whistleblowing y las autoridades de integridad». En *Eunomía. Revista en Cultura de la Legalidad*, vol. 19.

Troncoso, A. (2021): La transparencia, el derecho de acceso a la información pública y sus límites. En: Revenga Sánchez, M., & Pérez Tremps, P. (dir). *Transparencia, acceso a información pública y lucha contra la corrupción. Tres experiencias a examen: Brasil, Italia, España*. Tirant lo Blanch.

Uriel, D. G. (2024). «La denuncia anónima en el proceso penal». *Revista Aranzadi Doctrinal*, n.° 1, vol. 5.

Vega Felgueroso, J. (2021): «El giro copernicano a la transparencia y la lucha contra el fraude: los grupos parlamentarios», en *Fundamentos de la transparencia: aspectos políticos y perspectiva internacional.* Obra colectiva. Centro de Estudios Políticos y Constitucionales.

Vestri, G. (2021): Contexto y retos actuales del sistema de whistleblowing en España. En: Revenga Sánchez, M., & Pérez Tremps, P. (dir). *Transparencia, acceso a información pública y lucha contra la corrupción. Tres experiencias a examen: Brasil, Italia, España*. Tirant lo Blanch.

Villoria Mendieta, M. (2019): *Combatir la corrupción*. Gedisa.

CAPÍTULO 6

LA APLICABILIDAD DE LAS OBSERVACIONES GENERALES DEL PIDESC EN LAS JURISDICCIONES SUPERIORES LATINOAMERICANAS. UNA APROXIMACIÓN

Rodrigo Andrés Poyanco Bugueño
Profesor-Investigador
Universidad Finis Terrae

I. Presentación del tema[1]

Lo que veremos tiene que ver un tema muy conocido: la exigibilidad judicial directa de los derechos sociales prestacionales a partir de lo que señala una Constitución o un tratado internacional. Para algunos, los derechos sociales prestacionales consagrados en Constituciones o tratados internacionales no tienen un contenido jurídicamente exigible ante el juez, y nece-

1 La presente ponencia se basa en la Investigación patrocinada por la Agencia Nacional de Investigación y Desarrollo, en el proyecto FONDECYT de Iniciación a la Investigación N.° 11231058, de 2023: «Perspectivas de la aplicación de las Observaciones Generales del Comité del PIDESC en materia de derecho a la salud». Agradecemos su apoyo a esta agencia.

sitan del concurso normativo de las autoridades político-representativas de cada país para obtener ese contenido exigible. Para otros, en cambio, los derechos sociales tienen un contenido jurídicamente exigible, que puede ser determinado por el juez de forma autónoma a partir de lo que dice la Constitución —o, incluso, de lo que dice un tratado internacional—, sin necesidad de aquel concurso. La consecuencia lógica de esta segunda posición es que el juez no sólo puede adjudicar por sí mismo esos derechos sociales, sino que puede cuestionar al legislador o a la Administración con base en la Carta fundamental o los tratados.

Mas allá de esta polémica, lo cierto es que numerosas jurisdicciones latinoamericanas —ahora, también, la chilena— han comenzado a utilizar numerosas técnicas para otorgar justiciabilidad directa a los derechos sociales prestacionales y determinar el contenido jurídicamente exigible de dichos derechos. Una de ellas es la cita a las Observaciones Generales del Comité del Pacto Internacional de Derechos Económicos, Sociales y Culturales —a veces, como elemento interpretativo de la Constitución; a veces, como fuente directa—, para fundar una determinada sentencia ordenando al Estado otorgar una determinada prestación social. El presente trabajo presentará, de manera prospectiva, uno de los problemas más interesantes que presenta el uso de esta técnica, cual es el eventual contenido de políticas públicas de estos instrumentos internacionales.

II. La justiciabilidad de los Derechos sociales, desde la equivalencia necesidad-Derecho

Como hemos señalado en otro lugar[2], uno de los fundamentos más mencionados para justificar la existencia del constitucionalismo social es la idea de acuerdo con la cual los objetivos esenciales del constitucionalismo tradicional, tales como la libertad política o la igualdad ante la ley, no tienen sentido sin la posibilidad de disponer de un determinado nivel de medios materiales de vida. Por eso, la libertad o igualdad no sólo precisan de la simple y mera abstención del Estado, sino que su acción prestacional, con lo que esas ideas se convierten en conceptos tales como libertad real, igualdad material, etc. Así, por ejemplo, Currie (1986: 867 - 868) alude los comentarios de diversos autores[3], como representativos de una creciente convicción de que los gobiernos deberían comenzar a adoptar más medidas afirmativas para beneficiar al pueblo. Ashford y Davies (2012: 100), a su vez, recuerdan que la versión más extendida de lo que debe entenderse por libertad

2 Poyanco Bugueño (2021).

3 Por ejemplo, Anatole France, criticando una ley que prohibía tanto a los ricos como a los pobres el dormir bajo los puentes; o Thomas Hill Green, quien estimaba que las acciones gubernamentales afirmativas son esenciales a la libertad.

positiva es aquella que la comprende como autonomía. En este sentido, la libertad no sería sólo la ausencia de restricciones, sino también la capacidad de actuar: la libertad negativa no es suficiente por sí misma, pues uno debe ser capaz de llevar a cabo el acto que uno es libre de hacer. La libertad es un estado o condición positiva, causada por el acceso a recursos. La misma idea encuentra una de sus expresiones políticas más potentes en el *New Deal* del Presidente ROOSEVELT, programa de legislación social que hasta el día de hoy manifiesta su influencia en buena parte de los pensadores y juristas que se dedican a esta materia:

> «Nos hemos dado cuenta, claramente del hecho de que la verdadera libertad individual no puede existir sin seguridad económica e independencia. 'Los hombres necesitados no son hombres libres'. El pueblo hambriento y sin trabajo es el material del que están hechas las dictaduras»[4].

Mutatis mutandis, las mismas ideas pueden extenderse al concepto de «igualdad». Como resume HEYWOOD (2010: 330 - 331), los partidarios de la igualdad *de resultados*, tanto en el sentido moderado como en el radical, argumentan habitualmente que se trata de la forma más importante de la igualdad puesto que, sin ella, todas las demás formas de igualdad son una farsa. Los derechos jurídicos y civiles, por ejemplo, son de escaso beneficio a los ciudadanos que no tienen un empleo seguro, un salario decente, un techo sobre su cabeza, etc. Asimismo, ideas semejantes pueden encontrarse en otras argumentaciones, que mencionan como fundamento de los derechos sociales a conceptos tales como la «justicia social», o la «verdadera» ciudadanía[5]. Por supuesto, estas ideas no tardaron en llegar al derecho constitucional.

Desde ya, parece injusto cuestionar estas ideas por sí mismas, al menos desde un punto de vista propiamente jurídico, dado que corresponden más bien a posiciones o puntos de vista de corte ideológico, social o económico. El problema se produce, en nuestra opinión, cuando estas afirmaciones invaden el pensamiento jurídico, dando lugar a la idea de que, detrás de cada necesidad, no sólo puede existir una legítima reivindicación social o política, sino también un derecho subjetivo. A esto nos referiremos a continuación.

4 ROOSEVELT (1944: 7).

5 HARRIS (1990: 103) resume las ideas de los teóricos de la «ciudadanía social», que justifican el Estado de bienestar en su misión de lograr lo que estiman es una verdadera ciudadanía —por sobre la ciudadanía tradicional— e inclusión social: «[u]n Estado de bienestar amplio y desarrollado es un elemento integral de una sociedad moralmente aceptable. Es un medio esencial para promover la justicia social, mejorar el autodesarrollo individual y alimentar el sentido comunitario...».

III. La libertad e igualdad fácticas o materiales en el Derecho

Una de las muestras más claras de cómo estas ideas han cristalizado en la doctrina publicista europeo-continental es la teoría de la «procura existencial», de origen alemán. El concepto fue acuñado por Forsthoff en un trabajo publicado en 1938 con el título *Die Verwaltung als Leistungsträger*. A partir de esa teoría, se sostiene que la supervivencia de las personas en las sociedades modernas es tarea del Estado, como resultado de la pérdida de un supuesto «espacio vital dominado», pre-social, que era lo que antes de nuestras actuales formas de organización política, habría garantizado la subsistencia de las personas. Al no contar con esa fuente de sustento, el individuo depende para su diario vivir de la actividad estatal. Se trata de una función estatal esencial en un Estado social de derecho; una función, ante todo, de la Administración, que es quien debe suministrar tales prestaciones, pero también del legislador, obligado a elaborar la regulación correspondiente[6]. Por su parte, Hesse (2001: 94–95) sostiene que, en las condiciones actuales, la libertad de los ciudadanos no estriba sólo en una liberación de la intervención estatal, sino que depende mucho más de una serie de condiciones que no están a disposición del individuo, cuyo arreglo corresponde, precisamente, al Estado, esto es, el Estado de la procura existencial y del aseguramiento social. La procura de la efectividad de los derechos fundamentales por el Estado deviene presupuesto de que llegue a haber una real libertad. Finalmente, Alexy (2007: 446 - 447), al construir su razonamiento en relación a la justiciabilidad de los derechos sociales, postula como uno de sus fundamentos la afirmación de que «bajo las condiciones de la sociedad industrial moderna, la libertad fáctica de un gran número de titulares de derechos fundamentales no encuentra su sustrato material en un "ámbito vital dominado por ellos", sino que depende esencialmente de actividades estatales».

De esta manera, y en definitiva, la libertad real —y *mutatis mutandis*, la igualdad real y conceptos semejantes— pasan a ser requisito de la «verdadera» libertad política y, por tanto, también un asunto de competencia del constitucionalismo. Adicionalmente, aquella libertad pasa por aumentar la influencia del Estado en la sociedad[7], lo que ha terminado siendo una característica de los sistemas constitucionales europeo-continentales[8]. Estas ideas

6 Maurer (2012: 8). El concepto acuñado por Forsthoff estaba circunscrito inicialmente a la prestación de bienes y servicios de importancia vital para la población (electricidad, agua, transportes públicos), pero luego fue ampliado por dicho autor a otros bienes y servicios de los ámbitos económico, social y cultural, necesarios para una existencia humana plena. Véanse también Pereira (2003b: 35) y García-Pelayo (1977: 26 y ss.).

7 Pereira (1988: 361).

8 Damaška (1986: 22-25), quien se refiere en términos generales al estatismo característico del constitucionalismo europeo. Véase también Pereira (1999: 243–244).

se han manifestado, preferentemente, en cláusulas o principios de Estado social, reglas de igualdad o libertad material, y la consagración de derechos sociales.

Por supuesto, es fácil concluir a partir de estas aseveraciones —sostenidas, desde luego, por prestigiosos juristas— que los derechos sociales, en tanto requisitos de la libertad o la igualdad, *deben* ser exigibles. Nosotros discrepamos, aunque no tanto respecto de los supuestos de estas ideas —parece deseable, sin duda, que todas las personas en una determinada sociedad cuenten con ciertos niveles mínimos de recursos materiales—, como de lo que estas teorías esperan del Derecho. La cuestión que debe resolver nuestra disciplina no se refiere a la importancia o no de determinadas prestaciones para asegurar una determinada calidad de vida, o un nivel aceptable de libertad fáctica (aspectos que, en cualquier caso, parecen difíciles de determinar desde un punto de vista exclusivamente jurídico), sino, más bien, *lo qué puede hacer el juez —en particular, el juez constitucional— cuando se le pide atender esas necesidades, justiciando de forma directa las cláusulas típicas del constitucionalismo social* (en particular, los derechos sociales prestacionales). ¿Puede una persona aspirar a obtener prestaciones materiales del juez, en base a sus necesidades insatisfechas, invocando sólo las normas de la Constitución Política, un tratado internacional o el denominado *soft law* del derecho internacional de los derechos humanos?¿Puede el juez, inclusive, calificar la suficiencia u oportunidad de la legislación social ya dictada por las autoridades político-representativas, basándose exclusivamente en los objetivos de justicia social que cree leer en la Constitución o en aquellos instrumentos internacionales?

IV. La doctrina favorable a la justiciabilidad directa de los Derechos sociales prestacionales

Ante estas preguntas, la respuesta de una parte de los autores es positiva. Se anima al juez a reconocer en las cláusulas del constitucionalismo social (o del derecho internacional de los derechos sociales) derechos y obligaciones prestacionales directamente exigibles en favor de las personas, que pueden ser adjudicados sin necesidad de recurrir a normativa legal o reglamentaria de desarrollo; o prescindiendo de ésta, si ella no cumple los exigentes parámetros que esa misma doctrina propone. Así, por ejemplo, recordemos la afirmación contenida en una de las más citadas obras sobre esta materia en América Latina, en la que Abramovich y Courtis (2002: 46-47) invitan expresamente a los jueces a ejercer «activismo judicial» y una «creatividad pretoriana» para hacer cumplir al Estado con esta clase de derechos, pues «[n]o existe derecho económico, social o cultural que no presente al menos alguna característica o faceta que permita su exigibilidad judicial en caso de violación». Por su parte, FERRAJOLI (1999: 109), si bien reconoce las dificultades que encuentra la garantía de los derechos sociales, niega su carácter puramente programático:

> «[...] En general, la calificación constitucional de estas expectativas como "derechos" no supone solo la obligación constitucional del legislador de llenar las lagunas de garantías con disposiciones normativas y políticas presupuestarias orientadas a su satisfacción, sino además el establecimiento de otras tantas directivas dotadas de relevancia decisiva en la actividad interpretativa de la jurisprudencia ordinaria y sobre todo en la de los Tribunales supremos».

Recuérdense, finalmente, las disquisiciones de ALEXY (2007: 454-455), que fundamenta la exigibilidad judicial de los derechos sociales en la importancia de la libertad fáctica para el individuo. De darse tal preponderancia, sostiene ese autor, el juez estaría autorizado a dejar a un lado principios como la separación de poderes, la democracia (que incluye la competencia presupuestaria del Parlamento) e, incluso, «principios materiales contrapuestos» (especialmente, dice el autor, aquellos que apuntan a la libertad jurídica de otros).

Se comprenderá que esta forma de ver el problema sólo puede conducir a un resultado. Aunque el juez invoque formalmente la Constitución, o los tratados internacionales para intervenir en esta materia, en la práctica, su intervención en las políticas públicas ya no se efectuará desde el punto de vista del control jurídico —lo cual es perfectamente legítimo— sino, más bien, desde el punto de vista del análisis de la oportunidad o conveniencia de las políticas sociales existentes.

V. Pero ¿y los contenidos de políticas que adjudicará el juez?

Sin embargo, las cosas son lo que son, y el Derecho, como toda disciplina, tiene límites. Por eso es que disquisiciones como las anteriores y otras semejantes, si bien señalan al juez el «por qué», no pueden señalar con precisión el «qué». Como si se hiciesen eco de la idea de que «detrás de cada necesidad hay un derecho»[9], los autores de esa línea doctrinaria parecen creer que basta con que el juez encuentre una necesidad social no debidamente atendida por la ley o el poder Ejecutivo, para que pueda extraer, con la sola base del texto constitucional, un derecho a una determinada prestación social.

---

9 La frase alude a un slogan que fue atribuido en su momento a Evita Perón, la mítica figura de la política argentina. El juez y presidente de la Corte Suprema Argentina, Carlos Rosenkratz, cuestionó esa afirmación en una conferencia que dictó en junio de 2022, en la Universidad de Chile. En línea: https://www.ambito.com/politica/carlos-rosenkrantz/no-puede-haber-un-derecho-detras-cada-necesidad-n5452875 (fecha de consulta: 26 de noviembre de 2023).

Pero esto no resuelve el problema último que se presenta al tribunal, cual es: a quién otorgar una prestación (¿basta con que alguien demande para tener derecho a una prestación, con independencia de lo que diga el ordenamiento jurídico?); qué beneficio otorgar (¿el existente, si ya está regulado; o uno distinto, de acuerdo a lo que solicite el recurrente?), cuándo otorgarlo (¿es posible para el juez determinar, desde la Constitución, un retraso o insuficiencia de la autoridad en atender determinadas necesidades sociales?) etc. Paradójicamente, este problema se agrava cuando lo que se pretende es que el juez cuestione una determinada prestación social ya otorgada por ley o reglamento, en nombre de la aplicación directa de la Constitución[10].

Tal vez consciente de ello, la doctrina partidaria de estas ideas no sólo invita al juez a ser «creativo», sino que, además, le sugiere *de antemano*, formas concretas de cumplimiento de los deberes de justicia social que se demandan del Estado. Así, por ejemplo, Ferrajoli (1999: 64-65) sugiere que los derechos sociales sean realizados «mediante prestaciones gratuitas, obligatorias e incluso automáticas: como la enseñanza pública gratuita y obligatoria, la asistencia sanitaria asimismo gratuita o la renta mínima garantizada». En un sentido más general, Abramovich y Courtis (2002: 36-37) señalan que, aún en un contexto de relativa escasez económica, la asunción de obligaciones sociales supone una *autolimitación* de la discrecionalidad del Estado en materia de disposición presupuestaria. Kartashkin (1982: 113), por su parte, argumenta que, si bien la regulación internacional de los derechos económicos, sociales y culturales no apunta a una estandarización de la legislación o de un determinado sistema político o social entre diferentes países, sí establecería, en cambio, un contenido mínimo de los derechos sociales y objetivos de bienestar que debe ser logrado por los Estados, *cualquiera sea su sistema o circunstancias.* Alexy (2007: 454-455), a su vez, señala que su modelo de ponderación *siempre concederá derechos a prestaciones sociales, dando preferencia a la libertad fáctica,* en el caso de los derechos fundamentales sociales mínimos, es decir, por ejemplo, a un mínimo vital, a una vivienda simple, a la educación escolar, a la formación profesional y a un nivel mínimo de asistencia médica[11].

Como puede verse, esta clase de construcciones doctrinarias avanza un poco más en la concreción de lo que el juez debe dar, aunque seguimos ante afirmaciones un tanto genéricas. Por eso es que, en las *últimas* dos décadas, aquellas y otras admoniciones al juez han adquirido una forma más consistente y definida, sobre todo en el constitucionalismo sudamericano, a través de lo que denominaremos «técnicas de justiciabilidad» de los derechos sociales, y que enunciaremos brevemente a continuación.

---

10 Que precisamente es el caso de la jurisprudencia sobre medicamentos de alto costo surgida de decisiones de la Corte Suprema chilena. Véase Martinez y Poyanco (2022: passim).

11 Todos los destacados en cursivas son nuestros.

VI. Algunas de las técnicas utilizadas para otorgar justiciabilidad directa a los Derechos sociales

A continuación, veremos una serie de técnicas, traducidas en líneas jurisprudenciales concretas, compartidas por numerosas jurisdicciones sudamericanas y la Corte Interamericana de Derechos Humanos, que intentan otorgar a la judicatura competencia para pronunciarse sobre problemas relacionados con la justiciabilidad directa de pretensiones sociales, así como señalarle lo que tiene que adjudicar, en base a lo que —según los defensores de estas técnicas— diga directamente la Constitución Política o los tratados internacionales que gobiernan esta materia.

1. Indivisibilidad entre los Derechos económicos sociales y culturales y los Derechos civiles y políticos

Esta tesis sostiene, en síntesis, que todos los derechos —tanto los civiles y políticos como los sociales— tienen la misma importancia y vinculatoriedad, dada su interrelación, de manera que «la violación de uno acarrea a menudo la violación de otros, como ocurre, por ejemplo, con el derecho a la vida si no son satisfechos el derecho a la salud o a la alimentación»[12]. Numerosos tribunales de la región reconocen este principio. Así, por ejemplo, los votos de mayoría de las sentencias roles 1.273 (considerando 47.°) y 1.710 (considerando 88.°) —referidas a la inaplicabilidad del artículo 38 ter de la Ley de Isapres— del Tribunal Constitucional chileno, han señalado que los derechos no pueden ser considerados de manera aislada o independiente unos de otros. Al contrario, ellos se manifiestan de manera integrada, constituyendo un entramado de normas y principios cuyo alcance no puede apreciarse correctamente sin considerar una visión de conjunto que los incluya a todos ellos y que, también, incorpore su relación con otras disposiciones y valores constitucionales. Todo ello lleva al Tribunal Constitucional a considerar derechamente a los derechos sociales como derechos fundamentales (sentencia rol 1.710, considerando 94.°).

2. Progresividad y no regresividad de los Derechos económicos, sociales y culturales

Aunque la idea de «progresividad» de los derechos sociales se refiere, originalmente, al reconocimiento de que la realización de los derechos sociales está limitada por la disponibilidad de recursos (art. 2.1 del Pacto Interna-

12 Nikken (2010: 70),

cional de Derechos Económicos, Sociales y Culturales), esta tesis altera el significado de ese concepto para convertirlo, de un límite, en un aliciente. En este nuevo sentido, la progresividad implicaría la obligación de un Estado de avanzar en los niveles de satisfacción de un determinado derecho social, de forma siempre incremental (que sería el aspecto de progresividad). Asimismo, una vez alcanzado un determinado nivel de satisfacción, el Estado no podría disminuir esa cobertura de las prestaciones así reconocidas o, al menos, no puede hacerlo sin razones muy justificadas (lo que sería el aspecto de no regresividad o prohibición de retroceso)[13].

Un ejemplo puede encontrarse en el fundamento jurídico 11 de la sentencia 4232-2004-AA, del Tribunal Constitucional peruano. Allí, ese juez constitucional sostuvo que el derecho a la educación se configura como un servicio público, sea que se ejecute por el Estado o por terceros bajo fiscalización del Estado. Por ende, el Estado tiene la obligación de garantizar la continuidad de los servicios educativos «así como de aumentar progresivamente la cobertura y calidad de los mismos». Por su parte, en el párrafo 144 de su sentencia Cuscul Pivaral y otros con Guatemala[14], la Corte Interamericana señala que la obligación de progresividad en materia de derechos sociales no debe interpretarse como excusa para aplazar indefinidamente la adopción de medidas para hacer efectivos los derechos en cuestión.

3. Doctrina de los niveles de obligaciones dentro de los Derechos sociales

Esta técnica disecciona los derechos en subcategorías de derechos y obligaciones, cada una de las cuales, a su vez, tiene distintas características en cuanto a su vinculatoriedad. De esta manera, cada uno de los derechos económicos, sociales y culturales impondrían sobre los Estados (dependiendo de la versión de esta técnica que se escoja) tres o más tipos de obligaciones distintas: las obligaciones de respetar, proteger y cumplir; a su vez, esas obligaciones pueden ser de conducta o resultado, positivas o negativas, prestacionales o no prestacionales, etc., lo que facilitaría al juez encontrar la forma de justiciar una determinada demanda de beneficios sociales. Como ejemplo jurisprudencial podemos citar, en Chile —aunque se refiere a ella indirectamente, pues se habla de todos los «derechos públicos subjetivos» que se derivan de la dignidad de la persona humana, en una sentencia que intenta reconocer justiciabilidad directa a derechos sociales— al considerando decimoctavo de la sentencia rol 1287 del respectivo Tribunal Constitucional,

13 Sobre el significado de la progresividad en materia de derechos sociales, véase Poyanco (2017).

14 Caso Cuscul Pivaral y otros vs. Guatemala, sentencia de 23 de agosto de 2018, (Excepción Preliminar, Fondo, Reparaciones y Costas).

cuando se afirma que los órganos públicos y los agentes privados, no solo están obligados a «respetar esos derechos, sino que, además, a protegerlos y promoverlos». Este considerando fue citado nuevamente en el considerando 87.° de la sentencia rol 1710, del mismo tribunal, en el que se determinó la inconstitucionalidad del artículo 38 ter de la Ley 18.933.

4. Niveles mínimos esenciales de los Derechos y el mínimo vital

A diferencia de los derechos constitucionales clásicos o de primera generación, se discute si los derechos sociales, cuyo núcleo es, de hecho, la propia prestación debida o demandada, tienen en sí mismos considerados un «núcleo esencial»; al menos, uno que sea jurídicamente determinable. Por su parte, un mínimo vital o canasta básica de prestacionales sociales también parece difícil de determinar sin el concurso de elementos de convicción extrajurídicos, lo cual pone de relieve el papel de las autoridades especializadas en la dictación de políticas públicas relativas a la satisfacción de las necesidades de las personas. Esto no ha obstado a que numerosos tribunales superiores latinoamericanos hayan reconocido estas figuras. En Colombia, su Corte Constitucional ha estimado que los derechos sociales son derechos fundamentales, por lo menos, respecto de su contenido mínimo o esencial, el que, por tanto, es de exigibilidad inmediata. En la sentencia SU-225 de 1998,31 en relación con el artículo 44 sobre derechos de los niños[15], la Corte Constitucional diferenció, dentro de los derechos fundamentales de carácter prestacional, una «zona complementaria», que es definida por los órganos políticos atendiendo a la disponibilidad de recursos y a las prioridades políticas coyunturales; y una «zona esencial», que «el juez constitucional es competente para aplicar directamente, en ausencia de prescripción legislativa». En estos casos, debe ordenar a los sujetos directamente obligados el cumplimiento de sus respectivas responsabilidades, a fin de asegurar la satisfacción de las necesidades básicas del menor. Posteriormente, en la sentencia C-671/02, relativa a los derechos a la seguridad social y a la salud, la Corte Constitucional señaló que el mandato de progresividad no excusa el incumplimiento del deber del Estado de asegurar, tan pronto como sea posible, coberturas universales de los contenidos mínimos de esos derechos. En cuanto al mínimo vital, el Supremo Tribunal Federal de Brasil, en su sentencia ADPF 45, de 2004, descartó el limitado valor de la «reserva de lo posible» cuando se trata del «establecimiento y la preservación, en favor de la persona y de los ciudadanos, de condiciones materiales mínimas de existencia». Ante una actuación legislativa «irrazonable o [...] con una clara intención de neutralizar la eficacia de los derechos sociales, económicos y culturales»,

15 Ese artículo de la Constitución colombiana reconoce como derechos fundamentales de los niños, entre otros, la vida, la integridad física, la salud y la seguridad social.

que afecte ese mínimo vital, los jueces están habilitados para «dar curso, respecto de todos, a los bienes cuyo disfrute les haya sido injustamente denegado por el Estado».

5. Incumplimiento por omisión

La Constitución federal brasileña es una de las pocas que reconoce la posibilidad de una vulneración por omisión de la carta fundamental (artículo 103). El Supremo Tribunal Federal de ese país, por su parte ha señalado expresamente que, de no cumplirse la Constitución de la manera que ese tribunal la entiende —que en general corresponde, a su vez, a lo que solicitan las personas demandantes—, se configura una «omisión gubernamental». Así, por ejemplo, en la sentencia ARE 639337 AgR/SP, de 2011 se señaló que la educación infantil representa una prerrogativa indiscutible, que impone al Estado la obligación constitucional de crear condiciones objetivas que posibiliten, de manera concreta, en favor de los niños de cero a seis años de edad, el efectivo acceso y atención [educacional], so pena de configurarse una omisión gubernamental inaceptable. En Colombia —de acuerdo con Cortes Nieto *et al.* (2007: 127-129)—, esta figura se convierte en una habilitación al juez constitucional para dictar normativa, dando cuerpo a la prestación o derecho omitido. Así, por ejemplo, en la sentencia T-406 de 1992, la Corte Constitucional indicó que, cuando el legislativo no desarrolla un derecho social y resulta indispensable para hacer respetar un principio constitucional o un derecho fundamental, puede intervenir en la determinación de los contenidos de los derechos sociales, «pronunciándose sobre el sentido y alcance de la norma en el caso concreto y, si es necesario, solicitando la intervención de las autoridades competentes para que tenga lugar la prestación del Estado que ponga fin a la violación del derecho», aunque el tribunal reconoce la necesidad de considerar «las posibilidades económicas de solución del problema dentro de una lógica de lo razonable, que tenga en cuenta, por un lado, las condiciones de escasez de recursos y por el otro los propósitos de igualdad y justicia social que señala la Constitución».

6. Reinterpretación de derechos clásicos en clave prestacional

Una técnica particularmente exitosa en numerosos tribunales superiores y constitucionales latinoamericanos ha consistido en reinterpretar el alcance de derechos clásicos, como a la vida o la libertad personal, en clave fáctica, esto es como calidad de vida o como libertad real, lo que permite atribuirles consecuencias prestacionales. Esto ocurre especialmente con el derecho a la vida en relación con prestaciones de salud. En Chile, ante numerosas acciones constitucionales destinadas a obtener del Estado medicamentos de alto costo, por fuera de lo que permiten las normas legales y reglamentarias que regulan la cuestión (en especial, la Ley N.° 20.850, que creó un Sistema de Protección Financiera para Diagnósticos y Tratamientos de Alto Costo, dictada específicamente para atender este problema), el Estado de Chile ha solido alegar razones que, en el marco de un razonamiento jurídico-constitucional tradicional, resultarían plenamente atendibles. Entre éstas se cuentan la falta de stock del medicamento en las bodegas del servicio; la inexistencia de financiamiento para el medicamento, o de normativa que autorice al servicio a efectuar el dispendio solicitado por el recurrente; o la falta de eficacia comprobada del medicamento. En no pocos casos la razón ha consistido en que algunas de las características antes mencionadas —el altísimo costo, la baja eficacia, o ambas— no han permitido al medicamento superar la etapa de evaluación necesaria para incluirlo dentro del mecanismo de la ley antes mencionada. Sin embargo, esas argumentaciones han sido calificadas por la Corte Suprema como una negativa arbitraria del Estado al financiamiento del tratamiento o medicamento solicitado, frente a la cual se hace valer la primacía del derecho constitucional a la vida o a la integridad física y psíquica (art. 19 de la Constitución Política chilena), entendido, para estos efectos, como un derecho capaz de abarcar la demanda por prestaciones de salud[16].

Éstas son algunas de las principales técnicas que dominan el panorama jurisprudencial en Sudamérica. En nuestra opinión, aunque intentan *juridizar* el razonamiento que utiliza el juez para adjudicar directamente derechos sociales a partir de lo que dice la Constitución, no logran superar el problema principal de la intervención del juez en estas materias, cual es que inevitablemente la calificación de una prestación como insuficiente o inexistente, lleva a un juicio más de oportunidad o conveniencia que de juridicidad; a lo que se agrega que tampoco precisan con más detalle la prestación debida[17]. De ahí la importancia de otra técnica, que consiste en la cita, en las sentencias de los jueces que intervienen en materia de derechos sociales, a lo señalado por el Comité de Derechos Económicos, Sociales y Culturales de las Naciones Unidas (Comité DESC), organismo político que, como es sabido, ha dictado una serie de *Observaciones Generales* que desarrollan una particular visión de lo que debe implicar el cumplimiento de los derechos sociales consagrados en el PIDESC. A propósito de estos documentos, enunciaremos sus rasgos principales, así como los problemas que debiera enfrentar una investigación que intente desentrañar su papel en materia de justiciabilidad de los derechos sociales.

16 Martínez; Poyanco (2022).

17 Eso explica que normalmente operen respecto de legislación ya existente, ampliando su alcance a nuevos beneficiarios o a nuevas prestaciones no consideradas en la normativa social existente.

VII. Las observaciones generales del comité PIDESC

Las Observaciones Generales (en adelante, OO.GG.) son documentos emitidos por el Comité del Pacto Internacional de Derechos Económicos, Sociales y Culturales (o Comité PIDESC), establecido por el Consejo Económico y Social de las Naciones Unidas en el año 1985. Ese Comité, a su vez, es un órgano compuesto de 18 expertos, cuyas competencias principales son supervisar la aplicación del PIDESC, y examinar los informes periódicos de cumplimiento presentados por los Estados parte. Los 18 miembros del Comité son elegidos por todos los miembros del Consejo Económico y Social. Son expertos independientes no vinculados con los gobiernos. En el marco de esa labor, hasta la fecha, el Comité PIDESC ha dictado 24 Observaciones Generales, que son documentos de extensión variable y que buscan interpretar determinados aspectos del señalado Pacto Internacional. Por ello, esas OO.GG suelen referirse, sea al contenido de los derechos sociales reconocidos en el precitado Pacto, sea a aspectos transversales del cumplimiento de todos ellos, tales como los principios anteriormente mencionados[18].

Pues bien. En nuestra opinión la cita de estos documentos amerita ser considerada como una técnica distinta a las anteriores, debido a dos diferencias cualitativas. La primera de ellas emana de su origen. Puesto que estos documentos emanan de un comité que «interpreta» el Pacto Internacional de Derechos Económicos, Sociales y Culturales, su contenido podría tenerse, hasta cierto punto, como una interpretación «auténtica» de dicho pacto, lo que permite, en principio, atribuir a dichas OO.GG. un valor aparentemente jurídico. Pero, en segundo lugar, otra diferencia cualitativa respecto de las otras técnicas deriva del contenido de estos documentos, pues las orientaciones que contienen esas OO.GG. contienen numerosos elementos de políticas públicas. Ambas cuestiones permiten que estos documentos sean invocados profusamente por las jurisdicciones latinoamericanas antes señaladas, sobre todo cuando se trata de fundamentar la aplicación de alguno de los principios o técnicas anteriores mencionados, o la justiciabilidad directa de un derecho social prestacional consagrado en una Constitución o Tratado internacional. Veamos ejemplos de estos aspectos.

1. Las OO.GG. como fundamento de las técnicas antes señaladas

Como señalamos antes, los principios o técnicas anteriores son profusamente mencionados en estos documentos, y reciben un contenido mucho más concreto e invocable que el que emana de su simple formulación doc-

18 Para un examen en detalle de estas OO.GG., véase: https://conf- dts1.unog.ch/1%20 SPA/Tradutek/Derechos_hum_Base/CESCR/00_1_obs_grales_Cte%20Dchos%20Ec%20 Soc%20Cult.html (fecha de consulta: 18 de marzo de 2022).

trinaria. Así, por ejemplo, la interdependencia e indivisibilidad de los derechos puede encontrarse en el párrafo 8 de la Observación General 3 (el cual afirma que «los derechos reconocidos en el Pacto pueden hacerse efectivos en el contexto de una amplia variedad de sistemas económicos y políticos, a condición únicamente de que la interdependencia e indivisibilidad de los dos conjuntos de derechos humanos... se reconozcan y queden reflejados en el sistema de que se trata»). La progresividad aparece en la Observación General 14, párrafos 31 y 32 (como la obligación constante de los Estados de avanzar lo más expedita y eficazmente posible hacia [su] plena realización). A su vez, la idea de niveles o tipos de derechos y obligaciones dentro de los derechos sociales consta en la misma O.G., párrafo 33 («el derecho a la salud impone tres tipos o niveles de obligaciones a los Estados parte: la obligación de respetar, proteger y cumplir. A su vez, la obligación de cumplir comprende la obligación de facilitar, proporcionar y promover»). Y así sucesivamente.

Desde luego, la consagración de esas técnicas ya implica un cierto contenido de políticas públicas (así, por ejemplo, la progresividad, si es entendida como obligación de avance constante); o la «indivisibilidad» entre derechos civiles y sociales, que podría dar lugar a la justiciabilidad directa de los segundos, aprovechando las características de los primeros. Aplicadas por el juez, podrían dar lugar a un control muy incisivo de las políticas sociales adoptadas por las autoridades político-representativas de un Estado determinado. Pero, además, estos documentos aportan otras novedades.

2. Las OO.GG. como fuente de innovaciones en materia de contenido de estos Derechos

A lo anterior, debe agregarse que las OO.GG. avanzan, además, a lo que podríamos señalar como políticas de cumplimiento o, incluso, al reconocimiento de derechos o aspectos de los derechos que no se encuentran en el propio Pacto Internacional que el Comité señala interpretar. Así por ejemplo, el art. 12 del Pacto PIDESC, se refiere al «derecho de toda persona al disfrute del más alto nivel posible de salud física y mental», y establece entre las medidas que deberán adoptar los Estados Partes en el Pacto, a fin de asegurar la plena efectividad de este derecho, una serie de medidas de corte netamente sanitario (la reducción de la mortinatalidad y de la mortalidad infantil, y el sano desarrollo de los niños; el mejoramiento en todos sus aspectos de la higiene del trabajo y del medio ambiente; la prevención y el tratamiento de las enfermedades epidémicas, endémicas, profesionales y de otra índole, etc.). Sin embargo, la O.G. nro. 14 se extiende a sugerir *la forma* en que los gobiernos deben materializar este derecho, agregando, como elementos del mismo, el acceso al agua limpia potable y a condiciones sanitarias adecuadas; el suministro adecuado de alimentos sanos; una nutrición adecuada, una vivienda adecuada; condiciones sanas en el trabajo y el medio ambiente, y acceso a la educación e información sobre cuestiones relacionadas con la salud, incluida la salud sexual y reproductiva. Adicionalmente, las OO.GG han reconocido derechos que no están expresamente considerados en la letra de aquel tratado internacional. Así sucede, por ejemplo, con el derecho al agua, en la O.G. nro. 15 (el agua no es mencionada en ninguna parte del PIDESC); o el derecho a la vivienda, extensamente desarrollado en la O.G. nro. 4o. (la vivienda es mencionada sólo como componente del «derecho a un nivel de vida adecuado» del art. 11 del PIDESC).

No cuestionamos ni podemos cuestionar la importancia de algunas de esas metas para el bienestar de las personas. La pregunta que sí queremos plantear si es el mencionado Comité —cuya función original es, en principio, bastante limitada—, el que cuenta con la competencia y conocimientos necesarios para determinar la forma en que cada uno de los países signatarios de este tratado —con diversidad de realidades sociales y económicas y grados de desarrollo— debe cumplir con este derecho; o para agregar contenidos sobre materias ampliamente discutidas en el seno de numerosas sociedades, o que podrían impactar en ámbitos muy lejanos, en principio, al cumplimiento de derechos sociales[19].

De cualquiera manera, el caso es que estas OO.GG. son profusamente citadas por la doctrina y la jurisprudencia favorable a los derechos sociales en numerosas jurisdicciones de Sudamérica —incluyendo la Corte Interamericana de Derechos Humanos—, como fuente autoritativa de los principios interpretativos antes señalados o, incluso, del contenido de los citados derechos, permitiendo el reconocimiento exorbitante de pretensiones que ni siquiera se encuentran expresamente contenidas en los ordenamientos internacionales o constitucionales que, en teoría, esos jueces aplican. Así, por ejemplo, la Corte Interamericana de Derechos Humanos en el caso «Comunidades Indígenas Miembros de la Asociación Lhaka Honhat (Nuestra Tierra) v. Argentina» citó a la O.G. nro. 15, sobre «El Derecho al agua», para reconocer ese derecho a determinadas comunidades indígenas en Argentina, aun cuando la propia idea de que existan derechos sociales vinculantes al interior del sistema interamericano de derechos humanos es severamente discutida[20]. Por su parte, la Corte Constitucional colombiana, en su sentencia C-313/14 —en la que citó expresamente a la doctrina de la Observación General 14 del Comité PIDESC, sobre derecho a la salud— estableció que, cuando una medida de recorte de beneficios sociales se entiende regresiva,

19 Pensamos, por ejemplo, en el conflicto que puede darse entre las directivas sobre el derecho al agua que entrega el Comité, versus el uso de ese recurso para actividades productivas o energéticas en un determinado Estado que necesita salir del subdesarrollo, precisamente, para atender las mismas necesidades básicas.

20 Así, por ejemplo, véase MEDINA QUIROGA (2005). Las Obligaciones de los Estados bajo la Convención Americana sobre Derechos Humanos. En Corte Interamericana de Derechos Humanos (Ed.), La Corte Interamericana de Derechos Humanos: Un cuarto de siglo: 1979-2004 (1a ed., pp. 209–270). Corte Interamericana de Derechos Humanos (227 y ss).

incluyendo entre las situaciones regresivas el que el Estado «disminuya o desvíe sensiblemente» los recursos destinados a la satisfacción del derecho.

Sirvan estos breves ejemplos para entender la influencia que las OO.GG. pueden alcanzar en la jurisprudencia de importantes tribunales sudamericanos. Se comprenderá, asimismo, cómo esta interpretación extiende el alcance de esas jurisdicciones a la regulación de numerosas cuestiones que tradicionalmente correspondían a las facultades y autonomía de las autoridades político-representativas en materia de creación y ejecución de políticas sociales. De ahí surgen una serie de problemas que intentaremos resumir en las siguientes líneas.

VIII. Los problemas teóricos que plantean las observaciones generales

De los muchos temas que podrían estudiarse a propósito del papel que las OO.GG están cumpliendo como fuente de convicción de decisiones de jueces constitucionales y superiores latinoamericanos[21], hay uno que tiene que ver con la dogmática de los derechos sociales y del constitucionalismo social. Es un hecho que éste adiciona a nuestras Cartas fundamentales un conjunto de metas, principios, valores, etc., destinados a alcanzar determinados objetivos de satisfacción de necesidades materiales de la población. Todas sus cláusulas típicas (por ejemplo, el principio de Estado social[22], las cláusulas de igualdad material[23], e incluso los derechos sociales prestacionales, formulados de forma finalista en la generalidad de las Cartas fundamentales que estudiaremos[24]) buscan lograr una forma de libertad positiva, a

---

21 Existe otro muy importante, que no será tratado en esta contribución, cual es la naturaleza normativa de las OO.GG. como fuentes de derecho de nivel internacional, y su relación jerárquica con el derecho constitucional, enfocándonos especialmente en el ordenamiento constitucional chileno y la jurisprudencia de la respectiva Corte Suprema. A la fecha de redacción de esta contribución, se desarrolla en Chile un proceso constituyente, cuya propuesta de constitución será votada el 17 de diciembre de 2023. Este texto constitucional, que mandata a interpretar a las normas de derecho interno de forma compatible con la Constitución y las disposiciones referidas a derechos y libertades de los tratados de derechos humanos ratificados por Chile y que se encuentren vigentes, distingue expresamente entre dichos Tratados y «otros instrumentos internacionales que puedan asistir a los Estados en su comprensión y aplicación, pero que no tienen carácter jurídicamente vinculante».

22 Ley Fundamental de Alemania, art. 20.1; Constitución Española de 1978, art. 1.1; Constitución colombiana, art. 1.

23 Constitución Española, art. 9.2; Constitución italiana, art. 3.2.

24 Es decir, estableciendo el objetivo social a conseguir (un sistema de seguridad social, un sistema de salud, una educación gratuita, etc.) y entregando su consecución a políticas de las autoridades. Esto puede hacerse directamente —sea señalándolo en la norma constitucional (art. 196 de la Constitución brasileña: «[la] salud es derecho de todos y deber del

través de prestaciones materiales entregadas por el Estado. Sin embargo, a mayor generalidad de las cláusulas, será más amplio el espectro de medidas que pueden adoptarse para lograr los objetivos constitucionales ¿puede un juez que se limita a aplicar Derecho, determinar de forma autónoma esas medidas?

La naturaleza de las cuestiones expuestas indica que no. En otro lugar[25] hemos explicado que estamos ante preceptos cuya concretización implica la definición de espinosas cuestiones de naturaleza extrajurídica. Inclusive en aquellos casos en que las normas constitucionales avanzan al detalle de establecer determinadas políticas sociales, la respectiva disposición no agota todos los aspectos de las decisiones políticas y técnicas imprescindibles para concretarlas, lo que deja un amplio margen a la decisión de las autoridades políticas. Por ello es que una gran mayoría de Constituciones del mundo europeo-continental considera a los derechos sociales prestacionales y a las demás clausulas propias del constitucionalismo social, como disposiciones sin efecto vinculante directo, cuya concreción ha sido dejada en términos tan abiertos como sea posible. Ellas sólo pueden ser traducidas a derechos y obligaciones prestacionales concretos, mediante la intermediación de los órganos político-representativos, constitucionalmente habilitados para adoptar la clase de juicios y decisiones que determinan, para cada sociedad y momento histórico, cómo han de lograrse aquellos objetivos[26]. Puesto que las necesidades sociales y los equilibrios políticos cambian, las soluciones políticas, además —a diferencia de una solución jurisdiccional, al menos ante los mismos hechos—, pueden revisarse en el tiempo. En consecuencia, los derechos sociales son esencialmente contingentes a cada tiempo y lugar, por su contenido de políticas públicas.

Pero, además —recordando el principio de «margen de apreciación», sentado por la jurisprudencia del Tribunal Europeo de Derechos Humanos a propósito de las decisiones de carácter socioeconómico que se toman al interior de los países, y las decisiones de los tribunales nacionales a su respecto[27]—, puesto que las políticas sociales suelen decidirse al interior de cada Estado, parece lógico que la normativa internacional al respecto carezca de justiciabilidad directa. El propio PIDESC parece reconocer eso, cuando señala que la realización de los derechos sociales es «progresiva» y está condicionada por los recursos económicos de cada Estado (art. 2.1 PIDESC).

Estado, garantizado mediante *políticas sociales y económicas...*»; sea separando el régimen de los derechos sociales prestacionales del resto de los derechos (p. ej. Constitución española)—, o indirectamente, privando a los derechos sociales del amparo de acciones constitucionales directas (v. gr. Constitución Política chilena). Veremos que hay más ejemplos de estas técnicas.

25 Martínez; Poyanco (2022: 8 y ss.).

26 Pereira *et al.* (1991: 950) y Tenorio Sánchez (2012: 273–274).

27 Vosskuhle (2014).

Las OO.GG. en cambio, según hemos comprobado con esta sucinta revisión, parecen decantarse por un modelo abstracto y uniforme de entendimiento de los derechos sociales —es cierto que esto podría deberse, probablemente, al carácter «internacional» de la labor del Comité—, que parece indiferente a las infinitas variaciones que caracterizan a la situación política, económica y social de los países miembros de ese Pacto. Parece cuestionable, por ello, que los jueces nacionales o incluso la Corte Interamericana apliquen las recomendaciones de esos instrumentos de forma directa, o las utilicen como fundamento de sus decisiones, pasando por encima de lo que el legislador o el ejecutivo de cada país han dispuesto en materia de políticas sociales.

Lo anterior se relaciona también, de forma directa, con el problema de los diseños constitucionales nacionales que regulan de forma específica los procedimientos y competencias para reconocer y ejecutar los derechos sociales al interior de cada Estado, y que son expresión del principio de separación de poderes. Otra cuestión que podría estar en juego es el principio de alternancia democrática, pues el pueblo de un determinado Estado podría haber tomado la legítima decisión de escoger fuerzas políticas que ejecuten los derechos sociales de formas diversas a las mencionadas en aquellos documentos. Se corre así el peligro de que las OO.GG. terminen otorgando la cobertura perfecta a los jueces que prefieren determinados modelos sociopolíticos a otros, y que utilizan el estrado judicial para imponer mediante sus sentencias determinadas ideas que, de otro modo, no pasarían el filtro de una elección democrática.

IX. Conclusiones

Estamos, por tanto, ante un tema que está muy lejos de ser pacífico. Parece discutible que nuestros jueces superiores y constitucionales sudamericanos apliquen el contenido de las Observaciones Generales de forma directa, como fuente de orientaciones de fondo en materia de políticas sociales, con contenido aparentemente vinculante, para cuestionar el mérito u oportunidad de las políticas sociales que se adoptan al interior de cada Estado, olvidando cuestiones básicas como la naturaleza de aquellos instrumentos internacionales, el diseño constitucional que los vincula en materia de creación y ejecución de políticas sociales, la separación de poderes y el principio de alternancia democrática.

Una solución probable, que será objeto de desarrollos futuros en la medida que esta investigación avance, puede tener relación con que el hecho de que el PIDESC y las propias OO.GG. suelen referirse al Estado, o al legislador, más que al juez. Si el Estado, como un todo, es el destinatario de las obligaciones del PIDESC, eso quiere decir que tanto este tratado como las obligaciones que de él emanan deben ser implementadas dentro de cada país de acuerdo con el reparto constitucional de competencias respectivo, a la naturaleza y valor de las OO.GG. dentro del sistema constitucional nacional y de una forma que convenga a la forma de operar de los órganos político-representativos, y la naturaleza de los derechos sociales. Cualquier contenido de políticas debiera ser procesado primero y principalmente por estos órganos, que son los que gobiernan las decisiones de políticas sociales; el juez, en cambio, debiera estar vinculado por el tenor literal del art. 2.1 del PIDESC, que apunta a la progresividad de las obligaciones que emanan del Pacto Internacional de Derechos Económicos, Sociales y Culturales, y que limita de forma expresa el valor jurídico vinculante de los derechos reconocidos en ese Pacto. Si tenemos razón, y si estas Observaciones Generales avanzan a la definición de políticas públicas, como creemos que se desprende de esta breve aproximación, estaríamos ante documentos que, de ser aplicados directamente por un juez como fuente de derecho, lo sacarían de su rol de adjudicación del Derecho, para transformarlo en una especie de agencia político-administrativa.

Referencias

Abramovich, V.; Courtis, C. (2002). «Los derechos sociales como derechos exigibles». *Colección Estructuras y Procesos. Serie Derecho*. Madrid. Trotta.

Alexy, R. (2007). *Teoría de los derechos fundamentales*. Traducido por Bernal Pulido, Carlos (2a ed.). *El Derecho y la justicia*. Madrid. Centro de Estudios Políticos y Constitucionales.

Ashford, N.; Davies, S. (2012): *A Dictionary of Conservative and Libertarian Thought. Routledge Revivals.* Taylor & Francis. New York. Routledge.

Cortés Nieto, J. D. P.; Arias Amaya, C. A.; Fanger Sáenz, N. A.; González Valencia, A. M.; La Kurmen De Cruz, A.; Luna De Aliaga, B. E.; Manrique Niño, J. I.; Prieto Ríos, E. A. Y Pulido Caballero, D. C. (2007): «La naturaleza jurídica de los derechos económicos, sociales y culturales en la jurisprudencia de la Corte Constitucional». *Estudios Socio-Jurídicos* n.º 9 (109–141).

Currie, D. P. (1986): «Positive and Negative Constitutional Rights». *The University of Chicago Law Review,* vol 53, n.º 3 (864–890). En línea: https://doi.org/10.2307/1599586 (fecha de consulta: 30 de noviembre de 2023).

Damaška, M. R. (1986): *The faces of justice and state authority: A comparative approach to the legal process.* New Haven. Yale University Press.

Ferrajoli, L. (1999): *Derechos y garantías: La ley del más débil. Colección Estructuras y Procesos*. Serie Derecho. Madrid. Trotta.

García-Pelayo, M. (1977): *Las transformaciones del Estado contemporáneo* (3a ed.). *Alianza Universidad*: Vol. 196. Madrid. Alianza.

Harris, D. (1990): «La justificación del Estado de Bienestar: La nueva derecha versus la vieja izquierda». *Estudio introductorio de Juan J.* Fernández Cainzos. Libros de bolsillo (Instituto de Estudios Fiscales): Vol. 90. Madrid. Instituto de Estudios Fiscales.

Heywood, A. (2010): *Introducción a la teoría política*. Traducción de Ramón Cotarelo. *Ciencia política*: Vol. 32. Valencia. Tirant lo Blanch.

Kartashkin, V. (1982): «Economic, Social and Cultural Rights». En: K. VASAK y P. ALSTON (Eds.), *The International dimensions of human rights* (111–133). WestPort. Greenwood Press.

Martínez Estay, J. I.; Poyanco Bugueño, R. A. (2022): «El derecho a la vida en la jurisprudencia de la Corte Suprema sobre medicamentos de alto costo». *Estudios Constitucionales*, vol. 20, n.° 2 (3–40). https://doi.org/10.4067/S0718-52002022000200003

Maurer, H. (2012): *Derecho administrativo alemán*. En: *Serie doctrina jurídica /* Universidad Nacional Autónoma de México, Instituto de Investigaciones Jurídicas: Vol. 637. México D.F. Instituto de Investigaciones Jurídicas.

Medina Quiroga, C. (2005): «Las Obligaciones de los Estados bajo la Convención Americana sobre Derechos Humanos». En: *Corte Interamericana De Derechos Humanos* (Ed.), *La Corte Interamericana de Derechos Humanos: Un cuarto de siglo:* 1979-2004. San José de Costa Rica. Corte Interamericana de Derechos Humanos (209–270).

Nikken, P. (2010): «La protección de los derechos humanos: haciendo efectiva la progresividad de los derechos económicos, sociales y culturales». *Revista IIDH* (Instituto Interamericano de Derechos Humanos), vol. 52 (55–140).

Pereira Menaut, A.-C. (1999): «A Constituição como direito: A supremacía das normas constitucionais em Espanha e nos EUA». *Boletim Da Faculdade De Direito Da Universidade De Coimbra*, vol. 75 (219–277).

Pereira Menaut, A.-C.; Coello De Portugal Y Martínez Del Peral, Í. (1991): «Normatividad constitucional, igualdad y derechos sociales. El principio de la igualdad en la Constitución Española». En: *Vol. I: XI Jornadas de estudio [de] Dirección General del Servicio Jurídico del Estado.* Madrid. Ministerio de Justicia Secretaría General Técnica (941–958).

Pereira Menaut, A.-C. (1988): «Against Positive Rights». *Valparaíso University Law Review*, vol. 22, n.° 2 (359–383). En línea: http://scholar.valpo.edu/cgi/viewcontent.cgi?article=2015&context=vulr (fecha de consulta: 30 de noviembre de 2023).

Poyanco Bugueño, R. A. (2021): *Derechos sociales en Europa y Sudamérica.: Jurisprudencia comparada* (1a ed.). Monografías. Valencia. Tirant lo Blanch.

Poyanco Bugueño, R. A. (2017): «Derechos sociales y políticas públicas: El principio de progresividad». En: *Anuario De Derecho Constitucional Latinoamericano*, XXIII, (327–347). En línea: http://www.kas.de/rspla/es/publications/51336/ (fecha de consulta: 30 de noviembre de 2023).

Roosevelt, F. D. (1944): «State of the Union Address (First Principles)». *The Heritage Foundation.* En línea https://thf_media.s3.amazonaws.com/2011/pdf/FP_PS27.pdf (fecha de consulta: 30 de noviembre de 2023).

Tenorio Sánchez, P. J. (2012): «El tribunal constitucional, la cláusula del estado social, los derechos sociales y el derecho a un mínimo vital digno». En: Cascajo Castro, J. L. (Ed.), *Homenajes y congresos. Derechos sociales y principios rectores: Actas del IX Congreso de la Asociación de Constitucionalistas de España*: celebrado en Santa Cruz de Tenerife, España, los días 27 y 28 de enero de 2011 (257–299). Valencia. Tirant lo Blanch.

Vosskuhle, A. (2015): «Speech given by Prof. Andreas Voßkuhle, President of the German Federal Constitutional Court, on the occasion of the opening of the judicial year». En: *European Court of Human Rights-Annual Report 2014*. Estrasburgo: Tribunal Europeo de Derechos Humanos (39-47). En línea: https://www.echr.coe.int/documents/d/echr/annual_report_2014_eng (fecha de consulta: 30 de noviembre de 2023).

CAPÍTULO 7

MANUAL: SOPORTE DE INSTRUMENTOS TEÓRICOS-NORMATIVOS PARA DETECCIÓN DEL FALLO GUBERNAMENTAL Y FISCALIZACIÓN CIUDADANA

Gustavo Adolfo García Soria Ramírez
Universidad de Salamanca

I. La idea central

El ser social desde el inicio de los tiempos y su evolución, crea necesidades relacionadas con su entorno de desarrollo y crecimiento, atendidas mediante la tutela del Estado y financiadas por medio de esquemas recaudatorios-administrativos; tomando el papel de ser un ente que las satisface dentro de las funciones que el sistema social le otorga (normas jurídicas); esta dualidad (demanda y oferta) en un entorno colaborativo en términos sociales, no se crea para detectar fallos en la aplicación de recursos públicos (financieros, materiales y humanos), sin embargo, las personas suelen evaluar y presentar resultados de la acción pública, donde se detectan aspectos como impunidad, colusión y/o corrupción en caso de ineficiencias funcionales, en su caso, si son adversos, frecuentemente se desacredita la metodología empleada, esto, debido a la justificación de que las personas no cuentan con las competencias genéricas[1] para el análisis, por lo tanto, su válida aceptación en términos teórico-técnicos es nula, es decir, no cuentan con un soporte que respalde las operaciones y la investigación resultante. Generalmente, eso sucede cuando la administración pública no tiene la intención de mostrar cómo lleva a cabo su gestión de forma correcta, de manera eficaz y eficiente, por lo tanto, si existe un buen rendimiento de la institución, o se encuentra en fallo.

Es aquí, donde, es vital observar que el ser humano puede ejercer tres derechos de manera efectiva en cada investigación que sirve para revisar, vigilar, el ejercicio del gasto público, con ello, se garantiza una tutela efectiva y se ejerce una competencia genérica. Así, lo primero a tomar en cuenta es el derecho a dilucidar en una arena, donde, interviene quién ofrece y demanda, es decir, un mercado; un segundo derecho, que se desplaza por las curvas respectivas que provocaran un equilibrio (a la salud, alimentación, vivienda, transparencia, petición, educación, etc.); el tercer derecho, es el que sirve para conocer todo aquel recurso público (financieros, materiales y humanos), traducido en transparencia y derecho de acceso a la información pública.

En las investigaciones actuales generalmente se invoca el derecho que estamos cuidando tutelar (derecho artificial), sin embargo, una realidad según el enfoque de la economía política[2], podemos visualizar otros dos; así, se debe entender que en el mercado confluye oferta y demanda (derecho natural), de manera intrínseca se puede hablar de un segundo derecho, el cual expone datos específicos del sector a revisar o vigilar (derecho artificial).

Teniendo claro que existe la necesidad de revisar y vigilar el recurso público, cuando este entra en fallo (ineficiencia) vía ciudadana; el presente trabajo, cuenta con una serie de conceptos que revisten el asunto; va desde lo natural, hasta lo artificial en derechos, así, la primera tarea es demostrar con este enfoque, la existencia y concatenación conceptual de un derecho, hasta su no tutela funcional o fallo gubernamental, desde el inicio, hasta el final. También, clarificando el problema, se retoman cinco enfoques teóricos

---

1 Las competencias genéricas son habilidades o destrezas, actitudes y conocimientos transversales que se requieren en cualquier área profesional, que son transferibles a una gran variedad de ámbitos de desempeño y que fortalecen la empleabilidad, son potenciadas principalmente a través de metodologías activas centradas en el administrador y en su desarrollo interactúan elementos de orden cognitivo y motivo (Ocaña, 2022).

2 Economía política considerada cómo uno de los ramos de la ciencia del legislador o del estadista se propone dos objetivos distintos el primero suministrar al pueblo un abundante ingreso o subsistencia o hablando con más propiedad habilitar a sus individuos y ponerles en condiciones de lograr por sí mismos ambas cosas el segundo proveer al estado o república de ingresos suficientes para los servicios públicos procura realizar Pues en ambos fines o sea enriquecer al soberano y al pueblo (Smith, 1776: 377).

convergentes y que aceptan el fallo de gobierno desde diferentes aristas y se utilizan para dar integralidad y acorazamiento al presente documento.

Así, se lleva a cabo el ejercicio de recabar y compilar elementos evolutivos-teórico-normativos, desde el enfoque de la economía política, para determinar si las necesidades que tiene un mercado (familias, empresas y gobierno), en caso de revisión cualitativa o cuantitativa por parte de ciudadanos, pueda otorgar una clasificación de fallo gubernamental, basándose en un estándar de procesos eficientes. Se habrá de recordar, que las aportaciones consideradas en este documento son parte de un compendio histórico que data de más de 2,700 años; estos, siempre serán evocados, y apoyarán cualquier ejercicio que busque visualizar si la institución es eficiente y/o con un buen rendimiento institucional; es decir, será el soporte teórico de cualquier acto de fiscalización ciudadana. Esto, tiene la finalidad de blindar cualquier resultado positivo o negativo que provenga de una revisión de cualquier persona hacia la función pública, y con ello aperturar e identificar problemas objetivos; por lo tanto, una posible coparticipación en la solución de un fallo de mercado-gobierno. En esta idea de revisión y/o hoy fiscalización ciudadana, intervienen diferentes pensamientos filosóficos, que indican a través de sus investigaciones el origen conceptual necesariamente evolutivo[3], de diferentes derechos naturales y artificiales del hombre, que hacen posible cada estudio.

Entonces, el proceso de fiscalización de los recursos públicos, significa, vigilar, revisar y transparentar el ejercicio del gasto público, que proviene de diferentes esquemas recaudatorios (depende de cada país), conforme a los lineamientos del marco legal vigente; aquí, se gesta la relación revisora, entre quién ofrece un servicio (oferente), y quién, tiene necesidad para satisfacer en el ámbito de lo público (demandante), con ello, se protege y promueve un intercambio natural en el espacio-tiempo adecuado (mercado), para atender las necesidades que se han de satisfacer vía gobierno. Al final, se debe de observar si el gobierno está corrigiendo desequilibrios de mercado en el ámbito social, o generando a partir de la inacción e incumplimiento de la norma, una falla de gobierno.

Por lo tanto, dentro de este contexto se analiza si el Estado lleva a cabo acciones que no siempre corrigen las imperfecciones del mercado en términos funcionales. Es importante observar, que este enfoque soporte se construye desde una visión de la economía política, visualizando intrínsicamente derechos naturales y artificiales del hombre. Se vislumbran cinco eslabones que denotan evolución teórica del concepto inicial y cinco enfoques teóricos que acorazan la primera parte y son fundamentales para que en su conjunto se evoquen en cualquier fiscalización ciudadana, así, como la carta de principios metodológicos de cualquier proceso de revisión ciudadana.

3 Un concepto estudiado a profundidad siempre dotará de argumentación cualquier investigación y/o estudio.

Entonces, el objetivo de este documento es llevar a cabo la construcción de un modelo-soporte conceptual, qué integre diferentes aspectos teóricos, que ayude y sirva en el tema de la detección de fallas de mercado y de gobierno, con la finalidad de establecer políticas públicas adecuadas. Esto, lleva a priori a considerar aspectos como la creación y revisión concatenada que ha de llevar a definir el inicio del concepto (leyes naturales); espacios donde se desarrolla la cosa (mercado); posibles causas de desequilibrio (fallo del mercado); la creación de pilares para corregir (leyes artificiales); y causas en caso de seguir observando la anomalía, es decir, no se corrige la deficiencia (fallos de mercado y gobierno subsistentes). También, este ejercicio constructivo a nivel teórico implica definir otros enfoques específicos que fortalecen las definiciones primarias, en términos de fallos de mercado y gobierno, quedando eslabonados a cinco enfoques que llevan a concluir, el cómo, detectar y tratar el tema de manera general y responder preguntas cómo: Si los antecedentes y teorías, aportan elementos para modelar un instrumento soporte de fiscalización ciudadana para detectar una falla de mercado y gobierno.

II. Primer eslabón: el hombre social y su Derecho natural

Se inicia de una premisa, el ser humano nace con derechos[4] naturales y leyes que rigen un comportamiento, para este caso, se parte de que el ser que pertenece a una sociedad tiene derecho a intercambiar bienes o servicios tangibles o intangibles, ello, para satisfacer sus necesidades físicas y espirituales, esto. conlleva a la interposición de dos leyes naturales económicas (oferta-demanda). Respecto a ello, se argumenta que desde los orígenes de la humanidad, las personas han tenido necesidades que satisfacer en términos sociales, tratando de adquirir alimentos y herramientas; aquí, es donde nace el trueque, siendo el primer antecedente en la formación de un mecanismo de asignación; es el primer modo que las personas encontraron para cambiar artículos, pero este presentaba algunas limitaciones, por ejemplo: las dos partes debían tener interés recíproco en los productos ofrecidos y también tenían que llegar a un acuerdo en su valor de cambio[5]. Esto, un antecedente fundamental para entender lo que significa un argumento natural aplicado en términos sociales. Así, dentro del marco evolutivo, los griegos hicieron diversas aportaciones, pero una de las fundamentales es la

4 Partimos de la ley, en un sentido general es el derecho mismo; cada una de las disposiciones que lo determinan es también una ley; y la costumbre, no menos que los preceptos promulgados por el órgano legislativo, hace leyes, las modifica y las deroga. Pero se da más propiamente el nombre de leyes a las disposiciones promulgadas por el órgano constitucional competente. (Olano, 2008).

5 Condusef (2017).

que Marco Tulio Cicerón, expone que: La verdadera ley es una recta razón congruente con la naturaleza, general para todos, tal es el caso de la naturaleza en la ley natural-económica que se está considerando como constante, perdurable, que impulsa con sus preceptos a cumplir el deber, y aparta del mal con sus prohibiciones para no generar fallos; pero que, aunque no inútilmente ordena o prohíbe algo a los buenos, no conmueve a los malos con sus preceptos o prohibiciones[6].

Para el caso de los escolásticos, también, se dieron avances importantes en la conceptualización de lo que significa un entorno y ley natural adscrito a una sociedad, ubicando al teólogo hispano del siglo VI, San Isidoro de Sevilla, que afirmaba: La ley natural se observa en todas partes por instinto natural; y Santo Tomás de Aquino, siendo esta la más conocida, la llamaba «ley eterna» al gobierno racional de la creación de Dios. Ésta confiere a todos los seres la orientación de aquellas acciones y fines que les son propios, así, es posible distinguir el bien del mal mediante el conocimiento natural de la razón[7]. Siguiendo la línea de tiempo y evolución del concepto de ley natural y/o derecho natural, encuentran aportaciones como la que expone Rodríguez (1992: 298) respecto al jurista holandés Hugo Grocio, considerado el fundador de la teoría moderna de la ley natural, este, la define como: el juicio de la razón recta, que dictamina si un acto, teniendo en cuenta la conformidad o disconformidad con la naturaleza humana racional y social, contiene falta de rectitud moral o bien necesidad moral y, en consecuencia, es prohibido o preceptuado por Dios, autor de la naturaleza. También, Thomas Hobbes y John Locke con sus obras Leviatán de 1651 y Segundo tratado sobre el gobierno civil de 1690; el primero, proponía que una ley natural es una condición primigenia de la naturaleza, de la cual surge un contrato social, y el segundo, considera que la condición humana ha dotado a los individuos de ciertos derechos inalienables, que no podían ser violados por ninguna autoridad terrenal.

Asimismo, Smith (1776) revela que en la línea de tiempo en el siglo XVIII, este, plantea el descifrar cuál es el origen de las leyes económicas naturales y sostiene que estas brotaban de un contrato social. Por ello, nace un contrato social donde los hombres acatan al menos en apariencia según los dictados de su libre albedrío. Las leyes naturales brotan de ciertos atributos propios de la especie humana; el problema subsiste, las leyes económicas son leyes objetivas (ecuánimes), operan a espaldas de los individuos, más allá de su conciencia o incluso en contra de su voluntad como guiados por una mano invisible. Así, la sociedad está gobernada por leyes cuya operación y efectos son desconocidos para los individuos y actúan en un espacio-tiempo, ejerciendo un derecho natural de índole económico.

---

6 Cicerón (libro tercero, 55 A.C.).

7 Ecured (2020).

El crecimiento y desarrollo conceptual infiere que el ser social cuenta con derechos naturales, entre ellos, los económicos, lo cual, lleva plantear la formación de un mercado que se trata en el segundo eslabón.

III. Segundo eslabón: el mercado

El mercado está íntimamente relacionado con dos leyes naturales; la primera, la ley de la oferta y la segunda, la ley de la demanda, por lo tanto, el resultado en su cruce definido como precio, se crea un espacio-tiempo, donde interactúan dos leyes; para comprender lo expuesto con anterioridad, se necesita la definición de mercado, la clásica dice: es el lugar al cual acuden periódicamente compradores y vendedores para efectuar el intercambio de productos y servicios, en este sentido económico, se entiende por mercado el conjunto de las demandas y ofertas respecto a las mercancías, también, se observan diferentes elementos que concurren en la formación del mercado como oferta y demanda de bienes y servicios[8]. Así, el mercado será el gran marco para explicar, cómo se mueven todos los agentes económicos y sociales; este concepto toca la parte central que describe todo un desarrollo analítico, que, si bien data en sus orígenes con los orientales y griegos, su principal aporte se genera en el siglo XVIII, con Adam Smith, sin embargo, existen diferentes pensadores que se mencionan más adelante. Por ello, se debe de entender al mercado como un mecanismo en el que los compradores y vendedores determinan conjuntamente los precios y las cantidades de las mercancías[9].

La evolución de este concepto se puede argumentar que se presenta desde 700 años antes de Cristo con la escuela asiática, teniendo su máximo exponente a Guan Zhong, el cual, dice que si un bien era abundante, se volvía ligero y el precio bajaba, mientras que cuando se racionaba, se volvía pesado y su precio subía, esta infiere, los movimientos entre oferta y demanda[10].

Cachanosky (mayo, 1994) menciona que los griegos como Aristóteles, intrínsecamente evolucionaron el concepto de oferta-demanda, pero también, el resultado en su cruce, con temas importantes como el valor de uso, definido como la utilidad que presta a quien lo tiene en su poder; también, los escolásticos con San Agustín (345-430) y Santo Tomás de Aquino (1225-1274), dirimen sobre el precio justo, que podía ser tanto el que fijaba el mercado, como el que determinaba el gobernante; así, los fisiócratas y su exponente más importante, Anne Robert Jacques Turgot (1727-1781), se limita a describir cómo se determinan los precios en el mercado, para ello, recurre al ejemplo de los individuos aislados (un comprador y un vendedor),

8 Zorrilla (2001: 144-145).

9 Samuelson; Nordhaus (2005: 733).

10 Landreth (2002: 28).

explicando, además, por qué se produce el intercambio; en el caso de los clásicos, el máximo exponente sobre temas relacionados con el mercado y sus componentes es Adam Smith (1723-1790), quien realiza un análisis para saber de dónde hace la diferencia entre el valor en uso y el valor en cambio, este último, lo identifica cómo el precio; al final tenemos las aportaciones que evolucionaron el espacio-tiempo, donde, las leyes de oferta y demanda (naturales) confluyen. También, hay otros filósofos que han abonado a construir el tema de mercado, tal es el caso de David Ricardo (1772-1823), John Stuart Mill (1806-1873), Karl Marx (1818-1883), Jean-Baptiste Say (1767-1832), todos coinciden en revisar y aportar para descubrir y analizar cómo se mueve el mecanismo de un mercado, donde, confluyen los derechos naturales; al final, se encuentran los marginalistas que apuntalan todo aquel progreso que data de 2,700 años, exponiendo temas como la utilidad y el óptimo de Pareto y la formalización matemática de leyes naturales dentro de un plano cartesiano-temporal, donde, el primero se refiere a que el precio se determina por una percepción de la utilidad o beneficio que brinda un bien en relación con sus necesidades humanas, el segundo, se refiere a que la situación es más eficiente que otra, siempre y cuando los decisores sociales en términos individuales han podido mejorar su situación, sin que empeore la situación de los demás. Dentro de los científicos más destacados, están, S. Jevons (1835-1882), León Walras (1834-1910), Carl Menger (1840-1921), Alfred Marshall (1842-1924), Vilfredo Pareto (1848-1923), Gustav Cassel (1866-1945) y John Maynard Keynes (1883-1946).

La importancia de mencionar a todos estos autores o filósofos, es que se sienten las bases o unidades más básicas e imprescindibles de los conceptos, sobre las que va a descansar y se articulará todo el conocimiento referente a derechos en espacio-tiempo, para la revisión ciudadana y detección de anomalías que se pudieran suscitar, es aquí mismo, donde, se va a concatenar todo un conocimiento previo, para cada vez que se invoque una ley, hasta este momento natural, se tomen en cuenta todos los pensadores y antes de desacreditar, se estudie de manera profunda cada caso.

IV. Tercer eslabón: el mercado y sus componentes fallan

Francis M. Bator (1925-2018), como máximo exponente en la revisión del mercado y sus posibles fallas aplicadas en un entorno social, define ciertas características fundamentales, como, una serie de factores que participan en la función de bienestar, es decir, estas, vienen dadas en aspectos cotidianos que vislumbran que algún componente del mercado (derecho del hombre) en términos sociales puede fallar, es decir, las personas tienen diversas necesidades de diferentes cosas, van desde lo alimenticio, de esparcimiento hasta las necesidades de caminar por una banqueta libre de hoyos que pueden perjudicar la salud, entre otras cosas, puede ser un desastre natural, una sequía, un tornado, entre otras cosas, todo gira con la ideade eficiencia en el sentido de Pareto en diferentes niveles, que no siempre, dan como resultado un espacio equitativo[11]. Este artículo, deja claro que si bien, hay un concepto que se ha fortalecido durante cientos de años (mercado), este análisis le otorga otro pilar, para que se pueda analizar de manera integral un asunto de diversa índole[12].

El fallo de mercado se evalúa con respecto a los valores que otorgan el bienestar, aclarando que pueden estar en el mínimo o máximo nivel, pero no en una intersección de equilibrio, lo cual, daña al derecho mismo (oferta-demanda). Vale la pena comentar, el Óptimo de Pareto no implica equidad, y además existe una infinidad de óptimos posibles. La eficiencia de Pareto y el rendimiento institucional (dualidad) fallarán cuando exista desequilibrios hacia dentro del mecanismo. Se visualiza los tipos de fallas: 1) Mecanismos de asignación, sino hay homogeneidad existe fallo; 2) Por señales en el equilibrio y generación de precios; 3) Incentivos que distorsionan al mercado; 4) Estructuras que no generan competencia; y 5) La no aplicación normativa, así, para las causas, parece haber tres tipos polares: (1) Externalidades de propiedad; (2) Externalidades técnicas; y (3) Externalidades de bien público; estas, no son mutuamente excluyentes; la mayoría de los fenómenos de externalidad son de hecho mezclas. Y de ahí emerge una agrupación de tres esquinas suficiente para justificar la consolidación[13].

Asimismo, teóricos como Ayala (1996; 37-40), comenta que ante acomodos en los factores que componen el mercado suelen generar nuevos equilibrios, pero no tienden a preservar la equidad, es decir, la teoría de las fallas del mercado al final postula, que la economía conducida por las fuerzas del mercado no es necesariamente eficiente y con buen rendimiento, siempre es necesario ajustar el mecanismo. Así, las estructuras de los mercados son competitivas, excepto cuando existen: Monopolios; mercados incompletos; información incompleta (moral hazard); aversión al riesgo; asignación social indeseable, aunque óptima en el sentido de Pareto; practica del gorrón; imperfecciones legales. En general todo tipo de externalidades resulta en un fallo de mercado en un mundo que tiende a la competencia perfecta.

V. Cuarto eslabón: leyes artificiales

Ya habiendo tocado algunos aspectos teóricos y evolutivos sobre la falla del mercado, se debe de regresar a concatenar lo que refiere a la creación de leyes artificiales, que serán los argumentos, soluciones y funciones lega-

11 El Óptimo de Pareto no implica equidad, y además existe una infinidad de óptimos posibles. Este concepto —el óptimo paretiano— es central en la formulación del modelo de la competencia perfecta. (Rodríguez, 2009: 95).

12 Bator (1958).

13 Bator (1958: 363).

les, con las que se incorpora el Estado para brindar tutela ante situaciones de fallo en los diversos mercados. A continuación, se presenta en términos muy simples lo que significa la evolución y creación de leyes artificiales. Para entender el andamiaje referenciado, es importante dotarlo de una columna vertebral, con ello, construir relaciones entre seres sociales en términos de idoneidad, para llegar a un buen proceso en cualquier tema que incorpore alguna negociación social, es decir, se construyen los pilares para proteger lo natural y para que todo se ajuste a beneficio común, así, se construye el modo de ser y obrar de los seres, también la idea es generar regla, norma, se crea el precepto de la autoridad que manda, prohíbe o permite algo y se dice como la expresión positiva del derecho[14].

A partir de este párrafo, se advierte un recorrido evolutivo de lo que significa la creación de las leyes artificiales, tomando en cuenta lo expuesto respecto a las leyes naturales; antecedente fundamental para este apartado en específico. Se empieza por el positivismo jurídico, donde, David Hume (1711-1776), hace una aportación al análisis lógico y pretende reforzar la pretensión de validez científica del derecho natural. Expone tres pasos fundamentales:

1. La deducción o razón en sentido estricto.
2. Descubrimiento de relaciones empíricas o causales.
3. Se aplica la palabra razón a la conducta humana. Siguiendo con este recorrido de teóricos que fortalecen el concepto, se encuentra Jeremías Bentham (1748-1842), quien expresa que la humanidad vive bajo la autoridad de otro nivel: el dolor y el placer, ya que gobiernan todos los actos, las palabras y los pensamientos; considerándose un empírico que construye una ciencia jurídica, fundada en el método experimental, para lo moral y legislativo. Por otra parte, John Austin (1790-1859) también es un precursor importante; desarrolló la teoría de la jurisprudencia analítica, la cual ha preferido ocuparse en instituciones determinadas, y con ello, ha logrado grandes resultados en el análisis crítico de las normas[15].

Asimismo, ARRIOLA (2004) expone que Hans Kelsen, fue uno de los principales autores en 1920; las aportaciones fundamentales se basan en la construcción de la teoría pura del derecho, donde se afirma: Que esta se basa en la autonomía, casi absoluta del derecho con respecto a cualquier ciencia, e imparcial de la ciencia jurídica, su independencia de los poderes y de las ideologías. También, se expone que los aportes de Kelsen son la precisión del derecho, del deber jurídico, las fracturas del derecho con la moral, del derecho positivo con el derecho natural y el rigor de una lógica jurídica. Así, una de las posiciones esenciales de la teoría pura del derecho es la distinción

14 CABANELLAS (1979: 186).

15 CELORIO (2005).

lógica entre ser y deber ser y la imposibilidad de pasar mediante deducción lógica del campo del uno al del otro. Es una teoría del derecho real y no del derecho ideal, una teoría de la realidad jurídica. Con la distinción entre ley natural causal y la proposición jurídica (escenarios posibles) como ley jurídica normativa y entre el principio de causalidad y el de imputación, establece la teoría pura del derecho el fundamento metodológico de la ciencia del derecho en tanto ciencia social normativa.

Al final Kelsen llega al postulado metodológico de la unidad de la concepción jurídica. Esta unidad es una unidad lógico-sistemática y su criterio negativo es la no contradicción. Lo mismo que la naturaleza, el derecho también logra una totalidad plena de sentido, es decir, sin contradicciones, sólo mediante su conocimiento científico. La lógica desarrollada por la teoría pura del derecho es una lógica normativa en tanto presupuesto de una teoría correcta del derecho. El segundo postulado que asegura la pureza de una teoría del derecho, es la distinción entre la ciencia del derecho, orientada sólo por el valor verdad en tanto conocimiento del derecho positivo, y la política jurídica dirigida a la realidad de otros valores, especialmente de la justicia en tanto configuración voluntaria del orden social, es decir, funciones determinadas por juicios de valor. Pero la ciencia del derecho puede y debe ser separada de la política si es que pretende valer como ciencia[16].

En concreto, todo derecho positivo puede ser considerado como relativamente justo en tanto orden de la conducta humana, al fin, esta situación no excluye de que un resultado jurídico pueda ser considerado injusto, si se admite una tesis con valor supremo diferente[17]. Observando esta afirmación, se puede comentar que un instrumento fundamental que ha de servir como pilar en la construcción correcta-regulada de un mercado, es el enfoque del positivismo, para que los mecanismos formales en espacio-tiempo, se coordinen y establezcan un equilibrio entre quién requiere y ofrece algún bien o servicio, tangible o intangible. Habiendo entendido el fundamento en la construcción del derecho positivo, se debe tener claro que la construcción de una ley en términos funcionales a nivel institucional será la clave para corregir o no una desatención y/o evento anómalo.

VI. Quinto eslabón: fallas de gobierno

El presente apartado, identifica diversos documentos relacionados con el tema de investigación, son antecedentes que versan sobre el tema en la identificación de fallas de gobierno y su conceptualización, esto, derivado de su concatenación conceptual, derechos naturales, generación de un mercado, las fallas del propio mercado, las leyes artificiales corrigen desviaciones y la omi-

16 Kelsen (1934: 7 - 56).

17 Kelsen (1934: 7 - 56).

sión funcional de la institución, genera el fallo gubernamental. Para este caso, la evidencia principal está relacionada con el tema de acción gubernamental y transparencia como instrumento para la detección de anomalías gubernamentales, es decir, los responsables de subsanar cualquier desperfecto dado por una transacción de mercado no deberían de fallar; lo cual, genera un desperfecto mayor; no permitiendo la consolidación del derecho humano.

Para este documento el tema es importante, ya que da la entrada a la reflexión sobre cómo actúa la burocracia. En este tenor, se definen algunos ejemplos de fallas gubernamentales que nacen de propuestas de desarrollo como *The anatomy of government failure*[18], exponen que dejando de lado los desastres naturales, la mayoría de las grandes catástrofes de la historia humana han sido fallas del gobierno. Se argumenta, que muchas de las supuestas fallas del mercado son fallas del gobierno, porque el gobierno define las instituciones en las cuales los mercados tienen éxito o fracasan. El concepto de falla de gobierno ha quedado atrapado en el círculo de la teoría de los mercados perfectos. Desviaciones estrechamente definidas de la perfección del mercado han sido designadas como fallas del mercado, para las cuales las correcciones gubernamentales pueden o no ser realmente una solución. El fallo de gobierno en el contexto contemporáneo significa no poder resolver una falla clásica del mercado. De esta manera, se propone un enfoque alternativo para evaluar si el gobierno falla: este es, «el estándar de Pareto». Si una mejora de Pareto disponible no se elige, o no se implementa, es una falla del gobierno. Organiza la falla del gobierno en dos tipos: sustantivo y de procedimiento: Las fallas sustantivas incluyen la incapacidad o falta de voluntad para mantener el orden, mantener políticas fiscales y monetarias sanas y reducir los riesgos de los costos de transacción, clasificados como corrupción, agencia y búsqueda de rentas. Las fallas de procedimiento son insuficiencias de los mecanismos de elección social disponibles, lo que hace que las decisiones colectivas sean arbitrarias, caprichosas o manipuladas.

Como se observa, en diversas épocas se han tratado los mismos conceptos, enfocándolos de diferente manera, pero con una misma característica, ello supone, la relación entre oferta y demanda naciente a partir de una ley natural, donde, la interacción de dos individuos para adquirir un satisfactor confluye en tiempo y espacio, lo cual, resulta en la generación de bienestar individual y colectivo en un mercado.

VII. Cinco enfoques teóricos que acorazan la concatenación

Derivado de la evolución teórica, se integran cinco enfoques que acorazan y blindan la posibilidad de llevar a cabo un acto de fiscalización ciudadana

18 Keech;Munger (2015).

respecto a recursos públicos, tangibles o intangibles. Con la revisión analítica de estos elementos, se generan preguntas, como: ¿Cuál es el modelo teórico que ayudará para soportar el análisis ciudadano en la detección de las fallas de mercado y gobierno?

La visualización de aspectos normativos, teóricos y la conjunción de actores arrojaran un resultado y darán vista de cómo se conjugan para identificar si el gobierno falla; es importante comentar qué este análisis integra una propuesta formal para que cualquier ciudadano pueda revisar una institución, A continuación, se presentan diferentes enfoques teóricos, que van desde lo económico hasta lo político, tratando de tomar elementos fundamentales para poder entender todo el mecanismo de asignación y distribución de recursos en el ámbito público, con ello, detectar si hay eficiencia en las actividades que se desempeñan cotidianamente. Teniendo claro que el concepto de ley natural y derecho del hombre se refieren a lo mismo, habiendo evolucionado a través del tiempo; se puede argumentar, que dentro de esta discusión existen dos derechos constantes y uno variable; los dos primeros, siempre van a ser invocados para dar inicio a la configuración de fiscalización ciudadana, así, primero, el derecho natural, oferta y demanda, igual a mercado, hasta este momento no considerado y trabajado como derecho por la autoridad correspondiente; segundo, el que proviene de un ámbito natural y evolucionó hasta ser plasmado en una ley artificial, se llama derecho de acceso a la información pública; y el tercero, un derecho variable, el cual siempre cambiará, dependiendo qué sector tutelado se requiere investigar. Así, se configura una triada, ahora, lo que sigue en términos teóricos, acoraza la evolución y al fenómeno en particular (el gobierno falla si omite su funcionalidad), en resumen se ha generado una realidad concatenada, donde, se llega al eslabón que indica que no todas acciones pueden mejorar, es decir, quien no cumple con sus funciones, genera fallo gubernamental.

Para que se comprenda el contenido, se puede llevar a cabo una analogía que versa en comprender, que el núcleo (el origen del derecho y su evolución construida en mercado y sus fallos) es fundamental como un todo para justificar la creación de una función llamada, «investigación o fiscalización ciudadana», así, describir un equilibrio positivo o negativo. Es decir, se crea una esfera, donde, se inicia con el conocimiento previo como el centro y termina en la consolidación de aspectos teóricos y corrientes muy importantes, que blindan con gran fortaleza la práctica de revisión de la función pública; siendo estos, el enfoque keynesiano; el cual identifica los participantes en un sistema económico, así, como las necesidades y relación que hay entre ello; escuela de la elección pública, donde los entes toman decisiones, cuando el mercado no asigna de manera eficiente, este enfoque determina la opción de evaluar si se genera una falla cuando el gobierno trata de resolver fallas en los mercados; también, neo-institucionalismo, que admite que el Estado en su forma de gobierno puede fallar en mejorar la eficiencia económica y el bienestar social; asimismo, el nuevo institucionalismo económico, el cual, identifica problemas sobre diseño institucional; y por último, se establece un abordaje al tema de acceso a la información pública y la transparencia en términos epistemológicos. Estos elementos, como instrumento que ayudan a la detección de los componentes que generan fallas gubernamentales.

1. Primer enfoque: Keynesiano

El aspecto teórico fundamental de este pensamiento económico radica en identificar el funcionamiento de la economía y su forma en el impacto monetario, asimismo, la relación que tiene con el Estado. Por lo tanto, este enfoque con la definición de economía, como el estudio de la manera en que las sociedades utilizan los recursos escasos para producir mercancías valiosas y distribuirlas entre los diferentes individuos[19].

Tras esta definición, existen dos supuestos que han de ser considerados para la asignación del recurso: 1) escasez y 2) eficiencia. Así, la eficiencia es vital para llevar a cabo una buena utilización de los recursos, sobre todo, esta ha de ser eficaz para cumplir con las necesidades de los individuos. Entonces el objetivo último de la ciencia económica desde esta concepción keynesiana es mejorar las condiciones de vida de la gente en su vida diaria en diversos ámbitos de lo social, es decir, generar bienestar social entre decisores como lo son, las familias, empresas y gobierno.

Con ello, se puede argumentar que la economía es el mecanismo que asigna los recursos escasos, para resolver tres problemas fundamentales: 1) Qué bienes y servicios se producirán y en qué cantidad; 2) Cómo se producirán estos bienes y servicios; y 3) Para quién serán producidos los diversos bienes y servicios, es decir, para quiénes serán distribuidos. De esta manera, basta recordar lo estudiado por Adam Smith que proclamó, que quienes buscan su propio provecho en una economía competitiva a través del funcionamiento de la mano invisible promovían más eficientemente el interés público[20], entendiendo este último como eficiencia en el sentido de Wilfredo Pareto. Lo anterior, se puede identificar como un juego que tiende a la suma cero; también, puede nombrarse una falla de mercado, esto, puede significar en el sector público mala distribución del ingreso, generación de desempleo, bajos salarios, atención en servicios públicos inadecuados, etc.

2. Segundo enfoque: elección pública

Se toca como enfoque fundamental; como el marco analítico más adecuado, el cual nos permite estudiar la relación entre las esferas, económica,

19 Samuelson; Nordhaus (1999: 4).

20 Samuelson; Nordhaus (1999: 272).

política y social. Una de las tareas básicas de la doctrina de la elección pública radica en establecer: ¿Qué hacen o dejan de hacer los gobiernos? además de identificar ¿Cuáles son las necesidades económico, políticas y sociales que explican la adopción de cierto tipo de políticas públicas y no otras? así como el preguntarse si ¿El Estado es eficiente o ineficiente en todo tiempo y lugar? para dar entrada al tema, es importante comentar el papel del Estado y el objetivo en la intervención social-económica. En este sentido, los Estados sirven para erradicar la ineficiencia en la asignación vía la competencia perfecta, sin embargo, cuando aparece el concepto de intereses, es donde muchas acciones individuales del Estado no benefician ciertamente a todos[21]. También, expone que uno de los problemas fundamentales de la teoría del Estado, es responder a diversas preguntas: ¿Cómo pueden los integrantes de un grupo formado por algunos o todos los miembros de una población, pueden obtener una ganancia mutua, obligándose entre sí a participar en una acción colectiva? y ¿Cómo puede beneficiarse alguien de una ley, aun habiendo contaminación política? Así, es pertinente explicar cómo se mueven los entes económicos, políticos y sociales en el mercado bajo los supuestos de la elección pública[22].

Esta teoría, como todas las que acorazan, considera y convergen en que el mercado y el gobierno puede fallar, y toma en cuenta el papel del Estado como monopolio y decisor basado en normas claras pero inmorales. Asimismo, dentro de los argumentos importantes; se encuentra la formación del espíritu empresarial, fallo burocrático, información asimétrica y formación de triángulos de hierro, como propulsores de un desequilibrio constante[23]. La Escuela de la Elección Pública asume que las elecciones públicas, del mismo modo que las individuales, deben ser consistentes con el criterio de Pareto para que se conviertan en una mejoría en la asignación de recursos y en el bienestar social[24], es decir, se cumpla con el objeto social del gobierno. Además, las elecciones de los individuos o grupos dependen de las decisiones de otros actores. Asimismo, DOLFSMA (2011) considera que muchas de las supuestas fallas del mercado, son fallas del gobierno, porque el gobierno define las instituciones en las cuales los mercados tienen éxito o fracasan en un contexto de solución de necesidades de gobierno a empresas y familias. Todo este tipo de situaciones que se han expuesto, han de suponer la formación de asimetrías en la información, es decir, cuando un individuo conoce más datos que el mismo interesado y utiliza como beneficio propio, prevalece lo malo, lo ilegal, sobre el bien o lo legal. Esta es una interpretación social

21 PHELPS (1986: 205).

22 AYALA (1996).

23 Para conocer a profundidad consultar BUTHELEZI Y DOLLERY (2004, Enero*). An exploratory analysis of local government failure in South Africa*, Studies in Economics and Econometrics, Volume 28, Issue 2, p. 91 – 105. Department of Higher Education and Training (DHET).

24 PARETO (1945: 259 - 286).

de la Ley de Gresham, adaptada a la información asimétrica[25]. Entonces, las fallas de gobierno aparecen cuando los grupos de interés, los políticos y burócratas utilizan el poder regulatorio y coercitivo del Estado para diseñar leyes y normas de modo que les beneficie de manera personal o grupal[26]. Por lo tanto, una falla de gobierno ocurre cuando se crea una situación paradójicamente contraria a aquella para la cual se crea la regulación.

3. Tercer enfoque: neo-institucionalismo

El tercer enfoque teórico, contempla captar las múltiples relaciones entre los fenómenos involucrados en la intervención del Estado en la sociedad-economía, lo cual permite relacionar las interacciones, mutuamente e interfluyentes, entre las instituciones, el mercado y los agentes económicos. Los supuestos básicos de este enfoque teórico se definen de la siguiente manera: Las elecciones económicas de los individuos responden también a los estímulos provenientes del entorno institucional y; el intercambio de y la coordinación son procesos costosos y requieren de mecanismos de coordinación institucionales. Así, las instituciones reguladoras pueden fallar en mejorar la eficiencia económica y el bienestar social, incumpliendo con el objeto social[27]. En resumen, la creación de instituciones en todo momento debe de ser recrear la confianza y la certidumbre entre los grupos sociales, sin embargo, esto, no garantiza de ninguna forma que estas cumplan con el objeto, ya que el proceso de creación puede contener fallas en el diseño e instrumentación, o en todo caso, no cumple de forma íntegra la institución.

4. Cuarto enfoque; el nuevo institucionalismo económico-transparencia

La evolución teórica se define con el nuevo institucionalismo económico, donde la transparencia se establece como un mecanismo ideal en la sociedad en términos de información que ayuda a identificar situaciones. Este visualiza el término, proyecto político, como la expresión, la resistencia a la transparencia, en este tenor, el nuevo institucionalismo económico considera la construcción de estrategias en la agenda de la transparencia, como proyecto político y social y no sólo como una imagen de guerra entre buenos y malos, entre seres naturalmente opacos y transparentes. La construcción estratégica llevará a generar diversos beneficios que a continuación se expo-

25 Akerlof (1970: 489-490).

26 Barcelata (2010: 6).

27 Ayala (1996).

nen: El NIE, es una fuerte fuente teórica, donde, este enfoque avanza sobre estrategias múltiples, con una visión más realista, amplia y de largo plazo sobre la endogenización de la transparencia en las organizaciones gubernamentales. Esto, implica construir como valor en el sector público, y no sólo como una arena donde se libra la batalla entre buenos y malos, así, el esqueleto de esta construcción se fundamenta en la creación de incentivos, principalmente negativos, donde, el tercer pilar de la rendición de cuentas «el castigo»; lleva hacer racional la decisión del servidor público o político; es decir, lo lleva a no resistirse a la luz[28].

Stiglitz (1999:11) argumenta incluso que, para los burócratas y políticos, no sólo la falta de transparencia es una ocasión para evitar ser evaluado o perseguido, sino incluso, es una razón para obtener rentas o beneficios. Al final, es necesario entender que los fallos, lo que buscan, es establecer como la acción «normal» de la organización, actividades y cadenas de procesos y comportamientos que pueden ir en contra de los criterios de transparencia u otros fenómenos asociados a procesos basados en criterios de confianza, eficiencia o simplicidad, que pueden estar afectando la transparencia de la información. Todos los enfoques que se presentan están interrelacionados entre sí.

5. Quinto enfoque: perspectiva sobre el Derecho de acceso a la información

Es el que muestra de manera epistemológica la evolución del acceso a la información, la transparencia y la concepción sobre su utilidad social. Por último, se establece un abordaje al tema de acceso a la información pública y la transparencia, estos dos elementos como herramienta de diagnosis que ayudan a la detección de los componentes que generan fallas gubernamentales. En este enfoque, se debe visualizar la conceptualización y el reconocimiento normativo sobre el acceso a la información, ya que este ha evolucionado, pasando desde el totalitarismo, al absolutismo, hasta llegar a lo que se denomina, proceso contemporáneo, donde, se reconoce una prerrogativa o derecho, que generalmente se registra a nivel constitucional, asimismo, hay un reconocimiento expreso a nivel social, que, si bien cae en lo moral, es la base para su total construcción y aplicación. Así, el derecho de acceso a la información ha dotado a la población para conocer qué sucede con los recursos que se aporta a las finanzas gubernamentales, qué forma adquiere cada uno de ellos, y su debida consecuencia en la eficacia y eficiencia de la acción pública.

Entonces, se observa que el derecho de acceso a la información ha ido madurando a través de la evolución teórica-normativa, así, ha de servir para

28 Arellano (2008).

alcanzar un estado ideal, donde, el derecho de acceso a la información y el ejercicio de la transparencia sea pleno y reconocido en términos normativos-sociales, para mejorar el bien común, este, como el elemento esencial y objeto de cualquier gobierno al nivel que sea. Por lo anterior, se estructuraron cuatro bloques, que se denominaron vertientes evolutivas, estas, muestran diversos enfoques muy particulares sobre el derecho de acceso a la información, desde, una perspectiva epistemológica y de reconocimiento normativo, a continuación, se expone lo más característico de cada una:

Primera Vertiente Evolutiva.— Un hito importante, es aquel donde surge el arcana imperi, que expone la secrecía en la jerarquía política, es decir, lo que no se puede expresar públicamente, también, se dice que es correcto mantener en secrecía parte de los archivos de una clase política que protege y persigue intereses propios. Asimismo, Platón y Aristóteles visualizan un dominio totalitario. Pero, esta evolución no observó movimiento hasta con San Bernardo en el siglo XII, que habla del derecho divino que tiene la nobleza, particularmente los reyes, así, en la época medieval los arcana imperii se transforman en arcana ecclesiae, donde, los misterios trascendentes, dogmas de fe y verdades indiscutibles, son la base para mantener información no abierta a sus gobernados[29].

Segunda Vertiente Evolutiva.— Esta vertiente hace énfasis en la aparición del Estado en el siglo XVI y tiene como conceptualización básica la privacidad; la reserva; y el interés particular, donde, se ubica el beneficio propio y de grupo. El mismo KANT (1795: 6-7) reconoce que el liberalismo ha consolidado la formación de conceptos para el ejercicio de derechos, por lo cual, de manera necesaria deberá tener sentido la consolidación de las prerrogativas. De forma contraria, no contará con validez universal.

Tercera Vertiente Evolutiva.— Como se explicó anteriormente, el reconocimiento como derecho para poder tener acceso a la información ha evolucionado, por ejemplo, en Inglaterra aparece la Petition of Rights de 1628, Habeas Corpus Act de 1679, y Declaration of Rights de 1689, sin embargo, a nivel global todavía no existía un avance generalizado y coordinado[30].

Cuarta vertiente evolutiva.— Como dice CENDEJAS (2007: 80) un aspecto fundamental para el reconocimiento normativo se dio con base a ciertas aprobaciones documentales, como: El 26 de julio de 1945 se suscribe en San Francisco la Carta de las Naciones Unidas; asimismo, la generación de un hito se da el 10 de diciembre de 1948, cuando se firma la Declaración Universal de los Derechos Humanos, de la Organización de Naciones Unidas, también, el 16 de diciembre de 1966, la Asamblea General de las Naciones Unidas, adoptó dos pactos en su resolución 2200 A (XXI): el Pacto Internacional de Derechos Civiles y Políticos (PIDCP) y el Pacto Internacio-

29 RODRÍGUEZ (2008).

30 CENDEJAS (2007: 80).

nal de Derechos, Sociales y Culturales (PIDESC), ambos entraron en vigor 23 de marzo de 1976. Posteriormente en 1978, nace el Pacto de San José, Costa Rica, que en su artículo 13 define la Libertad de Pensamiento y de Expresión; En el caso de los países miembros de la Organización de Estados Americanos, su evolución normativa en lo general inicia en el siglo XX, con dicho pacto o la Convención Americana de los Derechos Humanos. Asimismo, en Europa se firma el Convenio de Roma en 1950, el Tratado de Masstrich en 1992, el Tratado de Ámsterdam en 1997 y para el año 2000 la Carta de los Derechos Fundamentales de la Unión Europea. En resumen, estos instrumentos de carácter internacional han dado reconocimiento declaratorio y normativo, lo cual, debe garantizar el cumplimiento de los gobiernos en el mundo.

VIII. Metodología

Para esta investigación, es importante tomar lo expuesto por SAMPIERI (2009: 38) indica que la metodología de la investigación se le designa «al conjunto de procedimientos y técnicas que se aplican de manera ordenada y sistemática en la realización de un estudio». Entonces. el método investigativo representa la ruta correcta a seguir para acercarse a la realidad que se investiga, donde, organiza sus inquietudes e interrogantes para formular la problemática, y a partir de ahí generar conocimiento; esto se cumple, para este caso, sí y solo sí, lo que se revise se lleve a cabo de manera integral, analizando quien ofrece y quien demanda el bien o servicio tangible o intangible.

Se lleva una búsqueda ordenada de bibliografía, que se basa en ubicar el derecho natural (económico), con la finalidad de que el lector tenga claro de que el ser social en su cotidianidad ejerce una ley como el derecho mismo, en este caso, un espacio donde confluye la ley de oferta y la ley de la demanda, que arrojan un equilibrio que busca satisfacer necesidades, teniendo claro que existen fallos, que son corregidos con la creación de las llamadas leyes artificiales o hechas por el hombre, que, en consecuencia se pueden omitir o no y podrán conducir a un fallo del aplicador, en este caso gobierno. Posteriormente, se busca bibliografía de cinco enfoques que acorazan, o consideran elementos convergentes, como lo es el fallo de mercado y de gobierno, los equilibrios óptimos, todos temas interfluyentes, en un sistema que al final soporta y protege los resultados de quien analiza el fallo. Así, se crean dos bloques, el primero con cinco enfoques que se concatenan hasta llegar al problema fundamental, aceptar que el gobierno suele fallar por causas diversas; el segundo cinco enfoques con elementos convergentes que se han comentado. Al final, se exponen de manera esquemática los resultados, las conclusiones y recomendaciones, así, como la apertura e invitación a seguir embarneciendo este breviario evolutivo-teórico-normativo.

IX. Resultados

Derivado de la exposición de la metodología y la visualización de los elementos teóricos, cinco eslabones y enfoques que acorazan[31], se argumenta que ellos dan origen a responder, en qué se gasta el recurso que proviene de diferentes esquemas recaudatorios que aplica el gobierno, asimismo, deja ver, cuál es la relación que hay entre oferta (gobierno) y demanda (empresas y familias), es eficiente o no en la ejecución de su función, el resultado que arroja se distingue en la siguiente concatenación (esquema 1).

Esquema 1. Concatenación de evolución-teórica normativa desde el derecho natural al fallo

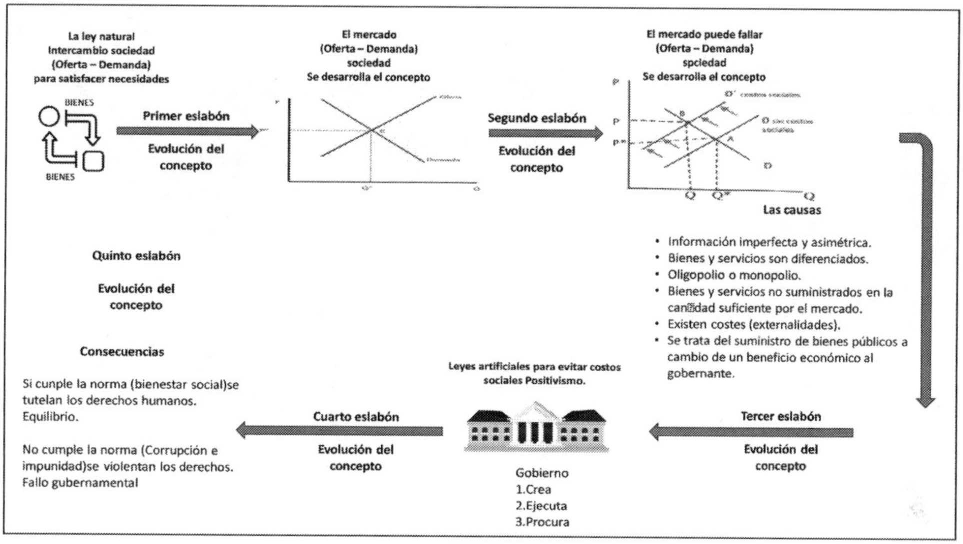

Fuente: Elaboración propia, con base a concatenación teórica.

Este esquema, clarifica los cinco eslabones evolutivos, e identifica, cuál es el origen y al final la consecuencia positiva o negativa del poder actuar para solucionar un problema de mercado y/o de gobierno, que nace de un desequilibrio teórico entre familias y empresas, identificados como demandantes de bienes y servicios públicos, tangibles o intangibles, que sirven para satisfacer necesidades físicas y espirituales; esto es estudiado de manera evolutiva.

31 Es necesario e imperioso que estos eslabones y enfoques, sean expuestos con tal longitud, ello, para en caso de ser evocado el presente breviario de elementos evolutivos – teórico – normativos en materia de fiscalización ciudadana, tengan el impacto efectivo y cumpla con el objeto de ser un soporte, cuando se pretende revisar, vigilar, el ejercicio del gasto público conforme al marco legal vigente.

Se observa de forma clara que todo nace desde la concepción de derechos, por definición, se cruza y generan un mercado que puede fallar por diversas causas, este, sí y solo sí podrá ser corregido de forma institucional si se crea normas y reglas que regulen su término, las que tendrán funciones específicas para tutelar la necesidad o derecho, sólo así, se observa un fenómeno de consecuencia e intervención gubernamental, que es real y que lleva a muchos países a cometer actos anómalos que se revisten de impunidad y corrupción, en resumen, lo concatenado, llega a describir el fallo de gobierno, además que esta base hipotética tiene la característica de contener enfoques convergentes.

Esquema 2. Enfoque evolutivo y acorazamiento teórico que sirven para soportar resultados de la fiscalización ciudadana

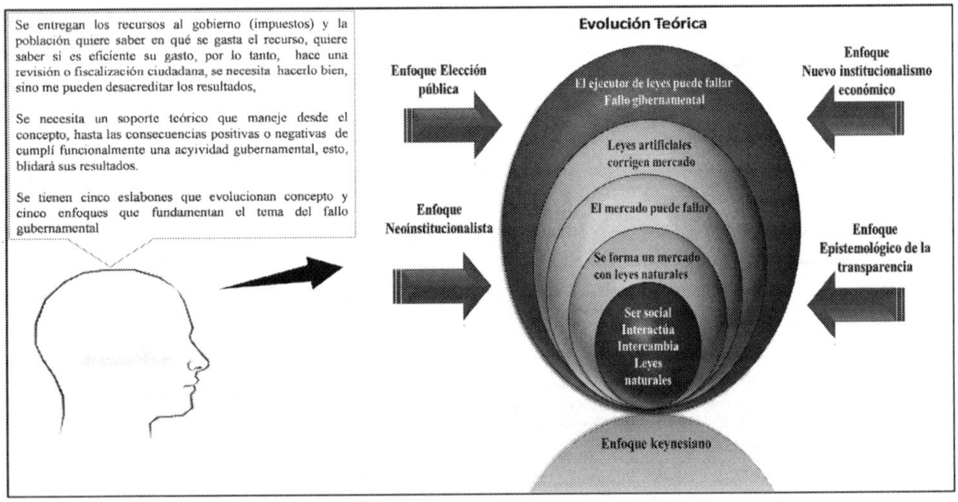

Fuente: Elaboración propia, con base a concatenación teórica y cinco enfoques teóricos.

El esquema dos, identifica claramente como la evolución teórica eslabonada, se rodea de cinco enfoques, keynesiano, elección pública, neoinstitucionalismo, nuevo institucionalismo económico y el enfoque epistemológico de la transparencia, donde, todos aceptan la idea de que el gobierno interviene ante un fallo de mercado, y este suele fallar si omite el marco jurídico y su funcionalidad.

Este esquema, indica intrínsecamente qué puede hacer un ciudadano si decide averiguar qué hace el gobierno, cuando entrega sus recursos personales y si es eficiente su gasto, por lo tanto, visibiliza y revisa; al final, muestra que esta compilación en términos generales servirá como soporte a la hora de aplicar la técnica y fundamentalmente ser la guía sobre los principios[32] que son construido con base al soporte teórico, y garantizan que cualquier trabajo realizado se apega al análisis riguroso y multidisciplinario de la «economía política» en temas de índole social.

Se ha argumentado que es efectivo, primero, porque existe un aspecto positivo cumpliendo con las reglas del derecho que permite operar con argumentos técnicos y conjuntar posturas disciplinarias de fenómenos relacionados, por lo tanto, pueden ser abordados y explicados sin incurrir en juicios de valor sobre su comportamiento, asimismo, se cuenta con la conjunción teórica que parte de orígenes de la humanidad, brindados por pensadores universales, de manera tal, que es posible construir teorías y modelos eficientes. Esto, puede proponer que los constructos de esta investigación revelan que se observa un fallo gubernamental, por lo tanto, hay que considerar este trabajo como guía útil para tratar investigaciones de manera estructurada, bajo un estricto rigor científico y académico, por lo cual, lo que se busca es considerar mejoras en la tutela de los derechos naturales y universales.

Habiendo expuesto los resultados anteriores, se extrae del soporte teórico una herramienta que sirve, para que toda persona que lleve a cabo procesos fiscalizadores respecto a recursos públicos. utilice como guía y evoque la unidad de conocimiento en el término siguiente:

Carta de principios metodológicos para llevar a cabo procesos de vigilancia, revisión y fiscalización ciudadana

1. Existe una triada de derechos;
2. El mercado falla;
3. Existe un Estado en forma de gobierno que tutela los derechos, vía una ley artificial;
4. El ciudadano es revisor que conoce el marco de actuación de la institución gubernamental;
5. El Estado en su forma de gobierno se financia por medio de diferentes esquemas recaudatorios - administrativos;
6. El Estado en su forma de gobierno, soluciona las necesidades que se derivan del mercado; estas, deben de comprenderse en el marco jurídico;
7. El Estado en su forma de gobierno ha de cumplir con el óptimo paretiano;
8. La transparencia y el derecho de acceso a la información pública actúa como principio y es base para el otorgamiento de información;
9. El positivismo jurídico es base constructiva para fiscalizar; y
10. Se construye bajo el concepto de interdependencia estratégica, por lo tanto, el ciudadano suele revisar y fiscalizar para tomar la mejor decisión.

32 Los principios o postulados teóricos son aquellos que indefectiblemente se cumplen, por ejemplo, el principio de Arquímedes (DECONCEPTOS.COM. 2022).

Con estos principios y marco teórico, que proviene del apartado uno y dos de esta investigación, se ayuda a definir variables que se desprende de los desarrollos de diferentes autores, cabe aclarar, que estos conceptos se retoman de diversos textos o aportaciones teóricas que bajo un orden se consideran los más adecuados.

X. Conclusiones y recomendaciones

Con esta aportación, cuando se analiza un derecho, significa en todo momento suponer una triada, por ejemplo, un derecho natural que se gesta como un arena, donde siempre va a existir la interacción de quién necesita y quién satisface, esto, representado como el mercado; también, el derecho de acceso a la información pública y la transparencia, es decir, solicitar información bajo la idea de que se necesita llegar a la minucia y la verdad con calidad de datos y saber cómo se aplica el recurso que proviene de diversos esquemas recaudatorios; y lo relativo el derecho a investigar, para este caso, el derecho a la salud, educación, vivienda, etc.., en general siempre habrá una triada.

Ahora bien, es importante resaltar tres aspectos que enmarcan este artículo, primero, tiene que ver con la ejecución en primera persona de los derechos naturales y artificiales; segundo, eso, permite investigar, revisar y/o fiscalizar el recurso público, bajo el marco legal vigente, tomando en cuenta como plantilla la triada de derechos, junto con el enfoque de la economía política, ya que permite desarrollar multidisciplinariamente cualquier investigación; y tercero, los enfoques concatenados junto con los que acorazan, crean un sistema teórico sobre un problema de ineficiencia pública.

Los resultados de este análisis significan haber llevado a cabo un estudio con enfoque de ciencia abierta, la cual, diseña, verifica y comprueba si lo planteado en diversos enfoques evolutivos- teórico-normativos, generan un modelo que ampare las evaluaciones correctamente.

Para este caso, se decidió argumentar de manera formal con un robusto andamiaje teórico que parte desde los antecedentes hasta la compilación de diferentes enfoques. Con esto, se contestó las preguntas siguientes:

1. ¿Las teorías keynesianas, la elección pública, el enfoque neoinstitucionalista, el nuevo institucionalismo económico, la evolución sobre el derecho de acceso a la información y la transparencia, aportan elementos para modelar un instrumento de fiscalización ciudadana para detectar una falla de mercado y gobierno?
2. ¿Cuál es el modelo que se articulará para ayudar a la detección de las fallas de mercado y gobierno?
3. ¿Cuál es el marco legal que se analiza para la detección de las fallas de mercado y gobierno?

El primer contenido que se elaboró fue recopilar antecedentes teóricos sobre el concepto de derecho del hombre, esto, para justificar la participación en términos naturales y artificiales, posteriormente, se explora qué es un mercado, cuáles son sus fallas y en todo caso, cuál es la relación y fallo con los gobiernos.

Asimismo, en el siguiente apartado, se compilaron las teorías más adecuadas que tocan el tema en término de empresas, familias y gobierno, como decisores de una elección racional, éstas teorías fueron la keynesiana, elección pública, neo constitucionalismo, nuevo institucionalismo económico y el enfoque epistemológico del acceso a la información pública y la transparencia, en un entorno donde hay interdependencia estratégica, que otorga flexibilidad en decisiones, lo que refleja y lleva a garantizar que este artículo cumple con las preguntas expuestas.

No se omite señalar que la investigación arrojó resultados interesantes y convergentes.

Respecto a la el cuestionamiento del modelaje ante cualquier investigación llevadas a cabo por la sociedad, es evidente que el modelo que se articula para ayudar a la detección de fallas de mercado y de gobierno, se fundamenta en que los antecedentes marcan claramente cómo hay imperfecciones y fallas de mercado que suelen corregirse mediante la aparición del Estado en forma de gobierno, sin embargo, cuando el gobierno no hace las cosas de manera correcta u omite alguna situación en términos jurídico funcionales, suele existir una falla de gobierno, por lo tanto, ineficiencia, asimismo, el modelo suele articular y generar la carta de principios metodológicos.

La norma y el derecho son un aspecto central para desarrollar instrumentos técnicos para la detección de fallas de mercado y gobierno. Finalmente, se puede observar, que si algún sector gubernamental se encuentra en fallo con niveles de ineficiencia, este, puede generar otras circunstancias como la corrupción e impunidad, colusión, dentro del espacio y tiempo de estudio.

Algunas recomendaciones:

1. Exponer bajo un enfoque de ciencia abierta;
2. Exponer puntos importantes, coincidentes y complementarios del robusto marco teórico;
3. Se recomienda construir con base a resultados y;
4. Cooperar de manera institucional como ciudadano, para que se lleve a cabo una tutela correcta hacia los derechos del hombre.

En caso de no ser aceptados los resultados, amparados por el robusto cuerpo teórico, se sugiere exponerlos a la sociedad civil y academia, por medio de foros, tribunas y formas de expresión periodística, donde, los elementos a exponer son los siguientes:

1. Exponer la fortaleza de un marco teórico que se puede seguir cultivando;

2. Exponer la técnica de análisis y;
3. Exponer los puntos que resultan.

Al final, es importante recordar que este artículo tiene un fondo importante.

«Es saber, si la institución cumple o no con su objeto social, pues el derecho humano que otorga la normatividad debe ser inviolable y tutelado al 100 por ciento, todo radica, en observar que tan eficiente es quien protege las vulnerabilidades del hombre».

Referencias

Akerlof, G. A. (1970). «The Market for "Lemons": Quality Uncertainty and the Market Mechanism». *The Quarterly Journal of Economics*, Vol. 84, No. 3. En línea: https://viterbi-web.usc.edu/~shaddin/cs590fa13/papers/AkerlofMarketforLemons.pdf (fecha de consulta: 15 de agosto de 2018).

Arellano Gault, D. (2008). «Transparencia desde un análisis organizativo: los límites del nuevo institucionalismo económico y las "fallas de transparencia"». *Revista del CLAD Reforma y Democracia*, núm. 40. Pp. 53-80. En línea: http://www.redalyc.org/html/3575/357533671003/ (fecha de consulta: 20 de agosto de 2017).

Arriola Cantero, F. (2004). «Los juristas tenemos que tener muy en cuenta los aportes de Kelsen». En línea: https://web9.unl.edu.ar/noticias/news/view/los_juristas_tenemos_que_tener_muy_en_cuenta_los_aportes_de_kelsen#.YxjonnbMKzm (fecha de consulta: 08 de mayo de 2021).

Ayala Espino, J. (1996). *Mercado, elección pública e instituciones, una revisión de las teorías modernas del estado.* Álvaro Obregón, México. Editorial Miguel Ángel Porrúa.

Barcelata Chávez, H. (2010). *Las teorías de las fallas del gobierno.* En línea: https://www.academia.edu/25725676/LAS_TEOR%C3%8DAS_DE_LAS_FALLAS_DEL_GOBIERNO (fecha de consulta: 07 de mayo de 2017).

Bator, F. M. (1958). «Anatomy of Market Failure». *La revista trimestral de economía*. vol. 72, núm. 3, agosto, págs. 351-379. En línea: https://www-jstor-org.usal.idm.oclc.org/stable/pdf/1882231.pdf?refreqid=excelsior%3A4b840726029bf1a84a08c7bdf22056a4&ab_segments=&origin=&acceptTC=1 (fecha de consulta: 20 de enero de 2021).

Buchanan, J. M.; Tullock, G. (1993). *El cálculo del consenso. fundamentos lógicos de la democracia constitucional.* Editorial planeta-Agostini. España.

Buthelezi, A.; Dollery, B. (2004). «An exploratory analysis of local government failure in South Africa» *Studies in Economics and Econometrics*, Volume 28, Issue 2, p. 91-105. Department of Higher Education and Training (DHET).

Cabanellas De Torres, G. (1979). *Diccionario Jurídico Elemental,* Ley. 11.ª edición, 1993. Editorial Eliastra, S.R.L.. En línea: https://drive.google.com/file/d/1Wfxom8xzv70M2aAYDNuPeCd7wjVryFQT/view (fecha de consulta: 19 de agosto de 2021).

Cachanosky, J. C. (1994). «Historia de las teorías del valor y del precio», *Parte I.* Instituto Universitario ESEADE. *Revista Libertas 20*. En línea: https://www.eseade.edu.ar/files/Libertas/25_4_Cachanosky.pdf (fecha de consulta: 02 de agosto de 2020).

Cachanosky, J. C. (1995). Historia de las teorías del valor y del precio», *Parte II.* Instituto Universitario ESEADE. *Revista Libertas 20*. En línea: https://www.eseade.edu.ar/files/Libertas/23_6_Cachanosky.pdf (fecha de consulta: 02 de agosto de 2020).

Cantillon, R. (1964). *Essai sur la nature du commerce en général*. Augustus M. Kelley.

Celorio, F. (2005). *Derecho natural y positivo, origen evolución histórico-jurídica.* 1.ª ed. Editorial Porrúa. México.

Cendejas Jáuregui, M. (2007). «Evolución histórica del derecho a la información». *Revista de Derecho Comparado de la Información*, número 10, Instituto de Investigaciones Jurídicas de la UNAM. Pp. 57-84. En línea: http://biblio.juridicas.unam.mx/revista/pdf/DerechoInformacion/10/art/art3.pdf (fecha de consulta: 07 de mayo de 2017).

Cicerón, M. T. (55 A.C.). *Obras completas de Marco Tulio Cicerón. Libro Tercero.* Traducido por Menéndez Pelayo, Marcelino. (1928). Editorial Hernando (S.A.). Madrid. En línea: http://ru.juridicas.unam.mx/xmlui/handle/123456789/9740 (fecha de consulta: 25 de agosto de 2020).

Comisión Nacional para la protección y defensa de los usuarios de servicios financieros - Condusef (2017). *Una breve historia del dinero*. En línea: de https://revista.condusef.gob.mx/2017/03/una-breve-historia-del-dinero/. (fecha de consulta: 25 de julio de 2020).

Comte, A. (1844). *Discurso sobre el espíritu positivo.* Traducido por Marías, Julián. En línea: http://biblio3.url.edu.gt/Libros/comte/discurso.pdf (fecha de consulta: 20 de mayo de 2021).

Deconceptos.com. (2022). *Principios.* En línea: https://deconceptos.com/general/principio (fecha de consulta: el 23 de noviembre de 2022.

Dolfsma, W. (2011). *Government Failure-Four Types. Journal of Economic Issues* XLV(3):593-604. En línea: https://www.researchgate.net/publication/227454213_Government_Failure_-_Four_Types (fecha de consulta: 22 de abril de 2018).

Ecured.Cu. (2020). *Ley Natural.* En línea: https://www.ecured.cu/Ley_Natural#:~:text=Vivir%20conforme%20al%20imperativo%20de%20la%20virtud%20significa,y%20abraza%20de%20forma%20consciente%20la%20vida%20raciona (fecha de consulta: 10 de septiembre de 2020).

Hobbes, T. (1651). *Leviatán.* Ed. Freeditorial. España. En línea: (fecha de consulta: el 20 de mayo de 2020 de https://drive.google.com/file/d/1f9V__FgzuPkQa0z9xT5lGNzsXfqJhlSw/view

Kant, I. (1795). *La Paz perpetua.* Traducción: Rivera Pastor, F. Editorial Alejandría. En línea: https://www.suneo.mx/literatura/subidas/Immanuel%20Kant%20La%20paz%20perpetua.pdf (fecha de consulta: 15 de agosto de 2022).

Kelsen, H. (1934). ¿Qué *es la teoría pura del derecho?* Distribuciones Fontamara, S.A.. México. En línea: http://cv.uoc.edu/mat/03_001/Teodret3.htm#:~:text=As%C3%AD%20pues%2C%20en%20la%20cuesti%C3%B3n,juicio%20negativo%20de%20valor%2C%20la (fecha de consulta: 2 de agosto de 2021).

Keech, W.; Munger, M. (2015). *The anatomy of government failure.* Public Choice, vol. 164, Issue 1–2. Pp 1–42. En línea: https://link.springer.com/content/pdf/10.1007%2Fs11127-015-0262-y.pdf (fecha de consulta: 21 de abril de 2018).

Kicillof, A. (2010). *De Smith a Keynes, Siete lecciones de historia del pensamiento económico.* 1.ª ed. México, Editorial Siglo XXI.

Landreth, H.; Colander, D. C. (2002). *Historia del pensamiento económico.* Traducido por Rabasco, Esther 4.ª Edición. Editorial Mc Graw Hill, Madrid, España.

Locke, J. (1690). *Segundo tratado del gobierno civil.* Traducido por Mellizo, Carlos. Editorial Tecnos. En línea: https://sociologia1unpsjb.files.wordpress.com/2008/03/locke-segundo-tratado-sobre-el-gobierno-civil.pdf (fecha de consulta: 15 de junio de 2020).

Ocaña Ávila, V. (2022). *Lexicón de Administración Pública Federal, competencias genéricas.* En línea: http://ri.uaemex.mx/bitstream/handle/20.500.11799/66921/Lexic%C3%B3n%20de%20Administraci%C3%B3n%20P%C3%BAblica%20Federal%20y%20Estatal%202.0%20final1.pdf?sequence=1&isAllowed=y (fecha de consulta: 20 de febrero de 2022).

Olano García, H. A. (2008). «La "ley" como sinónimo de "ordenamiento jurídico". *Revista de Derecho de la División de Ciencias Jurídicas de la Universidad del Norte.* Barranquilla (Colombia) 2013. En línea: https://rcientificas.u ninorte.edu.co/index.php/derecho/article/view/2822/4304 (fecha de consulta: 20 de febrero de 2022).

Organización De Las Naciones Unidas-Onu. (2018). *Derechos humanos y procesos constituyentes.* En línea: https://www.ohchr.org/sites/default/files/Documents/Publications/ConstitutionMaking_SP.pdf (fecha de consulta: 15 de enero de 2022).

Pareto, V. (1906). *Manual De Economía Política.* Traducido por Cabanellas, Guillermo 1945. Editorial Atalaya. Buenos Aires, Argentina.

Phelps, E., S. (1986). *Economía política*. Anthony Bosch editor, Barcelona.

R. Keech, W.; C. Munger, M. (2015). «The anatomy of government failure». *Public Choice.* vol. 164,. Pp. 1–42. En línea: https://link.springer.com/content/pdf/10.1007%2Fs11127-015-0262-y.pdf (fecha de consulta: 21 de abril de 2018).

Ricardo, D. (1817). *Principios de economía política y tributación.* Traducido por Enrique Pepe. 2.ª edición. Editorial Claridad, 2007. Buenos Aires.

Ricossa, Sergio. (1990). *Diccionario de economía*. Editorial Siglo XXI. México.

Rodríguez, C. E. (2009). *Diccionario de economía, etimológico, conceptual y procedimental.* Edición especial para estudiantes. Biblioteca Digital de la Universidad Católica Argentina. En línea: https://repositorio.uca.edu.ar/bitstream/123456789/5559/1/diccionario-economia-etimologico-conceptual.pdf (fecha de consulta: 20 de diciembre de 2019).

Rodríguez Molinero, M. (1992). «La doctrina del derecho natural de Hugo Grocio en los albores del pensamiento moderno». *REV - Persona y Derecho* - Vol. 26, 291-305. En línea: https://dadun.unav.edu/handle/10171/12780 (fecha de consulta: 07 de mayo de 2020).

Rodríguez Paniagua, J. M. (2013). *Historia del pensamiento jurídico, 1. De Heráclito a la Revolución francesa.* Editorial siglo XXI. Madrid.

Rodríguez Zepeda, J. (2008). *Estado y transparencia: Un paseo por la filosofía política,* IFAI, México, Cuadernos de transparencia, núm. 4. En línea: http://inicio.ifai.org.mx/Publicaciones/Cuadernillo%2004%20B.pdf (fecha de consulta: 07 de mayo de 2017).

Sampieri, R. (2009) *Metodología De La Investigación* Tercera Edición. México Mc Graw-Hill Interamericana.

Samuelson, P. A.; Nordhaus, W. D. (1999). *Economía* (Décimo sexta Edición). Madrid, España. Editorial Mc Graw Hill.

Samuelson, P. A.; Nordhaus, W. D. (2005). *Economía* (Décimo octava Edición). Madrid, España. Editorial Mc Graw Hill.

Sargent J., T. (1989). *Expectativas racionales e inflación*. Alianza Editorial

San Juan Bautista. (1803). *Tratado de Economía Política o Exposición sencilla del modo con que se forman, se distribuyen y se consumen las riquezas*. Traducido por Sánchez Rivera, Juan. Tomo segundo. En línea: http://www.hacer.org/pdf/TEP2.pdf (fecha de consulta: 01 de noviembre de 2020).

Smith, A. (1759). *Teoría de los Sentimientos Morales*. Editor Plataforma de publicación independiente Createspace.

Smith, A. (1776). *Investigación sobre la naturaleza y causa de la riqueza de las naciones*. 2.ª ed. 1958. México. Editorial Fondo de Cultura Económica.

Stanley Jevons, William. (1871). *La teoría de la economía política.* Impreso en 1998. Ediciones Pirámide. Madrid.

Stigler, G. J. (1971). *The Theory of Economic Regulation.* Bell Journal of Economics and Management Science pp. 3-21.

Stiglitz, J. E. (1985). *Los Mercados de Crédito y el Control del Capital. Revista de Dinero, Crédito y Banca.* vol. 17, núm. 2 mayo, págs. 133-152. En línea: https://www-jstor-org.usal.idm.oclc.org/stable/pdf/1992329.pdf?refreqid=excelsior%3A8fd1726f6e4079130910ea51a3c83c28&ab_segments=&origin= (fecha de consulta: 27 de enero de 2021).

Stiglitz, J. E. (2000). *La economía del sector público*. En línea: https://finanzaspublicasuca.files.wordpress.com/2011/10/economia-del-sector-publico-stiglitz.pdf (fecha de consulta: 07 de mayo de 2017).

Stiglitz, J. E. (1999). «On Liberty, the Right to Know, and Public Discourse: the Role of Transparency in Public Life, Oxford». *Oxford Amnesty Lecture*. En línea: https://internationalbudget.org/wp-content/uploads/On-Liberty-the-Right-to-Know-and-Public-Discourse-The-Role-of-Transparency-in-Public-Life.pdf (fecha de consulta: 01 de agosto de 2022).

Stiglitz, J. E. (2010). «Regulación y fallas». *Revista de Economía Institucional*, vol. 12, n.º 23, segundo semestre, pp. 13-28. En línea: http://www.scielo.org.co/pdf/rei/v12n23/v12n23a2.pdf (fecha de consulta: 20 de enero de 2021).

Walras, León. (1874). *Elementos de económica política pura.* Editado Alianza Editorial.

Zorrilla Arena, Santiago. (2001). *Diccionario de economía*, 2.ª ed. Editorial Limusa.

CAPÍTULO 8

POLÍTICA MEDIOAMBIENTAL EN LA UNIÓN EUROPEA: LOS SISTEMAS DE COMERCIO DE DERECHOS DE EMISIÓN CON ESPECIAL REFERENCIA AL CASO ESPAÑOL

Johana Aguilar Téllez
Centro de Investigación para la Gobernanza Global
Universidad de Salamanca

Sumario: I. Introducción. II. Los MDEN (mercados de derechos de emisión negociables). III. El RCDE (régimen de comercio de emisiones). IV. Perspectivas y retos. V. Conclusiones. Referencias.

I. Introducción[1]

Según el Banco Mundial[2],

«[l]os recursos naturales proporcionan medios de subsistencia a miles de millones de personas. Cuando se gestionan bien, los recursos naturales renovables, las cuencas hidrográficas, los paisajes terrestres y marinos productivos proporcionan una base sólida para el crecimiento inclusivo sostenido, la seguridad alimentaria,

---

1 «Nature, along with its inherent biodiversity, is key to functioning societies and economies. It provides the food we eat, filters the water we drink, cleans the air we breathe, and is important for our mental and physical health». Agencia Medioambiental Europea (2023).

2 Esta afirmación se recoge en una traducción libre documento breve del Banco Mundial que hemos reproducido traducido por resultar ilustrativo en esta parte de la introducción de nuestro trabajo, titulado *Environment, Natural Ressources & Blue Economy. Healthy Environment Thriving Economies Resilient Planet.* En línea: https://thedocs.worldbank.org/en/doc/636811600269692667-0120022020/original/74473EnvirnBrochurerc11.pdf (fecha de consulta: 23 de octubre de 2023).

la reducción de la pobreza y el bienestar humano. Un medio ambiente limpio también es clave para garantizar que las personas puedan llevar vidas saludables y productivas, y que los recursos gubernamentales y privados puedan invertirse en promover el desarrollo en lugar de remediar la contaminación. Para lograr un crecimiento sostenible, se necesitan a nivel mundial una mejor gestión de los recursos naturales, políticas fiscales respetuosas con el medio ambiente, mercados financieros más ecológicos y programas eficaces de gestión de residuos».

Afirmaciones como esta que realiza el Banco Mundial ponen de manifiesto la importancia del medio ambiente para garantizar la vida en la tierra y la subsistencia de nuestra especie por lo que su protección debe ser un objetivo común para todas las sociedades. En efecto, las cifras que en materia ambiental nos exponen los expertos, por ejemplo, en relación con el aumento del nivel del mar, el cual —según datos extraídos de EpData[3]— se encuentra casi 10 cm por encima de su nivel en 1993 y, según un informe del Grupo intergubernamental de Expertos sobre el cambio climático, basado en varios escenarios posibles de emisiones de gases de efecto invernadero, podría alcanzar un aumento de entre 0,43 y 0,84 cm en 2100 trayendo consigo unas consecuencias nefastas para la estabilidad de la vida en el planeta tierra, nos dejan en evidencia que las preocupaciones ambientales no son una cuestión ideológica sino el fruto de estudios científicos. De allí que afirme, de manera técnica, que la calidad ambiental, entendida como el «estado de un recurso natural en relación con la contaminación que le afecta»[4] es una cuestión esencial y determinante para la planificación, implementación y ejecución de las actividades públicas y privadas, sin importar el grado de desarrollo del país en donde éstas tengan lugar.

No obstante, entendiendo que «la calidad ambiental es un término general que puede referirse a: características variadas como la pureza o contaminación del aire y el agua, el ruido, el acceso a espacios abiertos y los efectos visuales de los edificios, y los efectos potenciales que tales características pueden tener en la salud física y mental»[5], resulta importante subrayar que los criterios objetivos para determinar la calidad del medio ambiente a partir de su estado real y su estado deseado no son siempre fáciles de establecer.

---

3 Epdata es una base de datos que se inscribe dentro del marco de «la Iniciativa Aporta», la cual tiene como fin el **promocionar la apertura de la información pública y desarrollo de servicios avanzados** basados en datos. Esta iniciativa es promovida desde el año 2009 por el **Ministerio para la Transformación Digital y de la Función Pública** y la **Entidad Pública Empresarial Red.es. del Gobierno de España** y «se presenta como punto de encuentro entre las administraciones, las empresas y los ciudadanos que forman parte del ecosistema de los datos abiertos» en este país.

4 Diccionario Panhispánico del Español Jurídico. Real Academia de la Lengua Española. (RAE) https://dpej.rae.es/lema/calidad-ambiental (fecha de consulta: 10 de mayo de 2023).

5 EUROPEAN ENVIRONMENT AGENCY (2004). Glossary. En línea: https://www.eea.europa.eu/help/glossary/eea-glossary/environmental-quality (fecha de consulta: 01 de junio de 2023).

De hecho, se puede afirmar que una característica esencial del análisis de los elementos relacionados con el medio ambiente es que los parámetros para establecer, medir, evaluar y fiscalizar las condiciones de utilización, que tanto los agentes públicos como privados hacen del mismo, obedecen a criterios complejos que impiden, por regla general, tratamientos estandarizados.

En este contexto, como señala Field (2005:234-235) no solo por su complejidad y diversidad, sino por la importancia que estas tienen para garantizar la concreción de los objetivos que se fijan en materia de calidad medioambiental los diferentes estados individualmente considerados y la comunidad internacional en su conjunto toman fuerza las políticas ambientales, a través de las cuáles se busca modificar de alguna manera el comportamiento de los agentes económicos, tanto productores como consumidores, con el fin de que se puedan alcanzar los niveles de calidad ambiental deseados en un área específica.

Así las cosas, para realizar un análisis relacionado con la política ambiental y con el objeto de contribuir al estudio de este tipo de políticas, en tanto instrumento esencial para influir en el comportamiento de productores y consumidores con miras a alcanzar los estándares de calidad ambiental deseados tanto a nivel local, como nacional e internacional, en el día de hoy quiero proponer a ustedes algunas ideas y reflexiones generales relacionadas con el mercado de derechos de Emisiones en la Unión Europea —ETS UE por sus siglas en inglés—, el cual se erige como el más importante mecanismo de política ambiental en el mayor mercado de CO2 del mundo. Haciendo una especial referencia a España, quien, como miembro de la Unión Europea y signatario del Protocolo de Kioto, participa en el comercio de emisión de CO2 de la UE y, además, ha trabajado con diferentes países, por ejemplo, con Colombia, en la aplicación del sistema de Mecanismos de Desarrollo Limpio contemplados en el Protocolo de Kioto.

Lo anterior, con el objetivo principal de poner en evidencia la manera en que los instrumentos de política ambiental basados en el mercado, específicamente, los permisos (derechos) de emisión negociables, han resultado ser un mecanismo muy eficiente y eficaz para permitir acercarse a los niveles de calidad ambiental deseados para un determinado entorno[6], aunque tomando en consideración las metas establecidas en la agenda 2030 de la ONU, se

6 Como veremos en las partes siguientes de este trabajo, estos sistemas de negociación de derechos de emisiones han tomado mucha fuerza e importancia por su probada eficiencia. No obstante, su implementación y aplicación se ha circunscrito casi de manera exclusiva, en razón del mayor tamaño y competitividad de su industria y su mayor capacidad estatal de fiscalización, a algunos países de mayor nivel de renta per cápita, siendo su abanderada principal la UE. En el caso colombiano, por ejemplo, hasta el año 2017 se comenzó a estudiar la implementación de un Mercado de derechos de emisión negociables – denominado por el Ministerio de Ambiente, Programa Nacional de Cupos Transables (PNCT) – que al día de hoy no se ha estructurado. Lo anterior, sin perjuicio de que Colombia, participe del mercado de Emisiones Negociables internacional.

pueden identificar unas perspectivas y unos retos difíciles de alcanzar, dado que las condiciones para el desarrollo exitoso de la política ambiental de emisión de derechos negociables, depende de unas variables económicas complejas, de la existencia de mercados competitivos muy fuertes y estables y de la capacidad de fiscalización y control que puedan ejercer los Estados, condiciones que junto con la atractividad financiera son cada vez más difíciles de encontrar.

Para alcanzar este objetivo, en un primer momento pondré de presente a qué hacemos referencia cuando hablamos de la política pública ambiental de comercio de emisiones. En un segundo momento, realizaré una aproximación analítica, desde una perspectiva general, a las normas que regulan la materia a nivel europeo y español, con el fin de describir el marco en que han evolucionado y se desarrollan las políticas ambientales de mercados de emisión negociables y en un tercer momento, me concentraré en exponer las principales perspectivas y retos que considero enfrentará esta política haciendo especial referencia al caso español, para así finalizar avanzando algunas conclusiones.

Comencemos entonces por hacer claridad sobre lo que son los mercados de derechos de emisión negociables como política pública ambiental.

II. Los MDEN (Mercados de Derechos de emisión negociables)

En términos generales, como lo señala Hackett (2006: 222-228) las políticas de incentivos buscan proponer esquemas regulatorios encaminados a alinear —a través de la utilización de instrumentos económicos como precios, impuestos, subsidios, bonos o mercados— los intereses individuales con el bien común. De manera que su finalidad, cuando estas son aplicadas al medio ambiente, es persuadir a quienes utilizan el medio ambiente sobre las repercusiones que sus acciones tienen en el entorno y llevarlos a que decidan economizar el uso de los recursos ambientales, lo que debería redundar en un mejoramiento de la calidad ambiental.

Como característica diferenciadora, los Permisos de Emisión Negociables (PEN), comienzan con la creación y distribución de un derecho de propiedad sobre unos bienes, encaminado a utilizar las dinámicas de un mercado —de preferencia, altamente competitivo— para alcanzar los niveles de calidad ambiental deseados en un entorno determinado.

De manera que se trata de unos bienes que se comercializan en lo que se conoce como un mercado de derechos de emisiones, en el cual un regulador define un límite superior (o techo) de emisiones de Gases de efecto invernadero (o GEI) que pueden ser emitidas por los agentes sometidos al sistema. Los derechos de emisión se venden o se asignan gratuitamente de acuerdo con las reglas establecidas por el regulador para cada mercado y sector en particular y al final del lapso establecido se debe entregar un número de derechos igual a sus emisiones en el periodo, como mecanismo para incentivar a los agentes contaminantes a reducir sus emisiones, toda vez que, si el agente emite más que los derechos asignados, deberá comprar derechos en el mercado, lo que le supondrá un coste adicional. Lo anterior, con el objeto de cumplir con el principio «quien contamina paga»[7].

De acuerdo con ciertos autores, con los cuales estoy de acuerdo, este tipo de políticas presentan importantes ventajas tales como, en primer lugar, el logro de ahorros sustanciales de costos al generar las condiciones para que las empresas que tienen bajos costos de reducción de las emisiones puedan vender derechos de emisión a empresas con altos costos de reducción, generando con esta lógica de mercado un mecanismo eficiente para la reducción de emisiones y consecuentemente, un mejoramiento de la calidad ambiental. En segundo lugar, dado que las empresas con altos costos de reducción están pagando a otra entidad para que *haga la limpieza* por ellas, este pago se convierte en un costo, lo cual las incentivará a encontrar una forma más barata de reducir las emisiones. Y, dan a las empresas un incentivo para invertir en tecnología más limpia y reducir sus emisiones por debajo de su asignación, de manera que pueden inclusive especializarse en la venta de derechos de emisión a aquellos que no han hecho una inversión tecnológica en el mismo sentido[8].

Así pues, se trata de una política pública considerada como esencial en la defensa del medio ambiente, la cual, en el caso de la Unión Europea y de España se ha desarrollado y evolucionado en lo que se conoce como Régimen Europeo de Comercio de Emisiones.

III. El RCDE (Régimen de Comercio de Emisiones)

Desarrollando el principio básico de la política ambiental de PEN (Permisos de Emisión Negociables) —según el cual, se busca generar incentivos para que los agentes contaminadores, con fundamento en las lógicas de

7 El principio de «quien contamina paga» es uno de los principios clave subyacentes a la política medioambiental de la Unión Europea; tiene por objetivo «prevenir o poner remedio a los daños medioambientales causados a especies protegidas y a hábitats naturales, al agua y al suelo. Este principio se aplica por medio de la Directiva sobre responsabilidad medioambiental». La política de medio ambiente: principios generales y marco básico. Fichas temáticas sobre la Unión Europeo. Parlamento Europeo. En línea: europa.eu (fecha de consulta: 15 de mayo de 2023).

8 Estas ventajas, son las que han llevado a que en los Estados Unidos este tipo de políticas tengan aún un auge y desarrollo muy importante. No obstante, este no ha sido el caso en los otros países que han optado de preferencia por políticas de mandato y/o impositivas, salvo en el caso de la Unión Europea en la que el mercado de permisos de emisión es uno de los mercados más importantes de emisiones de carbono del mundo, aunque también se utilizan de forma importante los otros tipos de política medioambiental.

mercados competitivos, encuentren por sí mismos los mejores mecanismos para reducir los niveles de emisión— la Unión Europea (UE) puso en funcionamiento en el año 2005 un sistema de comercio de derechos de emisiones (RCDE UE), cuyo objetivo es reducir las emisiones de dióxido de carbono (CO2) de la industria obligando a estos agentes a tener un permiso por cada tonelada que emitan de este elemento contaminante, procurando, a su vez, por esta vía, generar incentivos para impulsar la innovación en materia de creación de tecnología más limpia.

Esta política, que desde el año 2005 —de acuerdo con la Comisión Europea—[9] ha permitido reducir en un 35 % entre 2005 y 2021 las emisiones de CO2 en los sectores aplicados, es calificada por la propia UE como su principal herramienta para reducir las emisiones de efecto invernadero y cubre actualmente las actividades desarrolladas por, aproximadamente, 10000 empresas pertenecientes a sectores industriales de gran consumo de energía, así como industrias de generación de electricidad y compañías aéreas que operan vuelos interiores dentro de la UE y, con la reciente Reforma del sistema de 2023, se creó un nuevo régimen independiente de comercio de derechos de emisión para los edificios, el transporte por carretera y los combustibles para otros sectores, con el objeto de contribuir al objetivo de reducción global de un 62 % de las emisiones producidas en todos los sectores regulados. Esta reforma, busca generar las condiciones para que la UE alcance los objetivos de calidad ambiental que se ha fijado para el año 2030 —reducción de las emisiones netas de gases de efecto invernadero al menos un 55 % - y 2050— hacer jurídicamente vinculante la neutralidad climática[10].

La precitada política tiene como antecedentes principales, (1) el Protocolo de Kioto de la convención marco de las Naciones Unidas sobre el cambio climático de 1997 cuya finalidad es la de limitar las emisiones de efecto invernadero de los países desarrollados, aplicando el principio de la «responsabilidad común pero diferenciada», y (2) los acuerdos de Marrakech, que constituyen el componente ejecutivo del Protocolo.

En efecto, con arreglo al Protocolo de Kioto, 37 países industrializados se comprometieron a una reducción de sus emisiones de CO2 y en el caso específico de la Unión europea, ésta adquirió un compromiso de reducción de emisiones de gases de efecto invernadero en un 8 % durante el periodo entre 2008 y 2012 respecto de los niveles de 1990 y, precisamente, es con el objeto de cumplir con estos compromisos que en el año 2000 la CE publicó el Libro Verde sobre el comercio de los derechos de emisión de gases de efecto

9 Comisión Europea. Régimen de comercio de derechos de Emisión de la UE. En línea: https:// climate.ec.europa.eu/eu-action/eu-emissions-trading-system-eu-ets/what-eu-ets_en?prefLang=e (fecha de consulta: 13 de junio de 2023).

10 A este objetivo se le ha denominado técnicamente "Objetivo 55", toda vez que remite, precisamente, a la meta que se ha fijado la UE de reducción de las emisiones en al menos en un 55 % para 2030.

invernadero, dando con ello **inició**, en palabras de la propia Comisión (2000), a un proceso de consulta que permitiría a todas las partes interesadas dar su parecer sobre la forma en que la UE debía actuar para encontrar un equilibrio en el uso del comercio de los derechos de emisión[11].

Lo anterior, teniendo en cuenta que el Protocolo de Kioto estableció tres mecanismos de política pública basada en el mercado —denominados de mecanismos de flexibilidad— para reducir las emisiones GEI, a saber: i) comercio internacional de derechos de emisión entre las partes participantes (países del Anexo I) en el mercado de carbono, donde los países con emisiones inferiores a sus metas pueden vender el excedente a aquellos que las han superado; ii) aplicación conjunta, que permite a los países del Anexo I invertir en proyectos para reducir las emisiones de GEI en otros países de dicho Anexo, de modo que los créditos generados por esos proyectos valgan para sus compromisos de reducción de emisiones; y iii) el Mecanismo para un Desarrollo Limpio (MDL), que permite a los países del Anexo I invertir en proyectos para reducir las emisiones en otros países de menor nivel de desarrollo económico, de manera que los créditos generados por esos proyectos valgan para demostrar el cumplimiento de sus compromisos internacionales.

Así, fruto del proceso iniciado por la CE en el año 2000, se expide la Directiva 2003/87/CE del Parlamento Europeo y del Consejo de 13 de octubre de 2003 que, con base en el principio «el que contamina paga»[12], crea lo que se conoce como el RCDE UE, que entró en funcionamiento en el año 2005 desarrollándose en cuatro fases, siendo la última la que nos va determinar las perspectivas y retos más importantes y al día de hoy, se erige en el más importante mecanismo de política ambiental en el más grande mercado de CO2 del mundo.

Estas 4 etapas son:

A) ETAPA PILOTO (2005-2007).

En esta primera fase se puso en marcha un mercado de PEN en toda la UE y la infraestructura necesaria para vigilar, reportar y verificar las emisiones producidas por las empresas que se encontraban cubiertas por las disposiciones.

---

11 Llamamos la atención sobre el hecho que bajo ninguna circunstancia se puede entender que es en el año 2000 que comienza a desarrollarse la política ambiental de la UE, por cuanto la política ambiental de comercio de PEN, si bien es hoy en la UE el mecanismo más importante para alcanzar los niveles de calidad ambiental deseados, es un instrumento complementario de las políticas ambientales de mandato e imposición.

12 En este punto reiteramos que la política ambiental de PEN, NO es una política de acción centralizada y por ello, su objetivo es el de procurar generar, a través del mercado, incentivos para que los contaminadores reduzcan sus niveles de emisión, e incluso lleguen a convertirse en "comercializadores de PEN, aprovechando su propia capacidad de innovación tecnológica. No obstante, es una política que se sustenta en la lógica de que quien contamina paga, en el sentido que, quien en desarrollo de su actividad industrial contamine un entorno determinado, deberá paga por ello comprando Permisos de Emisión y precisamente, en el costo de adquirir ese bien (permiso), se encuentra el primer incentivo para reducir sus emisiones.

B) SEGUNDA ETAPA: CUMPLIENDO KIOTO (2008-2012).

En este periodo, las partes de la Convención se comprometieron a reducir sus emisiones en una media de 5 % por debajo de los niveles de emisión de 1990. No obstante, la UE junto con sus países miembros se comprometió a ir más allá de esa meta y redujo, como bloque, en un 8 % sus emisiones, para lo cual fijó metas específicas para cada miembro de la Unión de acuerdo con sus condiciones particulares.

En esta segunda etapa se expandió la cantidad de empresas obligadas a entrar en el Régimen de Comercio de emisiones y se incluyó el sector de la aviación. A esto se sumó un aumento del monto de la penalidad por incumplir los límites de emisión permitidos pasando de 40 a 100 euros por tonelada. Medidas que sin lugar a dudas dieron resultados, toda vez que, al finalizar esta etapa, la UE como bloque alcanzó una reducción de emisiones superior al inicialmente establecido de aproximadamente 19 % según las cifras dadas por la Comisión Europea.

No obstante, durante esta segunda etapa, derivado principalmente de la crisis financiera de 2008 que afectó directamente la estructura del mercado de PEN en la UE, se expidió la Directiva 2009/29/CE del Parlamento Europeo y del Consejo, de 23 de abril de 2009, por la que se modificó la Directiva 2003/87/CE para perfeccionar y ampliar el régimen comunitario de comercio de derechos de emisión de gases de efecto invernadero. Una norma que, aunque mantiene la estructura fundamental, contiene importantes modificaciones del RCDE que comenzaron a regir en el año 2013 dando inicio a la Etapa III de desarrollo del sistema europeo de comercio de emisiones, la cual se extiende hasta el 31 de diciembre de 2020.

C) TERCERA ETAPA: PERFECCIONAMIENTO Y ESTABILIZACIÓN (2013 - 2020).

Como lo vengo de afirmar, esta etapa se encuentra determinada por la entrada en vigencia del denominado «Paquete de Cambio Climático 2020», el cual introdujo diferentes novedades, entre las cuales destacamos por considerar que son las más importantes para el desarrollo del sistema:

- El abandono progresivo de la asignación gratuita de derechos de emisión, dando prevalencia a la subasta como principio básico para la asignación de derechos, al considerar que es este el método más simple y económicamente más eficiente;
- La desaparición de los planes nacionales de asignación y la correlativa adopción de un techo de emisiones único europeo;
- La no asignación de derechos gratuitos a las empresas generadoras de electricidad;
- La imposición de objetivos de reducción de emisiones más exigentes;
- La ampliación del RCDE UE a más sectores industriales y nuevos gases de efecto invernadero; La reserva de 300 millones de derechos de emi-

sión colocados en la Reserva de Nuevos Entrantes[13] para financiar el despliegue de tecnologías innovadoras de energía renovable y captura y almacenamiento de carbono a través del programa NER 300.

Hacia el final de esta tercera fase de desarrollo de la RCDE UE, tal y como sucedió al finalizar la fase II, la UE planteó una serie de modificaciones a través de la expedición de la DIRECTIVA (UE) 2018/410 del Parlamento Europeo y del Consejo de 14 de marzo de 2018 por la que se modifica la Directiva 2003/87/CE con la cual se actualiza el funcionamiento del sistema de cara a la Fase IV, la cual está principalmente encaminada a alcanzar la meta de reducción de emisiones que se fijó la UE para el año 2030 y que nos va a determinar cuáles son las perspectivas y retos de esta política ambiental Europea para los países miembros en general y en particular para España.

IV. Perspectivas y retos

Las perspectivas y retos para la política ambiental de emisión de derechos de emisión negociables, está determinada por los objetivos que se han trazado para la denominada fase de «Expansión, fortalecimiento y liderazgo» del RCDE, la cual está proyectada a 2030 habiendo comenzado en el año 2021.

En efecto, en esta etapa, la UE busca alcanzar —tal y como se propone en el 2030 *Climate Target Plan*— una reducción neta de sus emisiones en un 55 % por debajo de los niveles de 1990, lo que constituye una meta mucha más ambiciosa que la propuesta inicialmente de reducción del 42 % en comparación con los niveles de 2005 y que se encuentra inscrita en el compromiso de alcanzar la neutralidad climática en la UE en el año 2050[14].

Así, mediante la adopción del Reglamento (UE) 2021/1119 del Parlamento Europeo y del Consejo (7), la Unión no solo integró a su legislación el objetivo de alcanzar la neutralidad climática en toda la economía a más tardar en 2050, sino que, a su vez, estableció como un objetivo vinculante de la Unión el realizar una reducción interna de las emisiones netas de gases de efecto invernadero (emisiones una vez deducidas las absorciones) de, al menos, un 55 % con respecto a los niveles de 1990, de aquí a 2030.

---

13 El New Entrance Reserve (NER) es un fondo especial de derechos de emisión destinado a proteger al mercado frente a la inestabilidad provocada por la entrada de nuevas industrias, el cual se destina a instalaciones ya pertenecientes al sistema que reconfiguran su modo de producción o capacidad. Este fondo permite aumentar la cantidad de derechos disponibles en el caso de que se construyan nuevas plantas industriales que acarreen emisiones con el objetivo de no desestabilizar el precio del carbono.

14 Comision Europea. Régimen de comercio de derechos de Emisión de la UE. En línea: https://climate.ec.europa.eu/eu-action/eu-emissions-trading-system-eu-ets/revision-phase-4-2021-2030_es (fecha de consulta:13 julio de 2023).

Así, actualmente nos encontramos inmersos en el desarrollo de la Fase IV, dentro de la cual, en el marco del llamado «Objetivo 55», la CE presentó un paquete de propuestas encaminado a revisar diferentes disposiciones europeas en materia de legislación climática [15], entre las que se encuentran las referentes al RCDE UE, buscando establecer de manera concreta la manera en cómo la Comisión pretende alcanzar los objetivos establecidos en el Pacto Verde Europeo, el conjunto de medidas e iniciativas que definen el compromiso de la UE con la protección del medio ambiente.

En esta vía, para alinear el sistema de derechos de emisión de la UE con los objetivos de reducción de emisiones del Pacto Verde Europeo, el Parlamento aprobó una actualización del sistema en abril de 2023 y derivado de ello se adoptó todo un paquete de medidas que determinan la perspectiva de evolución deseada en esta materia para los países de la UE.

- Directiva (UE) 2023/959 del Parlamento Europeo y del Consejo, de 10 de mayo de 2023.
- Reglamento (UE) 2023/957 del Parlamento Europeo y del Consejo, de 10 de mayo de 2023, por el que se incorporan las actividades de transporte marítimo al régimen para el comercio de derechos de emisión en la Unión Europea y de seguir, notificar y verificar las emisiones de gases de efecto invernadero adicionales y las emisiones procedentes de tipos adicionales de buques.
- Reglamento (UE) 2023/956 del Parlamento Europeo y del Consejo, de 10 de mayo de 2023, por el que se establece un Mecanismo de Ajuste en Frontera por Carbono.
- Reglamento (UE) 2023/955 del Parlamento y del Consejo,de 10 de mayo de 2023, por el que se establece un Fondo Social para el Clima.

Estas reformas incluyen recortar las emisiones de los sectores previstos en el Régimen de comercio de derechos de emisión de la UE a un 62 % respecto a los niveles de 2005 y se concentran, principalmente, en procurar alcanzar las metas de reducción establecidas, protegiendo la estabilidad, rentabilidad y los efectos sociales del mercado europeo de derechos de emisiones.

De esta nueva normatividad, se desprenden pues una serie importante de retos, en primer lugar, la regulación del mercado específico de emisión en el transporte marítimo internacional[16], que era el único medio de transporte no

15 Comision Europea. Régimen de comercio de derechos de Emisión de la UE. En línea: https://climate.ec.europa.eu/eu-action/european-green-deal/delivering-european-green-deal_en (fecha de consulta: 13 de julio de 2023).

16 El transporte marítimo internacional, de acuerdo con lo señalado en la Directiva, consiste en viajes entre puertos bajo la jurisdicción de dos Estados miembros diferentes o entre un puerto bajo la jurisdicción de un Estado miembro y un puerto situado fuera de la jurisdicción de cualquier Estado miembro.

incluido en los compromisos anteriores de la Unión de reducir las emisiones de gases de efecto invernadero.

En segundo lugar, la creación del Mecanismo de Ajuste en Frontera por Carbono, encaminado a proteger al RCDE UE del riesgo de fuga de carbono, apoyando a aquellas empresas que se puedan ver afectadas por la actividad de agentes no sometidos al RCDE UE para que mantengan su producción dentro de la UE.

En tercer lugar, la ampliación del ámbito de aplicación del Fondo de Innovación para apoyar la innovación en tecnologías y procesos con emisiones de carbono bajas o nulas que afecten al consumo de combustibles en los sectores de los edificios, el transporte por carretera, así como la descarbonización del transporte naviero, lo cual debe contribuir a alcanzar los niveles de calidad ambiental deseados a través de las políticas de emisiones, en la medida que incentivan la creación de nuevas tecnologías más limpias. En este mismo sentido, buscando que la transición energética sea justa, se buscó fortalecer el fondo europeo de modernización.

En cuarto lugar, el establecimiento del marco necesario —para alcanzar el objetivo de 2030— en el comercio de derechos de emisión en los sectores de los edificios, el transporte por carretera y otros sectores. Para lo cual se establecieron unos plazos específicos tanto en relación con la puesta en práctica del propio marco regulatorio —2024-2026— como en relación con la expedición de derechos de emisión y las obligaciones de cumplimiento de dichas entidades, los cuales deben ser aplicables a partir de 2027. Todo ello con fundamento en una lógica de construcción de un sistema encaminado a regular a los proveedores de combustibles y no a los propietarios o locatarios de las habitaciones, ni tampoco a los propietarios de los vehículos de carretera.

Finalmente, directamente relacionada con la anterior, encontramos la creación del Fondo social para el clima, destinado a apoyar a los hogares, pequeños negocios y pasajeros más afectados por la pobreza energética. En efecto, teniendo en cuenta que de acuerdo con la Oficina Europea de Estadística, en una encuesta realizada al interior de la UE en el año 2021, casi el 6,9 % de la población de la Unión no podía calentar adecuadamente su hogar[17], la introducción efectiva de los sectores de los edificios y el transporte por carretera en el RCDE UE, debe ir acompañada de una compensación social efectiva y para ello se creó el Fondo Social para el Clima con el fin de proporcionar financiación específica a los Estados miembros para apoyar, especialmente, a quienes se encuentran en situación de pobreza energética o de transporte.

---

17 Comisión Europea. *Eurostat. Inability to keep home adequately warm – EU-SILC survey*. En línea: https://ec.europa.eu/eurostat/databrowser/view/ILC_MDES01__custom_6037156/bookmark/table?lang=en&bookmarkId=8f6604d8-6581-4f7b-adde-7a9e53a28caf (fecha de consulta: 20 de septiembre de 2023).

De manera concreta, el Fondo Social para el Clima puede ser utilizado por los Estados miembros para financiar inversiones y medidas estructurales relacionadas con eficiencia energética, renovación de predios, enfriamiento y calefacción limpia, y la integración de energías renovables, así como emisiones cero en el sector de movilidad y transporte.

Este Fondo Social para el Clima, en tanto instrumento resultante de la aplicación del criterio ético de evaluación para la formulación de política ambiental, deberá, por una parte, promover la equidad y la solidaridad entre los Estados miembros y dentro de ellos, y por otra, servir para mitigar el riesgo de pobreza energética y de transporte durante el plazo de adaptación a las nuevas realidades del mercado de emisiones de estos nuevos sectores, movilizando recursos superiores a los 86 mil millones de euros entre 2026 y 2032, provenientes de los ingresos derivados del sistema de comercio de emisiones en estos mismos sectores[18].

Haciendo especial referencia al caso Español y teniendo en cuenta que el Régimen de Comercio de Derechos de Emisión de la Unión Europea (RCDE UE) se aplica en España a través de la Ley 1/2005, de 9 de marzo, por la que se regula el régimen de comercio de derechos de emisión de gases de efecto invernadero, considero que el primer gran reto será el de ajustar la normatividad, con los efectos y consecuencias que ello traerá, para dar cumplimiento a la reciente reforma propuesta por la UE mediante el Reglamento (UE) 2023/957, adicionando las nuevas actividades que se han incluido en el marco del RCDE EU, con el fin de dar cumplimiento en los términos y plazos establecidos por la UE para la inclusión e implementación de la reforma en cada uno de los Estados miembros. Y, en segundo lugar, equilibrar los resultados en sus compromisos de reducción de emisiones entre las actividades sometidas al RCDE y aquellas no sometidas, toda vez que desde el año 2005 estos han presentado una evolución bastante desigual.

Con respecto a este segundo reto, considero oportuno poner de presente que durante las primeras etapas de desarrollo del RCDE EU España presentó un aumento importante en los porcentajes de emisiones de las industrias sometidas y una reducción significativa en los porcentajes de emisión de las demás industrias. Un hecho que puede considerarse es el resultado, en parte, de la eficiencia de las políticas ambientales de mandato aplicadas a las otras industrias, en particular las de imposición y subvenciones, y, en parte, de las dificultades de implementación del mercado en sus primeros años, derivada no sólo de la crisis financiera, sino también, de la inestabilidad del mercado y del desconocimiento que de él tenían los agentes contami-

18 Comision Europea. *Kyoto 1st commitment period (2008–12).* En línea: https://climate.ec.europa.eu/eu-action/climate-strategies-targets/progress-made-cutting-emissions/kyoto-1st-commitment-period-2008-12_en (fecha de consulta: 30 de septiembre de 2023)

nadores. Sin embargo, actualmente, tal y como sucede a nivel de la UE, en España, el RCDE se erige en el mecanismo más eficiente como incentivo de reducción de emisiones[19].

Aunado a los dos retos anteriores, se debe agregar la importancia que en el desarrollo del RCDE español juega la implementación de proyectos de mecanismo de desarrollo limpio (MDL) por parte del Estado y las autonomías españolas (L.1/2005. Art.2.n), como mecanismo de cumplimiento de los compromisos internacionales en materia de emisiones contaminantes regulados en la disposición adicional tercera de la L.1/2005 y contemplados, como ya lo anoté, como uno de los principales mecanismos para reducir las emisiones GEI en el Protocolo de Kioto.

Cabe reiterar que los MDL permiten a España como país parte del Anexo I del Protocolo de Kioto invertir en proyectos para reducir las emisiones en países con un menor nivel de desarrollo económico, de manera que los créditos generados por esos proyectos valgan para demostrar el cumplimiento de sus compromisos internacionales, como puntualizan SANABRIA y AGUIRRE (2013: 38-65).

Es decir, como lo señala el Ministerio para la Transición ecológica y el reto demográfico[20], se trata de un mecanismo de flexibilidad que permite al Estado español, por una parte, facilitar el cumplimiento de sus compromisos de reducción y limitación de emisiones. Y, por otra parte, apoyar el desarrollo sostenible de los países en desarrollo a través de la transferencia de tecnologías limpias. Con lo cual, de manera concreta se estarían alcanzando tres objetivos: (i) Permitir a España como país inversor hacer uso de las RCE's para alcanzar sus propios compromisos de reducción y limitación de emisiones; (ii) generar el mecanismo para que el país en desarrollo reciba inversiones en proyectos basados en tecnologías limpias y (iii) contribuir a alcanzar el objetivo último de la Convención de Cambio Climático: la estabilización de las emisiones de GEI.

En el caso español, la utilización de los MDL se inscribe, en gran medida, dentro del compromiso político que al momento de la negociación del Protocolo de Kioto adquirió España junto con la Comunidad Europea y los demás Estados Miembros, Canadá, Islandia, Noruega, Nueva Zelanda y Suiza, de facilitar recursos, destinados a países con un menor nivel de desarrollo económico, para financiar acciones de lucha contra el cambio climático y de

19 MINISTERIO PARA LA TRANSFORMACIÓN ECOLÓGICA Y EL RETO DEMOGRÁFICO. Los mecanismos de flexibilidad. En línea. https://www.miteco.gob.es/es/cambio-climatico/temas/mecanismos-de-flexibilidad-y-sumideros/los-mecanismos-de-flexibilidad/ (fecha de consulta: 30 de septiembre de 2023).

20 MINISTERIO PARA LA TRANSFORMACIÓN ECOLÓGICA Y EL RETO DEMOGRÁFICO. *Los mecanismos de flexibilidad*. En línea. https://www.miteco.gob.es/es/cambio-climatico/temas/mecanismos-de-flexibilidad-y-sumideros/los-mecanismos-de-flexibilidad/ (fecha de consulta: 30 de septiembre de 2023).

adaptación a sus efectos, por un importe de 410 millones de dólares USA anuales a partir del año 2005. Y es precisamente procurando dar uso a este mecanismo que ha regulado su desarrollo e implementación, a través del Real Decreto 1031/2007, de 20 de julio de 2007 y a día de hoy, ha establecido un importante plan de acción para los países de América Latina suscribiendo con varios de ellos importantes memorandos de entendimiento[21].

V. Conclusiones

La calidad medioambiental determina la planificación, implementación y ejecución de las actividades públicas y privadas en todos los entornos. No obstante, los parámetros para establecer, medir, evaluar y fiscalizar las condiciones de utilización que tanto los agentes públicos como privados hacen del mismo, obedece a criterios complejos que impiden, por regla general, tratamientos estandarizados y obligan a que la formulación de política ambiental se caracterice por su carácter esencialmente sectorial.

Es precisamente dentro de esta lógica que debe ser leído y analizado tanto el RDCE de la UE como el de España, a partir de las obligaciones y compromisos adquiridos en el Protocolo de Kioto en el año 1997. Toda vez que es una aproximación integral a la gestión del problema medioambiental lo que los ha llevado a considerar que los niveles de calidad ambiental deseados y propuestos como meta para el año 2030 —reducción en 55 % de emisiones— y 2050 —neutralidad climática—, sólo pueden ser alcanzados a través de la aplicación diferenciada —reconocedora de las particularidades de cada entorno—, integral —combinando diferentes instrumentos de política ambiental— y coordinada —entre actores públicos y privados; locales, nacionales e internacionales— es la que permitirá alcanzar el objetivo último de neutralidad climática.

No obstante, considero esencial poner de presente, como parte de estas ideas de conclusión, que la política ambiental, como toda política pública sin importar su ámbito de aplicación, debe tener como fin y última motivación aumentar el bienestar de los ciudadanos como destinatarios finales de toda actuación estatal y por ello la importancia que ha adquirido el factor de afectación social de las políticas ambientales y que ha llevado a la implementación en el ámbito europeo y español de medidas encaminadas a proteger a aquellas personas más vulnerables a los efectos de las políticas ambientales en particular las referentes a la inclusión de los edificios y el transporte de carretera en el RCDE, resulta ser de especial relevancia, toda vez que la protección del medio ambiente es un medio fundamental para garantizar el bienestar del conjunto de la sociedad.

21 Ministerio para la Transformación Ecológica y el Reto Demográfico. *Los mecanismos de flexibilidad.* En línea: https://www.miteco.gob.es/es/cambio-climatico/temas/mecanismos-de-flexibilidad-y-sumideros/documentacion/Copy_2_of_default.aspx (fecha de consulta: 30 de septiembre de 2023).

Referencias

Bufoni, A. L.; Ferreira, A. C. De S.; Oliveira, L. B. (2018): «The quality of carbon management accounting reporting as a financial barrier to clean development mechanism projects development». *Cadernos EBAPE* BR, vol. 16, n.° 3 (345–354). En línea: https://doi.org/10.1590/1679-395165381 (fecha de consulta: 15 de mayo de 2023).

Chatterjee, C.; Halim, N.; Mozumder, P. (2022): «Energy conservation and health risk reduction: an experimental investigation of punishing vs. rewarding incentives». *Environ Econ Policy Stud 24* (551–570). En línea: https://doi.org/10.1007/s10018-021-00337-3 (fecha de consulta: 10 de abril de 2023).

Chen, C.; Loft, L.; Matzdorf, B. (2023): «Lost in action: Climate friendly use of European peatlands needs coherence and incentive-based policies». *Environmental Science & Policy*, vol. 145 (104–115). En línea: https://doi.org/10.1016/j.envsci.2023.04.010 (fecha de consulta: 12 de abril de 2023).

Coase, R. H. (1960): «The problem of social cost». *The Journal of Law & Economics*, vol. 3 (1–44). En línea: https://doi.org/10.1086/466560 (fecha de consulta: 15 de junio de 2023).

Comisión Europea (2013): *Kyoto 1st commitment period* (2008–12). En línea: https://climate.ec.europa.eu/eu-action/climate-strategies-targets/progress-made-cutting-emissions/kyoto-1st-commitment-period-2008-12_en (fecha de consulta: 30 de septiembre de 2023).

Field, M. K. (2005): *Economía ambiental*. McGraw-Hill Companies.

Hackett, S. C. (2006): *Environmental and Natural Resources Economics Theory, Policy, and the Sustainable Society.* 3rd ed. Armonk, N.Y: M.E. Sharpe.

Padilla, E; Roca Jusmet, J. (2021): «Efectos distributivos interterritoriales de las políticas ambientales: El caso de las propuestas de impuesto europeo sobre la energía y el CO2». *Cuadernos económicos de ICE*, n.° 71 (221-249).

Sanabria Aguirre, S. E.; Hurtado Aguirre, E. (2013): «Emprendimiento verde en Colombia: El Caso del mecanismo de desarrollo limpio (MDL)». *Entramado,* vol. 9, n.° 1 (38-65). En línea: http://www.scielo.org.co/scielo.php?script=sci_arttext&pid=S1900-38032013000100004&lng=en&tlng=es (fecha de consulta: 06 de julio de 2023).

CAPÍTULO 9

AMBIENTES DIALOGADOS EN SEGURIDAD PÚBLICA: *ACCOUNTABILITY* ARGUMENTATIVA Y LEGITIMIDAD POLICIAL

Rafael Ferro Angelo

Escuela Nacional de Administración Pública (ENAP - Brasil)

I. Introdución

La dinámica mundial actual, inmersa en la cuarta revolución industrial, ten revelado un acelerado cambio en las relaciones entre estados y personas, impulsado por revoluciones tecnológicas. En este contexto, el aumento exponencial en la accesibilidad, volumen y velocidad de la información exhibe capacidad de fusionar a las dimensiones físicas, digitales y biológicas, redefiniendo relaciones globales, la economía, la sociedad y la cultura alrededor del globo[1].

Avanzando en ese proceso, las rutinas y patrones de comportamiento evolucionan a un estado fluido, lo que lleva la sociedad a comportarse cada vez más como una red de contactos, y no como estructura. El poder local de

1 Schwab (2016).

los Estados se desplaza hacia un contexto políticamente disperso y global, afectando las políticas nacionales y planificaciones organizacionales a largo plazo[2]. En medio de esa incertidumbre, rápidas transformaciones sociales ocurren, impactando en las expectativas ciudadanas con respecto al papel de sus gobiernos.

Con efecto, los medios digitales y las redes sociales resaltan un creciente descontento popular con las acciones de seguridad pública. Se señala, por lo tanto, la existencia de una crisis de legitimidad, confianza y rendición de cuentas en los organismos policiales[3], demandando a esas instituciones equilibrar más adecuadamente su eficacia, eficiencia y efectividad con la defensa de los derechos individuales y las demandas sociales por cambios.

Desde una perspectiva perceptiva, es crucial analizar cómo las policías enfrentan el descontento popular y las críticas direccionadas. Sin embargo, sectores significativos han demostrado una resistencia persistente, plantando posibles motivaciones político-partidarias detrás de activismos y demandas populares legítimas. Alegan, además, que desviaciones de comportamiento de sus actores tienen origen a nivel individual, sin vínculo a la estructura organizativa.

En este sentido, la falta de atención para con denuncias y demandas sociales alimentan un «clima de descontento público»[4], que se traduce en una aprehensión de injusticia e ilegitimidad de la actividad policial, intensificando la insatisfacción hacia estos actores. Pues, tras un enfoque argumentativo, los discursos se muestran disonantes, con amplificación a través de tecnologías de difusión en masa, aumentando la polarización de ideas.

Como respuestas viables, en la literatura encontramos estrategias para involucrar a los ciudadanos en actividades relacionadas con la seguridad pública[5], identificando la coproducción de información como forma de participación ciudadana en la prestación de servicios. Además, tal participación se ve influenciada por el estímulo y conocimiento de medios de participación; de la confianza, proximidad y satisfacción con los servicios; la interacción y comunicación entre actores, además del tiempo y recursos disponibles.

En esa perspectiva, el artículo contribuye a la búsqueda de confianza en las instituciones de seguridad, aproximando el ciudadano hacia ellas a través de una interacción bidireccional académica. La hipótesis adoptada sostiene que el equilibrio entre la experiencia práctica de las policías proyectada sobre investigaciones académicas con participación popular influye de manera significativa en la adecuación de la labor a las demandas públicas, impactando

2 Bauman (2007: 7-9).

3 Olsen, 2018; Poncioni (2022).

4 O'donnell (1998: 2-3).

5 Martins; Farias; Angelo Jr. (2019: 185).

en la legitimidad policial. Asimismo, se reflexiona sobre el rol de agente de cambio de los policiales académicos en la cultura, *praxis y poiesis* organizacionales, al retornar a la institución e impactar su reproducción normativa, revitalizar procesos educacionales y defender comportamientos de revisión y mejora.

Metodológicamente, el estudio se caracteriza como una investigación exploratoria y descriptiva, aplicada en una exploración epistemológica de conocimientos científicos en fenómenos observados y considerablemente descritos, buscando la explicitación de problemas[6]. Se sitúa en el campo de conocimiento de las ciencias sociales aplicadas, a través de una investigación bibliográfica en el ámbito de las ciencias políticas y policiales en los subcampos de políticas públicas de seguridad, gobernabilidad, *accountability*, transparencia y control.

Estructuralmente, el artículo está dividido en tres capítulos además de esta introducción. El primer capítulo aborda inicialmente los procesos políticos y la formalización del poder estatal, en su *jus puniendi,* y la necesidad de responsabilizarlo[7]. En ese sentido, se centra en la responsabilización horizontal, vertical y democrática[8], destacando los enfoques de *enforcement y answerability* en la búsqueda de legitimación de las policías alejada de una relación agente-principal en evaluación de políticas de seguridad[9].

El segundo capítulo se centra en reconocer las instituciones policiales como estructuras habitadas no solo por individuos, sino también por sus valores y discursos[10]. De esa manera, se permite comprender a sus agentes como vectores de cambio a través de activismo institucionales[11], y la influencia de sus discursos en la percepción social de la actividad[12]. Al fin, se describe la ilusión del conocimiento individual y la necesidad de compartir intencionalidad en el desarrollo de soluciones comunes[13].

El tercer capítulo se basa en la influencia del entorno académico y la comunicación científica pública[14] en la construcción de narrativas sobre las instituciones policiales[15], con sugerencia de uso y explicación de un nuevo deseño

---

6 Gil (2017).

7 Locke (2014); Manin (1997); Montesquieu (2001); Schmitt (1928).

8 Olsen (2018); O´Donnell (1998); Schedler (1999).

9 Poncioni (2022); Tyler (2012).

10 Lipsky (2019); Schmidt (2008).

11 Abers (2018).

12 Tyler (2004); Poncioni (2022).

13 Sloman; Fernbach (2017).

14 Bucchi; Trench (2008).

15 Habermas (2004; Schmitt (1928).

de política[16] denominado «abordaje argumentativo académico en políticas de seguridad pública». Finalmente, las conclusiones obtenidas arrojarán luz sobre el potencial beneficio de este abordaje frente a otras aproximaciones, en el análisis de los papeles policiales y ciudadanos con conformidad metodológica e intencionalidad compartida en la producción de evidencia conjunta capaz de respaldar evaluaciones políticas y revisiones institucionales.

II. El proceso político y el poder

El proceso político está, en esencia, relacionado con el poder[17]. En este contexto, se manifiesta inicialmente en la lucha periódica y estacional por su posesión, directamente relacionada con el proceso electoral y, posteriormente, en la necesidad de adecuación de su uso. En relación con la segunda perspectiva, se entienden tres enfoques complementarios: el ejercicio del poder por su detentor, una autorregulación del poder por el propio poder, y la necesidad de su control por actores distintos.

En respecto al proceso electoral, en las democracias modernas identificamos la preeminencia de un sistema político representativo, cuyo origen remonta a la incapacidad del pueblo, aunque titular de un poder supremo, para gestionar la totalidad de las cuestiones sociales, exigiendo su dirección indirecta a través de representantes elegidos[18]. Esta dinámica adquiere una naturaleza dual, al consentir poder y una diferenciación cualitativa entre representantes y representados[19] al mismo tiempo en que supuestamente legitima indirectamente sus acciones en el consentimiento periódico electoral[20].

Sobre el ejercicio del poder, desde una perspectiva contractualista, encontramos justificaciones[21] para la atribución de ese poder en la cesión de parte de los derechos naturales de los hombres en sumisión a la colectividad, permitiéndoles obtener ventajas y preservar garantías y propiedades[22]. En la manutención de este pacto, se deriva una autorización del uso potencial de fuerza por parte del detentor del poder, en nombre del bien común de sus gobernados. Ocurre que esa capacidad de causar «terror a los malhechores

16 Howlett (2014).

17 Schedler (1999).

18 Montesquieu (2001: 26).

19 Schmitt (1928: 205-257).

20 Manin (1997).

21 Locke (2014: 159).

22 En la obra *Two Treatises of Government* (Montesquieu, 2001) el término propiedad se utiliza para referirse a una categoría general de derechos y debe entenderse, en este contexto, como vidas, libertades y propiedades.

[obligando] los hombres a cumplir las leyes positivas de la sociedad» necesitan conformarse al «beneficio del bien público».

Surge, como consecuencia, la necesidad de autorregular este poder a través del propio poder, en la prevención de abusos. De hecho, «para prevenir abusos, dada la naturaleza de las cosas, es necesario que el poder sea el contrapeso del poder»[23]. En este sentido, el sistema de «controles y equilibrios» se ha mostrado eficaz en nivel intraestatal, al separar de manera independiente y armoniosa los poderes tradicionalmente establecidos: Ejecutivo, Legislativo y Judicial.

Sin embargo, ampliar el alcance del rol de control, responsabilización y rendición de cuentas de los estados a actores distintos de su estructura demanda la búsqueda por nuevos substratos capaces de fortalecer una gobernanza social. Asimismo, destacase el papel central de la *accountability* en la promoción de transparencia y justificación en la consolidación de la democracia.

III. *Accountability* horizontal, vertical y democrática

El término *accountability* no es de fácil traducción, siendo generalmente entendido como sinónimo de responsabilización y rendición de cuentas. Sin embargo, es importante abórdalo desde un espectro más amplio, enfatizando su importancia en la preservación del estado de derecho, la promoción de una gobernanza efectiva y en la construcción y manutención de instituciones democráticas.

En cuanto a su orientación, se puede entender en analogía a estructuras jerárquicas piramidales, donde la distribución del poder ocurre de manera desigual entre la cúspide y la base, más concentrado en los niveles más altos[24]. Por lo tanto, *accountabilities* verticales describen relaciones de poder entre desiguales desde arriba hacia abajo *(top-down)*, como en la jerarquía administrativa funcional, o en la dirección opuesta *(bottom-up)*, como en las democracias representativas electorales, donde el voto se entiende como evaluación de una gestión política específica.

Por otro lado, *accountabilities* horizontales describirían relaciones equitativas de poder que, en el caso de los estados modernos, se expresan a través del sistema de «controles y equilibrios», como mencionado anteriormente. O'Donnell (1998: 21) argumenta tratarse de un modelo construido intencionalmente para fortalecer el control y el equilibrio institucionales, evitando «tentaciones usurpadoras de otros poderes», asegurando que gobiernos «no se olviden de que ellos mismos son deudores de aquellos que son la fuente de su pretensión de gobernar».

---

23 Montesquieu (2001: 172).

24 Schedler (1999).

En este contexto, se identifican controversias sobre la extensión de aplicación de una *accountability* horizontal. Es decir, si debe limitarse a relaciones entre poderes y agencias intraestatales, o si la sociedad civil debe ser incluida en este paradigma. Schedler (1999: 25-26) inicialmente describe una aparente objeción a la segunda opción, basado en ventajas conceptuales de una clara noción del término y en la asimetría de poder preexistente entre actores estatales y no estatales, no obstante, evoca argumentos de existencia de una «tercera dimensión de *accountability*».

Acerca de eso, Olsen (2018) destaca un abuso tecnocrático como indicador de la eficiencia del Estado, generando una «cultura de desconfianza», con aumento tan gran de auditorías y órganos de control que, además de no proporcionar evidencias concluyentes, se convierten en fines en sí mismos y amplían tanto las tensiones intraestatales, que impide optimizar el uso de los recursos.

Ampliando la brecha identificada, vemos la descripción de *accountability* vertical como un proceso imperfecto y controvertido. Para Olsen (2018: 89), aunque expresarla en términos electorales, o en una burocracia *weberiana*, sea la narrativa preferida de democracias representativas, otras «formas no jerárquicas de gobernanza son importantes». Entre las posibles razones, se destacan disfunciones de la comunicación burocrática, como la parcialidad de medios de comunicación, una postura ambigua e inconsistente de líderes o mismo la desinformación política intencional, buscando impactar la percepción y motivación de los electores en responsabilizar a sus gobernantes[25].

O'Donnell (1998: 2) también destaca que la periodicidad de las elecciones diluye el poder regulador del ciudadano, por lo cual su eficacia como mecanismo de responsabilización vertical no es clara. Por lo tanto, el control popular por medio del proceso electoral, en cuanto «*accountability vertical bottom-up*» nos parece insuficiente en garantizar la efectuación de una participación democrática en la responsabilización.

Como resultado, un nuevo paradigma en *accountability* y legitimidad requiere equilibrar la autonomía y la rendición de cuentas de manera dinámica y recíproca con múltiples centros de autoridad, y con la producción de argumentos capaces de desestabilizar prácticas establecidas[26].

En concordancia con el pensamiento de expansión, este artículo reconoce la creciente búsqueda social en definir sistemas de responsabilización democráticos donde la sociedad sea capaz de demandar explicaciones fáticas y valorativas de las instituciones gubernamentales, influenciando no solo el

25 Merton (1970).

26 Olsen (2018: 92).

comportamiento de sus políticos electos, sino también de las organizaciones formales burocráticas pelas cuales las políticas públicas son efectivadas, como es el caso de las fuerzas policiales.

De facto,

> «un desafío para futuros estudios es explorar las fricciones en los procesos de accountability (...) los procesos a través de los cuales las democracias pueden lidiar con la persistencia de conflictos no resueltos sobre demandas de *accountability* (...) La capacidad cuestionable de los ciudadanos para responsabilizar a los gobernantes es un tema importante en la teoría democrática. Actualmente, existen demandas de mayor transparencia y participación directa de los ciudadanos, y la erosión de la confianza en las autoridades se ha interpretado como un signo de madurez política democrática»[27].

En tal sentido, se refuerza el papel de los ciudadanos en la *accountability* democrática. En particular, superar la linealidad presente en los flujos de distribución de poder vertical y horizontal actualmente presentes requiere el estudio de otras formas capaces de hacer con que los detentores de poder y las instituciones rindan cuentas.

IV. *Enforcement, answerability* y legitimidad democrática

SCHEDLER (1999) describe el concepto de *accountability* por medio de dos connotaciones: como *enforcement*, sometiendo el poder a amenazas y aplicación de sanciones; y como *answerability* que, a su vez, se divide en dos dimensiones. La primera, informativa, se centra en la transparencia y la comunicación de hechos confiables *(reliable facts)* en cuanto la segunda, argumentativa, obliga a los detentores de poder a explicar y justificar sus acciones, permitiendo controlar la validez de sus razones *(valid reasons)*.

Considerando un contexto democrático de derecho, tenemos que la dimensión de *enforcement* se dirige hacia el aspecto de derecho, garantizando consecuencias materiales por desviaciones en conformidad a normativas legales *(rule of law)*[28]. Por otro lado, una dimensión responsiva *(answerability)* se orienta hacia la perspectiva democrática, facilitando el diálogo entre actores, institucionales o no, en la formulación, implementación, ejecución y recepción de las políticas públicas.

Con efecto, el actual contexto de políticas de seguridad permite observar que muchos de sus procesos se encuentran centrados en la aplicación sancionatoria *(enforcement)*, tanto de los ciudadanos, a través de una vigilancia

---

27 DOGAN (2005: 46, *apud* OLSEN, 2018: 89-101).

28 SCHEDLER (1999: 17); OLSEN (2018: 25).

represiva, como de los actores institucionales, penalizando desvíos en el ejercicio de sus actividades. Sin embargo, esta dinámica no se ha mostrado eficaz en reducir los índices de criminalidad, o los abusos por parte de policía.

En lo que respecta a la responsabilidad policial, importa destacar ser innegable e indiscutible su sujeción al marco jurídico, en *strictu sensu*, especialmente en lo que concierne a derechos humanos. Por lo tanto, se esclarece la intención del artículo en destacar que, aunque presente un aparato punitivo, este no ha sido suficiente para mitigar comportamientos indeseables e ilegales. Los motivos encontrados involucran el poder causal de las normas no estar vinculado apenas a su existencia, sino también a las expectativas en cumplirlas y la propensión en conformarse para con ellas[29].

Con relación al control de la criminalidad, muchos problemas de seguridad pública parecen insolubles, mismo después de años de actuaciones enérgicas, con un alto costo en vidas. Por lo tanto, el ejercicio de influencia sobre ciudadanos basado únicamente en una aplicación asimétrica de poder se muestra, para más allá de «costoso e ineficiente»[30], como contraproducente en términos de salvaguardia a derechos. Se refuerza, por ende, una cultura de desconfianza no solo en la optimización de recursos, como abordado anteriormente más, con mayor impacto, en la legitimidad y capacidades policiales.

En realidad, si adoptamos la premisa de una eficiencia racional de los procesos de *accountability* desde una perspectiva sancionatoria, tendríamos una sociedad similar al mundo feliz[31], donde los cambios y transformaciones solo ocurrirían a través de revisión normativa. Como tal perspectiva no prospera en el mundo real, concluimos por la existencia de otras fuerzas de influencia.

En conclusión, es necesario buscar estrategias más amplias en políticas de seguridad, que consideren los contextos contingentes y argumentativos donde ocurren. Esto implica en reconocer los impactos de años de ausencia estatal, marginación y etiquetado social en la percepción social sobre el papel de la policía, ben como identificar medios más propicios a la mejora de su desempeño y responsabilización no solo por imposición normativa, sino también por su grado de adhesión a los principios democráticos y valorativos tenidos como base de confianza por los ciudadanos.

De hecho, la ciencia política se ocupa con los motivos que llevan a los ciudadanos a formar comunidades políticas y cómo «diferentes arreglos institucionales contribuyen a la política democrática como una forma de gobernar sociedades divididas sin violencia indebida ni eliminación de la diversidad»[32].

---

29 Bicchieri (2016: 51).

30 Tyler (2012: 4).

31 Huxley (1999).

32 Olsen (2018: 219).

En consonancia con este pensamiento, tenemos la comunicación y exigencia de respuestas de los detentores de poder como verdadera base de legitimidad democrática, sometiendo acciones estatales al reglamento de la razón[33].

V. Legitimidad policial y alejamiento de una relación agente-principal

Como se ha visto, el desarrollo de la capacidad de responsabilización democrática de las burocracias estatales formales, como las policías, requiere implantar mecanismos que contribuyan a la percepción pública de su alineamiento con los principios democráticos, sirviendo como base para la confianza ciudadana. En especial, TYLER (2004) describe esa legitimación de las actividades policiales en dos dimensiones: una instrumental y otra normativa.

En lo que respecta a la legitimidad instrumental, se refiere a la «eficacia en el control del crimen y el desorden en la comunidad (disuasión)»[34], se descomponiendo en tres elementos utilitarios: la disuasión de comportamientos por el riesgo de imposición de sanciones, el desempeño efectivo de la policía en el control de la criminalidad y, por fin, la equidad y justicia distributiva de la actividad policial.

Así, para el artículo, entendemos que el primer elemento se asocia al carácter preventivo *(punitur ut ne pecceter)* y el segundo al carácter retributivo *(punitur quia peccatum)* de las penas y sanciones, sin grandes novedades. El tercer elemento, por su vez, refuerza la interpretación de que el equilibrio y proporcionalidad de las intervenciones policiales afectan el cumplimiento voluntario de las leyes por los ciudadanos.

Asimismo, la perspectiva normativa de legitimidad policial, para la autora, involucra no a las normativas que regulan actividades, sino a los modos regulatorios en los que las decisiones institucionales son tomadas y la autoridad policial es ejercida en su relación con los ciudadanos, relacionándose a la justicia procesal[35]. Por dicha razón, se refuerzan a las percepciones y sentimientos sociales de la adecuación de las acciones policiales al padrón equitativo y distributivo esperado como fuente de legitimidad.

Es cierto que esa perspectiva representa una ruptura con la concepción tradicional de las policías como actores principales de evaluación y monitoreo de sus resultados en la seguridad pública, alejando la comprensión de *accountability* de una estructura basada únicamente en reglamentos e incentivos negativos por sanciones.

---

33 SCHEDLER (1999).

34 PONCIONI (2022: 19).

35 PONCIONI (2022).

En verdad, es muy necesario alejar nuestros estudios de enfoques dominantes principal-agente, una vez que

> «son más (...) aplicables (...) en regímenes establecidos, situaciones rutinarias y en una perspectiva a corto plazo» [así como] «en políticas con un centro soberano de autoridad y poder» (...) o «en regímenes donde la conformidad y el control están encima de otras preocupaciones y la autoridad legal formal es más importante que las instituciones y prácticas vivas»[36].

Ratificando esta comprensión, ABERS (2018: 21) sostiene que no resulta satisfactoria la atribución de poder transformacional apenas a actores con «recursos [tan] excepcionales (...) que las reglas sociales no se les aplican», como parece ser el caso de la policía y su diferenciación frente a los ciudadanos. Por lo tanto, el artículo reflexiona sobre como mitigar su papel de agente principal de asesoramiento en políticas de seguridad, en la *praxis* y en la *poiesis* de su actuación.

Tal caracterización permite reconocer la importancia de la representación popular no solo en el proceso de formulación de políticas de seguridad pública, sino también en su implementación y evaluación, compartiendo el poder con actores sociales y garantizando que los ciudadanos tengan voz activa e influencia en las decisiones públicas. En MONTESQUIEU (2001: 173) vemos este concepto de libertad política como «*una tranquilidad de espíritu derivada de la opinión que cada persona tiene de su seguridad*». Se entiende, así, la participación popular en igualdad a los policiales, siendo la neutralidad, la impersonalidad en la toma de decisiones, la calidad de esas interacciones y la confianza en las intenciones de las autoridades[37] las bases fundamentales a posibles cambios.

Como consecuencia, se esperan una mayor identificación, compromiso y cooperación con las fuerzas policiales, resultando en mayor obediencia a las pautas no porque sean obligatorias, sino porque son aceptadas y consideradas justas y equitativas. Como resultado, se promueve una obediencia espontánea a las reglas, al mismo tiempo en que hay un mejor entendimiento del papel de la policía en la defensa del bien común, tal como inicialmente previsto en el contrato social.

En tales circunstancias, se hace evidente la complementariedad entre una demanda por mayor énfasis argumentativa de rendición de cuentas *(aswerability)* y la legitimación policial en términos de percepciones de equidad, justicia y justificación del ejercicio de su autoridad por la sociedad. En este desafío, se hace necesario establecer canales de diálogo capaces de comunicar no apenas los resultados de las actividades de seguridad pública entre ambas las partes, sino también las razones existentes por tras de su ejecución, o de la demanda por cambios.

---

36 OLSEN (2018: 98).

37 PONCIONI (2022: 19).

VI. Instituciones habitadas y los burócratas a nivel de calle

La búsqueda por tal relación dialéctica, alejándola de una interacción potencialmente conflictiva para con la sociedad, conlleva el reconocimiento de las policías como instituciones habitadas no solo por sus individuos, sino también por las ideas, valores y discursos que impactan en su estructura y actividad. En verdad, las ideas y discursos de estos actores no se agotan en la descripción normativa de palabras, sino que traen con ellos subjetividades ideológicas y lógicas comunicativas que se asocian a los contextos e intereses individuales y colectivos allí presentes[38].

Desa manera, las instituciones son moldeadas, mantenidas o revisadas no solo por cambios estructurales formales planificados, como prevé la ciencia administrativa clásica, sino también por la influencia del sumatorio de narrativas de diversos actores, internos y externos, lo que transciende una racionalidad determinista. Lipsky (2019) acerca esta realidad a los servicios públicos, destacando como «burócratas de nivel de calle (...) aquellos que interactúan cotidianamente con los usuarios de los servicios, entregando servicios y políticas públicas»[39]. En esta categoría se incluyen los policías, que pueden ser entendidos, desde el punto de vista experiencial de los usuarios, como las propias políticas públicas.

A estos actores, se atribuye gran discreción de actuación cotidiana debido a su distancia del centro formal del poder. Por consiguiente, al procesar grandes volúmenes de demandas en medio a restricciones burocráticas, pueden adoptar actitudes de procesamiento en masa de sus «clientes»[40], en nuestro caso, la sociedad. De hecho, Merton (1970: 103) describe como posibles reacciones a las disfunciones de la burocracia el desarrollo de alternativas capaces de influir en la cultura y la tradición, generando «formas persistentes de cultura» funcionales o disfuncionales, que «inevitablemente involucran ciertos compromisos ideológicos».

Es cierto que, basándonos en estos fundamentos, el comportamiento esperado por los ciudadanos impacta directamente en la evaluación de calidad de los servicios prestados por las policías. En conclusión, como posible explicación para el desvío instrumental y normativo actualmente observado en las funciones principales de la policía, se plantea la posibilidad de que, al enfrentar condiciones insatisfactorias en su labor, simplifiquen procedimientos frente a ciudadanos, alejando el enfoque humano de sus destinatarios. Por obvio, tal proceso puede perpetuar prácticas desviadas o ilegales, como el racismo institucional del cual Poncioni (2022) trata en sus estudios.

---

38 Schmidt (2008).

39 Lipsky (2019: 11).

40 Lipsky (2019).

Sin embargo, en la dirección opuesta, repetida la premisa de que las alternativas elegidas influyen internamente en la cultura institucional de manera persistente, y externamente en la legitimidad policial, tenemos que los comportamientos policiales conformados al estándar social esperado impactan positivamente tanto en su imagen como en sus resultados desde una perspectiva normativa. Además, pueden servir como directriz de cambio institucional, a depender de los compromisos ideológicos adoptados por los ejecutores.

Se destaca, en consecuencia, la importancia participativa de actores de ambos os lados de esta dicotomía policía-sociedad en evaluaciones de seguridad pública. Se destaca que tal participación puede tener impactos significativos en las organizaciones y en la creación de consensos sociales, incluso más acentuados do que un enfoque centrado en la planificación normativa. En efectivo, se reconoce que «normas son construcciones dinámicas e intersubjetivas en lugar de estructuras estáticas» [41]siendo necesario, por lo tanto, abordarlas con mayor flexibilidad y espectro.

VII. Activismo discursivo en las policías, sociedad y comunidades de conocimiento

En cuanto a los policías como agentes de cambios estructurales, ABERS (2018) describe la influencia del poder de la comunicación y la argumentación en la promoción de cambios por medio del activismo institucional. En particular, reafirma la posibilidad de ejercicio de un cierto grado de activismo en las instituciones por sus actores internos.

Por supuesto, agentes de policía no deben ser considerados como ignorantes culturales[42]. En esa dirección, también pueden aprovecharse de las ventajas de que, como miembros operativos de la organización, recurren a sus recursos institucionales[43], a los procesos de formulación y revisión normativa[44], a la reproducción de actividades y protagonismo[45] y a los modelos de aprendizaje y enseñanza internos[46] desempeñando, por lo tanto, papel fundamental en el cambio.

En esta dirección Abers (2018) refuerza esa importancia, describiendo la capacidad del discurso influir en la movilización y apoyo populares a las actividades de la policía, creando narrativas que involucren y sumen esfuerzos con la sociedad civil en la búsqueda de soluciones comunes compartidas.

41 Schmidt (2008: 302).

42 Sewell; William (1992).

43 Schmidt (2008).

44 Abers (2021).

45 Angelo (2022).

46 Poncioni (2022).

Para Bradford & Quinton (2014, *apud* Poncioni, 2022)

> «las estructuras internas de las organizaciones policiales desempeñan un papel importante, porque condicionan la capacidad y, de hecho, la voluntad de los policías de proporcionar un estilo de policía comprometido con los procedimientos que componen la justicia procesal. (...) procesos democráticos dentro de las organizaciones policiales también pueden tener el efecto de "enseñar" a los policías, alentándolos a internalizar valores democráticos».

Respecto de una reforma de los procesos educativos de la policía, es importante que las iniciativas se muestren capaces de formar «competencias, habilidades y actitudes del policía para llevar a cabo prácticas profesionales»[47] en oposición, para la autora, a prácticas racistas, pero plenamente aplicable a nuestra situación. Si cuestiona también la ausencia de una capacidad efectiva de la educación policial tradicional en alterar a los comportamientos y actitudes.

En el espacio destacado entre la importancia de la reforma institucional y el sistema educativo actual de las fuerzas de seguridad, el artículo sugiere que el alejamiento de los profesionales relacionados con procesos educativos policiales de sus entornos laborales por medio de su inserción en la actividad académica es una forma efectiva de exponerlos a otras realidades, compartiendo intenciones investigatorias con la sociedad, permitiéndoles reflexionar sobre la real efectividad sus actividades no apenas nel control del crimen, sino también en la justicia procesal con la que las policías han actuado.

Sin embargo, considerando que el pensamiento organizacional policial se manifiesta como una suma de la diversidad de roles desempeñados por sus actores, compartiendo creencias individuales y políticas, tenemos, a través de la unión de policías que regresan a la institución, dada su función académica, la posibilidad de ejercer roles de coalición de defensa de cambios en este subsistema[48].

El reconocimiento de esa importancia del discurso y argumentación abre la posibilidad de establecer canales de comunicación entre la policía y la sociedad, permitiendo la presentación, deliberación y legitimación de ideas en un contexto más inclusivo y amplio. A su vez, la adaptación de la policía a esta realidad exige el reconocimiento de la contingencia de sus acciones en medio de las demandas y expectativas de los ciudadanos, como se retoma en la confianza popular, repensando sus fundamentos.

Con respecto a posibles medidas de control democrático dirigidas específicamente a estos burócratas de calle, encontramos en Schedler (1999: 19) que, si la rendición de cuentas realmente se dirige a ellos, su responsabilidad no debe limitarse a la regulación y control de sus actividades, ni a eliminar su discreción a través de una burocracia excesiva. Responsabilizar a este poder

47 Poncioni (2022: 17).

48 Weible (2012); Abers (2021).

requiere reconocer «que la política es una empresa humana cuyos elementos de agencia, libertad, indeterminación e incertidumbre no se puede erradicar».

En lo que respecta al papel de la sociedad en esta realidad dual, volviendo a LIPSKY (2019: 383), encontramos como uno de los principales interesados en las políticas institucionales, «los clientes y sus intereses, que buscan mejoras en el servicio, pero no tienen legitimidad en las arenas políticas». Extrapolando esta afirmación al ámbito de la seguridad pública, es posible ver demandas reales por mejora en los servicios policiales proveyendo de ciudadanos que no tienen acceso a esa estructura coercitiva del Estado.

En cuanto a la posible participación de individuos en la formulación de políticas públicas de seguridad, tenemos la capacidad de que «la comunidad de investigación política fuera del gobierno» contribuya decisivamente «a enriquecer la comprensión y el debate sobre cuestiones políticas, sirviendo como un complemento natural para la capacidad dentro del gobierno»[49].

Por consiguiente, la participación social es esencial en influenciar la percepción de las capacidades gubernamentales, y puede direccionar ese activismo. De esa manera, la sociedad funciona como un ciclo de influencia, en lo cual la investigación académica sierve de base de evidencias a la concienciación y al activismo potencial. Este reconocimiento, a su vez, ejerce presión para cambios políticos en busca de mejorar la transparencia, la responsabilidad y la equidad en las instituciones gubernamentales de aplicación de la ley.

Retornando a la *accountability*, vemos que estos discursos implican en la exposición de ideas en procesos interactivos, pudendo ocurrir de manera coordinativa, entre actores políticos, o de manera comunicativa, en el diálogo entre estos actores y el público en general[50]. Por ende, se reconoce la inevitable necesidad de reconocer el poder político social para más allá de su representación indirecta si se pretende otorgarles igual papel en la rendición de cuentas del Estado.

Como ciencias sociales aplicadas, es evidente que las decisiones tomadas por las instituciones de seguridad no se basan completamente en estándares racionales puros, sino que están sujetas a incentivos y persuasiones[51], contextos de sus actores principales[52], entre otros factores subjetivos, como visto.

En esa perspectiva, SLOMAN y FERNBACH (2017) plantean que un procesamiento compartido de información dirigido a la resolución de problemas complejos permite obtener avances cognitivos de modo sinérgico. Ese entendimiento se ratifica en la teoría general de sistemas, donde el todo puede ser mayor que la suma de las partes, por el efecto multiplicador de la combinación de recursos[53].

49 ANDERSON (1996 *apud* HOWLET, 2014: 195).

50 SCHMIDT (2008).

51 SUNSTEIN (2018).

52 ANGELO (2022).

53 BERTALANFFY (2010).

Para que tal nivel de integración sea posible, se muestra esencial compartir no solo atención y experiencia de los involucrados en torno del tema y un objetivo común más, de mayor relevancia a este análisis, es necesaria la compartición de una intencionalidad que establezca un terreno común *(common ground)*[54] a una comunidad de conocimiento que armonice los distintos procesos cognitivos. En complemento, Bichieri (2017: 106-109) también describe como factores de influencia al cambio organizacional la presencia de razones compartidas y la coordinación colectiva, lograda a través de la comunicación.

Esta transformación se reafirma en Olsen (2015: 27) en la diferencia propuesta por el autor entre eficacia institucional y legitimidad, y en Lipsky (2019: 383), al señalar ser

> «improbable que ocurra una reconstrucción de las burocracias de nivel de calle en ausencia de un amplio movimiento de justicia social y económica. Precisamente porque (...) implica una distribución más equitativa de los servicios como bienes públicos, valorando mucho más el estatus de las personas en la sociedad y desafiando el control y la mistificación de los servicios públicos».

Reconociendo la necesidad de priorizar la convergencia de intereses entre la policía y la sociedad, se muestra necesario reflexionar entornos más propicios a los debates sobre seguridad pública, capaces de promover diálogos abiertos, alejados de diferenciaciones cualitativas, más inclusivas y capaces de mejor destacar los motivos por detrás de las demandas públicas. En la misma línea, es importante reconocer la experiencia de los usuarios de los servicios públicos (ciudadanos) en las arenas política de seguridad pública, entendiendo cómo los sentimientos públicos afectan la percepción de corrección y adecuación de acciones policiales.

En ese sentido, tenemos el sentimiento de seguridad (o inseguridad) como un «conjunto de manifestaciones de inquietud, perturbación o miedo cristalizadas en torno al crimen»[55], pasando de un objetivo de eficiencia y eficacia a una cuestión argumentativa de rendición de cuentas a través del diálogo con la sociedad. En este contexto, la comunicación científica emerge como un flujo capaz de proporcionar análisis críticos, evidencias empíricas y recomendaciones fundamentadas.

VIII. Comunicación científica pública y un abordaje argumentativo académico

Observada la teoría de la comunicación científica pública[56], identificamos la prevalencia histórica de un concepto de difusión de conocimiento «peda-

54 Sloman; Fernbach (2017: 94).

55 Caiado (2013: 5).

56 Bucchi; Trench (2008: 57-76).

gógico-paternalista», que distingue tanto la actividad de investigación de la sociedad, que la actividad es entendida como excesivamente difícil para ser comprendida por el público en general. Otro obstáculo destacado respecta a la frecuente delegación de la tarea de comunicar conocimientos científicos a los medios de comunicación, alejando los investigadores de posibles críticas por excesos, distorsiones o sensacionalismo.

En resumen, desde esa perspectiva, la comunicación científica es concebida como un flujo «unidireccional de influencia», con origen en los investigadores como actores excepcionales, dirigida hacia la sociedad a través de los medios de comunicación, en un canal hermético sin interferencias contingenciales del entorno, ni influencias de su receptor.

Subrayase, bajo esa interpretación, la similitud entre el «concepto difusionista de comunicación» abordado y lo que hemos optamos por llamar de «*accountability de lo mínimo*», donde la comunicación gubernamental tradicional privilegia la transparencia de expositiva en detrimento a una argumentación de razones y escrutinio público de sus acciones. Recuren, además, a agencias de comunicación como intermediarios, tal cual el modelo estudiado.

Con vistas a contraponer ese modelo ultrapasado de difusión, encontramos nel modelo continuado de comunicación científica [57] la propuesta de un «flujo ideal de comunicación» con diferencias graduales a depender de contextos «intraespecialísticos», «interespecialísticos», pedagógicos o populares, afectando el modo como ocurre la exposición de ideas, descrito nel modelo que sigue.

Figura I: Modelo de comunicación científica como un *continuum*.

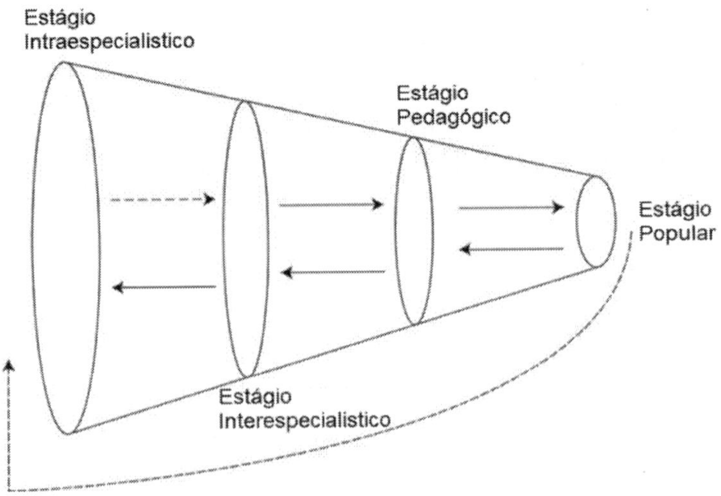

Fuente: traducido de BUCCHI; TRENCH (2008: 62).

57 CLOÎTRE & SHINN (1985); BUCCHI; TRENCH (2008).

Como es posible concluir del modelo, los autores aún proyectan la existencia de trayectorias alternativas de comunicación directamente entre los niveles populares y «intraespecialísticos» utilizado, generalmente, en la politización de discursos y ampliación de la discusión científica a otros canales. De hecho, las críticas dirigidas al paradigma difusionista destacan la importancia de reconocer al público y a los científicos con la misma relevancia en la producción de conocimiento.

Con efecto, para WYNNE (1995, *apud* Bucchi; Trench, 2008: 60)

> «el conocimiento lego no es una versión empobrecida o cuantitativamente inferior del conocimiento especializado; es cualitativamente diferente (...) La información factual es solo uno de los componentes del conocimiento lego, que se entrelaza con otros elementos (juicios de valor, confianza en las instituciones científicas, la percepción de la persona sobre su capacidad para aplicar el conocimiento científico de manera práctica) para formar un cuerpo de conocimiento no menos sofisticado que la experiencia especializada».

Sin embargo, a través de la comunicación directa entre las etapas popular e «intraespecialistica», las observaciones públicas pueden ocupar un lugar central en la dinámica de la producción científica, adquiriendo mayor prominencia y articulación popular en comparación con un debate puramente especializado y científico. En este estudio, se entiende la posibilidad de ir más allá, y ampliar los ambientes del modelo de comunicación científica hacia la esfera de una comunicación política en seguridad pública.

Respaldando nuestra propuesta de un modelo dialogado como herramienta conceptual, encontramos en Howlett (2014: 199) un cambio de paradigma en diseño de políticas públicas, reconociendo que los instrumentos históricos de política, «aunque son útiles, están desactualizados» y carecen de riqueza en términos de gobernanza. La razón estaría en la reducción de opciones políticas hacia las presentes en su caja de herramientas *(toolbox)*. Sin embargo, la generación de nuevas posibilidades requiere considerar otras alternativas.

Asimismo, nuevos diseños de políticas deben considerar instrumentos sustantivos y procesales disponibles a los gobiernos, con fines de ampliar la naturaleza contextual de sus relaciones políticas y de gobernanza[58] lo que, como visto, requiere adentrarse en la esfera experiencial tanto de los ejecutores[59] cuanto de los clientes de las políticas[60].

En este esfuerzo, situamos a los niveles populares, en este caso la sociedad, como el origen y comunicador de sus propias percepciones y deseos

58 Howlet (2014).

59 Angelo (2022); Lipsky (2019).

60 Abers (2018); Schmidt (2008).

de cambios en políticas públicas hacia los niveles intra e inter especialísticos en seguridad pública, representados por las policías. A su vez, los niveles especialísticos interactúan entre sí, y se comunican con el nivel pedagógico a través de policiales académicos.

En la búsqueda de esa interfaz dual, desvinculada del conflicto potencial y capaz de reconocer los factores ambientales y contextuales de ambos os lados, se desarrolla, basado nel modelo de comunicación continúa estudiado[61], una comunicación integrada en la etapa pedagógica, es decir, la actividad académica, como punto de encuentro de experiencias de los servicios prestados desde perspectivas subjetivas. Sigue su representación:

Figura II: el *«abordaje argumentativo académico en políticas de seguridad pública»*

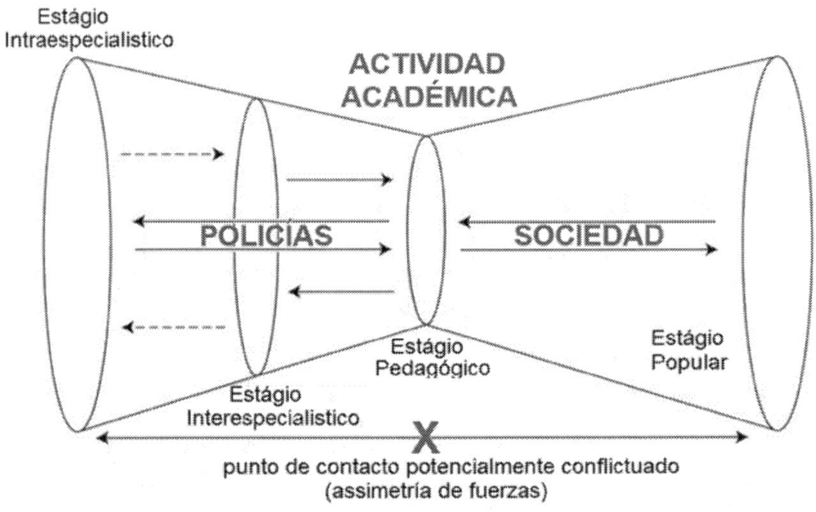

Fuente: elaborado por el autor, con base en Bucchi y Trench (2008: 62).

Se sugiere denominar a este enfoque de «abordaje argumentativo académico en políticas de seguridad pública». Argumentativo, pues la dimensión responsiva de *accountability*, en este contexto, se sitúa nel centro de la búsqueda por legitimidad democrática, implicando nel razonamiento y argumentación como enfoque principal para analizar y discutir cuestiones de políticas públicas de seguridad. El término académico, por su vez, se refiere al uso de este enfoque como mediador, fomentando la generación de conocimiento y evidencias a través de una investigación conjunta con metodología respaldada, en un terreno común.

61 Bucchi; Trench (2008).

Por lo tanto, se destaca a la actividad académica y su entorno multidisciplinario como base para la participación de actores institucionales y no institucionales sin necesidad de enfrentamiento directo de sus estructuras, como ratifica la teoría de la acción comunicativa en la posibilidad de un entendimiento racional mutuo de doble vía *(two-tracks)*[62]. En consecuencia, observamos un modelo de coproducción de conocimiento basado en el diálogo, cuya aplicación demanda definir objetivos conjuntos y compartir intención, configurando una agenda común de pesquisa con marco en la democracia argumentativa.

Para la sociedad, la investigación académica tiene el potencial de influir en la agenda pública al abordar los desafíos direccionados a los agentes de policía en el cumplimiento de sus deberes, pudendo resaltar cuestiones relacionadas con la justicia social y la aplicación local de la ley, llevando a un mayor y más verosímil entendimiento de los efectos de la actividad sobre la sociedad, y sus demandas por cambios y responsabilización.

Para las policías, se proyecta que la adopción del modelo sea capaz de proporcionar informaciones y evidenciar que respalden mejoras estructurales y normativas en sus actividades mediante la retroacción de flujos comunicativos[63], y por acciones creativas de activismo institucional[64], efectivadas a través de sus profesionales que se desplazan hasta la actividad academia. Como consecuencia, se configura un entorno complejo de influencias con impacto en procesos educacionales, culturales, comportamentales, y prácticas profesionales que crean capacidad de contrarrestar disfuncionalidades burocráticas[65].

Sin embargo, en nivel político, la formulación de políticas y el proceso de toma de decisiones requieren asesoramiento especializado de niveles inferiores para comprender la naturaleza de diferentes contextos analíticos internos[66], por lo tanto, la propuesta posee potencial de cambio en todos los niveles organizacionales.

IX. Conclusiones

En el contexto de este estudio, el enfoque propuesto parece ofrecer un potencial beneficio superior a otras aproximaciones. No solo desafía el *status quo* establecido para las instituciones, las actividades y los individuos policiales en su asimetría de poder, sino también permite abordar cuestiones

62 Habermas (2004).

63 Schmidt (2008).

64 Abers (2021).

65 Merton (1970).

66 Howlett (2014).

políticas, antropológicas y sociológicas en un contexto diverso, posibilitando un análisis del contenido y desempeño policial tras una perspectiva empírica, la experiencia y el protagonismo tanto de los agentes policiales como de los ciudadanos.

El modelo se presenta como democrático, discursivo, deliberativo, de persuasión y convencimiento, ya que fomenta el debate colectivo en un tercer entorno desvinculado de los iniciales. Asimismo, promueve la alineación en el debate al mismo tiempo que se basa en una conformidad académica y metodológica en la producción de evidencia conjunta que, a su vez, puede respaldar la formulación política y revisión normativa. Además, la diversidad del entorno académico ven en auxilio al informe de cambios institucionales, sea por la concienciación sobre demandas populares por una reforma, sea en la búsqueda por justicia social.

Otro aspecto destacado se refiere al refuerzo de intencionalidad compartida entre los actores, una vez que agentes de policía y ciudadanos no se convierten en académicos por casualidad, sino que lo hacen por motivación, voluntad y elección dirigidas a la investigación. En ese sentido, BICCHIERI (2017: 105) expande esa posición a la evaluación política, reconociendo que «las medidas de consenso y conformidad son condiciones cruciales tanto en el diseño de programas para promover el cambio como en la evaluación de si el cambio ha tenido lugar».

En una perspectiva de las ciencias policiales, el acercamiento de las actividades policiales al entorno académico posee una epistemología práctica de resolución de problemas[67], como la actual crisis de legitimidad de estas instituciones. Sin embargo, agentes de policía con perfil académico ya se presentan como activistas institucionales y emprendedores de políticas en potencial, una vez están que dispuestos a invertir recursos personales, como tiempo, en este debate. No obstante, su utilización como impulsores del cambio es particularmente eficaz a la transformación normativa, en cuanto «pequeño grupo» formador de opinión cuyo comportamiento y confianza se propaga a través de los «compromisos públicos»[68] que asumen en sus instituciones.

Bajo un punto de vista normativo y educativo, al alternar entre la actividad académica y las actividades policiales, estos individuos pueden promover posturas normativas y educativas revisadas en su institución, contrarrestada con la diversidad étnico-social del entorno académico, retroalimentando cambios estructurales con enfoque participativo, en lugar de oponerse a ellos. Por ende, al dirigir procesos semióticos hacia cuestiones fundamental-

67 LAUDAN (2011).

68 BICCHIERI (2017: 191).

mente policiales, se pueden influenciar la agenda de políticas de seguridad pública[69], fortaleciendo un enfoque participativo, no en oposición a este.

En una perspectiva pragmática, los agentes de policía que trabajan en el terreno operan en la intersección entre la política y la práctica de la seguridad pública con un grado razonable de discreción[70]. Por dicha razón, tienen la capacidad de mejorar directamente la implementación de políticas de seguridad pública y los comportamientos asociados con la aplicación de la ley *in locu*. Además, su práctica tiene la capacidad de difundirse dentro de la estructura organizativa[71], sea a través de la formación policial o la cultura institucional.

Se observa que eses debates discursivos mediados por la actividad académica van «*para más allá de una retórica manipuladora*», con potencial de construir, deconstruir y reconstruir problemas, identidades, estrategias y comprensiones[72]. En la práctica, tal aproximación representa una exposición de los argumentos de las políticas de seguridad pública, por medio de sus «*burócratas de calle*», a una averiguación pública de la calidad de sus evidencias, mejorando la rendición de cuentas democrática en su dimensión argumentativa.

Además, permite que la institución policial se aleje de un papel de agente principal como conocedor y asesor en políticas de seguridad, incorporando un rol de pensador e investigador conjunto. El modelo también presenta la ventaja de introducir actores externos en el debate, atrayendo perspectivas diferentes e, si necesario, moderadores.

Con base en lo expuesto, se estima que el reconocimiento formal del modelo pueda llamar la atención sobre la importancia de que los diálogos sobre seguridad pública tengan lugar, cada vez más, por medio del entorno académico, con aumento de participación de policías en programas de grado y posgrado, en dialogado e intencionalidad con la población.

En apoyo a la propuesta del artículo, en el año 2019, el Consejo Nacional de Educación de Brasil, a través de su dictamen n.º 945[73], incluyó las ciencias policiales en la lista de áreas académicas reconocidas. En consonancia, se observa una creciente profesionalización técnico-científica de los profesionales de la policía, con la creación de centros de investigación y educación superiores, como ocurre, por ejemplo, con la Escuela Superior de Policía Federal, en Brasil.

---

69 Capella (2006).

70 Lipski (2019).

71 Abers (2018).

72 Fischer; Forester (1993: 2).

73 Cne (2019).

Por último, es importante reiterar que el modelo propuesto no reemplaza, sino que complementa enfoques existentes dirigidos a cambios y mejoras en las políticas de seguridad pública, como la participación directa de la población en la elaboración de políticas a través de consejos populares. En consecuencia, el «abordaje argumentativo académico en políticas de seguridad pública» representa una nueva herramienta dentro de esta «caja», siendo capaz de ofrecer método en la obtención de respuestas a los conflictos institucionales actuales entre las policías y la sociedad.

Referencias

Abers, R. N., Ed. (2021): «Ativismo institucional: criatividade e luta na burocracia brasileira». *Brasília: UnB*. En línea: https://doi.org/10.7476/9786558461593 (fecha de consulta: 20 de octubre de 2023).

Anderson, G. (1996): *The new focus on the policy capacity of the federal government*. Canadian Public Administration, vol. 39, n.°4 (469–488).

Angelo, R. F. (2022): «Segurança multidimensional nas fronteiras brasileiras: a capacidade disruptiva do programa V.I.G.I.A». *Revista Brasileira de Ciências Policiais*, vol. 13, n.°10 (355–394). En línea: https://periodicos.pf.gov.br/index.php/RBCP/article/view/968 (fecha de consulta: 26 de septiembre de 2023).

Bauman, Z. (2007): *Modernidade líquida*. Rio de Janeiro. Jorge Zahar.

Bertalanffy, L. V. (2010): *Teoria Geral dos Sistemas: fundamentos, desenvolvimento e aplicações* (5.ª ed). Petrópolis: Vozes.

Bicchieri, C. (2017): *Norms in the Wild. How to Diagnose, Measure, and Change Social Norms*. Oxford: Oxford University Press.

Bradford, B. & Quinton, P. (2014): «Self-legitimacy, Police Culture and Support for Democratic Policing in an English Constabulary». *The British Journal of Criminology*, vol. 54 n°6 (1023-1046).

Bucchi, M. & Trench, B. (2008): *Routledge handbook of public communication of science and technology.* London. Routledge International Books.

Caiado, R. A. R. (2013): *O sentimento de insegurança e a sua interação com a criminalidade*. Lisboa: Universidade Autónoma de Lisboa Luís de Camões. En línea: http://hdl.handle.net/11144/282 (fecha de consulta: 26 de mayo de 2023).

Capella, A. C. N. (2006): «Perspectivas teóricas sobre o processo de formulação de políticas públicas». *Revista Brasileira de Informação Bibliográfica em Ciências Sociais*, vol. 62 (25-52).

CNS, Conselho Nacional De Educação. (2019): *Parecer CNE-CES* N.° 945, de 09 de outubro de 2019. São Paulo: Ministério da Educação.

Cloître, M. & Shinn, T. (1985): *Expository practice: social, cognitive and epistemological linkages. Expository Science: Forms and Functions of Popularization* (31-60). Dordrecht: D. Reidel Publishing Company.

Dogan, M. (2005): *Erosion of confidence in thirty European democracies.* Comparative Sociology, vol. 4 n°1-2 (11-53).

Fischer, F. & Forester, J. (1993): *The Argumentative Turn in Policy Analysis and Planning*. London. Duke University Press. En línea: http://www.untag-smd.ac.id/files/Perpustakaan_Digital_2/POLICY%20ANALYSIS%20The%20Argumentative%20turn%20in%20policy%20analysis%20and%20planning.pdf (fecha de consulta: 01 de noviembre de 2023).

Fischer, F. & Gottweis, H. (2012): *The Argumentative Turn Revisited: public policy as communicative practice*. Durham & London: Duke University Press.

Gil, A. C. (2017): *Como elaborar projetos de pesquisa* (6.ª ed). São Paulo: Atlas.

Howlett, M. (2014): «From the 'Old' to the 'New' Policy Design: Design Thinking Beyond Markets and Collaborative Governance». *Policy Sciences*, vol. 47 (187-207). En línea: https://link.springer.com/article/10.1007/s11077-014-9199-0 (fecha de consulta: 15 octubre de 2023).

Habermas, J. (2004): *Verdade e justificação: ensaios filosóficos*. São Paulo. Loyola.

Huxley, A. (2001): *Admirável mundo novo*. São Paulo. Globo Livros.

Laudan, L. (2011): *O progresso e seus problemas: rumo a uma teoria do crescimento científico*. São Paulo. Unesp.

Lipsky, M. (2019): «Burocracia de nível de rua: dilemas do indivíduo nos serviços públicos». Brasília: *Enap*. En línea: https://repositorio.enap.gov.br/handle/1/4158 (fecha de consulta: 11 agosto 2023).

Locke, J. (2014): *Two treatises of government. McMaster University archive of the history of economic thought.* En línea: https://www.yorku.ca/comninel/courses/3025pdf/Locke.pdf (fecha de consulta: 20 de septiembre de 2023).

Manin, B. (1997): *The principles of representative government*. Cambridge. Cambridge University Press.

Martins, I. M.; Farias, J. S.; Angelo Jr., L. A. (2019): «Segurança cidadã: Formas de envolvimento e propensão do cidadão à coprodução de segurança pública no Distrito Federal». *Revista Contemporânea de Economia e Gestão*, vol. 17, (160-189). En línea: http://periodicos.ufc.br/contextus/article/view/41013 (fecha de consulta: 10 de septiembre de 2023).

Merton, R. K. (1970): *Sociologia: Teoria e Estrutura*. São Paulo. Mestre Jou.

Montesquieu, C. L. D. S., Baron De La. (2001): *The Spirit of Laws. Kitchener: Batoche Books*. En línea: https://edisciplinas.usp.br/pluginfile.php/74868/mod_resource/content/1/The%20Spirit%20of%20the%20Law.pdf (fecha de consulta: 05 de septiembre de 2023).

Nonaka, I. & Takeuchi, H. (1997): *Criação do conhecimento na empresa: como as empresas japonesas geram a dinâmica da inovação.* Rio de Janeiro. Campus.

Olsen, J. P. (2018): *Accountability democrática, ordem política e mudança: explorando processos de accountability em uma era de transformação europeia*. Brasília. *Enap*. En línea: https://repositorio.enap.gov.br/bitstream/1/3451/1/Accountability%20democr%C3%A1tica%20-%20Johan%20P%20Olsen.pdf (fecha de consulta: 05 de septiembre de 2023).

O'donnell, G. (1998): «Accountability horizontal e novas poliarquías». *Revista Lua Nova*, vol.44 (27-54). En línea: https://ria.ufrn.br/jspui/handle/123456789/2109 (fecha de consulta: 21 de octubre de 2023).

Poncioni, P. (2022): «A questão da legitimidade policial na democracia: a educação policial em foco». *Revista Brasileira de Segurança Pública*, vol. 16 n°1 (14-29). En línea: https://revista.forumseguranca.org.br/index.php/rbsp/article/view/1512 (fecha de consulta: 13 de octubre de 2023).

Schedler, A. (1999): *Conceptualizing Accountability. in The self-restraining state: power and accountability in new democracies.* Londres. Lynne Rienner Publishers.

Schmidt, V. A. (2008): «Discursive institutionalism: The explanatory power of ideas and discourse». *Annual Review of Political Science*, vol. 11 (303-326). En línea: https://www.annualreviews.org/doi/abs/10.1146/annurev.polisci.11.060606.135342 (fecha de consulta: 27 de septiembre de 2023).

Schmitt, C. (2017): *Verfassungslehre* (1-427). Duncker und Humblot.

Schwab, K. (2016): *La cuarta revolución industrial*. España. Debate.

Sewell, Jr & William H. (1992): «A theory of structure: Duality, agency, and transformation». *American journal of sociology*, vol. 98 n°1 (1-29). En línea: https://edisciplinas.usp.br/pluginfile.php/213064/mod_resource/content/7/texto%201.pdf (fecha de consulta: 11 de agosto de 2023).

Sloman, S. & Fernbach, P. (2017): *The knowledge illusion: the myth of individual thought and the power of collective wisdom.* New York. Riverhead Books.

Stone, D. A. (1988): *Policy paradox and political reason.*

Fischer, F. & Forester, J. (1993): *The argumentative turn in policy analysis and planning.* Duke University Press.

Sunstein, C. R. (2018): *Nudging: um guia (muito) resumido. Revista Estudos Institucionais*, vol. 3 n°2 (1023–1034/1035) .

Tyler, T. R. (2004): «Enhancing police legitimacy». *The Annals of the American Academy of Political and Social Science*, vol. 593 (84-99).

Tyler, T. R. (2012): «Legitimacy and the maintenance of public order». *Yale Law School Presentation at the SELA meeting in Mexico*. En línea: https://law.yale.edu/sites/default/files/documents/pdf/sela/Tyler_Mexico_talk_final.pdf (fecha de consulta: 25 de octubre de 2023).

Weber, M. (2019): *Conceitos sociológicos fundamentais*. São Paulo. Leya.

Weible, C. & Nohrstedt, D. (2012): «Coalitions, learning and policy change». *Routledge Handbook of Public Policy* (125-164). New York: Routledge.

Wynne B. (1995): *Public understanding of science. Handbook of Science and Technology Studies* (89-361). California: Sage.

CAPÍTULO 10

GESTIÓN DEL PATRIMONIO INMOBILIARIO DE LA UNIÓN EN BRASIL: LAS DIFICULTADES DEL ÓRGANO COMPETENTE

Daniel Pais Da Costa
Centro de Investigación para la Gobernanza Global
Universidad de Salamanca

Sumario: I. Consideraciones generales. II. Problema interno: las interferencias políticas en los nombramientos de los cargos de jefatura del órgano. III. Problema externo: las consecuencias para las estrategias de gestión de la SPU provocadas por los cambios políticos en el gobierno del país. IV. Conclusiones. Referencias.

I. Consideraciones generales

El ordenamiento jurídico brasileño atribuye a la Unión[1] la propiedad de diversos tipos de bienes inmuebles. La extensa lista está básicamente establecida en el artículo 20 de la Constitución de Brasil[2] y en algunas normas

---

1 Según el art. 18 de la Constitución de Brasil, la «*organización político-administrativa de la República Federativa de Brasil comprende la Unión, los Estados, el Distrito Federal y los Municipios, todos ellos autónomos*» (traducción libre), en los términos de la propia Constitución. En términos generales, podemos decir que la Unión es una persona jurídica de derecho público que representa internamente los intereses federales y externamente los del Estado brasileño.

2 Art. 20. Son bienes de la Unión:
I - los que actualmente le pertenecen y los que puedan serle asignados;
II – las tierras baldías indispensables para la defensa de las fronteras, fortificaciones y construcciones militares, de las vías federales de comunicación y preservación del medio ambiente, en los términos de la ley;

específicas[3], y prevé la propiedad del ente federal, entre otros, de playas marítimas y fluviales, islas oceánicas y terrenos marinos[4]. Estos bienes deben utilizarse, entre otras cosas, para implementar diversas políticas públicas en el país, como las destinadas a mejorar la infraestructura urbana y rural, el saneamiento, la educación, la salud, la seguridad, los ejercicios militares, las oficinas públicas, las viviendas sociales y el medio ambiente, así como para generar ingresos para la Unión como resultado de su uso por parte de terceros, sobre todo cuando lo hacen para fines privados.

En 2022, el Tribunal de Cuentas de la Unión (TCU) publicó un documento[5] en el que se estimaba que cerca de 700.000 inmuebles pertenecían a la Unión, con un valor global de 1,34 billones de reales, unos 250.000 millones de euros al cambio actual. De las planillas de control y gestión utilizadas por la propia Administración Pública se puede inferir que la suma de las superficies de todas estas propiedades alcanzaría una extensión total de unos 2,2

III – los lagos, ríos y cualquier corriente de agua en tierras de su dominio, o que bañen más de un Estado, sirvan de fronteras con otros países, o se extiendan hacia o desde territorio extranjero, así como los terrenos marginales y las playas fluviales;
IV - las islas fluviales y lacustres en zonas limítrofes con otros países; las playas marítimas; las islas oceánicas y costeras, excluidas las que contengan sede de municipios, excepto las áreas afectadas a servicios públicos y unidades ambientales federales, y las referidas en el artículo 26, II;
V - los recursos naturales de la plataforma continental y de la zona económica exclusiva;
VI - el mar territorial;
VII – los terrenos marinos y sus añadidos;
VIII – los potenciales de energía hidráulica;
IX - los recursos minerales, incluidos los del subsuelo;
X – las cavidades naturales subterráneas y los sitios arqueológicos y prehistóricos;
XI – las tierras tradicionalmente ocupadas por indígenas. [...] (traducción libre)

3 Cabe destacar el artículo 1 del Decreto-Ley n. 9.760, de 5 de septiembre de 1946, cuyas disposiciones, con algunas excepciones (por ejemplo, las islas situadas en la franja fronteriza), repiten prácticamente categorías de bienes cuya propiedad ya atribuye a la Unión la Constitución de Brasil.

4 Definidos en el artículo 2 del Decreto-Ley n. 9.760/1946 de la siguiente forma:
Art. 2. Son terrenos marinos, a una profundidad de 33 (treinta y tres) metros, medidos horizontalmente, para la parte terrestre, a partir de la posición de la línea de la pleamar media de 1831:
a) los situados en tierra firme, en la costa marítima y en las márgenes de los ríos y lagunas, en la medida en que se pueda sentir la influencia de las mareas;
b) los situados alrededor de las islas, en las zonas donde se siente la influencia de las mareas.
Párrafo único. A los efectos de este artículo, la influencia de las mareas se caracteriza por la oscilación periódica de por lo menos 5 (cinco) centímetros en el nivel de las aguas, ocurrida en cualquier época del año. (traducción libre)

5 Brasil. *Lista de Alto Risco da Administração Pública Federal.* En línea: https://sites.tcu.gov.br/listadealtorisco/gestao_do_patrimonio_imobiliario_publico_federal.html (fecha de consulta: 2 de octubre de 2023).

millones de kilómetros cuadrados[6], lo que, en términos comparativos, representaría alrededor de 4,5 territorios españoles.

Los números ya revelarían un enorme desafío en la gestión de estos bienes, pero la dificultad se ve agravada por la elección de la legislación brasileña de colocar esta responsabilidad en manos de una única estructura administrativa: la Secretaría del Patrimonio de la Unión (SPU), órgano federal que actualmente forma parte del Ministerio de Gestión e Innovación en Servicios Públicos (MGISP), en los términos del Decreto n. 11.437, de 17 de marzo de 2023[7]. Sin apegarnos directamente a la disposición normativa[8], creemos que las funciones institucionales de la SPU pueden dividirse didácticamente en cinco grandes campos de actuación:

- **Identificación:** es la actividad de caracterización en el territorio e incorporación de los inmuebles asignados a la Unión por el ordenamiento jurídico o acto negocial. Para que la SPU pueda inscribir el inmueble en sus registros internos y, en su caso, registrarlo a nombre de la Unión en la Oficina de Registro de la Propiedad Inmobiliaria competente, la condición obvia es que sepa en qué parte del territorio está ubicado[9];
- **Evaluación:** una vez identificados los bienes e incorporados al patrimonio de la Unión, es necesario valorarlos para que la SPU pueda

6 Brasil. *Dados Abertos*. En línea: https://www.gov.br/economia/pt-br/assuntos/patrimonio-da-uniao/transparencia/dados-abertos (fecha de consulta: 3 de octubre de 2023).

7 Es cierto que hay una parte de los inmuebles de la Unión que no es gestionada directamente por la SPU, ya sea en virtud de un acto normativo que deroga su competencia en algunos casos específicos (por ejemplo, el artículo 13, párrafo único, IV, del Anexo I del Decreto n. 11.354, de 1 de enero de 2023, que atribuye a la Secretaría de Aviación Civil, órgano perteneciente a la estructura del Ministerio de Puertos y Aeropuertos, la gestión de los inmuebles de la Unión destinados a infraestructura aeroportuaria civil), o por acto de asignación en el que la SPU concede el uso y la administración de determinados bienes a otros órganos o entidades no sólo federales, sino también estaduales, distritales o municipales. Además, existen algunas categorías de bienes previstas en el artículo 20 de la Constitución de Brasil que no se caracterizan propiamente como inmuebles, tales cuales los recursos minerales, por lo que la gestión tampoco es competencia directa de la SPU. En cualquier caso, incluso si consideramos estos recortes, lo que «*queda*» es un gigantesco universo por gestionar.

8 Las atribuciones generales de la SPU están previstas en el artículo 40 del Anexo I del Decreto n. 11.437/2023.

9 Debido al tamaño continental de Brasil, a los complejos procedimientos impuestos por la legislación y a las dificultades estructurales de la SPU, que se presentarán más adelante, la identificación e incorporación de los inmuebles de la Unión no es una tarea sencilla. Para dar una idea, en el Plan Nacional de Caracterización (PNC) de 2014, revisado en 2017, la SPU informó que solo había delimitado alrededor del 23,3 % de los terrenos marinos y el 1 % de los terrenos marginales. BRASIL. Plan Nacional de Caracterización. En línea: https://www.gov.br/economia/pt-br/assuntos/patrimonio-da-uniao/arquivos-1/2017/171214_pnc_edicao.pdf (fecha de consulta: 5 de octubre de 2023).

tener una idea del valor global de la base administrada y recaudar correctamente los ingresos patrimoniales derivados del uso de estos bienes por terceros;

- **Asignación:** es la puesta a disposición de inmuebles de la Unión para uso de terceros, personas físicas o jurídicas, públicas o privadas, a título oneroso o gratuito. Es la forma más pura en que la SPU cumple sus deberes institucionales, en armonía con los programas estratégicos de la nación, y garantiza el cumplimiento de la función social de la propiedad (artículo 5, XXIII, de la Constitución de Brasil). La SPU trabaja con diversos instrumentos de asignación, casi todos previstos en el Decreto-Ley n. 9.760/1946 y en la Ley n. 9.636, de 15 de mayo de 1998. Uno de los más importantes y utilizados es la inscripción de la ocupación, que será presentada con un poco más de detalle más adelante, por estar estrechamente relacionada con uno de los puntos nodales de este artículo;
- **Recaudación:** es la actividad de gestión de los pagos de los ingresos patrimoniales como consecuencia del uso de los bienes de la Unión, en los términos y formas de la legislación aplicable. Estos ingresos no son más que la remuneración por el uso privado de los bienes públicos federales, que, al fin y al cabo, pertenecen al pueblo brasileño;
- **Supervisión:** por último, la SPU tiene como función permanente la fiscalización de los inmuebles de la Unión, sobre todo para evitar invasiones y usos irregulares. También se incluye en la actividad de supervisión el llamado *«control de uso»*, que es la vigilancia del cumplimiento de los contratos que asignan inmuebles de la Unión para uso de terceros[10].

Pues bien, el gran problema es que, en sus casi 170 años de existencia, la SPU nunca ha contado con las herramientas técnicas, administrativas, legislativas y contextuales adecuadas para bien desempeñar sus importantes funciones institucionales. Los obstáculos son de varias categorías.

En primer lugar, la SPU trabaja con una legislación base sobre el patrimonio de la Unión antigua, confusa y dispersa. Hay por lo menos una docena de normas importantes que no pueden ser ignoradas por quien pretende estudiar el tema, siendo una de las principales, el mencionado Decreto-Ley n. 9.760, del lejano año 1946. Naturalmente, en una norma con casi 80 años de existencia, encontramos formaciones gramaticales que ya no existen,

10 Históricamente, este control se ha realizado siempre de forma física y manual. En los últimos años, sin embargo, la SPU ha ido incorporando mecanismos de inteligencia artificial a su rutina, como parte de la transformación digital más amplia de la administración pública. Cryptoid. *Governo digitaliza gestão e controle de contratos de cessão de imóveis da União no país*. En línea: https://cryptoid.com.br/governo-digital-government/governo-digitaliza-gestao-e-controle-de-contratos-de-cessao-de-imoveis-da-uniao-no-pais/ (fecha de consulta: 16 de octubre de 2023).

referencias a órganos extintos hace mucho tiempo y, sobre todo, rutinas administrativas que ya no atienden a las exigencias de la modernidad, especialmente en un ambiente cada vez más digitalizado. La «solución» que se busca para las necesarias actualizaciones suele ser la aprobación de nuevas leyes que derogan, ajustan o insertan disposiciones en las normas jurídicas ya existentes, lo que contribuye a la construcción de un auténtico *caos normativo* de muy difícil comprensión global[11].

Esta situación del ordenamiento jurídico tiene consecuencias perjudiciales, que van desde la dificultad de la actuación administrativa —que, por definición tradicional, debe basarse en la ley— hasta la imposibilidad de ejercicio del control social sobre la gestión del patrimonio de la Unión, en la medida en que los ciudadanos, destinatarios de las políticas públicas, generalmente desconocen o simplemente no comprenden los derechos y deberes previstos en la legislación sobre el tema. Además, como platea Mairal (2018: 532), la falta de claridad, la ambigüedad y el abuso de poderes discrecionales —todas características identificadas en la legislación patrimonial brasileña— pueden representar un campo abierto para la práctica de actos de corrupción.

Otra cuestión problemática es que la SPU nunca ha contado con una fuerza de trabajo cuantitativa y cualitativamente adecuada para el desempeño de sus amplias y relevantes funciones, ni con una estructura de carrera propia. Esta circunstancia hace que los cuerpos de dirección que pasan por la SPU intenten resolver esta situación de inviabilidad institucional con soluciones improvisadas y temporales, de forma que acogen en el órgano a empleados y funcionarios procedentes de otras estructuras administrativas o entidades, que no tienen una formación académica compatible y que, en ocasiones, nunca han tenido experiencia en la gestión de activos inmobiliarios.

La falta de un sistema formalizado de carrera profesional, que establezca vías objetivas basadas en el mérito que deban seguirse para acceder a los puestos directivos, representa un factor real de desmotivación interna del cuerpo funcional, además de someter el órgano a la constante inseguridad derivada de los nombramientos políticos y clientelares que, por desgracia, no son infrecuentes en la función pública, como apunta Nevado-Batalla

11 Es cierto que esta sobreproducción normativa, incluyendo constantes cambios en la legislación base, no es un fenómeno exclusivamente brasileño. El Primer Informe sobre el Estado de Derecho en España - 2018/2021, elaborado por la Fundación Hay Derecho y la Cátedra de Buen Gobierno de la Universidad de Murcia, denuncia una tendencia en este país denominada «*legislación para la foto*». Básicamente, las leyes españolas son hechas no con la intención de cambiar la realidad, sino para «*pasar la imagen*» de que el gobierno estaría trabajando para mejorarla. Como consecuencia, las normas se modifican constantemente, lo que contribuye a una falta de comprensión (tanto para la doctrina como para los aplicadores de la norma), a una dificultad para crear líneas jurisprudenciales y, en definitiva, a un aumento de la inseguridad jurídica. FUNDACIÓN HAY DERECHO. Primer Informe sobre el Estado de Derecho en España - 2018/2021. En línea: https://www.hayderecho.com/wp-content/uploads/2023/02/Informe_Estado-de-Derecho-2018-2021.pdf (fecha de consulta: 13 de octubre de 2023).

MORENO (2022: 224). Además, la creación de una estructura profesional propia, basada en criterios meritorios, generaría un importante incentivo para la integridad dentro del órgano y representaría un obstáculo real para la práctica de actos de corrupción, tal y como reconoce la Organización para la Cooperación y el Desarrollo Económico (OCDE)[12].

Sin embargo, a pesar de la importancia de los problemas presentados anteriormente, en este artículo vamos a centrarnos en dos cuestiones específicas que plantean inmensas dificultades para mejorar la gestión de los inmuebles de la Unión, ambas relacionadas, en mayor o menor medida, con la configuración institucional de la SPU como órgano que forma parte de la estructura de un Ministerio, sin personalidad jurídica propia y privado de mecanismos para preservar sus puestos directivos. Hablamos más concretamente de las interferencias políticas en los nombramientos de los cargos de jefatura del órgano y de las consecuencias en las políticas de gestión de la SPU, especialmente en las estrategias a medio y largo plazo, producidas por los cambios políticos en el gobierno del país. Para facilitar la comprensión y delimitación de estas cuestiones, hemos optado por denominarlas «problema interno» y «problema externo», respectivamente, que se analizarán en los siguientes tópicos.

II. Problema interno: las interferencias políticas en los nombramientos de los cargos de jefatura del órgano

El Decreto n. 11.437/2023, modificado por el Decreto n. 11.601, de 17 de julio de 2023, mantuvo la estructura orgánica básica de la SPU dividida en: i) Órgano Central, que puede ser visto como la unidad que ejerce la competencia nacional y establece las directrices macro de gestión; y ii) Superintendencias del Patrimonio de la Unión (SPU/UF), presentes en cada uno de los 26 Estados brasileños y en el Distrito Federal, que ejecutan las competencias delegadas y subdelegadas por el Órgano Central y, al menos en teoría, deben desempeñar el papel de brazo ejecutor en las unidades federativas de las estrategias de gestión diseñadas a nivel nacional. El titular del Órgano Central es el Secretario de Patrimonio de la Unión, quien, además de su oficina de apoyo directo, es auxiliado por cinco grandes direcciones[13]. A su vez, los responsables de las SPU/UF son los Superintendentes del Patrimonio de la Unión.

12 ORGANIZACIÓN PARA LA COOPERACIÓN Y EL DESARROLLO ECONÓMICO. *OECD Council Recommendation on Public Integrity - A Strategy against Corruption.* En línea https://www.oecd.org/gov/ethics/integrity-recommendation-brazilian-portuguese.pdf (fecha de consulta: 4 de octubre de 2023).

13 Dirección de Gestión y Gobernanza, Dirección de Ingresos Patrimoniales, Dirección de Caracterización e Incorporación Patrimonial, Dirección de Asignación Patrimonial y Dirección de Modernización e Innovación.

El objetivo de esta división territorial es descentralizar y facilitar la gestión patrimonial de la Unión, dada la dimensión continental de Brasil y la enorme cantidad de bienes inmuebles que hay que administrar. Para que esta estructura funcione, nada más natural que el establecimiento de una estructura piramidal, en la que el Órgano Central esté en la cima y tenga un verdadero poder jerárquico sobre las unidades de los Estados. Este es, al menos en teoría, un requisito básico para el buen funcionamiento del órgano.

En la práctica, sin embargo, no es exactamente así cómo funciona en la SPU. Como órgano despersonalizado perteneciente a la estructura de un importante Ministerio, y siendo responsable de una función pública muy importante en Brasil, no es raro que los cargos directivos se utilicen como instrumentos de composición política, sobre todo en las SPU/UF. En otras palabras, los ocupantes de estos cargos suelen ser indicados por fuerzas políticas influyentes del país, incluidos los partidos políticos, de modo que el gobierno electo pueda conseguir el apoyo necesario para la aprobación de las medidas y reformas que le son importantes, especialmente cuando tienen que pasar por el Congreso Nacional.

Y, sin que haya una respectiva exigencia legal, las personas designadas para ocupar estos puestos directivos en las SPU/UF muchas veces no tienen la formación académica o profesional compatible con la tarea a la que se les destina. Aunque tengan esta formación, y por muy competentes que sean, no necesariamente tienen la afinidad gerencial e ideológica con el responsable del Órgano Central y su cuerpo directivo, que incluso puede haber sido nombrado por una fuerza política diferente. En nuestra opinión, esta falta de alineación tiene consecuencias perversas para las rutinas administrativas de la SPU, ya que imposibilita que el órgano actúe de forma homogénea, colaborativa y convergente.

El problema se agrava por el hecho de que, como hemos anticipado, la estructura piramidal de la SPU no siempre puede utilizarse para que el Órgano Central, en teoría jerárquicamente superior, haga cumplir sus directivas y directrices en caso de desacuerdo con las SPU/UF[14]. Precisamente porque los jefes de estas unidades pueden estar respaldados por nombramientos de importantes fuerzas políticas del país, no es infrecuente en la historia del órgano que el Secretario de Patrimonio de la Unión simplemente no pueda imponer sus directrices a las unidades descentralizadas[15]. Esta circunstancia

14 Aunque trabajando desde una perspectiva más amplia, Nevado-Batalla Moreno (2022: 273) es preciso al señalar que cuando no existe coordinación, para el funcionamiento de la estructura administrativa es imprescindible aplicar lo que él denomina «*ordenación jerárquica*» (traducción libre). Así que, si no tenemos coordinación ni ordenación jerárquica, la tendencia es que la estructura administrativa se inviabilice.

15 Hay un caso que se hizo famoso en Brasil y fue ampliamente divulgado en la prensa de la época, que puede ejemplificar esta cuestión de los nombramientos para las jefaturas de las unidades locales. Dentro de esta perspectiva de utilización de la SPU con fines de

convierte a la SPU en lo que denominamos un auténtico «*monstruo de múltiples cabezas*» gerenciales, disperso y descoordinado, lo que dificulta enormemente el correcto desempeño de sus tareas institucionales.

Una vez identificado este problema interno de la SPU, creemos que podría ser abordado de forma paralela y complementaria. La primera manera consistiría en diseñar mecanismos que dificulten los nombramientos políticos en los cargos de jefatura del órgano, mientras que la segunda sería promover una reducción de las competencias que quedan en manos de los responsables de las SPU/UF, especialmente aquellas que son excesivamente discrecionales. Desarrollemos un poco más estos dos puntos.

Una primera propuesta sería aprobar un instrumento legal que cree una carrera funcional propia de la SPU[16], que debería prever criterios objetivos de promoción y ascenso, basados en el mérito. En este sentido, la legislación de creación podría reservar los puestos directivos a funcionarios del propio órgano que cumplan determinados requisitos funcionales (como antigüedad, retos de desempeño, cualificación profesional y académica, etc.). Además, el propio ejercicio de la dirección y la permanencia en el cargo podrían estar condicionados al cumplimiento de determinados requisitos objetivos y resultados cuantificables, lo que permitiría preservar la autoridad central y una actuación más coordinada del órgano.

Debemos reconocer, sin embargo, que, desde un punto de vista contextual y fáctico, esta propuesta no es fácil de aplicarse. En realidad, después de casi 170 años de historia, es difícil ver esta situación de abandono en la

composición política, un Senador de la República habría indicado a un antiguo asesor para asumir el cargo de Superintendente de Patrimonio de la Unión en el Distrito Federal. El nombramiento contó con la oposición de los funcionarios del órgano, que argumentaron que el nuevo titular sería socio de una empresa inmobiliaria privada en el Distrito Federal, hecho que, por razones obvias, le imposibilitaría asumir la dirección de un órgano que gestiona el patrimonio inmobiliario de la Unión en esa unidad federativa, debido a un evidente conflicto de intereses. Ante esa reacción negativa, se realizó una reunión en la sede de la SPU/DF, con la presencia del Senador, que fue grabada por algunos funcionarios. En la grabación, que posteriormente fue divulgada por la prensa, el Senador dejó clara su influencia en el nombramiento de los jefes de la SPU/DF, utilizando la siguiente frase: *Esto es nuestro. Pondré aquí a quien yo quiera, la sandía que yo quiera la pondré aquí* (traducción libre). En línea: https://g1.globo.com/distrito-federal/noticia/2016/08/em-gravacao-senador-helio-jose-diz-que-pode-indicar-melancia-para-cargo.html (fecha de consulta: 4 de octubre de 2023).

16 En Brasil, el concepto de «carrera» no es de fácil comprensión teórica, tanto que el propio Estatuto del Funcionario Público (Ley n. 8.112, de 11 de diciembre de 1990) ni siquiera lo menciona. DOS SANTOS (2023: 611-616 y 621) detalla la complejidad de la cuestión y la dificultad de abordarla en la Administración Pública brasileña, de modo que encuadrar al personal que se creará en la SPU en uno u otro modelo exigiría un estudio que excede los propósitos de este artículo. Así mismo, aun reconociendo que la cuestión es mucho más compleja y multidisciplinar, cuando hablamos de la creación de una «carrera propia» nos referimos a una carrera específica por órgano (en este caso, la carrera propia de la SPU).

composición de la fuerza de trabajo de la SPU como algo involuntario. No en vano, Accioly Moreira (2018: 37) utiliza una expresión contundente para retratar la situación de la gestión de los inmuebles de la Unión en Brasil: «*displicencia instrumentalizada*» (traducción libre).

En la misma línea está Nevado-Batalla Moreno (2022: 173-174), que, al buscar respuestas al hecho de que los proyectos de reforma, transformación y modernización de la Administración Pública nunca «salen del cajón», sostiene que la situación de incapacidad institucional es claramente intencionada y programada, ya que responde a los deseos de importantes agentes y sectores políticos, jurídicos y económicos de la sociedad. Aunque hechas en un sentido más amplio, estas consideraciones encajan perfectamente con la situación actual del órgano brasileño responsable de la gestión de los inmuebles de la Unión.

Dado que la creación de una carrera propia requiere la elaboración de un instrumento legal, obviamente dependería de los acuerdos políticos necesarios. Sin embargo, como los agentes y sectores antes mencionados son capaces de mantener un canal de diálogo casi permanente con los representantes políticos del país, haciendo valer regularmente sus intereses, vemos difícil que se materialice esta solución.

Otro camino, al menos virtualmente posible, que también tendría la capacidad de dificultar los nombramientos políticos, sería llevar los requisitos de acceso a los cargos de jefatura a los reglamentos internos del MGISP (actos normativos infralegales)[17]. Por supuesto, esta solución podría enfrentar las mismas resistencias que la ley que quisiera crear la carrera propia, pero al menos no necesitaría pasar por el Congreso y podría ser implementada de forma más rápida y generalizada para todos los órganos del Ministerio, desviando el foco de atención de la SPU.

La segunda forma de hacer frente a la politización del órgano, como ya se ha mencionado, sería reducir los poderes que permanecen en manos de los responsables de las SPU/UF, especialmente aquellos que son exageradamente discrecionales. Es casi intuitivo que, si estos cargos atraen la atención de importantes fuerzas políticas del país, es porque las personas nombradas conservan poderes y competencias relevantes, que a menudo pueden materializarse a través de actos que independen de la participación directa del Órgano Central. Pongamos como ejemplo la inscripción de la ocupación.

Se trata de un instrumento de asignación previsto básicamente en los artículos 7 a 10 de la Ley n. 9.636/1998. No se celebra por contrato, sino por un simple término (acto administrativo), y confiere al beneficiario un derecho personal de uso del bien. La concesión del derecho de ocupación establece

17 Tal solución podría incluso materializarse a través de la previsión de normas en el Programa de Integridad del Ministerio de Gestión (Pro-Integridad), recientemente establecido por la Ordenanza MGISP n. 1.878, de 28 de abril de 2023.

una relación jurídica entre la Unión y el inscripto, que puede ser una persona física o jurídica, de derecho público o privado.

El acto administrativo de inscripción puede realizarse de oficio o a solicitud del interesado. La concretización de la inscripción está condicionada al cumplimiento de determinados requisitos: i) la ocupación del inmueble debe haber ocurrido antes del 10 de junio de 2014; ii) la ocupación no debe concurrir o haber concurrido a comprometer la integridad de áreas de uso común del pueblo, de seguridad nacional, de preservación ambiental o necesarias a la preservación de ecosistemas naturales y a la implementación de programas de regularización de tierras o acciones de interés social o habitacional de reservas indígenas, áreas ocupadas por comunidades remanentes de «*quilombolas*»[18], las vías federales de comunicación y las áreas reservadas para la construcción de centrales hidroeléctricas o similares, salvo en casos especiales autorizados por la ley; y iii) deberá comprobarse el uso efectivo del inmueble por parte del ocupante.

Sin embargo, el detalle más delicado es que, aunque se cumplan todos los requisitos, la concesión o no de la inscripción de la ocupación (o incluso su mantenimiento una vez concedida) es un acto que está dentro de los criterios de conveniencia y oportunidad de la Administración Pública. Y, de acuerdo con los artículos 17[19] y 28[20] de la Instrucción Normativa n. 4, de 14 de agosto de 2018, la otorga y revocación de las inscripciones de la ocupación son actos de competencia de los Superintendentes de Patrimonio de la Unión, es decir, estas son las autoridades que ejercen la discrecionalidad. En otras palabras, estamos combinando peligrosamente la falta de una carrera estructurada, los nombramientos políticos y la excesiva discrecionalidad en actos administrativos sumamente relevantes[21].

18 Comunidades rurales tradicionales formadas por descendientes de esclavos africanos.

19 Art. 17 Una vez comprobado el uso efectivo, y siendo su mantenimiento de interés de la Unión, la inscripción de la ocupación será formalizada por medio de Certidumbre de Otorga (Anexo I) debidamente firmada por el Superintendente de Patrimonio de la Unión (traducción libre).

20 Art. 28 A la Unión no se puede oponerse los derechos posesorios derivados del ejercicio de la ocupación regularmente otorgada, y la inscripción podrá ser revocada o cancelada mediante decisión motivada del Superintendente de Patrimonio de la Unión, teniendo en cuenta la conveniencia y oportunidad administrativas (traducción libre).

21 Los riesgos de integridad son aún más notorios porque, al contrario de lo que se pensaba cuando se originó el instituto, la inscripción de la ocupación no sólo se utiliza para la construcción o «regularización» de viviendas populares o pequeños negocios, por ejemplo. A pesar de la precariedad del instituto, que puede ser revocado en cualquier momento por mérito administrativo, hoy existen en Brasil, entre otros, inmensos emprendimientos hoteleros, grandes edificios y condominios de lujo cuyo título que legitima su uso por particulares es justamente la inscripción. Podemos citar el ejemplo del polémico megaproyecto de lujo que se pretende construir en la isla de Boipeba, en el Municipio de Cairu, Estado de Bahía, cuya autorización se concedió mediante la inscripción de la ocupación. https://g1.globo.com/ba/bahia/noticia/2023/03/14/mpf-pede-revogacao-de-autorizacao-dada-pe-

No en vano, en mayo de 2015, tras procesar información y analizar la base de datos extraída de los sistemas de la SPU, que en aquel momento contenía alrededor de 566.000 inmuebles, Accioly Moreira (2018: 130-131) constató que casi la mitad (49,6 %) de los inmuebles asignados por la SPU lo fueron mediante inscripción de la ocupación. Hemos llegado a la conclusión, entonces, de que tal vez una de las competencias más importantes de la SPU (la asignación de inmuebles de la Unión para uso de terceros) es capitaneada por los Superintendentes del Patrimonio de la Unión, factor que contribuye a explicar por qué este cargo interesa a las fuerzas políticas antes mencionadas.

Sólo utilizamos la inscripción de la ocupación como ejemplo[22]. La idea general es que se investiguen las razones por las que estos cargos de jefatura de las unidades regionales despiertan tanto interés político. Una vez realizado este diagnóstico, el siguiente paso sería llevar a cabo una amplia revisión de los actos normativos internos que delegan competencias a las SPU/UF, transformando estos órganos realmente en meros brazos ejecutores de las estrategias trazadas por el órgano superior, y sobre todo sin competencias demasiado discrecionales.

Es probable que ésta sea la solución menos compleja que deba buscarse, ya que en la mayoría de los casos no dependería de una ley o decreto para su realización[23]. Esto se debe a que el artículo 46, I, del Anexo I del Decreto n. 11.437/2023 deja claro que las competencias de las SPU/UF deben seguir «*las directrices de la Unidad Central*» (traducción libre), por lo que gran parte de las competencias de estas unidades son otorgadas por un acto del Ministerio o del propio Órgano Central de la SPU.

III. Problema externo: las consecuencias para las estrategias de gestión de la SPU provocadas por los cambios políticos en el gobierno del país

Desde el 31 de agosto de 2016, cuando Michel Temer asumió la presidencia tras el *impeachment* de Dilma Rousseff, Brasil ha sufrido tres drásticos

lo-governo-da-ba-para-megaempreendimento-na-ilha-de-boipeba-em-cairu.ghtml (fecha de consulta: 6 de octubre de 2023).

22 Cabe destacar también que la SPU ha adoptado medidas para minimizar esta concentración de poder en manos de determinados agentes. La Ordenanza SEDDM/ME n. 7.397, de 24 de junio de 2021, establece el régimen especial de gobernanza para la adjudicación de inmuebles de la Unión, cuyos principios rectores para la toma de decisiones son la colegialidad, la transparencia y la impersonalidad, entre otros.

23 Es claro que otra forma de combatir este problema sería eliminar de la legislación los excesos de discrecionalidad que aún existen en la gestión de los inmuebles de la Unión, sobre todo en los instrumentos de asignación. Sin embargo, considerando las mismas dificultades apuntadas para la creación de una carrera en la SPU, esta es una medida que posiblemente enfrentaría severos obstáculos en el respectivo proceso legislativo.

cambios de rumbo político. Además de la destitución de la primera mujer presidente de Brasil, se produjo la elección de Jair Bolsonaro, que presidió el país entre 2019 y 2022, y el inicio del tercer mandato de Luiz Inácio Lula da Silva en 2023. Debido a las fuertes diferencias ideológicas entre estos presidentes, estos cambios han generado verdaderas rupturas político-administrativas en los órganos del Poder Ejecutivo, situación en la que se inserta la SPU[24].

De ninguna manera queremos negar la naturalidad de estos movimientos democráticos. En verdad, sólo queremos llamar la atención sobre el hecho de que, en la práctica, estos cambios interrumpen o al menos suspenden los programas prioritarios que la anterior dirección del órgano venía realizando, a la espera de las nuevas directrices administrativas de los responsables que serán nombrados por el gobierno que ha tomado el poder. Además de la interrupción de la gestión, que es quizás el efecto más notable, esta lógica tiene otras consecuencias.

Ante la incertidumbre sobre el futuro político de la República, se tiende a no dedicar mucha energía a la construcción de una indispensable planificación estratégica a medio y largo plazo para la SPU. En estas condiciones, la actividad de gestión tiende a adoptar un carácter *inmediatista*, es decir, centrado en la adopción de medidas que atraigan el mayor capital político posible en el periodo durante el cual el respectivo responsable estará en el cargo. De esta forma, el órgano corre el riesgo de dejar que su rutina se vea afectada por agendas meramente reactivas, o sea, solo impulsadas por demandas y presiones ejercidas por importantes agentes y sectores de la República —tal vez los mismos que tienen un interés directo en que la SPU permanezca desestructurada—.

Cesar De Paiva, Azevedo Fonseca y Fernandes De Paiva (2017: 665) comentan en profundidad las dificultades causadas en la gestión del patrimonio inmobiliario de la Unión por los constantes cambios en la dirección política del país. Además de poner de relieve las conocidas debilidades estructurales y administrativas de la SPU, afirman que «*la gestión del patrimonio de la Unión se ha enfrentado a sucesivos periodos de cambios de estrategia y orientación*» (traducción libre). Cabe destacar que el estudio de los autores mencionados trabajó con el caso específico de los bienes sucedidos por la

24 A veces ni siquiera es necesario que haya un cambio a nivel de Presidencia de la República para que la SPU se vea afectada. Si, por alguna razón específica, el Ministro de Gestión e Innovación en Servicios Públicos tuviera que ser cambiado, no sería improbable que los agentes que ocupan los cargos de gestión más importantes en las Secretarías del Ministerio, incluyendo el Secretario de Patrimonio de la Unión, también fueran cambiados. Como «efecto dominó», probablemente se cambiarían sus asesores directos y el equipo directivo. Por supuesto, si tales cambios se producen dentro del mismo gobierno, se supone que las reorientaciones estratégicas del órgano podrían no ser tan drásticas, pero la idea aquí es simplemente demostrar la inestabilidad de su estructura institucional.

Unión a partir del acervo de la extinta Red Ferroviaria Federal S.A. (RFFSA)[25], pero sus consideraciones pertinentes están en consonancia con el enfoque general de la SPU para la gestión de todas las categorías de bienes inmuebles propiedad de la Unión.

Los mismos autores informan de que, hasta finales del siglo XX, la estrategia predominante del Gobierno federal era extraer los máximos resultados económicos de los activos inmobiliarios de la Unión, utilizando una lógica recaudatoria basada en el aumento de la generación de ingresos patrimoniales por el uso de sus propiedades. Sin embargo, los primeros años del siglo XXI trajeron cambios significativos en la orientación de la gestión de estos activos. En 2003, se puso en práctica la Política Nacional de Gestión del Patrimonio de la Unión (PNGPU), en la que el sesgo recaudatorio dio paso a la utilización de los inmuebles en políticas de inclusión social.

Posiblemente porque el citado artículo fue presentado en enero de 2016 (aprobado en febrero de 2017), no hace referencia a otro importante cambio estructural, marcado precisamente por el *impeachment* de Dilma Rousseff y la asunción del poder por Michel Temer, quien, especialmente con la publicación de la Medida Provisoria n. 759, de 22 de diciembre de 2016, convertida en la Ley n. 13.465, de 11 de julio de 2017, inició un proceso de cambios normativos destinados a facilitar el proceso de venta de los inmuebles de la Unión. En otras palabras, volvió a prevalecer una lógica recaudatoria, pero esta vez centrada no en la maximización de los ingresos patrimoniales, sino en la venta de estos bienes.

Esta lógica no sólo se ha mantenido, sino que ha ganado fuerza bajo el gobierno de Jair Bolsonaro, con el crecimiento de una «visión de mercado» en la gestión del patrimonio de la Unión. Para facilitar aún más la venta de los inmuebles, se han realizado algunos cambios legales, como la creación de la Propuesta de Adquisición de Inmuebles - PAI[26] (traducción libre) por la Ley n. 14.011, de 10 de junio de 2020[27]. En la opinión de Pedrosa Pereira (2021: 317), la SPU había pasado a funcionar como «*verdadera inmobiliaria efectivamente modernizada,*

25 La RFFSA era una sociedad de capital mixto extinta por la Medida Provisoria n. 353, de 22 de enero de 2007, que se convirtió en la Ley n. 11.483, de 31 de mayo de 2007. Esta legislación transfirió gran parte del patrimonio inmobiliario de la extinta empresa a la Unión, generando un enorme y complejo pasivo de gestión en la SPU, cuyos efectos aún se dejan sentir hoy en día.

26 En términos generales, la PAI invirtió la lógica de la venta de los inmuebles de la Unión. Mientras que antes era la SPU la que iniciaba este proceso a través de los correspondientes procedimientos de licitación, con el cambio la iniciativa puede partir de los propios interesados, que ahora tienen acceso permanente a los inmuebles disponibles para la venta en una plataforma virtual creada por el órgano - https://imoveis.economia.gov.br/ (fecha de consulta: 10 de octubre de 2023).

27 Además de la PAI, esta misma ley también preveía la posibilidad de que la SPU contratase al Banco Nacional de Desarrollo Económico y Social (BNDES) para realizar estudios y llevar a cabo un plan de privatización de los activos inmobiliarios de la Unión, que, entre otras medidas, podría utilizar estos activos para formar fondos de inversión inmobiliaria.

[...] con el objetivo de agilizar las ventas de terrenos y otros inmuebles de la Unión, especialmente para la población de renta media y alta» (traducción libre).

Con la asunción de la presidencia por Luiz Inácio Lula da Silva, ya se está revisando esta lógica de recaudación y venta de los activos de la Unión[28]. Así pues, la tendencia es que se retome la idea general del PNGPU, de modo que los activos de la Unión vuelvan a destinarse predominantemente a los llamados fines sociales (regularización de tierras, donaciones a personas con bajos ingresos, etc.).

Por razones obvias, no es el objetivo de este artículo debatir las ventajas y desventajas de una u otra orientación política al frente de la SPU. Se trata simplemente de demostrar que los cambios tienen consecuencias directas y prácticamente automáticas para ella, lo que se debe a su ubicación en la Administración Pública brasileña —un órgano sin personalidad jurídica, perteneciente a la estructura de un Ministerio, y sin ningún mecanismo de preservación de los cargos de dirección—.

Además, insistimos en que no tenemos ninguna intención de oponernos a la naturalidad de estos movimientos político-democráticos. Sin embargo, sí es verdad que queremos plantear el debate de que la SPU, debido a la importancia estratégica de sus misiones institucionales y al gigantesco objeto que gestiona, quizás no debería someterse tan directamente a estos bruscos giros de la política nacional. Nos parece muy difícil que una unidad de esta magnitud, con bienes de tan distinta naturaleza bajo su gestión, con finalidades tan específicas, pueda desempeñar el papel que le asigna el ordenamiento jurídico sin una planificación a medio y largo plazo que pueda ser realmente perseguida estratégicamente.

El punto nodal radica precisamente en pensar, dentro de las herramientas normativo-institucionales que existen en Brasil (y tal vez en otros países), la forma en que se podría dar ese nivel de «*estabilidad gerencial*» al órgano, blindándolo de las rupturas gerenciales provocadas por las alternancias naturales en el gobierno del país, permitiéndole tener una planificación a respetar[29]. Este es quizás el ámbito más difícil y desafiante a ser estudiado[30].

---

28 En un artículo publicado por el MGISP en el marco de la rendición de cuentas de los primeros 100 días de gestión del nuevo gobierno, se informa que la SPU «*ha trabajado para gestionar eficientemente el patrimonio público, cediendo y donando inmuebles para fines sociales y resolviendo cuestiones de inmuebles y áreas públicas que se arrastraban desde hacía años*» (traducción libre). https://www.gov.br/gestao/pt-br/assuntos/noticias/2023/abril/ministerio-da-gestao-prioriza-o-patrimonio-publico-a-servico-do-cidadao-e-reforca-acoes-de-revitalizacao-do-arquivo-nacional (fecha de consulta: 10 de octubre de 2023).

29 Nevado-Batalla Moreno (2022: 245-250) subraya la importancia de la planificación para el éxito de las políticas públicas y las medidas gubernamentales. Más concretamente, sostiene que las decisiones públicas no pueden ser permanentemente susceptibles a las incertidumbres de los cambios políticos, ni pueden centrarse en estrategias a corto plazo destinadas a extraer el máximo capital político en el breve periodo de tiempo de poder.

30 Dadas las limitaciones de este artículo, un tema de tal complejidad no podría ser explorado con la profundidad que merece, pero sí pretendemos marcar las pautas iniciales para posibles investigaciones futuras.

En primer lugar, para entender por qué los cambios políticos en el gobierno del país afectan tan directamente a la gestión de la SPU, es necesario contextualizar, aunque sea brevemente, la estructura general de la Administración Pública brasileña. Según el artículo 20 del Decreto-Ley n. 200, de 25 de febrero de 1967, ella está formada por:

- **Administración Directa**: constituida básicamente por unidades sin personalidad jurídica propia pertenecientes a las estructuras administrativas de la Presidencia de la República y de los Ministerios;
- **Administración Indirecta**: engloba a las entidades que, aunque vinculadas al Ministerio en cuyo ámbito de actuación se encuadra su actividad principal, tienen personalidad jurídica propia de derecho público o privado, según su naturaleza. Según el artículo 5 del Decreto-Ley n. 200/1967, estas entidades son de cuatro tipos, a saber:
  - **Autarquías**: son un servicio autónomo creado por ley, con patrimonio e ingresos propios, para realizar actividades propias de la Administración Pública, que requieren una gestión administrativa y financiera descentralizada para su mejor funcionamiento;
  - **Fundaciones Públicas**: son entidades cuya creación está autorizada por ley, de carácter privado, pero sin ánimo de lucro, para el desarrollo de actividades que no requieran ejecución por órganos o entidades de derecho público, con autonomía administrativa, patrimonio propio gestionado por los respectivos órganos gestores, y funcionamiento financiado con recursos de la Unión y otras fuentes;
  - **Empresas Públicas**: son personas jurídicas de derecho privado, con patrimonio propio y capital exclusivo de la Unión, creadas por ley para la explotación de una actividad económica que el Gobierno está obligado a realizar en virtud de contingencia o conveniencia administrativa, pudiendo adoptar cualquiera de las formas permitidas por la ley;
  - **Sociedades de Economía Mixta**: son también personas jurídicas de derecho privado creadas por ley para explotar una actividad económica, pero la forma adoptada debe ser la de una sociedad anónima en la que la mayoría de las acciones con derecho a voto pertenezcan a la Unión o a una entidad de la Administración Indirecta federal[31].

31 Aunque la legislación de 1967 preveía abstractamente la creación de personas jurídicas de derecho privado, el artículo 173 de la Constitución de Brasil establece que, con excepción de los casos previstos en la propia Constitución, «*la explotación directa de la actividad económica por el Estado sólo será permitida cuando sea necesaria por imperativos de seguridad nacional o de interés colectivo relevante, definidos por ley*» (traducción libre). La misma disposición constitucional prevé las reglas que deberían incluirse en la ley que establecería el estatuto jurídico de las empresas públicas y sociedades de economía mixta y sus filiales

Aparte de algunas variaciones derivadas de estos cuatro tipos[32], esta es la estructura básica de la Administración Pública brasileña. Como hemos visto, la SPU forma parte de la Administración Directa, como órgano sin personalidad jurídica propia dentro de la estructura del MGISP, circunstancia que tiene ciertas consecuencias, entre ellas una mayor sensibilidad a los cambios en la dirección política del país. Insistimos en que esto se debe al hecho de que las máximas autoridades de la Administración Directa son el Presidente de la República y, en el caso de la SPU, el Ministro del MGISP, que son naturalmente susceptibles de cambio al menos cada elección presidencial.

Por lo tanto, desde su creación, la SPU ha estado permanentemente sujeta a cambios de paradigma y orientaciones, circunstancia que le impide mantener la estabilidad de gestión, que podría buscarse mediante el establecimiento de una planificación estratégica a medio y largo plazo. Algunos podrían argumentar que esta condición es compartida por todos los órganos brasileños que forman parte de la Administración Directa. No estamos en desacuerdo con esta afirmación, pero, por otro lado, estamos convencidos de que pocos tienen entre sus competencias una tarea tan relevante, compleja y estratégica para la nación como la SPU, lo que nos obliga a mirarla con otros ojos.

Como se anticipó, un estudio de los mecanismos virtuales para combatir este problema externo, que necesariamente tendría que pasar por el desafío de tratar de encontrar la *estructura institucional ideal* para la SPU, nos parece un reto extremadamente complejo, aunque sugerente y provocador. La verdad es que todavía carecemos de elementos teóricos, doctrinales y experimentales para proponer soluciones más concretas.

Cabe señalar, sin embargo, que la propia SPU ya ha demostrado que es consciente de las dificultades derivadas de este problema externo y ha buscado formas de hacerle frente. Tuvimos acceso a un estudio contratado en 2004 por el órgano con la Fundación Instituto de Administración (FIA)[33], cuyo producto fue un documento denominado «*Formulación de la Estructura Organizativa y Propuesta de un Nuevo Modelo de Gestión*» (traducción libre),

---

que exploten la actividad económica en la producción o comercialización de bienes o la prestación de servicios, entre ellas la estipulación de mandatos, la evaluación del desempeño y la responsabilidad de los administradores. Hoy en día, este estatuto jurídico está plasmado en la Ley n. 13.303, de 30 de junio de 2016.

32 En Brasil encontramos diversas estructuras administrativas que representan variaciones reales de las previstas de forma más abstracta por la legislación general, que a veces acaban «mezclando» características de cada una de ellas. Algunos ejemplos son los órganos autónomos, las agencias reguladoras, los consorcios públicos, las empresas binacionales, las entidades paraestatales, etc.

33 Este material fue obtenido con el apoyo de funcionarios de la SPU, quienes amablemente me lo enviaron vía app de mensajería el 6 de junio de 2023, tras una solicitud con fines exclusivamente académicos. Dado que esta información no es de acceso público, hemos optado por no citarla como bibliografía oficial de este artículo.

entregado en abril de 2005. Este material informa que se estudiaron y exploraron diversos modelos institucionales para la SPU, entre ellos: i) mantenimiento de la configuración de un órgano dentro de la estructura de un Ministerio, con mejoras paralelas en la gestión; ii) transformación en una especie de «*Secretaría Especial*», con rango de Ministerio y directamente vinculada a la Presidencia de la República; iii) transformación en una autarquía federal, que absorbería sólo parte de las tradicionales y amplias competencias del órgano; y iv) transformación en una empresa pública federal, con un cambio drástico en el alcance de las operaciones de la SPU.

En aquel momento, considerando una serie de factores (entre ellos los recursos necesarios, el esfuerzo y el tiempo que habría que dedicar a transformaciones más significativas, así como el riesgo político que implicaba un cambio de este nivel), la FIA propuso adoptar el modelo «i», es decir, mantener su estatus de órgano federal, con algunas medidas de mejora de la gestión. En este sentido, el documento propone, entre otros, la autonomía presupuestaria de la SPU y la creación de una carrera funcional propia, lo que también contribuiría a atajar lo que denominamos de problema interno. Sin embargo, hasta hoy nada o casi nada concreto se ha implementado.

Teniendo en cuenta que han pasado casi dos décadas desde que se elaboró el documento de la FIA, es bastante probable que las premisas que sirvieron de base a aquel trabajo ya no existan. La administración pública ha cambiado mucho en los últimos años, se han aprobado numerosas leyes y es posible que ya se hayan probado nuevas experiencias. Tal vez haya llegado el momento de estructurar un nuevo estudio sobre el tema, que busque soluciones eficaces para combatir los efectos negativos de este problema externo, teniendo siempre en cuenta que el diseño institucional de la SPU está directamente relacionado con la eficiencia y la mejora de la gestión del patrimonio inmobiliario de la Unión.

IV. Conclusiones

Hemos visto que las dificultades a las que se enfrenta la gestión de los inmuebles de la Unión en Brasil son grandes y desafiantes. Gran parte de ellas se deriva de las opciones tomadas por la asamblea constituyente y el poder legislativo, que, si bien estipularon una inmensa lista de bienes inmuebles como propiedad de la Unión, optaron por poner la atribución genérica para la administración de este patrimonio en manos de una única estructura administrativa.

Dada esta configuración contextual, la conclusión que se desprende de ella es, hasta cierto punto, lógica: la SPU debe contar con las herramientas técnicas, administrativas, legislativas y coyunturales adecuadas para llevar a cabo sus hercúleos deberes institucionales. Sin embargo, lo que hemos visto en los casi 170 años de existencia del órgano es que estas herramientas nunca han estado garantizadas.

En este artículo, señalamos brevemente las deficiencias en relación con la composición de la fuerza de trabajo del órgano, que nunca ha tenido una carrera propia, dependiendo de profesionales «*aprovechados*» de otros órganos o entidades, tanto públicas como privadas, que a menudo tienen poca o ninguna experiencia con la actividad principal de la SPU. También señalamos una base legal problemática sobre el patrimonio inmobiliario de la Unión, lo que dificulta la actuación administrativa del órgano y el control social que debería ejercerse sobre la gestión de los bienes que, al fin y al cabo, pertenecen a todos los brasileños.

Sin embargo, nos hemos centrado en los efectos sobre la gestión de los bienes de la Unión causados por las interferencias políticas en los nombramientos de los cargos de jefatura de la SPU («problema interno») y en las consecuencias sobre sus estrategias de gestión causadas por los cambios políticos en el gobierno del país («problema externo»). A pesar de las dificultades prácticas para implementar cada una de las soluciones propuestas, nos hemos preocupado de sugerir algunos caminos que podrían seguirse para mejorar la gestión del patrimonio inmobiliario de la Unión en Brasil, o al menos para hacer frente a estos problemas.

Para el problema interno, sugerimos caminos paralelos y complementarios. Uno de ellos sería pensar en mecanismos que dificulten las indicaciones políticas a puestos de dirección en el órgano, ya sea mediante la aprobación de un instrumento legal que cree una carrera funcional propia para la SPU, que prevea criterios objetivos de promoción y ascenso, basados en el mérito, o mediante la inclusión de requisitos de acceso a puestos de dirección en los reglamentos internos del MGISP (reglamentos infralegales). Otro frente de batalla sería promover un verdadero adelgazamiento de las competencias que quedan en manos de los jefes de las SPU/UF, especialmente aquellas que son exageradamente discrecionales, para reducir el interés político en la asunción de estos cargos.

En cuanto al problema externo, en nuestra opinión la solución pasaría por reanalizar el diseño institucional de la SPU, en la medida en que su adscripción como órgano federal, integrado en la estructura de un importante Ministerio, y sin mecanismos de preservación de los cargos de dirección, no es suficiente para dotarla de un razonable nivel de «*estabilidad gerencial*», que blinde su necesaria planificación estratégica a medio y largo plazo de las rupturas de gestión provocadas por los cambios de gobierno en el país. Poco se puede avanzar en este sentido, dada la falta de elementos teóricos, doctrinales y experimentales más concretos para proponer soluciones. No obstante, esta laguna constituye un verdadero incentivo para proseguir las investigaciones, con el fin de reflexionar sobre la construcción de estructuras institucionales adecuadas a la envergadura del reto planteado por las misiones de la SPU.

Referencias

Accioly Moreira, F. (2018). «Terras de exclusão, portos de resistência: um estudo sobre a função social das terras da União». *Tesis presentada a la Facultad de Arquitectura y Urbanismo de la Universidad de São Paulo para la obtención del título de Doctora en Planificación Urbana y Regional.* Asesora: Profa. Dra. Raquel Rolnik. FAU USP, São Paulo.

Brasil (2022). «Lista de Alto Risco da Administração Pública Federal». En línea: https://sites.tcu.gov.br/listadealtorisco/gestao_do_patrimonio_imobiliario_publico_federal.html (fecha de consulta: 2 de octubre de 2023).

Brasil (2023). «Dados Abertos». En línea: https://www.gov.br/economia/pt-br/assuntos/patrimonio-da-uniao/transparencia/dados-abertos (fecha de consulta: 3 de octubre de 2023).

Brasil (2017). «Plan Nacional de Caracterización». En línea: https://www.gov.br/economia/pt-br/assuntos/patrimonio-da-uniao/arquivos-1/2017/171214_pnc_edicao.pdf (fecha de consulta: 5 de octubre de 2023).

Cesar De Paiva, C.; Azevedo Fonseca, S.; Fernandes De Paiva, S. C. (2017). «A política nacional de gestão do patrimônio da União: uma análise a partir da gestão dos imóveis não operacionais da extinta RFFSA». *Revista de Servicio Público*, 68(3). https://revista.enap.gov.br/index.php/RSP/article/view/1312/1582 (fecha de consulta: 10 de octubre de 2023).

Cryptoid. «Governo digitaliza gestão e controle de contratos de cessão de imóveis da União no país». En línea: https://cryptoid.com.br/governo-digital-government/governo-digitaliza-gestao-e-controle-de-contratos-de-cessao-de-imoveis-da-uniao-no-pais/ (fecha de consulta: 16 de octubre de 2023).

Dos Santos, L. A. «Trajetórias da Burocracia na Nova República: Heterogeneidades, Desigualdades e Perspectivas (1985-2020) – Capítulo 19: Carreiras do Serviço Público, Governança e Desenvolvimento». Brasilia. *Instituto de Investigación Económica Aplicada*. En línea: https://repositorio.ipea.gov.br/bitstream/11058/11743/23/Trajetorias_Cap19.pdf (fecha de consulta: 20 de octubre de 2023).

Fundación Hay Derecho. «Primer Informe sobre el Estado de Derecho en España - 2018/2021». En línea: https://www.hayderecho.com/wp-content/uploads/2023/02/Informe_Estado-de-Derecho-2018-2021.pdf (fecha de consulta: 13 de octubre de 2023).

Mairal, H. A. (2018). «As raízes legais da corrupção: ou como o direito público fomenta a corrupção ao invés de combate-la»; Susan M. Behrends Kraemer (traducción); Toshio Mukai (Comentarios sobre la edición brasileña) [libro electrónico]. São Paulo. Editora Contracorrente.

Nevado-Batalla Moreno, P. T. (2022). «Adoção e Controle de Decisões Públicas: Integridade e legitimação institucional pelo acerto» (1.ª ed.). Florianópolis. Habitus.

Organización Para La Cooperación Y El Desarrollo Económico. «OECD Council Recommendation on Public Integrity - A Strategy against Corruption». En línea https://www.oecd.org/gov/ethics/integrity-recommendation-brazilian-portuguese.pdf (fecha de consulta: 4 de octubre de 2023).

Pedrosa Pereira, F. (2018). «Além da venda: reflexões críticas sobre a alienação dos imóveis da União a partir da Lei n.º 13.465/2017». Tesis presentada a la Facultad de Arquitectura y Urbanismo de la Universidad de São Paulo para la obtención del título de Doctora en Planificación Urbana y Regional. Asesora: Profa. Dra. Raquel Rolnik. FAU USP, São Paulo.

CAPÍTULO 11

GOBERNANZA: PARADIGMA DE LOS PRINCIPIOS DE BUEN GOBIERNO

Juan Gálvez Galisteo
Universidad de Sevilla

I. Introducción

Progresivamente, y no sin casos de actuaciones poco éticas y antijurídicas, se ha logrado una mayor concienciación social sobre la mala administración y también sobre los casos de corrupción dentro del ámbito de la gestión pública. Existiendo un marco constitucional básico en el ámbito europeo, sirvan como ejemplo el artículo 97 de la Constitución Italiana y el artículo 103 de la Constitución Española, se ha necesitado del debido desarrollo legislativo para su asentamiento en los distintos ordenamientos jurídicos. Es por ello que, hace 10 años en España, se aprobaba la Ley 19/2013, de 9 de diciembre, de transparencia, acceso a la información pública y buen gobierno, con la intención de aumentar el régimen de garantías del Estado Constitucional frente a la potencial mala praxis de los responsables públicos.

Los principios de buen gobierno vienen recogidos en el artículo 26 de la recién citada ley, se enumeran en este precepto distintas directrices que deben de guiar la actuación de la Administración Pública, ahondando en categorías como la transparencia, la imparcialidad, la igualdad, la calidad del servicio público o la eficacia. Siendo una cuestión compleja el desarrollo práctico por los gestores públicos de estos principios, por su ambigüedad, no se debería caer en un mero «principalismo». Por esta razón, creemos que estos principios enumerados en la ley de buen gobierno son un eje central para el desarrollo de la gobernanza, o sea, de una acción de gobierno que debe postularse como decisiva para el buen devenir de las democracias contemporáneas.

La cooperación y coordinación de las relaciones entre administraciones de distintos niveles, como es el caso del Estado central y las Comunidades Autónomas, pero también la relación con instituciones supranacionales, deben de desarrollarse siguiendo criterios de eficacia y eficiencia, con la finalidad de lograr que a través de la debida comunicación se consiga alcanzar la implementación de políticas públicas de calidad, que aseguren al ciudadano la prestación adecuada de servicios públicos. Hasta el momento, en el Estado autonómico han venido fallando los canales de gobernanza multinivel entre el poder central y los periféricos, sólo la gestión de la crisis COVID pareció sembrar esperanzas para un desarrollo efectivo de ésta.

Asimismo, se presentan los principios de buen gobierno y la gobernanza como un útil mecanismo para frenar el avance de la deriva populista, junto a una tendencia al alza de la figura del Ejecutivo y del carácter presidencialista de los sistemas. Se trata de reducir el impacto que la fuerte colonización política genera sobre diversas instituciones estatales, así como la asintomática irresponsabilidad ante una conducta negativa por parte de los actores políticos.

En este trabajo se analizará la correlación entre la aplicación de los principios de buen gobierno en un sistema de gobernanza y su impacto positivo sobre la eficiencia de la Administración Pública, observando cómo estos principios deben ser garantes de la gestión de los recursos públicos en clave de gobernanza.

II. Buen gobierno

En las últimas décadas hemos podido observar cómo veían la luz distintos códigos de buen gobierno y normativas que anunciaban reglas y principios para la correcta actuación de los gobernantes y de la administración pública en general. Como ejemplo de ello, tenemos que instituciones como la Organización para la Cooperación y el Desarrollo Económicos (OCDE) o la Unión Europea (UE) se han preocupado de establecer directrices sobre el buen gobierno o sobre la buena gobernanza, incluso se ha llegado a promulgar un Código Iberoamericano del Buen Gobierno por parte del Centro Latinoamericano de Administración para el Desarrollo. También apreciamos este tipo de códigos, muy frecuentemente calificados como códigos éticos, en organizaciones como el Consejo Superior de Deportes (CSD) o en entidades locales como los ayuntamientos.

Así pues, digamos que estos códigos o textos normativos han venido siendo considerados tradicionalmente como normas de *soft law*. Sin embargo, más recientemente en el tiempo se ha venido produciendo un desarrollo legislativo de estos principios para que pudiesen obligar jurídicamente pudiendo ser exigible su cumplimiento en sede judicial. En España, para adaptar el funcionamiento de la actividad pública a las recomendaciones de instituciones supranacionales y cumplir con compromisos internacionales[1], ya que a menudo estos vienen siendo instrumentos orientadores y de control[2], se aprobó hace una década la Ley 19/2013, de 9 de diciembre, de transparencia, acceso a la información pública y buen gobierno.

La citada ley surge en un contexto determinado en cierta medida por el descontento social ante un auge de los casos de corrupción política ante los cuales la ciudadanía pierde la confianza en los altos cargos de la función pública y a la par demanda un incremento de las opciones de participación en la vida política del país debido a la baja seguridad que le aportan los representantes y funcionarios públicos relacionados con ellos. Es por esto, por lo que a través de esta ley y al igual que en otros países del entorno jurídico y político, van a intentar canalizarse las demandas sociales que requieren de una mayor transparencia en la función pública desarrollando legislativamente el derecho de acceso a la información, con apoyo en los avances técnicos y tecnológicos de los tiempos contemporáneos. Esta normativa acabará por suponer un cambio efectivo en el funcionamiento del sector público en España. Igualmente, la disposición legislativa va a incorporar un título al desarrollo del buen gobierno y en él incorporará el ámbito de aplicación, los principios generales y de actuación, así como un régimen sancionador y de infracciones.

Como se ha mencionado, el problema de enumerar una serie de principios de buen gobierno reside en el riesgo de que estos acusaran un carácter de mero «principalismo», careciendo de una fuerza de obligar a su cumplimiento no pudiendo ser alegados en un proceso jurisdiccional. Por tanto, y tal y como se deja entender en el preámbulo de la comentada ley, con la incorporación al ordenamiento jurídico a través de su integración en una norma con fuerza de ley, éstos van a tener dicho rango y van a poder ser exigibles por los particulares en sede administrativa y en vía judicial, en especial —se presupone— para procesos en lo contencioso-administrativo. En este sentido, resaltable nos parece también a efectos prácticos ante eventuales reclamaciones ciudadanas, la creación en España del Consejo de Transparencia y Buen Gobierno regulado en el Título III de la Ley 19/2013 y sus homólogos autonómicos, con aspiraciones de resolver las reclamaciones ciudadanas ante supuestos de incumplimiento de la normativa, entre ellos, eventuales infracciones de los principios de buen gobierno y la determinación de las posibles sanciones.

1 Fernández Scagliusi (2015).

2 Castel Gayán (2013).

Conforme a ello, y siendo un tanto ambiguo en lo referente a las personas a las que son de aplicación estos principios, se establecen como aplicables para los miembros del Gobierno, los Secretarios de Estado y al resto de los altos cargos de la Administración General del Estado y de las entidades del sector público estatal, de Derecho público o privado, vinculadas o dependientes de aquella. El artículo 26 de la Ley 19/2013, de 9 de diciembre, de transparencia, acceso a la información pública y buen gobierno recoge los principios de gobierno agrupándolos en principio generales y en principios de actuación.

De los principios generales destacamos la transparencia a la hora de tratar los asuntos públicos, la actuación de acuerdo con los principios de eficacia, economía y eficiencia, la imparcialidad, un trato igualitario y no discriminatorio, debida diligencia, fomentar un servicio público de calidad y la responsabilidad por las acciones realizadas durante el ejercicio de sus funciones.

Por su parte, los principios de actuación concretan una serie de pautas a la hora de ejercer las funciones públicas, encaminadas principalmente a marcar directrices tales como el respeto al régimen de incompatibilidades, guardar la debida reserva de confidencialidad, no aceptar regalos fuera de situaciones normalizadas de cortesía, ni favores o similares, desempeñar el cargo con objetividad y persiguiendo los fines públicos establecidos por la normativa específica, todo ello con la debida transparencia.

Pese a que, tal y como se ha señalado, a estos principios de buen gobierno se les quisiera dotar de fuerza de obligar con rango de ley y que además se incluya un régimen sancionador para casos de incumplimiento; consideramos que, de la lectura y análisis de esta serie de principios, éstos pueden ser encajados como unas pautas de conducta de carácter moral más propio de un código ético que de un régimen de actuación de los diferentes cargos dentro de la función pública. Tal vez, salvo en situaciones muy concretas, la vulneración de uno de estos principios por parte de un miembro de la administración pública no va a desembocar en un proceso autónomo por incumplimiento de uno de los principios detallados, sino que va a ir de la mano de la infracción de otras normativas como podría ser el hecho de no actuar con la debida imparcialidad y la desatención al régimen específico de abstención en un procedimiento. Quiere decirse que, resulta un tanto complicado la reclamación por parte de un ciudadano en vía administrativa o judicial de manera exclusiva e independiente de la inobservancia de alguno de los principios de buen gobierno señalado en la ley, por lo que su alegación de manera única nos resulta difícil y deja entrever que la obra del legislador no pierde plenamente el carácter programático, a pesar de que se señale la intencionalidad de evitar tal cualidad.

Por contraste, una vez vistos que la ley enumera una lista de principios de buen gobierno, y que se realizan constantes alusiones al bueno gobierno en la ley, no se recoge en ningún apartado una definición del concepto buen gobierno, algo que nos ha resultado un tanto llamativo. Atendiendo a la doctrina, lo cierto es que la noción de buen gobierno no ha quedado definida de manera unánime, aunque sí que en términos aristotélicos se puede admitir que las leyes de buen gobierno deben ir encaminadas hacia lo éticamente correcto[3]. Pero con todo esto, ¿qué es el buen gobierno y cómo se puede tratar de conseguir? Podemos afirmar que existe en la colectividad social una percepción asentada de que el buen gobierno debe ser una manera de obrar justa y recta por parte de los detentadores de funciones públicas[4], que al fin y al cabo es lo que se pretende conseguir con el establecimiento de estos principios de buen gobierno dentro de una norma con rango de ley, aunque como veremos, con ello no es suficiente.

Debido al desarrollo del Estado social desde la sociedad y también desde la política se otorga un rol prestacional a las políticas públicas estatales, creciendo de manera exponencial el diseño, gestión y ejecución de políticas públicas para la ciudadanía por parte de las administraciones públicas[5]. Por lo tanto, paralelamente aumenta la exigencia de la sociedad civil a las instituciones públicas y a los altos cargos de éstas, a las cuales se demanda una mayor calidad en su funcionamiento y en las relaciones entre particulares y las instituciones estatales.

Siguiendo con esta idea, y volviendo a echar un vistazo al contenido vertebral que se puede vislumbrar leyendo los principios del artículo 26 de la Ley 19/2013, la sociedad civil lo que va a demandar, en el contexto de desafección generalizada debido a la comisión de hechos deshonestos y delictivos, es una mayor transparencia, eficacia y eficiencia de los servicios públicos, así como el reclamo de una mayor participación ciudadana en los procesos de diseño y toma de decisiones acerca de los programas de políticas públicas, debido a la creciente desconfianza que supone la sola intervención de los gobernantes. Reflejo de esto es sin duda el descenso en la participación electoral y la negatividad asentada en algunos sectores de la sociedad ante la democracia representativa[6].

Tenemos pues, que se asiste a un procedimiento social de regeneración democrática en el que la transparencia, la gestión económica, la rendición de cuentas y la participación de la sociedad civil en los asuntos públicos se antojan claves para su consecución[7]. Tanto es así, que nos encontramos con que, a día de hoy, para considerar si un gobierno es fielmente democrático se debe usar como indicador de su calidad democrática el nivel de transparen-

3 Mansilla (1982).

4 Serrano Pérez (2017).

5 Jiménez Vacas (2022).

6 Castel Gayán (2013).

7 Serrano Pérez (2017).

cia que ofrece[8]. Es realmente este tipo de circunstancias sociales a las que se trata de dar respuesta con el establecimiento normativo de estos principios de buen gobierno.

Cierto es que no basta sólo con el establecimiento de una serie de principios en una norma para que se alcance una situación que podamos calificar como de buen gobierno, hace falta además una cultura de vocación pública efectiva: o sea, que nos podemos encontrar con ordenamientos jurídicos con un importante desarrollo de normas de buen gobierno pero donde la actuación de los gobernantes está lejos de ser calificado como tal, y otros donde no se cuenta con una normativa que haga referencia a los principios del buen gobierno y sin embargo no haga falta contar con ella por el ejemplar desempeño de sus funciones por parte de los funcionarios públicos. Mas es necesaria la implantación de unas estructuras que faciliten la conexión entre las instituciones y la sociedad civil, sistemas que regulen la transparencia de los distintos órganos implicados y mecanismos de accesibilidad ciudadana a la información institucional, además de mecanismos de *accountability*.

Si atendemos al estudio de los principios vemos que se centran en la trasparencia, la eficacia, la imparcialidad, la debida diligencia, la igualdad de trato y la eficiencia en el uso y gestión de los recursos públicos. La gran cuestión es cómo deben funcionar estos principios en el ejercicio de la gestión pública. Se ha tratado de dilucidar por la doctrina el rol a desempeñar y las obligaciones jurídicas que deben desprenderse de ellos, llegándose así a determinar que deben ser instrumentos tantos de orientación como de control[9]; y que ostentan un rango jurídico que los hace exigibles, idea esta última reforzada por el mencionado régimen sancionador que debe acompañar a estos principios ante las eventuales infracciones que puedan producirse por parte de cargos públicos. Aunque también se apunta que su mayor grado de concreción no ha acabado por impedir que queden desmarcados de un carácter programático o informativo[10].

Digamos que, entonces, para conseguir dotar de contenido a esta serie de principios un tanto vacíos recogidos en la ley, es preciso en aras del buen gobierno una evolución del ámbito institucional hacia la promoción de espacios participativos, de diálogo y cooperación en clave de consenso social, facilitando la implicación de la ciudadanía en el diseño, gestión y ejecución de las políticas públicas, a través de la cual se pueda además dar una respuesta efectiva a los diferentes desafíos que se presentan debido a los cambios sociales; para lo cual hace falta el desarrollo de entidades con una alta capacidad de gestión y resolución de problemas. La suma de la implicación de los ciudadanos y los poderes públicos en sus distintos niveles en

---

8 Chamorro González (2021).

9 Castel Gayán (2013).

10 Serrano Pérez (2017).

los procesos de gestión de la res pública es un argumento certero a favor de la cohesión social. Todo esto nos quiere decir que, para hacer cumplir los principios de buen gobierno a través de su desarrollo práctico, se presenta como vital la creación de espacios donde confluyan las partes implicadas tales como mesas de diálogo o instrumentos de coordinación que permitan una intervención directa en casos que requieran una ágil respuesta. Ejemplo de lo primero sería el fomento de encuentros periódicos entre empleados sectoriales o usuarios de bienes públicos con gestores públicos en el que realizar análisis de situación, mientras que de lo segundo podría ser el caso de cooperar y coordinar medios y personal para lograr con efectividad y eficiencia poder acabar con un incendio.

Conforme a lo anterior, si sumamos todos los ingredientes mencionados nos encontraríamos con un resultado cercano a la receta de la gobernanza. Una forma de gobernar, que según la Real Academia de la Lengua implica el *sano equilibrio entre el Estado, la sociedad civil y el mercado de la economía en aras de un desarrollo social, económico e institucional*. Llegados a este punto, se debe aclarar que gobernanza y buen gobierno no son lo mismo, aunque sean conceptos que en ocasiones han provocado confusiones ya que tienden a interrelacionarse, hasta tal punto que nos parece que la mejor forma de representación y ejecución de los principios de buen gobierno, cumplidos de manera fidedigna por los gestores públicos, debe de traducirse en una situación propia de la gobernanza como acción de gobierno.

La gestión eficaz de los recursos públicos, la transparencia en los asuntos públicos, la probidad pública, la igualdad de trato y el establecimiento de nexos de comunicación que fomenten la participación ciudadana en los núcleos institucionales, son pautas englobadas dentro de la esfera de los principios de bueno gobierno que, bajo nuestra visión, representan indicios de que se orienta la actuación de la administración pública hacia la gobernanza.

III. Gobernanza

A menudo nos encontramos que los conceptos de gobernanza y de buen gobierno son usados como sinónimos, sin embargo, son dos términos que abarcan realidades distintas, aunque se interrelacionan entre sí. En el apartado anterior hemos puesto sobre la mesa nuestra percepción acerca de la orientación hacia la gobernanza que supone el establecimiento dentro del ordenamiento jurídico de unos principios de buen gobierno con rango de ley; vamos a ver a continuación más sobre la gobernanza para tratar de poner en contexto nuestra hipótesis.

La gobernanza es una forma de ejercer la acción de gobierno que se propone conseguir, siguiendo a la Real Academia de la Lengua tal y como se ha señalado previamente, «*el logro de un desarrollo económico, social e ins-*

titucional duradero, promoviendo un sano equilibrio entre el Estado, la sociedad civil y el mercado de la economía». Surge la noción de gobernanza en un momento de crisis de la acción de gobierno que se caracterizaba principalmente por la ejecución de un programa de gobierno durante un periodo determinado, normalmente coincidente con el de una legislatura, denominada «gobernabilidad». Esta acción de gobierno no es capaz de dar respuestas satisfactorias a los desafíos que se presentan en el marco del Estado del Bienestar al intervencionismo público y para ello, surge la gobernanza.

La disrupción del modelo de la gobernabilidad reside en la problemática que supone para esta acción de gobierno la incapacidad para dar una ágil y contundente respuesta a los problemas sociales que debe de hacer frente el gestor público y para el que la mera programación de un plan de actuación no es suficiente. La gobernabilidad queda además anclada en democracias en fase de desarrollo, en países que aún no han consolidado el régimen democrático, mientras que, por su parte, la gobernanza es propia de democracias avanzadas que empiezan a preocuparse por elementos de calidad democrática como el buen gobierno, la transparencia y la participación ciudadana[11].

Reseñable para entender la confusión ocasional entre buen gobierno y gobernanza es la coincidencia que supone la comparación entre los principios de buen gobierno y los recogidos en el Libro Blanco sobre la Gobernanza de la Unión Europea, texto emitido en 2001 en el cual se destacan los principios de apertura, participación, responsabilidad, eficacia y coherencia. Como vemos, son pautas éticas para la gestión pública que guardan una estrecha relación de parecido, aunque en sí sean conceptos que hacen referencia a dos realidades diferenciadas.

Siguiendo con este último apunte, dentro de la consolidación democrática, es normal que la ciudadanía empiece a demandar una gestión pública cuyo patrón sea el consenso social. La acción de la gobernanza, para el alcance de sus objetivos, va a necesitar verse respaldada por el consenso social para la legitimación de su actuación.

La gobernanza intenta que todos los sujetos implicados en un proceso participen en el circuito decisional público. Para hacer esto posible se requiere una sociedad civil fuerte e integrada, más allá de la exclusiva participación de los grupos de interés que puede dar como resultado la exclusión de minorías o de colectivos no lo suficientemente bien organizados, además de unas adecuadas estructuras institucionales que posibiliten la intervención de los afectados y la comunicación y, por último, se precisa liderazgo político para la coordinación de este tipo de prácticas[12]. Estos procesos participativos deben ser diseñados al margen del circuito representativo[13], eliminando

11 Porras Nadales (2014:68).

12 Natera Peral (2005).

13 Porras Nadales (2014:67).

como nexo principal de intermediación entre ciudadanía e instituciones a los partidos políticos[14]. A razón de esto, podemos observar el paralelo desarrollo de la normativa en España acerca de la participación ciudadana, en especial en clave autonómica, donde en algunos lugares ha sido conectada con la regulación de la transparencia[15]. Estas fórmulas, pese a seguir otorgando a instancias políticas de poder como el ejecutivo o el legislativo la última palabra, habilitan espacios de emisión de la opinión y, en general, canales de intervención que suponen la participación de la sociedad civil al margen de la democracia representativa y la apertura hacia la adecuación del principio democrático.

Por tanto, una vez que hemos desarrollado en el apartado anterior los principios de buen gobierno y ahora con unos apuntes básicos sobre la gobernanza como forma de gobierno, estamos en condiciones de afirmar que la gobernanza, para ser puesta en práctica, necesita primordialmente de una correcta aplicación de los principios de buen gobierno. Ambos conceptos engloban la idea de la necesidad de una gestión eficiente de las políticas públicas y ambos son trazados sobre una base común sobre la que sí que existe unanimidad en los estudios sobre esta temática: ese punto de coincidencia es el consenso. Es decir, todas las teorías y definiciones acerca del buen gobierno y de la gobernanza coinciden en que es inherente a ambas nociones la idea del consenso social en las redes y procesos de toma de decisiones.

Avanzando con la diferenciación entre el buen gobierno y la gobernanza descubrimos que para una gestión pública en clave de gobernanza no basta solo con operar siguiendo criterios de eficiencia y eficacia, sino que se presenta como indispensable trabajar en red. Es, por tanto, un rasgo definitorio y diferenciador de la gobernanza la dinámica de trabajo en red, lo que quiere decir que la aplicación práctica de los principios de buen gobierno no garantizan de por sí que nos hallemos bajo una situación de gobernanza; se requiere además la nota distintiva de trabajar con estructuras de red, tanto entre administraciones públicas de distintos niveles, como colaborando con el sector privado y, también, con el encaje participativo con la sociedad civil debidamente organizada.

Más aún, hay otra nota característica de la gobernanza que debe de ser señalada para comprender mejor su desarrollo práctico. Ese otro rasgo distintivo es su caracterización por trabajar en un formato de redes horizontales, lo que implica que en las relaciones de cooperación que se establezcan entre los distintos actores implicados todos se encuentren al mismo nivel. Para que

---

14 Corchete Martín (2016).

15 Véase por ejemplo la Ley 3/2015, de 4 de marzo, de Transparencia y Participación Ciudadana de Castilla y León o la Ley 12/2014, de 16 de diciembre, de Transparencia y Participación Ciudadana de la Comunidad Autónoma de la Región de Murcia.

esas relaciones con carácter de horizontalidad puedan ser llevadas a cabo, es necesario el diseño y desarrollo de una serie de estructuras y procesos donde pueda producirse el intercambio de información y la adopción de decisiones, paralelamente a la determinación de mecanismos de coordinación entre los puntos a interrelacionar y se establezca un ente o un órgano de control, para que el procedimiento se guíe cumpliendo los principios propios del buen gobierno como la eficacia y la transparencia. El hecho de incorporar los principios de buen gobierno a los procesos de diseño de políticas públicas supone una optimización de las oportunidades de intervención ciudadana[16] y es garante del incremento de las situaciones de gobernanza en la gestión pública.

Las redes de decisión mixta propias de la gobernanza fomentan la cooperación entre instituciones dando pie a la denominada gobernanza multinivel, siendo buen ejemplo de ello las relaciones entre el Estado con instituciones supraestatales (la Unión Europea es el ejemplo paradigmático de institución supraestatal que opera bajo criterios de gobernanza multinivel), y también, entre el Estado y entes territoriales de poder infraestatales, como es el caso de estados federales o fórmulas cuasi federales como la organización autonómica del Estado español. También este tipo de redes contribuye a la colaboración entre entes privados y públicos en la definición y ejecución de políticas públicas. La gestión pública cooperativa[17] está definida por el hecho de trabajar bajo redes de cooperación público-privadas que han sido tejidas por actores estatales para tratar de obtener resultados eficientes en la ejecución de las políticas públicas.

Estas circunstancias, unidas al papel creciente de la sociedad civil nos acaban por reflejar que nos hallamos en un escenario de gobernanza que favorece los principios de buen gobierno, pero eso sí, se requiere de un debido marco democrático que incluya la participación colectiva de la ciudadanía y la transparencia en el momento de la cooperación y la dirección de la red, así como mecanismos de depuración de responsabilidades[18].

Partiendo de la crisis de la gobernabilidad, caracterizado por la jerarquización en el proceso de toma de decisiones, se abre a través de los canales de la gobernanza una forma de gestionar lo público apoyada en una forma de gobierno cooperativa, en la que a veces los límites entre las propias administraciones públicas y los sectores público y privado se acaban difuminando, en el intento de lograr una gestión eficiente de los recursos públicos pero también en lo referente a las relaciones de colaboración enmarcadas dentro del proceso de *policy-making*[19].

---

16 Pezo Castañeda (2012).

17 Mandell (2001).

18 Morejón-Santiestevan (2019).

19 Natera Peral (2005).

Como se ha venido comentando, la gobernanza implica trabajar en red en las distintas fases que abarcan aquellas actuaciones referentes tanto al *policy-making* como también a la ejecución efectiva de esas políticas públicas; pero ese sistema de relaciones y esa tipología de creación de infraestructuras y lazos de comunicación y colaboración entre distintos niveles de administraciones públicas o cooperación público-privada tiene su justificación en el intento de conseguir ser eficientes. Es decir, la razón de ser de las redes típicas de la gobernanza no es otra que la consecución de uno de los clásicos principios de buen gobierno también recogido en la Ley 19/2013: la eficiencia. Los principios de buen gobierno se proponen para una gestión eficiente de las políticas públicas, que es el mismo y el principal reto que los canales de cooperación de la gobernanza deben asumir y para los que deben de ser diseñados.

En aras de la eficiencia pública la soberanía estatal sufre una doble fragmentación cuando se establecen y desarrollan mecanismos de gobernanza multinivel: por un lado, debido a la integración de los Estados en entes supranacionales y por otro a la división de competencias entre el Estado central y los entes territoriales de tamaño y ámbito de actuación inferior al del Estado[20]. A pesar de ese fraccionamiento de la soberanía estatal producido por la gobernanza multinivel, vamos a ver que el Estado sigue desempeñando un rol fundamental gracias en parte al principio de subsidiariedad recogido en la regulación de algunos entes supranacionales como es el caso del artículo 5 del Tratado de la Unión Europea, así como en el reparto de competencias en Estados federales o similares, donde en no pocas ocasiones también puede tener asignadas tareas de coordinación. Por lo tanto, el Estado es el principal actor en las redes de gobernanza multinivel[21].

Continuando con la relación entre eficiencia como principio de buen gobierno y las redes de la gobernanza multinivel, nos centramos en la relevancia de la elaboración de diseños institucionales que posibiliten la creación de espacios entre administraciones públicas de distintos niveles. Estos diseños deben de atender al contexto normativo, social y administrativo del entorno donde van a ser ejecutados, además de tener en cuenta la división competencial y la legitimidad de actuación de las distintas administraciones implicadas, y no pueden ser olvidados los debidos mecanismos de evaluación y rendición de cuentas[22]. Asimismo, y en el marco de un proceso de descentralización estatal para la consagración del Estado autonómico en el caso español, en el que el Tribunal Constitucional ha jugado un papel fundamental[23], la acción de gobernanza va a tratar de conectar con el ciudadano

---

20 Jiménez Vacas (2022).

21 Morejón-Santistevan (2019).

22 Moreno Fernández (2018).

23 Castellá Andreu (2016).

con el argumento de la relación de proximidad entre la menor escala de gobierno y el gobernado.

Los principios de eficacia y eficiencia aterrizan en la vida práctica del modelo de la gobernanza a través de instrumentos que fomentan los procesos de negociación y deliberación entre distintos niveles de gobierno y que propician el otorgamiento de cierta cuota de poder decisional (Porras Nadales, 2021), aunque en ocasiones puedan llegar a ofrecer la sensación de que la participación es ilusoria o meramente aparencial. Sirven como ejemplo algunas figuras que, en el ordenamiento jurídico español, nos encontramos en la Ley 40/2015, de 1 de octubre, de Régimen Jurídico del Sector Público y que vendrían a ser las conferencias de presidentes, las conferencias sectoriales y otras fórmulas de cooperación. Diferencia Zambonino Pulito (2018) entre instrumentos de gobernanza multinivel de carácter orgánicos, como es el caso de la creación de órganos colegiados; e instrumentos funcionales, como por ejemplo el establecimiento de convenios, el intercambio de información, la asistencia recíproca o la planificación conjunta. La gestión pública bajo una gobernanza multinivel tiene así como uno de sus potenciales beneficios la oportunidad de intercambio de experiencias entre las distintas administraciones.

En oposición a lo recién expuesto, existen también un apunte crítico a los canales de la gobernanza que la tachan precisamente de no beneficiar a la eficiencia pública. La problemática del establecimiento de una serie de mecanismos de colaboración y cooperación interadministrativa en forma de red reside en la ralentización de los procesos decisionales del *policy-making*[24]. Se debe de recordar que el ámbito idóneo de actuación de la gobernanza, en contraposición a la planificación y régimen jerarquizado de la gobernabilidad, es aquel en el que se ha de tratar de responder con eficacia a las circunstancias cambiantes de la realidad social, por lo que no debe permitirse que las redes de interrelación provoquen retrasos. Sin embargo, sí que tenemos la experiencia de la gestión del COVID-19 como ejemplo reciente de la aceleración de los nexos de comunicación entre instituciones estatales y autonómicas en España [25] y como referencia de lo que debe ser trabajar bajo parámetros de una gobernanza dinámica. Precisamente, simultáneamente en el tiempo a la pandemia COVID-19 ha florecido desde Estados Unidos un nuevo concepto, denominado gobernanza robusta[26], que se centra en el desarrollo de una administración pública conectada por redes institucionales que esté diseñada y capacitada para la ágil respuesta a «*turbulencias*» tales como problemas inéditos o sobrevenidos para la administración, permitiendo una flexibilidad en los modelos de gestión, creando estructuras polivalentes

24 Porras Nadales (2021).

25 Porras Nadales (2021).

26 Howlett; Ramesh (2022).

que siendo estables en el tiempo puedan adaptarse a los cambios provocados por momentos críticos.

En consecuencia, para la eficacia de la gobernanza robusta, no basta exclusivamente con la implantación de un acertado diseño institucional, debemos atender también al factor humano. Este elemento se manifiesta en tres categorías: (a) liderazgo político o gestor público, (b) funcionario o proveedor público y (c) usuarios públicos o sociedad civil. Estos tres componentes humanos se mueven y participan en el circuito de cooperación de la gobernanza. Tanto la gobernanza como los principios de buen gobierno van encaminados hacia un mayor protagonismo de la sociedad civil[27], es por eso por lo que en clave de gobernanza las redes sociales afectadas, entre los que se sitúan los usuarios de los servicios y bienes públicos, deben participar en el diseño de medios y en la toma de decisiones[28]. Por su parte, el funcionario público o proveedor debe ser el enlace entre los gestores públicos y la sociedad civil, puede desarrollar labores meramente burocráticas o también de atención directa al ciudadano, debiendo tratar a este de manera correcta con imparcialidad e igualdad, debiendo ser estos puestos ocupados por sujetos con vocación de servicio público, siendo responsables directos los gestores públicos de la creación de un alto nivel de valor público. Por último, es necesario que los gestores públicos encargados de la coordinación de las redes de cooperación y colaboración ostenten facultades de liderazgo y que en el seno de centros de negociación y toma de decisiones puedan desarrollar sus habilidades. Además de estos resulta útil en las redes de gobernanza contar con el apoyo del conocimiento experto[29]. Estos serían mediadores en los que apoyar racionalmente las decisiones de nuevo para la búsqueda de la eficacia y la eficiencia en las políticas públicas, aunque se corre el riesgo de caer en un gobierno de tecnócratas sobre los que se asienta la toma de decisiones en la gestión pública.

Hemos venido observando como los principios de buen gobierno orientan la acción de gobierno hacia el modelo de la gobernanza, a la vez que sirven también como parámetros de control en la evaluación de resultados y es que el buen gobierno no implica únicamente virtudes morales sino además ser también un gobierno eficaz social y económicamente[30], lo que en el marco del Estado social conlleva la eficacia en los circuitos de relación entre instituciones[31] que proponen las fórmulas de la gobernanza. Es por eso por lo que llegamos a la conclusión de que la gobernanza y los principios de buen gobierno son términos simbióticos en el sentido de que no hay mejor

27 Corchete Martín (2016).

28 Porras Nadales (2014: 83).

29 Porras Nadales (2014: 63).

30 García Pelayo (2009: 1229).

31 Porras Nadales (2014: 82).

ejemplo de una correcta aplicación de los principios de buen gobierno que la acción de gobernanza, pero a su vez, no hay mejor gobernanza que la que pone en práctica los principios de buen gobierno. La gobernanza debe de afrontarse con el objetivo del buen gobierno en el horizonte, con el establecimiento de unas reglas claras sobre el funcionamiento de las redes de cooperación y los procedimientos de toma de decisiones bajo un régimen de participación abierto a través del cual lograr la consolidación del bien común en la implementación de las políticas públicas[32]. Estos sistemas propios de la gobernanza, que sean capaces de dar respuesta a los problemas sociales agrupando un adecuado diseño institucional, mecanismos de cooperación y participación ciudadana y la preceptiva coordinación de un gestor público, podrán dar respuestas eficaces y eficientes apoyadas en el debido consenso social, ejes fundamentales de un buen gobierno.

IV. Gobernanza y buen gobierno ante los desafíos populistas-autoritarios

Gobernar en clave de gobernanza orientada por los principios de buen gobierno es una fórmula que puede contribuir a frenar el desencanto social producido por casos de corrupción y de experiencias con una baja o nula ética pública, esto quiere decir que la gobernanza debe postularse como forma de gobierno que colabora en la identificación de la ciudadanía con las decisiones tomadas en los procesos de gestión pública para que éstos cuenten con el debido respaldo social y no generen rechazo. Sin embargo, debemos tener en cuenta que los populismos también se sirven de esta desafección y del sentimiento de exclusión de parte de la sociedad para su rédito político y/o electoral. En los últimos años, múltiples factores como son la crisis económica y de la democracia representativa, la ineficacia en la gestión pública a la hora de responder a las demandas de la sociedad, la banalización de los debates políticos y los citados casos de corrupción o mala administración, han provocado el resurgir de corrientes populistas[33].

Estas corrientes se han aprovechado asimismo del sentimiento de exclusión de sectores de la sociedad en el proceso de toma de decisiones para colocarse como los altavoces de aquellos, otorgándole una percepción de representación. Inclusive, la deriva populista-autoritaria de los sistemas políticos actuales ha sacado a escena la imagen del líder. Tratan estas formas populistas de alcanzar el poder de sembrar el terror advirtiendo de los múltiples fallos del sistema democrático-representativo para presentar como único salvador a un líder que resolverá todos los problemas[34]. Entonces,

32 Bobbio (1986:65) y Radic Vega (2013:300).

33 Canales Aliende; Romero Tarín (2018).

34 Almeyda Sarmiento (2021).

atacan incluso a los canales de la gobernanza multinivel sirviéndose de sus clásicos defectos de la lentitud y de los posibles conflictos producidos por la eventual discrepancia entre gobiernos de distinto signo político en las administraciones que deben de cooperar[35], presentando al gobierno jerárquico y centralizado con la fuerte figura del líder-presidente capaz de ofrecer remedios instantáneos a las demandas sociales[36].

Continuando con la dinámica negativa hacia el buen gobierno y la gobernanza propia de los populismos y autoritarismos, nos encontramos con la recurrente negación del apoyo en el conocimiento experto-científico, rechazando toda posibilidad de caer en un gobierno tecnócrata y elitista[37]. Se desarrolla, además, en caso de la llegada al poder del populismo-autoritarismo, un aparato burocrático clientelar con la ocupación institucional, alejado de una administración pública cuyo acceso requiera de los principios de mérito y capacidad[38]. Aunque no acaban por destruir las figuras e instituciones democráticas, acaban corrompiendo los guardarraíles de la democracia desde dentro[39], unificando el poder y homogeneizando los procedimientos de gestión de políticas públicas para el logro de una mayor eficacia, tendiendo a reducir el Estado y sus instituciones[40]. Asimismo, los mecanismos de participación ciudadana se ven difuminados o erradicados, sustituyendo a los canales típicos de participación y representación de la gobernanza y los nexos de cooperación entre las instituciones públicas por la jerarquía del líder y la legitimidad que le otorga su capacidad y agilidad para identificar los problemas y solucionarlos.

Ante esta situación de riesgo para los principios de buen gobierno, no basta con un parlamento democráticamente constituido y unas elecciones libres, hace falta gobernanza democrática, es decir, gobiernos dinámicos, eficientes y efectivos que hagan frente a las condiciones cambiantes de la realidad social y que fomenten una interacción constructiva entre los ciudadanos, los agentes públicos y las entidades privadas[41]. La gobernanza orientada por los principios de buen gobierno puede y debe ser respuesta a los desafíos que plantean las corrientes populistas-autoritarias. Las herramientas con las que cuenta la gobernanza deben de hacerse fuertes en esta situación de alerta.

Así, la inclusión de la sociedad civil en el proceso de toma de decisiones y el fomento de nuevas fórmulas de participación democrática deben contri-

35 Lo Cascio (2020).

36 Ulloa (2013).

37 Ramírez (2016).

38 Canales Aliende; Romero Tarín (2018).

39 Levitsky; Ziblatt (2021).

40 Almeyda Sarmiento (2021).

41 Rovira (2013:21).

buir a la inclusión de los sectores de la sociedad afectados en la implementación de cada línea de políticas públicas; la legitimidad de la actuación del gestor público debe venir dada por el consenso en el proceso, eliminando la posibilidad de que los populismos intenten captar a ciudadanos que no se sientan identificados ni representados.

De igual manera, el desarrollo de diseños institucionales y espacios habilitadores de la cooperación en forma de diálogo y negociación se presentan como potenciales elementos reductores del crecimiento de la figura del líder que aúna poder. Cierto es que se necesita de un gestor público con facultades de liderazgo, empero que éste sea un eje de coordinación y que sus habilidades de negociación y búsqueda de decisiones consensuadas sean el aval ideal para su postulación o mantenimiento en el cargo, en contraposición a la legitimidad por su jerarquía y capacidad de mando.

Por su parte, en lo que respecta a la gobernanza multinivel, los instrumentos de cooperación institucional requieren de un cierto nivel de calidad y de la predisposición política de no trazar barreras por motivos de diferencias ideológicas para la distribución eficiente de tareas de gestión y desarrollo de políticas del centro a la periferia. Tenemos como ejemplo reciente de que es posible acelerar las dinámicas propias de las redes de gobernanza el caso de la gestión del COVID19, viendo como en España, aunque en un momento algo tardío, se construyó un sistema de gobernanza entre el Estado central y las autonomías, y como en países en fases de populismo-autoritarismo la cobertura sanitaria pública fue un tanto deficiente[42]. Sirva esto como argumento a favor de que una gobernanza multinivel guiada por principios de buen gobierno puede ser más eficaz e inclusiva que el gobierno jerárquico-centralizado.

En definitiva, los principios de buen gobierno y la gobernanza vienen a aportar relaciones y estructuras que mejoran la calidad democrática de nuestro sistema institucional, dotando a las decisiones de los gestores públicos de una mayor legitimidad resultado de una mayor participación e inclusión social. Por tanto, se sitúa la gobernanza como el mejor modelo de gobierno para frenar el auge de la deriva autoritaria-populista, debido fundamentalmente a que sus redes permiten la cooperación interinstitucional y un incremento de la participación ciudadana, a la vez que también son incluidos la ciencia y el conocimiento técnico para dotar de racionalidad las decisiones políticas, todo en clave de consenso social y en aras de la eficiencia pública.

V. Conclusiones

En el año 2013 se incorporaban al ordenamiento jurídico español una serie de principios denominados de «buen gobierno» incluidos en el artículo 26 de la Ley 19/2013, de 9 de diciembre, de transparencia, acceso a la información

42 Lo Cascio (2020).

pública y buen gobierno. Estos principios no deben de caer en un carácter meramente principalista, recogiendo una serie de pautas éticas que no sean determinantes para la actividad de la administración pública ni para los gestores públicos. Más bien todo lo contrario, el hecho de recoger en una ley estos principios debe servir para orientar y controlar la gestión pública.

Conforme a ello, podemos concluir que si las actuaciones público-políticas son orientadas y controladas en base a los principios de buen gobierno, estaremos en una situación coincidente con la gobernanza o muy próxima de ella. De hecho, los objetivos de la gobernanza y del buen gobierno guardan un alto grado de similitud, en el que las políticas deben de estar orientadas hacia la colaboración y hacia la consolidación de infraestructuras interinstitucionales[43] que fomenten la cooperación y la implicación de la colectividad social en los procesos decisionales.

Por consiguiente, un procedimiento de gestión pública que sea transparente, inclusivo y sea capaz de dar respuestas efectivas ante los problemas de la realidad social y, además, incluya unos eficaces mecanismos de *accountability* se presenta no solo como un prototipo a seguir sino también como un paradigma de gobernanza y de buen gobierno. En adición, este modelo resulta ser una potencial solución a los ataques que está sufriendo la calidad democrática por parte de las tendencias populistas-autoritarias.

Referencias

Almeyda Sarmiento, J.D. (2021). «Populismo como metamorfosis del totalitarismo: una lectura desde el pensamiento político de Hannah Arendt». En: Acevedo Suárez, A. (Ed.): *Democracia, Gobernanza y Populismo. Editorial Universidad del Rosario* (145–80)

Bobbio, N. (1986). *El futuro de la democracia*. Fondo de Cultura Económica, México.

Canales Aliende, J.M. y **Romero Tarín, A.** «Los populismos y la gobernanza democrática». *Revista de Administración Pública del GLAP*. 2018, 2(3), (17-25).

Castel Gayán, S. (2013). «Reflexiones sobre el marco normativo del buen gobierno». *Cuadernos Manuel Giménez Abad*, N.° 6, 2013, (168-180).

Castellá Andreu, J.M. (2016). «Tribunal Constitucional y proceso secesionista catalán: respuestas jurídico-constitucionales a un conflicto político-constitucional». *Teoría Y Realidad Constitucional*, 37, (561–592).

43 Giachi (2017).

Chamorro Gónzalez, J.M. (2021). «Gobernanza y función pública: transparencia y buen gobierno y su relación con la función pública». *Actualidad Administrativa*.

Corchete Martín, M.J. (2014), «Nuevas experiencias de la democracia en la ciudad: de la gobernanza al buen gobierno». *Actas del XII Congreso de la Asociación de Constitucionalistas de España*, (267-294).

Fernández Scagliusi, M.Á. (2015). «Principios éticos y obligaciones para garantizar la transparencia y el buen gobierno». En C. Ortega Esquembre, C., Richart Piqueras, A., Páramo Valero, V. y Ruíz Rubio, C. (Eds.): *El mejoramiento humano: avances, investigaciones y reflexiones* éticas *y políticas. Albolote* (Granada). *Comares* (399-409).

García Pelayo, M. (2009). «El buen y el mal gobierno». *Obras completas* II. Madrid: CEPC. 2009.

Giachi, S. (2017). «La evolución de la gobernanza de las políticas de innovación en España: el caso de la colaboración entre ciencia e industria». *Política y Gobernanza. Revista de Investigaciones y Análisis Político*, 1, (109-132).

Howlett, Michael; Ramesh, M. (2022): «Designing for adaptation: static and dynamic robustness in policy-making». *Public Administration*. (1–13).

Jiménez Vacas, J.J. (2022). «De la gobernanza, liderazgo y ética pública». Centro de Investigación para la Gobernanza Global (Universidad de Salamanca), Working Paper N.º 2. -Levitsky, S. y Ziblatt, D. (2021). ¿Cómo *mueren las democracias?* Ed. Ariel, 1.ªEdición.

Lo Cascio, P. (2020). «La gobernanza política de la pandemia: el modelo europeo frente al populismo, y el autoritarismo». *Gaceta sindical: reflexión y debate*, N.º 35, 2020 (Ejemplar dedicado a: Globalización, pandemia y cohesión social), (73-88).

Mandell, M. (2001). *Getting Results through Collaboration: Networks and Network Structures for Public Policy and Management*. Westport. Quorum Books.

Mansilla, H.C.F. (1982). «Las teorías clásicas sobre el buen gobierno y su significación actual». *Revista de estudios políticos*, N. %º 29, 1982, (163-176).

Morejón-Santistevan, M. E. (2019). «Gobernanza multinivel: Perspectiva de la eficiencia en el Gobierno Democrático». *Dominio de las Ciencias*, 5(2), (315-336).

MORENO FERNÁNDEZ, L. (2018). «Política social y gobernanza multinivel». Actas del VII Congreso de la Red Española de Política Social (REPS): «Políticas sociales ante horizontes de incertidumbre y desigualdad», (101-121).

NATERA PERAL, A. (2005). «La gobernanza como modo emergente de gobierno y gestión pública». *Gestión Y Análisis De Políticas Públicas*, 33-34, (53–65).

PEZO CASTAÑEDA, E. (2012). «Los principios de buen gobierno como principios rectores de la gestión y de las políticas del gobierno nacional y de los gobiernos regionales y locales en el marco de la descentralización». *Derecho y Cambio Social*, Año 9, N.° 28, 2012

PORRAS NADALES, A. (2014). *La acción de gobierno. Gobernabilidad, gobernanza y gobermedia*. Madrid. Ed. Trotta.

PORRAS NADALES, A. (2021). «Caminos de gobernanza. Política y Gobernanza». *Revista de Investigaciones y Análisis Político*, 5, (5-31).

RADIC VEGA, J. (2013): «Movimientos sociales y Gobernanza en el siglo XXI: repensando la democracia a través del 15-M», en ROVIRA, A. (Ed.): *Gobernanza democrática, Madrid, Marcial Pons*, (295-328).

RAMÍREZ, A. (2016). «El populismo y la atracción por el líder carismático». *Revista Amauta*, 27, (45-60).

ROVIRA, A. (2013). «Gobernanza y Derechos Humanos». En: ROVIRA, A. (Ed.): *Gobernanza democrática, Madrid, Marcial Pons*, (15-24).

SERRANO PÉREZ, M. (2017). «Principios de actuación del buen gobierno». En TRONCOSO REIGADA, A. (Dir.): *Comentario a la ley de transparencia, acceso a la información pública y buen gobierno*. Ed. Civitas, España (1529-1564).

ULLOA, C. (2013). «El populismo en la democracia». *Forum*, 1(4), (83-94).

ZAMBONINO PULITO, M. (2018). «La articulación de la gobernanza multinivel a través de técnicas orgánicas de colaboración, cooperación y coordinación». *Revista aragonesa de administración pública*, núm. 52, 2018, (230-263).

CAPÍTULO 12

CONSTRUCCIÓN COLABORATIVA DE MARCOS REGULATORIOS DE LA GOBERNANZA DEL AGUA EN COLOMBIA

Camilo Cruz Merchán
Instituto de Estudios Políticos
Universidad Autónoma de Bucaramanga

I. Introducción[1]

La gestión de recursos escasos a menudo desencadena conflictos socioambientales, en los cuales las comunidades locales suelen encontrarse en una posición de vulnerabilidad frente a otros actores, como grupos económicos, actores con poder territorial y las instituciones públicas. Estas instituciones, en

---

1 Este trabajo forma parte del proyecto interno de la Universidad Autónoma de Bucaramanga «Conflictividad socioambiental, victimización a la organización social y afectación al territorio: reconfiguración de la violencia en el departamento de Santander tras la firma de los acuerdos de paz entre el gobierno nacional y la guerrilla de las Farc (2017-2022)». Una versión preliminar fue presentada en el marco del Seminario Internacional de Jóvenes Investigadores «Instrumentos de Gobernanza Pública: Presente y Futuro,» organizado por el Centro de Investigación de Gobernanza Global de la Universidad de Salamanca (CIGG) y la Facultad de Derecho de la Universidad Finis Terrae (UFT - Chile) del 16 y 17 de octubre, en la Universidad de Salamanca.

general, debido a la presión de la formalidad, suelen favorecer los intereses de actores más institucionalizados, como los mencionados anteriormente.

En Colombia, la experiencia comunitaria ha dejado una huella profunda en la posibilidad de construir un ordenamiento territorial informal basado en procesos de solidaridad y administración de los bienes comunes relacionados con el agua en ciertas áreas geográficas. En la actualidad, esta institucionalidad alternativa, que desempeña un papel fundamental en la urbanización de zonas populares y en el fortalecimiento de las actividades rurales de pequeños propietarios y comunidades campesinas, está buscando vías para su formalización a través del reconocimiento legal. Si este proceso se materializa, el país contará con una normativa derivada de las acciones comunitarias, que ofrecerá alternativas para abordar los conflictos y disputas por el agua que existen en las diferentes regiones, validada a través de la colaboración institucional y fundamentada en experiencias prácticas.

El artículo que presentamos se basa en una investigación que utiliza fuentes documentales secundarias, proyectos de ley y fuentes documentales primarias para explorar los procesos de construcción de iniciativas de gobernanza del agua que se originan en los acueductos comunitarios y que buscan la formalización de estas organizaciones, así como la creación de una política pública participativa para la gestión del agua. Este trabajo forma parte del proyecto interno de la Universidad Autónoma de Bucaramanga «Conflictividad socioambiental, victimización a la organización social y afectación al territorio: reconfiguración de la violencia en el departamento de Santander tras la firma de los acuerdos de paz entre el gobierno nacional y la guerrilla de las Farc (2017-2022)».

Para lograr este objetivo, el texto se divide en varias secciones. En la primera sección, se realiza una revisión teórico-conceptual de la noción de gobernanza del agua. En la segunda sección, se explora el marco regulatorio de la prestación de los servicios públicos de acueducto en Colombia, se analiza la regulación de los acueductos comunitarios y se presenta la percepción que tienen las organizaciones comunitarias sobre estos marcos regulatorios.

La última sección revisa la historia del proceso organizativo de los acueductos comunitarios y la formación de la red de acueductos comunitarios, así como la construcción del proyecto de ley de acueductos comunitarios. Finalmente, se presentan conclusiones que destacan la importancia de construir estructuras de gobernanza del agua capaces de reconocer y armonizar los procesos comunitarios, en un esfuerzo reflexivo y participativo por encontrar soluciones a los desafíos que presenta la gestión del agua.

II. Aproximación a la noción de gobernanza del agua

La noción de gobernanza está relacionada con la idea de la construcción de dinámicas integradoras participativas e interactivas entre los sectores público, privado y social para la solución de problemas y objetivos fundamentales, en el caso de la gobernanza relacionada con asuntos públicos tiene que ver con la construcción de redes colaborativas para la solución de temas de interés público.

Uno de estos temas de interés es la conservación de los recursos naturales y la administración de los recursos ambientales, así pensar en gobernanza del ambiente tiene que ver con la generación de redes destinadas a la administración de los recursos naturales:

> «[...]el intento de establecer la relación de la gestión del entorno y sus recursos naturales, los medios de vida de las comunidades y ahora, la adaptación al cambio climático, donde el espacio es el conjunto natural de localizaciones y el territorio un lugar construido social y políticamente»[2].

Un recurso importante es el agua, pues se trata de un recurso valioso para la existencia humana, crucial para la existencia de la vida, en general un recurso escaso, pero también un constructor de identidades culturales y una materia prima para la producción económica. Así, el agua como recurso ha sido objeto de discusión en distintos espacios y foros internacionales, de allí que en tiempos contemporáneos ha surgido la noción de la nueva cultura del agua.

Cuando se piensa en la nueva cultura del agua se expande la visión del recurso hacia lo cultural y lo identitario: «Asumir un enfoque holístico y reconozca esta dimensión múltiple, ambiental, social, económica y cultural de los ecosistemas acuáticos»[3]. De allí que se pone atención en la gestión del recurso escaso y la conservación de este recurso.

De esa preocupación es que se puede extender la definición de gobernanza hacia la figura de la gobernanza del agua, por medio de la cual se entiende la articulación de los diversos actores con capacidad de decisión para la gestión de dicho recurso:

> «La autoridad establece reglas claras y ofrece espacios de participación a otros actores y sectores en la gestión del agua, donde las decisiones respecto a las políticas públicas son establecidas por consenso con todos los actores que intervienen en dicha gestión del agua»[4].

Así, bajo Estos principios se entiende que la formulación de las normatividades y la aplicación de las políticas públicas pasa por la construcción de procesos de concertación y construcción de consensos entre los diversos actores integrantes del sistema, articulados todos en la búsqueda de una gestión efectiva del recurso, pero también de la conservación del ecosistema y la creación de un contexto participativo.

---

2 Valverde (2016:162).

3 Declaración europea por una nueva cultura del agua (2005) *apud* Cadavid (2009:60).

4 Domínguez (2011: 14).

III. Acueductos comunitarios: definición, historia y organización

La ruralidad y las periferias urbanas colombianas están sometidas a múltiples condiciones de necesidades básicas insatisfechas. Una de estas necesidades es el acceso al agua como recurso natural y como derecho humano inalienable. Según datos oficiales, el 30 % de las poblaciones rurales no tienen acceso a los servicios de acueducto[5].

Para la academia, los acueductos comunitarios tienen un componente de construcción de tejido social fundamental. Para CADAVID (2009: 57) «son estructuras sociales», ya que fueron expresiones de los procesos de autoconstrucción de las periferias urbanas y la expansión en la ruralidad. Resultan actores relevantes en el territorio debido no solo a la garantía de acceso al agua como derecho, sino también por fomentar la conservación de ecosistemas estratégicos y permitir circuitos de fortalecimiento comunitario.

Además, deben ser considerados como estructuras sociales debido a que su existencia cristaliza procesos históricos de lucha y resistencia de los sectores periféricos de la sociedad colombiana. Los cuales, ante la existencia de necesidades básicas insatisfechas, en este caso referentes al acceso al agua, deben gestionar de forma autónoma la solución.

El régimen sobre servicios públicos o Ley 142 de 1994 no estableció una diferencia en obligaciones a los distintos entes reconocidos como empresas de servicios públicos, entre los que se encuentran los acueductos comunitarios. Pero a través del Decreto 421 de 2000 se delimitó su competencia a los municipios de menor población y desarrollo económico, clasificados según el ordenamiento nacional como municipios de quinta y sexta categoría, las áreas rurales de los demás municipios y a las zonas urbanas con las poblaciones clasificadas como de mayores necesidades básicas insatisfechas, que para el orden normativo colombiano corresponden a los barrios estratificados como 1 y 2.

Con esta clasificación normativa se entiende que el orden jurisdiccional colombiano inscribe a los acueductos comunitarios como entes subsidiarios en la prestación del servicio público del agua en los lugares de mayores necesidades básicas insatisfechas, tanto urbanos como Rurales y en particular como prestadores de servicios subsidiarios en la ruralidad colombiana.

Por su parte, la Corte Constitucional de Colombia define a los acueductos comunitarios como:

> «Figuras jurídicas (...) [que] funcionan con base en un proceso participativo de la comunidad, que se involucra en el manejo de los recursos hídricos y en el suministro (...). Constituyen una materialización de los principios de participación ciudadana en la toma de decisiones de su interés»[6].

---

5 QUINTANA; BERNAL (2022:125).

6 CORTE CONSTITUCIONAL, Sentencia T-245 de 2016.

Esta definición parte de ubicar a los acueductos como mecanismos participativos territorializados en vías de la solución de asuntos de interés local. Esta aproximación resulta interesante Pues lleva a considerar a la organización como un proceso vivo de garantía de derechos, no obstante lo cual también contiene tras de sí esta falta de definición Clara Aunque reconoce la noción de figura jurídica que aplica para este tipo de procesos.

Aunque no existen datos certeros, debido a la variedad de procesos organizativos existentes, los datos más aceptados señalan que en el país existe un aproximado de 12000 procesos de gestión comunitaria del agua[7][8]. Aunque en el Registro único de Prestadores de Servicios Públicos hay consignados un aproximado de 2810 pequeñas prestadoras de servicio de acueducto[9]. Y se reportan como presentes en 394 municipios que equivalen al 34 % del país[10].

Desde la percepción de los procesos organizativos comunitarios, los acueductos son pensados como procesos de garantía de derechos: «Somos pequeñas o medianas organizaciones creadas por grupos de vecinos y vecinas que nos unimos para construir y garantizar el acceso y suministro de agua[11]». Bajo esta noción, las actividades de estas organizaciones están relacionados con la memoria comunitaria, con los procesos organizativos iniciales de comunidades ocupando territorios de la periferia del país. Así, los procesos están caracterizados por cristalizar redes y tejidos comunitarios, adaptados territorialmente a las particularidades sociales y culturales de cada grupo.

1. Gestión administrativa de los recursos ambientales

El funcionamiento de los acueductos municipales pasa por la intervención de múltiples instituciones del orden nacional, territorial y subnacional vinculadas tanto a la gestión de los recursos naturales, como a la supervisión y calidad de la prestación de servicios públicos, la vigilancia de las condiciones sanitarias, el acceso a recursos de financiación, subsidios a la demanda y registro de carga impositiva y la gestión y ordenamiento territorial. Multiplicidad de instancias que complica el accionar de los procesos comunitarios.

En Colombia, la protección y gestión de las cuencas hídricas es un tema en el que concurren las diversas entidades integrantes del Sistema Nacional Ambiental[12] cuya cabeza está en el Ministerio de Medio Ambiente y Desarro-

---

7 Cadavid (2009: 58).

8 Red Nacional de Acueductos Comunitarios de Colombia (2017: 24).

9 Navarro y Esmeral (2022: 9).

10 Gómez (2014).

11 Red Nacional de Acueductos Comunitarios de Colombia (2017:22).

12 Congreso de Colombia, Ley 99 de 1993.

llo Sostenible, pero cuya tarea práctica territorial está en las Corporaciones Autónomas Regionales CAR.

Las CAR son máximas autoridades ambientales territoriales. Estas entidades surgieron en el ordenamiento colombiano a mediados de la década de 1950 como entidades encargadas de la conservación ambiental en cuencas delimitadas, las cuales pasaban por una jurisdicción diferente a la de la división política subnacional. Fundamentalmente delimitada en el trazado de territorios a partir de las cuencas o de accidentes hidrográficos como lo son los ríos[13].

Entre sus competencias legales está el otorgamiento de licencias para la explotación de recursos naturales, tales como las fuentes hídricas, superficiales o subterráneas, así como la supervisión, evaluación, control y seguimiento a los usos de explotación y beneficio de recursos naturales y la expedición de normas y directivas para el manejo de cuencas[14].

Una competencia particular de las CAR es la supervisión de los programas de utilización eficiente de ahorro del agua PUEAA, requisito exigido a todo concesionario usuario del recurso hídrico que obliga a contar con sistemas de monitoreo del flujo de consumo. Proceso que implica a los acueductos gastos adicionales.

No obstante lo cual, las organizaciones comunitarias señalan que en realidad son ellas quienes deben adelantar inversiones en el manejo de las fuentes hídricas y la protección de las cuencas, lo que genera costos adicionales al funcionamiento de los acueductos autogestionados, como también, ante la falta de mantenimiento y atención, riesgos en la cadena de abastecimiento[15].

Otras entidades involucradas en la gestión del servicio de agua también participan las autoridades locales municipales, pues son ellas, a través de las autoridades sanitarias, las encargadas de garantizar la calidad del agua[16]. No obstante, los lineamientos de calidad provienen del nivel central, pues son responsabilidad del Ministerio de Salud.

El problema radica en que la normatividad de medición y monitoreo de calidad no solo genera costes para las organizaciones, sino también, rechaza los saberes, usos y costumbres comunitarias para el manejo eficaz del agua[17]. Además, de las tareas de aseguramiento de calidad del servicio a los municipios les corresponde la garantía de la prestación del servicio de

13 Parra (2017: 20).

14 Parra (2017:36-37).

15 Bernal *et al*. (2022:23).

16 Bernal *et al*. (2022:25).

17 Bernal *et al.* (2022:31).

agua, por lo que son la primera autoridad en interlocución con los procesos comunitarios[18].

Otros entes involucrados en La regulación de Los acueductos comunitarios son los entes nacionales dedicados a la supervisión de las empresas prestadoras de servicios domiciliarios, tal como lo es la comisión de regulación de agua potable y saneamiento básico adscrita al Ministerio de vivienda. La regulación de dicha comisión se ha centrado en tres etapas normativas según sus propias declaraciones.

Inicialmente, la normatividad se enfocó en garantizar la suficiencia financiera para todas las entidades prestadoras de servicios. Este enfoque se centró en asegurar que estas entidades tuvieran los recursos necesarios para operar de manera efectiva y proporcionar servicios de calidad a la comunidad.

Posteriormente, en un segundo momento, se redirigieron los esfuerzos hacia la mejora de la eficiencia de estas entidades, con el objetivo de maximizar la eficiencia en la prestación de servicios de agua y saneamiento, lo que a su vez contribuiría a la satisfacción de las necesidades de la población.

En un tercer momento, la normatividad ha evolucionado hacia la definición de estándares organizacionales, administrativos y de calidad del servicio que son aplicables de manera general a todos los prestadores, incluyendo los ejercicios comunitarios. Esto implica la creación de un marco normativo que establece requisitos y criterios específicos que deben cumplir todas las entidades prestadoras de servicios, con el fin de garantizar un estándar uniforme de calidad y eficiencia en la provisión de servicios de agua.

En resumen, a lo largo del tiempo, la normatividad en el sector ha experimentado una evolución en sus objetivos, pasando de enfocarse en la suficiencia financiera a priorizar la eficiencia de las empresas y, finalmente, a establecer estándares generales de calidad y organización para todos los prestadores, incluyendo las iniciativas comunitarias[19].

Así, se observa como la imposición a los acueductos comunitarios es el adaptarse a las lógicas de eficiencia, eficacia y calidad que se imponen a las grandes empresas prestadoras de los servicios domiciliarios, siendo en tal caso la acción del Estado dirigida a brindar capacitaciones o formación para el cumplimiento de las metas de eficacia.

De tal forma se evidencia que los acueductos comunitarios están sometidos a múltiples problemas producto de la intervención de múltiples insti-

---

18 Según la jurisprudencia y la normatividad colombiana, a las autoridades territoriales les corresponde la garantía del acceso al derecho al agua. Para conocer sobre esta argumentación se pueden revisar los argumentos expresados por la Corte Constitucional sobre el derecho al agua en la sentencia T-223 de 2018.

19 Navarro y Esmeral (2022: 5-6).

tuciones públicas, nacionales y territoriales en su funcionamiento. Por una parte, deben cumplir unos altos estándares en la prestación del servicio que, si bien son impuestas pensando, por un lado, en el beneficio en la calidad de los recursos entregados y en el funcionamiento óptimo de las instituciones, son instrumentos que generan altos costos para las organizaciones.

De otra parte, la falta de claridad sobre la forma de manejar, conservar y prevenir los daños sobre los recursos naturales obliga a los acueductos a cumplir tareas que en teoría corresponden dado los recursos necesarios a distintos entes nacionales, territoriales y municipales.

También es de destacar que como señalan Bernal *et al.* (2022) Parte de los gastos en los que incurren los acueductos y en general las comunidades son producto de la falta de acompañamiento y de funcionarios capaces tanto en el nivel territorial lo que obliga la contratación por ejemplo de técnicos de manera Autónoma para la vigilancia de la calidad del agua como de la falta de presencia de los entes nacionales en el territorio lo cual, por un lado, incentiva la presencia de normatividad pensada sobre todo para el ámbito urbano como también a la falta de interlocución y acompañamiento de entes nacionales que, sin embargo, siguen teniendo responsabilidades en los procesos relacionados con la gestión de los recursos.

Todo lo anterior sirve como colofón para expresar el que la gestión de los recursos naturales. Aunque pueda pasar por la organización comunitaria, en su proceso formal demanda unas exigencias complejas de lograr, dado que no están reflexionadas para la lógica de la organización comunitaria, pero también que son expresión de la falta de una presencia efectiva del estado en los territorios, lo cual eleva los costes.

2. Percepción de las organizaciones comunitarias

Bernal *et al.* (2022: 10) destacan que, a percepción de las organizaciones comunitarias, uno de los principales problemas es la aplicación de un régimen normativo diseñado para empresas de gestión privada, lo cual en general se traduce en la estricta exigencia del cumplimiento de estándares de calidad y de procesos justificables para economías de escala pero imposibles de ser alcanzado para organizaciones de orden local.

Esta percepción de imposición se repite en otros estudios, así por ejemplo en el trabajo de Van Der Hammen *et al.* (2018: 61) ha centrado en las dinámicas De los acueductos comunitarios del borde urbano de la ciudad de Bogotá, las personas entrevistadas señalan que las regulaciones sanitarias desconocen las experiencias prácticas comunitarias, además niegan o estandarizan las mediciones sin tomar en consideración los contextos sociales.

También para las organizaciones comunitarias, el modelo institucional parece imponer una pérdida progresiva de autonomía a dichas organizaciones y, sobre todo, garantizar un espacio de preeminencia a las empresas privadas sobre las formas asociativas comunitarias. Esto no solo se manifiesta como una expresión de una lógica estatal, sino como parte de un proyecto institucional cercano a lo que en otros aspectos podría denominarse como neoliberal[20]. Así, la defensa de la autonomía y el reconocimiento de las particularidades organizativas de los procesos comunitarios se convierte en una postura política.

Quintana y Bernal (2022: 131) Señalan que la principal diferencia entre la normatividad Estatal y las prácticas de las organizaciones comunitarias está en sus modelos de desarrollo, para las autoras los acueductos humanitarios abordan su realidad en concordancia Con los principios del buen vivir, los cuales podrían ser resumidos como «un estilo de vida inspirado por los principios de la igualdad responsabilidad compartida y la conservación de los ecosistemas que se explicita en los hábitos cotidianos de las personas en los territorios».

Así, la está inserta en las prácticas de gestión de los recursos hídricos adelantados por ese tipo de organizaciones, esto tiene que ver con su origen preeminentemente rural, pero también debido a su existencia en espacios o entornos en donde la administración de los bienes comunes pasa por el trabajo colectivo comunitario. Son entonces este tipo de organizaciones expresiones de la solución colectiva a problemas comunes y no organizaciones sentadas bajo el paradigma de la eficiencia administrativa y de la gestión de los recursos.

3. Marco normativo del régimen comunitario

Históricamente, los procesos organizativos de los acueductos comunitarios estuvieron asociados a la figura de las juntas de acción comunal, en parte debido a constituir una de las múltiples expresiones de formalización comunitaria de los territorios Rurales y las periferias urbanas. Es a partir de la década de 1990 que debido al cambio de paradigma en la función estatal de regulación de los servicios públicos y la primacía de la prestación por parte de entidades sujetas del derecho privado, que la figura normativa que regula a los acueductos comunitarios gira hacia las entidades sin ánimo de lucro las cooperativas y las empresas de servicios públicos cooperativas [21].

Las asociaciones comunales de acueductos comunitarios pueden usar alguna de las siguientes figuras jurídicas para su constitución. Diversidad organizacional que da cuenta de la variedad de expresiones comunitarias bajo las que se construye. Tal como se presenta en la Tabla 1.

---

20 Barahona (2017: 41).

21 Quintana; Bernal (2022: 140).

Tabla I. Figuras jurídicas de las organizaciones de acueductos comunitarios

Figura jurídica	Características
Empresas de servicios públicos de administraciones cooperativas	Asociatividad entre empresa pública y comunidad. Modelo normativo de cooperativa.
Cooperativas	Figura facilitada para generar cualquier actividad y beneficio para sus afiliados.
Entidad sin ánimo de lucro	Personería jurídica facultada para cualquier actividad económica.
Juntas de acción comunal	Organismos comunitarios facultados para la gestión de proyectos comunitarios.
Autoridades tradicionales indígenas	Organización autónoma en territorios indígenas.

Fuente: elaboración propia a partir de BERNAL *et al*. (2022:15-16).

La formalización es problemática en términos prácticos, pero también por principios. En términos prácticos, porque impone una serie de condicionamientos y de funciones que llevan a la organización comunitaria a tener que adquirir un grado de especialización y tecnificación propio de las empresas privadas, pero que no responde ni a las capacidades ni a los intereses de las comunidades.

Justamente, dado que surgen como una respuesta a una necesidad local, la organización no parte del propósito específico de organizarse para la prestación del servicio público, sino de solucionar múltiples problemas comunales, entre los que la distribución del agua es uno de ellos. Además, porque como mencionan Bernal *et al.* (2022: 17) el cumplir la normatividad estatal rompe con la posibilidad de construir consensos y negociaciones locales.

La normatividad aplicable al régimen de propiedad de los bienes de los acueductos comunitarios es el mismo de las Juntas de Acción Comunal, figura creada en 1958, son organizaciones comunitarias encargadas de solucionar problemas de desarrollo local[22]. El patrimonio de estas organizaciones es de uso colectivo, por lo que no puede ni en partes o en conjunto ser propiedad de la personería jurídica[23].

La administración colectiva de los bienes de los acueductos genera para las organizaciones comunitarias disputas de propiedad difíciles de solucio-

22 Barrera (2019: 61).

23 Congreso De La Reública De Colombia. art. 60, Ley 2166 de 2021.

nar, a la vez que se ve limitada en la posibilidad de acceder a recursos de financiación para inversión dada su imposibilidad de enajenamiento, alquiler o uso como garantía[24].

IV. Propuesta de normatividad asociativa

A mediados de la década del 2000 comenzó un proceso de articulación entre organizaciones ambientales dedicadas a la conservación de los recursos naturales y especialmente a la protección del agua como recurso, articularse en La Búsqueda del reconocimiento del agua como un derecho humano fundamental, reconocimiento que implicaría la transformación de los servicios del agua en el país y la inclusión en la agenda Estatal de la necesidad de un mínimo y tal básico como garantía de derechos.

Es además a partir de la década de los 2000 que la corte constitucional comienza a reconocer los vacíos normativos frente a los acueductos comunitarios, el reconocimiento de la posibilidad de incluir al agua como un derecho básico que se traduce en la figura del mínimo vital de agua y la obligatoriedad del estado de trazar vías para garantizar el acceso en infraestructura física al agua en toda vivienda del territorio nacional[25].

En concreto, a partir del año 2005 inicia la articulación de los diversos procesos bajo el liderazgo de la organización social Corporación ECOFONDO tras la campaña denominada campaña nacional por el agua «el agua, un bien público». De esta campaña original surgiría en el año 2006 la red Nacional de acueductos comunitarios y el comité nacional en defensa del agua y de la vida, las cuales celebrarían su primer encuentro como red en ese año.

La red Nacional de acueductos comunitarios está conformada por la convergencia de 16 procesos de acueductos. Se denominan procesos dado que cada uno de estos agrupa distintas organizaciones comunitarias de acueductos territorialmente identificables.

Este proceso convergerá hacia el año 2009 en la iniciativa de recolección de firmas para la implementación del denominado referendo por el agua. En dicho referendo, los participantes buscaban el reconocimiento del mínimo vital del agua como derecho humano, un incremento en las competencias estatales para la conservación de las cuencas hidrográficas y el reconocimiento de las de los acueductos comunitarios como parte del sistema de empresas públicas y comunitarias encargadas de la distribución del agua.

En Colombia, los referendos, iniciativas participativas que requieren de la votación de la ciudadanía para ser aprobadas requieren de un paso previo por el congreso para ser validados y una vez surtido dicha aprobación legis-

---

24 Bernal *et al.* (2022: 12-13).

25 Quintana; Bernal (2022: 141).

lativa, ser sometidas a votación por parte de la ciudadanía. En el caso del referendo por el agua, el trámite legislativo y sobre todo la discordancia en los textos propuestos y aprobados entre senado y cámara llevó a que en la revisión de la corte constitucional de dicha propuesta el documento fuera anulado por vicios de trámite.

Desde la red, tras el fracaso el referendo, el trabajo continuaría a nivel local en la formación de los denominados acuerdos público-comunitarios, los cuales son entendidos como procesos de concertación entre las organizaciones de acueductos comunitarios, las prestadoras del servicio público de acueducto y las autoridades municipales para la definición de competencias y el fortalecimiento institucional de los procesos comunitarios.

A la parte de estos procesos locales, la red comenzó una serie de audiencias públicas y de mecanismos de interlocución con autoridades territoriales y nacionales en el Legislativo, la búsqueda del posicionamiento de Los acueductos comunitarios como actores garantes del acceso al agua, proceso que alcanzaría visibilidad en el 2015 en la audiencia pública legislativa. En el 2016 los encuentros versarán sobre la necesidad del establecimiento de una serie de reglas diferenciadas y en el 2017 se propondría el primer borrador de la ley de acueductos comunitarios. Y en el 2019 se daría pie a una mesa de interlocución con los actores institucionales nacionales.

Los ejes del proyecto de ley son el reconocimiento del derecho a la autogestión por parte de los acueductos comunitarios. La creación de las figuras de comunidades organizadas gestoras del agua. El reconocimiento de la necesidad del establecimiento de unos estándares diferenciales para la gestión, garantía y promoción del derecho al agua y la formalización de los ejercicios de acuerdos público-comunitarios y acuerdos de asociación entre las empresas prestadoras de servicios públicos y las comunidades organizadas, procesos de experimentales que han sido ya trabajados por la renta productos comunitarios.

El proyecto de ley contempla así la construcción de un marco referencial para una nueva gobernanza del agua basada en la participación comunitaria. En primer lugar, obligaría a la creación de una nueva política pública de gestión del agua con reconocimiento de las comunidades como actores fundamentales del proceso participativo y del diseño de la gestión. Así, se propone la denominación de los acueductos comunitarios como comunidades organizadas, transformación de la noción de la personería jurídica hacia el reconocimiento del proceso vivo participativo.

En segunda parte, la formalización de los denominados acuerdos comunitarios, bien sea acuerdos públicos comunitarios o acuerdos solidarios, llevan al establecimiento de unos marcos referenciales para la formación de redes de gobernanza del agua locales. Esta figura de los acuerdos públicos comunitarios es central en la normatividad propuesta, la intencionalidad de dicha figura es la de obligar a la toma de decisiones conjunta entre administración pública territorial y comunidad en el marco de la gestión de la gobernanza del agua. No obstante, la normatividad propuesta no aclara las particularidades y los requisitos de este tipo de acuerdos organizativos.

Además, el proyecto de ley establece unos nuevos estándares para el reconocimiento de las concesiones del agua, posibilitando a las comunidades generar ingresos a través de la gestión del agua como recurso y no solo la provisión de las necesidades básicas de los asociados a la empresa u organización comunitaria de acueducto.

También el proyecto conlleva facilitar los trámites de reconocimiento de la declaración de utilidad pública de las obras de infraestructura asociadas a la recolección y distribución del recurso natural, esto facilita el acceso a recursos públicos, la cooperación con los gobiernos municipales y el apalancamiento de futuras inversiones a través del reconocimiento la infraestructura y los recursos asociados a la infraestructura de prestación del servicio.

También generaría el proyecto toda una estructura de vigilancia y control particular, entendiendo las diferenciaciones de las organizaciones comunitarias frente a otras empresas prestadoras de servicios públicos, pero reconociendo la necesidad de unos estándares de sanidad y de gestión interna.

La tabla 2 presenta los contenidos del proyecto de ley propuesto por las organizaciones comunitarias de acueductos:

Tabla II. Contenidos del proyecto de ley de acueductos comunitarios

Títulos	Contenido
Título I «Presentación»	Principios básicos, derechos asociados y definición de los actores.
Título II «Derechos de las comunidades organizadas, gestoras del agua»	Reconocimiento de los derechos colectivos de las asociaciones comunitarias
Título III: «De la estructura organizativa adoptada por las comunidades organizadas»	Marco legal y estructura organizativa de las asociaciones comunitarias
Título IV «Formas de promoción y garantía del acceso y suministro del agua y saneamiento básico».	Reconocimiento a la capacidad de las asociaciones comunitarias a gestionar el recurso del agua y el saneamiento básico.
Título V «Relaciones entre las comunidades Organizadas y los entes locales»	Explicitación de las interacciones entre el sector Público y el comunitario

Fuente: elaboración propia a partir de Red Nacional de Acueductos Comunitarios (2017).

Los 28 artículos del proyecto de ley se enfocan principalmente en abordar la falta de regulación legal existente en relación a los acueductos comunitarios. Aunque se mencionan aspectos como el acceso al mínimo vital y el derecho al agua, el núcleo del proyecto se centra en la creación de una categoría específica para las comunidades organizadas. Esto implica establecer una estructura mínima que estas organizaciones deben cumplir, regular el acceso a recursos públicos a nivel territorial y nacional, y definir las dinámicas de interacción entre estas comunidades y las autoridades tanto a nivel territorial como nacional.

Finalmente, el proyecto de ley fue radicado en diciembre 2022 con respaldo de la bancada oficialista para ese momento, la bancada mayoritaria, en señal de aprobación o de respaldo del gobierno nacional al proyecto de ley por ahora. Aunque lento, el proyecto ha seguido su avance, teniendo durante la primera legislatura en junio 2023 la aprobación del primero de los cuatro debates necesarios. No obstante lo cual, la agenda legislativa y los proyectos de ley de iniciativa gubernamental acaparan los tiempos del congreso.

V. Conclusiones

La normatividad estatal que rige la regulación de los servicios de acueducto en Colombia, a partir de la década de 1990, se ha centrado en varios pilares fundamentales. Por un lado, se ha enfocado en la creación de un sistema regulatorio que busca mejorar la eficiencia, las condiciones de salubridad y la accesibilidad económica a través de tarifas subsidiadas para la población. Este diseño institucional ha sido concebido principalmente para satisfacer las necesidades de las grandes ciudades, las grandes empresas y las áreas urbanizadas con un alto grado de desarrollo.

El estado ha reconocido su limitación en proporcionar el servicio de acueducto a las poblaciones más necesitadas. Curiosamente, en lugar de abordar esta carencia de manera efectiva, ha optado por dejar un vacío en el que las comunidades se ven obligadas a tomar la iniciativa de forma autónoma para satisfacer sus necesidades de agua. Esto ha llevado a un reconocimiento tácito de los esfuerzos de autogestión de estas comunidades. No obstante, es importante señalar que el estado no ha establecido un marco legal sólido que brinde las herramientas necesarias para que estas comunidades puedan funcionar de manera efectiva y adaptarse a sus propias dinámicas.

En otras palabras, aunque el estado ha delegado cierta responsabilidad a las comunidades para abordar sus necesidades de acueducto, no ha establecido un marco legal adecuado que respalde estas acciones. Esto deja a las comunidades en una situación ambigua, donde asumen la responsabilidad, pero carecen de la estructura legal y el apoyo necesario para garantizar que sus esfuerzos sean sostenibles a largo plazo. La creación de un marco legal sólido es esencial para brindar a estas comunidades la capacidad de administrar eficazmente sus sistemas de abastecimiento de agua y adaptarse a sus propias necesidades cambiantes.

Por otro lado, los acueductos comunitarios han surgido como valiosos esfuerzos locales y participativos, destinados a abordar la necesidad esencial de suministrar agua en áreas donde no existen redes o servicios de abastecimiento. Estos son proyectos nacidos de una necesidad palpable y, por ende, enfrentan desafíos para cumplir con los requisitos de formalización impuestos por el marco regulatorio nacional. Además, su objetivo no es maximizar los beneficios económicos, ya que se trata de iniciativas participativas y de organización comunitaria que, aunque cumplen ciertos estándares, se originan en la búsqueda de soluciones locales y no en la obtención de ganancias financieras.

Estos procesos de reflexión comunitaria, organización y la propuesta de normativas para llenar los vacíos legales se convierten en herramientas relevantes para la creación de redes de gobernanza del agua sostenibles. De esta manera, las comunidades, en su búsqueda autónoma, pueden proponer alternativas sin entrar en conflicto con el Estado, sino más bien ofreciendo soluciones constructivas que benefician a la sociedad en su conjunto.

Los vacíos legales, la falta de Revolución y las disputas por la manera de nombrar y construir los Marcos normativos son expresiones de distintos enfoques sobre lo público, lo comunitario y los derechos, la iniciativa de regulación de Los acueductos comunitarios muestra una ruta para la construcción colectiva de redes de gobernanza que permiten la articulación entre posturas tan diferentes como el público Estatal y la comunitaria.

Referencias

Barahona, J. (2017). *Acueductos veredales, actores de gestión y transformación para la salud pública y ambiental de Cachipay Cundinamarca.* Tesis para optar por el título de Trabajadora Social. Bogotá. Universidad Externado de Colombia.

Barrera Lievano, J. (2019). «Juntas de acción comunal y pequeñas y medianas empresas - Articulación para el desarrollo de actividades de responsabilidad Social Empresarial». *Tendencias*, vol. 20, n. 1, (53-76)

Bernal, A; Quintana, P., Castellanos, M. (2022). *Barreras normativas para el acceso al agua en organizaciones comunitarias.* (1.ª ed.). Bogotá. Editorial Universidad Nacional de Colombia.

Cadavid, N (2009). «Acueductos comunitarios: Patrimonio social y ambiental del Valle de Aburrá». *Avances en Recursos Hidráulicos*, núm. 20 (57-64).

Domínguez, J. (2011). «Hacia una buena gobernanza para la Gestión Integrada de los Recursos Hídricos. Documento Temático de Las Américas». *Grupo de Buena Gobernanza*, 62. En linea: https://www.oas.org/en/sedi/dsd/iwrm/past%20events/D7/6%20WWF-GOBERNANZA%20Final.pdf (Fecha de consulta: 12 de abril de 2024).

Gómez Bustos, I. (2014). «La acción colectiva del agua en Colombia y el referendo como acercamiento a la democracia directa». *Análisis Político*, vol 27, n. 80 (79-103)

Martínez-Mendoza, A.; Domínguez-Mariani, E.; Altamirano-Santiago, M. (2021). «La gobernanza hídrica como un desafío nacional. El agua en el contexto post-pandemia. El caso de Lerma». Estado de México, México. *Revista de Investigaciones Universidad del Quindío*, vol. 33, n. 2 (174-186)

Navarro, L; Esmeral, R. (2022). *Bases del nuevo marco tarifario del acueducto y alcantarillado para pequeños prestadores.* (1.ª ed.). Bogotá. Comisión de regulación de agua potable y saneamiento básico.

Parra, A. (2017). *Corporaciones Autónomas Regionales:* ¿Un *verdadero* órgano *autónomo e independiente?* Tesis para optar por el título de maestro en derecho administrativo, Universidad Colegio Mayor de Nuestra Señora del Rosario. Bogotá. Colombia

Quintana, A.; Bernal, A. (2022). «Organizaciones comunitarias que suministran agua, legado del buen vivir en contraste con la normatividad colombiana». Vínculos: *Sociología, análisis y opinión.* Num. 3 (123-156).

Red Nacional De acueductos comunitarios de Colombia (2017). *El derecho a la autogestión comunitaria del agua. Iniciativa legislativa para el fortalecimiento y la defensa de los acueductos comunitarios.* (1.ª ed.). Bogotá. Red Nacional de Acueductos Comunitarios.

Valverde, G. (2016). «La gobernanza ambiental como enfoque para la cogestión adaptativa». En: *Integra Educativa*, vol. IX(1). 159-168.

Vann Der Hammen, M.; Palacio, D. Y De Urbina, A. (2018). *Fuentes vivas en el borde. Investigación y experiencias colaborativas para la gobernanza en el sur sostenible en Bogotá*. (1.ª ed.). Bogotá. Editorial Universidad Externado de Colombia.

CAPÍTULO 13

GOBERNANZA GLOBAL Y LA LUCHA CONTRA LA CORRUPCIÓN: LA RED *'GLOBE'* DE COOPERACIÓN JURÍDICA INTERNACIONAL

Diogo Queiroz Oliveira
Universidad de Salamanca

I. Introducción

En la primera parte del trabajo, se buscará comprender el escenario global para que surgiera las redes informales de cooperación a partir de un análisis de los cambios generados en el Derecho debido al avance del proceso de globalización, potencializados por la necesidad de más cooperación entre los Estados para enfrentaren los problemas transfronterizos.

La segunda parte se dedicará a la cooperación jurídica internacional. Serán expuestos los contornos tradicionales cuando se habla de un pedido formal de cooperación jurídica y después los contornos actuales de la cooperación jurídica de carácter informal realizada a través de las redes informales de cooperación.

A continuación, se presentará aspectos generales de algunas redes informales de cooperación jurídica internacional, como una breve reseña histórica de su creación y las principales actividades que desempeñan, con el objetivo de explorar el contexto sectorizado que ha motivado la formación de la *«Red GlobE»*.

Posteriormente, se llevará a cabo un análisis centrado en los aspectos de esta última red con el propósito de demostrar que su creación es un intento de gobernanza global en el ámbito de la cooperación jurídica internacional en la lucha contra la corrupción.

II. La globalización y los cambios en el Derecho

La globalización es un fenómeno cuyos rasgos característicos son percibidos en todo el mundo, aunque en grados diferentes. Sus variadas manifestaciones se analizan desde múltiples perspectivas, como la económica, social, cultural, y la perspectiva jurídica. En esta última, se discute cada vez más el papel del Derecho en este contexto, principalmente porque el dinamismo y avance acelerado de dicho fenómeno han demandado cambios significativos en la formación, estructura y funcionamiento de los sistemas jurídicos[1].

Un claro ejemplo de estos cambios se produjo con el surgimiento de una variedad de normas de alcance supra y transnacional altamente especializadas, con un nivel de complejidad y densidad jurídica nunca visto en otros tiempos[2]. Se ha vuelto común que sectores especializados, como el mercado de capitales, el medio ambiente, la seguridad y el terrorismo, y la lucha contra la corrupción, hayan adoptado regulaciones de alcance supranacional. Un efecto perceptible es que lo internacional ha ejercido una influencia creciente en lo nacional, inspirando e incluso, en algunos casos, determinando la creación de normas jurídicas homogéneas[3].

Esos cambios han sido posibles debido a las relaciones de cooperación internacional llevadas a cabo directamente entre órganos de gobierno, es decir, entre administraciones públicas de diferentes Estados que se unen para dar origen a nuevos organismos internacionales. Esto ha generado un escenario diverso y más complejo que el tradicional de sujetos y fuentes propias del Derecho Internacional Público[4]. Este modelo de cooperación directa ha ganado relevancia, e incluso en algunos temas, un verdadero protagonismo, debido a la percepción y creciente necesidad de que para abordar de manera efectiva los problemas transfronterizos, se requieren acciones de la misma naturaleza[5]. Este contexto ha impulsado estudios acerca de un Derecho Global con miras a la protección de bienes jurídicos globales[6].

---

1 Dias Varella (2013).

2 Darnaculleta Gardella (2019).

3 Dias Varella (2013).

4 Darnaculleta Gardella (2016).

5 Slaugther (2004).

6 La expresión *Global Law* (Derecho Global) ganó fuerza desde la sociología jurídica en los estudios sobre los impactos de la globalización en el Derecho, con destaque para la obra dirigida por el jurista y sociólogo alemán Teubner (1997).

En los próximos apartados, se abordarán temas como la soberanía interrelacional, la desagregación de los Estados, la producción normativa, y el Derecho Administrativo Global, todos ellos resultantes del impacto del proceso de globalización en el Derecho. Se demostrará que la cooperación internacional es un elemento clave que potencia los cambios en el Derecho.

1. Soberanía interrelacional

La idea clásica de soberanía, como el poder exclusivo de un Estado sobre su territorio, ha sido matizada a la vista de los problemas transfronterizos generados en el proceso de globalización. Las causas de muchos de estos problemas pueden ser comunes y proceder desde fuera de las fronteras. Así, es natural que los Estados intensifiquen la cooperación para enfrentarlos eficazmente.

Debido a la amplitud de relaciones comerciales y económicas que se establecen actualmente entre empresas de distintos países, entre empresas y Estados, o entre ciudadanos de un país y empresas de otro, la cooperación internacional ya no se limita a los Estados soberanos, abarcando también organizaciones internacionales y actores privados, a ejemplo de las empresas multinacionales y organizaciones no gubernamentales (ONGs). Este contexto ha impulsado una concepción de soberanía diferente a la tradicional.

La soberanía ahora es interrelacional, es decir, ya no consiste exclusivamente en el poder y la libertad de un Estado para actuar de manera independiente en función de sus intereses exclusivos. En cambio, implica ser un miembro activo en las organizaciones internacionales que tienen un gran impacto en la política internacional[7]. La soberanía de un Estado está relacionada con su capacidad de influir en el escenario internacional, lo cual será mayor cuanta más capacidad tenga para crear redes de cooperación, con actores público o privados, y hacer valer sus puntos de vista en esas organizaciones. Se trata del poder blando o *soft power*, que se ejerce a través del diálogo, el intercambio de ideas y la persuasión[8].

En este contexto, se destacan las redes intergubernamentales de cooperación formadas por los funcionarios públicos de cada país que desempeñan funciones similares en el plano doméstico. La organización en formato de redes de contactos ha servido para diversos fines, como el intercambio de información periódica, la creación de bases de datos relevantes para la acción, la capacitación y el asesoramiento a los funcionarios públicos de los países miembros, y el intercambio de buenas prácticas. En suma, estas

7 CHAYES; CHAYES (1996).

8 NIETO MARTÍN (2019).

actividades permiten construir una relación de mutua confianza para una cooperación permanente y a largo plazo[9].

Por lo tanto, la soberanía ahora incluye un aspecto esencial de cooperación institucional entre los Estados. Esta cooperación se ejercer principalmente a través de organizaciones internacionales, incluyendo las redes intergubernamentales, que han ganado fuerza a medida que han alentado a los Estados y a los actores no estatales a participar juntos en la resolución de los problemas transfronterizos.

2. Estados desagregados

El surgimiento de redes intergubernamentales de cooperación en una variedad de temas que anteriormente eran regulados a nivel nacional ha dado lugar a la idea de Estados desagregados. Esta concepción busca explicar que los países ya no participan en el escenario internacional únicamente a través de su cuerpo diplomático y su jefatura de Estado, como lo harían bajo la idea de un Estado unitario, sino que también, y con frecuencia, a través de órganos internos que interactúan con sus homólogos extranjeros. En otras palabras, la tradicional división de funciones estatales en órganos de gobierno, también se está viendo más allá de las fronteras (SLAUGHTER, 2004).

Por ello, la creación de una red intergubernamental puede tener diferentes orígenes. Puede surgir dentro de la estructura de una organización internacional formalmente existente, como en el caso de las redes regionales en materia anticorrupción existentes bajo la Organización para la Cooperación y el Desarrollo Económicos (OCDE). También puede originarse fuera de una organización internacional, basándose en un acuerdo marco entre los jefes de Estado, como lo demuestra el Grupo de Acción Financiera Internacional (GAFI). O bien, puede surgir de manera espontánea e informal, es decir, sin ningún acuerdo previo entre los jefes de Estado, como es el caso del Comité de Basilea, el Grupo Egmont y la red CARIN *(Camden Assets Recovery Inter-Agency Network)*.

La desagregación también se debe a los incentivos que proporcionan los tratados internacionales para la cooperación directa entre los órganos homólogos extranjeros, y esto se evidencia en el tema de la corrupción.

El primer acuerdo internacional sobre el tema fue la Convención Interamericana contra la Corrupción, celebrada por los Estados miembros de la Organización de los Estados Americanos (OEA). En su artículo XIV, prevé dos apartados sobre asistencia y cooperación directa entre los órganos y las autoridades con atribución de investigación o juzgamiento de los actos de

9 SLAUGHTER (2004).

corrupción. Asimismo, se observa en la Convención de las Naciones Unidas contra la Delincuencia Organizada Transnacional (UNTOC, art. 27) y en la Convención de las Naciones Unidas contra la corrupción (UNCAC, art. 48) que tienen redacciones similares en lo que respecta a la asistencia y cooperación técnica directa entre los órganos y las autoridades encargadas de hacer cumplir la ley.

En el caso de la Convención de la OCDE para Combatir el Cohecho de Servidores Públicos Extranjeros en Transacciones Comerciales Internacionales, adoptada en 1997, inicialmente se contempló un artículo sobre ayuda jurídica recíproca, pero no se abordó la cooperación técnica entre las autoridades encargadas de hacer cumplir la ley.

Sin embargo, en 2009 y más recientemente en 2021, en el documento denominado «Recomendación del Consejo para Fortalecer la Lucha Contra el Cohecho de Servidores Públicos Extranjeros en Transacciones Comerciales Internacionales», se recomendó expresamente a los Estados que cooperen a través de las redes intergubernamentales.

La cooperación entre los Estados en el plan internacional a través de la participación en redes intergubernamentales se ha consolidado como un mecanismo necesario y eficaz para el enfrentamiento de temas transfronterizos. Así que es relevante comprender el papel de estas redes en la producción normativa.

3. Producción normativa

En el trabajo desarrollado en algunas redes intergubernamentales, se destaca la producción de normas de regulación transnacional. Son típicas normas de *soft law* comúnmente denominadas estándares, recomendaciones o principios. Debido a la alta especialización de los asuntos regulados y a la *expertise* de los funcionarios públicos que integran la red, son dotadas de legitimidad técnica y, aunque no sean normas de derecho duro, tienen poder de persuasión y capacidad para influir en la política legislativa de los Estados[10].

Además, el seguimiento de las normas de *soft law* se vuelve cada vez más probable cuando sirven de apoyo a una convención o cuando una organización internacional respalda y complementa las recomendaciones y propuestas de una red intergubernamental. El ejemplo más claro se refiere al tema del blanqueo de dinero y las recomendaciones del GAFI.

Este tema es objeto de regulación expresa en las UNTOC y UNCAC. El cumplimiento de estas Convenciones está a cargo de la Oficina de Naciones Unidas contra la Droga y el Delito (UNODC), la oficina responsable por ela-

10 Nieto Martín (2019).

borar e implementar el Programa Mundial contra el blanqueo de dinero, el producto del delito y la financiación del terrorismo en conformidad con esas convenciones. En las Resoluciones de la Asamblea General de la ONU 74/177 (2019), 73/186 (2018), 72/196 (2017), y 71/209 (2016) se instó a UNODC:

> «[...]siga prestando asistencia técnica a los Estados Miembros que la soliciten (...) de conformidad con los instrumentos relacionados con las Naciones Unidas y las normas internacionales; incluidas, cuando proceda, las normas y las iniciativas pertinentes de las organizaciones regionales, interregionales y multilaterales y los órganos intergubernamentales contra el blanqueo de dinero, entre otros y según proceda, el Grupo de Acción Financiera de conformidad con la legislación nacional»[11].

Se observa que, para el cumplimiento de sus Convenios, la ONU establece la observancia de las normas e iniciativas de los órganos intergubernamentales existentes sobre el tema, incluido el GAFI.

Otra forma de lograr un seguimiento más amplio de las normas de *soft law* es establecer un sistema de evaluación entre pares *(peer review)* en el que los Estados se evalúan mutuamente, como ocurre en el caso del GAFI y en la OCDE en cuestiones de corrupción. En otras ocasiones, se crea un órgano especializado de perfil técnico dentro de la estructura de una organización internacional existente para evaluar a los Estados, como es el caso del Grupo de Estados contra la Corrupción (GRECO) creado por el Consejo de Europa y la UNODC bajo la ONU.

Esta combinación de factores genera la necesidad de cumplir con las disposiciones hasta el punto en que no seguir un estándar internacional, puede generar costos reputacionales y económicos cruciales para el desarrollo de un país[12]. El ejemplo más claro se observa en las listas de países no cumplidores de las recomendaciones del GAFI en cuestiones de blanqueo de dinero y paraísos fiscales[13].

Finalmente, otro resultado que se busca lograr mediante la producción normativa en las redes es promover la convergencia de leyes y regulaciones nacionales. Dado que estas normas gozan de legitimidad técnica, facilitan su incorporación en los ordenamientos nacionales. De otro lado, estes *«operan, bien como fuente de legitimación de las estructuras globales, o bien como destinatarios de sus decisiones»*[14], y los funcionarios públicos que integran la red actúan como el puente entre los niveles nacional y supraestatal, convir-

---

11 ONU (2019).

12 *Idem*.

13 WESSEL (2006).

14 CASSESE (2011: 239).

tiéndose en importantes autores de regulaciones supranacionales y con la capacidad de influir en la política nacional[15].

En teoría, aunque la adopción o no de normas de *soft law* sea una decisión inherente a la soberanía, en la práctica, la influencia muchas veces es notable debido a la presión de la política, la economía y otros sistemas sociales[16].

4. Derecho administrativo global

El surgimiento y la destacada actuación de algunas redes intergubernamentales de cooperación en el plano internacional dieron lugar a un análisis doctrinario de estos organismos desde la perspectiva del Derecho Administrativo. Los estudios se iniciaron casi simultáneamente desde dos perspectivas diferentes: la del derecho estadounidense con la utilización del término «Global Administrative Law» (GAL)[17], y la del derecho alemán con el profesor EBERHARD SCHMIDT-ASSMANN (2006) «Internationales Verwaltungsrecht» (IVR)[18].

Dado que surgen de tradiciones jurídicas muy distintas, naturalmente existen diferencias metodológicas y conceptuales en las perspectivas del GAL y del IVR, empezando por su propia denominación. En el estudio anglosajón se utiliza el término que se traduce como «Derecho Administrativo Global», mientras que en el estudio germánico la traducción corresponde a «Derecho Administrativo Internacional»[19]. Sin embargo, en este trabajo se expondrán las ideas comunes que comparten las dos perspectivas.

El principal aspecto común de análisis es la constatación de una disminución, o en algunos casos de ruptura, de la separación de la actuación estatal en las esferas interna y externa, *«representadas respectivamente por el Derecho Administrativo y el Derecho Internacional Público»*[20]. Este fenómeno ha generado, por un lado, un proceso de *«internacionalización del Derecho Administrativo»*[21], a través de la internacionalización de las relaciones administrativas y, por otro lado, la creciente *«administrativización de las organizaciones supra y transnacionales» en las cuales se propone la «aplicación de los valores y principios propios del Derecho Administrativo más allá de las fronteras estatales»*[22].

---

15 ALVAREZ (2006).

16 DIAS VARELLA (2013).

17 KINGSBURY *et al.* (2005).

18 DARNACULLETA GARDELLA (2016).

19 SCHMIDT-ASSMANN (2006).

20 DARNACULLETA GARDELLA (2016: 16).

21 *Idem.*

22 *Ibidem.*

Desde la perspectiva del GAL, se identifican típicas actividades regulatorias administrativas ejercidas por órganos globales administrativos que deben observar los valores y los principios básicos del Derecho Administrativo. Así, desde la perspectiva estadounidense, el Derecho Administrativo Global se concibe como:

> «(...) aquél que incluye los mecanismos, principios, prácticas y los acuerdos sociales que los respaldan y que promueven o que de otra forma afectan la **accountability** de los órganos globales administrativos, en particular asegurándose de que cumplan con los estándares adecuados de transparencia, participación, toma de decisiones razonada, y legalidad, y promoviendo la efectiva evaluación de las normas y decisiones que aprueban»[23].

La propuesta tiene como base una transposición a la esfera global de valores y principios *«importados del Derecho Administrativo Estadounidense, en los que juega un papel determinante la noción de accountability»*[24].

En sentido similar, la doctrina germánica destaca que *«los valores que promueven la accountability en la esfera global —información, transparencia, razonabilidad, participación y control—»*[25] son los que deben estructurar el debate jurídico sobre el Derecho Administrativo de las relaciones administrativas internacionalizadas. Asimismo, desde la perspectiva del IVR, se argumenta que los principios aplicables deben ser buscados por inducción del Derecho estatal y de los tratados internacionales, y por deducción a partir de las normas de derecho internacional público sobre los derechos humanos[26].

Aunque el término «Derecho Administrativo Global» se ha consolidado en el debate académico, su definición, alcance y naturaleza aún están lejos de alcanzar un consenso científico razonable, dado que los fenómenos analizados también son planteados desde perspectivas de la Gobernanza global, el Constitucionalismo global y el Derecho Internacional Público[27]. Además, se emplean otros términos como derecho cosmopolita, derecho transnacional, derecho mundial o derecho global, que no son nuevos en la doctrina y son utilizados desde una perspectiva que difiere de los conceptos tradicionales del Derecho Internacional Público[28].

Independientemente del término que se utilice, lo que se constata es que las redes intergubernamentales se han consolidado como actores en el escenario internacional y el modo informal en que se relacionan ha cambiado

---

23 Kingsbury *et al.* (2005: 3).

24 Darnaculleta Gardella (2016:18).

25 *Idem*.

26 Schmidt-Assmann (2006).

27 Darnaculleta Gardella (2016).

28 López Escarcena (2018).

significativamente la noción de cooperación internacional, en particular la cooperación jurídica internacional en la lucha contra la corrupción[29].

III. Cooperación jurídica internacional

1. Definición y fundamentos

La cooperación jurídica internacional ha sido tradicionalmente concebida como una solicitud formal de un Estado soberano para llevar a cabo una determinada medida judicial en el territorio de otro Estado. Por un lado, aquel que solicita tiene el interés legítimo de que una norma o decisión judicial suya tenga validez en otro territorio y, por otro lado, el Estado requerido, basado en su soberanía, puede decidir si atiende o no a la solicitud. Se establece un verdadero diálogo entre jurisdicciones que surge como una derivación de la soberanía de cada Estado[30].

Debido a los obstáculos derivados de la diversidad de legislaciones, prácticas legales y estructuras internas de los órganos y, a medida que la necesidad de cooperación jurídica internacional se intensificó, aumentó la necesidad de establecer normas internacionales en la temática, con el fin de garantizar efectividad y seguridad jurídica para las partes involucradas. Teniendo en cuenta estos elementos, la cooperación jurídica internacional puede ser conceptualizada como

> «el conjunto de normas y principios, establecidos a nivel internacional o en relación con el derecho interno, con el objetivo de aproximar, armonizar o unificar el entendimiento normativo entre Estados y pueblos, sobre cuestiones de carácter internacional, basado en el principio de cooperación o solidaridad, que tiene por objetivo disciplinar los mecanismos jurídicos de aplicación normativa, procesal o procedimental del derecho entre diferentes Estados»[31].

Así, desde una perspectiva normativa, una solicitud de cooperación jurídica internacional se realiza comúnmente en base a acuerdos internacionales bilaterales o multilaterales, y siempre está sujeta al ordenamiento jurídico del Estado requerido[32].

---

29 Manulak; Snidal (2022).

30 Carvalho Ramos (2015).

31 Menezes (2015:29).

32 A modo de ejemplo, este entendimiento se encuentra en la UNTOC (art. 18, 17) y en la UNCAC (art. 46, 17): «Se dará cumplimiento a toda solicitud con arreglo al derecho interno del Estado Parte requerido y en la medida en que ello no lo contravenga y sea factible, de conformidad con los procedimientos especificados en la solicitud».

Además de las normas, los principios también desempeñan un papel fundamental en el ámbito de la cooperación jurídica internacional. En este trabajo, se expondrán brevemente los principios de territorialidad, el propio principio de cooperación (también conocido como colaboración o solidaridad) y el principio de reciprocidad[33].

El principio de territorialidad se basa en la idea de que las solicitudes de cooperación jurídica internacional deben ajustarse al ordenamiento jurídico del Estado requerido. Este principio está estrechamente relacionado con la noción de jurisdicción y, por ende, con la soberanía. Implica que la ejecución de una medida judicial en otro Estado está sujeta a las normas procesales de ese Estado. Es un principio relevante en el contexto de la cooperación debido a la reticencia de los Estados a aceptar la aplicación de leyes de otro Estado en su territorio o permitir que otro Estado realice actos procesales en su jurisdicción[34].

El principio de cooperación, también conocido como colaboración o solidaridad, ha acompañado el desarrollo mismo del Derecho Internacional y se considera uno de los fundamentos de la existencia y actuación de la ONU[35]. Desde una perspectiva del Derecho Constitucional, ha ganado destaque la expresión «Estado Constitucional Cooperativo» utilizada por PETER HÄBERLE en su obra publicada en alemán en 1978 y traducida al portugués brasileño en 2007, gozando de amplio reconocimiento en la doctrina brasileña. El autor alemán define al Estado constitucional cooperativo como aquel cuya identidad se basa no solo en las normas constitucionales, sino *«también en el derecho internacional, en el entrelazamiento de las relaciones internacionales y supranacionales, en la percepción de la cooperación y la responsabilidad internacionales, así como en el campo de la solidaridad»*[36].

Finalmente, basado en el principio de reciprocidad, un Estado que solicita cooperación a otro se compromete a brindar cooperación en una situación similar si es solicitado. Este principio se utiliza cuando no existe un acuerdo internacional que respalde una solicitud de cooperación jurídica internacional y sirve como base para un acuerdo *ad hoc*[37].

2. Modalidades de cooperación jurídica internacional

Actualmente, la cooperación jurídica internacional puede llevarse a cabo de manera formal a través de medios tradicionales, como la vía diplomática,

33 No existe un consenso o una lista definitiva de los principios aplicables al tema.

34 YUMI DE SOUZA (2015).

35 CARVALHO RAMOS (2013).

36 HÄBERLE (2007: 4).

37 CARVALHO RAMOS (2013).

o de manera informal, directamente entre las autoridades responsables del cumplimiento de la ley[38].

En primer lugar, es necesario delimitar el uso del término «cooperación jurídica internacional» en el contexto de este trabajo.

En textos escritos en el idioma castellano, es posible encontrar la expresión «cooperación judicial» en lugar de la expresión «cooperación jurídica». Por otro lado, en el portugués de Brasil, la expresión *«cooperação jurídica»* está consolidada en textos legales y doctrinarios, y no es común utilizar la expresión «judicial»[39].

Además, en ambos idiomas, es posible encontrar, aunque con menos frecuencia, la expresión «cooperación internacional en materia penal», es decir, sin el término «jurídica» o «judicial». De hecho, esta expresión transmite una idea más amplia en el sentido de alcanzar la cooperación de carácter más administrativo, como la cooperación policial o de órganos administrativos con funciones tanto investigativas como preventivas en casos de delitos transfronterizos.

Sin embargo, en este apartado se mantendrá la expresión «cooperación jurídica internacional» para diferenciar entre las modalidades formal e informal, ya que esta última abarca medidas en las que destaca el aspecto jurídico, como la obtención de pruebas en la fase de investigación, así como medidas en las que se destaca el aspecto administrativo de la prevención de delitos transfronterizos, y debido a que la cooperación directa o informal deriva de la cooperación jurídica internacional formal.

De hecho, ambas modalidades de cooperación son importantes ya que se complementan. Se trata de diferentes formas de dialogar y obtener medidas o informaciones en otros países. Dado que tienen diferentes propósitos, la elección de una u otra modalidad puede variar según la etapa de la investigación, la posible existencia de un procedimiento judicial, la naturaleza de la medida solicitada, el tiempo necesario para su realización y los requisitos legales de cada Estado[40].

2.1. Cooperación jurídica formal

El modo más formal en que dos países se comunican es a través de la vía diplomática. Debido a ello, puede ser utilizada para solicitudes de cooperación jurídica, pero es la vía más lenta, ya que la autoridad encargada de atender la solicitud no suele ser el órgano de relaciones exteriores, sino más bien el Ministerio de Justicia o el propio Poder Judicial, dependiendo del

38 Brun *et al.* (2021).

39 Carvalho Ramos (2013).

40 Andrade Saadi; Colares Bezerra (2014).

país. Debido a su procesamiento más lento, la comunidad internacional ha desarrollado otras formas de comunicación con el fin de garantizar rapidez y efectividad en las solicitudes de cooperación jurídica. Este desarrollo empezó en casos de cooperación en materia civil y posteriormente se extendió a casos en el ámbito penal, dando lugar a dos instituciones importantes en este contexto: la figura de la autoridad central y la asistencia judicial recíproca *(Mutual Legal Assistance)* (MLA)[41].

La figura de la autoridad central es un aspecto relevante en la evolución de la cooperación jurídica internacional. Esta institución fue prevista en el Convenio de La Haya de 1965[42], que estableció que cada Estado debería designar una autoridad central para recibir las solicitudes basadas en ese instrumento, y que proporcionaba formas y procedimientos específicos para el trámite. Desde entonces, esta figura se ha consolidado en la gran mayoría de los acuerdos y tratados que contienen disposiciones sobre la cooperación jurídica[43].

La idea de centralizar en un solo órgano el envío y la recepción de solicitudes favoreció la agilización de las soluciones para los casos que requieren cooperación jurídica internacional, reduciendo así la necesidad de la instancia diplomática. Además, permitió que el órgano designado como autoridad central (a menudo el Ministerio de Justicia) adquiriera *expertise* en la actividad, lo que garantizó una mayor efectividad y seguridad jurídica para las partes involucradas[44].

La base jurídica que sustenta la cooperación jurídica a través de la autoridad central son los tratados o acuerdos bilaterales celebrados entre Estados, que reconocen que comparten principios y garantías procesales comunes y se comprometen a cooperar cuando sea necesario. Debido a esta base clara y bien definida, la autoridad central se encuentra en el contexto de la cooperación formal y es una modalidad preferible para su uso en asuntos penales cuando el tipo de asistencia solicitada a otro Estado involucra la obtención de información confidencial o pruebas, especialmente aquellas que requieren la reserva de jurisdicción, permitiendo que la información o las pruebas se utilicen ante el Poder Judicial del Estado solicitante.

Mientras que la autoridad central actúa como la vía a través de la cual se tramita el pedido de cooperación, el instrumento utilizado para solicitar o recibir información se denomina técnicamente asistencia recíproca *(mutual assistance)* o asistencia judicial recíproca *(Mutual Legal Assistance - MLA)*. El primer acuerdo en materia penal que incluyó esta disposición fue

41 McClean (2002).

42 El Convenio era restringido a cuestiones civiles y comerciales.

43 McClean (2002).

44 Andrade Saadi; Colares Bezerra (2014).

la Convención Europea de Asistencia Mutua en Materia Criminal de 1959, la cual ejerció una notable influencia en los acuerdos subsiguientes sobre esa temática[45].

En general, la solicitud de MLA es intermediada por las autoridades centrales y los aspectos formales deben estar en conformidad con las reglas y parámetros previamente establecidos en acuerdos multilaterales o bilaterales. Estos acuerdos también prevén las circunstancias en las que se puede denegar la asistencia y los procedimientos que proporcionan claridad y previsibilidad al proceso[46].

En este sentido, por ejemplo, las UNTOC (art. 18) y UNCAC (art. 46) dedican una extensa sección a la regulación del uso de la solicitud de MLA en las «investigaciones, procesos y actuaciones judiciales», especialmente para la obtención de pruebas. Sin embargo, aunque estas dos convenciones son detalladas, las disposiciones sobre cooperación jurídica en un acuerdo multilateral tienen un contenido más general en comparación con las disposiciones contenidas en un acuerdo bilateral debido a la complejidad de las partes involucradas en uno y el otro. Esto genera que cuanto más general sea el contenido de las disposiciones, mayor es el espacio para la interpretación y la incertidumbre[47].

Además, los Estados signatarios de un acuerdo multilateral adoptan prácticas diversas para incorporar las disposiciones en su derecho interno. Algunos promulgan legislación nacional detallada, mientras que otros incorporan el tratado al derecho interno y lo aplican directamente como una ley interna o adaptan las leyes existentes con base en el tratado[48]. En este sentido, por ejemplo, los requisitos probatorios para obtener el mismo tipo de asistencia en diferentes Estados pueden variar considerablemente, dependiendo de los requisitos de los tratados, la legislación interna y los sistemas jurídicos de los Estados interesados[49]. Estas diferencias pueden dificultar o retrasar cumplimiento efectivo de una solicitud de cooperación.

Por otro lado, los acuerdos bilaterales de MLA son preferibles para fundamentar solicitudes de cooperación, ya que se presume que las disposiciones en estos acuerdos se cumplirán en la medida de lo posible. Asimismo, estos acuerdos pueden proporcionar otras formas de cooperación que buscan mayor eficacia y celeridad, como el contacto directo entre profesionales, autoridades competentes y miembros del poder judicial. La UNTOC (art. 18, 7) y la UNCAC (art. 46, 7) por ejemplo, reconocen su carácter subsidiario cuando

45 McClean (2002).

46 Brun *et al.* (2021).

47 *Idem*.

48 *Ibidem*.

49 Onu (2012).

ya existe un tratado bilateral, sin perjuicio de que los países sigan adoptando las disposiciones del acuerdo multilateral, especialmente si favorecen la cooperación.

En cualquier caso, ya sean multilaterales o bilaterales, estos acuerdos representan el vehículo más formal, ya que contienen disposiciones que pueden considerarse vinculantes desde el punto de vista del derecho internacional. Desde una perspectiva del derecho interno, los acuerdos internacionales sobre cooperación jurídica internacional también tienen fuerza normativa, normalmente reconocida por la Constitución del Estado[50].

Por lo tanto, debido a seguir ciertas formalidades y, por regla general, tener un procedimiento previamente definido, la cooperación a través de MLA abarca todo tipo de asistencia judicial, especialmente aquellas que requieren la reserva de jurisdicción.

2.2. Cooperación jurídica informal

La cooperación jurídica informal es un procedimiento considerablemente más rápido que, en términos generales, se lleva a cabo directamente entre las autoridades de investigación y enjuiciamiento sin la participación de la autoridad central. Esta forma de cooperación es la más adecuada para obtener información de inteligencia, especialmente en las etapas iniciales de una investigación que no requieran la intervención del Poder Judicial. Sin embargo, también puede consistir en medidas de investigación conjuntas, el intercambio de información disponible públicamente, la divulgación espontánea de información o la solicitud a las autoridades de otra jurisdicción que inicien un caso.

En consecuencia, se trata de una modalidad de cooperación que puede combinar medidas típicas de cooperación jurídica con medidas propias de una cooperación administrativa entre órganos homólogos en diferentes países, por ejemplo, entre las autoridades fiscales, las aduanas y las unidades de inteligencia financiera. Debido a su carácter informal, es útil para verificar hechos u obtener información general que pueda fundamentar una solicitud de MLA[51].

Esta modalidad de cooperación a menudo se lleva a cabo a través de las redes intergubernamentales de profesionales *(practitioner networks)*. Con la creciente preocupación de la comunidad internacional, expresada en acuerdos internacionales sobre delitos transfronterizos, el número de estas redes ha aumentado considerablemente en dando lugar a la creación de diversos organismos regionales. A continuación, se presentarán algunos de ellos.

---

50 Onu (2012).

51 Brun *et al.* (2021).

3. Redes informales de cooperación jurídica internacional

El tema del lavado de dinero de origen delictivo fue el primero en generar la tentativa de adopción de medidas uniformes por la comunidad internacional. Así, en 1989 se creó el GAFI *(FATF-Financial Action Task Force)* por el G7 con la función de examinar y desarrollar medidas para combatir el lavado de dinero. Se le encomendó evaluar las medidas de cooperación adoptadas para prevenir el lavado de dinero a través del sistema bancario y se le encargó proponer nuevas medidas preventivas, *«incluyendo la adaptación de los sistemas legales y regulatorios para mejorar la asistencia judicial multilateral»*[52]. El documento fundacional del GAFI dejó claro su propósito de influir en los ordenamientos con el objetivo de mejorar la cooperación jurídica.

En 1990, el organismo publicó las cuarenta recomendaciones con el objetivo de establecer un marco global y coherente de medidas que los países deben aplicar para combatir el blanqueo de capitales. Estas Recomendaciones se revisaron en dos ocasiones, en 1996 y 2003, y actualmente cuentan con el respaldo de más de 180 países, siendo consideradas el estándar internacional para la lucha contra el lavado de dinero[53].

Poco después de su creación, el GAFI dio origen a organismos regionales autónomos creados para implementar las recomendaciones en sus respectivas regiones. Estos organismos integran como miembros asociados y están compuestos por los países de la región. En la actualidad, existen nueve de estos organismos regionales: *Asia/Pacific Group on Money Laundering* (APG), Grupo de Acción Financiera del Caribe (GAFIC), Grupo de Acción Financiera de Latinoamérica (GAFILAT), *Eurasian group on combating money laundering and financing of terrorism (EAG), Eastern and Southern Africa Anti-Money Laundering Group* (ESAAMLG), *Middle East and North Africa Financial Action Task Force* (MENAFATF), *Inter Governmental Action Group against Money Laundering in West Africa* (GIABA), *Action Group against Money Laundering in Central Africa* (GABAC), *Committee of Experts on the Evaluation of Anti-Money Laundering Measures* (MONEYVAL). Hoy en día, el GAFI cuenta con 39 países miembros, que junto a los nueve organismos regionales componen la Red Global del GAFI *(FATF Global Network)*[54].

Entre las Recomendaciones, una de ellas establece que los países deben crear en su estructura gubernamental una Unidad de Inteligencia Financiera (UIF) que funcione como un ente central para recibir: (a) reportes de transacciones sospechosas; y (b) otra información relevante al lavado de activos.

52 G7 (1989).

53 FATF (2012-2023).

54 FATF Global Network. En línea: https://www.fatf-gafi.org/en/countries/global-network.html (fecha de consulta: 25 junio de 2023.

Debido a la naturaleza transfronteriza de los delitos financieros, es común el intercambio de información entre las UIFs.

De esta manera, se creó el Grupo Egmont, que constituye una red de cooperación internacional diseñada para facilitar e incentivar el intercambio de información, conocimientos y cooperación entre las UIFs. La red se estableció en la primera reunión internacional de UIFs, que tuvo lugar el 9 de junio de 1995. Sin embargo, fue en 2007 que se elaboró la Carta del Grupo Egmont, documento de constitución formal.

Además de la Carta, la red dispone del documento denominado «Principios para el Intercambio de Información entre Unidades de Inteligencia Financiera», en el cual se establecen no solo principios, sino también normas que los miembros deben cumplir al intercambiar información.

La red Egmont desempeña un papel destacado en el intercambio de información de inteligencia financiera, ya que proporciona la plataforma electrónica para el envío de la información y establece las normas para dicho intercambio.

A continuación, se destaca el surgimiento de las redes regionales de oficinas de recuperación de activos, las denominadas ARINs *(Asset Recovery Interagency Network)*. La primera red de esa naturaleza fue la red CARIN, cuyo origen se remonta al año 2002, a partir de una conferencia ocurrida en Dublín, organizada conjuntamente por la Oficina de Activos Delictivos de Irlanda y la Europol. El objetivo del encuentro era presentar recomendaciones sobre el tema de la identificación, el rastreo y la incautación de los beneficios del delito. Participaron de la conferencia las autoridades de órganos encargados de hacer cumplir la ley y las autoridades judiciales de todos los Estados miembros de la Unión Europea (UE) y otros países europeos. Una de las recomendaciones fue la creación de una red informal de puntos de contacto. Así, en septiembre de 2004, la red CARIN fue creada con el fin de fortalecer la cooperación internacional en el tema de la identificación, incautación, embargo preventivo, confiscación y recuperación de activos relacionados con todo tipo de delito[55].

Desde entonces, se han creado otras redes regionales con objeto y metodología de actuación comunes a la red CARIN: en 2009 fueron creadas la Red de Recuperación de Activos del GAFILAT (RRAG/GAFILAT)[56] y la *Asset Recovery Inter-Agency Network Southern Africa* (ARIN-SA); en 2013 las *Asset Recovery Inter-Agency Network Asia Pacific* (ARIN-AP) y *Asset Recovery Inter-Agency Network of East Africa* (ARIN-EA); en 2014 las *Asset Recovery Inter-Agency Network-West and Central Asia* (ARIN-WCA) y *Asset Recovery Interagency Network West Africa* (ARIN-WA) y en 2017 la *Asset Recovery*

55 CARIN (2018).

56 La RRAG/GAFILAT, diferentemente de las otras ARINs, no es una red autónoma, sino un subgrupo del grupo de trabajo de apoyo operativo del GAFILAT.

Inter-Agency Network-Caribbean (ARIN-CARIB). La función principal de estas redes es promover la cooperación internacional a través de canales informales de comunicación entre los Estados miembros. Se establecen los puntos de contacto, que son las autoridades de cada país miembro encargadas del tema de la red y desempeñan un papel similar al de la autoridad central en la cooperación jurídica internacional formal.

Por último, se expondrán algunas redes regionales que tienen como tema principal la lucha contra la corrupción.

Bajo el ámbito de la OCDE, se destaca la adopción, en 1997, de la Convención para Combatir el Cohecho de Servidores Públicos Extranjeros en Transacciones Comerciales Internacionales, que hasta la fecha ha sido firmada por 45 países[57]. La organización acompaña el cumplimiento de la Convención a través de un grupo de trabajo en la materia de cohecho *(OECD Working Group on Bribery in International Business Transactions)* y a medida que la Convención ganó adhesión de los países de una misma región geográfica, se han desarrollado programas regionales en el tema en los cuales se contemplan redes informales de cooperación entre las autoridades responsables por el cumplimiento de la ley.

La primera red de este tipo fue la Red Anticorrupción para Europa Oriental y Asia Central, creada en 1998, que reúne a gobiernos nacionales de más de 20 países de la región, junto con los gobiernos de la OCDE, así como con representantes de la sociedad civil y las empresas. El objetivo principal de la red es apoyar a los países en la lucha contra la corrupción, proporcionando un foro regional para la promoción de actividades anticorrupción, el intercambio de información y la elaboración de mejores prácticas. Dentro de ella, hay una parte más orientada a la represión, que consiste en un grupo informal de profesionales encargados de hacer cumplir la ley involucrados en la investigación y enjuiciamiento de casos de corrupción, incluidos fiscales, investigadores criminales y financieros, detectives y analistas criminales[58].

En 1999, se desarrolló la Iniciativa Anticorrupción para Asia y el Pacífico (ACI) con el fin de proporcionar un foro regional para que los encargados de formular políticas, los profesionales, los expertos y los representantes del sector privado intercambien prácticas y experiencias en los esfuerzos de lucha contra la corrupción y la integridad empresarial. Está compuesta por 34 economías miembros de Asia y el Pacífico, y ejercen la Secretaría conjunta del grupo el Banco Asiático de Desarrollo (BAD) y la propia OCDE. Una de las líneas de trabajo es proveer una red de contactos informal de profesionales encargados de hacer cumplir la ley para mejorar la cooperación dentro

57 Ocde (2021).

58 Ocde (2023).

de la región y entre ellos con países no pertenecientes a la OCDE sobre casos reales de represión a la corrupción[59].

En América Latina, la Iniciativa Anticorrupción OCDE-América Latina y el Caribe se estableció en 2007, con el apoyo del Banco Interamericano de Desarrollo (BID) y la OEA, siguiendo los mismos objetivos de las dos iniciativas listadas arriba. Sin embargo, la primera reunión de la red de profesionales encargados de hacer cumplir la ley se realizó en 2018, iniciando la red regional que proporciona una plataforma básica para el intercambio informal de información y para la búsqueda y facilitación de asistencia legal entre sus miembros.

En Europa, existen dos organismos distintos e independentes, pero que actúan en parcería: la *European Partners against Corruption* (EPAC) y la *European contact-point network againstcorruption* (EACN). La primera se estableció en 2004 como un foro informal de órganos de supervisión policial y de autoridades encargadas en la lucha contra la corrupción de los Estados miembros de la UE y de los países miembros del Consejo de Europa, y hoy reúne a más de 80 autoridades de todo el continente. Por otro lado, la EACN surgió de la Decisión 2008/852/JAI del Consejo de la UE de octubre de 2008 como una red más formal basada en las estructuras preexistentes de EPAC, y hoy comprende un total de más de 60 autoridades anticorrupción de los Estados miembros de la UE. Juntas, estas redes proporcionan una plataforma para que los profesionales intercambien experiencia e información, se ayuden mutuamente y cooperen a través de las fronteras nacionales, tanto a nivel práctico como profesional[60].

4. La «RED GlobE» *(GlobE network)*

La iniciativa más reciente para establecer una red de contactos de autoridades encargadas en la lucha contra corrupción es de alcance global y tuvo su origen en la cumbre del G20 en 2020, bajo la Presidencia de Arabia Saudita. En esa ocasión, los líderes del G20 acogieron el documento «La iniciativa Riad», el cual estimuló la creación de una red operativa mundial de autoridades encargadas de hacer cumplir las leyes de combate a la corrupción[61].

Teniendo por base la UNCAC y la experiencia de los Estados Miembros de la ONU en las conferencias anuales sobre la convención, la «Red GlobE» fue lanzada con ocasión de la Sesión Especial de la Asamblea General contra la corrupción el 3 de junio de 2021[62].

59 *Idem*.

60 EPAC/EACN (2022).

61 G20 (2020).

62 ONU (2021). Hasta la fecha, la red posee 175 autoridades de 99 países como miembros. En línea: https://globenetwork.unodc.org/globenetwork/en/membership.html (fecha de consulta: 04 de noviembre de 2023).

El principal estímulo para la creación de una red de identidad global fue la existencia de redes regionales fragmentadas. La Red GlobE tiene como objetivo facilitar aún más la cooperación informal en complemento a las redes regionales existentes, es decir, no se busca sustituir estas redes, sino ofrecer un canal informal adicional que opere de manera general, reduciendo la necesidad de recurrir, de inmediato, a una solicitud formal de MLA. La comunicación coordinada entre las autoridades encargadas de hacer cumplir la ley antes de recurrir a las autoridades centrales designadas garantiza la eficiencia en el proceso de una solicitud de MLA. Además, se busca fomentar el uso de canales de comunicación informales para compartir información de manera proactiva y espontánea, como se enfatiza en el artículo 56 de la UNCAC sobre «Cooperación especial»[63].

En su página *web*[64] se encuentran los documentos estructurantes, en particular «La Carta de la Red GlobE», que representa la constitución formal de la red. En su párrafo 4, establece como visión la cooperación y colaboración informal, mientras que en el párrafo 5 se expresa el objetivo principal de proporcionar una herramienta rápida, ágil y eficaz para facilitar la cooperación transnacional en la lucha contra la corrupción. En este sentido, se creó el *Globe Threema*, un canal seguro para el intercambio de información entre los miembros, así como se publicó el documento «Directrices para el intercambio de información entre los miembros de GlobE» que busca proporcionar una lista no exhaustiva de los tipos de información que pueden intercambiarse de manera informal a través de dicho canal. Por último, dicha red dispone en su página un «Árbol de Decisiones», permitiendo a los profesionales de la aplicación de leyes la identificación de una contraparte extranjera competente y la elección del canal óptimo para establecer contacto en la cooperación internacional de manera más sencilla.

Estos elementos demuestran un grado de organización y orientación a nivel global, lo que indica una tentativa inicial de gobernanza global en la cooperación jurídica informal en la lucha contra la corrupción.

IV. Conclusiones

La cooperación jurídica internacional ha experimentado cambios con el surgimiento de las redes informales, impulsadas por el uso de la cooperación directa. Esta modalidad de cooperación puede combinar medidas típicas de cooperación jurídica con medidas propias de la cooperación administrativa entre órganos homólogos de diferentes países, como las autoridades fiscales, aduanas y unidades de inteligencia financiera. Debido a su carácter infor-

63 *Idem*.

64 En línea: https://globenetwork.unodc.org/globenetwork/en/documents.html (fecha de consulta: 04 de noviembre de 2023).

mal, es útil para verificar hechos u obtener información general que pueda respaldar una solicitud de MLA. Por lo tanto, es modalidad que se complementa a la cooperación jurídica formal.

El panorama fragmentado de las redes regionales ha incentivado la creación de una red de alcance global, la «Red GlobE», con el objetivo de facilitar aún más la cooperación informal en complemento a las redes regionales existentes. Los elementos estructurales de esta red global reflejan un esfuerzo inicial por establecer una gobernanza global en la cooperación jurídica informal en la lucha contra la corrupción.

La creación de un foro central de discusión permite abordar cuestiones relacionadas con los derechos de las personas que podrían verse afectadas por decisiones tomadas en el ámbito de la red. Esto es especialmente relevante, ya que el escenario actual sigue siendo poco claro en cuanto a qué información o datos se pueden compartir en la cooperación directa.

En este contexto, las ideas propuestas por el Derecho Administrativo Global adquieren relevancia al introducir principios que promuevan una mayor transparencia en las actividades realizadas en las redes informales de cooperación jurídica internacional.

Finalmente, el establecimiento de la «Red GlobE» puede servir como un punto de partida para llevar a cabo estudios futuros centrados en las actividades realizadas en su seno desde una perspectiva de gobernanza global en la lucha contra la corrupción y la protección de los derechos fundamentales involucrados.

Referencias

Andrade Saadi, R.; Colares Bezerra, C. (2014): «A autoridade central no exercício da cooperação jurídica internacional». En BRASIL. *Manual de cooperação jurídica internacional e recuperação de ativos: cooperação em matéria civil.* Brasília. Ministério da Justiça, pp. 17-23.

Brun, J.; Sotiropoulou, A.; Gray, L.; Scott, C.; Stephenson, K. (2021): *Asset Recovery Handbook*. 2. ed. Washington: World Bank. En línea: https://star.worldbank.org/publications (fecha de consulta: 21 de junio de 2023).

Carin (2018): *Carin Manual*. En línea: https://www.carin.network/_files/ugd/d54f05_4ccdfc507cb44d3588354132a68af289.pdf (fecha de consulta: 27 de junio de 2023).

Cassese, S. (2011). *El Derecho Global. Justicia y Democracia más allá del Estado.* Sevilla. Derecho Global.

Carvalho Ramos, A. (2015): «Direito Internacional Privado e seus aspectos processuais: a cooperação jurídica internacional». En: Carvalho Ramos, A.; Menezes, W. (Org.): *Direito Internacional Privado e a Nova Cooperação Jurídica Internacional*. Belo Horizonte: Arraes Editores.

Carvalho Ramos, A. (2013): «O novo Direito Internacional Privado e o conflito de fontes na cooperação jurídica internacional». *Revista da Faculdade de Direito*, Universidade de São Paulo,, v. 108, n. 0, p. 621-647, jan. 2013.

Chayes, A. y Chayes, A. (1996): *The New Sovereignty: Compliance with International Regulatory Agreements.* Cambridge. Harvard University Press, 1996.

Darnaculleta Gardella, M. M. (2016): «El Derecho Administrativo Global. ¿Un nuevo concepto clave del Derecho Administrativo?» *Revista de Administración Pública*, Madrid, n. 199, p. 11-50, 28 abr. 2016. Centro de Estudios Políticos y Constitucionales.

Darnaculleta Gardella, M. M. (2019): «¿Qué es el derecho global? Una visión desde el derecho público». En: Nieto Martín, A.; García-Moreno y B.; Böse, M (eds): *Ius puniendi y global law?: hacia un derecho penal sin estado.* Valencia: Tirant Lo Blanch.

Dias Varella, M. (2013): *Internacionalização do Direito: direito internacional, globalização e complexidade*. Brasília: Uniceub, 2013. En línea: https://papers.ssrn.com/sol3/papers.cfm?abstract_id=2263949 (fecha de consulta: 25 de mayo de 2023).

Alvarez, J. E. (2006): «International Organizations: then and now». American Journal of International Law, [S.L.], v. 100, n. 2, p. 324-347, abr. 2006. *Cambridge University Press* (CUP).

Egmont Group. (2018): *Carta del Grupo Egmont de Unidades de Inteligencia Financiera*. En línea: https://egmontgroup.org/resources/?r=core-documents (fecha de consulta: 25 de junio de 2023).

Epac/Eacn. (2022): *EPAC EACN 2022 CONTACT CATALOGUE*. En línea: https://www.epac-eacn.org/fileadmin/Documents/EPAC_EACN_2022.pdf. (fecha de consulta: 27 de junio de 2023).

Fatf. Fatf Global Network. En línea: https://www.fatf-afi.org/en/countries/global-network.html (fecha de consulta: 25 de junio de 2023).

Fatf. Fatf Global Network. (2012-2023): *International Standards on Combating Money Laundering and the Financing of Terrorism & Proliferation. 2012-2023*. En línea: www.fatf- gafi.org/recommendations.html. (fecha de consulta: 22 de junio de 2023).

G20. (2020): *Riyadh Initiative for Enhancing International Anti-Corruption Law Enforcement Cooperation.* 2020. En línea: https://www.nazaha.gov.sa/Media/Posts/Riyadh%20Initiative%20for%20Enhancing%20International%20Anti-Corruption%20Law%20Enforcement%20Cooperation.pdf (fecha de consulta: 27 de junio de 2023).

G7 (1989): *Economic Declaration.* En línea: http://www.g8.utoronto.ca/summit/1989paris/communique/index.html. (fecha de consulta: 25 de junio de 2023).

Häberle, P. (2007): *Estado constitucional cooperativo*. Rio de Janeiro. Renovar.

Kingsbury, B.; Krisch, N. y Stewart, R. B. (2010): *El Surgimiento del Derecho Administrativo Global.* 2010. En línea: https://www.iilj.org/publications/el-surgimiento-del-derecho-administrativo-global/. (fecha de consulta: 04 de junio de 2023).

Kingsbury, B.; Krisch, N. y Stewart, R. B. (2005): «The Emergence of Global Administrative Law. Law And Contemporary Problems». *Durham*, v. 68, n. 3/4, p. 15-61, jun. 2005. Disponible. http://www.jstor.org/stable/27592106. (fecha de consulta: 23 de junio de 2023).

López Escarcena, S. (2018): «Contextualizando el derecho administrativo global». *ACDI - Anuario Colombiano de Derecho Internacional*, Bogotá, v. 11, n. 0, p. 259-305. En línea: https://revistas.urosario.edu.co/xml/4295/429555530009/index.html. (fecha de consulta: 23 de junio de 2023).

Manulak, M. W.; Snidal, D. (2022): «The Supply of Informal International Governance: hierarchy plus networks in global governance». *Global Governance In A World Of Change*, Cambridge, p. 182-213. Cambridge University Press. http://dx.doi.org/10.1017/9781108915199. En línea: www.cambridge.org/9781108843232. (fecha de consulta: 23 de junio de 2023).

Mcclean, D. (2002): *International co-operation in civil and criminal matters*. New York. Oxford University Press.

Menezes, W. (2015): «Cooperação Jurídica Internacional e seus paradoxos». En: Carvalho Ramos, A.; Menezes, W. (Org.): *Direito Internacional Privado e a Nova Cooperação Jurídica Internacional*. Belo Horizonte: Arraes Editores.

Naciones Unidas. (2021): *Carta de la Red GlobE*. En línea: https://globenetwork.unodc.org/globenetwork/uploads/documents/GlobE_Charter_20211121_A5_SPANISH_web.pdf (fecha de consulta: 27 de junio de 2023).

Naciones Unidas. (2012): *Manual on Mutual Legal Assistance and Extradition.* Nueva York. Naciones Unidas, 2012. En línea: https://www.unodc.org/documents/organized- crime/Publications/Mutual_Legal_Assistance_Ebook_E.pdf (fecha de consulta: 10 de junio de 2023).

Naciones Unidas (2019): «Resolución n.° 74/177, de 2019». *Fortalecimiento del Programa de Las Naciones Unidas En Materia de Prevención del Delito y Justicia Penal, En Particular de Su Capacidad de Cooperación Técnica.* Nueva York, En línea: https://documents-dds- ny.un.org/doc/UNDOC/GEN/N19/431/58/PDF/N1943158.pdf?OpenElement (fecha de consulta: 05 de junio de 2023).

Nieto Martín, A. (2019): «Transformaciones del ius puniendi en el derecho global». En: Nieto Martín, A.; García-Moreno y B.; Böse, M. (eds.): *Ius puniendi y global law?: hacia un derecho penal sin estado*. Valencia. Tirant Lo Blanch.

Ocde. (2006): *Denying Safe Haven to the Corrupt and the Proceeds of Corruption.* Kuala Lumpur. Asian Development Bank, 2006. En línea: https://www.oecd.org/corruption/anti-corruption-initiative-for-asia-pacific.htm. (fecha de consulta: 25 de junio de 2023).

Ocde. (2021): *Recomendación del Consejo para Fortalecer la Lucha contra el Cohecho de Servidores Públicos Extranjeros 2021*. En línea: https://legalinstruments.oecd.org/en/instruments/OECD-LEGAL-0378. (fecha de consulta: 04 de junio de 2023).

Ocde. (2023): *The OECD Working Group on Bribery in International Business Transactions 2022 Annual Report.* 2023. En línea: https://www.oecd.org/daf/anti-bribery/oecd-working-group-on-bribery-2022-annual-report.pdf. (fecha de consulta: 27 de junio de 2023).

Schmidt-Assmann, E. (2006): «La ciencia del Derecho Administrativo ante el reto de la internacionalización de las relaciones administrativas». *Revista de Administración Pública*. Madrid, v. 171, n.° 0 (7-34). En línea: https://dialnet.unirioja.es/servlet/articulo?codigo=2202513 (fecha de consulta: 23 de junio de 2023).

Slaughter, A. M. (2004): *A new world order*. Princeton. Princeton University Press.

Teubner, G. (1997): *Global Law Without a State*. Brookfield. Dartmouth.

Wessel, J. (2006): *The Financial Action Task Force: An Illustration of the Sovereignty, Equality, Civil-Rights Balance in Global Administrative Law.* En línea: https://ssrn.com/abstract=895421 (fecha de consulta: 25 de junio de 2023).

Yumi De Souza, C. (2015): *Cooperação bilateral Brasil-EUA em matéria penal: alcançando o devido processo*. 2015. 279 f. Tese (Doutorado) - Curso de Direito, Universidade de São Paulo, São Paulo, 2015. En línea: https://teses.usp.br/teses/disponiveis/2/2137/tde-15102015-140217/pt-br.php (fecha de consulta: 25 de junio de 2023).

CAPÍTULO 14

LA DEMOLICIÓN COMO MEDIDA DE GOBERNANZA DEL TERRITORIO: UNA HERRAMIENTA MULTIPROPÓSITO

Tomás Valenzuela Zañartu
Universidad Finis Terrae

Sumario: I. Introducción. II. Características de la medida de demolición. III. Las autoridades que pueden ordenar la demolición. 1. El Alcalde. 2. El Seremi Minvu. 3. El Delegado Presidencial Provincial. 4. El juez de la denuncia de obra ruinosa. IV. Reflexiones a este Mmodelo. 1. Posibles dificultades en la regulación 2. Propuestas de mejora. V. Conclusiones. Referencias.

I. Introducción

El territorio, como uno de los componentes del Estado, se manifiesta en relación con el fenómeno urbano como un recurso natural no renovable[1], en el cual se desarrolla la vida de muchas personas y a cuyas consecuencias se expone gran parte de la población, ya sean residentes o transeúntes.

En este sentido, el adecuado desarrollo de las ciudades es necesario para la protección de la población de manera tal que se permita a todos y cada uno de los habitantes de la nación poder hacer un adecuado disfrute de estas. Por esto, es importante que la autoridad cuente con mecanismos adecuados para hacer frente a aquellas situaciones que se aparten de lo planeado o que puedan provocar algún daño a la población.

De esta manera, un desarrollo inarmónico o desordenado de las ciudades y sus construcciones puede provocar o favorecer la ocurrencia de desastres ante incendios, inundaciones o terremotos o afectar de manera significativa

1 Vaquer Caballería (2022: 29).

la capacidad de respuesta ante su ocurrencia. Así lo demuestra la historia de la regulación urbanística en nuestro país y que ha sido detallada por parte de la doctrina[2], mostrando que las primeras leyes relacionadas con el derecho urbanístico nacieron como fruto de la reacción ante distintos desastres, los que primero dieron lugar a una regulación urbanística dispersa, posterior a la cual se avanzó hacia una regulación urbanística integrada con nuestra Ley General de Urbanismo y Construcciones[3].

Por lo anterior, se hace necesario llevar a cabo una gobernanza del territorio, en este caso del componente suelo, la que debe ser entendida como una promoción de «un estilo de gobierno sustentado más en la coordinación de intereses de diversos actores»[4]. En el caso del derecho urbanístico propiamente tal podemos encontrar a distintos actores tanto públicos como privados que intervienen en su materialización. Así, en el caso de Chile, se caracteriza por estar entregada a distintos órganos tanto centralizados como descentralizados o desconcentrados, pudiendo encontrar entre ellos al Ministerio de Vivienda y Urbanismo (MINVU), la División de Desarrollo Urbano del mismo ministerio, las Secretarías Regionales Ministeriales del MINVU (SEREMI MINVU), los Gobiernos Regionales y las Municipalidades, entre otras[5]. Por su parte, entre las personas privadas, podemos encontrar principalmente a los desarrolladores de proyectos inmobiliarios, los vecinos de dichos proyectos, entre otros[6].

De esta manera, la legalidad urbanística es relevante en cuanto a la protección de las personas, pues como bien dice Parejo, la legalidad urbanística y los elementos para su disciplina se justifican por la trascendencia de los bienes jurídicos tutelados por la norma, los cuales pueden ser reconducidos a la calidad de vida y el medio ambiente[7]. De esta manera, la mantención de la legalidad urbanística no se justifica por sí misma, sino como una garantía para la protección de las personas. Lo anterior se explica en el derecho urbanístico pues se refiere en gran medida a construcciones donde los habi-

2 Cordero Quinzacara (2020: 157-188).

3 Decreto con Fuerza de Ley N.° 458 de 1976, del Ministerio de Vivienda. En adelante «LGUC».

4 Dalla-Torre (2017: 48).

5 Para más información sobre los organismos que intervienen en la aplicación del derecho urbanístico, consultar Fernández Richards y Holmes Salvo (2012: 51-68).

6 De la revisión de la jurisprudencia es posible encontrar que también participan en la aplicación del derecho urbanístico algunas personas jurídicas sin fines de lucro tales como fundaciones o corporaciones que tienen como finalidad la defensa del patrimonio cultural y natural que entablan recursos tanto administrativos como judiciales para velar por la legalidad urbanística. Un ejemplo de este lo constituye la fundación Defendamos la Ciudad. En línea: https://www.defendamoslaciudad.cl/, (fecha de consulta: 04 de noviembre de 2023).

7 Parejo Alfonso (2012: 15).

tantes de la ciudad pasan la mayor parte de su tiempo, ya sea que se trate de viviendas, equipamiento o infraestructura, utilizándolos para el descanso, trabajo y esparcimiento, entre otros fines. Así, el Censo realizado por el Instituto Nacional de Estadísticas el año 2017 arrojó como resultado que, del total de 17.574.003 personas, 15.424.263 habitaban en el área urbana, lo que representa un total de 87,77 % de la población habitando el espacio urbano[8].

Por lo anterior, la adecuada gobernanza del territorio exige que las distintas autoridades que intervienen en la aplicación del derecho urbanístico y el adecuado desarrollo urbano cuenten con herramientas adecuadas para poder exigir la legalidad de las construcciones y uso de los espacios y mantener esa legalidad, cumpliendo con sus roles de policía urbana y de gobernanza territorial. Ello no se extiende, como se verá, solamente a la adecuación de las distintas construcciones a la normativa urbanística, sino también a la mantención de dichos edificios en correcto estado, precaviendo que ellos no produzcan ni amenacen daño a la población que circula cerca de ellos.

Para ello, podemos encontrar en la legislación distintas medidas que se ponen a disposición de las autoridades, entre las cuales se pueden mencionar, entre otras:

- La planificación urbana.

Ella se encuentra definida en el artículo 27 de la LGUC como un

> «proceso que se efectúa para orientar y regular el desarrollo de los centros urbanos en función de una política nacional, regional y comunal de desarrollo social, económico, cultural y medioambiental, la que debe contemplar, en todos sus niveles, criterios de integración e inclusión social y urbana».

Por su parte, la doctrina los considera un elemento central del derecho urbanístico, pues

> «todo el proceso de gestión, así como sus diversos órganos y figuras jurídicas, tiene como misión la de plasmar el plan en la realidad. Todos los mecanismos de control (...) aseguran la fidelidad al plan de las actuaciones que fiscalizan»[9].

8 En línea: https://www.ine.gob.cl/estadisticas/sociales/censos-de-poblacion-y-vivienda/censo-de-poblacion-y-vivienda (fecha de consulta: 4 de noviembre de 2023). Sin embargo, debe hacerse presente que la definición utilizada para la consideración del área urbana no es la considerada por la ley, pues para efectos del Censo se tomó como definición «un asentamiento humano con continuidad y concentración de construcciones en un amanzanamiento regular con población mayor a 2.000 habitantes, o entre 1.001 y 2.000 habitantes, donde menos del 50 % de la población que declara haber trabajado se dedica a actividades primarias». Mientras que, en términos normativos, el radio urbano se encuentra definido por las disposiciones de los distintos instrumentos de planificación territorial.

9 FIGUEROA VALDÉS (2022: 148).

En este sentido, algunos autores han considerado entre los efectos de la planificación la determinación concreta del derecho de propiedad y su configuración en torno al uso de suelo[10].

- Permisos de edificación y recepción de obras.

Su exigencia se encuentra contemplada en el artículo 116 de la LGUC, el cual debe ser complementado con los artículos 5.1.1 y siguientes de la Ordenanza General de Urbanismo y Construcciones[11]. En ellos se establece que «la construcción, reconstrucción, reparación, alteración, ampliación y demolición de edificios y obras de urbanización de cualquier naturaleza, sean urbanas o rurales, requerirán permiso de la Dirección de Obras Municipales». De esta manera, este permiso será otorgado en la medida que se compruebe por parte del Director de Obras que el proyecto cumple con la normativa urbanística, concepto definido en el inciso 7.° del mismo artículo 116, delimitando el ámbito de revisión por parte de la autoridad.

La importancia del permiso para la mantención de la legalidad urbanística es importante, además de lo ya mencionado por cuanto la construcción de una obra sin contar con este, habilita al Director de Obras para ordenar, por resolución fundada, la paralización de cualquier obra, fijando un plazo prudencial para la subsanación de las observaciones, las cuales, en caso de no ser atendidas, habilitan al Alcalde para ordenar su demolición, potestad que será analizada en detalle más adelante.

Por su parte, la recepción de obras se encuentra contemplada en los artículos 144 y siguientes de la LGUC, debiendo ser otorgada por el Director de Obras Municipales una vez que haya revisado el cumplimiento de las normas urbanísticas aplicables a la obra y determinadas en el permiso otorgado, habilitando su habitación o uso.

- La medida de demolición.

Contemplada como una de las medidas más drásticas y enérgicas en la legislación urbanística, la medida de demolición se perfila como una medida reactiva con que cuenta la autoridad para la obtención de distintos fines como se verá más adelante y que constituirá el objeto del presente trabajo.

Por lo anterior, procederemos a revisar primero las características que tiene la medida de demolición y que pueden ser relevantes para su estudio (2) para después analizar las competencias de las distintas autoridades que pueden ordenarla y revisar las distintas condiciones y supuestos que las habilitan para ejercer esta medida de gobernanza (3) y después hacer algunas reflexiones en torno a la conveniencia o no de este modelo en términos de regulación particular y de coordinación (4) y terminar con las conclusiones (5).

---

10 Al respecto, consultar Cordero Quinzacara (2020: 189-212).

11 Decreto Supremo N.° 47 de 1992, del Ministerio de Vivienda y Urbanismo. En adelante «OGUC».

II. Características de la medida de demolición

Para poder entender más claramente la medida en estudio, corresponde hacer un análisis acerca de las distintas características que tiene en el ordenamiento jurídico chileno a partir de su configuración y regulación legal.

1. Puede tener dos calificaciones distintas;

a) En algunos casos es una medida de restablecimiento de la legalidad.

Las medidas de restablecimiento de la legalidad son actos que son consecuencia de una conducta ilícita que no tienen una finalidad represiva o reaccional, pues con ellas «se busca suprimir la situación de hecho que se ha creado, evitando la consolidación del efecto antijurídico»[12], pudiendo ser definidas como «decisiones que la autoridad administrativa, en el marco de su autotutela ejecutiva, puede adoptar a fin de cesar una determinada situación contraria al ordenamiento jurídico»[13].

De esta manera, se trata de actos administrativos de carácter desfavorable que no constituyen sanción, lo cual las sujeta a regímenes distintos. Por lo anterior, tratándose de la imposición de una medida de restablecimiento de la legalidad, el infractor no se encuentra amparado por las mismas garantías con que contaría si se tratara de una sanción administrativa.

Lo anterior se explica porque, a diferencia de las sanciones administrativas, en este tipo de medidas no se mira a la conducta del sujeto, sino a las consecuencias que estas han provocado, lo cual se traduce en que no es necesaria la comprobación de un actuar culpable de quien haya actuado ni la responsabilidad personal del mismo. Por esto, es posible ordenar la demolición respecto de una persona que ha construido de buena fe o con justa causa de error, por ejemplo, excluyendo toda necesidad de un juicio de culpabilidad al respecto, pues lo relevante es que se trate de una construcción ilegal. Del mismo modo, es también posible ordenarla respecto de una persona distinta a la que haya hecho la construcción, debiendo dirigirse contra quien actualmente sea el dueño de la construcción, pudiendo sostenerse que la medida no está determinada por el sujeto infractor, sino por la construcción respecto de la cual se ordena.

b) En otros casos tiene como finalidad la seguridad de la población.

En algunos de los casos en que puede tener lugar la demolición, esta no busca el restablecimiento de la legalidad, pudiendo disponerse respecto de construcciones que cumplan cabalmente con la normativa urbanística y toda otra norma técnica. Respecto de estos supuestos, el requisito necesario es que se trate de un edificio que amenace ruina y pueda causar algún daño a la población.

Es así como es posible que una construcción haya sido erigida en conformidad al ordenamiento jurídico, contando con permiso de edificación y

12 Gómez González (2021: 139).

13 Boutaud Scheuermann (2022: 189), citando a Huergo Lora (2009: 249).

recepción definitiva por el Director de Obras Municipales, pudiendo ser considerada regular en este sentido. Sin embargo, cuando se considera la demolición como una medida de resguardo de la salud de la población, se mira al estado material de la construcción y si ella amenaza ruina.

Al respecto, es importante señalar que la LGUC exige para el otorgamiento del permiso de edificación y de la posterior recepción de obras, que el Director de Obras revise el cumplimiento únicamente de las normas urbanísticas aplicables a la obra[14], concepto que, como se señaló anteriormente, se encuentra definido en el inciso 7.° del artículo 116 de la LGUC[15]. En relación con este concepto, se debe señalar que no abarca toda la normativa que debe cumplir una construcción para poder ser habitada, sino solamente una parte de ella, restringiendo aquellos aspectos que deben ser considerados por el Director de Obras. A lo anterior se debe añadir que el artículo 25 bis de la Ley sobre Bases Generales del Medio Ambiente[16] señala que en los casos en que el proyecto o actividad requiera de resolución de calificación ambiental, el Director de Obras no podrá otorgarlo sin antes haber acreditado su obtención.

En cuanto al resto de las normas, su cumplimiento se encuentra sujeto a los informes que deben acompañar el arquitecto, el revisor independiente y el inspector técnico de obra (respecto de estos dos últimos, solo si los hubiere), además de otros informes dependiendo del tipo de proyecto. De esta manera, el cumplimiento de ellas se deja a la responsabilidad de quienes emiten estos informes, exponiéndolos a la responsabilidad civil por los daños que se generen por el incumplimiento de dichas normas, en las condiciones establecidas en el artículo 18 de la LGUC.

De esta manera, es posible encontrar una construcción que, al menos desde el punto de vista legal, cumpla con todas las regulaciones que le permitan estar en pie y ser habitada y que, a pesar de ello, por su estado material, se decrete su inhabitabilidad y posterior demolición, sin perjuicio de las responsabilidades que correspondan a quienes hayan intervenido en la ejecución de la obra.

2. Es una medida de ultima ratio.

A pesar de no ser una sanción, sino un acto administrativo de carácter desfavorable es posible aplicar a este tipo de medidas el principio de proporcionalidad y la necesidad de ponderación sobre la conveniencia de la medida.

---

14 Fernández Richards y Holmes Salvo (2012: 259).

15 Al respecto, señala dicho inciso: «Se entenderá por normas urbanísticas aquellas contenidas en esta ley, en su Ordenanza General y en los instrumentos de planificación territorial que afecten a edificaciones, subdivisiones, fusiones, loteos o urbanizaciones, en lo relativo a los usos de suelo, cesiones, sistemas de agrupamiento, coeficientes de constructibilidad, coeficientes de ocupación de suelo o de los pisos superiores, superficie predial mínima, alturas máximas de edificación, adosamientos, distanciamientos, antejardines, ochavos y rasantes, densidades máximas, estacionamientos, franjas afectas a declaratoria de utilidad pública y áreas de riesgo o de protección.»

16 Ley N.° 19.300, de 1994, sobre Bases Generales del Medio Ambiente.

En este sentido, la autoridad debe tener en consideración todas las medidas e instrumentos que tiene a su disposición para el restablecimiento de la legalidad o la protección de las personas.

En este sentido, es posible que ante una construcción realizada al margen del ordenamiento no siempre sea necesario su demolición, como ocurriría si se tratase de una construcción que, a pesar de no contar con permiso de edificación o recepción definitiva, sí cumpla con el ordenamiento jurídico, faltándole al dueño la regularización de la construcción. De esta manera, es posible que el dueño regularice las obras conforme a los procedimientos establecidos en la LGUC y su Ordenanza.

Del mismo modo, es posible que ante una construcción que amenace ruina y respecto de la cual se tema un daño, antes de ordenar su demolición, se ordene al dueño que proceda a su reparación, evitando tener que recurrir a la demolición de esa construcción. Lo anterior procederá en la medida que, atendido el estado de la edificación, sea posible hacerlo sin poner en riesgo a la población, pues si la ruina es inminente, el ordenamiento faculta a la autoridad para ordenar la demolición con carácter de inmediata.

Este carácter de *última ratio* puede encontrar fundamentación en el principio de eficiencia que rige a la Administración del Estado y que se encuentra contenida con carácter general en el artículo 5.° de la Ley N.° 18.575[17], por lo que su actuación debe obedecer a la mayor economía de medios.

Por lo tanto, entre las distintas medidas que puede adoptar la autoridad para asegurar la legalidad urbanística o la seguridad de la población, por ser la medida de demolición la más gravosa de todas, salvo que las circunstancias lo ameriten, la autoridad debiera preferir aquellas que provoquen el menor perjuicio al particular y que le permite alcanzar adecuadamente el fin de la medida.

Puede ser ordenada por distintas autoridades.

Como se verá más adelante en detalle, en nuestro ordenamiento jurídico es posible encontrar al menos 4 autoridades que cuentan con la potestad para dictar la demolición de los inmuebles: tres administrativas y una judicial.

Desde la Administración podemos encontrar al alcalde, quien está a cargo de la Municipalidad; al SEREMI de Vivienda y Urbanismo (en adelante «SEREMI MINVU»), órgano territorialmente desconcentrado del Ministro del ramo, entre cuyas atribuciones se encuentra la posibilidad de ordenar mediante una resolución la demolición de una construcción en determinadas circunstancias más reducidas que se verán más adelante y el Delegado Presidencial Provincial, representante directo del Presidente de la República en la provincia de su competencia.

17 Cuyo texto refundido se encuentra en el D.F.L. N.°1 de 2001 del Ministerio Secretaría General de la Presidencia, en adelante, "LBGAE".

Desde la autoridad judicial, podemos encontrar la llamada «denuncia de obra ruinosa», donde cualquier particular (se trata de una acción popular) puede recurrir ante el juez de letras competente para que, en juicio sumario, ordene la demolición del inmueble si así lo ameritan las circunstancias.

Las competencias y circunstancias que habilitan a cada una de estas autoridades a ordenar la demolición serán analizadas con mayor detalle en el apartado siguiente.

La destrucción de las obras puede hacerse con cargo a distintos presupuestos según quien la ordene.

Por último y en línea con la característica anterior, dependiendo de la autoridad que ordene la demolición de las obras, es posible distinguir un presupuesto distinto con cargo al cual se van a realizar estas medidas.

Ello puede ser problemático desde el punto de vista de la eficacia de la medida, toda vez que, dependiendo de la envergadura de la edificación que se vaya a demoler, ello puede costando tanto como su construcción. Lo anterior se traduce en una potencial dificultad para ordenar esta medida, pues si alguna de las autoridades señaladas en el punto anterior se ve en la necesidad u obligación de ordenar la demolición de una obra, pero no cuenta con el presupuesto para ello, la medida no podrá ser ejecutada, lo que se acentúa en aquellos casos en que la legislación no contempla la posibilidad de traspasar el costo de la demolición al patrimonio del propietario.

III. Las autoridades que pueden ordenar la demolición

Una vez revisadas las características de la demolición como medida, corresponde estudiar las condiciones en que cada una de ellas puede ordenar la demolición de una construcción, incluyendo su regulación particular, las condiciones para su ejercicio y la forma de control establecida en el ordenamiento jurídico.

1. El Alcalde

Dispone el artículo 148 de la LGUC que el alcalde, a petición del Director de Obras, podrá ordenar la demolición, total o parcial, a costa del propietario ante unos determinados casos. Para el ejercicio de esta potestad, los artículos siguientes regulan el procedimiento aplicable para su ejercicio.

En este sentido, se habilita al alcalde para ordenar la demolición en los siguientes casos:

1. Obras que se ejecuten en disconformidad con las disposiciones de la LGUC, la OGUC y las ordenanzas locales, como serían los instrumentos de planificación territorial[18].

18 También conocidos como "IPT".

Se refiere este numeral del artículo 148 de la LGUC a las obras que hayan sido ejecutadas «en disconformidad con las disposiciones de la presente ley, su Ordenanza General u Ordenanza Local Respectiva». Del tenor de esta causal es posible concluir que se trata de las más amplias con que cuenta el alcalde para ordenar la demolición de una construcción.

Esto pues con la mención a las disposiciones de la LGUC y la OGUC, es posible incorporar todo el ordenamiento jurídico en materia urbanística, al menos respecto de los tres primeros niveles de acción reconocidos en el artículo 2.° de la LGUC, pues ordena el cumplimiento de los principales cuerpos normativos que regulan la construcción.

Lo anterior es sin perjuicio de que indirectamente se incluyen también las regulaciones establecidas en los instrumentos de planificación territorial, la que se realiza a nivel nacional, intercomunal y comunal a través de distintos planes reguladores. Ello se debe a la definición de normas urbanísticas que contiene el artículo 116 al contemplar dentro de ellas a aquellas contenidas en los instrumentos de planificación territorial que afecten a determinadas materias.

Este es uno de los casos en que se aprecia con claridad la finalidad que tiene la medida de demolición, siendo esta una expresión como medida de restablecimiento de la legalidad.

2. Obras que se ejecuten fuera de la línea de cierro o en bienes de uso público, sin la autorización correspondiente.

Del estudio de las normas contenidas en la OGUC respecto de los cierros (artículos 2.5.1 y siguientes), por línea de cierro se debe entender aquella que separa la propiedad con el espacio público, mientas que c bienes de uso público hace alusión a los bienes nacionales de uso público regulados en el Código Civil y que, salvo disposición en contrario, se encuentran bajo la administración de las municipalidades por expresa disposición del artículo 5.° letra c) de la Ley N.° 18.695.

De esta manera, en caso de que cualquier persona construya fuera de los límites de su propiedad, invadiendo con ello el espacio público o derechamente en un bien nacional de uso o público, el alcalde cuenta con la potestad para ordenar la demolición de esas obras. Ello es sin perjuicio de que, de conformidad con el artículo 36 de la LOCM, se otorgue un permiso o una concesión, lo que le permitirá realizar obras que posteriormente no serán demolidas por contar con la autorización necesaria para ello.

En este caso, también tiene el carácter de medida de restablecimiento de la legalidad, pues la construcción se ha realizado fuera de los límites de la propiedad en que se podrían haberlo ejecutado en un bien que está destinado al uso general de la población.

3. Obras que no ofrezcan las debidas garantías de salubridad y seguridad, o que amenacen ruina.

En este caso, se manifiesta la demolición como una medida que tiene por objetivo el resguardo de la salud de la población. Como se aprecia, no es relevante para la disposición de esta medida si se encuentra la obra en conformidad con el ordenamiento jurídico o si cuenta con alguna autorización en tal sentido. Lo relevante en relación con esta causal es el estado material de las obras, en el sentido que amenacen alguna caída o destrucción inminente.

4. Obras de carácter especial que no hayan sido demolidas en el plazo establecido para su destrucción.

La causal hace referencia a los artículos 121, 122 y 123 de la LGUC, las que se encuentran en el párrafo relativo a las autorizaciones especiales de edificación. La primera de ellas se refiere a limitaciones y condiciones para la construcción en terrenos que estén sometidas a declaratoria de utilidad pública, en las cuales no se admite construcción alguna, salvo renuncia previa del propietario a la indemnización correspondiente por dichas mejoras. El artículo 122 se refiere a las construcciones que se pueden realizar en los antejardines, remitiéndose en este punto a la Ordenanza General o a los instrumentos de planificación territorial, permitiendo también ciertas construcciones provisorias. Por último, el artículo 123 se refiere a aquellas construcciones que no cumplan con las disposiciones del plan regulador y que fueren afectadas parcialmente por siniestros, las cuales podrán ser mantenidas por un determinado periodo, posterior al cual se deberán demoler con cargo al propietario.

En este caso, la medida de demolición se presenta con un carácter híbrido, pues se refiere tanto a casos de construcciones ilegales como a construcciones ilegales o que no se adecúen al plan regulador y que puedan representar un peligro para sus habitantes producto de los siniestros que han sufrido, haciendo una combinación de ambas causales.

Para todos estos casos se dispone un procedimiento que deberá ser cumplido por el alcalde para el ejercicio válido de esta atribución. Así se dispone que el alcalde debe actuar «a petición del Director de Obras», impidiendo la actuación de oficio por parte de aquel.

En los artículos posteriores se regula el procedimiento a seguir para la práctica de la demolición, incluyendo la notificación y oposición por parte del propietario.

Por su parte, el artículo 154 de la LGUC establece una acción contenciosa administrativa en contra de la medida de demolición, estableciendo una excepción a lo dispuesto en el artículo 151 de la LOCM[19], puesto que se

19 Dicho artículo regula el llamado reclamo de ilegalidad municipal, regulado como una acción contenciosa administrativa que exige el agotamiento previo ante el alcalde para reclamar en contra de los actos de este o de cualquiera de sus funcionarios, estableciéndose que en contra de la resolución expresa o presunta del alcalde se podrá reclamar ante la Corte de Apelaciones que corresponda. Al respecto, se puede consultar Fernández Richards (2007: 163 y ss.).

establece la posibilidad de que el propietario reclame de esta medida ante la justicia ordinaria, entendiéndose por tal el Juzgado de Letras en lo Civil del departamento en que estuviere situado el inmueble, dentro del plazo de 10 días hábiles contados desde la fecha de su notificación, procedimiento que se tramitará conforme a las reglas del juicio sumario[20].

De esta manera, el alcalde cuenta con supuestos amplios que le habilitan para decretar la demolición, lo que se manifiesta en el constante recurso a los conceptos jurídicos indeterminados sin contener una regulación más profunda a propósito de las causales, exponiéndolo a un uso inadecuado. Sin embargo, cabe preguntarse sobre la naturaleza de esta potestad, debiendo tener en cuenta que la presencia de conceptos jurídicos indeterminados no determina que la potestad se convierta en una potestad discrecional: la construcción no cumple con las disposiciones legales o sí las cumple, amenaza ruina o no lo hace, traspasa la línea de cierro o no lo hace. De esta manera, a pesar de la presencia de este tipo de conceptos, se trata de una potestad reglada, pues la determinación de la medida de demolición se encuentra regulada de manera completa en la norma, estableciendo su existencia, causales y procedimiento para su adopción.

Ante esto debemos tener en consideración que la gran mayoría de los poderes de la administración obedece a la categoría de poderes funcionales, es decir, potestades de ejercicio obligatorio, lo que no excluye que, teniendo varias posibilidades para abordar el caso, pondere las circunstancias del caso y disponga de las herramientas que tiene a su disposición para la adecuada solución del problema. En este sentido, teniendo en cuenta las funciones de la Municipalidad, estimamos que el alcalde no puede, ante la presencia de una obra ejecutada en contravención a los instrumentos de planificación territorial, dejar de realizar la demolición si se trata de una obra que no admite posibilidad de regularización, debiendo en ese caso ponderar entre los costos de ordenar la demolición en relación con los costos de esperar la regularización, limitándose a remitir los antecedentes al juez de policía local para que, si así lo estima conveniente, imponga una multa al infractor.

Sin embargo, la amplitud de las causales que habilitan para demoler puede dar la posibilidad de que el alcalde la utilice para fines distintos a aquellos para los cuales fue establecida la potestad, dando lugar al vicio de desviación de poder, constituido por el uso de una potestad para un fin distinto de aquel para el cual le fue otorgada, exponiendo la medida a vicios como la desviación de poder.

En cuanto al presupuesto respecto del cual se hará efectiva esta medida, el artículo 153 dispone que transcurrido el plazo para que el propietario demuela por su cuenta la obra, el alcalde dispondrá su ejecución, la que se hará por

20 Dicho procedimiento se encuentra regulado en los artículos 680 y siguientes del Código de Procedimiento Civil.

cuenta del propietario, lo que podrá hacer de manera inmediata cuando el peligro de derrumbe fuera inminente. Ello significa que en todos los casos en que el alcalde ordene la medida de demolición respecto de un inmueble, los costos de su ejecución podrán ser traspasados al propietario, constituyendo este un caso de ejecución subsidiaria de la medida.

2. El Seremi Minvu

La competencia del SEREMI MINVU se encuentra regulada en el artículo 157 de la LGUC, facultándole para ordenar la paralización o demolición total o parcial de las obras que se ejecuten en contravención a los planes reguladores o sin haber obtenido el correspondiente permiso municipal.

De esta manera, se trata de una competencia más restringida que la del alcalde, pues solo se refiere a dos tipos de obras, dejando de lado todas las demás. En virtud de lo anterior, aunque verificara la ocurrencia de alguno de los otros tipos de construcciones ante los cuales se puede decretar la demolición, no podrá el SEREMI MINVU ordenarla por no estar habilitada por el ordenamiento jurídico. Sobre esto se debe recordar la regla establecida en el artículo 7.° inciso segundo de la Constitución Política de la República según la cual nadie puede atribuirse ni aún a pretexto de circunstancias extraordinarias otra atribución o derechos que los que expresamente le hayan atribuido la Constitución o las leyes. De esta manera, ante dichas situaciones solo le queda realizar la correspondiente denuncia a la autoridad competente, lo cual también se fundamenta en el deber de coordinación regulado en el artículo 5.° de la LBGAE.

En términos de procedimiento, se regula la necesidad de solicitar un informe al Director de Obras Municipales respectivo y la forma en que deberá ser notificada, remitiéndose al respecto a la regulación del procedimiento establecido para las demoliciones decretadas por el alcalde y sometiéndolo al mismo procedimiento contencioso administrativo.

Sin embargo, el inciso final del artículo 157 dispone expresamente que «los gastos que irrogue la aplicación de este artículo serán de cargo a los fondos consultados en el presupuesto del Servicio Regional respectivo». Lo anterior puede resultar inconveniente por los altos costos que puede tener la medida, pues no se contempla posibilidad alguna de hacer un traspaso de los costos al propietario, sino más bien señala claramente el presupuesto afectado por la práctica de esta medida. Esta regulación puede generar situaciones en que el SEREMI MINVU se encuentre ante situaciones que lo habilitan para actuar, pero sin contar siempre con los fondos para ello, lo cual le haría incumplir sus obligaciones y, por lo tanto, exponerlo a una demanda por responsabilidad del Estado producto de la inejecución de la medida ordenada.

En relación con este supuesto, nuestra Corte Suprema ha resuelto que, solicitada por particulares interesados la demolición de una obra que ha sido ejecutada en incumplimiento del plan regulador, el SEREMI se encuentra obligado a responder acerca de la adopción o no de esta medida, no pudiendo escudarse en la posibilidad de regularización de la edificación, lo que constituiría una falta a la debida fundamentación[21].

3. El Delegado Presidencial Provincial

La competencia del delegado presidencial provincial se deriva de lo dispuesto en el artículo 4.° letra h) de la Ley N.° 19.175[22], otorgándole la atribución de ejercer la vigilancia de los bienes del Estado, especialmente de los nacionales de uso público, pudiendo impedir su ocupación ilegal y todo empleo ilegítimo que entrabe su uso común y exigirá administrativamente su restitución cuando proceda.

Se trata esta de una competencia para demoler que no está explícitamente reconocida por el ordenamiento jurídico, pero que se puede extraer del tenor de la ley, pues no solo es necesario señalar que deberá impedir la ocupación ilegal o el empleo ilegítimo, sino que se puede desprender de la habilitación para exigir administrativamente su restitución. Ello se ve reforzado por la posibilidad que se le reconoce en la letra d) para requerir el auxilio de la fuerza pública.

Sin embargo, nada más se dice respecto al ejercicio de estas potestades por parte del delegado, por lo que, ante esta falta de regulación, debemos entender que, para la dictación de la orden de demolición y su posterior ejecución, se debe seguir el procedimiento general establecido en la Ley N.° 19.880[23]. Por su parte, en cuanto al patrimonio que deberá soportar la carga de la demolición, correspondería al de la delegación, puesto que nada se dice al respecto y no se contempla la posibilidad de traspasar el costo a quien haya construido[24].

Sin embargo, es posible que los delegados presidenciales provinciales puedan coordinarse con los municipios en torno al ejercicio de esta potestad[25],

21 SCS Rol N.° 89.134-2021, de 30.05.2022.

22 Cuyo texto se encuentra en el D.F.L. N.° 1 de 2005 del Ministerio del Interior que fija el texto refundido, coordinado, sistematizado y actualizado de la Ley N.° 19.175, Orgánica Constitucional sobre Gobierno y Administración Regional.

23 Ley que establece bases de los procedimientos administrativos que rigen los actos de los Órganos de la Administración del Estado.

24 Por tratarse de bienes fiscales y nacionales de uso público, los dueños solo pueden ser el Estado y la nación toda, respectivamente, como lo señala el artículo 589 de nuestro Código Civil.

25 Así ha ocurrido para la ejecución de planes en torno a la recuperación de espacios públicos, por ejemplo, como parte de la lucha contra el narcotráfico mediante la destrucción de los llamados «narcomausoleos». Véase, por ejemplo, en línea: https://www.gob.cl/noti-

toda vez que se trata de una competencia bastante similar a la causal contemplada en el artículo 148 n.°2 de la LGUC y que se analizó anteriormente.

Por último, en cuanto al control del ejercicio de esta medida, debe tenerse en cuenta que con anterioridad a la reforma introducida mediante la ley N.° 21.073, el Gobierno Regional estaba constituido por el intendente (actualmente Delegado Presidencial Regional) y el consejo regional, a lo cual se debe añadir la existencia del gobernador (actualmente Delegado Presidencial Provincial) como órgano ejecutivo del Gobierno Regional. Por tal razón, en contra de los actos del gobernador procedía el reclamo de ilegalidad regional, el cual una regulación similar al reclamo de ilegalidad municipal con adecuaciones a la orgánica del Gobierno Regional.

Sin embargo, la Ley N.° 21.073 modificó la estructura del Gobierno Regional: cambió el nombre del intendente y del gobernador, pasando a llamarse Delegado Presidencial Regional y Delegado Presidencial Provincial, respectivamente; a ellos se les asignó el rol de gobierno de la región, por su carácter centralizado y su dependencia del Presidente de la República; adicionalmente a eso, creo la figura del Gobernador Regional y se estableció que el Gobierno Regional estaría compuesto por este y el consejo regional. A ello no se sumó ninguna modificación al reclamo de ilegalidad regional.

Por tal razón, en contra de los actos del Delegado Presidencial Provincial no procede el reclamo antes señalado, debiendo concluirse que en su contra se debe recurrir a la acción general de nulidad de derecho público que se funda en la Constitución, debiendo tramitarse de conformidad al juicio ordinario y ante un juez de letras.

4. El juez: la denuncia de obra ruinosa

Puede ser definida como «la acción conferida para obtener la enmienda, reparación o demolición de una construcción que amenaza caerse, o el afianzamiento o extracción de árboles expuestos al derribo, evitando o previniendo el daño consecuente»[26].

Si bien esta acción se encuentra regulada en el título de las acciones posesorias, de su definición es posible concluir que se trata más bien de una acción cautelar, aunque algunos autores argumentan a favor de su naturaleza posesoria sosteniendo que la amenaza de derrumbamiento configura ya una forma de ataque a la pacífica posesión.

Para poder disponer esta medida, se requiere la ruina de un edificio, construcción o árbol, pudiendo entenderse por tal la ostensible cercanía a la des-

cias/novena-demolicion-mausoleo-narco-maipu-recuperacion-espacios-publicos/ (Fecha de consulta: 5 de noviembre de 2023).

26 Peñailillo Arévalo (2019: 1531).

trucción. Sin embargo, no basta solamente con la ruina o amenaza de ella, sino que también debe haber una amenaza de daño producto de esa ruina. Como dice Peñailillo, «la ruina es un dato; lo amenazado es el daño; así, la situación ha de consistir en ruina que amenaza daño»[27].

La importancia de esta medida se encuentra en que, conforme al art. 950 inciso 2.° del Código Civil, esta acción no prescribe mientras haya justo motivo de temerlo.

Por aplicación del artículo 932 del CC, el denunciado debería derribar o reparar inmediatamente el edificio y, si no procediere a cumplir el fallo, este sería derribado o será hecha la reparación a su costa.

El problema que puede tener esta regulación se encuentra en que supone el conocimiento del dueño y su posibilidad de notificación. En caso de desconocerse su identidad, el juicio podría extenderse en el tiempo por la necesidad de notificarlo por medios extraordinarios, seguir el juicio en rebeldía y la dificultad para después hacer efectivo en el patrimonio del dueño el monto de la demolición.

IV. Reflexiones a este modelo

En primer lugar, corresponde hacer un cuadro comparativo entre las distintas regulaciones de esta medida.

Tabla I: cuadro comparativo de la medida de demolición según la autoridad[28].

Autoridad	Regulación	Causales	Condiciones	Patrimonio	Control
Alcalde	Arts. 148 a 156 LGUC.	Obras en disconformidad a la LGUC, OGUC e IPTs. Obras que se ejecuten fuera de la línea de cierro o en bienes de uso público. (MR) Obras que no ofrezcan las debidas garantías de salubridad y seguridad o que amenacen ruina. (SP) Construcciones especiales que no se hayan demolido en el plazo establecido. (MR/SP)	A petición del Director de Obras. Ante una denuncia, con informe del Director de Obras.	Por cuenta del propietario.	Reclamo especial en juicio sumario ante el juez de letras.

27 Peñailillo Arévalo (2019: 1532).

28 En cuanto a las causales, se indica entre paréntesis «MR» si se trata de una medida de restablecimiento o «SP» si se trata de una medida que tiene por objeto el aseguramiento de la salud de la población.

Autoridad	Regulación	Causales	Condiciones	Patrimonio	Control
SEREMI MINVU	Art. 157 LGUC.	Obras en contravención a los IPTs. (MR) Obras sin haber obtenido el correspondiente permiso municipal. (MR)	Con el solo informe del Director de Obras Municipales.	De cargo a los fondos consultados en el presupuesto del Servicio Regional Respectivo.	Reclamo especial en juicio sumario ante el juez de letras.
Delegado Presidencial Provincial	Art. 4.° inc. 2.° letra h) LOCGAR.	Ocupación ilegal o empleo ilegítimo de los bienes del Estado y BNUP que entrabe su uso común. (MR)	S/I	S/I, por lo tanto, con cargo al presupuesto de la DPP.	Acción de nulidad de derecho público de carácter general.
Juez	932 ss. Código Civil.	Edificio, construcción o árbol que amenaza ruina de la cual se teme la producción de un daño. (SP)	Arts. 571ss CPC, complementada con normas del juicio ejecutivo.	A costa del dueño del edificio.	Al ser ordenada en un juicio civil, se produce a través de los recursos de apelación y casación.

Fuente: elaboración propia.

1. Posibles dificultades en la regulación

Como se puede ver, se trata de una regulación dispersa en que son varias las autoridades que tienen competencias, incluso concurrentes en cuanto a las causales, para ordenar la demolición de una construcción. De ellas es posible concluir que la competencia del alcalde es la más amplia de todas, incluso se diría que comprende las competencias de todos los demás órganos.

La atribución de esta competencia a las municipalidades se puede explicar por su carácter de órgano territorialmente descentralizado y su carácter autónomo, teniendo competencias amplias dentro de su territorio, pudiendo conocer de mejor manera la realidad de las personas que viven dentro de su comuna.

Además, una herramienta con fines tan amplios y escasa regulación puede generar oportunidades para un uso inadecuado.

2. Propuestas de mejora

En virtud de lo expuesto anteriormente, conviene hacer las siguientes observaciones en torno al ejercicio de la potestad:

En primer lugar, respecto de la potestad del alcalde, parece conveniente la desconcentración de esta potestad en el Director de Obras Municipales. Esto se debe a que el alcalde es un puesto electo que es de elección popular, lo que lo expone a un uso inadecuado de la potestad[29] al ser usado como una medida que aumente su popularidad para futuras elecciones. De esta manera, convendría la atribución exclusiva de esta potestad en un órgano técnico como el Director de Obras, de la misma manera que ha ocurrido con el otorgamiento de los permisos de edificación, dando mayores garantías de imparcialidad e independencia.

En cuanto al control de esta medida, sobre todo cuando la ordena una potestad administrativa, podría ser conveniente una unificación de los medios de control. Lo anterior por cuanto existe un régimen diferenciado respecto de distintas actuaciones cuya justificación es difícil encontrar. Así, respecto de los actos del alcalde que ordenen la demolición, se somete la decisión a un juicio sumario ante un juez de letras, mientras que, si nos encontráramos con cualquier otro acto, en su contra procedería el reclamo de ilegalidad municipal, que se tramita en un procedimiento especial, generalmente más ágil y ante la corte de apelaciones respectiva. Por su parte, en cuanto a la potestad del Delegado Presidencial Provincial, no se contempla acción alguna en su contra, debiendo recurrirse entonces al contencioso administrativo especial, tramitado en juicio ordinario ante un juez de letras. Ello da lugar a una misma medida que supone controles diferenciados según quien la haya dispuesto.

Por último, en cuanto a la regulación que se hace de la medida, conviene hacer una mejor regulación al respecto, sobre todo tratándose de la potestad atribuida al SEREMI MINVU y al Delegado Presidencial Provincial. En cuanto al primero, convendría modificar el patrimonio que deberá soportar la ejecución de la medida o establecer la posibilidad de repetir en contra del dueño de dicha edificación. En cuanto al segundo, sería conveniente establecer una mayor regulación en torno a la medida, fijando la forma de notificación, detallando la impugnación que se pueda hacer de ella y señalando el patrimonio con cargo al cual se ejecute la demolición.

V. Conclusiones

En virtud de lo expuesto anteriormente, es posible arribar a las siguientes conclusiones en torno a la medida de demolición:

1. Se trata de una medida que puede ser considerada como una medida de restablecimiento de la legalidad o como una medida de protección a la salud de la población, pudiendo tener en algunos casos ese doble carácter.
2. La regulación de la medida es dispar según la autoridad que puede disponerla, encontrando diferencias en torno al procedimiento, impugnación y patrimonio.

29 Así ha ocurrido en algunas comunas en que se ha aplicado como una medida más en la lucha contra el narcotráfico.

3. La escasa o inadecuada regulación de la medida puede transformar esta atribución en un texto vacío, impidiendo su ejercicio por parte de las autoridades facultadas para ordenarla.
4. Conviene hacer reformas a la regulación de la medida, atendida la importancia que puede tener no solo para el adecuado desarrollo de las ciudades, sino también para el aseguramiento de la salud de la población.

Referencias

Boutaud Scheuermann, E. (2022): «Sanciones y medidas administrativas desfavorables afines». *Revista de Derecho* (Concepción), vol. 90, n.º 251 (165-201).

Cordero Quinzacara, E. (2020): *Estudios sobre propiedad y derecho urbanístico.* Valencia: Tirant Lo Blanch.

Dalla-Torre, M. (2017): «Gobernanza territorial y los Planes de Ordenamiento Territorial: el caso de la provincia de Mendoza, Argentina». *Bitácora Urbano Territorial*, vol. 27, n.º 1 (47-54).

Fernández Richards, J. (2007): *Derecho municipal chileno.* Santiago. Editorial Jurídica de Chile.

Fernández Richards, J. y Holmes Salvo, F. (2012): *Derecho Urbanístico Chileno* (3.ª ed.). Santiago: Editorial Jurídica de Chile.

Figueroa Valdés, J. (2022): *Urbanismo y construcción* (3.ª ed.). Santiago. DER Ediciones.

Gómez González, R. (2021): *Infracciones y sanciones administrativas*. Santiago. DER Ediciones.

Parejo Alfonso, L. (2012): *La Disciplina Urbanística* (2.ª ed.). Madrid: Iustel.

Peñailillo Arévalo, D. (2019): *Los bienes, la propiedad y otros derechos reales* (2.ª ed.). Santiago. Legal Publishing Chile.

Vaquer Caballería, M. (2022): *Derecho del territorio* (2.ª ed.). Valencia. Tirant Lo Blanch.

CAPÍTULO 15

EL PARADIGMA DE LO VERDE EN LA UNIÓN EUROPEA: UN ANÁLISIS DESDE EL PRISMA RURAL

Pilar Talavera Cordero
Universidad de Salamanca

I. Introducción

El cambio climático es hoy, un problema aceptado de forma mayoritaria por la población, los poderes públicos y por supuesto, la comunidad científica. En este panorama, en el que está en manos de los Estados y las organizaciones internacionales parar o intentar mitigar el efecto dañino del cambio climático, la Unión Europea (en adelante, UE) se ha presentado como líder político en la adopción de compromisos ambientales.

Este compromiso no es nuevo, desde sus inicios en la Cumbre de París de 19 y 20 de octubre de 1972, hasta su consolidación actual, pasando a un nivel novedoso y ambicioso con la Ley Europea del Clima. En efecto, tal como señala el profesor FERNÁNDEZ DE GATTA SÁNCHEZ (2020: 3) la historia de esta Política europea no ha sido fácil, discurriendo desde los Tratados originales de las Comunidades Europeas, sin base jurídica para desarrollarla, hasta las sucesivas modificaciones de esos Tratados, especialmente desde el Acta Única Europea de 1986, que ya incluyó esta Política en el antiguo Tratado de la Comunidad Económica Europea. Hasta los Tratados actuales, principalmente en los arts. 191 a 193 del Tratado de Funcionamiento de la Unión Europea de 2007 (derivado del Tratado de Lisboa).

Esta voluntad ambiental europea se ha materializado en el objetivo global para todos los Estados miembros de la UE de reducción de las emisiones netas de gases de efecto invernadero en al menos un 55 % de aquí a 2030, para como fin último conseguir la neutralidad climática en 2050, que representa uno de los mayores hitos políticos a nivel medioambiental es. Para conseguir esta ambiciosa meta la UE presentó en 2019 el Pacto Verde Europeo, con el cual se marcó la hoja de ruta inicial de las políticas y medidas clave para avanzar hacia un futuro verde. Todas estas promesas políticas se han transformado en una obligación jurídica vinculante con la aprobación de la Ley del Clima Europea.

A falta de asumir el liderazgo político-militar, la UE intenta situarse como líder de la transición verde, lo cual implicaría poner patas arriba nuestros modelos de producción y consumo. Esta revolución silenciosa no se producirá de la noche a la mañana y requiere de diversas acciones en diversos sentidos[1].

Por ello, se han establecido compromisos en diversos sectores clave para conseguir la neutralidad climática: ambición climática; energía limpia, asequible y segura; estrategia industrial para una economía limpia y circular; movilidad sostenible e inteligente; ecologización de la política agrícola común y la Estrategia «de la granja a la mesa»; preservación y protección de la biodiversidad; hacia una contaminación cero para un entorno sin sustancias tóxicas; integración de la sostenibilidad en todas las políticas de la UE; la UE como líder mundial; y colaboración en torno a un Pacto Europeo por el Clima. Dentro de cada una de estas categorías, se concretan un conjunto de actuaciones para su consecución[2].

Estas actuaciones pretenden transformar los diversos sectores de la economía, para avanzar hacia nuevos modelos de producción. En este trabajo nos centraremos en analizar las medidas que se han emprendido en el sector de la energía y el sector alimentario, por su impacto tanto en las emisiones de efecto invernadero, como en las áreas rurales de nuestro país.

La ciudadanía general, al menos la española, acepta de forma mayoritaria la crisis climática y está a favor de la implantación de medidas ambientales. Sin embargo, el reflejo de estas políticas europeas en el medio rural ha puesto de manifiesto una evidente contradicción entre las políticas y un impacto relevante en las áreas rurales. Este hartazgo se ve reflejado en tres manifestaciones: la Revuelta de la España Vaciada, Renovables sí, pero así no y la de agricultores y ganaderos por unos precios justos.

El medio rural actual está sufriendo un proceso de vaciamiento poblacional que comenzó en los años sesenta del siglo pasado. Esto no implica que

1 De Sadeleer (2023: 3).

2 Rando Burgos (2020: 2).

España se vacié, sino que se están produciendo concentraciones de población en el litoral y las grandes urbes de nuestro país[3]. El causante de este proceso no es otro que el capitalismo, que concentra población, trabajos y capitales para crear economías de escala[4]. Como si el capital y las personas fueran la misma cosa, pareciendo más bien que todo son piezas de un mismo tablero.

El medio rural e incluso el desarrollo rural debería tener un papel protagonista en la transición ecológica, por cuanto son ellos los que hasta ahora han mantenido y conservado el patrimonio natural, el sector primario e incluso las fuentes de energía. Sin embargo, la transición ecológica está sirviendo como una excusa más dentro del sistema capitalista. Antes interesaba concentrar personas y capital y usaban las oportunidades económicas y laborales de cebo para que engañados las personas del medio rural huyeran a las grandes urbes. Ahora ya no hay excusas, ahora necesitan del terreno, del territorio para cumplir esos objetivos impuestos desde Bruselas de alcanzar un porcentaje a toda costa, a costa de todos (los del medio rural).

En esta contribución se pretende aportar luces a la maraña programática de la UE, las cuales en ocasiones entran fuertemente en contradicción y para las que convendría dotar de un enfoque de gobernanza ambiental, que propusiera medidas lógicas entre los sectores implicados. Estudiaremos políticas energéticas, alimentarias y sobre la biodiversidad, por su incidencia en las áreas rurales.

II. El sector de la energía

Uno de los sectores clave para mitigar y revertir la crisis climática es el energético, incluyendo éste la forma de generación y el consumo. Este sector es clave, ya que el sector energético es responsable a nivel global de un 65 % de las emisiones de gases de efecto invernadero. La necesidad de reducir las emisiones de gases de efecto invernadero la UE ha impulsado una transición energética. Esta transición camina hacia un sistema energético libre de combustibles fósiles, sin embargo, este cambio no puede producirse de forma instantánea[5].

Por ello, la Unión Europea ha planteado una estrategia energética a largo plazo. La UE dirige la política y la iniciativa legislativa en materia energética en virtud de la base jurídica del art. 194 del Tratado de Funcionamiento de la Unión Europea (en adelante, TFUE), aunque es cierto que no se encuentra

3 Camarero (2020: 47).

4 Rodríguez-Pose (2018).

5 Linares (2018: 21-22).

exenta de problemas[6]. Sobre la base de este precepto en 2010 se presentó el conocido como *Objetivo 20/20/20* que representaban los objetivos siguientes: reducción de las emisiones de gases de efecto invernadero en un 20 %, un 20 % de la energía proveniente de fuentes renovables y disminución del consumo de energía en un 20 % a través de una mejora en la eficiencia energética.

Tras el cumplimiento de los objetivos en 2020, la UE se marcó el conocido como Objetivo 55, paquete legislativo cuya meta es la reducción de emisiones en un 55 % para 2030. En lo referido a la cuota de energía procedente de fuentes renovables la fijó en un 40 %. Sin embargo, en lo referido al ahorro el compromiso se establece en una reducción del 32,5 %[7].

En este trabajo fijaremos nuestro interés en las acciones para lograr ese aumento de energía procedente de fuentes renovables y cómo éstas están influyendo en las áreas rurales. Conviene resaltar que las energías renovables tienen un impacto diferente en el territorio del que tienen las energías convencionales, ya que estas requieren de un mayor territorio y se ubican en zonas más dispersas. De hecho, en 2021 la generación de electricidad se realizaba en 68 270 instalaciones repartidas por 4794 municipios, situadas principalmente en regiones con una menor población[8].

Asistimos a una especie de tsunami renovable en el que las noticias no paran de anunciar megaproyectos renovables. En efecto, en el último año la potencia instalada renovable en el sistema eléctrico nacional se ha incrementado en 5,9 GW, lo que ha permitido alcanzar un porcentaje de potencia instalada de fuentes de generación renovables del 59,2 % del total de la potencia instalada[9].

Al contrario de lo que muchos podrían creer, las energías verdes no son inocuas y generan costes no solo económicos, sino también de orden social, paisajístico y ambiental[10]. Estos costes deben ser tenidos en cuenta para una implantación de los renovables verdaderamente sostenible, pues la gran mayoría de ellos están siendo asumidos por las áreas rurales sin ninguna contraprestación.

Esto ha provocado el descontento[11] por parte de las poblaciones en las que se han implantado los megaproyectos renovables, pues se han generado

6 Fabrés Garrido (2023).

7 García Lupiola (2023: 52).

8 Herrero Luque; Baraja Rodríguez; Martínez Arnáiz (2021).

9 RED ELÉCTRICA (2023: 5).

10 Krauss; Drackló; Hinkelbein (2011).

11 Este descontento se ha materializado en las concentraciones producidas este mismo año en la ciudad de Zaragoza al grito de: «Renovables sí, pero así no», en el que cientos de personas se han manifestado contra los macroproyectos y la especulación de las empre-

conflictos relacionados con los usos del suelo, actividades económicas locales y con la propia población pues perciben como son los agentes externos los que se apropian de los beneficios mientras que los perjuicios recaen en sus poblaciones[12].

Teniendo en cuenta que las poblaciones en las que se están construyendo son eminentemente rurales, se pone de manifiesto la necesidad de contar con la opinión y visión de quien habita en las comunidades rurales a la hora de emprender los proyectos de energía renovable, lo cual sin duda redundará en la creación de procesos más transparentes y respetuosos con el medio rural, lo que a su vez revertirá en una mayor aceptación de estos. Esto no solo no se está llevando a cabo, sino que con la aprobación del Real Decreto Ley 6/2022[13] se ha introducido el procedimiento de determinación de afección ambiental, que sustituye a la Declaración de Impacto Ambiental.

Esta norma se aprueba con la finalidad, entre otras, de agilizar los proyectos de energías renovables para acelerar la descarbonización y reducir la dependencia energética. Este objetivo parte de la situación de parálisis en la que se encontraban los proyectos de renovables, pues existía un cuello de botella en las solicitudes de derecho de acceso y conexión, que dificultaba el cumplimiento de los objetivos europeos.

Para conseguir tal fin, se establece un procedimiento de determinación de afección ambiental para proyectos de energías renovables, que pese a que tiene vigencia temporal, se acortan los plazos ordinarios de las evaluaciones ambientales y se suprimen trámites tan importantes como el de información pública. Así las cosas, con este procedimiento la tramitación se reduce en la mayoría de los casos a los tres meses[14].

El artículo 6 de este Real Decreto crea un «procedimiento de determinación de afección ambiental para proyectos de energías renovables». Este procedimiento exonera a los proyectos de energías renovables de la sujeción a la Evaluación de Impacto Ambiental en los términos regulados por la Ley

sas de renovables. Agricultores, ganaderos, ecologistas y, en general, las personas que residen en el ámbito rural se ponen de acuerdo en que se están construyendo mega parques solares y eólicos que derivan en un perjuicio contra el sector primario y contra el medio ambiente EUROPA PRESS (2023). Esta reivindicación estuvo presente incluso en los Premios Goya, en los que el Director de *As Bestas* (2022), Rodrigo Sorogoyen, mostró su apoyo a las reivindicaciones de las áreas rurales de la zona en la que se rodó la película por la que ganó el Goya a la Mejor Dirección.

12 Frolova Ignateva *et al.* (2014).

13 Real Decreto Ley 6/2022, de 29 de marzo, por el que se adoptan medidas urgentes en el marco del Plan Nacional de respuesta a las consecuencias económicas y sociales de la guerra en Ucrania.

14 Lozano Cutanda (2022).

21/2013, de 9 de diciembre, en el caso de que se cumplan una serie de requisitos. Los requisitos van en tres direcciones: conexión, tamaño y ubicación[15].

El requisito de conexión establece que los proyectos deben contar con líneas aéreas de evacuación que no tengan un voltaje igual o superior a 220 kV y una longitud superior a 15 km, salvo que discurran íntegramente en subterráneo por suelo urbanizado, así como subestaciones asociadas. El tamaño de las instalaciones se refiere a la potencia máxima de las instalaciones que no deben superar los 76 MW en los proyectos eólicos y los 150 MW en los proyectos solares fotovoltaicos.

Además no podrán ubicarse en medio marino ni en superficies integrantes de la Red Natura 2000 y que se sitúe en zonas de sensibilidad baja y moderada según la Zonificación ambiental para la implantación de energías renovables elaborada por el Ministerio para la Transición Ecológica y el Reto Demográfico[16].

Si se cumplen estos requisitos el promotor deberá elaborar un proyecto en que según la propia norma se aborde de modo *sintético* las principales afecciones del proyecto en función de los siguientes criterios: afección sobre la Red Natura 2000, espacios protegidos y sus zonas periféricas de protección y hábitats de interés comunitario; afección a la biodiversidad, en particular a especies protegidas o amenazadas catalogadas; afección por vertidos a cauces públicos o al litoral; afección por generación de residuos; afección por utilización de recursos naturales; afección al patrimonio cultural; incidencia socio-económica sobre el territorio y afecciones sinérgicas con otros proyectos próximos al menos, los situados a 10 km o menos en parques eólicos, a 5 km en plantas fotovoltaicas y a 2 km respecto de tendidos eléctricos.

---

15 a) Conexión: Proyectos que cuenten con líneas aéreas de evacuación no incluidas en el grupo 3, apartado g) del Anexo I de la Ley 21/2013, de 9 de diciembre.; b) Tamaño: 1.° Proyectos eólicos con una potencia instalada igual o inferior a 75 MW. 2.° Proyectos de energía solar fotovoltaica con una potencia instalada igual o inferior a 150 MW.; c) Ubicación: Proyectos que, no ubicándose en medio marino ni en superficies integrantes de la Red Natura 2000, a la fecha de la presentación de la solicitud de autorización por el promotor estén ubicados íntegramente en zonas de sensibilidad baja según la «Zonificación ambiental para la implantación de energías renovables», herramienta elaborada por el Ministerio para la Transición Ecológica y el Reto Demográfico. Este procedimiento se aplicará a los proyectos respecto de los cuales los promotores presenten la solicitud de autorización administrativa de las previstas en el artículo 53 de la Ley 24/2013, de 26 de diciembre, del Sector Eléctrico, ante el órgano sustantivo antes del 31 de diciembre de 2024.

16 Resulta curioso que en el propio estudio realizado por el Ministerio para la Transición Ecológica y el Reto Demográfico en 2020 recalca «que el presente modelo es una simplificación de la realidad para poder conocer el territorio desde un enfoque general y estratégico, lo cual no exime del pertinente trámite de evaluación ambiental». En línea en: https://bit.ly/3E2Nolu (Fecha de consulta: 05-10-2023).

Pese a que se incluyan la mayoría de los aspectos importantes dentro de las afecciones e incidencias que debe ser valoradas, la simpleza y síntesis de los proyectos no permiten un estudio profundo de todos los aspectos. De hecho, el órgano ambiental debe analizar si el proyecto producirá, *previsiblemente*, efectos adversos significativos sobre el medio ambiente, a la vista del cual elaborará una propuesta de informe de determinación de afección ambiental.

Asimismo, es importante recalcar que el silencio administrativo es positivo, lo que significa que si no hay respuesta del órgano competente en materia ambiental se puede continuar con el procedimiento, entendiéndose como aceptado el informe presentado en términos ambientales.

Las consecuencias de este nuevo procedimiento afectan de forma directa a las áreas rurales. En primer lugar, por el acortamiento de los plazos que puede generar una minoración en las garantías ambientales pues no se estudia la incidencia completa en el medio en el que se instala. Esto es muy relevante, pues hasta con la evaluación de impacto ambiental que se realizaba anteriormente se producían casos de impactos paisajísticos significativos[17].

La eliminación del trámite de consultas impide la participación de la ciudadanía en este procedimiento. Esta participación pública es de importancia capital, ya que la publicidad y la oportuna información a las comunidades rurales es clave para adoptar decisiones en materia ambiental[18]. Esto es así, porque la ciudadanía endógena conoce mejor su territorio, su paisaje y sus aprovechamientos económicos. Nos referimos a la agricultura, a la ganadería[19] o al turismo sostenible, actividades dinamizadoras del territorio que necesitan del paisaje para su desarrollo.

Estos costes ambientales, sociales y de oportunidad económica son percibidos fundamentalmente por la población afectada y minimizados, e incluso negados, tanto por las empresas promotoras como por las administraciones autonómicas y estatal, que anteponen su preocupación por el fomento de las energías renovables sin valorar las dimensiones o la adecuación de su ubicación. En este contexto, parece conveniente mantener el trámite de evaluación de impacto ambiental, además de incluir otro referido a la ordenación territorial, para así poder tomar decisiones más adecuadas y coherentes para cumplir con los objetivos de la transición energética sin ir en contra de las comunidades rurales[20].

17 Frolova Ignatieva (2010).

18 Cuesta Hinestroza *et al.* (2016: 57).

19 Además, es conveniente destacar que actualmente el precio que ofrecen las grandes empresas de energía por los terrenos para la generación eléctrica es mayor del que pueden asumir agricultores y ganaderos lo que incentiva a los propios vecinos a preferir este tipo de actividades, que a corto plazo les genera más beneficios Prados Velasco *et al.* (2012).

20 Ibarra Benlloch (2022: 150-151). En esta obra se analiza la percepción ciudadana de los vecinos ante la instalación de una planta de energía renovable, señalando la necesidad

Este procedimiento debe ser reconsiderado, en este sentido, no es solo volver a aplicar la Evaluación de Impacto Ambiental, sino que sería interesante incorporar otra serie de reformas para así poder integrar otros aspectos que afectan a las áreas rurales. Entre ellos, creemos conveniente la incorporación de un análisis de los usos anteriores de los suelos en los cuales se implantan estos megaproyectos. Así como técnicas de ordenación territorial similares a las que ya se utilizan en el ámbito de la edificación y el urbanismo.

La eliminación del trámite de consulta pública debe ser una parte fundamental, ya que al prescindir de ella estamos dejando sin voz a ayuntamientos, entidades locales, asociaciones y demás actores del medio rural, ya que es clave no solo su conocimiento de la zona, sino que ellos mismos se sientan parte de estos proyectos. La vorágine verde debe incluir a los actores locales, pues de otra manera se convierten en proyectos externos con una visión centralista enfocada en la consecución de los objetivos europeos a toda costa.

Un procedimiento para evitar esta cuestión es la denominada «licencia social» que ha sido tratada por autores como el Profesor Terrón Santos[21]. Se trata de incluir dentro de la Evaluación de Impacto Ambiental un procedimiento en el que se constate que dicho proyecto posee aceptación social y presenta medidas de compensación a los territorios rurales.

Entre las medidas de compensación a las áreas rurales podemos incluir: provisión de puestos de trabajo con incentivos para fijar población, reducción en los precios de energía, creación de infraestructuras en beneficio del municipio, entre otras. Dos ejemplos en este sentido son los municipios cacereños de Alcántara y Cedillo. En Alcántara se ha logrado la fijación de población de los trabajadores de la central hidroeléctrica, a través de la dotación de viviendas a los trabajadores y la exención del pago de la luz. En Cedillo se ha abaratado el precio de la luz a todos los vecinos empadronados en la localidad, lo que les permitirá disfrutar de un ahorro del 50 % en la factura de la luz.

Por lo tanto, consideramos necesario suprimir el procedimiento de afección ambiental instaurado tras la aprobación del Real Decreto 6/2022 e incorporar de nuevo el trámite de declaración de impacto ambiental, en la que se incluye la participación pública de forma obligatoria. Esto último es de importancia capital para lograr la aceptación de las renovables por la ciudadanía. En esta línea también es preciso incluir procedimientos de compensación a la población de las áreas rurales afectadas por los proyectos a través de lo que se ha venido a denominar «licencia social».

Asimismo, se debe huir de un sistema eléctrico concentrado en unas pocas áreas rurales y apostar por un modelo de transición energética en el

---

de que se hagan trámites de consultas para evitar que el nuevo escenario acabe con las actividades dinamizadores de su región.

21 Terrón Santos (2022).

que el autoconsumo y las comunidades energéticas tengan un peso importante. Al mismo tiempo que se distribuyen las diferentes instalaciones a lo largo del territorio español, de forma que los usos agrarios, el patrimonio natural y paisajístico y otros aprovechamientos económicos locales, no se vean comprometidos.

Pues de otra forma, la ya hoy difícil supervivencia de las áreas rurales se verá fuertemente amenazada. El final del siglo XX y el principio del XXI se ha caracterizado por un capitalismo eufemísticamente denominado financiero, que despobló las áreas rurales bajo las lógicas de la economía de aglomeración. Bajo este mantra la población se concentró en las ciudades en busca de oportunidades económicas y laborales[22]. Hubo quien persistió en territorio y posibilito el mantenimiento de las fuentes, sobre todo, ambientales y agroalimentarias. Sin embargo, parece ser que esas fuentes ya no importan, que hoy ya solo queda hueco para el tsunami renovable.

Cabe decir que no deben interpretarse estas palabras como una postura negacionista del cambio climático o en contra de la transición energética hacia fuentes más renovables. Sino una defensa hacia una transición energética justa con los territorios rurales. Las renovables no pueden servir como una excusa más para concentrar capitales y personas en las ciudades, pues iría en contra de la propia idiosincrasia del desarrollo sostenible. Debemos avanzar hacia una sociedad en la que las personas puedan elegir donde habitar.

III. El sector agroalimentario

El Pacto Verde Europeo y la Ley Europea del Clima dedican uno de sus ejes al sector agroalimentario. Esto es así porque para cumplir los objetivos climáticos este sector tiene un papel fundamental, sobre todo, teniendo en cuenta que el sector alimentario es uno de los sectores más contaminantes, con una huella de carbono creciente la cual ha pasado de 1,5 a 3,5 toneladas de CO2 *per cápita* de 1960 a 2010. En la reducción de estas emisiones, la transición hacia sistemas agroecológicos tiene un papel fundamental[23].

La transición ecológica implica una mejora en la sostenibilidad en todos los eslabones de la cadena alimentaria, incluida la producción, transformación, distribución y consumo. Este sector es un sector clave para el desarrollo sostenible, tanto a nivel económico como social. Hace ya tiempo la UE ha tomado acciones para avanzar hacia un modelo europeo de producción sostenible basado en estrictas exigencias de calidad y protección del medioambiente. Todo ello derivado de los objetivos de la nueva PAC y el Pacto Verde

---

22 Camarero; Querol (2020: 27).

23 Aguilera *et al.* (2020).

Europeo[24]. Destacaremos en este trabajo la *Estrategia de la granja a la mesa* y la Política Agraria Común, ya que en virtud de estos documentos la UE se ha comprometido a construir un sistema agroalimentario más sostenible[25].

La Estrategia «de la granja a la mesa» para un sistema alimentario justo, saludable y respetuoso con el medio ambiente[26] es un documento programático en el que se tiene como objetivo crear una cadena alimentaria que funcione para los consumidores, los productores, el clima y el medio ambiente. Para lograrlo establece objetivos y líneas de acción en todos los eslabones de la cadena, a saber: producción, transformación, distribución, comercialización y consumo.

En la producción la Estrategia se centra en la necesidad de reducir la dependencia de plaguicidas y antimicrobianos, reducir el exceso de fertilización, aumentar la agricultura ecológica, mejorar el bienestar de los animales y revertir la pérdida de biodiversidad. La Estrategia establece que se darán incentivos para que los productores sean más sostenibles mediante, sobre todo, la Política Agrícola Común (PAC). Entre las medidas que incluye podemos destacar: la captura de carbono por agricultores y silvicultores como oportunidad de negocio, economía circular de base biológica, vinculación de las explotaciones con la producción de energía renovable a partir de los residuos y desechos de la ganadería o paneles solares en los techos de las infraestructuras (por ejemplo: establos), reducción del uso de plaguicidas, protección de la biodiversidad, nuevos piensos más sostenibles e innovadores, reducción en el uso de antimicrobianos, un mayor bienestar animal, mayor diversidad de semillas y por último, mejorar las normas de competencia.

El segundo eslabón, la transformación, también merece su atención en este documento. Las empresas transformadoras de alimentos, los operadores de servicios alimentarios y los minoristas configuran el mercado e influyen en la dieta elegida por los consumidores mediante los tipos de alimentos que producen y su composición nutricional, los proveedores y métodos de producción que eligen y sus prácticas de envasado, transporte, publicidad y comercialización. La industria alimentaria y el sector minorista deberían mostrar el camino aumentando la disponibilidad y asequibilidad de opciones alimentarias saludables y sostenibles a fin de reducir la huella medioambiental general del sistema alimentario. Para conseguir estos objetivos la Comisión se compromete a la aprobación de las siguientes medidas: un código de conducta de la UE para una práctica empresarial y de comercialización respon-

24 Triguero Cano (2023: 231).

25 Muñoz Gómez (2021: 14).

26 Comunicación de la Comisión al Parlamento Europeo, al Consejo, al Comité Económico y Social europeo y al Comité de las Regiones: Estrategia «de la granja a la mesa» para un sistema alimentario justo, saludable y respetuoso con el medio ambiente. COM (2020) 381 final.

sable, acompañado de un marco de seguimiento; medidas en la publicidad dirigidas a que los precios de los alimentos no socaven la percepción que tienen los ciudadanos del valor de los alimentos; reducción de los envases en consonancia con el Plan de economía circular; incidir en los perfiles nutricionales para restringir la promoción (alegando propiedades nutricionales o saludables) de alimentos con alto contenido en grasas, azúcares o sal; una mejora en el marco de gobernanza empresarial, normas de comercialización, etc.

En la distribución, la UE tiene como objetivo acortar las cadenas de suministro. La Comisión apoyará reducir la dependencia del transporte de larga distancia (en 2017 se transportaron por carretera unos 1300 millones de toneladas de productos primarios de la agricultura, la silvicultura y la pesca). Esto es de vital importancia pues la distribución no solo es la parte de la cadena más contaminante, sino que es la que más poder tiene en detrimento de la parte de la producción. Esta hegemonía de la gran distribución ya estaba presente a finales del siglo XX y continúa con mayor fuerza en el XXI[27]. Un papel que antes de los sesenta era asumido por los productores, que fueron perdiendo fuerza conforme se modernizaba la agricultura y se *terciarizaba* la economía[28].

En la parte de la comercialización hace una especial referencia en el aumento del poder de decisión de los consumidores, a través de la difusión de información clara que facilite a los consumidores la elección de dietas saludables y sostenibles beneficiará su salud y calidad de vida. Entre las herramientas que prevé utilizar se encuentra el etiquetado sostenible que incluyan información nutricional, climática, medioambiental y social de los productos alimentarios. Además, estudiará nuevas formas de facilitar información a los consumidores por otros medios, incluidos los digitales, a fin de mejorar la accesibilidad de la información sobre los alimentos, en particular para las personas con discapacidad visual.

En el último eslabón, el consumo, la Estrategia se centra en recalcar que es preciso que haya un cambio en la dieta de las personas si se quiere conseguir una transición ecológica, todo ello sin olvidar la seguridad alimentaria en el abastecimiento de alimentos. El documento incide en la necesidad de tomar medidas en las pautas de consumo y en el desperdicio de alimentos. Se desperdicia alrededor del 20 % de los alimentos producidos y la obesidad también está aumentando. Más de la mitad de la población adulta padece sobrepeso, lo que contribuye a una alta prevalencia de enfermedades relacionadas con la dieta (como varios tipos de cáncer) e incrementa los costes de la asistencia sanitaria, por ello la Estrategia incide en la necesidad de reducir

27 Langreo y Germán (2018).

28 Sanz-Cañada (1997).

los niveles de sobrepeso a través del fomento de una dieta basada más en los vegetales con menos carne roja y transformada, y con más frutas y verduras.

En general, las dietas europeas no están en consonancia con las recomendaciones dietéticas nacionales y el «entorno alimentario» no garantiza que la opción saludable sea siempre la más fácil. Si las dietas europeas se adecuaran a las recomendaciones dietéticas, la huella ambiental de los sistemas alimentarios se reduciría considerablemente.

En resumen, la Estrategia aborda las distintas fases del sistema agroalimentario para avanzar hacia los objetivos climáticos de la UE. Lo que ocurre es que en algunos casos materializa sus pretensiones a través de medidas legislativas tangibles, por ejemplo: en la reducción de envases con la Ley de Economía Circular. Pero en otras, simplemente hace una declaración de intenciones como sucede en todo lo referido al cambio en los patrones de consumo de la ciudadanía.

Sin embargo, la Estrategia sí ha tenido una gran influencia en la configuración de la PAC, que está destinada a la parte de producción del sistema agroalimentario. Esta «nueva» PAC, pues se aprobó en enero de 2023, tras dos años de negociaciones. Esta política estará vigente en el periodo 2023 a 2027 y tiene por objeto ayudar a los agricultores a mejorar su rendimiento medioambiental y climático gracias a un modelo más orientado a los resultados, un mejor uso de los datos y análisis, mejores normas medioambientales obligatorias, nuevas medidas voluntarias y un mayor énfasis en la inversión en tecnologías y prácticas ecológicas y digitales. También tiene por finalidad garantizar una renta digna que les permita atender a sus familias y resistir crisis de todo tipo.

Un modelo orientado a los resultados porque se ha cambiado el modelo de gobernanza, pasando de una política de obligación de medios a una de resultados, en la que los Estados miembros (EE. MM.) tienen un papel fundamental, al ser ellos los que deben elaborar un Plan Estratégico nacional que negociarán con la Comisión en el que materialicen los objetivos generales de la UE. Este nuevo planteamiento ha combinado la necesidad de reducir trámites administrativos, con el impulso verde-digital y la garantía de un enfoque sinérgico entre ellos[29].

La nueva PAC busca promover una agricultura sostenible y competitiva, garantizar el sustento de los agricultores y proporcionar alimentos saludables. Para ello, se ha desarrollado un paquete normativo en España que incluye una Ley y varios Reales Decretos para la implementación y gestión de la PAC[30].

En lo referido a la sostenibilidad la nueva PAC ha establecido requisitos ambientales tanto obligatorios (las ayudas básicas a la renta para la sostenibilidad) como voluntarios (los eco esquemas). Dentro de estos últimos hay algunos que también son de obligado cumplimiento, la denominada «condi-

29 Rodríguez-Chaves Mimbrero (2022: 124).

30 López Torres (2023: 74).

cionalidad reforzada» y los voluntarios, los denominadas «eco-regímenes». Los segundos pese a tratarse de regímenes voluntarios al suponer el 23 % del presupuesto del primer pilar, si se quiere mantener el nivel económico actual de ayudas los agricultores tendrán que aplicarlos[31].

La inclusión de los eco regímenes es una de las principales novedades de esta nueva PAC en la que como ya se venía haciendo anteriormente se apuesta por una agricultura sostenible alejada de la agricultura productivista de los inicios. No obstante, pese a que el giro verde sea lo deseable para avanzar hacia una economía sostenible. Muchos de estos compromisos restan productividad a las explotaciones y por tanto, rentabilidad que no se ve compensada con la cantidad económica de las ayudas. Esto último ha sido puesto de manifiesto por parte de los principales representantes de los agricultores y ganaderos a raíz de la aprobación de la nueva PAC[32].

Estas ayudas tienen un papel fundamental en la fase de producción del sistema agroalimentario, ya que sin ellas muchos de los agricultores y ganaderos verían comprometida la viabilidad de sus explotaciones. Estas ayudas no solo garantizan un sector primario fuerte y seguro en la UE, sino que aseguran una vida digna de los agricultores y ganaderos. Por lo que estas ayudas no son solo un complemento para mejorar la vida de los agricultores y ganaderos, sino que son condición necesaria para garantizar el sector primario europeo.

Sobre el papel esta nueva PAC pretende servir para avanzar hacia los objetivos climáticos, sin embargo, las reivindicaciones de los movimientos sociales de agricultores y ganaderos ponen de manifiesto que estos fines no llegan al territorio. La gran burocracia, por un lado y los requisitos ambientales, por otro exigen de una respuesta de la Administración que debe realizar una labor de soporte técnico y divulgación a los agricultores y ganaderos.

Todo esto se traduce en mayores costes de producción que son asumidos por los agricultores y ganaderos de los EE. MM., al mismo tiempo que esos mismos agricultores y ganaderos deben competir en el mercado comunitario con los productos alimentarios de terceros países[33]. Los productores de estos países asumen unos menores costes laborales y tienen unas exigencias sanitarias y medioambientales menores, por lo que pueden ofrecer precios más bajos en un mercado comunitario caracterizado por la apertura internacional[34].

---

31 SERVICIO DE AYUDAS A LAS RENTAS Y SIGC (2022).

32 Esta fue una de las conclusiones de la Jornada de Análisis sobre la PAC celebrada en la Facultad de Derecho de la Universidad de Salamanca el 13 de junio de 2023. Esta Jornada reunió a los principales actores implicados en la PAC, entre los que podemos destacar las asociaciones ASAJA, UPA y ganaderos 19 de abril.

33 Lumbreras (2021: 94).

34 Moyano Estrada (2021: 56).

Otra problemática asociada al campo son los precios *justos*, agricultores y ganaderos se han echado a las calles en todo el territorio español en reiteradas ocasiones. Ellos aseguran que el sector primario se encuentra en peligro de extinción y aúnan sus voces en torno a una misma protesta: los precios[35]. Sin embargo, desde el inicio de las movilizaciones en 2020, los agricultores han visto cómo los problemas que se reivindicaron en aquellas movilizaciones siguen estando presentes, dudando de que puedan resolverse a corto plazo[36]. Estas reivindicaciones suceden de forma paralela a los reclamos de las familias por la subida de precios en la cesta de la compra.

Si los agricultores cada vez venden más barato respecto a los costes que asumen y las familias pagan cada vez más, ¿a dónde va el dinero? La respuesta es sencilla: a la distribución. La gran distribución tiene el poder de la cadena alimentaria porque es la que se apropia de la gran parte del beneficio de los alimentos, en detrimento del poder de productores y consumidores.

Para la recuperación de la hegemonía de productores y consumidores el acortamiento de la cadena de valor es clave[37]. Esto además repercute positivamente en las áreas rurales. Un informe de la Comisión Europea (2013) conecta el fomento de los productos locales con el fortalecimiento y desarrollo de la competitividad de las zonas rurales. Indicando que las ventas directas no solo contribuyen a la mejora en la renta de los agricultores, sino que favorece actividades posteriores a la producción primaria (transformación, distribución y venta al por menor), funcionando, así como un efecto multiplicador en la comunidad local al generar oportunidades de empleo.

A fin de cuentas lo que está ocurriendo es que las medidas ambientales están afectando solo a un eslabón de la cadena alimentaria: la producción. Los agricultores y ganaderos han tenido que transitar hacia modelos sostenibles a marchas forzadas con un incremento de la burocracia y de los requisitos ambientales, muchos de ellos ilógicos. Sufren esto al mismo tiempo que ven cómo la UE no exige los mismos compromisos verdes a los productos que entran al mercado comunitario de terceros países, en virtud del «libre mercado» y la internacionalización de la economía. Los agricultores y ganaderos aumentan sus costes, sin embargo, reciben unos márgenes de beneficios cada vez menores. La gran distribución mantiene su hegemonía y se hace cada vez más fuerte recibiendo gran parte de los beneficios de la cadena alimentaria.

En este acto, los consumidores pierden cada vez más poder en lo que comen y pese a percibir desde las instituciones europeas que avanzamos hacia un futuro verde, los patrones de consumo mayoritarios se basan en la compra a grandes distribuidores que se alejan del ideal «de la granja a

35 Pérez (2022).

36 Moyano Estrada (2021: 55).

37 Triguero Cano (2023: 228).

la mesa» y no solo eso, sino que las dietas de los españoles, ya no pueden presumir de dieta mediterránea, más bien se ha convertido en la dieta del supermercado.

IV. ¿Y la biodiversidad?

De forma paralela a la transformación de estos sectores (productivos) y muy relacionado con ellos, se encuentra la protección de la Biodiversidad. Uno de los objetivos prioritarios de la UE es la preservación del «capital natural» de la UE, es decir, evitar la extinción de especies, la destrucción de ecosistemas y restaurar la naturaleza. Este ámbito se aleja del resto de las medidas comunitarias, al desvincular de ella el lucro y el desarrollo económico. La Comisión Europea reconoce desde el principio que la naturaleza está en crisis, y que las cinco causas principales de la pérdida de biodiversidad son los cambios en el uso del suelo y del mar, la sobreexplotación, el cambio climático, la contaminación y las especies exóticas invasoras. Además, la crisis de la biodiversidad se ve agravada por la crisis climática. Al abordar estas cinco causas, la Estrategia de Biodiversidad 2030 pretende recuperar la biodiversidad de aquí a 2030, en consonancia con la Agenda 2030 para el Desarrollo Sostenible y los objetivos del Acuerdo de París sobre el cambio climático[38]. Sin embargo, resulta paradójico cómo algunos de los instrumentos utilizados para la consecución de estos objetivos colisionan con el desarrollo del sector energético y alimentario.

Uno de los instrumentos jurídicos más relevantes para la protección de la biodiversidad es la Red Natura 2000[39]. Esta herramienta vincula la declaración a un plan de medidas de conservación asociado a dicho espacio natural. Esta declaración se hará de diferente forma según se trate de ZEPA[40], LIC[41] Y ZEC[42] marinos. Dentro del régimen jurídico de protección y conservación de los espacios de la Red Natura 2000, los Estados miembros deben también tomar medidas apropiadas o adecuadas para evitar el deterioro de los hábitats y la alteración de las especies presentes tanto en los ZEC y ZEPA ya declarados, como en los LIC aprobados por la Comisión Europea[43].

Sin embargo, esta esfera de especial protección (que pretende ampliarse) se aleja del objetivo del 100 % de superficie en condiciones favorables o de

---

38 De Sadeleer (2023: 4).

39 El procedimiento de declaración se encuentra regulado en los artículos 42 y siguientes de la Ley 42/2007, de 13 de diciembre, del Patrimonio Natural y de la Biodiversidad.

40 Zonas de Especial Protección para las Aves.

41 Lugares de Importancia Comunitaria.

42 Zonas Especiales de Conservación.

43 Gallego Bernad (2017: 25).

buen estado en 2050, que se marca en la Estrategia de Biodiversidad[44]. Además, esta meta debe ponerse en juego con las medidas implementadas en los dos sectores que se analizan en este trabajo.

En el caso del sector de la energía, hay que recordar que el Real Decreto 6/2022 eliminaba la Declaración de Impacto Ambiental sustituyéndola por un procedimiento de afección ambiental en algunas cuestiones, salvando casi únicamente a las zonas protegidas por la Red Natura 2000. Esta implantación de infraestructuras sin un estudio ambiental o paisajístico previo completo puede hacer peligrar hábitats y especies, lo cual choca frontalmente con estos objetivos de restauración de la naturaleza. Sobre todo, si tenemos en cuenta la dificultad de restaurar estos espacios tras la implantación de las infraestructuras ligadas a las plantas de energía renovable.

En cuanto al sector de la agricultura tiene una importancia capital en la preservación de la biodiversidad. La nueva PAC ha avanzado hacia una agricultura y ganadería que incentiva sistemas de conservación. Las exigencias burocráticas y ambientales afectan, sobre todo, a la agricultura y ganadería extensiva y no a la intensiva. Sin embargo, la agricultura intensiva se posiciona como el principal factor de erosión de la biodiversidad europea[45]. Esto tiene como resultado material un empeoramiento de la situación de agricultores y ganaderos extensivos y un impacto casi nulo en la reducción de agricultura y ganadería intensiva, que pocas veces depende su viabilidad de las ayudas de la PAC.

V. Conclusiones

Se ha constatado a lo largo de esta contribución la contradicción en la que incurre la UE en sus políticas medioambientales. La UE pretende afirmarse como líder político de la transición ecológica y para ello ha emprendido una serie de acciones y estrategias que celebramos, pues las consideramos de vital importancia para la viabilidad de nuestro planeta. Sin embargo, aportar una visión crítica de ellas, sobre todo, desde el punto de vista rural es fundamental.

Para avanzar hacia los objetivos ambientales de forma coherente es preciso eliminar el «procedimiento de afección ambiental» instaurado tras la aprobación del Real Decreto 6/2022 y seguir utilizando la Declaración de Impacto Ambiental. Todo ello para incluir un procedimiento con mayores garantías ambientales y que incluya la participación pública de forma obligatoria. Esto último es fundamental para lograr la aceptación de las renovables por parte de la ciudadanía. En esta línea también es preciso incluir procedimientos de

44 Soro Mateo (2023: 38).

45 De Sadeleer (2023: 7).

compensación a la población de las áreas rurales afectadas por los proyectos a través de lo que se ha venido a denominar «licencia social». Sin olvidar que debe construirse un sistema energético que fomente el autoconsumo y la distribución de las infraestructuras a lo largo de todo el territorio. Asimismo, debe ponerse énfasis en la creación de políticas de ahorro energético.

Esta supresión en un sector de los requisitos ambientales entra en contradicción con las emprendidas en el sector agroalimentario. Los documentos analizados han sido la Estrategia de la Granja a la mesa y la Política Agrícola Común. La primera es una declaración programática que afecta a todos los eslabones de la cadena (producción, transformación, distribución, comercialización y consumo). Sin embargo, las medidas reales y tangibles a través de la PAC se reducen al eslabón de producción. Esta presión burocrática y ambiental reducida a los productores provoca descontento y se ha materializado en manifestaciones a lo largo de todo el país, al mismo tiempo que dificultan la viabilidad de muchas producciones extensivas. Esto último resulta paradójico pues es la agricultura y ganadería intensiva la que provoca el cambio climático, y no la extensiva. A lo que debemos sumar la especulación de las grandes empresas energéticas que ofrecen ofertas millonarias a agricultores y ganaderos para que vendan sus tierras dedicadas a usos agrarios.

La elección de estos dos sectores no ha sido al azar, al contrario, se ha pretendido mostrar dos caras de una misma moneda. ¿Y por qué decimos esto? Porque mientras que para el sector energético se eliminan «trabas» burocráticas y procesos de evaluación ambiental, para el sector alimentario se crean cada vez más requisitos administrativos y ambientales, a la par que los beneficios que reciben son muy reducidos. En muchas ocasiones, la única alternativa viable para las tierras dedicadas al sector primario es rendirse a los pies de las energías renovables.

Referencias

Aguilera, E. *et al.* (2020): *Emisiones de gases de efecto invernadero en el sistema agroalimentario y huella de carbono de la alimentación en España*. Madrid: Real Academia de Ingeniería.

Camarero, L. (2020): «Despoblamiento, baja densidad y brecha rural: un recorrido por una España desigual». *Panorama social*, núm. 31, (47-73).

Camarero, L. y Querol, V. A. (2020): «Introducción a "La eterna brecha rural: desigualdades, exclusiones e inaccesibilidad ciudadana. Anotaciones para crisis crónicas"». *Kultur: revista interdisciplinaria sobre la cultura de la ciutat*, vol. 7, núm. 14, (27-34).

Comisión Europea (2013*). Informe de la Comisión al Parlamento Europeo y al Consejo sobre la conveniencia de establecer un sistema de etiquetado para la agricultura local y las ventas directas.* En línea: https://n9.cl/5ugj8. (fecha de consulta: 7 de octubre de 2023)

Cuesta Hinestroza, L.; **Nupan Mosquera, M. I.; Ramírez Moreno, S.; Palacios Lozano, L. G.** (2016): «El derecho a la participación en el trámite de licencias ambientales: ¿Una garantía para la protección del medio ambiente?». *Revista Academia & Derecho*, año. 7, núm. 12, (53-86).

De Sadeleer, N. (2023): «El nuevo pacto por la naturaleza de la UE. De la ambición a la realidad». *Actualidad Jurídica Ambiental*, núm. 136, (1-16).

Europa Press (2023): «Centenares de personas se manifiestan en Zaragoza defensa de las renovables sin macroproyectos ni especulación». En línea: https://acortar.link/3tQ1Ts (fecha de consulta: el 5 de octubre de 2023)

Fabrés Garrido, E. (2023): «Estudio interpretativo de las competencias de la Unión Europea en materia de energía. El artículo 194 del TFUE en el marco de la transición energética». *Quaderns IEE: Revista de l´Institut d'Estudis Europeus*, vol. 2, núm. 1, (61-92). DOI: https://doi.org/10.5565/rev/10.5565/rev/quadernsiee.45.

Fernández De Gatta Sánchez, D. (2020): «El ambicioso Pacto Verde Europeo». *Actualidad Jurídica Ambiental*, núm. 101, (1-31).

Frolova Ignatieva, M. (2010): «Los paisajes de la energía eólica: su percepción social y gestión en España». *Nimbus: Revista de climatología, meteorología y paisaje*, núm. 25-26, (93-110).

Frolova Ignateva, M.; Espejo Marín, C.; Baraja Rodríguez, E.; Prados Velasco, M. J. (2014): «Paisajes emergentes de las energías renovables en España». *Boletín de la Asociación de Geógrafos Españoles*, núm. 66, (223-252).

Gallego Bernad, S. (2017): «La Red Natura 2000 en el derecho de la Unión Europea e interno. Regulación general y cuestiones específicas». En: Gallego Bernad *et al.* (coords.), *Aplicación judicial del Derecho de la Unión Europea sobre Red Natura 2000: Retos y perspectivas*. Madrid. (10-34).

García Lupiola, A. (2023): «Nuevas estrategias de la Unión Europea para abordar el doble reto de la crisis climática y la dependencia energética». *Cuadernos Europeos de Deusto*, núm. 68, (33-67). DOI: https://doi.org/10.18543/ced.2697.

Herrero Luque, D.; Baraja Rodríguez, E.; Martínez Arnáiz, M. (2021): «Transición energética y territorio: mapas de la producción eléctrica en España». En: García Rodríguez, J.L. (ed. lit.), *Geografía, cambio global y sostenibilidad. Comunicaciones del XXVII Congreso de la Asociación Española de Geografía.* Tomo III Desarrollo territorial, sostenibilidad y calidad de vida, La Laguna: Asociación Española de Geografía (495-509).

Ibarra Benlloch, P.; Esteban Rodríguez, S.; Heredia Laclaustra, A.; Tomás Del Río, E. (2022): «Transición energética y reto demográfico del medio rural: análisis prospectivo del efecto de la instalación de macroplantas de energía solar en el Valle de la Fueva (Huesca, España)». En: Navarro Gómez, C.; Ruiz Pulpón, A. R.; Velasco Caballero, F.; Castillo Abella, J. (ed. lit.): *Actas del I Congreso interdisciplinar sobre despoblación: Diagnóstico, territorio y gobierno local*. Ciudad Real. Universidad Autónoma de Madrid e Instituto de Derecho Local (149-166).

Krauss, W., Dracklé, D. y Hinkelbein, O. (2011): «Infrastructures of German Wind Power Landscapes». *International conference* «Landscapes of everyday life: Intersecting perspectives on research and action», Perpignan (Francia) y Girona (España).

Langreo, A. y Germán, L. (2018): «Transformaciones en el sistema alimentario y cambios de dieta en España durante el siglo XX». *Historia Agraria*, núm. 74, (167-200).

Linares, P. (2018): «La transición energética». *Ambienta*, núm. 125, (20-31).

López Torres, J. M. (2023): «La reforma de la Política Agrícola Común 2023-2027: Derechos de ayuda básica a la renta para la sostenibilidad». *Revista de Derecho Agrario y Alimentario Segunda Época*, núm. 82, (45-74).

Lumbreras, C. (2021): «La nueva PAC será más verde... o no será». *Economistas*, núm. 171, (94-98).

Lozano Cutanda, B. (2022): «Real decreto ley 6/2022: el nuevo procedimiento de determinación de afección ambiental aplicable a determinados proyectos de energías renovables». *Actualidad Jurídica Ambiental*, núm. 123, (55-66).

Moyano Estrada, E. (2021): «La agricultura española, entre el reconocimiento, el malestar y la oportunidad». *Economistas*, núm. 171, (55-63).

Muñoz Gómez, M. (2021): «Comercio alimentario de proximidad: ¿un parámetro legal eficaz para lograr la sostenibilidad alimentaria». *Revista catalana de dret ambiental*, vol. XII, núm. 2, (1-53).

Pérez, G. R. (2022): «Miles de personas se manifiestan por toda España para reclamar al Gobierno que actúe contra la subida de precios». *El País*. En línea: https://acortar.link/4ZvPAO (fecha de consulta: 7 de octubre de 2023).

Prados Velasco, M.J.; Baraja Rodríguez, E.; Frolova Ignatieva, M.; Espejo Marín, C. (2012): «Integración paisajística y territorial de las energías renovables». *Ciudad y territorio: estudios territoriales*, vol. 171, (127-143).

Rando Burgos, E. (2020): «El Pacto Verde Europeo como antesala de la Ley Europea del Clima». *Bioderecho.es*, núm. 12, (2-7).

Red Eléctrica (2023): *Informe del Sistema Eléctrico*. En línea: https://acortar.link/SNzWB8 (fecha de consulta: 4 de octubre de 2023)

Rodríguez-Chaves Mimbrero, R. (2020): «Hacia un salto disruptivo verde. El potencial de los montes ante el Green New Deal y la nueva PAC 2021-2027». *Revista Aranzadi de Derecho Ambiental*, núm. 47, (23-69).

Rodríguez-Pose, A. (2018): «The revenge of the places that don´t matter (and what to do about it)». *Cambridge Journal of Regions, Economy and Society*, vol. 11, núm. 1, (108-209).

Sanz-Cañada, J. (1997): «El Sistema Agroalimentario Español. Cambio estructural, poder de decisión y organización de la cadena alimentaria». En: Gómez Benito, C. y González, J. J. Agricultura y sociedad en la España contemporánea, Madrid: MAPYA y CIS., (355-396).

Servicio De Ayudas A Las Rentas Y Sigc (2022): «La reforma más verde». *Cuaderno de campo*, núm. 67, (4-13).

Soro Mateo, B. (2023): «Pérdida de biodiversidad y extinción de especies a partir del modelo de los límites planetarios: su eventual recepción por el derecho». *Actualidad Jurídica Ambiental*, núm. 137, 2023.

Terrón Santos, D. (2022): «Las energías renovables en la hoja de ruta de la dinamización rural: luces y sombras». En Fernando Pablo, M. M.; Domínguez Álvarez, J. L. (dirs.): *Rural Renaissance: Acción, Promoción y Resiliencia, Cizur Menor*. Thomson Reuters Aranzadi (342-344).

CAPÍTULO 16

CONTROL DE CONFIANZA: UNA SIMULACIÓN PERMITIDA EN LA FISCALÍA DEL ESTADO DE MICHOACÁN, MÉXICO

J. Melchor Tapia Monge

Universidad Michoacana de San Nicolás de Hidalgo

I. Introducción

López Jara (2018) refiere que un niño pequeño confía en sus padres, pero cuando ellos lo traicionan ya no vuelve a confiar, por lo tanto, concluye en que se nace con la confianza, pero lo que se aprende es la desconfianza.

En el contexto actual, es muy común hacer referencia al declive de la confiabilidad hacia los agentes del Ministerio Público, policías de investigación y peritos como integrantes directos de la Fiscalía General del Estado de Michoacán.

La aplicación de los exámenes de evaluación regulados por la *Ley del Sistema Estatal de Seguridad Pública* para su ingreso y permanencia enuncia las directrices de manera clara, pero también deja al arbitrio del titular de seguridad pública estatal, a los presidentes municipales o al titular de la Fiscalía del Estado el último *check list*, lo que deslegitima el proceso de reclutamiento y los estándares de control de confianza, con la percepción ciudadana.

En efecto, la aplicación de exámenes de evaluación de confianza que se realizan a los integrantes directos de la Fiscalía General del Estado de Michoacán para ingreso, promoción o permanencia, están contemplados en la *Ley General del Sistema Nacional de Seguridad Pública* y en su homóloga estatal.

En la propia legislación establece que, de no acreditarse la evaluación, dará como consecuencia la negativa de ingreso al organismo autónomo.

En el Estado de Michoacán (México), la autoridad autorizada para realizar la evaluación es el Centro Estatal de Certificación, Acreditación y Control de Confianza del Gobierno del Estado (C-4), a dicho centro son canalizados los aspirantes a policías, peritos, y agentes del Ministerio Público que pretendan ingresar a laborar a la Fiscalía del Estado, también son canalizados de manera periódica aquellos que ya se encuentren laborando en la misma con la intención de evaluar su permanencia.

El sistema de evaluación referido ha denominado al esquema como algo «nuevo», estableciendo que el proceso de evaluación de control de confianza permita ser una herramienta para valorar el ingreso, permanencia y promoción de los integrantes de las instituciones de seguridad pública, pero, sobre todo que dichos exámenes orienten a la toma de decisiones dentro del esquema policial, pericial y ministerial.

Asimismo, se destaca que, desde el año 2008 a partir de la reforma al artículo 123, apartado B, fracción XIII, de la Constitución Federal mexicana, contempla un mecanismo de evaluación para el desempeño de los miembros de las corporaciones policiales, que puede conducir a la separación de su cargo si no cumplen con los requisitos impuestos por las leyes respectivas, por lo que no aprobar los procesos de evaluación de control de confianza, traería como consecuencia inmediata la separación del cargo.

Es decir, la propia legislación establece que, de no acreditarse la evaluación, dará como consecuencia la negativa de ingreso al organismo autónomo, de la misma manera cuando la calificación para permanencia sea la pérdida de la confianza, traerá como consecuencia directa la separación del cargo.

Por otra parte, la comunicación que existe entre la Fiscalía del Estado como autoridad que solicita la evaluación y el centro evaluador tiene la característica de ser secreta, por lo que no está claro si queda al arbitrio de la autoridad evaluadora la decisión de permanencia o ingreso del evaluado, o de la propia Fiscalía al tomar solamente como orientadora la evaluación realizada por el centro para una futura toma de decisiones, además, la potestad del Fiscal General para elegir a su personal de confianza, no forma la sinergia con la percepción ciudadana relacionada con la confiabilidad del personal operativo, ello ha formado una coyuntura que requiere de mayor claridad.

La potestad del Fiscal General para elegir a su personal de confianza, no forma la sinergia con la opinión que la sociedad tiene respecto a la confiabilidad del personal operativo, lo que obliga a voltear los ojos respecto a esta temática.

II. El Centro Nacional de Certificación y Acreditación

Para mejor comprensión, se precisa que los Estados Unidos Mexicanos (México) es un país federado, es decir, que se compone por 32 entidades federativas que se encuentran unidas en una federación. Cada una de estas entidades tienen autonomía propia, pero la soberanía se ejerce en todo el territorio nacional por los organismos de la federación.

En función de lo anterior, los Poderes de la Unión (Ejecutivo, Legislativo y Judicial), son replicados en las 32 entidades federativas, por poderes públicos similares solo que la competencia se limita a la geografía de cada una de las entidades federativas.

Para el Centro Nacional de Certificación (Centro Nacional), su competencia principal es en todo el territorio de la República Mexicana, y preponderantemente para aspirantes a ocupar cargos del servicio público federal, entre ellos policías federales, agentes del Ministerio Público de la Federación, y peritos que trabajarán para la federación. Este Centro Nacional, depende del Secretariado Nacional del Sistema Nacional de Seguridad Pública, dependiente a su vez del Poder Ejecutivo de la Federación.

Por su parte, respecto a la procuración de justicia, los poderes públicos federales otorgaron autonomía a la Fiscalía General de la República (FGR) cuya tarea prioritaria es la persecución de los ilícitos de carácter federal tipificados en el Código Penal Federal o en leyes secundarias de competencia federal.

Los aspirantes a ocupar alguno de estos cargos, deben de ser evaluados por personal del Centro Nacional ya sea para su ingreso o permanencia.

Como ya se refirió, el objetivo principal del Centro Nacional radica en realizar los procesos de evaluación del personal de seguridad pública federal, cuenta con su normatividad, lineamientos y criterios para la certificación atendiendo a esquemas focalizados por contexto y análisis de riesgos. Algo interesante del Centro Nacional, es que tiene la obligación de realizar evaluaciones a la totalidad de personal de estructura de las fiscalías estatales, es decir que los 32 titulares de la procuración de justicia en el país deben tener el visto bueno de la federación en torno a la confiabilidad.

El Centro Nacional coordina a los 32 centros estatales y utiliza la información proporcionada para darla a conocer al Secretariado Ejecutivo del Sistema de Seguridad Pública y de esta forma estar en condiciones de ratificar o rectificar la política de seguridad y procuración de justicia.

Derivado de lo anterior, formuló el *Sistema de Evaluación Focalizado por Contexto y Análisis de Riesgos*[1] para los integrantes de las instituciones de

---

1 En línea: https://www.gob.mx/cms/uploads/attachment/file/369267/esquema_focalizado.pdf (fecha de consulta: 13 de mayo de 2024).

seguridad pública, el cual fue aprobado por la Comisión Permanente de Certificación y Acreditación y ratificado por el Consejo Nacional de Seguridad Pública en su XXXV Sesión Ordinaria de fecha 20 de diciembre de 2013.

Si bien es cierto, el Centro Nacional va enfocado a la evaluación de aspirantes e integrantes de la federación, la política criminal no los exime de ser los evaluadores del personal que conformará los centros estatales. Para poder evaluar la confianza, primero se necesita ser evaluado.

El nuevo esquema de evaluación es puntual al establecer que para poder evaluar a los interesados, la autoridad solicitante debe hacer llegar en tiempo y forma la totalidad de los antecedentes que se tengan, solo de esta forma podrá realizarse una evaluación focalizada de los riesgos en razón de la función a desempeñar, también es puntual al señalar que se deben contar —previo a la evaluación— con la información precisa de las funciones específicas a realizar, distingue además evaluaciones diferentes para ingreso o permanencia.

El proceso integral de evaluación contempla cinco fases, de las cuales solamente el examen toxicológico debe realizarse de maneras sorpresiva y preponderantemente de manera masiva para todo el personal de la institución, para el resto (Psicología, Poligrafía, Medicina e Investigación Socioeconómica) se aplicarán de manera focalizada a partir de elementos derivados del análisis de información recabada con anticipación.

El esquema focalizado define de manera puntual en qué consiste cada una de las evaluaciones y cuál es su objetivo y finaliza estableciendo que el éxito del nuevo esquema de evaluación se sustenta en el marco de corresponsabilidad y coparticipación de las instituciones de seguridad pública con los Centros de Evaluación de Control de Confianza, requiriéndose además que previo a la evaluación del personal, se remita a los centros de evaluación los antecedentes que obren en el expediente personal del evaluado, lo que va a fortalecer a conocer sus capacidades para el cumplimiento de su función.

A casi una década de la ratificación del Sistema de Evaluación Focalizado, resulta interesante replantearse si el mismo reúne el tamizaje idóneo y necesario que requiere la sociedad actual, independientemente de que se trate de policías, peritos, o agentes del Ministerio Público, puesto que no existe una coherencia respecto a los resultados de las evaluaciones y la percepción que la ciudadanía tiene respecto al actuar de los servidores públicos encargados de la persecución del crimen.

III. El Centro Estatal de Acreditación y Control de Confianza

Dentro de los límites de su competencia, la Legislatura Michoacana, a través de los procedimientos legislativos, creó un Centro Estatal de Acreditación y Control de Confianza (C-4), que tiene el compromiso de realizar los procesos de evaluación para el personal que aspire a ocupar cargos públicos que involucren las funciones de seguridad pública o procuración de justicia, de la misma manera, dio la génesis necesaria a una ley que regulara los procedimientos y la estructura orgánica del C-4.

Michoacán es una de las 32 entidades federativa que conforman a la república mexicana, su ubicación es en el centro occidente del país, es un estado autónomo, tiene sus tres poderes políticos definidos: Poder Ejecutivo, Poder Legislativo y Poder Judicial, pero también posee diversos organismos constitucionales autónomos, entre ellos la Fiscalía General del Estado.

Por su parte, la Ley del Sistema Estatal de Seguridad Pública para el Estado de Michoacán, dependiente del Poder Legislativo, ha previsto como organismo operador al Centro Estatal de Acreditación y Control de Confianza[2] dependiente del Poder Ejecutivo, mismo que al igual que el Centro Nacional, tiene por objeto efectuar las evaluaciones para su ingreso, promoción, permanencia, reconocimiento y certificación del personal de procuración de justicia. Es regulado por un Reglamento Interior y la toma de decisiones obedece a las políticas que se acuerdan en la Junta de Gobierno quien es el máximo órgano, correspondiéndole al director la ejecución de las políticas de control de confianza[3].

Los exámenes a los que se sujetan las personas que pretendan formar parte de una corporación de seguridad pública o procuración de justicia son: toxicológico, médico, polígrafo, psicológico y de investigación socioeconómica; de los cuales los tres primeros deben realizarse con una periodicidad anual y los dos restantes cada tres años[4].

El C-4, cuenta además con un manual de organización que data desde el año 2011 cuyo objetivo establecido es una réplica de lo señalado en la Ley Estatal del Sistema de Seguridad Pública y solamente amplía el organigrama interno del organismo puntualizando las facultades de las subdirecciones y departamentos.

Respecto a las evaluaciones practicadas, algunas pueden ser más claras para todo observador razonable, pero en otras no se aprecia objetivamente su medición. Por ejemplo, se podría aceptar que una persona evaluada que use drogas o sustancias similares o que tenga una deficiente salud para el desempeño de su actividad física sea calificada como no aprobada, pero es difícil y hasta en ocasiones subjetivo, evaluar si el entorno social de una persona o el de su familia, la habilidad que tiene para mentir (por el uso del polígrafo), el

---

2 Artículo 62 de la Ley Estatal del Sistema de Seguridad Pública.

3 Tal y como se prevé en el artículo 6.°, fracción IV del Reglamento Interior del Centro Estatal de Certificación, Acreditación y Control de Confianza.

4 Artículo 67 de la Ley Estatal del Sistema de Seguridad Pública.

incremento de su economía y la relación que pueda tener o tuvo con integrantes de la delincuencia organizada, lo califiquen como no aprobado.

Las evaluaciones que realiza el C-4 y sus parámetros de medición psicológica, médica, toxicológica, poligráfica y de entorno social, debe tener un sentido de confiabilidad[5].

Se puntualiza que, en relación a la evaluación poligráfica existen discrepancias, por ejemplo, el Tribunal Colegiado del Primer Circuito de México, se ha pronunciado en no considerarla contraria a los derechos fundamentales, mientras que López Cortés (2015) en su artículo *El uso del polígrafo en los procesos de selección laboral: caso del vacío legal en el sistema jurídico colombiano*, concluye que es innegable que persiste un poder en manos de quien realiza la selección y que se ejerce frente a quien aspira ser seleccionado, persona que a su vez tienen unas necesidades socio económicas que el trabajo le permite satisfacer.

Por otra parte, en relación a la evaluación de entorno social o socio económico, su objetivo es conocer el nivel de riqueza del aspirante o evaluado. Al respecto Pascual Sáenz (2007) en su artículo *Características socio-económicas de las personas con discapacidad en España: Un estudio empírico*, hace ver que una persona con mayor pobreza sería presa fácil de ser considerada de desconfianza por la necesidad de adquirir menores ingresos. Poniendo de esta manera en entre dicho si realmente el entorno social en el que se desenvuelve el aspirante o el evaluado para permanencia, puede hacerlo susceptible de desacreditarlo.

En otro tema, para el personal evaluador del C-4, no todas las drogas son prohibidas para el consumo humano, algunas como el tabaco, el alcohol, o medicamentos prescritos, no pueden influir en la descalificación del aspirante.

Esbec (2016) al escribir su artículo: *Abuso de drogas y delincuencia: consideraciones para una valoración forense integral*, establece una relación vinculante entre el uso y abuso de drogas con la delincuencia, también señala que la adicción puede en algunos casos socavar la libertad de las personas para controlar su conducta.

El estudio compara al alcohol con drogas de mayor impacto, pero llega a la misma conclusión de que el entorno, la personalidad del sujeto, así como el apoyo familiar, modulan la posibilidad de ese consumo.

---

5 La iniciativa privada realiza a través de su departamento de recursos humanos pruebas psicométricas para el reclutamiento del personal. Carbajal Marín en su artículo *La utilización de las pruebas psicométricas: ¿un absurdo es una EST?* advierte que a partir de la evaluación psicométrica se establecen parámetros que permiten identificar «que tan autónomo pueden llegar a ser el sujeto trabajador» (Carbajal 2007), y concluye que la utilización adecuada de una prueba psicológica requiere de un amplio conocimiento de los fundamentos que establecen su uso apropiado y sus limitaciones, y debe poseerse un entrenamiento especial sobre cómo administrarla, calificarla e interpretarla.

Ahora bien, se debe tomar en consideración que el C-4 evalúa personal con hasta 20, 25 o 30 años de antigüedad en el servicio, conociendo que por su longevidad tienen mayores posibilidades de padecer enfermedades propias de la edad o inclusive derivadas de la práctica cotidiana en el servicio.

Para GÓMEZ DANTÉS (2011) la carga de la enfermedad es una métrica que combina los daños letales prematuros que ocasionan los daños de salud con sus consecuencias en términos de discapacidad, de manera que hacen identificar los problemas de salud, que sin ser causas de muerte son causa importante de morbilidad, comorbilidad y discapacidades. En su artículo: *La carga de la enfermedad en América Latina*, concluye que en la mayoría de los países latinoamericanos a mayor edad existen padecimientos asociados propiamente con la misma y que traen como consecuencias la saturación de los servicios de salud demandando con ello el uso elevado de recursos humanos y financieros.

De lo anterior se puede inferir que precisamente esta evaluación médica realizada por el C-4, prevé la notificación de un gasto futuro en la contratación o permanencia del empleado dentro de la Fiscalía, es decir, están evaluando la calidad de empleados[6].

Por otra parte, la normatividad señalada, ha facultado al C-4, para que, auxiliando a la Fiscalía del Estado de Michoacán (Fiscalía del Estado), proceda a realizar evaluaciones para el ingreso o permanencia de los agentes del Ministerio Público, peritos y policías de investigación a quienes la Ley Orgánica de la Fiscalía considera integrantes directos.

El artículo 21 constitucional[7] en sus párrafos séptimo y octavo hace referencia a las obligaciones de coordinación que debe tener el Ministerio Público con las instituciones de seguridad pública de los tres órdenes de gobierno para cumplir con los fines de prevención, investigación y persecución de los delitos.

Bajo esta temática, se deja asentado que la Fiscalía del Estado, tiene representatividad en toda la geografía estatal, su personal se encuentra distribuido ya sea por regiones, o por distritos judiciales, y tienen bajo su mando inmediato a policías estatales, ministeriales, municipales y a peritos, pero solamente peritos, policías ministeriales o de investigación y agentes del Ministerio Público, son considerados integrantes directos de la Fiscalía, a

6 El profesor LECUYER citando a HARVEY y GREN (LECUYER, 2001) en su trabajo *La Evaluación en la enseñanza superior*, establece que la calidad es un concepto relativo, primero para quien hace uso de término, segundo, de acuerdo con la circunstancia, pero tercero y fundamental porque la calidad puede verse en términos absolutos casi como un ideal, y, por lo tanto, como un conjunto de valores altamente subjetivos.

7 En línea: http://www.diputados.gob.mx/LeyesBiblio/ref/cpeum.htm (fecha de consulta: 13 de mayo. de 2024).

los que también se les conoce como integrantes de la triada investigadora, personas que deben ser evaluadas para su permanencia o para su ingreso.

IV. Las evaluaciones al personal directo de Fiscalía

Como escalón inferior a la Carta Magna respecto a la pirámide jerárquica de leyes, la Ley del Sistema Estatal de Seguridad Pública establece que corresponde al Centro Estatal de Acreditación y Control de Confianza, la facultad de realizar evaluaciones periódicas, y dada la naturaleza de que no se acrediten las mismas, los evaluados puedan ser removidos de las instituciones, inclusive, la Constitución Política prevé el cese en las funciones por la pérdida de la confianza, situación que en algunas ocasiones se ha interpretado como desprotección a la estabilidad en el empleo al no permitir el regreso para continuar laborando como agente del Ministerio Público, policía de investigación o perito[8].

En secuencia a lo anterior, debe tomarse en consideración que la Fiscalía del Estado es un organismo constitucional autónomo, por lo que el Fiscal General del Estado es considerado autoridad estatal en materia de seguridad pública.

Para la Fiscalía como organismo, el Poder Legislativo generó su regulación a través de la Ley Orgánica de la Fiscalía para el Estado de Michoacán, en la cual se establece que los agentes del Ministerio Público, policías de investigación y peritos son considerados integrantes directos, y, que además el Fiscal General del Estado, está facultado para delegar en el agente del Ministerio Público las facultades que le corresponden como monopolizador del ejercicio de la acción penal, y deja bajo mando de éste a la policía y al perito.

Sin embargo, se reserva para el titular de la Fiscalía del Estado (Fiscal General), la facultad discrecional de autorizar el ingreso y permanencia del personal de la Fiscalía, tomando en consideración las necesidades de servicio.

---

8 El artículo 123 constitucional en su apartado B fracción XIII establece que *los militares..., agentes del Ministerio Público, peritos y los miembros de las instituciones policiales, se regirán por sus propias leyes*, lo que da pauta a denotar que la relación laboral entre los integrantes directos de la Fiscalía y la misma, no otorga las garantías laborales que contempla Ley Federal del Trabajo ni alguna Ley laboral burocrática. También nuestra Carta Magna en la fracción en cita señala que: «Los agentes del Ministerio Público, los peritos y los miembros de las instituciones policiales de la Federación, las entidades federativas y los Municipios, podrán ser separados de sus cargos si no cumplen con los requisitos que las leyes vigentes en el momento del acto señalen para permanecer en dichas instituciones, o removidos por incurrir en responsabilidad en el desempeño de sus funciones. Si la autoridad jurisdiccional resolviere que la separación, remoción, baja, cese o cualquier otra forma de terminación del servicio fue injustificada, el Estado sólo estará obligado a pagar la indemnización y demás prestaciones a que tenga derecho, sin que en ningún caso proceda su reincorporación al servicio, cualquiera que sea el resultado del juicio o medio de defensa que se hubiere promovido».

Bajo la dinámica de la lealtad institucional, para su ingreso, estos denominados integrantes directos deben acreditar las evaluaciones en materia de control de confianza, y una vez aceptados para ocupar su encargo, son sometidos de nueva cuenta a las evaluaciones que se realizan de manera aleatoria, sorpresiva y con cierta periodicidad.

Es claro que la no acreditación de las evaluaciones para el ingreso tiene el carácter de ser *«inapelables»*, mientras las que son para evaluar la permanencia, tienen la posibilidad de ser impugnadas sin éxito a la reincorporación porque la constitución política mexicana es prohibitiva en ese aspecto. Eso es preocupante en virtud de los compromisos convencionales que México tiene para con las personas en materia de protección de derechos fundamentales.

En este contexto, las resoluciones definitivas que no admiten recurso son violatorias de derechos humanos, además de que rompen con el principio de presunción de inocencia de todo procedimiento aun y cuando dichas resoluciones sean de carácter administrativo.

Precisamente, SILVIA NEYRA HERRERA (2015) refiere que dentro de todo sistema procesal se deben precisar los medios de impugnación a disposición de las partes con la finalidad de declarar la nulidad de alguna resolución, ya que existe la posibilidad de que esa resolución que se combate sea producto de un error humano, y solo mediante resoluciones impugnables se permite llegar a decisiones justas.

Por otra parte, se puntualiza que cuando alguna persona desea ingresar a laborar a la Fiscalía del Estado, debe estar atenta a la convocatoria que se emite (la cual no tiene frecuencia especifica). Esta convocatoria emite los lineamientos a seguir, de entre los cuales se destaca que además de cumplir con perfiles referentes a la edad, sexo, condiciones físicas aptas y escolaridad, se debe acudir ante las instalaciones del C-4 para que se le realicen las evaluaciones de control de confianza, en la misma convocatoria se deja asentado que las resoluciones que el C-4 emita en torno a las evaluaciones de control y confianza, tendrán la característica de ser inapelables.

Atento a lo anterior, los aspirantes (y los que ya permanecen en del organismo autónomo) conocen el peso que conlleva el someterse a las evaluaciones, y, que además estarán condicionados por ellas para su ingreso o permanencia.

El no acreditar las evaluaciones referidas, impide al aspirante a continuar con los siguientes pasos de la convocatoria, es decir desde ahí es descalificado, por lo que le es imposible ingresar a la academia de formación profesional que entonces le permitirá ser apto para que se le asigne un espacio como servidor público dentro de la Fiscalía del Estado.

En sumatoria a lo anterior, las reglas de la lógica implican que si se trata de un solicitante a agente del Ministerio Publico, policía de investigación o perito, el no acreditar las evaluaciones realizadas previo a su ingreso tendrá como consecuencia necesaria el que no continue con las siguientes etapas.

En función de lo anterior, tal pareciera que se tuviera a *un cocimiento entre varios fuegos* al personal que esté interesado en ingresar a laborar o permanecer laborando para la Fiscalía del Estado. Esos estándares de evaluación parecerían inclusive intimidantes para forjarse un futuro en una carrera ministerial.

Para Juan Manuel Álvarez Méndez (2011) evaluar con intención formativa no es igual a medir ni a calificar, ni siquiera a corregir, tampoco es clasificar, ni examinar ni aplicar test. Una evaluación es diferente porque utiliza recursos diferentes y su finalidad debe ser distinta. El autor continúa refiriendo que, la evaluación es una oportunidad para que quienes aprenden pongan en práctica sus conocimientos y se sientan en la necesidad de defender sus ideas, sus razones o saberes.

Evidentemente la categorización del término evaluación utilizado por el C-4 es muy diferente al utilizado por Álvarez Méndez. Por otro lado, haciendo una revisión procedimental, se ha detectado que corresponde exclusivamente al Fiscal General del Estado, la imposición de las sanciones administrativas a su personal. Estas sanciones pueden derivarse de las responsabilidades en las que incurran los integrantes del organismo autónomo, por consiguiente, dada la naturaleza de que la resolución u opinión que emita el C-4 consista en la separación del cargo por no haber acreditado las evaluaciones de control de confianza, queda al arbitrio de él decidir si el empleado deba ser evaluado nuevamente, o si lo separa del cargo, es decir, que para poder tomar una decisión, el Fiscal del Estado está facultado para hacer una evaluación de las evaluaciones que realizó el C-4.

Posiblemente esta dinámica consagrada para el Fiscal en turno tenga algún sentido, pues las personas que pretenden ingresar o que se encuentran laborando para la Fiscalía del Estado lo representan en las investigaciones y los litigios en donde la representación social sea necesaria, por lo que la última palabra la debe tener él, a final de cuentas, las consecuencias respecto del actuar del personal seleccionado impactarán en la legitimación que la Fiscalía.

Sin embargo, no existe circunstancia vinculante que de manera clara obliguen al Fiscal del Estado, para que la totalidad de las personas que no acrediten las evaluaciones sean separadas de su cargo, por el contrario, solo existe claridad para aquellas personas que son aspirantes, aunque existe la posibilidad (aunque muy remota) de que si un aspirante no aprueba las evaluaciones, el Fiscal decida que se evalúe de nuevo, o en su defecto, no existe impedimento para que pueda participar como aspirante en una siguiente convocatoria, posiblemente con una realidad de evaluación diferente.

Materialmente, una valoración con resultado de no aprobado solamente es decisión del C-4, pero la decisión de permanencia en la Fiscalía del Estado, sólo está reservada para el Fiscal, quien infiere en negar o aceptar el ingreso y permanencia a la fuente laboral.

Bajo esa tesitura, tal pareciera que la preocupación de los resultados de la evaluación debe ser prioridad para la Fiscalía y no para el Centro, los resultados de la confianza obedecen en ocasiones a resultados de *«la confianza que el Fiscal»* tenga hacia su personal, lejos está la percepción ciudadana.

Para BUSTAMANTE y AGUILAR (2000) la facultad discrecional debe estar limitada, porque precisamente consiste en la posibilidad de optar entre dos o más soluciones posibles. Continúa afirmando que se ha sostenido erróneamente que las facultades discrecionales establecidas para algunos administradores públicos constituyen una carta blanca a su favor, ya que si esto fuera así, pues el administrador con su amplio margen de decisión, podría inclusive decidir arbitrariamente los diferentes temas de su competencia.

Se contempla prudente que el Fiscal del Estado recobre la confianza hacia el Centro Estatal de Acreditación y Control de Confianza, es decir, que precisamente legitime las recomendaciones que le son sugeridas por el C-4, pero también es necesario que el Centro Estatal cuente con el personal cualificado que realice las mejores interpretaciones respecto a las necesidades del tipo de personal que requiere la Fiscalía. Se puntualiza el hecho de que alguna persona no acredite las evaluaciones realizadas por el C-4, no significa que sea una persona corrupta o ineficiente, esa evaluación solo tiene el significado de que no reúne el perfil que en ese momento está requiriendo el organismo autónomo.

Bajo esta situación, tampoco es claro el perfil de agente del Ministerio Público, policía o perito idóneo para la Fiscalía. No existe un modelo a seguir, y esto también constituye una laguna para el proceso evaluativo. Es decir, si la Fiscalía del Estado se auxilia del C-4 para evaluar a sus aspirantes o a sus empleados para su ingreso o permanencia, está obligada a señalarle el tipo de profesionales que requiere, situación que en la realidad se torna a ser todavía subjetivo.

En ese contexto, se observa una colisión entre leyes. Por una parte, la Ley Orgánica para la Fiscalía del Estado de Michoacán contempla facultades discrecionales para que el Fiscal en turno pueda decidir el personal que lo va a acompañar en su labor, y por la otra la Ley del Sistema Estatal de Seguridad Pública establece la negativa de ingreso o permanencia a la Fiscalía del Estado, si el resultado de las evaluaciones posiciona al evaluado con el resultado de «no apto».

Finalmente, tampoco está claro si las evaluaciones realizadas por el C-4 se realizaron de la mejor manera. Es decir, por ejemplo, un dictamen poligráfico, psicológico, médico y socioeconómico pueden ser contextuales, ya que no existe el respaldo científico que tengan una confiabilidad de un 100 %, lo que implica que exista la posibilidad de errores de interpretación al momento de emitir la evaluación final. Bajo esa situación, el tomarlos como orientadores pudiera resultar lo mejor.

V. La disyuntiva entre las evaluaciones de los integrantes directos, la potestad del fiscal del estado y la percepción ciudadana

La Encuesta Nacional de Victimización y Percepción sobre Seguridad Pública (2019)[9] realizada por el Instituto Nacional de Estadística y Geografía de México (Inegi), da a conocer que solo el 12.2 % y el 14.3 % de la población respectivamente, tienen mucha confianza hacia el Ministerio Público y la policía ministerial.

Un dato interesante al respecto es la percepción ciudadana con respecto a la variable de corrupción, ya que se advierte que el 65.5 % de la población considera a la institución del Ministerio Público como corrupta.

En situación parecida se localiza a la policía, ya que los datos estadísticos emitidos por el Instituto Nacional de Estadística y Geografía, los posicionan como personas corrompidas y poco confiables.

De lo anterior se desprende el que sea cuestionable el hecho de que, para su ingreso o permanencia, hayan acreditado las evaluaciones de confianza a las que deben ser sometidos de conformidad con disposiciones normativas.

Por otra parte, el Plan de Persecución del Delito, (Fiscalía, 2021) enuncia que hasta ese año, laboran para la Fiscalía 912 policías de investigación, 381 peritos y 486 agentes del Ministerio Público, quienes al permanecer en la institución, se les consideran como aprobados en la evaluación de control y confianza que realizó el C-4, pero también son 1,779 integrantes directos que desconocen las circunstancias por las que se les consideró dignos de confianza, solamente están conscientes de que para seguir teniendo el sentido de pertenencia, deben de aprobar las evaluaciones subsecuentes.

Por otra parte, en la página oficial de la Fiscalía del Estado, dentro del apartado de las obligaciones de transparencia y en la sección específica de servidores públicos sancionados, localizamos un historial desde el año 2016 hasta el mes de septiembre del 2021[10], al hacer una revisión respecto al número de integrantes directos que fueron destituidos del empleo por incurrir en alguna irregularidad en el desempeño de sus funciones, se puede localizar lo siguiente: en el año 2016, 6 servidores públicos fueron destituidos, para el año 2017 fueron 5, en el año 2018 otros 5, en el 2019 solo fueron 4, mientras que en el año 2020 no hubo un solo servidor público destituido para seguir laborando y en los tres primeros trimestres del año 2021 se reportaron 4 servidores públicos destituidos.

---

9 En línea: https://www.inegi.org.mx/temas/percepciondes/ (Fecha de consulta: 13 de mayo. de 2024).

10 En línea: https://transparencia.fiscaliamichoacan.gob.mx/articulos-individual/MjQ= (fecha de consulta: 13 de mayo. de 2024).

Sin embargo, solamente se localizó que 3 servidores públicos fueron destituidos por el motivo de no haber acreditado las evaluaciones de control de confianza que les realizó el C-4.

También es importante puntualizar que la mayoría de las sanciones que se impusieron a los integrantes directos de la Fiscalía fueron las de suspensión hasta por tres días en el ejercicio de sus funciones, amonestación y apercibimiento. Es decir, sanciones mínimas, ya que por ejemplo la amonestación y el apercibimiento solo son llamamientos a no infringir las normas y a conducirse con estricto apego a los lineamientos administrativos y éticos.

Para Lucia Dammert (2016) la confianza es uno de los pilares centrales de la vida en sociedad, ya que sin ella se desarrolla el autoritarismo la fragmentación y la violencia, esto porque los ciudadanos pierden interés en la relación con sus pares y en el respeto a las instituciones. También refiere que el temor está muy fuertemente vinculado con la confianza/desconfianza en la capacidad de las instituciones del control social formal de ejercer eficazmente su rol.

Atento a lo anterior, la disyuntiva a la que se hace referencia en el presente apartado, radica precisamente en que no se localizó una obligación para el Fiscal del Estado de Michoacán, para separar de su cargo a las personas que no acrediten las evaluaciones de control de confianza.

Ahora bien, esa preocupación la ciudadanía la percibe y califica como de desconfianza, tal y como se advierte de las tasas que en el tema de percepción ciudadana publicó el Inegi.

El hecho de que quede al arbitrio del titular del organismo autónomo no resulta congruente con la óptica de la sociedad civil.

Si bien es cierto que lo ideal sería que la totalidad de los integrantes directos estuvieran certificados, lo anterior tampoco es una garantía absoluta para su ingreso o permanencia. Ello es así, porque los protocolos de evaluaciones que realiza el C-4 no son claros y tampoco son normados de manera precisa.

El hecho de no hacer una ponderación de la escala de valores que se dan a una evaluación médica, a una psicológica, a una toxicológica, a la de entorno social o a la del polígrafo, dejan en completa incertidumbre no solo a la ciudadanía sino al propio evaluado y al Fiscal General. La evaluación debe ser integral, pero eso no significa que no pueda ser conocida para buscar las áreas de oportunidad en las que se puede mejorar.

Es decir, tal pareciera que un aspirante que no acreditó la evaluación de confianza, pudiera tener la oportunidad de volver a evaluarse si así es su deseo, aunque lo haría como si fuera un ciego, porque no es notificado que parte de la evaluación no acreditó, tampoco le explican el porqué.

Una suerte diferente parece tener la persona evaluada para permanecer laborando para la Fiscalía, puesto que además de no ser notificado por el C-4 respecto a su no aprobación, puede ser sorprendido por el titular de la Fiscalía con una separación en el empleo por no acreditar algo de lo que también permanece ciego ya que no conoce que fase de la evaluación no acreditó, lo que lo posiciona en una desventaja enorme.

Bajo esta tesitura, para los integrantes de la triada investigadora resulta más importante el ser conocido por el Fiscal General del Estado que por el personal del C-4, pues él será el que tenga la última palabra. Por lo que el Fiscal del Estado, ejerce de manera indirecta una forma de control sobre los aspirantes a agentes del Ministerio Público, policías o peritos.

Sin embargo, no debe tratarse de control, sino de cooperación, tal y como lo puntea López jara parafraseando a SPAEMANNT (2018) al señalar que el control que puede ejercerse sobre las personas es limitado ya simplemente por el hecho de que solo lo puede ejercer a través de controladores que a su vez deben ser controlados. De la misma manera afirma que la cooperación puede organizarse jerárquicamente, el poderoso puede mandar a trabajar a otros hombres a su servicio, pero él tampoco se convierte por este solo hecho en dueño de la situación.

Derivado de lo anterior, se puede observar que existe poca coincidencia entre los procedimientos de ingreso y permanencia de los integrantes directos de la Fiscalía y la permanencia en su encargo. Y, por otra parte, el Centro Estatal de Certificación y Control de Confianza para el estado de Michoacán, no tienen un protocolo definido respecto de medición de esa confianza.

Lo anterior se afirma en razón de que la Ley del Sistema Estatal de Seguridad Pública establece que los servidores públicos evaluados obtendrán una calificación de aprobado o no aprobado, pero queda al arbitrio del C-4 emitir una calificación de conformidad con los exámenes realizados.

La información anterior apoyada en datos estadísticos oficiales, permite inferir que, de los empleados sancionados con destitución, un escaso porcentaje lo fue por no haber acreditado las evaluaciones de control de confianza, lo que pudiera presumir que las evaluaciones respecto a la acreditación y a la confianza pudieran realizarse *«a modo»*.

El término eslabón perdido hace alusión a procesos evolutivos entre un fósil localizado y una posible realidad pasada. Los científicos suelen utilizar este término para explicar de manera sutil algunas modificaciones que han existido a lo largo de un periodo de tiempo y que tiene como consecuencia su extinción o adaptación.

Bajo esa tesitura, es prudente entonces localizar ese eslabón perdido entre el enunciado típico positivo de la norma sobre seguridad pública, y el resultado material que de manera fáctica se observa. Es decir, que entre lo descrito por la ley de seguridad pública en torno a que los agentes del Ministerio Público, policías y peritos que no acrediten los procesos de evaluación realizados por el C-4, sea congruente con la realidad.

Tal pareciera que existe una simulación y que la misma fuera la respuesta a ese proceso evolutivo, fuera en sí el eslabón perdido que ya no debe buscarse más. Esa respuesta es la que la ciudadanía percibe, la que observan de manera cotidiana cuando se les hace de su conocimiento que los cuerpos policiacos han pasado por un proceso de rigurosa selección mediante la aplicación de estándares evaluativos de control.

Para Carmen Fullana Belda (2009) la simulación pretende imitar el comportamiento de un sistema real. Esta categorización de fingimiento resulta ser adecuada al caso concreto, puesto que lo ideal sería que los integrantes directos de la Fiscalía del Estado que no acreditaran los procesos de evaluación no continuarán en sus encargos, o bien que los aspirantes no ingresaran, pero demás, que esas evaluaciones fueran los suficientemente asertivas como para convencer a las personas que se someten a los procesos evaluativos.

Tal parece que ese fingimiento o simulación se traduce en ironía, con todo y tono. Precisamente, para José María Mariscal (1994) el irónico asume la voz de la persona que finge ser.

Ciertamente, para el caso del Fiscal del Estado de Michoacán, el hecho de que la legislación le permita ser el portador de la última palabra en el proceso de decisión respecto al ingreso y permanencia de su personal de confianza, le permite el uso del tono y voz que mejor le convenga.

Sin embargo, Mariscal también hace hincapié en que esa simulación no puede resultar del todo exitosa a pesar de la técnica de ironía sea eficiente, y advierte que esto se debe a que en ocasiones la audiencia puede ser capaz de reconocer el fingimiento.

Bajo esa condición de subjetividad de la ciudadanía, se advierten que no aceptan —bajo su visión— el hecho de que los agentes del Ministerio Público, policías de investigación y peritos (triada investigadora), son dignos de su confianza, tampoco aceptan como legítimo el procedimiento al que fueron sometidos y que les permitió ingresar a laborar o permanecer en su actividad investigadora, en consecuencia, descalifican completamente el hecho de que sean dignos de confianza.

Los menos responsables en esta toma de decisiones son los integrantes de la triada investigadora, pues a pesar de que son sabedores de estas evaluaciones y conocen de los procedimientos que se realizan para considerarlos dignos —o indignos— de confianza, continúan dando palos de ciego respecto a lo que sucede en el trayecto de esa evaluación, a la continuidad en su trabajo, o al recorrido que sucede entre la evaluación y la notificación de no continuar con el proceso de selección por no haber acreditado las evaluaciones que realizó el C-4 cuando apenas aspiraban al cargo.

Se debe dejar claro que la triada investigadora funge como primer respondiente social respecto al combate a la criminalidad. En ocasiones, son el primer contacto con la sociedad cuando se comete un delito, pero a su vez son el instrumento que da la de manera frontal, es decir, los que reciben directamente los reclamos o felicitaciones de la sociedad, son los que hacen la sumatoria para la percepción que se tiene no solo respecto a su actuar individual, sino a temas generales como los de seguridad pública.

Las estadísticas oficiales no han dejado en buena posición a la Fiscalía del Estado. Pues un gran porcentaje de sus 1,779 integrantes directos suelen ser calificados como corruptos, o no dignos de confianza, pero por otra parte los procedimientos administrativos que se han iniciado dentro del organismo autónomo, indican que muy pocos agentes del Ministerio Público, policías o peritos han sido destituidos de su encargo por no haber acreditado las evaluaciones que les realizó el C-4.

Tal parece que se observara la situación con distinta lupa. Por una parte, para el Fiscal del Estado, el personal que realiza las funciones operativas es digno de su confianza (o por lo menos no los ha separado de su encargo), y por la otra la sociedad civil difícilmente confía en ellos.

Esta dicotomía derivada de la percepción de confianza debiera de tomarse como mayor seriedad a la actual ya que esa percepción de confianza hacia las personas que atienden a las personas cuando son víctimas de la comisión de un delito[11], dista en demasía del número de integrantes que han causado baja por no acreditar las evaluaciones.

No se puede hablar de oscuridad dentro de los procesos, pero tampoco se visualiza que sean completamente transparentes, sin embargo, en la procuración de justicia un tono gris no es sinónimo de aceptación y menos de legitimación.

En procuración de justicia, cuando dentro de su engranaje algo se desconecta, el sistema puede dañarse parcialmente ya que no otorga la retroalimentación para lo cual fue creada. Se debe buscar esa unión que actúe en forma de cadena, uniendo todos los eslabones sin que alguno de ellos se extravíe o se troce. Ese eslabón perdido entonces radica en la oscuridad para los procesos de evaluación permitidos por la Ley, y los resultados materializados en relación a la respuesta esperada por la ciudadanía.

Precisamente, algo ideal podría ser que para el caso de las evaluaciones que realiza el C-4, su resultado resultara lo suficientemente sólidas que permitieran fortalecer la confianza ciudadana, no la confianza del Fiscal del Estado, pero de la misma manera, el titular de la procuración de justicia, debiera ser respetuoso de las evaluaciones y no hacer uso exagerado de la facultad discrecional que le concede la legislación orgánica, de esta forma el acceso de nuevos integrantes y la permanencia de los ya existentes, tendría una percepción ciudadana mejor y más congruente.

---

11 Guadalupe Tejeda citando a Gudiño en su artículo *Percepción sobre seguridad ciudadana en Sonora*, (TEJEDA, 2021) establece que la percepción se refiere al aspecto subjetivo de la inseguridad, la cual a veces es independiente del hecho de haber padecido un acto delictivo. Es una dimensión en la que todas las personas pueden ser afectadas, pues hace referencia a la percepción o a la posibilidad de ser víctimas de un delito. Por otro lado, la dimensión objetiva está basada en la seguridad real, es decir en los hechos reales.

VI. Conclusiones

Las evaluaciones realizadas por el Centro Estatal de Certificación y Control de Confianza del Estado de Michoacán, México, solo sirven como factor orientador para la toma de decisiones que realiza la Fiscalía para el ingreso o permanencia de los integrantes directos.

- Existe un vacío en la Ley Orgánica para la Fiscalía del Estado de Michoacán, como organismo autónomo, que obligue al Fiscal General, a respetar la recomendación de ingreso, no ingreso, permanencia o separación de los integrantes directos emitida por el C-4.
- Los integrantes directos de la Fiscalía permanecen en la incertidumbre respecto a su permanencia en la institución por no conocer las áreas de oportunidad en las que pueden mejorar posterior a su procedimiento evaluativo.
- Queda al arbitrio definitivo del titular de la Fiscalía, la decisión del destino laboral de los integrantes directos.
- La percepción ciudadana no es tomada en consideración para el ingreso, permanencia o remoción de los empleados de la Fiscalía.
- La percepción ciudadana respecto a la confianza hacia los integrantes directos, no toma como punto de partida el resultado de la evaluación de control de confianza, sino el resultado material que dan los agentes del Ministerio Público, peritos y policías a la sociedad lo que se refleja en las estadísticas oficiales.

Referencias

Belda, C. F.; Grande, E. U. (2009): «Los modelos de simulación: una herramienta multidisciplinar de investigación». *Encuentros multidisciplinares*, vol 11, n.° 32 (37-48).

Bustamante, M. M. N.; Aguilar, A. F. S. (2000): «Precisiones sobre las Facultades Discrecionales de la Administración Tributaria». *Derecho & Sociedad*, n.° 14 (78-87).

Carvajal Marín, L. M.; Ulloa Ulloa, I.; Morales Silva, M. (2007): «La utilización de pruebas psicométricas: ¿un absurdo en una EST?» *Universitas Psychologica*, vol. 6, n.° 1 (79-87). []. ISSN: 1657-9267. En línea: https://www.redalyc.org/articulo.oa?id=64760109. (fecha de consulta: 1 de diciembre de 2021).

Dammert, L. (2016): «Confianza en la policía en Chile: un arma de doble filo». *Civitas-Revista de Ciências Sociais*, n.° 16 (575-594).

Esbec, E.; Echeburúa, E. (2016): «Abuso de drogas y delincuencia: consideraciones para una valoración forense integral». *Adicciones*, vol. 28, n.º 1 (48-56). En línea: https://www.redalyc.org/articulo.oa?id=289144321007 (fecha de consulta: 1 de diciembre de 2021).

Gómez Dantés, H.; Castro, M. V.; Franco-Marina, F.; Bedregal, P.; Rodríguez García, J.; Espinoza, A.; Valdez Huarcaya, W.; Lozano, R. (2011): «La carga de la enfermedad en países de América Latina». *Salud Pública de México*, vol. 53, n.º 2 (S72-S77). En línea: https://www.redalyc.org/articulo.oa?id=10619779003 (fecha de consulta: 1 de diciembre de 2021).

Gómez Vilchis, Ricardo R. (2012). «La percepción sobre la seguridad pública como determinante del voto en la Opinión Pública en México». *Revista Mexicana de Opinión Pública*, n.º 12 (31-53). En línea en: https://www.redalyc.org/articulo.oa?id=487456189004 (fecha de consulta: 27 de Noviembre de 2021).

L'Êcuyer, J. (2001). «La evaluación en la enseñanza superior. Revista Diálogo Educacional». Vol. 2, nº 4 (1-26). En línea: https://www.redalyc.org/articulo.oa?id=189118183016 (fecha de consulta: 2 de diciembre de 2021).

López Cortés, O. A. (2015): «El uso del polígrafo en los procesos de selección laboral: un caso de vacío legal en el sistema jurídico colombiano». *Via Inveniendi Et Iudicandi*, vol. 10, n.º 2 (57-75). En línea: https://www.redalyc.org/articulo.oa?id=560258678002 (fecha de consulta: 1 de diciembre de 2021).

López Jara, A. A.; Cañizares Roig, M. (2018): «El control interno en el sector público ecuatoriano: Caso de Estudio: gobiernos autónomos descentralizados cantonales de Morona Santiago». *Cofin Habana*, vol. 12, n.º 2 (51-72).

Mariscal Chicano, J. M. (1994). *¿Quién finge la ironía pertinente?*

Mendaña, R. J.; Arias Salgado, A. (2008): «El Ministerio Público y la Atención Primaria de la Conflictividad Penal». *URVIO, Revista Latinoamericana de Estudios de Seguridad*, (3), 21-32. En línea: https://www.redalyc.org/articulo.oa?id=552656563002 (fecha de consulta: 27 de noviembre de 2021).

Méndez, J. M. Á. (2011): *Evaluar para conocer, examinar para excluir.* Ediciones Morata, SL.

Neyra Herrera, S. D. C. (2022): *Derecho al recurso del condenado en segunda instancia.*

Pascual Sáez, M.; Cantarero Prieto, D. (2007): «Características Socioeconómicas de las Personas con Discapacidad en España: Un Estudio Empírico». *Estudios de Economía Aplicada*, vol. 25 n.° 3 (843-865). En línea: https://www.redalyc.org/articulo.oa?id=30113818013 (fecha de consulta: 1 de diciembre de 2021).

Tejeda Parra, G.: Palafox Moyers, C. G. (2021): «Percepción sobre la seguridad ciudadana en Sonora». *Región y Sociedad,* 33, 1-29. En línea: https://www.redalyc.org/articulo.oa?id=10266174020 (fecha de consulta: 2 de diciembre de 2021)

Vasconcelos Méndez, R. (2009): «Constitución, sistema acusatorio y autonomía del Ministerio Público en torno al caso de Oaxaca». *Boletín Mexicano de Derecho Comparado*, XLII (126), 1499-1548. En línea: https://www.redalyc.org/articulo.oa?id=42715770010. (fecha de consulta: 27 de noviembre de 2021).

CAPÍTULO 17

EL MANEJO DE LA GOBERNANZA Y SUS CONSECUENCIAS EN LA PARTICIPACIÓN CIUDADANA EN MÉXICO

Adriana Cantón Balcázar
Universidad de Salamanca

Sumario: I. Introducción. II. Metodología. III. Revisión de literatura. IV. Resultados y discusión. V. Conclusiones. Referencias.

I. Introducción

Los indicadores de gobernanza en México en 2020, de acuerdo con el Banco Mundial, fueron reprobatorios[1], haciendo referencia al desempeño durante el sexenio de Andrés Manuel López Obrador (posteriormente, AMLO), que comenzó en 2018 y terminará en 2024. De acuerdo con Martínez y Espejel Carbajal (2015: 161), «[e]l concepto de gobernanza se enfoca en el proceso de gobernación e indaga en el gobierno como actor, pero va más allá e incluye a los sectores sociales». Así, a pesar de que la gobernanza consiste en múltiples características, entre ellas destacan la calidad de las instituciones, y la confianza en el gobierno[2]; las cuales serán los dos ejes centrales del presente capítulo.

La relevancia del presente capítulo se basa en que, si el manejo de la gobernanza (por medio de múltiples características) es deficiente, puede haber consecuencias negativas en la participación ciudadana, donde llegará un punto en que los mexicanos no se sientan representados y no tengan interés en temas políticos. Para ejemplificar, si no existe un correcto manejo

1 Pérez Ramírez; Rodríguez Pérez (2022: 15).

2 Inegi (2017: 29).

de la gobernanza, en un contexto de una baja calidad institucional y desconfianza en el gobierno en turno, en conjunción se puede ver afectado el involucramiento cívico, ya que las bases no son sólidas para incitar a la población mexicana a ser partícipes en cuestiones gubernamentales. En específico, la búsqueda debe ser por una Buena Gobernanza, la cual la AGENDA URBANA ESPAÑOLA (2019: 160) explica como «los procesos de toma de decisiones y de implementación transparentes, eficaces, que se alcanzan de forma democrática con la participación de todos los interesados».

Con ello, la buena gobernanza llevaría a un buen gobierno, demostrando eficacia a través de dos áreas que son fundamentales para alcanzar la misma. Rosas Ferrusca *et. al.* (2018: 179) definen estas áreas primero, como una estabilidad institucional (los métodos de elección, control y reemplazo de los gobernantes). Segundo, en el marco regulatorio y eficacia del gobierno, que se refiere a la capacidad del gobierno para la administración y aplicación de sus recursos y políticas. Así, siguiendo esta implacable búsqueda por la buena gobernanza que arraigue un buen gobierno, es como se seleccionaron los ejes: calidad de las instituciones y confianza en el gobierno, respectivamente.

Con el hecho de que los índices no catalogan a México en altos niveles en la gobernanza, esto ha creado que la sociedad mexicana sea considerada como «ingobernable»[3], pero más que apatía, es que los mecanismos administrativos para gobernar no están funcionando de forma idónea. Con base en la línea de investigación transparencia, regulación y control, aunado a la búsqueda de un buen gobierno, la pregunta de investigación, de alcance causal, es: ¿Cómo ha influido el manejo de la gobernanza en la participación ciudadana en México, durante el sexenio 2018-2024?

Siguiendo una metodología mixta, se utilizará primeramente un enfoque cualitativo al realizar una revisión de la literatura sobre su relación con la democracia, el estado actual de la gobernanza, y las dimensiones consideradas. Tras ello, se adoptará un enfoque cuantitativo al crear un instrumento, específicamente una encuesta, para aplicar a 200 mexicanos sobre su percepción sobre la calidad de las instituciones, y la confianza en el gobierno. Con ello, se podría comprender si la participación ciudadana se ve afectada, y en qué medida lo hace. La hipótesis de investigación es que los instrumentos de gobernanza influyen en la participación ciudadana; en su contraparte, la hipótesis nula es que los instrumentos de gobernanza no influyen en la participación ciudadana.

Habiendo establecido lo anterior, este capítulo tiene como objetivo general presentar cómo se han manejado la calidad de las instituciones y la confianza en el gobierno durante el sexenio 2018-Actualidad. Un objetivo específico es sugerir de qué forma el manejo de estas dos dimensiones ha influido en

---

3 Whitehead; Brambila (1980).

la participación ciudadana en México. Teniendo en cuenta que, en vísperas del futuro, si estos mecanismos fallan, se puede convertir en una pérdida de confianza en toda la gobernanza y posteriormente, la gobernabilidad del país. De manera adicional, 2024 es año electoral en México, donde se llevarán a cabo elecciones federales, por lo que es pertinente determinar si uno de los dos instrumentos de gobernanza mencionados está transgrediendo la participación de los gobernados.

II. Metodología

Para responder a la pregunta de investigación: ¿Cómo ha influido el manejo de la gobernanza en la participación ciudadana en México, durante el sexenio 2018-2024? y atender al objetivo general: presentar cómo se han manejado la calidad de las instituciones y la confianza en el gobierno durante el sexenio 2018-Actualidad, se utilizará un enfoque mixto. Este tipo de investigación se llevará a cabo partiendo de que «implica un proceso de recolección, análisis y vinculación de datos cuantitativos y cualitativos en un mismo estudio (...) para responder a un planteamiento del problema»[4].

En adición, se empleará un alcance causal con el objetivo de establecer relaciones de influencia entre las variables consideradas. Esto se debe a que la causalidad «no es una categoría de relación entre ideas sino una categoría de conexión constante y determinación que corresponde a un rasgo real del mundo fáctico (interno y externo), de modo que tiene índole ontológica»[5]. Como parte de las variables, la gobernanza se operacionalizó considerando la calidad de las instituciones y los niveles de confianza en el gobierno durante el sexenio Lopezobradorista. Se presentará con un objetivo secundario: dar importancia al tema de la democracia, debido a que en la sección introductoria se estableció posible relación entre la gobernanza y sus repercusiones en la democracia. Por lo tanto, hubo un interés en analizar el estado de la democracia y posteriormente retroceder hacia el por qué, intentando descubrir si la gobernanza era un factor influyente.

Se establecieron una hipótesis de investigación (Hi) y una hipótesis nula (Ho). La hipótesis de investigación (Hi) fue: Los instrumentos de gobernanza se han manejado de forma incorrecta, por lo que influyen de manera negativa a la participación ciudadana. Por otro lado, la hipótesis nula fue: Los instrumentos de gobernanza no se han manejado de forma incorrecta, por lo que no influyen de manera negativa a la participación ciudadana. Para seguir a una investigación mixta, primeramente, se propuso responder a la hipótesis nula, siguiendo un enfoque cuantitativo.

---

4 Hernández Sampieri *et. al.* (2006: 751).

5 Bunge (1997: 21).

Para atender al enfoque mixto se hará a continuación una revisión bibliográfica acerca del estado de la gobernanza en el país, así como corroborar que efectivamente los índices de participación ciudadana han presentado una decadencia durante el sexenio estudiado. Así mismo, se llevará a cabo un énfasis en la literatura acerca de la calidad de las instituciones y los niveles de confianza en el gobierno durante el sexenio 2018-2024. Esta primera parte hará alusión a la investigación cualitativa. Seguidamente se pasará a la investigación cuantitativa, por medio de la creación y posterior aplicación, de una encuesta a 200 ciudadanos de México. El tipo de muestra fue no probabilístico, de sujetos voluntarios o por conveniencia, debido a que los sujetos debían cumplir el requisito de ser mexicanos; pero sin importar su pertenencia a otros subgrupos.

El tamaño de la muestra (200 mexicanos) será seleccionado superando al número mínimo para que la investigación fuera representativa sin intentar ser generalizable, pero por factores externos se debió descartar realizar la muestra con la totalidad de la muestra. Las respuestas de esta encuesta creada serán recolectadas por medio de la aplicación *Google Forms,* donde primeramente se realizará un pilotaje a diez personas, que no serían parte de la muestra, para obtener sus comentarios previo al lanzamiento del instrumento a todos los participantes. Con base en ello se realizarán las modificaciones pertinentes. Posteriormente, las respuestas serán analizadas por medio del programa estadístico SPSS con el objetivo de incitar una discusión en caso de los encuestados consideren que su participación ciudadana se ha visto afectada, específicamente por temas de calidad de las instituciones y la confianza en el gobierno.

III. Revisión de literatura

1. Gobernanza, democracia, y el movimiento regeneración nacional (MORENA)

Tras la declaración de lo importante que son los sectores sociales para una correcta gobernanza, la participación ciudadana es también una dimensión de la misma, empero ésta se puede ver influida —de forma positiva o negativa— por el resto de los instrumentos. Es un tema relevante debido a que: «la participación ciudadana está naturalmente ligada a la democracia»[6]. Siguiendo la línea de la democracia, los índices demuestran que la democracia mexicana ha decaído de forma gradual pero continua, a pesar de que alcanzar una democracia plena es discursivamente una de las metas del país[7].

6 Contreras; Montecinos (2019: 178).

7 Gobierno De México (2014).

Para sustentar esta idea, el Índice Democrático de *The Economist*[8] calificó a México como un régimen híbrido en 2021 y 2022. Que haya sido rebajado de la categoría «democracia defectuosa» hacia un modelo «híbrido» implica que ya se tienen tendencias autoritarias en el país. De confirmarse, la falta de interés por promover la participación cívica puede ser una demostración de esas propensiones autoritarias. A pesar de ello, un punto de vista distinto podría ser que la democracia en México nunca ha sido enfocada en los ciudadanos y, por ende, no es sorpresivo que no se impulse en gran medida el activismo de los mexicanos en temas políticos. Por ello, Álvarez Icaza (2009: 258) expresa que «existen diversos retos por vencer a fin de transitar de una democracia electoral hacia una democracia de ciudadanas y ciudadanos que permita el empoderamiento».

Como parte de su contexto histórico, en el año 2000 se dio la primera alternancia en el Poder Ejecutivo en México, cuando el Partido Revolucionario Institucional (posteriormente, PRI) terminó su mandato tras más de 70 años como partido hegemónico en el país. Había unas grandes esperanzas de la sociedad mexicana por el futuro, debido a que esperaban «(...) mejorar su representación política, lo cual facilitará también avances en el desarrollo social, pero si no se satisfacen estas expectativas, la frustración debilitará la gobernabilidad y creará incertidumbre en la gobernanza futura en este país»[9].

Poco más de una década después, un estudio conducido por Aguilar Rivera (2014) determinó que la alternancia no ayudó en ninguna medida a la gobernanza mexicana, sino que más bien, la estaba debilitando. Una razón de ello es que la hegemonía del PRI también lograba dar cierta estabilidad al aparato gubernamental debido a que ya estaba preestablecido cómo sería ordenado, segmentado, y dirigido. Así lo planteó también Halabe (2019), donde retoma la «Época Dorada Mexicana» con los mandatos priistas, donde se reconoce que sí hubo estabilidad, posiblemente por la mera falta de alternancia.

A pesar de ello, cabe resaltar dos puntualizaciones: primero, que la pérdida de confianza de los mexicanos comenzó desde las épocas del PRI, la cual también es una razón de que la participación ciudadana se pueda ver disminuida. Llegó a tal punto que el reconocido escritor de origen peruano Mario Vargas Llosa empleó un término para referirse a México: *la dictadura perfecta*. Esta poderosa terminología hacía referencia a que el país ya se contaba con algunos de los requisitos de una dictadura, incluyendo la permanencia de un partido y la imposibilidad de que los ciudadanos participaran en la arena política.

La segunda anotación que se debe realizar es que, tras la alternancia, los ciudadanos desconfiaban, debido a que «[p]ocas personas creen que su par-

8 The Economist (2023).

9 Aziz Nassif *et. al.* (2002: 13).

ticipación en la política es ahora más efectiva que antes, el gobierno electo a menudo no cumple con las demandas de los ciudadanos (...)»[10]. Esto fue lo realmente peligroso de la gobernanza con la alternancia mexicana: hubo muchas promesas, y a su vez, no se solucionaron todos sus problemas. La población seguía igualmente descontenta, con deseos de ser considerados actores políticos con relevancia. Desde ese punto se demuestra que no había una interrelación equilibrada entre el gobierno y la sociedad civil mexicana.

En el momento actual, más de 20 años después de aquella primera alternancia, se ha comprobado que las necesidades de la población no fueron satisfechas, a tal grado que el PRI volvió a gobernar México durante el sexenio 2012-2018 con Enrique Peña Nieto, antes del partido político actual. La siguiente alternancia se dio con AMLO y el partido que lo llevó a la Presidencia del país es el Movimiento Regeneración Nacional (MORENA). El contexto de MORENA es imprescindible, debido a la naturaleza de este partido político y lo que debería ser, teóricamente, un acercamiento con la sociedad civil. Lo que empezó como un Movimiento para el Lopezobradorismo se convirtió de manera formal, en 2011, en un partido político con el lema de ser «La esperanza de México»[11].

Además de autodenominarse la Cuarta Transformación, donde se harían los cambios reales por cuarta vez en la historia de México. SÁEZ ARRECEYGOR (2019: 83) resume las primeras tres grandes transformaciones como: La Primera Transformación siendo la Independencia de México de 1810, la Segunda, la Reforma de 1857 y, por último, la Tercera Transformación sería la Revolución Mexicana de 1910. Es decir, lo que proponía MORENA era que su administración fuese reconocida como un gran período de desarrollo y crecimiento del país; y que, gracias a ello, trascendiera a través de la historia. Partiendo desde este punto de vista, la buena gobernanza en el sexenio Lopezobradorista implicaría, específicamente: «una gobernanza compartida entre las buenas prácticas de los hacedores de la política y de los destinatarios de las actuaciones políticas»[12]. Cabe el cuestionamiento de si ahora sí hay un conformismo de parte de los gobernados y efectivamente se está alcanzando la meta de la Cuarta Transformación, mayoritariamente tomando en consideración la historia de inconformismo y denuncias ciudadanas por haber perdido la confianza en el gobierno.

Hay dos razones de máxima relevancia por la que es indispensable puntualizar tanto la importancia del mandatario mexicano, López Obrador, como de su partido político (ya que el mismo fue el fundador y líder de MORENA). La primera razón es retomando lo que expresa BOLÍVAR MEZA (2014: 61), al decir que MORENA es el partido del Lopezobradorismo. Así, son insepara-

10 AGUILAR RIVERA (2014: 19).

11 MARTÍNEZ GIL (2014: 207).

12 PÉREZ RAMÍREZ; RODRÍGUEZ PÉREZ (2022: 1).

bles y un fenómeno no podría ser entendido sin el otro. Otra razón por la cual se precisa su asociación es debido a que para Rosas Ferrusca *et. al.* (2018: 180), la gobernanza está estrechamente relacionada con la toma de decisiones, especialmente del Estado. Así, el estado de la gobernanza durante este sexenio que continúa se ha manejado de forma diferente a comparación de las administraciones anteriores en la historia de México. Esto se debe al cambio radical que propusieron AMLO y MORENA al llegar al Poder Ejecutivo en 2018, siguiendo una narrativa de ser la diferencia que el país necesitaba.

Esto se complementa con lo que expresaron Aziz Nassif *et. al.* (2002: 43), acerca de que «mientras los tres grandes partidos (...) estén presentes en la vida política mexicana, y mientras continúe la solidez de la administración y de ese tejido asociativo sin pretensiones de ocupar el lugar de los partidos, la gobernanza podrá mantenerse». Es una posibilidad que la gobernanza en el país no esté actuando de la mejor manera porque, aunque los partidos sí están presentes (aunque no de manera equitativa, ya que MORENA domina a los demás en cuanto a Senadores, Diputados, Gobernadores de los Estados, entre otros), aún es necesario que eso se transforme en solidez de las instituciones públicas y todos los factores que están involucrados en la administración de un país. No obstante, la principal consecuencia, en caso de que las variables estén relacionadas, se deben visualizar por medio de los índices de participación ciudadana, tras lo cual se da inicio a la siguiente sección.

2. El estado de la participación ciudadana en México

Al hacer referencia a la participación ciudadana en el país lo que implica son las acciones concretas dentro de la política. Los deseos por ser informados de temas políticos que finalmente les afectan, si bien es una medición relevante, fue considerado de manera independiente. Para objetos del capítulo se presentarán específicamente los datos acerca de las votaciones presidenciales desde el año 2000, así como la incorporación de los referendos como forma de incentivar la consulta ciudadana e impulsar la democracia directa.

En cuanto a las elecciones presidenciales, cabe mencionar que el Presidente López Obrador obtuvo un porcentaje histórico, representando al 53.20 % de la plantilla electoral en ese año, empezando su sexenio con una amplia legitimidad. Con base en los datos computados por el Tribunal Electoral del Poder Judicial de la Federación (2018), en las elecciones presidenciales de 2018 votaron un total de 56'601,874 mexicanos. Para esto, se debe tener en consideración que hay un total de 129 millones de la población que habita en el país[13], a pesar de que hay un gran porcentaje que no votaron en 2018 por diversas razones, tales como la migración, edad, ocupaciones, enfermedades, viajes, o simplemente, abstención política, entre muchos otros.

13 Inegi (2023).

A manera de comparación entre las votaciones en sexenios anteriores y los porcentajes que estos representaban, los datos del INSTITUTO NACIONAL ELECTORAL (2000, 2006, 2012) y del TRIBUNAL ELECTORAL DEL PODER JUDICIAL DE LA FEDERACIÓN (2018) serán resumidos y presentados por medio de la Tabla I.

Tabla I. Comparación de votaciones en elecciones presidenciales 2000-2018

Presidente	Partido político	Sexenio	Electorado completo	Votantes	%
Vicente Fox Quesada	Partido Acción Nacional (PAN)	2000-2006	37'601,618	15,989,636	42.52
Felipe Calderón Hinojosa	Partido Acción Nacional (PAN)	2006-2012	41,791,322	15,000,284	35.89
Enrique Peña Nieto	Partido Revolucionario Institucional (PRI)	2012-2018	50'323,153	19,226,784	38.21
Andrés Manuel López Obrador	Movimiento Regeneración Nacional (MORENA)	2018-2024	56'601,874	30,110,327	53.20

Fuente: Elaboración propia con datos del Instituto Nacional Electoral (2000, 2006, 2012) y del Tribunal Electoral del Poder Judicial de la Federación (2018)

La tabla anterior enseña el aumento progresivo de todo el padrón electoral desde el 2000 hasta el 2018, lo que implica que durante los sexenios estudiados se ha presentado un incremento de mexicanos que han acudido a votar, al menos en las elecciones presidenciales. Durante el primer sexenio presentado, de Vicente Fox Quesada, había un número reducido de votantes, pero fue aumentando progresivamente. Empero, respecto a los votos con los que fueron declarados ganadores, de las elecciones del 2000 al 2006 hubo una cantidad menor, a pesar de que más gente salió a votar. Una de estas razones puede ser que el voto comenzó a dividirse más entre los partidos políticos restantes; y podría confirmarse considerando que hubo una alternancia del PAN al PRI en las siguientes elecciones presidenciales (2012).

Por otro lado, el Presidente López Obrador ha cambiado la historia de México con los referendos que se han llevado a cabo en el país. Para mencionarlos, se partirá de las Consultas Populares que ha llevado a cabo la presente administración. Eso está fundamentado en una unión entre lo que viene incorporado en la Constitución Política de los Estados Unidos Mexicanos (CPEUM) y en la Ley Federal de Consulta Popular. CHAGUACEDA & LÓPEZ ZUMAYA (2021: 211) explican que «la consulta popular es el mecanismo de participación por el cual los ciudadanos ejercen su derecho, a través del voto emitido mediante el cual expresan su opinión respecto de uno o varios temas de trascendencia nacional». A pesar de que se han presentado más, en el presente trabajo se tomarán como base dos: el primero, para determinar si los expresidentes mexicanos podían ser investigados por actos de corrupción, y el segundo, acerca de la revocación del mandato presidencial. En los dos casos, se necesitaba una participación equivalente al 40 % o superior para que ésta fuera procedente.

El primer referendo, mejor conocido como la *Consulta Popular 2021,* tenía el objetivo de enjuiciar expresidentes mexicanos, y se ejecutó en agosto del año mencionado. Los resultados no fueron los esperados, ya que la participación fue únicamente del 7 %, cifra inferior de lo necesario. El Presidente López Obrador celebró ampliamente que el 98 % de los que votaron fueran a favor de su propuesta, empero considerando la baja participación que obtuvo, los medios de comunicación se han referido a «la apatía del 93 %»[14], y que en realidad, tras el escaso número de votantes, no debería ser considerado una victoria.

En cuanto a la revocación del mandato presidencial, cuatro años después del triunfo Lopezobradorista, en abril de 2022 se efectuó el referendo correspondiente. Se presentó un caso similar debido a que participó menos del 18 % del electorado[15]. A pesar de que se presentó una participación mayor que en la *Consulta Popular 2021*, no se llegó al mínimo requerido para que fuese de obligado cumplimiento. Dentro de los resultados, un aproximado del 92 % votó por la permanencia del mandatario mexicano, lo cual, nuevamente, consideró un éxito.

Desde otro punto de vista, estos datos más recientes no representan un triunfo. A pesar de que está ampliamente confirmado que las elecciones presidenciales es donde los ciudadanos votan con mayor regularidad, para cumplir los objetivos de la Cuarta Transformación estos referendos debieron haber sido trascendentales. Y, con la información proporcionada, se demuestra que no lo fueron. El 7 y 18 % de participación ciudadana no es suficiente para ser significativo en la historia de la democracia mexicana.

Considerando que la consulta de enjuiciar expresidentes mexicanos tuvo una participación aún menor, se retoma lo que expresan Chaguaceda & López Zumaya (2021: 218) al decir que «[e]xpertos del Derecho sostienen que la consulta era innecesaria, pues cualquier ciudadano puede presentar denuncias para que se active la función estatal de investigar y sancionar hechos que pueden ser constitutivos de delitos [...]». En caso de que éste fuera el sentir de los mexicanos, considerarían que estas consultas populares no son un mecanismo eficiente para incentivarlos a participar en temas políticos, a pesar de los esfuerzos del gobierno de involucrarlos. Pero existe

14 Santamaría (2021).

15 González Díaz (2022).

otro tipo de consideraciones, como que los partidos políticos de oposición motivaron a la población de abstenerse a responder el referendo[16]. Sin lugar a duda, los porcentajes de participación ciudadana no han sido congruentes con aquellos números históricos que se presentaron en 2018, independientemente de la índole de las votaciones.

3. Calidad de las instituciones y niveles de confianza en el gobierno Lopezobradorista

La calidad de las instituciones es un tema que puede estar estrechamente ligado a la confianza. Los ciudadanos habitualmente determinan la «calidad» con base en su percepción de los servicios públicos que los gobiernos locales les proveen. Un estudio realizado por Monsiváis Carrillo (2019: 2) al inicio del sexenio Lopezobradorista encontró que, a partir de una percepción media, ya se podía hablar de calidad de las instituciones de gobierno. Sin embargo, la realidad mexicana es lo que establece Monsiváis Carrillo (2019: 6): «En México, la actitud predominante ha sido la desconfianza de la ciudadanía hacia las instituciones políticas», mayoritariamente esta incredulidad se ha dado por temas de cuestionamiento de legitimidad. El pasado puede explicar mucho del sentir de los mexicanos en el presente, mas no debe definir la realidad sobre el carácter de las instituciones públicas.

De acuerdo con el estudio conducido por Pérez Ramírez y Rodríguez Pérez (2022: 1), el desempeño de la Cuarta Transformación en cuanto a las instituciones ha sido de involución, al menos durante los últimos 20 años. Más aún, los mismos autores entienden una calidad buena de las instituciones como parte de la búsqueda del Estado de Derecho, y el mejor año para ambos fue en 2005, mucho antes del inicio del sexenio Lopezobradorista. Pero en lo pertinente a la administración actual, la percepción de la calidad institucional es muy deficiente. Por lo contrario, se habla de un debilitamiento institucional, al decir que hay tres razones por el decadente Estado de Derecho, los cuales involucran «el debilitamiento de los contrapesos institucionales a los gobiernos estatales y una contracción del espacio cívico, el deterioro en los sistemas de justicia penal y la falta de avances en materia de anticorrupción»[17]. Así, los autores también hacen referencia a una contracción del espacio cívico, lo cual se relaciona con lo establecido en este capítulo acerca de la arena política y lo que se necesita para que ésta se involucre.

Existen autores quienes consideran que la administración actual no busca que estas instituciones cuenten con la excelencia. Al contrario, Centeno (2021: 196) dictamina que «[e]l lopezobradorismo, más bien, acusa una fortaleza selectiva, orientada al reordenamiento de las instituciones federales en

16 *Idem.*

17 Pérez Ramírez; Rodríguez Pérez (2022: 14).

función de una centralización del poder en manos de la Presidencia». Así, la gobernanza se estaría viendo afectada a conciencia, en el caso de que este pensamiento refleje la realidad del gobierno. En ese caso, se retoma lo dicho por Monsiváis Carrillo al inicio de esta sección: la calidad es meramente una percepción de los afectados por las instituciones, los cuales son los ciudadanos y residentes mexicanos.

En otoño de 2019, Pérez Verduzco (2019: 125) replicó unos resultados de Latinobarómetro acerca de la confianza hacia las instituciones. En cuanto al gobierno, se encontró que es la institución en la menos confían los mexicanos, junto con los partidos políticos. Es paradójico, debido a que el gobierno de la Cuarta Transformación tenía el objetivo de erradicar la corrupción del gobierno para poder tener, precisamente, una mayor confianza en todo el aparato de gobierno. Contrariamente, el mismo estudio mencionado refleja que el grado de corrupción percibido dentro del gobierno supera la media, sobrepasando únicamente a las municipalidades[18].

Cabe mencionar que la consideración del «gobierno» excluye al Presidente, el cual es estudiado de manera independiente, y estos niveles de confianza no lo involucran. A pesar de ello, también se ha presentado un declive en la confianza que se le tenía al mandatario a raíz de la pandemia por COVID-19. Un estudio ejecutado por el GABINETE DE COMUNICACIÓN ESTRATÉGICA (2020: 7) se esmeraba en determinar la confianza en el Presidente. La pregunta realizada fue: «si usted tuviera que salir de vacaciones, ¿usted le confiaría las llaves de su casa al Presidente Andrés Manuel López Obrador?». Mientras que en enero de 2019, tras su toma de posesión, la respuesta «Sí» era del 60.5 % y «No» del 37.9 %, para abril del 2020 estos números cambiaron, ya que un 42.2 % contestó que «Sí», y 53.8 %, que «No».

En adición, el presidente ha tomado con seriedad los bajos índices de confianza, por lo que su estrategia de comunicación política es por medio de las *Mañaneras*. De lunes a viernes a partir de las 7:00 am, AMLO presenta un informe, a manera de rendición de cuentas de todo lo que hace su gobierno. Díaz Jiménez *et. al.* (2023: 120) señalan: «es habitual que las intervenciones del presidente presenten una carga ideológica que, en gran medida, busca la polarización a través de cuestionamientos permanentes de los gobiernos anteriores [...]». Ante ello, es una posibilidad que el señalamiento termine siendo hacia su propio gobierno, dados sus esfuerzos por demeritar a los gobiernos anteriores en el país.

Adicionalmente, durante la Cuarta Transformación se han llevado a cabo acciones que han sido consideradas medidas impopulares para la población mexicana, y por las cuales se responsabiliza al gobierno. Una de ellas ha sido la cancelación del programa social PROSPERA; ya que, si bien sus recursos fueron destinados a otro programa (Becas para el Bienestar Benito Juárez),

18 Pérez Verduzco (2019: 124).

éstas no son igual de beneficiosas[19]. De manera generalizada, parte del sentir de la población mexicana fue por las altísimas expectativas que se tenía en el gobierno. Al tomar medidas, que resultan ser desfavorables para la población, los niveles de confianza se ven drásticamente afectados por el simple hecho de sentir un desencanto. Así, las cifras históricas con las que el Presidente López Obrador llegó al Poder Ejecutivo de México pueden jugar en su contra con el paso de los años.

IV. Resultados y discusión

Esta sección será dividida en tres apartados. El primero consiste en una estadística descriptiva de los encuestados, con el objetivo de tener en consideración sus contextos y poder enmarcar la investigación. En la segunda sección se presenta, de forma descriptiva y por medio de gráficas circulares, los resultados acerca de la percepción de los encuestados. Por último, la tercera sección son las correlaciones del estadístico de Chi Cuadrada de Pearson, con las que se sugerirá si existe —o no— una asociación entre las variables consideradas.

1. Estadística descriptiva

Las preguntas previas de la encuesta creada consistieron en una estadística descriptiva, con los datos del rango de edad, el género y la escolaridad de aquellos mexicanos que decidieron contestar el instrumento. Si bien estos factores no son determinantes para los resultados, sí se debe tomar en cuenta la realidad y el entorno tras el cual se está considerando la gobernanza en México. En cuanto a la edad, esta partió de los 18 años, que es la edad legal para votar en el país, considerando que se estaban contemplando a los ciudadanos mexicanos en edad adulta en el momento actual. La información de la muestra completa se puede observar en la Tabla II.

Tabla II. Estadística descriptiva de los participantes

		Encuestados [n=200]	
Variable	**Categoría**	**N**	**%**
Edad	18-25	5	2.5
	26-35	32	16
	36-50	75	37.5
	51+	88	44

19 Martínez Espinoza (2021: 130).

		Encuestados [n=200]	
Género	Masculino	128	64
	Femenino	72	36
	Otro	0	0
Escolaridad	Preparatoria (o equivalente)	10	5
	Licenciatura (o equivalente)	101	50.5
	Maestría (o equivalente)	67	33.5
	Doctorado (o equivalente)	22	11

Fuente: Elaboración propia

En este aspecto, los principales descubrimientos fueron que la mayoría de los respondientes tenía 51 años o más, representando el 44 % de toda la muestra. Así, se está refiriendo a adultos que han tenido la oportunidad de vivir distintos sexenios y pueden tener un punto de comparación, considerando sus propias vivencias y calidad de vida. El segundo grupo más representativo en cuanto a la edad es aquel de 36-50 años (37.5 %) siguiendo el mismo patrón de la adultez y las experiencias que enriquecen sus respuestas con un antecedente personal.

Respecto al género, no se encontraron respuestas de encuestados que se identificaran con el género «Otro». Por el contrario, el 64 % de la muestra fueron pertenecientes al género masculino, implicando una mayoría de toda la muestra. Seguidamente aquellas identificadas con el género femenino fueron 72 de los respondientes, lo cual constituyó al 36 %. Finalmente, se les preguntó la escolaridad para contextualizar acerca sus grados de estudios o equivalencias. Más del 50 % de la plantilla entera tiene nivel de licenciatura, bajo lo cual se puede resumir que los que respondieron la encuesta tienen estudios superiores. Con esta información, de manera general, se puede proponer que mayoritariamente contestaron la encuesta hombres, con 51 años o mayores, y estudios de licenciatura o equivalentes.

En segundo lugar, el grupo más representativo estaba formado por mujeres de entre 36 y 50 años con grado de maestría o su equivalencia. El hecho de que esto fuera lo segundo más encontrado comprueba que fueron de mayor edad, e igualmente con estudios superiores. Por el contrario, el colectivo más joven (18-25 años) representaron únicamente el 2.5 % de la plantilla, por lo que fueron una minoría. Finalmente, de forma similar en cuanto a la escolaridad, sólo el 5 % tenía grado de preparatoria o equivalente, siendo lo mínimo encontrado.

2. Gráficas acerca de la opinión de los encuestados

Este apartado pretende demostrar visualmente las percepciones de los encuestados acerca de la gobernanza, la confianza en el gobierno, y descubrir si tienen deseos e interés en participar en temas políticos. Con esta información podrían fortalecerse los datos proporcionados y retomar el tema de la apatía, con referencia a si es posible que los mexicanos sienten indiferencia hacia la política mexicana. De manera adicional, en los tres casos que serán presentados se dio la opción: «Prefiero no responder», debido a que se considera relevante estudiarlas, ya que existe la posibilidad de que las abstenciones puedan ser una manifestación de sentimientos negativos, tales como la desconfianza o simplemente, el rechazo. En caso de que en estas respuestas hubiese un porcentaje alto de preferencias por no responder, también daría un indicio de los sentimientos de los encuestados, a pesar de no tener una respuesta concreta. Así, las respuestas pueden ser observadas a través de la Gráfica I.

Gráfica I. Percepción acerca de la gobernanza en México

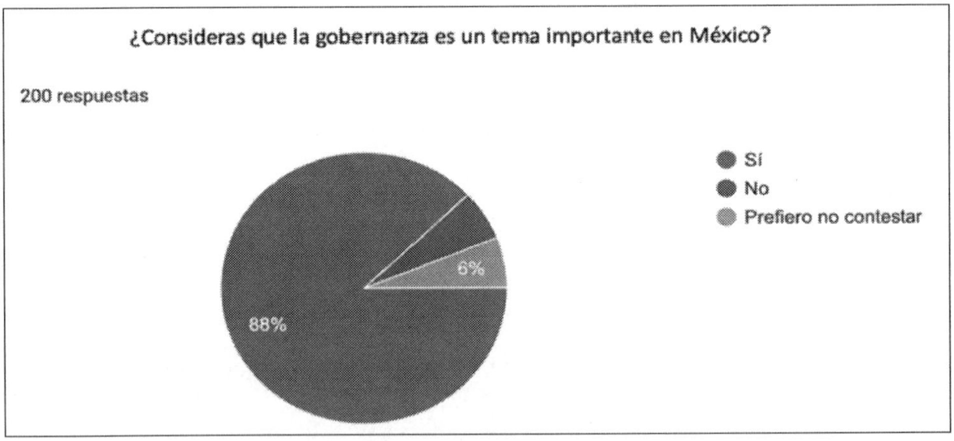

Fuente: Elaboración propia

Como se observa en la gráfica I, de la plantilla completa de encuestados, 176 de ellos consideraron a la gobernanza como un tema importante en el país; indudablemente es una extensa mayoría, al representar un 88 % de la muestra completa. Esto resulta ser positivo y, en este punto, podría descartar que exista un desinterés en temas políticos, debido a que están conscientes del gran valor de la gobernanza dentro de un país.

No obstante, para efectos del presente capítulo, también es útil tener en consideración no solamente las respuestas «Si», a pesar de que fueron dominantes; sino que igualmente se debe poner un interés especial en las otras opciones. 12 personas (6 %) respondieron que no es un tema importante, mientras que la misma cantidad de encuestados (12, representando el 6 % restante) optaron por abstenerse de contestar a la pregunta. El hecho de que la misma cantidad de personas contestaran que «No» así como las abstenciones debe ser estudiado a profundidad, ya que el objetivo de alcanzar la buena gobernanza mencionada en la revisión bibliográfica no puede ser alcanzado en un contexto donde existan mexicanos que no consideran el tema de amplia importancia.

Además, tal como se propuso anteriormente, la preferencia por no responder una pregunta debe ser analizado con mayores detalles. Aquella decisión puede ser por múltiples razones, desde —por ejemplo— no tener claro qué es la gobernanza y/o su diferencia con la gobernabilidad. Con base en ello, existe la posibilidad de que los 12 encuestados no se sientan identificados con la significancia de la gobernanza y se debe descubrir por qué. Con relación a ello, la gráfica II provee los resultados sobre si los encuestados confían, o no, en el gobierno actual. Como se ha comentado, la confianza en el gobierno es uno de los pilares de este capítulo ya que está englobada en la gobernanza. Por lo tanto, se les preguntó cuál es su sentir respecto al gobierno actual en México.

Gráfica II. Confianza de los encuestados en el gobierno actual

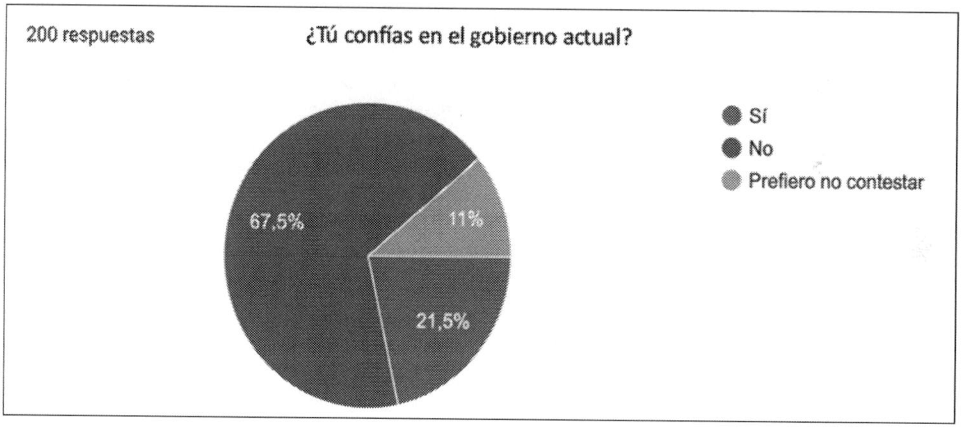

Fuente: Elaboración propia

135 de los encuestados, que representan al 67.5 % de la muestra no confían en el gobierno actual. Este hecho resulta preocupante, debido a que la confianza en el gobierno es indispensable tanto para la gobernanza como para incitar la participación ciudadana y no sentirse limitado, aunado a que es un factor importante para la democracia. Es decir, resultaría coherente no encontrar un gran involucramiento cívico debido a que los ciudadanos no sienten la confianza de hacerlo; a pesar de que no hay un estudio a profundidad sobre qué aspecto del gobierno es en el que no confían. De manera gene-

ral, es un amplio número de mexicanos los que expresaron desconfianza, lo cual podría relacionarse con los resultados de la gráfica I sobre la abstención y una de las posibles razones por las que no se participa en la política.

Desde otro punto de vista opuesto, 21.5 % de la plantilla respondió sí tener confianza en el gobierno del presidente López Obrador, que consistieron de 43 personas. A pesar de que los números entre confianza y desconfianza no son equitativos, refleja que sí hay personas que demuestran seguridad ante el gobierno en turno. Nuevamente, se dio la opción de no contestar a la pregunta, por la cual 22 personas (11 %) se inclinaron. Lo aprendido en este punto es que hay una amplia mayoría de personas las cuales no confían, y aunque esto puede ser por diversas razones, es un tema preocupante que 135 personas replicaran «No», ya que la Buena Gobernanza no se está alcanzando. Esto se debe a una ecuación: que no exista confianza, consecuentemente no podría arraigar una gobernanza plena. Y, tal como se descubrió por medio de la gráfica I, el manejo y el estado de la gobernanza en el país sí es considerado un tema de gran interés para los mexicanos.

Con estos dos descubrimientos, es posible unirlos para proponer que sí hay un reconocimiento de la gobernanza como tema relevante, aunado a que hay una gran desconfianza en el gobierno en turno. Las implicaciones pueden, o no, tener una repercusión negativa en la participación cívica. Por último, se realizó una pregunta para determinar si los encuestados tienen interés en participar en la política. En este punto es necesario especificar que lo que se buscaba en esta pregunta era conocer si su interés se transmite por actos, no únicamente tener deseos de comprender la política sino ser parte de ella, lo cual son temas distintos. La gráfica III expresa los resultados.

Gráfica III. Interés de los encuestados en participar en la política

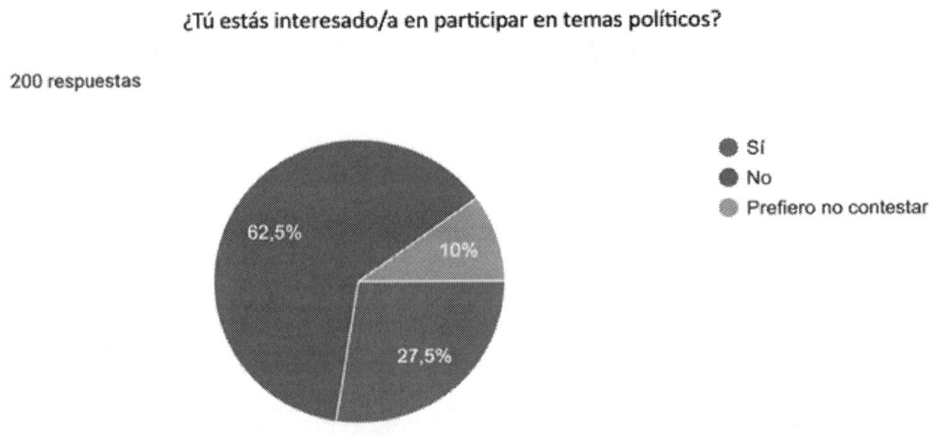

Fuente: Elaboración propia

En cuanto a la inclinación de los encuestados por ser miembros activos de temas políticos en México, 125 de ellos (62.5 %) no tienen interés, mientras que 55 (27.5 %), sí se sienten atraídos por la política en el país. Una posible razón de ello es que los mexicanos quieren estar enterados de lo que ocurre de manera general en la política, de lo que sienten que les puede afectar; mas no buscan ser parte de la misma. Dentro de la opción por no responder a la pregunta, el 10 % de los encuestados optaron por ello, que fueron 20 de los respondientes.

La propuesta de este capítulo era descubrir si el manejo de la gobernanza puede ser un factor que no les dé el foro adecuado para su participación, y por ende se haya presentado una aportación cívica menor que en otros sexenios, a pesar de que discursivamente el gobierno actual deseaba escuchar e involucrar más a los mexicanos. Considerando a los adultos encuestados, más de la mitad de ellos no tienen el objetivo de pertenecer e involucrarse, por medio de actos concretos, en la política mexicana. Tal como se mencionó en el marco teórico, puede haber distintas razones e históricamente puede estar arraigada una cultura política limitante, con la cual los mexicanos no están acostumbrados a tener un rol importante dentro de la política.

No obstante, contrastar este resultado con los anteriores (gráficas I y II), y tras haber especificado cuál era la meta de la Cuarta Transformación con el gobierno actual, las respuestas obtenidas no son satisfactorias. Lo descubierto hasta el momento es que mayoritariamente sí se considera la gobernanza como tema importante, aunado a que hay una predominante desconfianza en el gobierno actual, y una gran cantidad de encuestados no desean participar en la política mexicana. A pesar de ello, un análisis correlacional por medio de SPSS era necesario, para poder proponer cuál es la medida de la influencia del manejo de la gobernanza en la participación ciudadana, durante este sexenio. Por ello, la siguiente sección está enfocada en presentar los estadísticos de Chi Cuadrada que explican la presencia y la fuerza de estas asociaciones.

3. Análisis correlacional

Debido a que en la gobernanza estaban siendo consideradas tanto la confianza en el gobierno como la calidad de las instituciones, la primera de las correlaciones que serán representadas es entre las dos variables mencionadas, para inicialmente englobar la gobernanza en ellas. Por lo tanto, la tabla III demuestra los resultados entre la percepción de los encuestados sobre cómo es la calidad de las instituciones durante este sexenio a comparación de anteriores; aunado a si ellos, de forma personal, confían —o no— en este gobierno. Cabe mencionar que, para poder hacer referencia a una asociación, se tomó en consideración el estadístico de chi cuadrada de Pearson y específicamente, la significancia asintótica.

Tabla III. Chi-cuadrada de Pearson sobre la percepción de calidad de las instituciones con la confianza en el gobierno

Tabla cruzada PercepInstituciones*ConfianzaGob

Recuento

		ConfianzaGob			
		Sí	No	Prefiero no contestar	Total
PercepInstituciones	Mucho mejor que antes	7	0	0	7
	Mejor que antes	23	2	1	26
	Igual	9	23	5	37
	Peor que antes	3	53	7	63
	Mucho peor que antes	1	57	9	67
Total		43	135	22	200

Pruebas de chi-cuadrado

	Valor	gl	Significación asintótica (bilateral)
Chi-cuadrado de Pearson	121,966[a]	8	<,001
Razón de verosimilitud	115,367	8	<,001
Asociación lineal por lineal	63,611	1	<,001
N de casos válidos	200		

a. 5 casillas (33,3%) han esperado un recuento menor que 5. El recuento mínimo esperado es ,77.

Fuente: Elaboración propia

Partiendo de que la significación asintótica fue <.001, sigue siendo menor a 0.05, el cual es el valor comúnmente usado como referencia. Así, se puede sugerir que efectivamente existe una relación entre las variables estudiadas, y que su asociación además es fuerte. Gracias a ello, se puede sugerir que ambos son temas importantes donde también los encuestados aparentan pensar similar en ambos aspectos.

Se encontró una fuerte relación porque la asociación más votada fue entre los enunciados referentes a que no confían en el gobierno, y que su percepción sobre la calidad de las instituciones es que éstas están «mucho peor que antes». La similitud entre las respuestas puede ser un factor por el cual el valor de la significancia asintótica fue extremadamente bajo, representando la estrecha relación, tanto por la naturaleza de los temas, que están implícitos en la gobernanza, como también de las respuestas. Además, esta relación existente permite que se puedan englobar como medidas de la gobernanza, no únicamente al ser parte de los instrumentos de la misma, sino que son percibidas y entendidas como asociadas.

Siguiendo el interés por conocer cómo se sienten los mexicanos por la gobernanza y si esto influye en su participación en temas políticos, la tabla IV refleja estos resultados.

Tabla IV. Chi-cuadrada de Pearson sobre la percepción de la gobernanza y la participación ciudadana

Tabla cruzada PercepGobernanza*PercepPartCiu

Recuento

		PercepPartCiu Ha aumentado	Igual que antes	Ha disminuido	Total
PercepGobernanza	Mucho mejor que antes	12	3	4	19
	Mejor que antes	20	11	13	44
	Igual	12	19	31	62
	Peor que antes	12	15	20	47
	Mucho peor que antes	4	2	22	28
Total		60	50	90	200

Pruebas de chi-cuadrado

	Valor	gl	Significación asintótica (bilateral)
Chi-cuadrado de Pearson	33,507[a]	8	<,001
Razón de verosimilitud	33,261	8	<,001
Asociación lineal por lineal	20,144	1	<,001
N de casos válidos	200		

a. 1 casillas (6,7%) han esperado un recuento menor que 5. El recuento mínimo esperado es 4,75.

Fuente: Elaboración propia

Nuevamente, el valor obtenido en la significancia asintótica fue <0.001; y al ser menor que 0.05, se puede sugerir que sí existe una relación entre las variables. Con ello, se descubren varios puntos importantes: como perciben los mexicanos el estado de la gobernanza en el país, es la medida en la que querrán participar en temas políticos. Otra opción es lo contrario: partiendo de que no se busca, ni se tiene interés en actuar en temas políticos (como se descubrió en la gráfica III), conlleva a que afecte la gobernanza, partiendo de que ha sido ampliamente estudiado que la participación política es uno de los instrumentos de la misma gobernanza. Como sea la naturaleza de su relación, es existente e innegable la asociación.

No obstante, en el recuento de las respuestas se encuentra un dato interesante: la mayoría de los encuestados contestaron que ellos perciben el manejo de la gobernanza como «mejor que antes», haciendo referencia a las administraciones pasadas. Si bien, no se tienen los datos exactos sobre qué referencias son las que toman los encuestados para considerar la gobernanza como «mejor que antes», es positivo que se considere mejor el manejo de la misma. Lo que no sería congruente, es aunado con las respuestas de la gráfica II, donde se descubrió que la mayoría de los encuestados no confía en el gobierno. En conjunción, no hay un consenso acerca de si se está manejando mejor la gobernanza, por qué estaría decreciendo la participación ciudadana.

Un hecho que se descubrió en esta medida es que la población debe estar informada en temas políticos a pesar de que ellos no busquen pertenecer a la misma. Sin embargo, como tomadores de decisiones de la política, es responsabilidad de los gobiernos mantenerlos informados sobre temas que les son pertinentes, como la gobernanza en el país que habitan.

Finalmente, el tema central era descubrir si ha influido el manejo de la gobernanza en la participación ciudadana durante el presente sexenio en México. Siguiendo esta línea es como se llega a la tabla V, la cual indaga una asociación entre esas dos variables.

Tabla V. Chi-cuadrada de Pearson sobre el manejo de
la gobernanza y la participación ciudadana

Tabla cruzada

Recuento

		PercepPartCiu			
		Ha aumentado	Igual que antes	Ha disminuido	Total
GobernanzaImp	Si	58	39	80	177
	No	1	5	6	12
	Prefiero no contestar	1	6	4	11
Total		60	50	90	200

Pruebas de chi-cuadrado

	Valor	gl	Significación asintótica (bilateral)
Chi-cuadrado de Pearson	9,981[a]	4	,041
Razón de verosimilitud	10,170	4	,038
Asociación lineal por lineal	,948	1	,330
N de casos válidos	200		

a. 5 casillas (55,6%) han esperado un recuento menor que 5. El recuento mínimo esperado es 2,75.

Fuente: Elaboración propia

Entre las dos variables primordiales del presente capítulo, el manejo de la gobernanza y la participación ciudadana, sí se encontró una relación. Es decir, sí influye cómo se dirige la gobernanza en la participación ciudadana, con un valor obtenido de 0.041, lo que sigue siendo menor que 0.05. No obstante, cabe decir que, diferencia de las tablas III y IV, durante esta búsqueda de relación no fue igualmente fuerte que las anteriores.

Tras comprobar que sí existe una influencia, se debe cambiar el enfoque no a que la ciudadanía participe en temas políticos, sino que la gobernabilidad esté suficientemente estable y bien dirigida para que la espera política se abra a ellos. Para que los foros sean los adecuados y no sea necesario introducir «Consultas populares» a manera de escuchar a los ciudadanos, sino que su participación fluyera de manera voluntaria y cooperativa. Todo lo demás existe, empezando por su interés de accionar, pero el tema que está afectándoles es, en este caso, tanto la confianza en el gobierno como la calidad de las instituciones. La gobernanza débil o deficiente no puede conllevar a un esfuerzo de la ciudadanía, más bien corresponde a un recelo y defensiva. Habiendo encontrado esta asociación, es innegable que es un tema que se debe atender para ser corregido.

V. Conclusiones

La sociedad mexicana no siente desafección política, sólo han presenciado un cambio en el manejo de la gobernanza en el país como parte de la discursiva del gobierno de la Cuarta Transformación. Sería comprensible este desajuste, posiblemente por la alteración entre cómo se operaba históricamente la gobernanza, y el traslado hacia cómo lo está haciendo la administración Lopezobradorista. Se cumplió el objetivo de investigación, para encontrar que el manejo de toda la gobernanza ha sido inestable y los sentimientos de los mexicanos pueden no ser los mismos que en 2018. Dentro de los tres instrumentos de la gobernanza que se estudiaron, la participación política por medio de actos concretos sí se ha visto repercutido, así confirmando la hipótesis de investigación inicial.

Por otro lado, la confianza en el gobierno se demostró (al menos en los encuestados) que no era suficiente. Por el lado de la calidad de las instituciones, la percepción también resultó ser de empeoramiento. Con este contexto, los instrumentos de gobernanza existen, pero no representan un contrapeso significativo en el gobierno actual, ni complementan la acción del gobierno. No se está actuando con el valor que la sociedad civil amerita. Más aún, el objetivo específico se proponía sugerir cómo era la influencia, donde se ha encontrado que la naturaleza de esta relación apunta a ser negativa, a que la asociación entre ellos es de detrimento, de un sufrimiento en la participación cívica.

Esto conlleva a una crisis de la democracia por un compromiso cívico bajo, donde es insuficiente el activismo de los gobernados. Por el contrario, en la muestra se confirmó lo mencionado en la revisión bibliográfica acerca de las abstenciones, y que éstas debían ser tomadas con precaución e interés peculiar. La elección por abstenerse en participar puede ser un indicio de inconformidad, lo cual parecería imposible considerando el triunfo histórico de AMLO, y después que su mismo gobierno incite a participar, y los ciudadanos ya no se vean interesados. No obstante, no es imposible, es una posibilidad. Los números de 2018 pueden no son los mismos casi seis años después, y una razón de ello es cómo se han manejado los instrumentos de gobernanza.

Aunado a ello, desde inicios del texto se refirió a la relación entre la Buena Gobernanza y una democracia fuerte, la cual los índices demuestran que

México no tiene. Así, y contemplando la correlación encontrada por la estadística, es una posibilidad estrecha que la democracia híbrida que se presenta en el país tenga que ver por el inestable manejo de la gobernanza que se ha comentado. No obstante, la desmotivación de la ciudadanía no puede ser confundida con desinterés, y específicamente el tema de los referendos no representa el poder que tienen como comunidad. Esa importancia recalca Palavicini Corona (2014: 84, traducción propia), al decir que: «la ciudadanía se representa a través de la formación en valores cívicos, que refuerzan el compromiso con su sociedad».

Por ende, futuras líneas de investigación deben considerar más instrumentos, a pesar de que estudiar el compromiso cívico sigue siendo de máxima prioridad, pero cómo se ve ésta influida por mecanismos que también han sido problemáticos en el país, tales como la transparencia y/o rendición de cuentas. Tras haber determinado cuáles son las acciones que agravian a la población mexicana se puede poner énfasis en sus necesidades, así mismo dando una importancia equivalente a la gobernanza como la que se la ha dado a la gobernabilidad.

Referencias

Agenda Urbana Española. (2019). *Mejorar los instrumentos de intervención y la gobernanza.* En línea: https://www.aue.gob.es/recursos_aue/03_oe_10.pdf (fecha de consulta: 02 de octubre de 2023).

Aguilar Rivera, J. A. (2014). «Grandes expectativas: La democracia mexicana y sus descontentos». *Revista Mexicana de Ciencias Políticas y Sociales*, Vol. 59, N.° 222 (19-50).

Álvarez Icaza, E. (2009). *La democracia en México: ciudadanía y derechos humanos*. Corte Interamericana de derechos Humanos. En línea: https://www.corteidh.or.cr/tablas/r30509.pdf (fecha de consulta: 02 de octubre de 2023)

Aziz Nassif, A., Barros-Valero, J., Velasco Blanco, I., Couffignal, G., Hermet, G., Milani, C., Preciado Coronado, J., & Lomelí Valencia, E. (2002). *Gobernanza y gobernabilidad democráticas en México; mesa redonda.* En línea: https://unesdoc.unesco.org/ark:/48223/pf0000125239 (fecha de consulta: 02 de octubre de 2023).

Bolívar Meza, R. (2014). «Morena: el partido del lopezobradorismo». *Polis: Investigación y Análisis Sociopolítico y Psicosocial*, vol. 10, n° 2 (71-103).

Bunge, M. (1997). *La causalidad: el principio de causalidad en la ciencia moderna.* Editorial Sudamericana.

Monsiváis Carrillo, A. (2019). *La calidad percibida de los servicios públicos locales y la confianza institucional en México, Región y Sociedad*, vol. 31 (1-28).

Centeno, R. I. (2021). «López Obrador o la izquierda que no es». *Foro Internacional*, vol. 61, n° 1 (163-207).

Chaguaceda, A., & López Zumaya, L. H. (2021). «Política populista y democracia pleisbicitaria: las consultas ciudadanas en el México de la Cuarta Transformación». *Andamios*, vol. 18, n° 46 (205-232).

Contreras, P., & Montecinos, E. (2019). «Democracia y participación ciudadana: Tipología y mecanismos para la implementación». *Revista de Ciencias Sociales* (RCS), vol. 25, n° 2 (178-191).

Díaz Jiménez, O. F., Ramos Ortega, O., & Meza Hernández, J. R. (2023). «Los efectos de la comunicación presidencial en la confianza en las instituciones políticas y las noticias de los medios en las elecciones intermedias de 2021». *Revista Mexicana de Opinión Pública*, vol. 18, n° 35 (115-146).

Gabinete de Comunicación Estratégica. (2020). *AMLO Seguimiento*. En línea: https://gabinete.mx/images/reportes/2020/politica/rep_amlo_segui_27abril20.pdf (fecha de consulta: 20 de octubre de 2023).

Gobierno de México. (2014). *Democracia en México*. En línea: https://www.gob.mx/sre/acciones-y-programas/democracia-en-mexico (fecha de consulta: 02 de octubre de 2023)

González Díaz, M. (2022). *Revocación de mandato | ¿Éxito o fracaso de AMLO? Cómo los resultados del referendo revocatorio marcarán la recta final de su presidencia en México*. En línea: https://www.bbc.com/mundo/noticias-america-latina-61074986 (fecha de consulta: 20 de octubre de 2023).

Halabe, A. (2019). *El PRI y su ideología*. En línea: https://www.sdpnoticias.com/columnas/ideologia-pri.html (fecha de consulta: 03 de octubre de 2023).

Hernández Sampieri, R., Fernández Collado, C., & Baptista Lucio, P. (2006). *Metodología de la investigación* (4a Ed). Editorial McGraw Hill.

Inegi. (2017). «Gobernanza: una revisión conceptual y metodológica». *Documentos de Análisis y Estadística*, vol. 1, n° 8 (7-69).

Inegi. (2023). *Estadísticas a propósito del día mundial de la población*. En línea: https://www.inegi.org.mx/contenidos/saladeprensa/aproposito/2023/EAP_DMPO23.pdf (fecha de consulta: 18 de octubre de 2023)

Instituto Nacional Electoral. (2000). *Elección de Presidente de los Estados Unidos Mexicanos. Estadística de las Elecciones Federales de 2000.* En línea: https://portalanterior.ine.mx/documentos/RESELEC/esta2000/sbpresrn.htm (fecha de consulta: 18 de octubre de 2023)

Instituto Nacional Electoral. (2006). *Elección de Presidente de los Estados Unidos Mexicanos Cómputos Distritales de las Elecciones Federales de 2006.* En línea: https://portalanterior.ine.mx/documentos/Estadisticas2006/presidente/pdfs/gra_nal.pdf (fecha de consulta: 18 de octubre de 2023)

Instituto Nacional Electoral. (2012). *Las elecciones del primero de julio: cifras, datos, resultados.* En línea:https://portalanterior.ine.mx/archivos3/portal/historico/recursos/IFE-v2/CNCS/CNCS-IFE-Responde/2012/Julio/Le010712/Le010712.pdf (fecha de consulta: 18 de octubre de 2023)

Martínez Gil, J.P. (2014). «Historia del Partido Regeneración Nacional (MORENA)». *Revista de Derecho Estasiológico. Ideología y Militancia*, n° 4 (195-217).

Martínez Espinoza, M. I. (2021). «La política social de la cuarta transformación en México. Un balance del primer año de gobierno de López Obrador». *Revista Española de Ciencia Política*, n° 55 (121-142).

Martínez, N., & Espejel Carbajal, I. (2015). «La investigación de la gobernanza en México y su aplicabilidad ambiental». *Economía, sociedad y territorio*, vol. 15, n° 47 (153-183).

Palavicini Corona, G. (2015). «Human security and "excluding inclusion": The frontiers in the active and passive citizenship exercise». *International Journal of Social Sciences: International Institute of Social and Economic Sciences*, vol. 4, n°1 (72-86).

Pérez Verduzco, G. (2019). «Análisis de la percepción ciudadana y el contexto político mexicano previo al proceso electoral 2018». *Estudios sobre las Culturas Contemporáneas*, n° 5 (107-134).

Pérez Ramírez, R., & Rodríguez Pérez, I. (2022). «El desempeño de la administración pública en la Cuarta Transformación a través de los indicadores de gobernanza». *Religación: Revista de Ciencias Sociales y Humanidades*, vol. 7, n° 3 (1-18).

Rosas Ferrusca, F., Calderón Maya, J., Campos Alanís, H., & Jiménez Sánchez, P. (2018). «Análisis del concepto de gobernanza territorial desde el enfoque del desarrollo urbano». *Revista Estado*, Gobierno y Gestión Pública, n° 31 (175-210).

Sáez Arreceygor, H. E. (2019). «Cuarta transformación. Argumentos». *Estudios Críticos De La Sociedad*, n° 89 (83-102).

Santamaría, C. (2021). *La apatía del 93 %: ¿qué dice el referéndum más vergonzoso de AMLO sobre su futuro?* En línea: https://www.elconfidencial.com/mundo/2021-08-06/apatia-referendum-futuro-amlo_3217363/ (fecha de consulta: 20 de octubre de 2023).

The Economist. (2023). *The world's most, and least, democratic countries in 2022.* En línea: https://www.economist.com/graphic-detail/2023/02/01/the-worlds-most-and-least-democratic-countries-in-2022 (fecha de consulta: 02 de octubre de 2023)

Tribunal Electoral Del Poder Judicial De La Federación. (2018). *El TEPJF emite dictamen sobre cómputo final, declaración de validez del proceso electoral y declaratoria de presidente electo*. En línea: https://www.te.gob.mx/front3/bulletins/detail/3360/0 (fecha de consulta: 18 de octubre de 2023)

Whitehead, L., & Brambila, B. (1980). «Por qué México es casi ingobernable». *Revista Mexicana de Sociología*, vol. 42, n° 1 (203–234).

CAPÍTULO 18

PRÁCTICAS ESTRATÉGICAS DE GOBERNANZA Y *COMPLIANCE* PARA EL DESARROLLO HUMANO: UN ANÁLISIS DESDE BRASIL

Thiago Allisson Cardoso De Jesús
Universidades Federal y Estadual do Maranhão

I. Introducción

Asumiendo la polisemia del término «gobernanza», la discusión sobre políticas orientadas a la gestión de los asuntos públicos parece necesaria, urgente y pertinente para el redimensionamiento de las capacidades estatales, en particular aquellas que potencien el desarrollo humano, inclusivo y estratégico.

Desde esta perspectiva, la gobernanza ha adquirido ideas innovadoras a partir de su adaptación a los nuevos requerimientos y lineamientos establecidos a nivel interno de los Estados nacionales y, en las últimas décadas, en agendas internacionales que sistematizan ideales y vectores que apuntan a impactar a las comunidades políticas en las diversas realidades del globo.

La discusión sobre las dimensiones de las políticas gubernamentales también denota la percepción histórico-evolutiva del tratamiento dado por los Estados nacionales a diversos problemas públicos globales complejos. Desde esta perspectiva, un gobierno basado en la evidencia y enfocado en resultados concretos y duraderos, comprometido con los valores humanitarios, es lo que mejor representa la capacidad de responder a los problemas y dilemas de nuestro tiempo.

Por supuesto, gobernar es también la capacidad de gobernar; se diferencia cuando asume un aspecto colaborativo y se desarrolla en red; y debe guiarse por la directriz de desempeño y la generación de valor público.

Volver a la realidad y en base a ella demarcar políticas estratégicas de gobierno; La gestión de riesgos y la adopción de posturas de cumplimiento denotan la capacidad del Estado para modelarse a partir de una realidad de gestión del caso y bolsas prácticas que, en el día a día, hacen vulnerable el erario y la asignación social de recursos, impactando negativamente y potenciando el hambre, la miseria y la necro política.

La gobernanza estratégica, inclusiva y sostenible parece ser una necesidad para el desarrollo humano y para fortalecer los marcos civilizatorios en los Estados democráticos. En este contexto, el *Compliance* también es visto como una estrategia receptiva para la gestión de crisis y el fortalecimiento de las prácticas gubernamentales comprometidas con la transparencia, la desjudicialización y el desarrollo humano.

Así, el presente trabajo tiene como objetivo indagar en la configuración de estándares de cumplimiento adecuados a las prácticas de buen gobierno, identificando sus potencialidades y límites, así como su relevancia para una gestión pública eficiente, probable y que permite el ejercicio del control social y sostenible.

La investigación tiene un carácter exploratorio, un enfoque cualitativo y el uso de la triangulación de métodos, con el uso de técnicas bibliográficas, documentales y de análisis de contenido. A través de ello, se sistematizarán experiencias exitosas y casos paradigmáticos. Además, el campo de análisis es el Estado Democrático de Derecho brasileño, a partir de sus directrices normativas y de gestión en los planes de gestión pública de la última década.

II. Gobernanza para el desarrollo humano: premisas ambientales y contextos para el futuro

Con el advenimiento de muchos estados democráticos, la persona humana adquirió el *status* de fin último de toda existencia en el universo. Por lo tanto, debe ser percibido no sólo por el hecho de que existe, sino también por cómo existe. El sentido de la dignidad de la persona se traduce en este célebre pasaje del paradigma antropocéntrico cuando anuncia que

> «[...] [t]odos los seres humanos, quienesquiera que sean, son igualmente dignos de respeto, y el rasgo distintivo del hombre, como ser racional, reside en el hecho

de que existe como un fin en sí mismo. Por esta razón, no puede ser utilizado como un simple medio, lo que limita, en esta medida, el uso arbitrario de tal o cual voluntad»[1].

En línea con este paradigma, REALE (1963: 69-73) anuncia que:

«[...] cada persona es única y ya habita el todo universal, lo que la convierte en un todo inserto en el conjunto de la existencia humana; que, por esta razón, debe verse más bien como una chispa que condiciona la llama y la mantiene viva, y en la llama crepita a cada momento, renovándose creativamente, sin reducir una a la otra; y que, al fin y al cabo, aunque la imagen sea precaria, lo que importa es dejar claro que decir persona es decir singularidad, intencionalidad, libertad, innovación y trascendencia, lo cual es imposible en cualquier concepción transpersonalista, a la luz de la cual la persona pierde sus atributos como valor fuente de la experiencia ética para ser vista como un simple "momento de un ser transpersonal" o una pieza de un mecanismo gigantesco que, Bajo varias denominaciones, siempre puede ocultar el mismo "monstruo frío", "colectividad", "especie", "nación", "raza", "idea", "espíritu universal" o "conciencia colectiva"».

Partiendo de la asunción del atributo de racionalidad y autonomía de la voluntad que debe informar la existencialidad concreta del hombre, KANT[2] sostenía:

«El hombre, y en general todo ser racional, existe como un fin en sí mismo, no simplemente como un medio para el uso arbitrario de tal o cual voluntad. Por el contrario, en todas sus acciones, tanto en las dirigidas a otros seres racionales, debe ser considerado siempre simultáneamente como un fin. Por lo tanto, el valor de todos los objetos que podemos adquirir por nuestras acciones es siempre condicional. Los seres, cuya existencia depende, en realidad, no de nuestra voluntad, sino de la naturaleza, tienen, sin embargo, si son seres irracionales, sólo un valor relativo como medios, y por eso se llaman cosas, mientras que los seres racionales se llaman personas, porque su naturaleza ya los distingue como fines en sí mismos, es decir, como algo que no puede ser empleado como un mero medio, y que, si son seres irracionales, no es un mero medio. En consecuencia, limita en esta medida toda arbitrariedad (y es objeto de respeto)».

A partir de este marco teórico se demarca la relación de dominación, en continuo fortalecimiento, entre el hombre y el ambiente, demostrada en el sometimiento de lo reducido a un bien jurídico perteneciente a su poseedor y dueño (el hombre), ratificado en las prácticas abrumadoras y casuismos violentos que reafirman la supremacía del hombre sobre todas las demás criaturas.

1 KANT (1995: 68).

2 *Idem* (1995: 134-135).

Al clásico Segundo Tratado *lockeano* sobre el gobierno, remitimos la historicidad de la relación entre el hombre y el medio ambiente, una relación de dominación verdaderamente continua. En este sentido, LOCKE (2010: 48) enseña que:

> «Al principio, el hombre se contentaba casi exclusivamente con lo que la naturaleza, sin su ayuda, ofrecía a sus necesidades. Con el tiempo, sin embargo, en algunas partes del mundo, donde el aumento de la población y de la riqueza, estimulado por el uso del dinero, había provocado una cierta escasez y apreciación de la tierra, las comunidades humanas pusieron límites a sus respectivos territorios y, por leyes, regularon las propiedades de los individuos dentro de la sociedad, por medio de acuerdos y pactos. ratificaba la propiedad que el trabajo y la industria habían comenzado a definir».

Para SARLET (2009: 37-38), las bases kantianas sirvieron para delimitar el concepto mismo de dignidad humana, expresando la historia siendo narrada desde el punto de vista de uno de los seres vivos, el hombre, y traduciendo en su propio núcleo la contradicción del *exceso* de antropocentrismo. En este sentido, el autor afirma:

> «Es precisamente en el pensamiento de Kant donde la doctrina jurídica más expresiva -nacional y ajena- parece todavía estar identificando las bases de un fundamento y, en cierto modo, de una conceptualización de la dignidad de la persona humana. Sin embargo, hasta qué punto esta concepción puede adoptarse efectivamente sin reservas ni ajustes en el actual período de evolución social, económica y jurídica es, sin duda, un desafío fascinante [...] Así, se puede afirmar que tanto el pensamiento de Kant como todas las concepciones que sostienen que la dignidad es un atributo exclusivo de la persona humana están, al menos en teoría, sujetas a la crítica de un antropocentrismo excesivo, sobre todo en la medida en que sostienen que la persona humana, debido a su racionalidad, ocupa un lugar privilegiado en relación con los demás seres vivos».

Comprometida con los valores que protegen ampliamente a la persona humana, en su perspectiva ontológica y patrimonial, las formas en que se manifiesta la protección del medio ambiente, como faceta del derecho al futuro, son oscilantes y paradójicas, sobre todo cuando se reconoce que esta política de tratamiento está condicionada a la coexistencia de diferentes influencias e intereses, relacionados con los movimientos a nivel nacional e internacional, que lo delimitan en un campo de riesgos y contradicciones.

En un contexto de dominación, estas influencias se reflejan incluso en la producción de conocimiento científico sobre estas políticas que, según WEIGEL (2009: 122):

> «La conciencia ingenua lleva a los científicos a la convicción ilusoria de constituir un grupo privilegiado, es decir, una élite, que está para más allá de los problemas que afectan al resto de la sociedad. El propio proceso de formación de científicos

ayuda en la construcción de esta convicción y los problemas específicos de cada especialidad científica, básicamente teórica y abstracta, colaboran para el establecimiento de una rutina de reflexión sobre el mundo que se aleja de los problemas de la vida cotidiana o que es incapaz de establecer las conexiones necesarias entre los objetos de investigación y los problemas de la población».

Este fragmento corrobora el título de la obra referenciada *«¿Educación para qué entorno?»* y traduce la ambivalencia de las ideologías que instrumentalizan el entorno, colocándolo como objeto de dominación por parte del hombre.

De esta manera, la consagración del derecho al futuro, que sustenta el análisis de la gobernanza estratégica se ha incorporado a los documentos constitucionales actuales, exteriorizándose como protección concreta del medio ambiente, sostenibilidad y reflexión sobre la cultura de la insaciabilidad y el consumo. Juárez De Freitas (2012: 34) señala que:

«[C]omo se ha subrayado, las generaciones presentes y futuras tienen el derecho fundamental a un medio ambiente limpio y a una vida digna y fructífera (derecho que puede hacerse valer contra el Estado y en las relaciones horizontales o privadas), sin condescendencia con la degradación de ningún tipo. Una vida digna, no solo material, sino una convivencia fructífera y, en la medida de lo posible, libre de los males derivados de las corrupciones típicas de la insaciabilidad, que prefiere primero crecer y, solo en un futuro lejano, mitigar o compensar. Por esta razón fundamental, es necesario evitar el excesivo peso que se le da al disfrute inmediato, en detrimento del futuro. Ciertamente, la preocupación por la equidad en el presente es un punto destacado, ya que permite el disfrute de la vida presente. Sin embargo, el horizonte debe ampliarse, es decir, hacerse a largo plazo. Está claro que las estrategias sostenibles son necesariamente las de larga duración, no las gobernadas por impulsos reptilianos o la compulsión de la obsolescencia programada. Los valores biológicos en sí mismos no son compatibles con ningún descuento desproporcionado y excesivo del futuro. Saber lidiar con el descuento del futuro es obligatorio para los competentes defensores del paradigma de la sostenibilidad, en el trabajo de construir una civilización que no se extermine a sí misma, dilapidando el patrimonio natural del planeta».

Para Weigel (2009: 192-193), es fácil ver la contradicción de la relación inversamente proporcional entre desarrollo y protección del ambiente. Según él:

«El desarrollo de las últimas décadas ha concentrado las actividades económicas en grandes centros y ha atraído importantes contingentes poblacionales, lo que ha llevado a la concentración de la riqueza, por un lado, y, por otro, al crecimiento de las demandas de servicios e infraestructura, reduciendo la capacidad de inversión [...]. La atracción por el progreso, que hoy es intensa, acaba por combinarse, por tanto, con la creciente necesidad de recursos financieros para garantizar el funcionamiento básico de la economía y los servicios públicos [...] El crecimiento de las inversiones en las ciudades [...] conduce a un cambio en la relación con la naturaleza. En ausencia de estrategias de desarrollo sostenible, hay una expansión depredadora de las actividades extractivas, un crecimiento del sector primario basado en tecnologías inadecuadas para las características ambientales del lugar».

De este modo, la vulnerabilidad del ambiente, acervo jurídico de propiedad difusa, se convierte en una consecuencia de la propia modernidad.

De acuerdo con las Directrices de las Naciones Unidas para la Protección del Consumidor (1999: 2):

> «4. Los modos insostenibles de producción y consumo, en particular en los países industrializados, son la causa principal de la continua degradación del medio ambiente mundial. Todos los países deben tratar de promover modalidades de consumo sostenibles; Los países desarrollados deben ser los primeros en lograr modalidades de consumo sostenibles, mientras que los países en desarrollo deben tratar de alcanzarlas en su proceso de desarrollo, prestando la debida atención al principio de la responsabilidad común pero diferenciada, y deben tenerse plenamente en cuenta la situación y las necesidades especiales de los países en desarrollo en esta esfera».

Por lo tanto, la humanidad disfruta no sólo de los logros y beneficios del desarrollo, sino también de los efectos indeseables que produce, como las desigualdades sociales, la degradación del medio ambiente y el debilitamiento del sentido de colectividad y seguridad. La aparición de tantos riesgos e incertidumbres es, por tanto, una contradicción frente a la modernidad y una consecuencia directa de ella.

En el contexto de la globalización del capital y el desarrollo desigual de los Estados nacionales, una de las contradicciones claras se encuentra en la definición de pobreza del Banco Mundial. Peter Singer (2010: 6-7) en *¿Cuánto cuesta salvar una vida?* enseña que:

> «El Banco Mundial define la pobreza extrema como la falta de ingresos suficientes para satisfacer las necesidades humanas más básicas de alimentación, agua, vivienda, vestido, saneamiento, atención médica y educación adecuadas. Mucha gente es muy consciente de la estadística de que 1.000 millones de personas viven con menos de 1 dólar al día. Esta fue la línea de pobreza del Banco Mundial hasta 2008, cuando mejores datos de las comparaciones internacionales de precios permitieron un cálculo más preciso de cuánto necesitan las personas para satisfacer sus necesidades básicas. Sobre la base de este cálculo, el Banco Mundial fijó la línea de pobreza en 1,25 dólares al día. El número de personas cuyos ingresos los sitúan por debajo de esta línea no es de 1.000 millones, sino de 1.400 millones. El hecho de que haya más personas viviendo en la pobreza extrema de lo que pensábamos es obviamente una mala noticia, pero no del todo mala. Según la misma base de datos, en 1981 había 1.900 millones de personas que vivían en la pobreza extrema. Esto equivale aproximadamente a cuatro de cada 10 personas en el planeta, mientras que ahora menos de una de cada cuatro es extremadamente pobre».

BECK (2006:39) entiende la Teoría de la Sociedad del Riesgo como un proceso de reciprocidad, por lo que toda modernización trae riesgos, incertidumbres y vulnerabilidades. Indica, por tanto, que:

> «El proceso de modernización es reflexivo, si se toma a sí mismo como tema y problema. El desarrollo y la aplicación de las tecnologías (en el ámbito de la naturaleza, la sociedad y la personalidad) son sustituidos por cuestiones de la gestión política y científica (administración, descubrimiento, inclusión, evitación y ocultación) de los riesgos de la tecnología a aplicar en la actualidad o potencialmente en relación con horizontes de relevancia que se definirán especialmente. La promesa de seguridad crece con los riesgos y debe ser ratificada una y otra vez ante una opinión pública alerta y crítica a través de intervenciones cosméticas o reales en el desarrollo técnico-económico».

Se forma una agenda. En última instancia, JUÁREZ DE FREITAS (2010: 308-309) indica que:

> «Tal agenda, cuyas raíces están entrelazadas con la de los derechos fundamentales, presupone, para tener éxito, un profundo cambio de mentalidad y de gobernanza, basado en una comprensión científica de la inserción del hombre en la naturaleza. Un nuevo modo de vida es absolutamente crucial para hacer viable, en gran magnitud, el desarrollo capaz de dar lugar a mejoras robustas y estructurales, en un crecimiento que podría llamarse "desarrollo material-desarrollo inmaterial". Este cambio de mentalidad es posible. Es constitucionalmente vinculante».

III. Esbozar el gobierno estratégico como vector de la capacidad de respuesta del Estado

La gobernanza es un *proceso* en constante redimensionamiento y parece ser un propósito relevante para las políticas de gestión pública, especialmente en los Estados democráticos, incluso si tienen una democracia aparente y formal, como aquellos que no tienen las habilidades para hacer valer los derechos que declaran.

Por lo tanto, la gobernanza debe considerarse contemporáneamente a *nivel macro, meso y micro*. La agenda pública de un Estado-nación tiene como objetivo reproducir los problemas que se enfrentan a escala global, como la crisis climática global; Pero tengo inquietudes regionales y localidades, inherentes a las singularidades de nuestros espacios y entornos. La alineación de estas esferas es una condición sin la cual la gobernanza puede reducirse a prácticas de gestión tradicionales y obsoletas que, por lo general, se ocupan únicamente de las repercusiones de los problemas, sin abordarlos con anticipación o para la gestión de los peligros.

Aquí extrapolamos el viejo concepto de gobernanza, que sintetiza exclusivamente la capacidad de gobierno.

La gobernanza estratégica incluye en la agenda la relevancia de la planificación, la organización y la optimización de procesos; la adopción de nuevas técnicas para el manejo de personas, ministros y supuestos; la discusión sobre la intersectorialidad, la transdisciplinariedad, el uso de la inteligencia artificial, el mejoramiento del software y el desarrollo de políticas de formación permanente para los agentes públicos, como las Escuelas Públicas, con el objetivo de potenciar las capacidades y habilidades estatales orientadas a la percepción, reconocimiento y formulación de intervenciones inteligentes y sostenibles en situaciones de crisis y en contextos de necesidad de hacer valer derechos.

Se cree que se está diseñando un nuevo sector público. Las políticas estratégicas del gobierno reúnen lineamientos y vectores que reconfiguran la forma en que el Estado interviene y desafía paradigmas previamente establecidos.

Ciertamente, la dimensión gerencial e institucional-administrativa está influenciada por el uso de técnicas modernas de gestión, pero sólo utilizadas por el sector privado y el tercer sector; la adopción de estrategias encaminadas a la eficiencia y la eficacia; el movimiento por la profesionalización de la burocracia, a través de la institucionalización de programas de capacitación permanente, incluso para mejorar el desempeño público; Para las prácticas de descentralización y con la intención de orientar los resultados con un enfoque en el ciudadano-usuario.

A esta dimensión se suma la función sociopolítica que debe enfatizarse en el sector público, especialmente en los Estados democráticos: es la dimensión de enfatizar la intersectorialidad, la participación social, los mecanismos de control social y el fomento de la proximidad entre el Estado y la sociedad, en la defensa de la *responsabilidad pública*, en los asuntos de todos y en los de nadie.

Una pregunta: ¿cómo definir una práctica de buen gobierno, estratégica e inclusiva, orienta al desarrollo humano?

Las definiciones son numerosas y están vinculadas a las diversas concepciones del mundo, ideologías y plataformas políticas, incluida la política partidista. En el Informe sobre el *Desarrollo Mundial 2017: Derechos de los gobiernos y del Banco Mundial* (2017:7), el gobierno se considera a sí mismo como un «proceso a través del cual los actores estatales interactúan para formular e implementar políticas dentro de un conjunto predefinido de reglas formales e informales que dan forma y son moldeadas por el poder».

La Organización para la Cooperación y el Desarrollo Económicos (OCDE) es un indicador de que el buen gobierno es un medio para alcanzar un objetivo, para decidir, identificar las necesidades de los ciudadanos y amplificar los resultados esperados.

Algunos lineamientos pueden permitir el diseño adecuado de políticas gubernamentales orientadas al desarrollo humano en los estados democráticos, concretando lo poco que el Banco Mundial y la OCDE tienen en cuenta.

Una política gubernamental adecuada fortalece la confianza en las instituciones públicas. Al involucrar a los diversos actores gubernamentales y no gubernamentales, favorece las interacciones, las coaliciones y fomenta las capacidades de diálogo y delimitación de puntos convergentes, sin imponer estándares de toma de decisiones o procedimientos.

Dos: fomenta la coherencia y promueve la coordinación, a por una red cooperativa, con funciones bien definidas y un intercambio constante de ideas, recursos y prácticas de innovación.

Una tercera virtud que puede orientar el potencial de una política de gobierno es el establecimiento de niveles mínimos de gobernanza, a través de la consolidación de agendas y agendas que está vinculadas al desarrollo humano y tengan un carácter no negociable, como el desarrollo sostenible, las políticas antidiscriminatorias, las acciones afirmativas y asegurar la universalización de la satisfacción de las necesidades básicas individuales.

Un último aspecto que considerar, sin perjuicio de tanto otros que deben reconocerse o derivarse de la diferenciación, es la promoción del desarrollo en sus múltiples dimensiones. No parece razonable garantizar el desarrollo económico en detrimento de la sostenibilidad ambiental y la distribución de la riqueza y el acceso a los derechos de ciudadanía. El reconocimiento de lo ambientalmente tolerable, lo socialmente justo, lo culturalmente diverso y lo económicamente viable se ajusta a la noción de futuro, a la sostenibilidad y a las políticas gubernamentales que son estratégicas y enfocadas en el desarrollo humano multidimensional.

IV. Las prácticas de *compliance* como necesidad de innovación en el rediseño de las políticas gubernamentales en la vida contemporánea

Dialogando con Beck (2006), Giddens (1991:33) recuerda que la palabra riesgo proviene «probablemente de un término náutico español que significa correr con peligro o chocar con una roca». Albuquerque (2018:29) argumenta que «el riesgo se refiere principalmente a la noción de peligro, ya que no se puede hablar de riesgo sin potencia o inminencia de peligro». En la línea epistemológica, cabe destacar las conferencias de Bottini (2013:24) quienes sostienen que «la definición objetiva de la película como una situación de hecho nos permite caracterizar el riesgo como la cualidad de una situación que la precede».

De acuerdo con Beck (2006:333), se corrobora que *«los riesgos presuponen decisiones humanas»*. Traducido libremente, los riesgos presuponen decisiones humanas. Por lo tanto, se asume, desde Albuquerque, que «la sociedad actual se caracteriza notoriamente como una sociedad de riesgo, en el sentido de que participa activamente en el debate, la prevención y la gestión de riesgos de su propia creación» (2018:33).

Así, en este entorno de riesgos socialmente producidos, el *Compliance* aparece como una estrategia relevante para la afirmación *prima facie* de derechos y para la desjudicialización.

Etimológicamente, la terminación de *Compliance* denota actuar de conformidad, de acuerdo con normas previamente establecidas.

El *Compliance*, en este escenario de gobernanza transformacional, no se limitaría a un programa, sino a un movimiento lleno de perspectivas y desafíos. Como ejemplo de la relevancia internacional de los mecanismos de cumplimiento, destacamos los lineamientos aprobados en 2011 por el Consejo de Derechos Humanos de la ONU y que tratan sobre los *Principios Rectores de las Empresas en Derechos Humanos.*

La intención de los 31 principios inscritos en ella sería «tratar de **evitar que las empresas violen** los derechos humanos en el curso de sus actividades y exigir la debida reparación cuando se cometan violaciones de estos derechos en el contexto empresarial», conforme Mazzuoli (2020:438). *In verbis*, algunas de sus declaraciones saludables en BRASIL[3]:

I. El deber del Estado de proteger los derechos humanos

Principio 1

Los Estados deben protegerse contra las violaciones de los derechos humanos cometidas en su territorio y/o jurisdicción por terceros, incluidas las empresas. Con este fin, es necesario adoptar medidas apropiadas **para prevenir, investigar**, castigar y remediar esos abusos mediante políticas, leyes, reglamentos y enjuiciamientos apropiados.

Principio 2

Los Estados deben establecer claramente la expectativa de que todas las empresas domiciliadas en su territorio y/o jurisdicción respeten los derechos humanos en todas sus operaciones.

Principio 3

Cumplir con las leyes que tengan por objeto que las empresas respeten los derechos humanos, evaluar periódicamente si las leyes están adaptadas y subsanar cualquier deficiencia;

Velar por que otras leyes y directrices de política que regulan la creación y las actividades de las empresas, como el derecho mercantil, no restrinjan el respeto de los derechos humanos por parte de las empresas;

Evaluar eficazmente a las empresas sobre cómo respetar los derechos humanos en sus actividades;

Exigir a las empresas que informen sobre cómo abordan el impacto de sus actividades en los derechos humanos.

[...]

3 Oea (1948); Oit (2002); Onu (2000, 2003, 2004, 2006, 2017: 40-43).

Principio 7

Dado que el riesgo de violaciones graves de los derechos humanos es mayor en las regiones afectadas por conflictos, los Estados deben velar por que las empresas que operan en estos contextos no se vean implicadas en tales abusos, entre otras cosas, adoptando las siguientes medidas:

Colaborar lo antes posible con las empresas para ayudar a identificar, prevenir y mitigar los riesgos de derechos humanos que involucran sus actividades y relaciones comerciales;

Proporcionar una asistencia adecuada a las empresas para evaluar y abordar los principales riesgos de abuso, prestando especial atención tanto a la violencia de género como a la violencia sexual;

Negar el acceso a apoyos y servicios públicos a cualquier empresa que esté involucrada en graves violaciones de los derechos humanos y no esté dispuesta a cooperar para resolver la situación;

Garantizar la eficacia de las políticas, leyes, reglamentos y medidas de aplicación existentes para prevenir el riesgo de que las empresas se vean involucradas en violaciones graves de los derechos humanos.

A pesar *de las normas de derecho indicativo* (Sarmiento: 2008), los diversos preceptos internacionales que protegen los derechos humanos, de alcance global o regional, constituyen hábiles mecanismos para la verificación del cumplimiento y posibles desajustes en la regularidad a través de la implementación de sistemas de cumplimiento también en el sector público.

Caracterizada como razonable y esperada de toda institución, la estrategia de *Compliance* es una estrategia antigua, a pesar de la falta de un marco histórico y de un proceso de codificación como el que se da en la lógica técnico-jurídica positivista hegemónica que se fundamenta en la extensa cantidad de normas jurídicas que componen los ordenamientos jurídicos vigentes. incluido el brasileño. Nieto Martín (2015: 27) dice que:

> «En los países cuya base legislativa prevé el derecho **civil**, el surgimiento y posterior consolidación del cumplimiento normativo se produce tardíamente, proveniente precisamente de un proceso de americanización de sus sistemas jurídicos, en el que varios institutos creados en el ámbito del **common law** norteamericano se insertan en la legislación nacional de estos estados. Solo en los últimos tiempos, por lo tanto, **el Compliance** ha ido alcanzando un nivel global de influencia».

De acuerdo con Albuquerque (2018), algunas regulaciones, de origen estadounidense, han constituido progresivamente el *corpus* estructurante de diversos programas de *Compliance*, como la Ley de Prácticas *Corruptas* en Relaciones Exteriores (1977), la *Ley Sarbanes-Oxley* (2002), la *Ley Dodd-Frank* (2010); y que la introducción en las prácticas y el apoyo en los Marcos Legales genera un movimiento de reflexividad, que influye y es influenciado por los fenómenos de a) autorregulación regulada, que incluye la interacción entre las medidas de autorregulación de las empresas y la regulación llevada a cabo por el aparato estatal; b) gobierno corporativo, considerando los impactos internos y externos generados por las decisiones tomadas por la empresa, incluyendo los procesos, sistemas y controles organizacionales utilizados por la empresa; c) la responsabilidad social de la empresa, que busca un equilibrio entre el desempeño de la empresa y los intereses afectados, incluso negativamente, por la actividad empresarial desarrollada, buscando mitigar o minimizar los impactos nocivos; d) y la ética empresarial, con el objetivo de lograr una buena *ciudadanía corporativa*, con el propósito de consolidar los valores y principios de gobernanza[4].

Además, existen algunas claves para la delimitación conceptual y la implementación, considerando las singularidades de cada programa y las diversas expresiones de este fenómeno multifacético, de la literatura escasa y de la pobre predicción normativa, en todo el mundo.

Para Cocavila (2013: 54), debe entenderse como el «conjunto efectivo de medidas destinadas a asegurar que cada uno de los miembros de la empresa [...] cumple con los mandas legales y prohibiciones establecidas por la ley y que, si se evidencia una práctica infractora, es posible detectarla y sancionarla».

De acuerdo con Miller (2014), el *Compliance* será el proceso a través del cual una organización busca asegurar que sus empleados y demás miembros cumplan con las normas aplicables de los diversos ordenamientos jurídicos vigentes, originarios del Estado, tales como las normas penales, administrativas, civiles y societarias, políticas, códigos de conducta, etc.

Lascuraín (2013) proclama que se trata de un sistema de debido control de la persona jurídica, orientado a obtener la obediencia a ciertas normas en el ejercicio de la actividad empresarial.

Con importantes repercusiones en el ámbito penal, la *razón última* para la protección de los bienes jurídicos en varios Estados democráticos es un conflicto de paradigmas, en un entorno históricamente reactivo y conflictivo. También se habla de vigilancia, inspección y regulación en materia penal. Saad-Diniz (2019: 256) sostiene que:

> «Es en este contexto particular que la investigación científica sobre causas, controles y estrategias de acción recupera su relevancia. Por un lado, se adquiere solidez en la individualización de los agentes, dimensiones del daño, procesos de victimización, en los que se puede permitir que la medida sea efectiva en efecto disuasorio o preventivo, evaluación de la calidad de las iniciativas de aplicación, políticas regulatorias e iniciativas corporativas. Por otro lado, superar la mentalidad represiva y el apego al control social formal, discutiendo las posibilidades de establecer vínculos de colaboración entre la acción del particular y los organismos de supervisión y regulación».

---

4 Albuquerque (2018); García Caveiro (2014); Leeón Berini (2013); Miller (2014); Nieto Martín (20080; Tarantino (2009).

Apareciendo como un programa, sistema o expresión de las relaciones de control y disciplina dentro de las organizaciones, públicas o privadas, la agenda es la gestión del riesgo en una contemporaneidad de conflicto intrínseco y la necesidad de fortalecer la cultura de afirmación de derechos desde su *sesión preventiva.*

Basado en a) el establecimiento de una cultura de cumplimiento de los estándares establecidos, b) la necesidad de independencia del sector de *Compliance* en relación con los departamentos de la empresa, c) la integración con las diversas áreas de actividad de la persona jurídica, d) el análisis, gestión y control real de los riesgos, e) la elaboración de un código de conducta y políticas de cumplimiento, f) creación y mantenimiento de un *Canal de Denuncias*, g) Aplicación de controles de auditoría en materia contable e investigaciones internas, g) Comunicación y capacitación de los miembros de la empresa en materia de *Compliance*[5]; la estructura de un Programa de *Compliance* trae consigo numerosas potencialidades y ventajas. En términos de gobernanza humanitaria global, es una estrategia saludable que concuerda con los diversos principios convencionales del Sistema Global y Regional de Derechos Humanos.

Con base en la literatura especializada, se destaca que existe una gran estandarización de los procedimientos para el análisis, gestión y control de riesgos. ALBUQUERQUE (2018: 114) afirma que «el proceso de análisis, gestión y control de riesgos se realiza generalmente siguiendo los *lineamientos* ofrecidos por los organismos internacionales. El objetivo (...) es precisamente homogeneizar las medidas emprendidas por las empresas a través de un procedimiento único y universalmente reconocido».

Entre los aspectos más importantes se encuentran la *Declaración Tripartita* de Principios sobre Empresas Multinacionales y *Política Social* de la Organización Internacional del Trabajo (OIT, 2002), el *Pacto Mundial de las Naciones Unidas* (2000), las *Líneas Directrices de la OCDE para Empresas Multinacionales* (OIT, 2002) y los Principios del Rector sobre Empresas y Derechos Humanos.

Con respecto a las prácticas de los Estados Nacionales y sus poderes constituidos, existen mecanismos de cumplimiento que se consideran instrumentales para la realización de los derechos basados en su protección y preservación en diversos tratados internacionales, afectando también las prácticas de libre empresa y del tercer sector.

De esta manera, enfocada en la lucha contra la corrupción, cabe destacar la Convención de las Naciones Unidas *contra la Corrupción*, que habla de la prevención de prácticas corruptivas y proclama el control de conductas (ONU: 1996); para el tratamiento de la protección del medio ambiente, en el que los principios de prevención y precaución constituyen condiciones *sine qua non* Para la realización de este derecho difuso, existen temas en la

---

5 ALBUQUERQUE (2018).

Convención sobre el Control de los Movimientos Transfronterizos de las Enfermedades Criminales y su Eliminación (1989); en lo que respecta a la delincuencia organizada, se destaca la *Convención de las Naciones Unidas* contra la Delincuencia Organizada Transnacional, que aboga por la alineación de la cooperación entre las diferentes autoridades para la adecuada aplicación de la ley (ONU: 2000).

V. Conclusiones

La implementación, en el ámbito de las políticas gubernamentales, de prácticas de *Compliance* en la protección y preservación de derechos es un imperativo categórico en las políticas gubernamentales: fomenta el monitoreo de situaciones de riesgo y asienta a la persona humana como titular y receptor del poder normativo, provocando la desjudicialización en la medida en que el Poder Judicial actúa como *última ratio*, fortalece los lazos de fraternidad, solidaridad y esperanza, pertinentes a las dimensiones últimas de los derechos declarados y crea correspondencia entre las diversas entidades que conforman esta red pública de cooperación, consolidando el verdadero sentido de los estados contemporáneos, que es proteger a la persona en su singularidad.

Sin lugar a duda, la sostenibilidad y el derecho al futuro requieren una mentalidad y una agenda con visión de futuro, a largo plazo, concreta y racionalizada. Tiene que ir más allá del pragmatismo de mercado, del desarrollo sin reflexión y sin análisis de sus consecuencias. Además, la sostenibilidad impregna la protección del medio ambiente y es eficaz junto con la satisfacción de las necesidades humanas básicas.

Confirma la necesidad de un desarrollo integrado en todas sus dimensiones y atento a los riesgos e incertidumbres consecuentes a la consagración del derecho al bienestar, favorecido por una gobernanza democrática interna y global basada en los postulados de protección de la persona humana y del medio ambiente en el que operamos.

En este sentido, el *Compliance* en los diversos espacios se enfrenta a una mentalidad y una cultura de no afirmación de derechos y falta de responsabilidad social en la gestión de crisis, demarcada por un formalismo exacerbado, por la primacía del Poder Judicial para la apreciación y solución de demandas y en la fragilidad de una cultura de preservación y protección de derechos.

Además, el objetivo del *Compliance* en Brasil es un desafío, considerando la historia de la formación profesional, precisamente en Derecho, que recurre a disciplinas técnicas para incentivar el desempeño litigante de las diversas carreras jurídicas ante los poderes constituidos y no prioriza las habilidades para el monitoreo del cumplimiento y el cumplimiento desde un asiento en equipos multiprofesionales.

Desde esta perspectiva, la implementación efectiva del *Compliance*, pero además de las experiencias del entorno, requiere un cambio de mentalidad en la sociedad. Atrincherado en el punitivismo, en la acción predominantemente represiva y reactiva y en el entorno de las reparaciones otorgadas por órdenes judiciales, Brasil ha tomado decisiones claras para enfrentar su zona de conflicto y algunas, como las relacionadas con asuntos penales, parecen alarmantes. La primacía de la judicialización, aquí en exceso, retrata un ambiente de frágil afirmación de derechos e intensa violación de los contenidos esenciales que protege.

La revolución de mentalidad permea también el reconocimiento por parte del Estado de las normas que proclaman los sistemas de *Compliance.* Si tiene la apariencia de *soft law*, es claro que forma parte del mosaico de sistemas de múltiples puertas que están visiblemente comprometidos con una cultura que afirma los derechos humanos y los protege, que hay una necesidad de judicialización y eventual reparación, un sistema que se retroalimenta y que sirve rutinariamente para relucir las diversas vulnerabilidades que son intrínsecas a las personas que se encuentran en él, debido a sus dilemas, demarcando los límites del Estado y los significados de las políticas gubernamentales en la contemporaneidad.

Referencias

Albuquerque, E.L. (2018): «Conformidad y la delincuencia corporativa». *Belo Horizonte*. Editora D'Plácido.

Arroyo Zapatero, L.; Nieto Martín, A. (2018): *El Derecho Derecho Penal Económico en Ahí estaba conformidad*. Valencia. Tirant.

Beck, U. (2006): *La sociedad del riesgo: en camino hacia otra sociedad moderno*. Madrid. Paidós.

Bottini, P. C. (2001): *Agravios de peligro abstracto*. São Paulo. Revista dos Tribunais.

Brasil. (2023). *Ministerio de la Mujer, la Familia y los Derechos Humanos. Secretaría Nacional de Protección Global. Principios del Rector sobre Empresas y Derechos Humanos: aplicación de los parámetros de «proteger, restaurar y reparar» de las Naciones Unidas*. Brasilia, DF. Ministerio de la Mujer, la Familia y los Derechos Humanos/Secretaría Nacional de Protección Global. En línea: https://www.gov.br/mdh/pt-br/assuntos/noticias/2019/outubro/Cartilha_versoimpresso.pdf (fecha de consulta: 10 de noviembre de 2023).

Freitas, J. (2012): *Sustentabilidade: Direito ao futuro*. Belo Horizonte. Editora Fórum.

Garcia Cavero, P. (2014): *Conformidad penal*. Lima. Palestra.

Giddens, A (1991): *Modernización reflexiva*. São Paulo. UNESP.

Kant, I. (1995): *Fundamentação da metafísica dos costumes.* Rio de Janeiro. Edições 70.

Lascuraín, J. A: *Conformidad, pendiente control y refrescos*. Moda. 2021.

Leeón Berini, Arturo González: *El criminal Conformidad en La Reforma Norteamericano A partir de ahí Dodd-Franco Actuar*. Moda.

Silva Sánchez, J. M; Fernandez, R. M. (2013): *Criminalidad de la empresa y Conformidad: Prevención y Reacciones Corporativas.* Barcelona. Atelier.

Locke, J. (1985): *Segundo tratado sobre o governo*. Rio de Janeiro. Edições 70.

Miller, G. P. (2014): *La ley de gobernanza, gestión de riesgos y cumplimiento*. Ney York. Wolters Kluwer Ley y Negócios.

Nieto Martín, A. (2015): «El Cumplimiento normativo». Moda: Nieto Martins, Adán (org.). *Manual Cumplimiento penal en Eso empresa*. Valencia. Tirant.

Nieto Martín, A. (2008): «Responsabilidad Social y Autorregulación del Gobierno Corporativo: Sus Influencias en el Derecho Penal de la Empresa». *Política Penal*, [S. l.], v. 3, n. 5, pp. 1-18.

Oea (1948). *Declaração Americana dos Direitos e Deveres do Homem*. En línea: http://www.direitoshumanos.usp.br/index.php/OEA-Organiza%C3%A7%C3%A3o-dos-Estados-Americanos/declaracao-americana-dos-direitos-e-deveres-do-homem.html (fecha de consulta: 10 de noviembre de 2020).

Oit (2002). *Declaración tripartita de principios sobre las empresas multinacionales y la política social de la Organización Internacional del Trabajo.*

Onu (2000). *Convención de las Naciones Unidas contra la Delincuencia Organizada Transnacional.*

Onu (2003). *Convención de las Naciones Unidas contra la Corrupción.*

Onu (2004). «Resolución N.º 59/113, de 10 de diciembre». *Programa Mundial de Educación en Derechos Humanos.*

Onu (2006). *Plan de acción: Programa Mundial para la Educación en Derechos Humanos: Primera etapa.* En línea: http://www.dhnet.org.br/dados/textos/edh/br/plano_acao_programa_mundial_edh_pt.pdf (fecha de consulta: 10 de noviembre de 2020).

Onu (2017). *Plataforma Agenda 2030*. En línea: http://www.agenda2030.org.br (fecha de consulta: 10 de noviembre de 2020).

REALE, M. (2010): *O Estado Democrático de Direito e o conflito das ideologias.* São Paulo. Saraiva.

SARLET, I. W. (2009): *A dignidade da pessoa humana e direitos fundamentais na Constituição Federal de 1988*. Porto Alegre. Livraria do Advogado.

SINGER, PETER. (2010): *Quanto custa salvar uma vida?* Trad: Marcio HACK. Rio de Janeiro. Elsevier.

SARMIENTO, D. (2008): *El Derecho Blando Administrativo: Estudio De La ONU De Los Efectos Asesor Legal Las Normas No Vinculantes De Eso Administración*. Madrid. Ciudad.

WEIGEL, PETER (2009): *Educação para que ambiente?: Desafios teóricos para a Educação Ambiental na Amazônia.* Manaus: Editora INPA.

CAPÍTULO 19

LA RESTAURACIÓN ECOLÓGICA Y GOBERNANZA AMBIENTAL EN CHILE: PERSPECTIVAS, DESAFÍOS Y OPORTUNIDADES DE MEJORA

Felipe Pavez Torrealba
Universidad Finis Terrae

I. Introducción

Chile alberga alrededor de 31.000 especies, entre plantas, animales, algas, hongos y bacterias, que se presentan en una gran diversidad de ecosistemas marinos, costeros, terrestres e insulares, por tanto, las riquezas de especies y el grado de endemismo se encuentran heterogéneamente distribuido a lo largo del territorio nacional. En la zona centro y sur del país existe una concentración inusual de especies endémicas, por lo que esta zona fue categorizada como uno de los 35 puntos calientes de biodiversidad[1].

---

1 Universidad De Chile (2016: 605).

En definitiva, contamos con una biodiversidad que sirve de base para aumentar de manera significativa el valor paisajístico y turístico del norte a sur de Chile. Sin perjuicio de lo anterior, y debido a la degradación del medio ambiente, es necesario contar con mecanismos adecuados que permitan restaurar de manera efectiva el ecosistema.

En este contexto, se observa en nuestro país un avance significativo con la política pública «Estrategia Nacional de la Biodiversidad 2017–2030», y con la publicación de la Ley N.° 21.600 que, crea el servicio de biodiversidad y áreas protegidas y el sistema nacional de áreas protegidas; la cual contempla medidas y acciones en virtud de las cuales se llevarán a cabo los planes de restauración ecológica, poniendo su acento en la coordinación intergubernamental y la participación. Desde un enfoque de la gobernanza ambiental, se destaca: (1) la inclusión de la comunidad en el proceso de toma de decisiones ambientales es un principio necesario en la gestión de restauración y garantiza que las perspectivas de las comunidades sean consideradas en estas; y (2) por su parte, se reconoce que el contar con una coordinación efectiva entre las entidades gubernamentales sectoriales facilitaría una implementación efectiva de dichos planes y una fiscalización adecuada. Sin perjuicio de este avance, a simple vista, es posible identificar ciertas falencias. La más relevante es que, la ley no deja claro cómo se realizará dicha participación, ni como pretende asegurar una efectiva coordinación.

Desde este punto de vista, el presente trabajo tiene los siguientes objetivos (1) Definir la restauración ecológica en Chile, en función a la Estrategia Nacional de Biodiversidad 2017-2030; (2) Diseñar un concepto de gobernanza ambiental a partir de los planes de restauración ecológica en Chile; (3) Identificar las instancias y mecanismos de toma de decisiones ambientales, en función a la participación de las partes interesadas y la coordinación entre los diversos actores gubernamentales, y; (4) formular un conjunto de oportunidades de mejora en la legislación analizada, fortaleciendo los diseños de planes de restauración con foco en la gobernanza ambiental.

II. Los planes restauración ecológica en Chile

1. Marco conceptual de la restauración ecológica

La restauración ecológica surge por la existencia generalizada de la degradación de los recursos naturales y las condiciones ambientales. En Chile área degradada es aquel ecosistema o parte de él cuyos elementos físicos, químicos o biológicos han sido alterados de manera significativa con pérdida de biodiversidad, o presenta alteración de su funcionamiento, estructura o composición, causados por actividades o perturbaciones antropogénicas que son frecuentes o severas[2]. Debido a la creciente degradación y pérdida de los ecosistemas a nivel mundial, la restauración ecológica es una actividad prioritaria[3]; en donde deben participar múltiples actores y disciplinas. En este marco se entiende que la restauración ecológica tiene que provenir de aportes plurales u multidisciplinarios, que busquen una integración entre lo teórico y lo práctico[4].

Bajo esta premisa la restauración ecológica se ha definido como el proceso de ayudar al restablecimiento de un ecosistema que se ha degradado, dañado o destruido[5]. Por medio de esta, se puede prevenir y revertir la pérdida de la diversidad biológica, así como promover la recuperación de los servicios ecosistémicos[6], es por esto que se afirma que, no solo intenta devolver los ecosistemas a su condición original, sino que también busca la promoción de su protección. Así las cosas, la restauración ecológica asiste la recuperación de un ecosistema que ha sido degradado, dañado o destruido en cuanto a su composición de especies, función ecológica y conectividad con los ecosistemas adyacentes[7]; llevando de un ecosistema degradado, a lo más cercano posible a la condición original, refiriéndose tanto a zonas reservada y protegidas como a las porciones utilizadas de los ambientes naturales en las que viven las personas, cultivan sus alimentos y extraen sus recursos naturales[8], siendo un proceso de recuperación y mejora de la funcionalidad de los ecosistemas[9].

En cuanto a la funcionalidad científica de la restauración ecológica se ha señalado que por medio de esta se puede conocer y estudiar en detalle la composición de un ecosistema, lo que permite afirmar que su importancia no solo radica por ser una técnica de recuperación de las comunidades naturales, sino que también por ser un método de investigación básica para la ecología; con ello la restauración también sería una técnica de recuperación que permite generar nuevos conocimientos y plantear nuevas hipótesis[10].

Desde un punto de vista antropocéntrica, la restauración es el reconocimiento que tienen los seres humanos por haber usado demasiado el capital natural y que—por su propio bien— ha llegado el momento para «devolver» a

2 Artículo 3 letra a), Ley N.° 21.600.

3 Méndez-TORIBIO; Gómez-Ruíz (2022: 1).

4 Pérez *et al.* (2018: 359).

5 Ser (2004).

6 Martínez Romero (1996: 58).

7 Blignaut *et al.* (2007: 58).

8 Blignaut *et al.* (2007: 2).

9 Dos Santos (2011: 25).

10 Martínez Romero (2009: 58).

la naturaleza las funciones naturales de las que dependemos[11]. Es por estos que se plantea como una necesidad buscar un «camino de sanación», que incluye construir una cultura restauradora hacia la sustentabilidad[12].

Para el derecho ambiental, la restauración ecológica consiste en restablecer los procesos fisio-ecológicos que ocurren naturalmente en un ecosistema, recuperando con ello su estructura, función y dinámica[13]. Lo anterior no es sencillo de determinar, pues existen ecosistemas que se pueden recuperar por si solos, y esto se produce cuando se han eliminado los tensionantes o barreras que impiden su regeneración, a ellos se le denomina restauración pasiva o sucesión natural[14]. En Chile, ejemplos de estos casos existen, entre ellos se encuentra el Parte Nacional Tantauco, en la Isla Grande de Chiloé, Región de los Lagos y en el Parque Nacional Torres del Paine, en la Región de Magallanes, estos ecosistemas se han protegido implementado medidas para minimizar la interferencia humana en su entorno natural; dentro de las medidas se encuentran, por ejemplo, la regulación de accesos y senderos para evitar la degradación del suelo y la vegetación, la limitación de acceso en zonas sensibles, como los humedales y zonas de reproducción de aves.

Por otro lado, existe la restauración ecológica activa, que consiste en una intervención directa del hombre sobre la estructura y características del ecosistema, buscando incrementar la diversidad florística con la introducción de especies nativas que no lograron recuperarse solas luego de disturbios[15], acelerando la recuperación de las funciones de un sistema, resultando con ello ser más costosas y es más prolongadas en el tiempo[16]. En Chile se destaca, en la Región de Coquimbo el Humedal de Tongoy, en donde además de eliminar la basura y desechos que se lanzaban en la zona; se han reintroducidos especies de flora y fauna nativa, lo mismo ocurre en el Bosque Maulino, en la Región del Maule, en donde se han realizado plantaciones de especies nativas y la eliminación de especies invasoras.

Con lo descrito hasta ahora se puede inferir que la restauración, requiere de un entendimiento profundo de la interrelación ambiente-sociedad[17], así como también un entendimiento profundo de la variable y cantidad de tipos de vegetación, pues estos son indicadores relevantes en el análisis de la biodiversidad de un ecosistema para su debida restauración y conservación[18]. El

11 Dos Santos (2011: 25).

12 Blignaut; Aronson (2020: 168).

13 Cecotti Álvarez; Sirombra (2021: 499).

14 Vargas (2011: 222).

15 Mola *et al.* (2018: 12).

16 Cecotti Álvarez; Sirombra (2021: 499).

17 Guerrero *et al.* (2020: 18).

18 Luebert; Becerra (1998: 63).

desafío de restaurar comprende la necesidad de conocer las relaciones ecológicas existentes entre distintos grupos funcionales para utilizar eficientemente en proyectos de restauración ecología, y recomponer la funcionalidad ecosistémica perdida a causa de degradación[19].

2. Estrategia nacional de biodiversidad en Chile

El contexto normativo en el cual se inserta la restauración ecológica se relaciona con la Estrategia Nacional de Biodiversidad, pues en ella se establecen un conjunto de planes, políticas y medidas tendientes a la conservación ecológica. En el marco internacional, la conservación como instrumento se instaló a partir de la Cumbre Mundial del Medio Ambiente de Río de Janeiro, durante 1992. En 1994 Chile ratificó el Convenio sobre la Diversidad Biológica, lo que para la restauración ecológica es relevante, pues el país se comprometió a implementar acciones para la conservación y el uso sustentable de la biodiversidad[20].

Considerando esta realidad normativa, la política pública denominada «Estrategia Nacional de Biodiversidad 2017-2030», se enmarca como una guía para la gestión sustentable de la biodiversidad de Chile, que se hace cargo de los desafíos y compromisos adquiridos, orientando la conservación de la biodiversidad de manera transversal[21]. Así las cosas, esta estrategia refleja las prioridades y medidas que debe emprender el Chile para asegurar la conservación y el uso sustentable de la Biodiversidad[22], entendiendo consigo que para una adecuada gestión de la biodiversidad se requiere un enfoque intersectorial[23].

En cuanto al marco estratégico, se establecieron cinco objetivos, con los cuales se espera: promover el uso sustentable de la biodiversidad para el bienestar humano; desarrollar la conciencia, el conocimiento y la participación de la población en el resguardo de la biodiversidad como fuente bienestar; proteger y restaurar la biodiversidad y sus servicios ecosistémicos[24]. En el punto referido a la restauración de la biodiversidad y sus servicios ecosis-

---

19 Zeberio; Peter (2021:94).

20 Artículo 6. Convenio de Diversidad Biológica.

21 Ministerio del Medio Ambiente. *Estrategia Nacional de Biodiversidad 2017–2030.* En línea: https://estrategia-aves.mma.gob.cl/wp-content/uploads/2023/03/MMA_2017_Estrategia_Nacional_Biodiversidad_2017-2030.pdf (fecha de consulta: 25 de septiembre de 2023).

22 Manzur (2005: 97).

23 Figueroa Herrera (2022: 188).

24 Ministerio del Medio Ambiente. Estrategia Nacional de Biodiversidad 2017 – 2030. En línea: https://estrategia-aves.mma.gob.cl/wp content/uploads/2023/03/MMA_2017_Estrategia_Nacional_Biodiversidad_2017-2030.pdf (fecha de consulta: 25 de septiembre de 2023).

témicos, se encuentran 10 lineamientos estratégicos, dentro de los cuales se contempla la aprobación y puesta en marcha del Servicio de Biodiversidad y Áreas Protegidas, y la implementación del Sistema Nacional de Áreas protegidas.

Con ello, en el 6 de septiembre del año 2023, se publica la Ley N.° 21.600, que crea el Servicio de Biodiversidad y Áreas protegidas y el Sistema Nacional de Áreas Protegidas, en donde cumpliendo con el Convenio de Diversidad Biológica y la Estrategia Nacional de Biodiversidad, en el Título III, sobre los «Instrumentos de Conservación Biológica», en el párrafo cuarto que habla sobre «los instrumentos para la conservación de ecosistemas», contempla en su artículo 33 los planes de restauración ecológica.

3. Planes de restauración ecológica en Chile

Los planes de restauración ecológica se definen como un plan de manejo destinado a reponer o reparar un área degradada a una calidad similar a la que tenía con anterioridad a su pérdida, disminución o menoscabo[25]. Por su parte el Reglamento del Sistema de Evaluación de Impacto Ambiental (SEIA), contempla tres manifestaciones de restauración ecológica:

En primer lugar, las medidas de compensación ambiental, que son aquellas medidas que tienen por finalidad producir o generar efectos positivos alternativos y equivalentes a un efecto adverso, que no sea posible mitigar[26]. En segundo lugar, las medidas de mitigación ambiental se definen como aquellas que tienen por finalidad evitar o disminuir los efectos adversos de un proyecto o actividad, cualquiera sea su fase de ejecución[27]. Por último, las medidas de restauración ambiental, que tienen por finalidad reponer uno o más de los componentes o elementos del medio ambiente a una calidad similar a la que tenían con anterioridad al impacto sobre dicho componente o elemento o, en el caso de no ser ello posible restaurar sus propiedades básicas[28]. De este modo, es posible identificar que hasta antes de la entrada en vigencia de la Ley N.° 21.600 la restauración ecología en Chile se encuentra regulada en disposiciones generales y marcos legales relacionados con la conservación de la biodiversidad, encontrándose como normas relevantes para este análisis la Ley de Bosques Nativos y la Ley de Monumentos Nacionales.

Respecto a la restauración de los bosques nativos, se encuentra regulado este plan en la Ley N.° 20.283, sobre recuperación del bosque nativo y fomento forestal, la cual tiene por objeto la conservación y el uso sos-

25 Artículo 3, número 24, de la Ley N.° 21.600.

26 Artículo 100, Decreto Supremo N.° 40, de 2012, del Ministerio del Medio Ambiente.

27 Artículo 98, Decreto Supremo N.° 40, de 2012, del Ministerio del Medio Ambiente.

28 Artículo 99, Decreto Supremo N.° 40, de 2012, del Ministerio del Medio Ambiente.

tenible de los bosques nativos en Chile, promoviendo la recuperación de bosques degradados y la restauración de ecosistemas forestales naturales[29]. La ley reconoce la importancia de restaurar bosques nativos degradados y de fomentar la reforestación con especies nativas[30]. También promueve la recuperación de los bosques degradados y la restauración de ecosistemas forestales naturales[31]. Por su parte, lo que dice relación con la restauración de monumentos nacionales, esta se encuentra regulada en la Ley N.° 17.288, sobre Monumentos Nacionales, dicha normativa tiene por objeto la protección y preservación y restaurar el patrimonio cultural y natural del País[32], estableciéndose incluso mecanismos de restauración para monumentos históricos[33].

III. Diseño de un concepto de gobernanza ambiental en la restauración ecológica

1. Aproximación conceptual de la gobernanza

La gobernanza ha ganado prominencia en el último tiempo en los ámbitos político y social, integrándose cada vez más en las políticas públicas[34]. En este sentido, se ha identificado como un concepto crucial para las democracias, y responde a los contextos físicos, sociales, políticos y ambientales, específicos de cada espacio geográfico, a fin de conciliar los conflictos de interés común[35].

A este respecto, la OCDE entiende por gobernanza como «el ejercicio de la autoridad política, económica y administrativa necesaria al manejo de los asuntos de una nación», también se puede entender, como una amplia coalición de agrupaciones políticas que se enfoca en una gestión transparente, flexible y participativa con diversos actores sociales[36], la cual además busca establecer canales de comunicación entre el gobierno y la sociedad civil promoviendo el para encontrar soluciones políticas y regulaciones adecuadas, lo que lo hace esencial tanto en políticas públicas como en la investigación en ciencias políticas y sociología; promoviendo el intercambio de información y

29 Artículo 1, Ley N.° 20.283.

30 Artículos 2, letra 21), 22 letra a), Ley N.° 20.283.

31 Artículo 3, Ley N.° 20.283.

32 Artículo 1, letra c), Ley N.° 17.288.

33 Artículo 15, Ley N.° 17.288.

34 GONZÁLEZ *et al.* (2016: 210).

35 ALFIE COHEN (2013:8).

36 JORQUERA – JARAMILLO (2012: 273).

conocimiento para conformar un núcleo en la interrelación de actores[37]. Por su parte se caracteriza la gobernanza como una nueva forma de regulación de conflictos, caracterizado por la interacción y la cooperación de múltiples actores articulados en red para el desarrollo de proyectos colectivos[38].

Sin perjuicio de lo anterior, adoptar concepciones generales puede presentar problemas en las políticas de cada país, ya que cada estado puede entender la gobernanza en un sentido diverso. Por ello, cuando utilizamos el término «gobernanza», nos enfrentamos a la tarea de especificar sus características de manera contextualizada e implementar la perspectiva analítica con teorías y métodos apropiados de investigación empírica, pues esta sería la única manera de obtener declaraciones que son relevantes para la práctica[39]. Por lo cual, como primera aproximación, podemos señalar que la gobernanza no puede ser concebida solo desde lo conceptual, pues, además se requiere establecer un marco metodológico práctico que se ajuste con las políticas internas de cada estado.

2. Relación entre la restauración ecológica y la gobernanza ambiental

Como ya vimos, los planes de restauración ecológica en Chile consideran ciertos componentes que desde la gobernanza son relevantes al momento de la toma de decisiones. El artículo 33 de la Ley 21.600 señala que el Servicio de Biodiversidad y Áreas protegidas en Chile, que es funcionalmente descentralizado y territorialmente desconcentrado, estará a cargo de llevar a cabo estos planes, desde la etapa de inicial, es decir desde el momento en que se determina la zona degradada, hasta la fiscalización[40].

El artículo 33 además indica que en casos en donde recaiga la restauración ecológica sobre recursos naturales renovables regulados en la Ley sobre Recuperación del Bosque Nativo, o la ley General de Pesca y Agricultura, El Servicio tendrá que trabajar en conjunto con los servicios públicos sectoriales competentes a fin de establecer una adecuada coordinación. Además, contempla que la coordinación también se deberá realizar cuando se comprometa la participación de otros órganos.

Finalmente, el Servicio, para dictar los planes de restauración ecológica que recaigan fuera de áreas protegidas deberá contemplar la participación de las comunidades locales, municipalidades, gobiernos regionales[41].

---

37 Alfie Cohen (2013: 10).

38 Subirats (2010: 25).

39 Correa (2016: 226-228).

40 Artículo 33, inciso tercero, Ley 21.600.

41 Artículo 33, inciso cuarto, Ley 21.600.

Esta amplia coalición de participación de diversos actores, y que exista comunicación entre el «gobierno» y la sociedad civil para entregar soluciones políticas a la problemática ambiental, nos permite concluir que la relación existente entre la gobernanza y la restauración es simbiótica.

3. Desarrollo de un concepto de gobernanza ambiental basado en los planes de restauración ecológica en Chile

Se entiende como instrumentos de gestión ambiental al conjunto de medidas de variado orden (jurídico, económicas, planificadora, etc.) destinadas al logro de finalidades de protección y mejoramiento ambiental[42], estas no sólo ordenación y protección del medio ambiente, sino satisfacer y orientarse a garantizar los derechos colectivos, incluido lo relacionado al uso y goce de los recursos naturales[43], entre estas medidas de diverso orden se encuentran los planes o programas de restauración[44]. Por tanto, se podría indicar que la gobernanza ambienta, está enfocada hacia actividades de conservación, restauración, mantenimiento, organización, capacitación, investigación, proyectos productivos y vigilancia[45].

En ese marco, la gobernanza Ambiental, aparece asociada a la emergencia de dispositivos de articulación y agregación de intereses que las estructuras políticas tradicionales ya no son capaces de construir[46], es por esto que, la gobernanza ambiental pretende evaluar la formulación y la eventual efectividad de las políticas ambientales; la pregunta clave consiste en establecer cómo las instituciones gubernamentales agregan múltiples intereses competitivos del campo ambiental para producir políticas efectivas, por ello, a través de esta visión la Gobernanza ambiental busca edificar pactos y consensos en la construcción de políticas[47]. Así las cosas, se puede ver relacionada con las decisiones entre diferentes actores en torno al uso, acceso, normatividad y beneficios generados por los recursos naturales, a través de procesos sociales, políticos, económicos y administrativos.

Por otro lado, en relación a la gestión del medio ambiente, la gobernanza es entendida como un conjunto de mecanismos, de prácticas e instituciones formales e informales, por medio de los cuales se produce el orden social a través del control de lo que está relacionado con el medio ambiente y los

42 Bermúdez (2014:192).

43 Quilaleo (2018: 145).

44 López De Lara *et al.* (2018: 71).

45 Narave-Flores *et al.* (2021:131).

46 Graña (2005: 507).

47 Klyza (1992: 175).

recursos naturales, asegurando que emerjan mecanismos adecuados de representación, participación y responsabilidad que conduzcan a la creación de instituciones de gobernanza ambiente[48].

En definitiva, la gobernanza ambiental como concepto y como teoría es una extensión de la gobernanza que tiene por objeto incluir además de los aspectos sociopolíticos, consideraciones asociadas al impacto de la sociedad sobre los ecosistemas naturales a causa del modelo económico imperante, intentando poder minimizarlos por medio de decisiones colectivas[49].

Respecto a los procesos de gobernanza ambiental, se construyen a través de la participación de los distintos actores, cómo se articulan sus intereses, cómo se da el ejercicio de sus derechos y obligaciones legales o acordados en los colectivos, cómo se dirimen los conflictos o disputan y las normas y valores que se establecen[50], es por este motivo que desde un enfoque de la gestión estratégica, el ciudadano es el agente fundamental de entorno gubernamental, cuyas expectativas y demandas en diferentes campos de la vida social y política representan en sí mismas las «oportunidades» o «amenazas/diversidades» para la legitimidad, confiabilidad y facticidad del gobierno[51].

En atención a la relevancia evidente de la gobernanza en la gestión de recursos naturales y el medio ambiente[52], es que para efectos de esta investigación la gobernanza ambiental en la restauración ecológica se define como un conjunto de planes, programas, políticas, y principios, que guían y regulan la gestión de procesos de restauración de ecosistemas degradados o dañados. Incluyendo la participación activa de múltiples partes interesadas, como el gobierno, comunidades locales, organizaciones no gubernamentales, científicos, empresas y ciudadanos, en la toma de decisiones relacionadas con la gestión de restauración ecológica.

Se destaca de este concepto la participación de los actores sociales de las comunidades que habitan al interior o alrededor de un ecosistema y la inclusión de una gobernanza híbrida, entre la gestión de la naturaleza y la gestión colaborativa, con soluciones locales en base a las particularidades de cada sistema.

IV. Identificación de instancias y mecanismos de gobernanza ambiental en la restauración ecológica

La gestión de la restauración ecológica en Chile se encuentra atomizada en el Servicio de Biodiversidad y Áreas protegidas, el que tiene por objeto la con-

48 Aguilar Støen *et al.* (2016:220).

49 Barkin y Lemus (2015: 15).

50 Turton *et al.* (2007: 83).

51 Aguilar (2006: 106-107).

52 Correa (2016: 226 y ss.).

servación de la biodiversidad del país; a través de la gestión para la prevención, restauración y uso sustentable de genes, especies y ecosistemas[53]. Dentro de sus funciones específicas se encuentra, la elaboración, ejecución, implementación y fiscalización de los planes de restauración ecológica[54]. De este modo se puede entender que el Servicio cuenta con una participación activa en todo el proceso de restauración ecológica, desde la elaboración del plan hasta la fiscalización de su cumplimiento. Por su parte cuando se aborda en el artículo 33 la manera en que se elaborarán los planes de restauración ecológica se considera a lo menos dos manifestaciones de la gobernanza ambiental.

En primer lugar, se hace referencia que en aquellos planes de restauración ecológica que recaigan sobre recursos naturales renovables, regulados por la Ley sobre Recuperación del Bosque Nativo y Fomento Forestal o la Ley General de Pesca y Acuicultura, el Servicio deberá trabajar conjuntamente con el servicio público sectorial competente, a fin de asegurar una adecuada coordinación tanto en la elaboración como en la implementación y fiscalización del plan. En segundo lugar, que el procedimiento para la dictación de estos planes que recaigan fuera de las áreas protegidas del Estado, deberá contemplar la participación de la comunidad local, de las municipalidades y de gobiernos regionales. En esta misma línea, cuando los planes contemplen medidas y acciones de otros órganos públicos, el Servicio coordinará con éstos su implementación.

De esta lectura se instituciones de la gobernanza ambiental (1) La coordinación entre diversos actores gubernamentales, y; (2) La participación de las partes interesadas en el procedimiento de dictación de planes de restauración ecológica.

1. Coordinación entre los diversos órganos gubernamentales

El derecho a una buena administración pública responde a una época de cambios en el derecho administrativo[55], en este sentido, entre los principios que integran este derecho se encuentra la coordinación y cooperación administrativa[56].

Este principio persigue la integración de las diversas partes, evitando con ello, la contradicción y reduciendo disfunciones que, de subsistir, impedirían o dificultarían respectivamente la realidad de un sistema[57], promoviendo con ellos que todos los órganos y entidades administrativas deban prestarse

53 Artículo 4, Ley N.° 21.600.

54 Artículo 5, letra e), Ley N.° 21.600.

55 Linazasoro (2018: 105).

56 Cadermartori Gamboa (2009: 35).

57 Cadermartori Gamboa (2009: 50).

asistencia mutua y respetar el ejercicio de las respectivas competencias[58]. En consecuencia, por la importancia que presta la coordinación en el derecho administrativo, se ha concluido que es uno de los grandes principios.

Los fundamentos que sirven de base para la afirmación anterior, se deben a que existe una multiplicidad de organismos públicos que intervienen en la satisfacción de las necesidades de la población, por lo cual se hace imperiosa la necesidad de una acción conjunta, coordinada y coherente, que permita una gestión eficiente y ordenada de los recursos públicos, por tanto, a nivel de las instituciones de gestión, se requiere una cohesión institucional interna.

La coordinación en la administración del estado en Chile se encuentra regulada en el artículo 5 de la Ley orgánica constitucional de bases generales de la administración del estado, y señala que: (1) las autoridades y funcionarios deberán velar por la eficiente e idónea administración de los medios públicos y por el debido cumplimiento de la función pública, y; (2) los órganos de la administración del estado deberán cumplir sus cometidos coordinadamente y propender a la unidad de acción, evitando la duplicidad o interferencia de funciones[59].

Por su parte, la doctrina ha distinguido entre la coordinación horizontal y vertical, siendo la primera aquella que se presenta entre dos órganos que comparten ámbitos de competencia y se encuentran en un plano de igualdad, mientras que en la segunda se observa una relación de sujeción y dependencia entre dos órganos respecto a una determinada materia[60]. Como se observa, la coordinación horizontal, necesariamente requiere de un componente cooperativo, pues la posición o decisión de uno no vincula al otro, por esta importante falencia, la coordinación en la administración se hace normalmente mediante la vía jerárquica[61]. Así con la creación del Servicio de Biodiversidad y Áreas protegidas y el Servicio Nacional de Áreas protegidas, en donde la Ley 21.600, hace mención al trabajo colaborativo y coordinado en la implementación de instrumentos de conservación de la biodiversidad y de los servicios ecosistémicos.

2. Procedimiento de participación de las partes interesadas

La participación social constituye un eje rector sobre el cual descansa la evolución del derecho ambiental, en la legislación chilena se contempla como un deber del estado a contar con mecanismos que permitan la participación

58 Rodríguez-Arana (2014: 52).

59 Artículo 5, Ley N.° 18.575.

60 Figueroa (2022: 150).

61 Delooz (2017: 763).

de toda persona y las comunidades[62]. Este principio atómico en la institucionalidad ambiental encuentra sus cimientos tanto en el Sistema de Evaluación de Impacto Ambiental, en los Planes de Prevención y Descontaminación, en las Normas de Calidad Ambiental, Normas de Emisión y ahora, en los Planes de restauración ecológica, pues, como ya se indicó en el preámbulo de este capítulo, en los casos en donde los planes de restauración recaigan fuera de áreas protegidas por el estado, deberán contemplar la participación de las comunidades locales, de las municipalidades y de gobiernos regionales, así como de los órganos públicos competentes y la publicación de dichos planes[63].

Por su parte, en la reciente Ley N.° 21.600, establece como principio relevante la participación, en su artículo 29, sobre sitios prioritarios, señala que, un reglamento del Ministerio del Medio Ambiente establecerá el procedimiento y los criterios para la declaración de un sitio prioritario, los que deberán contemplar la participación de las comunidades científicas, locales e indígenas y de autoridades locales, regionales y nacionales[64].Del mismo modo, en el artículo 33 inciso segundo, contempla un proceso participativo al momento de establecer planes de restauración ecológica, en donde intervendrán las comunidades locales, las municipalidades, gobierno regional y órganos públicos[65].

A su vez, referente al Sistema Nacional de Áreas protegidas, el artículo 53 señala que, el Servicio gestionará el sistema de manera eficaz, integral, y equitativa, bajo diversas categorías de protección, considerando mecanismos de participación ciudadana; de hecho, los objetivos que tiene este sistema es promover la participación de las personas, comunidades locales y comunidades indígenas en la conservación y gestión de las áreas protegías, especialmente aquellas que se encuentran aledañas o al interior de las mismas[66].Referente a la gestión del sistema, el Servicio elaborará un plan estratégico para el cumplimiento de los objetivos del sistema, que contendrá programas de participación y vinculación comunitaria y de pueblo originarios[67].

Por último, respecto al procedimiento para la creación de las áreas protegidas del estado, la ley señala que se creará un reglamento, cuya gestión estará en manos del Ministerio del Medio Ambiente, el cual contendrá un proceso de participación ciudadana, de consultas a los gobiernos regionales y municipalidades pertinentes, así como de consultas de Organizaciones

62 Artículo 2, letra d), Ley 21.600.

63 Artículo 33, inciso segundo, Ley 21.600.

64 Artículo 29, inciso segundo, Ley N.° 21.600.

65 Artículo 33, inciso segundo, Ley N.° 21.600.

66 Artículo 54, letra g), Ley N.° 21.600.

67 Artículo 55, letra h), Ley N.° 21.600.

Representativas de Pueblo Indígenas susceptibles de ser afectadas directamente, de conformidad con el Convenio N.° 169 de la Organización Internacional del Trabajo y demás disposiciones aplicables[68].

Siguiendo la denominada armonía axiológica[69] de nuestro sistema normativo, y lo que nuestra dogmática entiende por participación, en los planes de restauración ecológica, se puede definir la participación como un proceso fundamental y activo que involucra a una variedad de actores, incluyendo comunidades científicas, locales e indígenas, autoridades a nivel local, regional y nacional, así como ciudadanos en general y comunidades indígenas, en la toma de decisiones y acciones relacionadas con la recuperación y conservación de ecosistemas degradados o áreas protegidas. Siendo caracterizadas por: (I) ser inclusivas, pues esta participación que estima la Ley, involucra una amplia gama de partes interesadas, incluyendo no solo a expertos científicos y autoridades, sino también comunidades locales e indígenas que residen en el área afectada o alrededor; (II) en cuanto al proceso, ceñirse a criterios de equidad y justicia, al reconocer a las comunidades locales y a los pueblos indígenas pueden ser directamente afectados por la restauración y deben tener un papel activo en la toma de decisiones; (III) contener una consistencia lógica con los objetivos de la conservación, pues esta participación promueve la conservación y gestión efectiva de áreas protegidas y sitios prioritarios, y, (IV) por enfatizar que se encuentra inserta en la planificación estratégica y vinculación comunitaria.

Así las cosas, la participación en la restauración ecológica, es un proceso inclusivo, estructurado, equitativo y orientado a la conservación que involucra a una variedad de actores para asegurar la gestión sostenible de los recursos naturales y la recuperación de ecosistemas degradados.

V. Formulación de oportunidades de mejora

A simple vista, pareciera que los planes de restauración ecológica se encuentran bien escrutados y considera aspectos relevantes para la restauración de áreas degradadas. No obstante, lo anterior, es posible visualizar ciertas falencias.

1. Oportunidades de mejora en la coordinación colaborativa

Si bien se señala en la ley que el Servicio de la Biodiversidad debe colaborar con el resto de servicios públicos sectoriales competentes para la restau-

68 Artículo 65, inciso quinto, Ley N.° 21.600.

69 Guastini (2014: 287).

ración ecológica que afecten recursos naturales regulados por leyes específicas, esta declaración es ambigua y vaga en cuanto a su contenido, que generarían ciertos problemas.

En primer lugar, en cuanto a la competencia, diferentes servicios pueden tenerlas superpuestas o conflictivas en la gestión de la restauración ecológica, generando disputas sobre quien tiene la autoridad para tomar decisiones o ejecutar acciones, lo que ralentizaría la implementación efectiva de estos planes. Por otra parte, este trabajo colaborativo, se presenta como una coordinación horizontal, que presentaría problemas al momento de llevar a cabo los planes de restauración ecológica; debido a que al no existir un superior jerárquico, las decisiones adoptadas por un órgano no serían imperativas para el resto, y podrían ser fácilmente desechadas. Para solucionar lo anterior, es necesario definir las competencias, y así se evitarían superposición de conflictos. Otra solución es definir con qué servicios se debe trabajar en conjunto; estableciendo responsabilidades y autoridades encargadas de la gestión principal, de manera tal que se pueda pasar de una coordinación horizontal a una vertical.

En segundo lugar, en cuanto a la supervisión y fiscalización, en los planes de restauración, no se proporcionan detalles claros sobre cómo se llevará a cabo la supervisión ni las consecuencias para las entidades que no cumplan con los planes, o no persigan el trabajo colaborativo. En este sentido, la falta de un marco de fiscalización puede debilitar la efectividad de la gobernanza. Lo anterior se soluciona de manera preventiva, estableciendo indicadores o criterios para evaluar cómo se han implementado los planes de restauración ecológica, los cuales pueden ser cuantificables y medibles, para facilitar la supervisión. En este mismo sentido, establecer consecuencias claras en caso de no participar de manera colaborativa.

2. Oportunidad de mejora en la participación

Aunque el artículo menciona la participación de la comunidad local, las municipalidades y los gobiernos regionales en el proceso de elaboración de los planes, es importante garantizar que esta participación sea efectiva y significativa. El problema radica en la falta de claridad sobre cómo se llevará a cabo esta participación y cómo se considerarán las opiniones y preocupaciones de las comunidades locales en la toma de decisiones. Esto podría llevar a una falta de inclusión y representatividad en la gobernanza ambiental, por la falta de transparencia, pues las comunidades locales y otras partes interesadas pueden no tener acceso o conocimiento de los procesos de toma de decisiones.

Para abordar estos problemas, la ley podría incluir disposiciones específicas sobre la consulta pública, audiencias, reuniones informativas y otros métodos de participación ciudadana, incluyendo mecanismos adecuados para la debida participación de comunidades indígenas. En este sentido, se verifica como hallazgo en la normativa nacional que, para que ocurra la participación activa de la ciudadanía en la protección de la biodiversidad, debe haber oportunidad de participación, inclusión amplia, metodologías adecuadas, continuidad y retroalimentación, junto a un financiamiento adecuado[70].

Con esto se observa como problema que, los mecanismos de participación están sujetos a un reglamento que aún no se ha publicado, y la duda que surge, es que ocurre en este tiempo intermedio, ¿los planes de restauración no contemplarían mecanismos de participación?, o se aplicarían en base a estándares generales del derecho.

Lo anterior se podría solucionar estableciendo procedimientos claros de participación, que incluyan consultas públicas, audiencias, reuniones informativas y otros métodos de participación que permita incluir de manera adecuada a las comunidades indígenas; asegurando que estas comunidades tengan una papela significativa en el proceso de toma de decisiones, se visualiza como futuro desafío trabajar en la idea de consultas previas, libres e informadas, que tengan el acento en que deben ser adecuadas.

VI. Conclusiones

La restauración ecológica surge como respuesta a la degradación generalizada de los recursos naturales y la biodiversidad. En Chile, una «área degradada» se define como un ecosistema cuyos elementos físicos, químicos o biológicos han sido significativamente alterados debido a actividades humanas, lo que ha llevado a la pérdida de biodiversidad y alteraciones en su funcionamiento. Bajo esta condición la restauración ecológica es una prioridad debido a la creciente degradación de los ecosistemas a nivel mundial, se trata de un proceso que busca el restablecimiento de ecosistemas degradados y dañados, no solo para devolverlos a su condición original, sino también para promover su protección y sostenibilidad.

Desde lo metodológico, la restauración ecológica puede ser pasiva o activa, dependiendo de si se requiere una intervención directa o si el ecosistema se recupera por sí solo una vez eliminadas las barreras para su regeneración. Ambos enfoques requieren una evaluación periódica y un manejo adaptativo.

En relación con la restauración ecológica, la gobernanza ambiental desempeña un papel fundamental en la toma de decisiones. En Chile, la Ley 21.600 establece que el Servicio de Biodiversidad y Áreas Protegidas es responsable de llevar a cabo planes de restauración ecológica, involucrando la coordinación con otros servicios públicos sectoriales y la participación de comunidades locales, municipalidades y gobiernos regionales.

70 Jorquera-Jaramillo *et al.* (2012:275).

Sin perjuicio de que la relación entre la gobernanza y la restauración ecológica tenga la apariencia de ser simbiótica, puede traer ciertas complicaciones al momento de ejecutar estas políticas, si no se tiene claridad sobre su alcance.

En relación a la coordinación intergubernamental que habla la Ley 21.600, se observó que la colaboración entre el Servicio de la Biodiversidad y otros servicios públicos en la restauración ecológica presenta desafíos debido a la ambigüedad de la ley. Para resolver estos problemas, es esencial definir competencias y establecer roles claros para evitar superposiciones y disputas. En este mismo sentido, se observó la necesidad de contar con un marco de supervisión con indicadores medibles y consecuencias claras para garantizar la efectividad de la gobernanza en la restauración ecológica.

Por otra parte, respecto a la participación de las comunidades locales, municipalidades y gobiernos regionales en la toma de decisiones sobre restauración ecológica es esencial, pero la falta de claridad en la ley puede obstaculizar la inclusión y representatividad. Se propuso que para solucionar estos problemas, la ley debería incluir disposiciones específicas sobre consultas públicas, audiencias y otros métodos de participación ciudadana, especialmente para las comunidades indígenas. A su vez, se observó que, la falta de un reglamento claro para los mecanismos de participación es un desafío pendiente, y se requiere trabajar en la idea de consultas previas, libres e informadas que sean adecuadas y significativas.

Referencias

Aguilar Støen, M; Toni, F; Hirsch, C. (2016). «Forest Governance in Latin America: Strategies for implementing REDD». *Environmetal governance in Latin America* (205-233).

Aguilar, L. F. (2006). *Gobernanza y gestión pública.* México: Fondo de Cultura Económica.

Alfie Cohen, M. (2013). «Geografía de la gobernanza ambiental: los casos holandés y canadiense». *Revista espacio abierto*, vol. 22, N.° 1. (7-43).

Barkin, D; Lemus, B. (2015). «Soluciones locales para la justicia ambiental». *Documentos de trabajo* N.° 2. (2-33).

Bermúdez Soto, J. (2014). *Fundamentos de Derecho Ambiental*. Ediciones Universitarias de Valparaíso, 2a Edición.

Bignaut, J.; Aronson, J.; Clewell, P.; Woodworth, P.; Desai, N. (2007). «The values and ethics of restoring natural capital». In J. Aronson, S. J. Milton & J. Blignaut (Eds.) *Restoring Natural Capital: Science, Business and Practice*. Washington: Island Press. Cap. 2.

Blignaut, J; Aronson, J. (2020). «Developing a restoration narrative: A pathway towards system-wide healing and a restorative culture». In *Ecological Economics*, vol 168. (1-9).

Cadermartori Gamboa, D. (2009). *Buena administración y procedimientos de selección de contratistas: análisis de mecanismos jurídicos e informativos para alcanzar la eficiencia en las licitaciones pública*. Tesis doctoral. Universidad de Salamanca.

Cecotti Álvarez, M; Sirombra, M. (2021). «Composición florística de leñosa del área ribereña de tributarios del embalse Escaba Tucumán (Argentina). Propuesta de acciones para su restauración ecológica». *Revista biológica tropical*, vol. 58 N.° 1 (499-510).

Chile (1925). Ley N.° 17.288. *Legisla sobre Monumentos Nacionales; modifica las leyes 16.617 y 16.719*; Deroga el decreto ley 651, de 17 de octubre de 1925.

Chile (1995). *Decreto 1963, que promulga el Convenio Sobre la Diversidad Biológica.*

Chile (1997). *Decreto 30, que aprueba Reglamento del Sistema de Evaluación de Impacto Ambiental.*

Chile (1999). *Ley N.° 18575, Ley Orgánica Constitucional de Bases Generales de la Administración del Estado.*

Chile (2023a). *Ley N.° 21.600, que crea el Servicio de Biodiversidad y Áreas protegidas y el Sistema Nacional de Áreas protegidas.*

Chile (2023b). *Ley N.° 20.283, Ley sobre recuperación del Bosque Nativo y Fomento Forestal.*

Correa, A: (2016). «Gobernanza de las áreas protegidas y su necesaria incorporación en la ley que crea el Servicio de Biodiversidad». *Revista De Derecho Ambiental*, vol. 6. (224-239).

Delooz, B. (2017). *Noción y elementos fundamentales de la acción territorial conjunta.*

Dos Santos, J. (2011). «Interdependencia entre la restauración ecológica y la conservación natural». *Revista ingeniería USBMed*, vol. 2, N.° 1 (24-28).

Figueroa Herrera, M. (2022). «Coordinación administrativa en la gestión de zonas costeras en Chile. Una aproximación desde el derecho ambiental». *Revista de estudios ius novum*, vol. 14, N.° 1 (147-208).

González Ovando, M; Plascencia Esalante, F; Mártínez-Trinidad, T. (2016). «Áreas prioritarias para restauración ecológica y sitios de referencia en la región de Chignahuapan-Zacatlán». *Revista madera bosques*, vol. 22 N.° 2 (41-52).

Graña, F. (2005). «Todos contra el Estado: usos y abusos de la gobernanza». *In Espacio Abierto*, vol. 14, n° 4. (501-529).

Guastini, R. (2014). *Interpretar y argumentar, trad. S. Álvarez, Centro de Estudios Políticos y Constitucionales.* Madrid.

Guerrero Rubio, J; Tasambay Salazar, A; Cofré Santos, F; Jácome Segovia, C; Valverde Lara, C; Jiménez Rojas, Y. (2020). «Evaluación y restauración ecológica "Lisan Wasi" comunidad San Pedro, parroquia Tarqui, Cantón Pastaza». *Revista ciencias tecnológicas UTEQ*, vol. 13, N.° 1 (17- 25).

Jorquera-Jaramillo, C; Alonso Vega, J; Aburto, J; Martínez-Tillería, K; León, M; Pérez, M; Gaymer, C; Squeo, F. (2012). «Conservación de la biodiversidad en Chile: Nuevos desafíos y oportunidades en ecosistemas terrestres y marinos costeros». *Revista Chilena de Historia Natural*, vol. 85 (237- 280).

Klyza, C. (1992). «A Window of Autonomy: State Autonomy and Forest Service in the Early 1900s». *Polity*, vol. 25, núm. 2. (173-196).

Linazasoro, E. (2018). «El derecho a una buena administración pública en Chile». *Revista De Derecho Público*, vol. 88. (93-109).

López De Lara, D; Murillo Sandoval, S; López, V. (2018). «Gobernanza ambiental: el Consejo Asesor (CA) del Parque Nacional Huatulco (PNH) como un instrumento de conocimiento transdisciplinario». *Acta Universitaria*, vol. 28 N.°4 (56-73).

Luebert, F; Becerra, P. (1998). «Representatividad vegetacional del Sistema Nacional de Áreas Silvestres Protegidas del Estado (SNASPE) en Chile». *Ciencia y Ambiente*, vol. 14, n.° 2. (62- 69).

Manzur, M. (2005). *Situación de la biodiversidad en Chile: Desafíos para la sustentabilidad.*

Martínez Romero, E. (1996). «La restauración ecológica». *Revista Ciencias*, vol. N.° 43 (56-61).

Méndez-Toribio, M. (2022). «Sección especial sobre restauración ecológica de ecosistemas. Editorial de la Sección especial sobre restauración ecológica de ecosistema». *Acta Botánica Mexicana* 129 e2157 (1-5).

Mola, I; Torre, R; Sopeña, A. (2018). «Guía de restauración ecológica». *In Fundación Biodiversidad*, del Ministerio para la Transición ecológica (1-77).

Narave-Flores, H; Ruelas-Monjardín, L; Chamorro-Zárte, M. (2021). «Procesos y mecanismos de gobernanza ambiental en Parques Nacionales de México». *Revista pensamiento actual*, vol. 21 N.° 37 (128–145).

Pérez, D; Meli, P; Renison, D; Barri, F; Beider, A; Burgueño, G; Dalmasso, A; Dardanelli, S; De La Paz, Manuel; Farinaccio, F; Papazian, G; Sirombra, M; Torres, R. (2018). «La red de Restauración Ecológica de la Argentina (REA): Avances, vacíos y rumbo a seguir». *Revista Ecología Austral*, vol. 2 (353–360).

Quilaleo, F. (2018). «La implementación del Convenio 169 de la OIT en Chile: La paradoja de los derechos indígenas». *Anuario de Derechos Humanos*, N.° 14 (141-153).

Rodruíguez-Arana, J. (2014). «La buena administración como principio y como derecho fundamental en Europa». *Revista de Derecho y Ciencias Sociales de Colombia*, vol. 6 (23-56).

Subirats, J. (2010). «Si la respuesta es gobernanza, ¿Cuál es la pregunta?: factores de cambio en la política y en las políticas». *Revista vasca de economía*, N.° 74. (16-35).

Turton, D.W. (2007). «Review of Burnout: The Cost of Caring». *Mental Health, Religion & Culture*, 10, (77-85).

Vargas, O. (2011). «Restauración ecológica: Biodiversidad y Conservación». *Actas biológicas de Colombi*, vol. 16, n.° 2. (221-246).

Zeberio, J; Peter, G. (2021). «Costra biológica del suelo y su efecto en la germinación y establecimiento de dos especies perennes forrajeras del NE patagónico: consideraciones para la restauración ecológica». *Revista multequina*, vol. 30 N.° 2 (87-97).

Otras fuentes:

Informe País: *Estado del medio ambiente en Chile. Comparación 1999-2015*. En línea: https://uchile.cl/u129607. (fecha de consulta: 25 de septiembre de 2023).

Ser: *Principio SER, internacional, Restauración ecológica, Grupo de trabajo sobre ciencia y políticas, versión 2*: octubre de 2004. En línea: https://cdn.ymaws.com/www.ser.org/resource/resmgr/custompages/publications/SER_Primer/ser-primer-spanish.pdf. (fecha de consulta: 25 de septiembre de 2023).

Ministerio Del Medio Ambiente. *Estrategia Nacional de Biodiversidad 2017-2030*. En línea: https://estrategia-aves.mma.gob.cl/wp-content/uploads/2023/03/MMA_2017_Estrategia_Nacional_Biodiversidad_2017-2030.pdf. (fecha de consulta: 25 de septiembre de 2023).

CAPÍTULO 20

VISIÓN ECOCÉNTRICA DEL AMBIENTE EN LA ACTIVIDAD DE GOBERNANZA: MEJOR PROTECCIÓN MAYOR RESPETO A DERECHOS

Ana María Ramírez Sánchez
UNAM-México

I. Introducción[1]

«[A] causa de la catástrofe ecológica, el género humano está en riesgo de extinción: no una extinción natural como la de los dinosaurios, sino un intenso suicidio masivo debido a la actividad irresponsable de los propios seres humanos»[2]. Las condiciones ambientales son actualmente un tema de interés, sobre todo por lo antropogénico. No se trata de una moda o algo que pretende estatus filosófico superfluo. Es una avidez de la Tierra. Va más allá de un Estado o región internacional. Es por ello que cambiar la visión en la

---

1 «La sensibilidad ecológica de hecho hoy, nos sitúa ante los límites naturales que habíamos perdido de vista ante tanta mediación cultural y actividad transformadora. En la destrucción de la naturaleza estamos dinamitando los supuestos de nuestra libertad y nosotros mismos como seres a la vez naturales y libres» Peña Vial (2012:35).

2 Ferrajoli (2022:13).

cual el ser humano es el fin y todo lo demás son solo medios, resulta trascendental. Avanzar de la idea de que todo es propiedad del ser humano, de que el desarrollo económico debe ser a cualquier costo también es parte del cambio. Alejándonos de una realidad: el daño causado al ambiente repercutirá en otros aspectos de nuestras vidas como seres humanos, ejemplo de ello, en la salud, la vida, por mencionar algunos. Lo anterior significa que si protegemos al ambiente *per se* podremos proteger mejor a otros derechos, incluso se pueden beneficiar intereses —que no precisamente sean derechos—.

En ese sentido, se debe encontrar una manera de responder a la pregunta ¿una mirada ecocéntrica en el ámbito jurídico apoya en la protección de derechos? Para poder lograr analizar al ambiente como punto de partida y su relación con diversas expectativas positivas: el caso del presente es mediante el desempaque de derechos.

Es por ello que, usando un método sistémico, como primer punto toco lo relativo al ecocentrismo como panorama necesario en el sistema jurídico, explicando lo que implica esta cosmovisión y algunos beneficios que trae dentro del ambiente y su protección, conservación y relación con el ser humano. Enseguida, menciono lo que es el estado convencional de Derecho ambiental, indicando la relación del sistema jurídico internacional con los nacionales. Luego, traigo a colación conceptos a considerar dentro del tema de protección ambiental bajo la mirada ecocéntrica con el propósito de comprender el vínculo de los diversos elementos con los que compartimos el mundo. Todo lo anterior, para terminar con el tópico de proteger al ambiente para proteger derechos en el cual señalo que si la protección del ambiente se realiza adecuadamente ello implicará la protección de derechos diversos, el ejemplo que uso es el de la salud, con atisbos de algunos otros como la vida.

Todo lo anterior, invitando al análisis de la persona lectora y la curiosidad de realizarlo con otros derechos, para resaltar que el ambiente no es cuestión de gustos, sino de necesidad.

II. Ecocentrismo: panorama necesario en el sistema jurídico

«Hay un grito de alarma por los derechos humanos, decían, por toda la gente, y los pueblos indígenas decían: ¿qué pasa con los derechos del mundo natural? ¿Dónde está el lugar del búfalo o del águila? ¿Quién los representa ante este foro? ¿Quién va a hablar por el agua de la tierra? ¿Quién va a hablar por los árboles y los bosques? ¿Quién hablará por los peces, por las ballenas, por los castores, por nuestros niños?»[3], es una serie de preguntas a las que

3 Boyd (2020:21).

actualmente no hemos dado respuesta, ni desde el actuar gubernamental ni en lo individual por cada integrante de la sociedad.

Cuando se menciona el cuidado a la naturaleza, inmediatamente se piensa en evitar contaminar —así en lo general—, cuidar el agua —sin señalar a lo que específicamente se refiere—, a proteger la fauna en peligro de extinción, en cuidar los «recursos naturales», pensar en lo que dejaremos para generaciones futuras y que estas puedan cubrir sus necesidades. Así sin mayor reflexión y con las mejores intenciones, pero sin planes específicos, sin siquiera un mapa conceptual determinado y útil. Solo pensar en un mejor ambiente, de forma ambigua y lo más general posible, porque entrar en análisis implica establecer límites a la acción del ser humano sobre los elementos de la naturaleza y de otros seres vivos —distintos a él—. Además, trae como consecuencia pensar y elaborar un sistema en el cual haya instituciones jurídicas[4] que permitan la protección efectiva de los demás integrantes del mundo, con lo cual se le quita protagonismo al ser humano ¡Oh, quién se atreve a proponer, si quiera pensar, tal escenario![5].

Lo anterior, ha costado trabajo debido al *antroposupremacismo*, esta figura va más allá de una manera de ver al mundo —como lo es el antropocentrismo—

El antropocentrismo describe el hecho de que «los seres humanos consideran y juzgan el mundo desde el punto de vista de los seres humanos, y que ellos son para sí mismos la especie animal más importante»[6]. El antropocentrismo se ha utilizado como una forma de discriminación. Sin embargo, ello se ha entendido de manera errónea, porque se trata de una forma de ver o percibir el entorno. Es decir, esta figura no es dañina en sí misma, más bien el sentido que se le da a su significado, lo cual lleva a establecer el antroposupremacismo.

El antroposupremacismo sí se trata de una forma de discriminación al considerar a los seres vivos diversos al humano como inferiores. Esto es, solo

---

4 Recordemos que el Derecho es, además de ciencia, arte y filosofía, pues se busca una simetría con la realidad y todo lo que implica el Derecho —sintaxis, semántica, pragmática y hermenéutica—. Arte del Derecho implica un conjunto de reglas e instituciones que se va incrementando al paso que la experiencia interpretativa nos muestra, construyendo agregados sensibles a nuestra profesión, la belleza implica orden, así el Derecho como arte nos lleva a una crítica estética de la situación jurídica. Por otro lado, como filosofía nos lleva a principios específicos de interpretación, procesos de jusfilosofización con el propósito de acceder a su codificación, a través de una praxis hermenéutica, ontológica, antropológica, ética, axiológica, lógica y epistémica. CONDE GAXIOLA (2015:13-36).

5 Es importante, aunque espero se perciba desde el sentido común, aludir que la expresión 'quitar protagonismo al ser humano' no se está planteando retirarle protección. Se trata de considerarnos como parte integrante de un todo.

6 VÁZQUEZ GARCÍA (2017:32).

pensar el entorno en razón del ser humano[7] y no de los demás que también se encuentran y necesitan del mismo para vivir. El antroposupremacismo existe «cuando los intereses humanos se favorecen sistemáticamente frente a intereses de rango equivalente de los que son portadores organismos no humanos»[8]. Es así que tanto el ambiente como los derechos ambientales en la generalidad se analizan desde el punto de vista de la utilidad para el ser humano y, por ende, el cálculo de daños se realiza a la luz del mismo. Es entonces cuando por más afinidad y empatía se sienta con un ser que no es humano, se visualiza la supremacía del que sí lo es[9].

En años recientes se ha pensado en el biocentrismo. La visión biocéntrica, al crisol jurídico, señala que sea la vida —en términos generales, incluyendo la vida animal no humana y animal humana— el elemento que nos hace equivalentes ante el Derecho; busca eliminar la discriminación arbitraria que afecta a los animales diversos del ser humano[10].

En México jurídicamente aún no se ha podido avanzar a esta forma de ver y analizar el mundo. Los avances que se pueden mencionar se encuentran en cuerpos normativos que regulan ciertas actividades del ser humano para con los animales, pero generalmente, se considera la sintiencia de estos. Sin embargo, no para todos los animales, ya que la normativa se dirige a quienes se consideran de compañía/domésticos/domesticados. Para animales que el ser humano destina al consumo, experimentación y trabajo la regulación es sobre salubridad, pero considerando los intereses del mismo humano, no de los animales[11]. Por otra parte, hay también sobre especies en peligro de extinción y, un poco, sobre fauna salvaje, pero tampoco es para la protección y bienestar *per se*, sino sobre conservar especies para generaciones futuras de seres humanos. El conjunto de articulado jurídico es más bien con un propósito que va desde la legitimación de la propiedad de la humanidad sobre varios elementos naturales y seres vivos, como la conservación de especies —como grupo no en lo individual—. En el caso de la flora es menos aún importante para los sistemas jurídicos y políticos, pues hay menos conoci-

---

7 En lugar de criterios relevantes -lo cual implicaría una visión desde el ser humano, pero no como el centro único a atender-, sino como su capacidad reflexiva y analítica para encontrar la armonía en sus determinaciones y protección a todo el entorno, lo que usa son intereses o preferencias del ser humano.

8 Riechmann (2005:45).

9 Incluso si otras ramas de la ciencia han determinado u obtenido como resultado que seres vivos tienen capacidades perceptivas de dolor, sufrimiento y, en muchos casos, cognitivas.

10 Ruiz-Tagle Vial (2018: 1-32).

11 Las condiciones en que se encuentran las diversas especies que confina el ser humano no importan mientras la salud del animal no se vea afectada y que esta a su vez afecte la del humano —cuando dicho ser vivo ya es procesado y se convierte en alimento o algún producto que aquel a va utilizar o consumir—.

mientos al respecto y, consecuentemente, lo único que se busca es conservar áreas verdes en términos de medidas y no de características.

En el biocentrismo deja un poco tangencial los factores abióticos, que también tienen funciones trascendentales dentro de los ecosistemas. Entonces, no solo tenemos la obligación de considerar a los biológicos, sino también a aquellos cuerpos inertes en la naturaleza debido a que si no existieran las condiciones en que se desarrollan aquellos variaría la existencia misma. Por ejemplo, el cauce de ríos, lo cual ayuda en los ecosistemas en que se encuentren. Las rocas sirven de rompeolas en diversos lugares, lo cual coadyuva en el desarrollo de comunidades de animales humanos y no humanos[12].

Derivado de lo anterior, surgió la figura del Ecocentrismo, aunque en torno al desarrollo sostenible. Respecto lo anterior, han sido reconocidas dos versiones: una fuerte y una débil. En donde la versión fuerte o ecocéntrica pretende un equilibrio aceptable entre la sociedad y el ecosistema natural. La versión débil o antropocéntrica pone el ecosistema natural al servicio de la sociedad, lo que significa su uso y agotamiento. El punto fundamental de la discusión entre el ecocentrismo y el antropocentrismo es la relación del ser humano con la tierra, los animales y las plantas[13].

Se trata de una forma de visión integradora entre los elementos naturales, los organismos, seres vivos diversos del humano, así como este último como partes importantes en las relaciones ambientales. Lo cual trasciende en la consideración al momento de planificación de todas las acciones que pretenda el ser humano, jurídica, política, social, económica, culturalmente. Atendiendo a los intereses que cada especie tiene —lo cual sí está salteado con una visión desde el ser humano, pues se vale de sus descubrimientos y resultados científicos, así como las limitaciones mismas de esta especie, para determinar las características de especies que no son humanas y, derivado de ello, las mejores condiciones para su desarrollo y bienestar, evitando caer en el antroposupremacismo—. Es decir, considerarnos como especie de los reinos existentes en la naturaleza parte integrante y dependiente de los demás. Osaré, de hecho, en señalar que el ser humano ambientalmente no tenemos función ecosistémica *per se*. No tenemos un rol ni servicio ambiental, al menos.

---

12 Ejemplo de ello es lo que pasó en el Parque Yellowstone. En el año 1995 cuando lobos fueron reintroducidos en esta área. Antes que volvieran, el número de ciervos creció lo cual causó reducción de vegetación. Cuando llegaron los lobos regularon la presencia de los ciervos, cambiando el comportamiento de estos animales, por lo cual en diversas zonas -ya no había tantos o ninguno- lo que trajo como consecuencia presencia de diversas especies de flora; después, empezaron a llegar otras especies de seres vivos —ejemplo de ello, fueron castores, quienes al hacer represas provocaron que vida acuática también llegara y, por lo tanto, aún más especies animales—. Se cambió el comportamiento de los ríos, debido a que la regeneración de los bosques estabilizaba la tierra; asimismo, se transformó la geografía del Parque. «Cómo los lobos (Canis lupus) cambiaron el curso del río Yellowstone» https://acortar.link/hFuZHQ

13 Toca Torres (2011:196).

Lo que hacemos como especie humana es desarrollar tecnología, construcciones, medicamentos, producción de diversas herramientas, utensilios, armas, etcétera, pero destruyendo o transformando elementos naturales, así como a otros seres vivos. Ello no es una función de índole ambiental. A veces, incluso, destruimos, modificamos o alteramos sitios los cuales ya no es posible restaurar más adelante y, por lo tanto, terminamos con algún ecosistema.

> «[A] pesar de la agricultura y la tecnología, seguimos siendo dependientes de la naturaleza y de su biodiversidad para satisfacer necesidades básicas [...] El estudio de los ecosistemas naturales nos ayuda a comprender las intrincadas relaciones entre el ambiente y los seres vivos [...] Mediante él entendemos con más claridad el impacto del [ser humano] en la naturaleza y las consecuencias que de ello se derive»[14].

Lo anterior implica que si conocemos a quienes integran dichos ecosistemas será posible entender sus necesidades y, por lo tanto, evitarles dolor, sufrimiento y maltrato y exterminar la flora y zona arbórea de los lugares.

El ecosistema es «tanto la comunidad biótica[15] como las condiciones abióticas en las que viven sus elementos [...] es el conjunto de las poblaciones de plantas, animales y microbios relacionados entre ellos y con el medio, de modo que el agrupamiento pueda perpetuarse»[16]. Los ecosistemas no están aislados unos de otros, porque cada uno se mezcla con el siguiente en una zona de transición llamada «ecotono» la cual contiene muchas especies comunes a ambos[17].

Justamente por esa dependencia que tiene el ser humano con la naturaleza es que surge la avidez de proteger jurídicamente a las diversas especies de animales y de flora/vegetación, porque al ser parte de un ecosistema, la extinción de alguna especie modifica las condiciones del mismo e, incluso, puede cambiar de uno a otro —por ejemplo, si un área es deforestada, todos los animales o la mayoría se mueve a otro territorio y las plantas y lo que quede de flora ya no va a cumplir la misma función, ello provocará que se haga desértico o un suelo estéril—.

En términos generales cuando se habla de ecosistema no solamente se refiere a una cuestión en grupo, sino a la importancia que tiene cada ele-

14 Nebel y Wright (1999:23).

15 Agrupamiento de plantas, animales y microbios. Al hablar de plantas se incluye a toda la vegetación -desde los grandes árboles hasta las diminutas algas-; animales son mamíferos mayores, aves reptiles, anfibios, lombrices, insectos y ácaros; Los microbios comprenden un extenso conjunto de bacterias, hongos y protozoarios microscópicos. Nebel y Wright (1999:24).

16 Nebel y Wright (1999:24).

17 Nebel y Wright (1999:25).

mento de este, derivado de las funciones que desempeña. Proteger y cuidar debería ser tan importante en lo individual que en términos de especie.

III. Estado convencional en materia ambiental

El Estado de Derecho deriva de la institucionalización jurídica de la democracia. Es un sistema que responde, tanto en su plasmación positiva (descriptiva) como —relación no lineal ni mecánica— en su formulación ética (prescriptiva), a exigencias de certeza y aseguramiento, así como a la protección de libertades y a garantías de diversa especie, tratando de lograr mayor participación de la sociedad y responsabilidad de los entes públicos[18].

Partiendo de ese escenario, es viable señalar que en el Estado constitucional de Derecho se conjugan Estado como estructura, derechos como fin y democracia como medio[19]. A esto se le debe sumar la normativa internacional, así como las sentencias que emitan diversos órganos jurisdiccionales internacionales y lo establecido en la norma máxima de cada país, entonces se habla de un Estado Convencional de Derecho.

En materia ambiental se debe atender, además de los cuerpos normativos mencionados en el párrafo anterior, a los Convenios, Tratados y Acuerdos Internacionales que sean vinculantes a los Estados, en temas como: cambio climático, especies amenazadas de fauna y flora silvestres, contaminación atmosférica, elementos naturales, entre otros. Atender a los principios específicos en el área de la naturaleza —como principio *pro natura*, principio *pro animalia*, prevención, precaución, entre otros—. En efecto, el estado de Derecho convencional en materia ambiental implica el uso de las herramientas para llevar a cabo adecuada protección jurídica, valiéndose de otras ramas del saber.

Es así como lo planteado por Luigi Ferrajoli en su libro *Por una Constitución de la Tierra*, el planteamiento del demanio planetario es más que urgente, pues la normativa en los diferentes Estados es disforme y ello ocasiona que el avance que puedan tener algunas naciones no tenga impacto considerable en la restauración y conservación del ambiente, debido a que en otras aún falta mucho por hacer e implementar —desde lo tecnológico hasta lo jurídico—. Pero, mientras tanto, la actuación de cada Estado debe tener una visión ecocéntrica en la formulación de su sistema jurídico-político-económico-social-cultural. Se deben ir buscando instituciones en las que la legitimación del ser humano frente a la naturaleza traiga aparejada responsabilidad y restauración material y real, encaminada a la misma no solo a la satisfacción de intereses meramente humanos. Porque en el respeto, conservación, pro-

18 García Díaz (2001: 203-204).

19 Ávila Santamaría (2009:778).

tección y restauración del ambiente será inminente la protección de diversos derechos de la especie humana como más adelante se analiza.

IV. Conceptos a considerar

Dentro del constructo social denominado Derecho para la protección del ambiente —al menos de los ecosistemas con los cuales estamos en relación directa—, cabe aludir a algunos conceptos que se deben considerar para creación, modificación y afinación del campo jurídico. Si bien, el espacio para el presente artículo no es suficiente para agotar todos, son aquellos que deben considerarse en el corto plazo y de ahí ir integrando otros.

1. Ambiente

«En la actualidad, hemos dado un paso más y en este momento se considera medio ambiente a medio global, es decir a todo lo que rodea al [ser humano], añadiendo a lo anterior las relaciones sociales, la cultura la economía, la política, etc»[20].

El estudio del ambiente no puede ser de forma aislada de la presencia del ser humano, porque incluso todos los elementos de aquel son utilizados como recursos para la sobrevivencia o supervivencia de la humanidad.

> «[E]l [ser humano] no solo transforma la naturaleza sino también a sí mismo debido a su necesidad de alimento, bienes y servicios. Aunque el punto de partida se origina de las necesidades biológicas [...] después viene la generación de otro tipo de necesidades que hace que este cambie su ideología y la del medio que lo rodea, en la humanización de las necesidades biológicas del [ser humano], que Marx expresó magistralmente con su famosa frase: "el hambre es hambre, pero el hambre que se satisface con carne cocida, comida con cuchillo y tenedor, es un hambre muy distinta a la del que devora carne cruda con ayuda de manos, uñas y dientes"»[21].

2. Animal

El animal es un arquetipo o modelo de organización propio y un conjunto de propiedades biológicas; se pueden conocer cinco grados de organización

20 Flor Pérez (2006: XXIII).

21 López y Guerra (2004:33). Respecto de la cita, quiero mencionar que, en la última parte de la forma de comer, más bien se trata de preferencias en dicho modo de comer no en la avidez misma. Por lo tanto, las preferencias en realidad no son factores determinantes en las necesidades de alimentación, se trata más bien de elementos extra dentro de la necesidad en sí.

entre los distintos grupos de organismo unicelulares y metazoos[22]. Los animales, como eucarios que somos, estamos compuestos de células eucariotas, por ello es que los tejidos son agregados de muchas células similares en morfología y función; durante el desarrollo del animal, sus células se van diferenciando progresivamente para adaptarse a funciones hasta formar tejidos que configuran sus diversas partes y órganos[23].

Es así que, de las partes de los animales unas son simples, las que se dividen en partes homogéneas, por ejemplo, las carnes que se dividen en carnes; otras son compuestas, las que se dividen en partes no homogéneas, por ejemplo, la mano que no se divide en manos, ni el rostro en rostros. De estas algunas no se llaman solamente partes, sino también miembros; se trata de las que forman un todo que contienen dentro de sí mismas otras partes distintas, por ejemplo, la cabeza, la pierna; por lo que hay animales que tienen todas su partes idénticas entre sí; otros en cambio, las tienen distintas; pero, también existe la diferencia entre partes, cuando decimos que los caballos son recíprocamente idénticos por la especie, pero se distinguen por exceso o por defecto, existen varias especies de caballos[24]. Las características mencionadas sobre el reino animal también aplican para el ser humano, por supuesto cada especie tiene particularidades que la diferencian de otras. Pero, es importante destacar que las semejanzas entre seres vivos son amplías.

Vale la pena terminar este apartado con la siguiente nota «[a]demás de ser humanos, nos enorgullecemos de ser *humanitarios*. ¡Qué manera tan brillante de establecer que la moralidad es una característica de la naturaleza humana cuando asignamos el nombre de nuestra especie al comportamiento caritativo! Es obvio que los animales jamás podrían ser humanos; pero ¿podrían ser humanitarios?»[25].

---

22 1. Grado de organización protoplásmico: organismos unicelulares; las funciones vitales se llevan a cabo en una célula; en este interior celular, el protoplasma está diferenciado en orgánulos capaces de desarrollar funciones especializadas.
2. Grado de organización celular: hay células funcionalmente diferenciadas; se lleva a cabo división de trabajo entre las diversas células. Algunos autores señalan que las esponjas se sitúan en este nivel.
3. Grado de organización celular-tisular: asociación de células que construyen un tejido. Se sitúan en este nivel las medusas y sus parientes.
4. Grado de organización tejidos-órganos: Los órganos generalmente están formados por más de un tejido y tienen funciones especializadas que las de los tejidos. Los platelmintos tienen órganos definidos como manchas oculares, probóscides y órganos reproductores, se estructuran como un sistema reproductor.
5. Grado de organización de órganos-sistemas: cuando varios órganos trabajan juntos para realizar funciones determinadas; los sistemas están asociados con funciones corporales básicas, como la circulación, la respiración y la digestión. Roberts (2009: 186).

23 Mosterín (2013:88-90).

24 Aristóteles (2008: 40).

25 Waal (1997:9).

Pregunta que ayuda en el entendimiento de lo que implica ser animal y todo el proceso evolutivo que existe en torno al organismo, así como al mismo entendimiento de los tejidos celulares y, consecuentemente, de las necesidades, reacciones y estímulos del exterior en el comportamiento de los seres vivos. Porque al comprender o tener indicios de todo ello, se pueden establecer límites al manejo de las especies, de acuerdo con sus condiciones.

3. Biodiversidad

La biodiversidad o diversidad biológica se entiende como el conjunto de manifestaciones de vida sobre el Planeta, es decir, la variabilidad de organismos vivos de cualquier fuente, incluidos los ecosistemas —terrestres, marinos, acuáticos— y los complejos ecológicos de los que forman parte, comprende la diversidad dentro de cada especie, entre las especies y de los ecosistemas[26].

Dentro de lo que le hemos dado el significado al conjunto de elementos y seres vivos, se encuentra la vida animal aquella que se conforma de vertebrados, invertebrados, mamíferos, entre otros, atendiendo a las características que tienen para colocarlos en cada grupo. «La conservación de la biodiversidad es la condición máxima de sostenibilidad del sistema global de funcionamiento de la Tierra como ecosistema»[27].

Es importante conocer las características de cada especie para saber la forma en que se protegerá jurídicamente, pues no se debe realizar una protección general porque las condiciones de bienestar atienden a sus requerimientos.

4. Conservación y preservación ambiental

La conservación y preservación ambiental consiste en crear las condiciones que hagan posible proteger ecosistemas, permitir el desarrollo de las especies —tanto animales como flora— que lo habitan y garantizar su adecuada evolución[28], actuando de manera local con resultados a nivel global. Se trata de un deber en conjunto con la población o quienes se encuentren en un sitio o territorio —aunque no sea considerada población, ciudadanía o nacionales— y los entes gubernamentales en ese territorio.

Para materializar adecuadamente la conservación se requiere al menos lo siguiente:

- La conservación es de interés común para todos los factores bióticos.
- La exigencia fundamental para la conservación de la diversidad biológica es la *in situ* de los ecosistemas y hábitats naturales y el mantenimiento y la recuperación de poblaciones de especies en sus entornos naturales.

---

26 Anglés Hernández *et al.* (2021:109) y Beckoff (2003:24).

27 Velázquez De Castro (2008:43).

28 García Pino (2014:734-736).

- Inversiones considerables para conservar la diversidad biológica y que dichas inversiones entrañen amplia gama de beneficios ecológicos[29].
- Difusión de la información que las diversas áreas de la ciencia tienen respecto las especies animales.
- Planes de acción para la conservación de especies y ecosistemas[30].

La conservación y preservación ambiental va más allá de que sea adecuado —lo que trae consigo de por sí ya un contenido dirigido a los humanos-, sino sano —que implica la condición genérica y en atención a quienes integramos el planeta—. En todos los conceptos que van señalados vemos la trascendencia del ambiente y de sus integrantes. Lo cual implica una imperiosa avidez de protección.

5. Desarrollo sostenible/sustentable

El desarrollo sostenible/sustentable se ha tratado a lo largo del tiempo,[31] incluso desde antes de la formalización de diversas Declaraciones y/o Acuerdos en materia de ambiente. En la Declaración de Estocolmo sobre Medio Ambiente Humano de 1972 se incluyó por primera vez la dimensión ambiental —destacándose la problemática entre ambiente y desarrollo—. En este instrumento se recomendó la creación de un Programa Internacional de Educación Ambiental, por parte de la Organización de las Naciones Unidas para la Educación, la Ciencia y la Cultura (UNESCO). Por otra parte, establece en su principio 19 lo indispensable de una labor de educación en cuestiones ambientales[32]. La Carta de Belgrado 1975 sienta la relación entre la educación y un modo de vida sostenible; en el punto 14 señala la integración de habilidades y educación para el modo de vida también sostenible.

El desarrollo sostenible se trata de una estrategia de acción que permite satisfacer las necesidades de las generaciones presentes sin comprometer

29 Convenio sobre la diversidad biológica, Naciones Unidas.

30 Para formular un Plan de acción se definen prioridades de conservación, por ejemplo tomar decisiones sobre las especies más amenazadas que requieren atención preferencial y definir metas claras para su conservación; también plantea lineamientos sobre las acciones que son críticas para lograr las metas de conservación y hacer monitoreo sobre el progreso hacia las metas para ajustar las prácticas adecuadamente; es una hoja de ruta para dirigir los esfuerzos y organizar la gestión para lograr resultados adecuados. López Gallegos (2015:2-3).

31 Por ejemplo, el Club Roma se estableció en 1968, encargándose de revisar los cambios medioambientales y climáticos que se estaban produciendo desde entonces. Gutiérrez Garza (2012:69).

32 Es importante mencionar que la labor de educación es tanto para jóvenes como para quienes ya están en la edad adulta. Ello se destaca porque la educación no finaliza en la obtención de grados académicos, sino que se da a lo largo de la vida.

las formas de vida de las generaciones futuras[33]. Aunque ello es una acepción no certera, lo cual vuelve endeble conceptualizarlo atendiendo a intereses.

Es así que se trata de determinar en cuáles condiciones, dentro de las perspectivas del sistema capitalista, puede mantenerse o incrementarse el bienestar humano de forma que su distribución sea crecientemente más justa (intergeneracional y espacialmente), bajo la premisa del respeto a los activos medioambientales en su conjunción con el sistema económico productivo[34].

La sustentabilidad apunta al crecimiento, pero distribuido, a escala humana; tiende a manejar bien los ecosistemas, la diversidad y la base productiva local, implicando un manejo adecuado económico, social y ambiental. En términos generales se trata de generar consumo y empleo, logrando que todos consuman mejor, y ello puede generar más riqueza[35].

6. Economía verde/ecológica/ambiental

La economía ambiental implica la diferenciación de crecimiento y desarrollo. Crecer significa el incremento natural en tamaño por la adición de material mediante la asimilación o el incremento, mientras que desarrollarse es expandir o desarrollar las potencialidades de algo, llevando gradualmente a un estado completo, amplio o mejor[36].

En ese sentido este tipo de economía es una parte de la economía que integra las cuestiones ambientales dentro de sus consideraciones. La economía verde es un paso más adelante indicando que se refiere a la necesidad de un crecimiento en donde se respete al ambiente.

Dentro de los factores para lograr una economía verde están[37]:

- Voluntad política y capacidad de dirección inquebrantables para hacer la transición a un nuevo paradigma.
- Adopción por parte del público del nuevo paradigma; descartar viejas costumbres de pensamiento y actuación. Se trata de una nueva disposición cívica y un compromiso institucional, con la innovación deben sustituir a adhesiones serviles y cortas de mira al orden esta-

33 1987 la Comisión Mundial del Medio Ambiente y del Desarrollo (CMMD) presentó el documento «Nuestro Futuro Común» —Informe Brundtland—. Este documento también analiza la situación del planeta y señala que la sociedad global estaba destruyendo el ambiente y, cada vez más, dejado a mayor cantidad de gente en la pobreza y en la vulnerabilidad. Y en el presente no se trata de un verbo en copretérito, sigue siendo presente la destrucción del ambiente.

34 Martín Palmero (2004:17-39).

35 Pesci (2006:64).

36 García López (2018:26).

37 García López (2018:26).

blecido. Desde el punto de vista normativo esto requiere la adopción de medidas para aumentar la concienciación del crecimiento verde y proporcionar incentivos y desincentivos adecuados, tales como establecimiento de precios e impuestos al carbono para ayudar al público a adoptar las decisiones adecuadas.

- Evolución tecnológica para apoyar los dos puntos anteriores. Las novedades en tecnología son las que permitirán acceder al crecimiento verde y al público a transformar verdaderamente sus modos de vida[38].

La relación entre la economía verde con el actuar del ser humano implica regular y redefinir la idea de que todo en la naturaleza es del ser humano sumado a la creencia de que se debe tener un crecimiento económico sin límite ni restricción *so pretexto* que la economía ayudará a terminar con mucho del sufrimiento humano por carencias y que es la panacea para la materialización de derechos humanos y de algunos otros que aún no se catalogan como tal. El asunto es que debemos modificar determinadas acciones, no solo en la producción, sino en el mismo trato que le damos a otros seres vivos como en experimentación, industria,[39] trabajo, entre otros.

7. Hábitat

El hábitat es un término que se refiere a una unidad ambiental particular, discernible de otras unidades; se habla en términos de espacio ocupado por un individuo, una población, una especie, un género, un gremio o varias de estas categorías y está caracterizado por cierta uniformidad de las condiciones bióticas y abióticas, en ese sentido, los diferentes hábitats son identificados por el cambio o la modificación de esa uniformidad[40].

8. Huella ecológica

> «Cuando las poblaciones humanas muestran un crecimiento explosivo, son otros animales (ecosistemas enteros, poblaciones, especies e individuos) los que sufren. En realidad, es muy sencillo: cuando los intereses de los animales entran en conflicto con los de los humanos, los animales salen perdiendo»[41].

---

38 Lean (2010:10).

39 National Geographic, «Calentamiento global por metano de las vacas», *apud* CIDT País del Conocimiento, [en línea], https://www.youtube.com/watch?v=Q0h-XfMf9B8 (fecha de consulta: 22 de octubre de 2023).

40 Di Bitetti (2012:139).

41 Bekoff (2003:27).

No menos ilustrativa resulta esta cita del autor BEKOFF al transmitir lo que implica la huella ecológica o huella de carbono. El ser humano, al estar bajo un esquema de desarrollo tecnológico y económico sin límite está ocasionando daño ambiental que, no sobra repetirlo, trascenderá a su calidad de vida.

La huella ecológica es un método analítico del desarrollo sostenible, para entender y evaluar el estatus de las reservas terrestres respecto al capital natural y a los servicios medioambientales (flujos) que estas reservas proporcionan[42].

Dentro de los principales problemas que genera la actividad humana son:

- Emisiones de gases que causan efecto invernadero. Estas emisiones están originadas por las diferentes formas de combustión que se producen en núcleos urbanos.
- La estructura de la ciudad distorsiona las condiciones naturales y crea un microclima más extremo e incómodo para cualquier tipo de vida.
- Erosión[43].
- Pérdida de biodiversidad[44].
- Pérdida de hábitats.
- Contaminación.
- Disminución de hábitats para las diversas especies de seres vivos.
- Aumento de la temperatura de la Tierra.

Por eso, es importante, de cara al desarrollo sostenible y la economía verde, tener presentes los problemas que se están generando y, principalmente, aquellos que lo hacen de forma exponencial para dejar de hacer e implementar nuevas maneras de generar recursos económicos.

9. Servicios ambientales o ecosistémicos

Los servicios ambientales o ecosistémicos están conformados por dos figuras que se han explicado y puesto en la atención del ser humano en los últimos años. De alguna forma, se está comprendiendo que esta especie no es la única y que, por lo tanto, se deben proteger a los demás integrantes

42 PEZZOLI (2004:7).

43 Entendida como el desprendimiento y el transporte de detritos debido a los agentes que operan sobre la superficie terrestre; la fuerza de la gravedad transporta estos materiales a los niveles más bajos del terreno, hasta convertirlos en un plano. FALCÓN (2007:26-29).

44 Un ejemplo de ello es lo que ha ocurrido en Kenia y los ataques de la población contra los animales salvajes, consecuencia de la prolongada sequía. Quienes se encuentran en esa región consideran a los animales como amenaza para los escasos recursos. <https://www.nationalgeographic.es/animales/2022/05/asi-es-la-dura-supervivencia-de-la-fauna-local-en-kenia-durante-la-sequia >

del planeta para que la humana no se vea dañada. Es así que el concepto de ecosistema surgió en la búsqueda por comprender la interacción que existe entre los seres vivos (plantas, animales, hongos, bacterias) y el ambiente abiótico que los rodea. El concepto de servicio apareció después para dar cuenta de la dependencia que la humanidad tiene de los ecosistemas. El vínculo fundamental que se establece entre estos dos conceptos es que los ecosistemas desempeñan funciones que permiten que los seres humanos puedan vivir en la Tierra[45].

En México la SCJN también se ha pronunciado en el ámbito jurídico para señalar que los servicios ambientales son aquellos beneficios que obtiene el ser humano de diversos ecosistemas, sea porque le provee de bienes y condiciones necesarias para el desarrollo de su vida o bien porque impiden eventos que la ponen en riesgo o disminuyen su calidad[46].

Entre los diversos servicios ambientales están:

- En zonas verdes urbanas: La vegetación de estas zonas realizan la fotosíntesis en la cual lleva un proceso bioquímico inverso al de la respiración humana, ya que aportan oxígeno a la atmósfera y absorben el CO2; fija partículas de polvo y los gases contaminantes que se encuentran en suspensión en la atmósfera -como el plomo, flúor, ácido sulfúrico-; equilibran los valores de temperatura y de humedad y colaboran en la neutralización de radiaciones solares, protege de la erosión, etc[47].
- Agroecosistemas. Mantienen algunas funciones de la cuenca (filtración, control de flujo, protección parcial de los suelos), hábitats, materia orgánica del suelo, etc.
- Costeros/marinos. Moderan impactos de tormentas, hábitats, diluyen desperdicios, entre otros.
- Bosques. Eliminan contaminantes atmosféricos, emiten oxígeno, hábitats, fijan el carbono a la atmósfera.
- Pastizales/praderas. Mantienen una serie de funciones de la cuenca -filtración, purificación-, hábitats, etc.
- Biodiversidad. Mantenimiento de diferentes ecosistemas y hábitats, lo cual implica otros servicios ambientales por parte de quienes integran esos entornos. Es una especie de círculo proveedor.

---

45 Barry (2004:15).

46 Amparo en Revisión 307/2016 «Laguna El Carpintero», pp. 60-61.

47 Falcón (2007:18-35).

10. Vida

Definir la vida es una tarea complicada hasta el día de hoy. Lo que se ha realizado es establecer caracteres generales de los sistemas vivos[48]:

1. Exclusividad química. Los sistemas vivos muestran organización molecular exclusiva y compleja. Las macromoléculas están compuestas por los mismos tipos de átomos y de enlaces químicos que aparecen en la materia inerte y obedecen a leyes fundamentales de la química; lo que las hace únicas es su organización estructural compleja. Se distinguen categorías de macromoléculas: ácidos nucleicos, proteínas, hidratos de carbono y lípidos. Las estructuras generales de estas macromoléculas evolucionaron y con dichas variaciones se originó la diversidad entre las diferentes formas de vida.
2. Complejidad y organización jerárquica. La materia inerte está organizada al menos en átomos y moléculas. En los sistemas vivos encontramos una jerarquía de niveles que incluye macromoléculas, células, organismos, poblaciones y especies; cada nivel se organiza sobre el inmediatamente inferior y tiene su propia estructura interna.
3. Reproducción. En cada nivel de la jerarquía biológica, las formas de vida se reproducen para generan otras semejantes a ellas. Los organismos se reproducen sexual o asexualmente. En cada uno de los niveles, la reproducción lleva consigo los fenómenos complementarios, pero aparentemente contradictorios, de la herencia y de la variación. La herencia es la transmisión fiel de los caracteres de padres a hijos, normalmente en el nivel de organismo. La variación es la aparición de diferencias entre las características de distintos individuos. En el proceso reproductor las propiedades de los descendientes se asemejan a las de sus progenitores en distintos grados, pero generalmente no son idénticos a las de estos.
4. Posesión de un programa genético. En los animales y en la mayor parte de los seres vivos la información genética está contenida en el DNA. La correspondencia entre la secuencia de bases en el DNA y la secuencia de los aminoácidos en la proteína se conoce como código genético.
5. Metabolismo. Los nutrientes se degradan para obtener energía química y componentes moleculares que se utilizarán en la construcción y mantenimiento del sistema vivo. Estos procesos químicos esenciales reciben el nombre de metabolismo e incluyen la digestión, la producción de energía (respiración) y la síntesis de moléculas y estructuras. El metabolismo se considera como la interacción de reacciones destructivas (catabólicas) y constructivas (anabólicas). El estudio de las funciones metabólicas complejas se conoce como fisiología.

---

48 Roberts (2009:4-10).

6. Desarrollo. El desarrollo describe los cambios característicos que sufre un organismo desde su origen (generalmente la fecundación del óvulo por el espermatozoide) hasta su forma adulta final. El desarrollo normalmente implica cambios de tamaño y forma, así como la diferenciación de estructuras internas en el organismo —incluso los organismos unicelulares más simples aumentan de tamaño y replican sus partes constituyentes antes de dividirse en dos o más células—. La transformación que se produce de un estado a otro se denomina metamorfosis.
7. Interacción ambiental. El estudio de las interacciones de los organismos con el ambiente se denomina ecología. Son de especial interés los factores que afectan a la distribución geográfica y a la abundancia de los animales. La ciencia de la ecología permite comprender cómo un organismo puede percibir los estímulos del ambiente y responder a ellos en consecuencia, adecuando su metabolismo y su fisiología. Todos los organismos reaccionan a los estímulos del ambiente, propiedad que se denomina irritabilidad.
8. Movimiento. La energía que los sistemas vivos extraen de su entorno les permite iniciar movimientos controlados. Los movimientos, con capacidad adaptativa y a menudo intencionados, que se inician por los sistemas vivos, no existen en el mundo inanimado.

En la protección al derecho al medio ambiente sano es imprescindible no soslayar las características de los seres vivos, pues dependiendo de ello es que también se podrá proteger el ambiente. Cada integrante de las especies tiene una función específica en los diversos ecosistemas, no solamente como un grupo sino en lo individual. Por eso, es trascendental tener presente estas características de lo que implica la vida.

El biólogo Daniel E. Koshland propuso en 2002 una definición de la vida[49] terrestre con siete pilares fundamentales sobre los que se asienta la vida (es decir, siete principios esenciales con los que opera un sistema vivo). Se trata de lo siguiente:

1. Programa. Plan organizado que describe los ingredientes del sistema vivo y la interacción de ellos a lo largo del tiempo. En el caso de la vida terrestre se trata de las moléculas ADN y ARN.
2. Improvisación. Capacidad de adaptarse a los cambios para sobrevivir. En los sistemas vivos que se conocen esto se lleva a cabo mediante mutación y selección.

---

49 Partió de la definición general: un organismo vivo es una unidad organizada que puede llevar a cabo reacciones metabólicas, defenderse de los daños, responder a los estímulos y tiene la capacidad de ser al menos un socio en la reproducción.

3. Compartimentos. Aislamiento mediante membranas u otras separaciones para que los ingredientes del sistema no se mezclen entre sí, ni se vean perjudicados por otros exteriores.
4. Energía. La vida es movimiento y un sistema con resultado neto de movimiento no puede estar en equilibrio. Se trata por tanto de un sistema abierto, que requiere una fuente continua de energía externa, en casi todos los casos el sol.
5. Regeneración. Las reacciones metabólicas típicas de la vida dan lugar a pérdidas termodinámicas que deben compensarse con un sistema de regeneración, reemplazando los componentes degradados.
6. Adaptabilidad. Respuestas comportamentales ante los cambios externos.
7. Seclusión. Equivale a la privacidad en la vida social. Se trata de que no se mezclen reacciones metabólicas y el instrumento es la especificidad de las enzimas que catalizan las reacciones[50].

Los seres vivos terrestres compartimos muchas cosas: química basada en el carbono como elemento estructural y en el agua como disolvente, componentes básicos en forma de polímeros (proteínas formadas de aminoácidos específicos, ácidos nucleicos y polisacáridos) encerrados en celular con membrana, una herencia codificada genéticamente, almacenamiento de energía disponible en forma de ATP; los animales somos cooperativas de células, al igual que las plantas y los hongos, pero la diferenciación y coordinación celular alcanza extraordinaria complejidad e integración e individualidad, mantenida por sistemas específicos como el sistema nervioso e inmunitario[51].

Los conceptos mencionados ayudan en tener un panorama amplio sobre aquello que debemos considerar en los sistemas económicos, jurídicos y políticos para realizar una adecuada regulación jurídica en el arduo camino de proteger al ambiente e ir haciendo con lo que se tiene lo necesario para modificar de forma gradual la cosmovisión actual sobre el mismo.

Es importante mencionar que la mirada ecocéntrica, también refiere a observar las costumbres y tradiciones de grupos societales, pero sin dejar fuera los demás elementos. No se tiene como objetivo desaparecer las peculiaridades de estos, pero sí que ciertos actos puedan ser modificados en favor de la naturaleza[52] y de los mismos seres humanos. Con lo cual, si es necesario reformar algunas prácticas, hacerlo. La identidad no depende de una, sino

50 RIECHMANN (2005:45-46).

51 MOSTERÍN (1999:1-2).

52 Porque tal como lo plantea Arthur Schopenhauer «Para ser sinceros: los seres humanos son los diablos de la tierra y los animales las almas atormentadas», SCHOPENHAUER (2022:7).

de un conjunto. Pues, en dicho cambio no solo están quienes forman parte de un conjunto social, sino la humanidad en general.

En ese sentido, es importante mencionar cómo es que la protección ecocéntrica refleja mejor y mayor protección a otros derechos en la esfera jurídica. Con lo que se abre paso a más análisis y reflexiones al respecto.

V. Influencia del entendimiento ecocéntrico de los conceptos

La comprensión de los conceptos señalados en el apartado anterior y su relación con los temas tratados en el presente texto es trascendental en la protección jurídica del ambiente. Desde la acción de gobernanza hasta el quehacer de quienes somos parte de la sociedad. Porque, si bien —como se verá en el siguiente tema— hay algunos casos en los que se ha resuelto desde la función jurisdiccional respecto al ambiente, es insoslayable visibilizar la avidez imperante —no de ahora, sino desde mucho antes— de protegerlo jurídicamente en sí mismo en todas las áreas del ser humano, esto es, en lo individual, como sociedad, en lo estatal —en sus diversas funciones y competencias—, por medio de cada ente, órgano u organismo.

La comprensión de los diversos elementos del ambiente y su entendimiento en lo individual, vinculada a los avances tecnológicos humanos es una conjunción para construir parte de la solución sobre la protección, preservación y restauración ambiental. Porque se regularía la acción del ser humano sobre la Gaia, es más se limitaría el actuar mismo —incluso cuando existiera duda de las consecuencias ambientales—. Algunas reflexiones derivadas de ello son que: el trato a otros seres vivos mejoraría —desde reconocer la importancia de cada individuo y por especie—, lo cual ayudaría a conservar la biodiversidad; en un ánimo de crecimiento económico se atendería con seriedad y compromiso el desarrollo sustentable y la economía verde, lo cual coadyuvaría en el mantenimiento y conservación de los hábitats y ecosistemas en general, que a su vez implica la no alteración de los mismos, lo cual permitiría una adecuada prestación de servicios ambientales y con ello la conservación de la salud, de la vida[53], así como evitar la migración de especies, ecosistemas saludables, por mencionar algunas.

Es claro que las consecuencias de entender y actuar en favor de todos los elementos que conforman el Planeta Tierra no son benéficas únicamente para los animales y las plantas, sino para conservar elementos abióticos y, por supuesto, las condiciones que permitan la vida de quienes tienen esa característica. Ello trae como consecuencia la protección jurídica al ambiente

53 No solamente de animales no humanos, sino también de los humanos.

de acuerdo con las características de cada elemento, no solo como legitimación a su explotación por nosotras y nosotros, con el firme propósito de conservar condiciones adecuadas para la supervivencia.

VI. Proteger al ambiente para proteger derechos

Como se mencionó desde la introducción del presente y se alude en el mismo título de este texto, la protección del ambiente por parte de la actividad de gobernanza apoya a la materialización de otros derechos.

El derecho al ambiente sano hasta hace poco tiempo fue tratado como consecuencia del respeto de otros derechos, con lo cual le daba un lugar secundario en la regulación jurídica, además su análisis estaba en función de la utilidad para el ser humano.

Actualmente, en algunos países se reconoce la trascendencia del ambiente y, por lo tanto, su análisis está pasando las fronteras del *antroposupremacismo*. Se pretende visualizar la manera en que al tener un ambiente sano se puede tener mejor calidad de vida humana.

Algunos ejemplos de países en los que se ha realizado en alguna actividad de gobernanza mejor protección al ambiente en sí mismo son:

— En Colombia, Sentencia T-622 2016, se reconoció al Río Atrato, su cuenca y afluentes como una entidad sujeta de derechos a la protección, conservación, mantenimiento y restauración a cargo del Estado y las comunidades étnicas.

En este caso se empieza a establecer, por ejemplo, que el derecho de comunidades originarias, étnicas o indígenas tienen sobre sus tierras y la preservación —como obligación— de las mismas. En ese sentido no es solo una formalidad, sino la materialización del derecho de estos pueblos en materia ambiental —como el de información, para cuando se trate de modificaciones al entorno o realización de megaproyectos en el mismo; educación; participación ciudadana y justicia ambientales—. Se trata de considerarles parte de la comunidad en su país, con participación activa y no solo pasiva.

Eso es lo que suma al respeto de derechos de las comunidades y las acciones que el Estado debe llevar a cabo para lograr mantener un ambiente adecuado y los ecosistemas sanos, para contar con la posibilidad de los servicios ambientales que significan beneficios para el ser humano.

Además, se debe reiterar que la situación ambiental no queda en las fronteras de cada Estado, sino que trasciende a un impacto planetario.

— La Constitución de Ecuador en 2008 incorporó la filosofía del buen vivir *sumak kawsay*.

El buen vivir supone una visión holística e integradora del ser humano, inmerso en la gran comunidad terrenal, que incluye además de al ser humano, al aire, el agua, los cielos, las montañas, los árboles y los animales; es estar en profunda comunión con la Pachamama[54].

En este texto constitucional refiere más que un derecho a alguna comunidad originaria, sobre las tierras y su participación en las mismas, una protección a los elementos que componen la naturaleza Madre Tierra.

Por supuesto, al ser reformas relativamente recientes, faltan instrumentos político-jurídicos para materializar en su máximo esplendor dicho mandato constitucional. Sin embargo, el plantear bajo una postura integradora la protección a la naturaleza es un avance significativo, porque también pasa a la psique de la población.

— La Constitución de Bolivia en 2009 incorporó la misma filosofía del buen vivir bajo el término *suma qamaña*.

En este documento cabe destacar que se señala que las bolivianas y bolivianos integran la comunidad de seres que componen la Madre Tierra. Se creó la Defensoría de la Madre Tierra para velar por los derechos previstos para aquella.

También es necesario afinar muchas herramientas para conseguir lo buscado, pero es rescatable traer a colación este tipo de instrumentos jurídicos que han apoyado en la consideración de los seres humanos como parte de un todo y no como supremacismo humano.

— El caso de la Unión Europea está dirigido a la regulación, más que la protección del ambiente, con el propósito de proteger a los seres humanos, estos como fines en sí mismos y aquel como el medio para conseguir un fin.

Hay pocos ejemplos de acciones de gobernanza en los que la protección del ambiente sea un fin en sí mismo, más allá de la búsqueda de beneficios a la humanidad.

En ese sentido, cabe mencionar que parte de las obligaciones internacionales por parte de los Estados en el tema de derechos están las siguientes: promover, proteger, preservar, garantizarlos.

Para entender cómo se benefician algunos derechos considerando al ambiente como punto de partida, se puede usar el método de desempaque de derechos. El desempaque de derechos implica la racionalización de la interdependencia de las expectativas positivas y la forma en que las mismas pueden ser protegidas progresivamente, a través de ese vínculo que tienen entre sí.

El ejercicio del desempaque de derechos inicia con establecer el análisis del derecho al ambiente sano.

54 ZASIMOWICZ PINTO CALAÇA *et al.* (2018:158).

— El *subderecho* con el cual lo relaciono es con el derecho a la salud. Este derecho es imprescindible para un adecuado transcurso de la vida y, también, del libre desarrollo de la personalidad. Es decir, se pueden ver un par de derechos más involucrados. La salud, en el tema físico se ve afectada si no se tiene un ambiente adecuado, pues la contaminación —atmósfera, agua, suelo— puede ocasionar enfermedades, que en algunos casos puedan ser incurables. En otros, aunque tengan cura, las condiciones económicas y materiales no permiten tratarlas.

— El derecho a la salud está reconocido en la mayoría de los países, pero si no se cuenta con lo necesario para materializarlo, entonces queda solo en letra con descripciones rimbombantes y etéreas.

— Las obligaciones generales de respetar, promover, proteger y garantizar el derecho al ambiente para poder ejercitar el de la salud, deben ser atendidas por las Naciones. Lo cual implica actuación por parte de los entes gubernamentales. Esta actuación no solamente en lo interno, sino una coadyuvancia internacional.

No es solo actuar en forma de ayuda humanitaria y solidaria con otros Estados, sino como verdadera obligación debido a la progresividad de los derechos. Para tratar de disminuir los «crímenes de sistema»[55]. Estableciendo programas de acción y seguimiento; ir más allá de declaraciones de buena voluntad.

Se trata, incluso, de respetar cada derecho vinculado con el ambiente, lo cual trae aparejado prevenir.

— Los principios generales de aplicación jurídica como el de progresividad, prohibición de regresión y máximo uso de recursos disponibles aplicados a la materia ambiental deben ser atendidos, como cauce ineludible de las responsabilidades —aunque diferenciadas— de cada país.

El principio de progresividad en materia ambiental implica que cada vez se proteja de mejor manera esa expectativa positiva, sin que los intereses económicos o de otra índole sean quienes implantes únicamente los estándares a seguir, bajo el crisol de un mero desarrollo económico, sin importar otro tipo de elementos. Pues, de ser y seguir así, el ambiente se dañará más y la salud de los seres humanos seguirá en detrimento. Además, se puede ver inmersa la vida misma. Esta última consecuencia no solo derivada de la salud, sino también por eventos naturales, pues si, por ejemplo, no hay elementos abióticos que detengan o contengan algunos sucesos de la naturaleza entonces se ocasionan daños directos a la población, por no tener barreras geológicas.

La prohibición de regresión tampoco debe verse afectada por los intereses económicos de los Estados, menos aún frente al argumento de la cultura y la

55 Ferrajoli (2022).

tradición —pues, estas son figuras dinámicas no estáticas—. En relación con el de la salud, este último debe estar mejor protegido al paso del tiempo. Más aún cuando las diversas ramas del saber han señalado la importancia del entorno en el que se relaciona un ser vivo y el mantenimiento del bienestar.

El máximo uso de recursos no se trata únicamente de lo económico, que por supuesto es importante y en casos específicos es determinante. Se encuentran inmersos recursos como los materiales, esto es, aquellos elementos que sumen a la protección del derecho (tecnología, resultados de la ciencia, humanos especializados en el área, etc.). Los estados al ser parte de una comunidad internacional y que, además, la tecnología ha facilitado la comunicación entre regiones, deben estar en contacto para actualizarse y aplicarlo en sus territorios.

— Por otra parte, están los principios de aplicación en materia ambiental son los de *in dubio pro natura* y mejor ciencia disponible.

El *in dubio pro natura* se relaciona con los de prevención y de precaución, implica que si existe una situación dubitativa se debe actuar en favor de la naturaleza. Con el propósito, justamente, de prevenir, evitar o reducir riesgos ambientales. Es exactamente lo que se busca con la protección al ambiente como fin en sí mismo, no solo como medio. Ello aplicado a la protección de la salud, en casos determinados la vida, es que si hay actividades o acciones que puedan atentar contra el entorno natural entonces hay que evitarlo, porque en el corto o largo plazo también se verá afectadas esas condiciones humanas sin dejar de lado los demás seres vivos, a los que les generan consecuencias devastadoras, más que a los seres humanos, al corto plazo.

En lo relativo a la mejor ciencia disponible es tener la información actualizada de lo que se ha descubierto en temas que se relacionen con la naturaleza, por un lado. Por otro, aquellos adelantos tecnológicos sobre lo antropogénico, así como las alternativas para poder conseguir resultados similares o iguales, sin maltratar tanto al ambiente. Porque es factible mencionar que siempre dejaremos huella de carbono, por mínimo que sea nuestro actuar[56]. La mejor ciencia disponible alude más allá de encontrar la forma de conseguir más y más con la injerencia de los elementos naturales, se trata de usarlo como herramienta para respaldar decisiones gubernamentales en favor de la Madre Tierra, con el mínimo de intervención dañina y el máximo de aportación a la regeneración de la Pachamama.

— Los principios transversales son el de prevención y de precaución, pues se debe evitar los daños al ambiente, usando estos, porque también está en riesgo la salud humana.

56 En este punto quiero comentar que el Objetivo de Desarrollo Sostenible 7 «Energía asequible y no contaminante» es una falacia, pues siempre implica contaminación en menor o mayor grado.

Es importante considerar estos elementos debido a que la cuestión ambiental no se restaura en muchas ocasiones bajo un esquema económico, sino que lo ideal es el equilibrio y devolver las cosas como anteriormente se encontraban. Sin embargo, esto último, generalmente, no es posible. De ahí que el principio «quien contamina paga» no es solo una situación de dinero, sino también de especie. Pero, reitero, lo importante es prevenir los daños.

En fin, el análisis del derecho al ambiente sano bajo la metodología del desempaque de derechos es viable para otros derechos, los cuales invito a quienes lean el presente hacer el ejercicio, con los derechos de las comunidades originarias/indígenas como el de educación, ahondar en el de la vida, etc.

La protección del ambiente es más que una moda, es una responsabilidad general —no de pobres no de ricos; de seres humanos quienes nos catalogamos como pensantes y bajo un sistema de construcción de pensamientos complejos— bajo una cosmovisión integradora.

VII. Conclusiones

El ambiente es más que un conjunto de recursos; es un conjunto de elementos, dentro de los cuales nos encontramos los seres humanos, por lo cual es ineludible entender diversos conceptos relacionados con el ambiente para poder realizar una actividad gubernativa adecuada en el tema.

La legitimación de la explotación de los elementos naturales nos ha llevado a catalogarlos como recursos, cuestión que debe repensarse para poder establecer una protección adecuada y la sobrevivencia misma de la humanidad. La adecuada protección del ambiente será herramienta importante en la de otros derechos.

El cambio en la forma en que percibimos el mundo, del *antroposupremacismo* al ecocentrismo, también ayuda en la actividad de gobernanza en cada Estado, lo cual implica seguridad jurídica y equilibrio social.

Referencias

Anglés Hernández, M. *et al.* (2021): *Manual de Derecho Ambiental mexicano* (1.ª ed.). México. Universidad Nacional Autónoma de México, Instituto de Investigaciones Jurídicas.

Aristóteles (2008): *Investigación sobre los animales* (1.ª ed.). trad. de Julio Pallí Bone. Madrid. Gredos, Biblioteca clásica Gredos; 171.

Ávila Santamaría, R. (2009): «Del Estado legal de Derecho al Estado constitucional de derechos y justicia». En: *Anuario de Derecho Constitucional Latinoamericano*, año XV, Montevideo.

Barry, D. (2004): «Prólogo». En: Rosa, H. *et al*: *Compensación por servicios ambientales y comunidades rurales. Lecciones de las Américas y temas críticos para fortalecer estrategias comunitarias* (1.ª ed.). El Salvador, México. Prisma, Instituto Nacional de Ecología, SEMARNAT.

Bekoff, M. (2003): *Nosotros, los animales* (1.ª ed.). trad. de Rafael Boró. Madrid. Trotta.

Boyd, D. (2020): *Los derechos de la naturaleza: Una revolución legal que podría salvar el mundo* (1.ª ed.). trad Santiago Vallejo Galárraga. Colombia. Fundación Heinrich Böll.

Conde Gaxiola, N. (2015): *Jushermenéutica y Sociología Jurídica* (1.ª ed.). Argentina. Círculo Hermenéutico, serie Pensamiento analógico; 4.

Di Bitetti, M. (2012): «¿Qué es el hábitat? Ambigüedad en el uso de jerga técnica». *Ecología Austral*, núm. 22, Asociación Argentina de Ecología (139).

Falcón, A. (2007): *Espacios verdes para una ciudad sostenible. Planificación, proyecto, mantenimiento y gestión* (1.ª ed.). Barcelona. Gustavo Gili.

Ferrajoli, L. (2022): *Por una Constitución de la Tierra. La humanidad en la encrucijada* (1.ª ed.). trad. Perfecto Ibáñez. Madrid. Trotta.

Flor Pérez, J. (2006): *Hablemos del medio ambiente. Para conocer cómo funciona nuestro entorno y poder actuar* (1.ª ed.). Madrid. Pearson Educación.

García Díaz, E. (2001). *Estado de Derecho y Democracia. Anuario de la Facultad de Derecho.* Universidad de Extremadura, n. 19 (201-217). En línea: https://dialnet.unirioja.es/descarga/articulo/831255.pdf (fecha de consulta: 20 de octubre de 2023).

garcía lópez, t. (2018): *Introducción al Derecho Ambiental Mexicano*. Parte general (1.ª ed.). México: Bosch.

García Pino, G. *et al.* (2014): *Diccionario Constitucional Chileno* (1.ª ed.). Santiago de Chile. Hueders, cuadernos del Tribunal Constitucional de Chile, número 55.

Gutiérrez Garza, E. y González Gaudiano, É. (2012): *De las teorías del desarrollo al desarrollo sustentable* (1.ª ed.). México. UANL, Siglo XXI.

Lean, G. (2010): «Economía verde. Hagámosla realidad en nuestro planeta». En *La Revista del Programa de las Naciones Unidas para el Medio Ambiente*. En línea: http://www.ourplanet.com/pdfs/OP-2010-02-SP-FULLVERSION.pdf (10) (fecha de consulta: 22 de octubre de 2023).

López, T. y Guerra, A. (2004): *El amor en tiempos de la contaminación* (1.ª ed.). México. Fondo de Cultura Económica, Secretaría de Educación Pública, CONACYT.

López-Gallego, C. (2015): «Introducción». En: *Plan de acción para la conservación de las zamias de Colombia* (1.ª ed.). Colombia. Ministerio de Ambiente y Desarrollo Sostenible, Universidad de Antioquia.

Martín Palmero, F. *et al.* (2004): *Desarrollo sostenible y huella ecológica* (1.ªed.). Coruña. Netbiblo.

Monzón López, S. (2020): *Cómo los lobos (Canis lupus) cambiaron el curso del río Yellowstone*. En línea: https://acortar.link/hFuZHQ (fecha de consulta: 09 de octubre de 2023).

Mosterín, J. (2013): *El reino de los animales* (1.ª ed.). Madrid. Alianza.

Mosterín, J. (1999): *Resumen de mis principales tesis en ¡Vivan los animales!* Limbo, núm. 9 (1-2).

National Geographic (2017): «Calentamiento global por metano de las vacas», *apud CIDT País del Conocimiento*. En línea: https://www.youtube.com/watch?v=Q0h-XfMf9B8 (fecha de consulta: 22 de octubre de 2023).

Nebel, B. y Wright, R. (1999): *Ciencias ambientales. Ecología y desarrollo sostenible* (6.º ed.). trad. de Francisco Javier Dávila. México. Prentice Hall.

Pesci, R. (2006): *Vientos verdes. Veinte ideas sobre la sustentabilidad* (1.ª ed.) Buenos Aires. Nobuko.

Pezzoli, K. (2004): «Prólogo». En: Martín Palmero, F. et al: *Desarrollo sostenible y huella ecológica* (1.ª ed.). Coruña. Netbiblo.

Riechmann, J. (2005): «Todos los animales somos hermanos. Ensayos sobre el lugar de los animales en las sociedades industrializadas» (1.ª ed.). Madrid. *Los Libros de la Catarata*, serie Trilogía de la autocontención.

Roberts, H. *et al.* (2009): *Principios integrales de zoología* (14.ª ed.). trad. de Jesús Benito Salido y otros. Madrid. McGraw-Hill.

Ruiz-Tagle Vial, C. (2018): D*erecho y Naturaleza. Coberturas jurídicas de la naturaleza y los desastres naturales* (1.ª ed.). Santiago de Chile. Legge Ediciones.

Schopenhauer, A. (2022): *El arte de envejecer* (1.ª ed.). trad. Maritza Izquierdo. España. Verbum Editorial.

Suprema Corte De Justicia De La Nación (2018): Amparo en Revisión 307/2016 «Laguna El Carpintero». En línea: https://www.scjn.gob.mx/sites/default/files/listas/documento_dos/2018-11/AR-307-2016-181107.pdf (fecha de consulta: 29 de octubre de 2023).

Toca Torres, C. (2011): «Las versiones del desarrollo sostenible». *Sociedade e Cultura, Goiania, Brasil*, vol. 14, núm. 1, enero-junio (196).

Vázquez García, R. y Sánchez Fernández, M. (2017): «Antropo (andro) centrismo y especie. Ideología y naturalización del especismo en tiempos liberales». *Eunomía. Revista en cultura de la Legalidad*, España, Universidad Carlos III de Madrid, número 12, abril-septiembre (32).

Velázquez De Castro, F. (2008): *¿Es posible la sostenibilidad? Reflexiones sobre el medio ambiente (1.ª ed.).* Madrid. Popular.

Waal, F. (1997): *Bien natural. Los orígenes del bien y del mal en los humanos y otros animales* (1.ª ed.). trad. de Isabel Ferrer. España. Herder.

Wadekar, N. (2022): «Así es la dura supervivencia de la fauna local en Kenia durante la sequía». En línea https://www.nationalgeographic.es/animales/2022/05/asi-es-la-dura-supervivencia-de-la-fauna-local-en-kenia-durante-la-sequia (fecha de consulta: 29 de octubre de 2023).

Zasimowicz Pinto Calaça, I. (2018): «La naturaleza como sujeto de derechos: análisis bioético de las Constituciones de Ecuador y Bolivia». *Revista Latinoamericana de Bioética*. vol. 18, núm. 1 (158).

CAPÍTULO 21

GOBERNANZA HÍDRICA EN CHILE EN SITUACIÓN DE SEVERA SEQUÍA: ANÁLISIS Y ALCANCES DE SU REGULACIÓN

Ítalo Montes Cáceres
Universidad Finis Terrae

I. Antecedentes generales

La gobernanza hídrica en Chile, especialmente en situaciones de severa sequía, es un tema crucial para el consumo humano y ecosistemas en general. Por ello, la gestión del recurso debe propender a un uso sostenible y equitativo.

Geográficamente Chile ocupa una estrecha franja de tierra de 4,200 km de longitud con un ancho medio de 180 km, ubicada entre la Cordillera de los Andes y el Océano Pacifico[1], cuenta con 1.251 ríos, los que se emplazan en las 101 cuencas principales existentes en el país[2] y una variabilidad climática única según su distribución espacial.

1 Banco Mundial (2013).

2 Banco Mundial (2011).

Lo anterior hace que la disponibilidad del recurso sea distinta según la zona donde nos emplacemos. Así, nos encontramos desde un clima templado y lluvioso en el sur, a un clima mediterráneo en el centro y árido en el norte. Esta versatilidad climática que destacó en el siglo XX por la abundancia del agua, hoy, tanto por factores antrópicos y naturales, presenta una realidad distinta.

De hecho, desde el año 2009 al primer trimestre del 2023[3] ha enfrentado un periodo de «megasequía», fenómeno impulsado por el cambio climático[4], que ha azotado principalmente la zona central del país, con una significativa baja en las precipitaciones, aumento de temperaturas, degradación de suelos, pérdida de biodiversidad; efectos que eleva el riesgo de estrés hídrico y amenaza a la producción alimentaria.

Sin ir más lejos, Chile presenta 7 de 9 de los riesgos climáticos[5] definidos por la Convención Marco de Naciones Unidas sobre el Cambio Climático (CMNUCC) de 1992, por ende, la disponibilidad del agua y su administración es una de las preocupaciones relacionadas con este fenómeno climático.

Al respecto, cabe hacer presente los conceptos de «severa sequía» y «escasez hídrica» que si bien comparten una línea común no son sinónimos, ello se explica de la siguiente manera, pues el primero alude más a la disponibilidad del recurso, mientras que el segundo con la gestión de este, por lo que su regulación y consecuencias jurídicas son distintas.

En este sentido, «sequía» en un primer término, según la Real Academia Española (RAE) lo define como «tiempo seco de larga duración» y por «severa» expresa «dicho en una estación del año: que tiene temperaturas extremas», en una tercera acepción.

En el ámbito internacional, la Convención de Naciones Unidas de lucha contra la desertificación en los países afectados por sequía grave o desertificación en particular en África (UNCCD) de 1994, define sequía como «(...) el fenómeno que se produce naturalmente cuando las lluvias han sido considerablemente inferiores a los niveles normales registrados, causando un agudo desequilibrio hídrico que perjudica los sistemas de producción de recurso de tierras».

---

3 Centro de Ciencia del Clima y la Resiliencia (CR)2. En línea: https://www.cr2.cl/el-superavit-de-lluvias-de-este-ano-ha-interrumpido-la-megasequia-que-afecta-a-chile-terram/ (fecha de consulta: 15 de septiembre de 2023).

4 Ver artículo 1.2. de la Convención Marco de Naciones Unidas sobre el Cambio Climático: *«se entiende un cambio de clima atribuido directa o indirectamente a la actividad humana que altera la composición de la atmósfera mundial y que se suma a la variabilidad natural del clima observada durante períodos de tiempo comparables».*

5 Estas son: áreas costeras a baja altura; zonas áridas y semi áridas, con cobertura forestal y expuestas al deterioro forestal; territorio susceptible a desastres naturales; áreas urbanas con problemas de contaminación atmosférica; ecosistemas montañosos, y zonas propensas a la sequía y la desertificación.

En ese marco, la Organización Meteorológica Mundial (OMM) en el año 2015, recomendó que, iniciada una nueva década, los servicios meteorológicos de los países miembros del aludido organismo internacional, deben actualizar las normas climáticas al período de 30 años más reciente, siendo el lapso 1991-2020 el correspondiente para el año 2021 en adelante para nuestro país.

En tal sentido, es clave entender que las condiciones de referencia para identificar la ocurrencia de «sequías» varían, requiriendo una revisión y ajuste para el cálculo de los índices, y de los criterios técnicos.

Así, en el ámbito nacional el organismo técnico y especializado en esta materia, es la Dirección General de Aguas (DGA) mediante la dictación de una resolución administrativa. De esta manera, fija a través de la Resolución (exenta) N.° 1331 de la DGA, de 7 de junio de 2022, los nuevos criterios que determinan el carácter de «severa sequía»; y para entenderse como tal, se deben tener en cuenta las siguientes reglas sobre la base de las siguientes condiciones hidrometeorológicas sectorizadas para cada zona del país, según sus características y condiciones climáticas: nivel de pluviometría; volumen almacenado en las cuencas y capacidad de extracción de aguas subterráneas[6].

Ahora, en cuanto al concepto de «escasez» no se encuentra definido por el legislador a nivel legal ni reglamentario, por lo que nos remitimos a lo señalado por la RAE en su primera acepción «poquedad o mengua de algo», el cual dice relación con la carencia de un recurso.

En este aspecto, podemos entender «escasez hídrica» como una situación en la que la demanda de agua supera la disponibilidad del recurso en un área determinada. Esto puede ocurrir debido a una variedad de factores, incluyendo la falta de precipitación (sequía) agudizados por el cambio climático como también por circunstancias antrópicas.

De esta manera, podemos concluir que «severa sequía» y «escasez hídrica» son dos hechos diferenciados, aunque interrelacionados[7], y sus impactos ya se han manifestado en diferentes niveles y se prevé que sigan aumentando en el futuro, tanto de intensidad como de frecuencia.

En el presente artículo para un orden cronológico, examinaremos en primer lugar: el marco jurídico aplicable desde una óptica internacional a la nacional; luego un análisis desde el prisma constitucional a la normativa sectorial.

En segundo lugar: revisaremos la organización administrativa, rol del Estado y la autogestión de los particulares. Sistema de gobernanza que debe ser objeto de atención preferente dada la multiplicidad de actores sobre la materia[8].

---

6 Resolución (exenta) N.° 1331 de la DGA, de 7 de junio de 2022. En línea: https://bcn.cl/33hhd (fecha de consulta: 10 de octubre de 2023).

7 BURGOS GARRIDO, B. (2021: 51- 66).

8 BURGOS GARRIDO, B. (2021: 22).

Y, finalmente: culminaremos con un examen al régimen jurídico de la sequía en Chile y sus instrumentos de intervención administrativa. Cuestión que será merecedora de un análisis crítico dada la visión del Estado de gestor de crisis que de riesgos.

Lo anterior, será abordado no sólo como mera sistematización descriptiva, sino que, con sentido crítico y perspectiva único culminará con una serie de ideas y mejoras regulatorias a adoptar en gobernanza y medio ambiente.

II. Aspectos regulatorios. Influencia de la comunidad internacional en el ordenamiento jurídico chileno

La comunidad internacional ha reconocido la trascendencia del agua y del medio ambiente en un contexto de cambio climático, y algunos de los acuerdos más relevantes sobre la materia, comienzan en 1979 en la ciudad de Ginebra, cuando se llama por primera vez a todos los gobiernos a tomar acción en la Conferencia Mundial del Clima, convocada por la OMM. Luego, la CMNUCC entra en vigor el 21 de marzo de 1994, con 197 países miembros, denominados «Partes» y una vez al año se reúnen en la mencionada Conferencia de las Partes (COP) en el marco de la CMNUCC[9].

De la mano de la CMNUCC, se impulsó la UNCCD en 1996, con el objeto de asumir un compromiso multilateral con la protección de la tierra y garantizar un futuro más sostenible.

La Asamblea General de Naciones Unidas es el principal órgano de la Organización de las Naciones (ONU) entidad que desempeña un papel clave en la formulación de políticas globales y diplomacia internacional, y que respecto a esta investigación nos detendremos en dos resoluciones en particular.

La Resolución 64/292, de 28 de julio 2010[10] reconoce el derecho al agua potable y el saneamiento como un Derecho humano esencial para el pleno disfrute de la vida y de todos los derechos humanos. De esta manera, exhorta a los Estados y organizaciones internacionales a la promoción y cumplimiento de dicho mandato.

---

9 Cabe señalar, a juicio del autor que la CMNUCC es uno de los primordiales organismos que encabeza el sistema de protección internacional del cambio climático. En linea: https://unfccc.int/es/process-and-meetings/que-es-la-convencion-marco-de-las-naciones-unidas-sobre-el-cambio-climatico. (fecha de consulta: 15 de septiembre de 2023).

10 En línea: https://www.google.com/url?sa=t&rct=j&q=&esrc=s&source=web&cd=&ved=2ahUKEwiSiJDIrpyCAxXAG7kGHcsmCisQFnoECBUQAQ&url=https%3A%2F%2Fdigitallibrary.un.org%2Frecord%2F687002%2Ffiles%2FA_RES_64_292-ES.pdf&usg=AOvVaw3g67nuOCLxPz61YC2EExKT&opi=89978449 (fecha de consulta: 15 de septiembre de 2023).

Es importante tener presente, que, si bien se categoriza como un derecho humano por la ONU, distinta es la situación si nuestro país lo lleva a cabo, sobre todo en circunstancias de sequías y escasez hídrica.

En este sentido, la Organización Mundial de la Salud (OMS) fijó en 100 litros de aguas, lo que una persona debe acceder como mínimo diariamente, tanto consumo como higiene personal. Sin embargo, son millones de personas que no tienen acceso y Chile no está exento de ello, de hecho, el máximo Tribunal del país, la Corte Suprema, ordenó a la Administración otorgar a los afectados de la comunidad de Petorca, Región de Valparaíso por un estado de extrema escasez hídrica a entregar un abastecimiento de agua para uso y consumo humano no inferior a 100 litros diarios por persona[11].

La Resolución A/RES/70/1, de 25 septiembre de 2015[12], titulada «Transformar nuestro mundo: la Agenda 2030 para el Desarrollo Sostenible», adopta los Objetivos de Desarrollo Sostenible (ODS): son 17 metas globales diseñados para abordar una amplia gama de desafíos sociales, económicos y ambientales que enfrenta el mundo cuya finalidad es cumplirlos al 2030.

En particular el OBS 6, denominado «Garantizar la disponibilidad y la gestión sostenible del agua y el saneamiento para todos», va acompañado de una serie de submetas, entre las que destacan: a) acceso universal al agua potable; b) saneamiento e higiene para todos; c) mejorar la calidad del agua natural y residual y; d) gestión eficiente del agua frente a escasez y gestión integrada del agua a todos los niveles[13].

---

11 Sentencia Corte Suprema, Rol N.° 131.140-2020, de 23 de marzo de 2021.

12 En línea: https://unctad.org/system/files/official-document/ares70d1_es.pdf (fecha de consulta: 15 de septiembre de 2023).

13 Submetas del Objetivo 6:
6.1 De aquí a 2030, lograr el acceso universal y equitativo al agua potable a un precio asequible para todos.
6.2 De aquí a 2030, lograr el acceso a servicios de saneamiento e higiene adecuados y equitativos para todos y poner fin a la defecación al aire libre, prestando especial atención a las necesidades de las mujeres y las niñas y las personas en situaciones de vulnerabilidad.
6.3 De aquí a 2030, mejorar la calidad del agua reduciendo la contaminación, eliminando el vertimiento y minimizando la emisión de productos químicos y materiales peligrosos, reduciendo a la mitad el porcentaje de aguas residuales sin tratar y aumentando considerablemente el reciclado y la reutilización sin riesgos a nivel mundial.
6.4 De aquí a 2030, aumentar considerablemente el uso eficiente de los recursos hídricos en todos los sectores y asegurar la sostenibilidad de la extracción y el abastecimiento de agua dulce para hacer frente a la escasez de agua y reducir considerablemente el número de personas que sufren falta de agua.
6.5 De aquí a 2030, implementar la gestión integrada de los recursos hídricos a todos los niveles, incluso mediante la cooperación transfronteriza, según proceda.
6.6 De aquí a 2020, proteger y restablecer los ecosistemas relacionados con el agua, incluidos los bosques, las montañas, los humedales, los ríos, los acuíferos y los lagos.
6.a De aquí a 2030, ampliar la cooperación internacional y el apoyo prestado a los países

En relación con la submeta 6.4, hace un llamado a mejorar el uso eficiente de los recursos hídricos frente a periodos de escasez y a reducir el número de personas afectadas, se busca precisamente optimizar la forma en que se captura, almacena, distribuye y utiliza el agua para maximizar sus beneficios y minimizar el desperdicio. Si bien una mera declaración internacional no garantiza su efectividad son los propios Estados miembros los encargados de introducir en sus respectivos ordenamientos jurídicos las herramientas necesarias para la aplicación de dichos objetivos.

Siguiendo a la profesora Belén Burgos Garrido, el agua impregna a los demás OBS «(...) se requiere para la producción de alimento (OBS 2) y energía (OBS 7), así como para apoyar los medios de subsistencia (OBS 8) y la industria (OBS 9 y 12) y su ausencia se encuentra estrechamente relacionada con el fin de la pobreza (OBS 1) y con la aspiración a garantizar una vida sana, para lo que es necesario mantener unas mínimas condiciones de higiene (OBS 3). A lo anterior hemos de añadir que, se vincula con el OBS 11 cuyo objetivo es lograr que las ciudades y los asentamientos humanos sean inclusivos, seguros, resilientes y sostenibles, por lo que es esencial que estén dotados de infraestructuras básicas de agua. Y se reconoce que es vital para la protección y conservación de los ecosistemas marinos (OBS 14), así como para la protección, restablecimiento y promoción de los ecosistemas terrestres, la gestión sostenible de los bosques, la lucha contra la desertificación, y la detención de degradación de las tierras y la pérdida de la biodiversidad (OBS 15). Cuestiones, estas últimas fuertemente conectadas con el avance y extensión de los terrenos desérticos como consecuencia de las sequías y situaciones de escasez»[14].

Lo anterior, nos evidencia que desde la óptica internacional la comunidad ha elevado al agua como un recurso fundamental para la vida del ser humano y sus quehaceres.

A continuación, revisaremos de qué manera ha influido en nuestro ordenamiento jurídico.

En un primer plano constitucional, la actual Constitución Política de la República de 1980; dispone en el inciso final del artículo 19 N.° 24 «Los derechos de los particulares sobre las aguas, reconocidos o constituidos en conformidad a la ley, otorgarán a sus titulares la propiedad sobre ellos».

Como vemos, el constituyente no hace referencia directa al derecho humano al agua y saneamiento, reconocido por Naciones Unidas. No obs-

---

en desarrollo para la creación de capacidad en actividades y programas relativos al agua y el saneamiento, como los de captación de agua, desalinización, uso eficiente de los recursos hídricos, tratamiento de aguas residuales, reciclado y tecnologías de reutilización.

6.b Apoyar y fortalecer la participación de las comunidades locales en la mejora de la gestión del agua y el saneamiento.

14 Burgos Garrido, B. (2021: 30).

tante, a juicio del profesor Borja García Vásquez, se encuentra implícitamente reconocido en los artículos 19 N.° 8 y N.° 9, al reconocerse el derecho a vivir en un medio ambiente libre de contaminación y el derecho a la protección de la salud respectivamente, derechos que se encuentran enlazados al derecho humano al agua[15].

Antes de adentrarnos en la regulación del Código de Aguas de 1981, importa hacer algunos alcances al pasado y actual proceso constituyente en Chile[16].

Respecto al primer proceso constituyente rechazado el pasado 4 de septiembre de 2022; establecía un régimen jurídico completamente diferente al actual, transitando de una visión antropocéntrica a una concepción biocéntrica, en que la naturaleza era sujeta de derechos y el agua era parte de los denominados «bienes comunes naturales» y entre sus características principales eran las de ser inapropiables y el Estado sólo podría otorgarlo bajo autorizaciones administrativas que no generaban derechos de propiedad, lo cual dejaba en una situación de incertidumbre a todos los actuales titulares de derechos de aprovechamiento de aguas del país.

Uno de los aspectos novedosos fue que reconocía el derecho humano al agua y saneamiento y, además, promovía un sistema de gobernanza hídrico participativo y descentralizado a través de la Agencia Nacional del Agua como órgano rector en dicha materia.

Si bien, se estaba optando por una de las alternativas propuestas por el Banco Mundial año 2013, creemos que constitucionalizar dicho organismo no era necesario, puesto expandir el aparato estatal sin antes delimitar la competencia de los otros 43 organismos vinculados a la gestión del agua, iba resultar ineficaz en resolver el problema de fondo y podía encarecer los costos para la Administración en el corto y mediano plazo.

En tal sentido, coincidimos con lo señalado por el informe del Banco Mundial año 2013, en orden a crear una Subsecretaría de Recursos Hídricos perteneciente al Ministerio de Obras Públicas, que se encargue de articular la política hídrica nacional de los distintos actores del sector[17].

Por último, a mayor abundamiento el 29 de junio de 2021 se ingresó el Proyecto de Ley N.° de Boletín 14446-09 en el Congreso Nacional, el cual propone crear una nueva institucional nacional de recursos hídricos bajo la figura de «Subsecretaría de Recursos Hídricos»[18].

15 García Vázquez, B. (2020: 175).

16 El presente trabajo ha sido elaborado bajo el segundo proceso constitucional en Chile (marzo-diciembre 2023).

17 Banco Mundial (2013: 62 y ss.).

18 Ver Proyecto de ley - N.° de Boletín 14446-09.

En relación con el segundo (actual) proceso constitucional; el pasado 30 de octubre de 2023 concluyó el trabajo del Consejo Constitucional (órgano integrado por 50 integrantes elegidos por la cámara del Senado del Congreso Nacional) quienes aprobaron el texto para una nueva Constitución, el cual está en condiciones de ser aprobado o rechazado por la ciudadanía en el próximo plebiscito del 17 de diciembre.

En este contexto, el texto propuesto presenta un significativo avance en materia hídrica, puesto que en el Capítulo II «Derechos y libertades fundamentales, garantías y deberes constitucionales», reconoce el derecho al acceso al agua y al saneamiento; y expresa que es deber del Estado garantizar su cumplimiento no solo a las actuales generaciones, sino que también a las futuras.

Asimismo, agrega «(...) es deber del Estado promover la seguridad hídrica, acorde a criterios de sustentabilidad. La legislación, regulación y gestión deberán incorporar todas las funciones de las aguas, priorizando el consumo humano y su uso doméstico de subsistencia»[19].

Dicho esto, resulta necesario precisar brevemente el concepto de «seguridad hídrica». Para ello, haremos referencia a lo indicado tanto para el legislador como la comunidad internacional. En cuanto a lo último, nos referimos a la Declaración Ministerial de la Haya sobre la seguridad del agua en el siglo XXI, bajo el cierre del II Foro Mundial del Agua, año 2000 expresa «asegurar que el agua dulce, las zonas costeras y los ecosistemas relacionados sean protegidos y mejorados; que se promuevan el desarrollo sostenible y la estabilidad política, que cada persona tenga acceso a suficiente agua potable y a un costo (precio) asequible para permitir una vida saludable y productiva y que la población vulnerable quede protegida de los riesgos relacionados con el agua»[20].

A propósito de lo anterior, el legislador chileno define seguridad hídrica en el artículo 3° letra s) de la Ley N.° 21.455: «posibilidad de acceso al agua en cantidad y calidad adecuadas, considerando las particularidades naturales de cada cuenca, para su sustento y aprovechamiento en el tiempo para consumo humano, la salud, subsistencia, desarrollo socioeconómico, conservación y preservación de los ecosistemas, promoviendo la resiliencia frente a amenazas asociadas a sequías y crecidas y la prevención de la contaminación».

Por lo visto, podríamos concluir que, si bien el constituyente opta por no definir tales conceptos de «seguridad hídrica» y «sustentabilidad», obliga al

19 Art. 16. La Constitución asegura a todas las personas:
30. El derecho al acceso al agua y al saneamiento, de conformidad con la ley. Es deber del Estado garantizar este derecho a las generaciones actuales y futuras.
Asimismo, es deber del Estado promover la seguridad hídrica, acorde a criterios de sustentabilidad. La legislación, regulación y gestión deberán incorporar todas las funciones de las aguas, priorizando el consumo humano y su uso doméstico de subsistencia.

20 Rivera Bravo, D. (2023: 26-27).

Estado a integrarlo en su gobernanza pública, lo que implica que integrarlo abordarlo en sus políticas y decisiones públicas.

En este contexto, la obligación impuesta al Estado indica la importancia que se le da a estos conceptos en el marco normativo, promoviendo así una gestión responsable y cuidadosa de los recursos hídricos bajo un enfoque sostenible.

Luego, siguiendo el análisis del proyecto de nueva Constitución 2023; se deduce que mantiene el régimen jurídico de las aguas, en el sentido que, si bien reconoce a las aguas como bienes nacionales de uso público, no obstante, se pueden constituir o reconocer derechos de aprovechamiento de aguas, los que confieren a su titular el uso y goce de esta en conformidad a la ley[21].

Si bien no es objeto de esta investigación analizar todas las normas que se refieran a los recursos hídricos en el proyecto de nueva Constitución, creemos que sí es merecedor de observaciones los avances del constituyente en la materia; tal como lo es, la nueva incorporación del capítulo denominado «Protección del Medio Ambiente, Sustentabilidad y Desarrollo»: el cual desde los artículos 206 al 213, establece un sistema de tutela en favor del medio ambiente, promueve la colaboración público-privada, garantiza el derecho de acceso a la justicia ambiental y participación ciudadana, fomenta la educación ambiental y reconoce al fenómeno del cambio climático como un asunto de relevancia estatal, en el que se deben tomar medidas de mitigación y adaptación de manera oportuna, racional y justa.

Finalmente, tras realizar un somero examen al segundo (actual) proceso constituyente, es posible colegir un importante reconocimiento a los textos internacionales en materia de recursos hídricos, desde el reconocimiento de derechos y deberes a establecer un verdadero sistema de protección ambiental a nivel transversal del ordenamiento jurídico. En este sentido, la propuesta del Consejo Constitucional tiene como fecha prevista para su votación por la ciudadanía el 17 de diciembre 2023[22].

Resulta esencial para esta investigación después de haber estudiado lo regulado por la Constitución Política de la República, como también del

---

21 35. El derecho de propiedad en sus diversas especies sobre toda clase de bienes corporales o incorporales:
i) Las aguas, en cualquiera de sus estados y en fuentes naturales u obras estatales de desarrollo del recurso, son bienes nacionales de uso público. En consecuencia, su dominio y uso pertenecen a la Nación toda. Sin perjuicio de aquello, podrán constituirse o reconocerse derechos de aprovechamiento de aguas, los que confieren a su titular el uso y goce de estas, y le permiten disponer, transmitir y transferir tales derechos, en conformidad con la ley.

22 Propuesta de nueva Constitución Política de la República de Chile. En línea: https://www.procesoconstitucional.cl/wp-content/uploads/2023/10/PROPUESTA-DE-NUEVA-CONSTITUCION-POLITICA-DE-LA-REPUB-LICA.pdf (fecha de consulta: 10 de octubre de 2023).

pasado y actual proceso constitucional, lo preceptuado por el Código de Aguas, recientemente modificado por la Ley N.° 21.435.

En este sentido, si bien dicha reforma incorporó más de 100 modificaciones al Código de Aguas, veremos que faltó integrar otros títulos de intervención administrativa y herramientas preventivas para la adopción de medidas contra la severa sequía y escasez hídrica, tal como lo veremos más adelante.

Sin embargo, presenta un importante avance en la materia y por esa razón realizaremos una breve aproximación a los pilares fundamentales de la reforma:

1. Derecho humano al agua y saneamiento

Se considera el acceso al agua potable y el saneamiento como un derecho humano el cual debe ser garantizado por el Estado, lo que implica que la autoridad debe tomar las acciones necesarias para resguardar la disponibilidad de aguas y asegurar su abastecimiento.

Para ello, establece nuevas facultades respecto a los Servicios Sanitarios Rurales (SSR)[23], tales como: ahora gozan de prioridad para constituir derechos para el consumo humano, y respecto a la gestión de la escasez hídrica, permite que la Declaratoria de Escasez dictada por el Presidente de la República, tenga un periodo máximo de un año con posibilidad de prorrogarse el decreto de escasez en una localidad determinada.

Además, incorporan funciones al agua, siendo ellas principalmente las de subsistencia[24], preservación ecosistémica, y las productivas[25], otorgando prioridad al uso para el consumo humano. A diferencia de lo que ocurría anteriormente en que no había una prelación u orden de preferencia en cuanto a sus funciones.

2. Función del interés público y sustentabilidad

La reforma, si bien reconoce a las aguas como un bien nacional de uso público, expresa que en función del interés público se pueden constituir derechos de aprovechamiento sobre las aguas, los que pueden ser limitados

23 Tienen como principal función la prestación de servicios de agua potable y saneamiento a las comunidades rurales para su uso doméstico. En línea: https://www.bcn.cl/portal/leyfacil/recurso/servicios-sanitarios-rurales (fecha de consulta: 10 de octubre de 2023).

24 El legislador en el artículo 5° bis, expresa que las aguas de subsistencia incluyen el uso para el consumo humano, saneamiento y el uso doméstico de subsistencia.

25 Respecto de las funciones de preservación ecosistémica y de fines productivos, si bien no definidas por el legislador, se establece una priorización de la función de subsistencia por sobre las demás.

en su ejercicio. De esta manera, se entiende por tal; las acciones que ejecute la autoridad para resguardar el consumo humano y el saneamiento, la preservación ecosistémica, la disponibilidad de las aguas, la sustentabilidad acuífera, y en general, aquellas destinadas a promover un equilibrio entre eficiencia y seguridad en los usos productivos de las aguas (art. 5° inciso tercero del Código de Aguas).

Tal presupuesto se refuerza con la posibilidad de las siguientes facultades: constituir nuevos derechos para la conservación ambiental o proyectos de turismo sustentables, recreativos o deportivos; extinción de un derecho de aprovechamiento de aguas (DAA) si no se construyen las obras para utilizar las aguas; protección de ecosistemas, en que sólo se podrán entregar aguas si son compatibles con los fines de conservación en los parques nacionales, reserva nacional, reserva de regiones vírgenes, monumento natural, santuario de la naturaleza o humedales; creación de nuevas Zonas Protegidas en Acuíferos, entre otras.

3. Gobernanza hídrica y gestión

Bajo este pilar busca promover la transparencia y accesibilidad de información de los DAA y su uso a través de un nuevo reglamento del Catastro Público de Aguas (CPA). Asimismo, fomenta la interacción de organismos tanto público como privados a través de la información que deben remitir los Conservadores de Bienes Raíces[26] a la DGA. Adicionalmente, a través de los Planes Estratégicos de Recursos Hídrico (PERH) en cuencas, se establece que cada cuenca del país deberá contar con PERH tendiente a propiciar la seguridad hídrica en el contexto de las restricciones asociadas al cambio climático, el cual será público y deberá ser actualizado cada diez años o menos.

Lo anterior, es relevante toda vez que se debe tomar en consideración la variable del cambio climático como un factor en la formulación de los PERH, lo cual está en plena armonía con los instrumentos de gestión señalados en la Ley Marco de Cambio Climático, recientemente publicada el 13 de junio de 2022[27].

Adicionalmente, para apoyar lo señalado precedentemente se crea un Fondo para la Investigación, Innovación y Educación en Recursos Hídricos cuyo objeto es elaborar e implementar los PERH.

Podemos concluir, que, si bien la legislación interna ha sido influenciada en gran medida por la comunidad internacional, vemos que en materia de

26 Los Conservadores de Bienes Raíces llevan a su cargo en el Registro de Propiedad, el Registro de Aguas en el cual se inscriben los DAA y demás actos señalados en artículos 114 y siguientes del Código de Aguas.

27 Disponible en: https://bcn.cl/32l1s (fecha de consulta: 14 de septiembre de 2023).

escasez hídrica y sequía poco se ha avanzado, de hecho, en nuestro ordenamiento jurídico contamos solo con una herramienta que aplica directamente a situaciones de severa sequía denominada «Declaratoria de zona de Escasez» (DZE) regulada en el artículo 314 del Código de Aguas, instrumento que revisaremos en la tercera parte de este trabajo.

III. Gobernanza hídrica y medio ambiente. Rol del estado y autogestión de los particulares

Como ya se había mencionado en el capítulo de introducción, nos corresponde estudiar el rol que cumplen los particulares y el Estado a través de sus distintos organismos.

De esta manera, resulta ilustrativo comenzar con el concepto de gobernanza de agua, según la Global Water Partnership (GWP), se define como «el conjunto de sistemas políticos, sociales, económicos y administrativos establecidos para desarrollar y gestionar de manera sustentable los recursos hídricos y proveer servicios e insumos de agua a los diferentes niveles de la sociedad y para las diferentes actividades económicas». Es decir, ayuda a definir y establecer las reglas de actuación para la gestión de los recursos hídricos[28].

Por un lado, nuestra institucionalidad se encuentra encabezada por la DGA, servicio centralizado dependiente del Ministerio de Obras Públicas, y que, su principal función es administrar la constitución de derechos de aguas, el cual da origen a titularidades privadas[29].

Por otro, desde el ámbito privado contamos con la presencia de las Organizaciones de Usuarios (OUAs), entidades de carácter privado que, cumplen funciones públicas y son los propios usuarios del agua de cumplir un rol activo en la gestión y distribución del recurso, para lo cual deben agruparse en las organizaciones, ya sea a través de una Asociación de Canalistas[30] o Junta de Vigilancia (JdV)[31], siendo esta última una de las más importantes, puesto que velan por el interés general de la cuenca.

Ahora bien, en dicho contexto, conviene precisar que en Chile existe una multiplicidad de actores con competencia en la materia, de hecho, el aparato

---

28 Banco Mundial (2013: 19).

29 Artículo 298° Código de Aguas: La Dirección General de Aguas es un servicio dependiente del Ministerio de Obras Públicas. El Jefe Superior de este servicio se denominará Director General de Aguas y será de la exclusiva confianza del Presidente de la República.

30 Son organismos cuyo objetivo es repartir la parte de las aguas que le corresponde de una determinada fuente artificial, ya sea canal, acueducto, pozo, u otro, así como conservar y mejorar la infraestructura que administran.

31 Tienen por objetivo administrar y distribuir las aguas a que tienen derecho sus miembros en las fuentes naturales, explotar y conservar las obras de aprovechamiento común y realizar los demás fines que le encomiende la ley. Podrán también construir nuevas obras relacionadas con su objetivo o mejorar las existentes.

institucional se encuentra compuesto por 43 organizaciones de diversa naturaleza, desde ministerios, gobiernos regionales, municipios y servicios públicos de diversa índole, hasta organizaciones autónomas de carácter privado que desempeñan cerca de 102 funciones[32].

Lo que implica que en reiteradas ocasiones existan duplicidades en la ejecución de funciones y genere una serie de problemas de coordinación entre los diferentes actores, sobre todo en contextos de severa sequía.

De hecho, en temas de gestión la DGA, históricamente no ha sido el protagonista, sino que quien ha jugado un papel preponderante sobre la materia han sido los privados a través de las Organizaciones de Usuarios (OUAs), ellos, siempre han gestionado el agua tanto en periodos normales de disponibilidad como también de extraordinaria sequía.

En tal sentido, se habla más de la autogestión de los particulares sobre las aguas que del Estado y el rol que juega justamente la administración es de carácter limitado, puesto que, si bien los organismos estatales se reparten las 102 funciones del agua, en temas de escasez hídrica y severa sequía, el ámbito de aplicación es acotado, de manera que la autoridad interviene sólo de manera excepcional, tal como ocurre con la decretos de zona de escasez (DZE), conforme lo dispone el artículo 314 del Código del ramo.

En este contexto, si bien la gobernanza es un tema multidimensional y que en el caso chileno no se aprecia una clara delimitación de funciones y competencias entre los distintos actores, tampoco existen mecanismos de participación efectivos que promuevan una gestión integrada de los recursos hídricos.

Lo cual hace urgente revisar nuestra institucionalidad de manera enfrentar situaciones de severa sequía, sobre todo cuando se prevé un aumento en la demanda del recurso y de las consecuencias del cambio climático.

Sobre todo, cuando nuestro país atraviesa un periodo de sequía desde el 2009 que afecta gran parte de la zona centro y durante el 2021 un aproximado del 45 % de la población nacional se encontraba bajo los efectos del DZE.

Si bien sabemos que el agua es un recurso limitado, conviene precisar quienes son los mayores consumidores, pues conforme a los informes del Banco Mundial, el sector productivo, particularmente la actividad agrícola el mayor protagonista, utilizando alrededor de un 72 %, seguido por la utilización de agua potable, uso industrial y minero, con el 12 %, 7 % y 4 %, respectivamente y el 5 % restante está asociado al sector pecuario y empleo en generación eléctrica[33].

32 Banco Mundial (2013).

33 Dirección General de Aguas (DGA) Mesa Nacional del Agua, primer informe, 4 de febrero de 2020.

Teniendo presente lo anterior, no existe en la institucionalidad un sistema de información de fácil acceso que recopile de manera clara cuál es la disponibilidad del recurso y cuáles serían las metas para un desarrollo sustentable[34/35].

En ese marco, se identifica un sistema especial dual, público-privado; centralizado-descentralizado, que dificulta una eficiente gestión y equitativa del recurso.

De esta manera, a continuación, propondremos algunas mejoras para nuestra gobernanza hídrica:

1. Observatorio del Clima y Sequía: dicho organismo liderado por la Dirección Meteorológica de Chile y la DGA, permitirá contar con la información necesaria para tomar acción de manera oportuna y no después de la crisis.
2. Control de riesgos: la autoridad debe cambiar su visión reaccionaria a una perspectiva preventiva en que reconozca los problemas detectados y sobre trabaje de manera coordinada tanto con el sector público como privado.
3. Fomentar mecanismos de participación y educación hídrica: se debe promover herramientas de participación del recurso hídrico en los PERH, de manera que además de ser una instancia de participación, sea la oportunidad de potenciar la educación y acceso a la información.
4. Fortalecer la gestión de los privados a través del principio de unidad de la corriente: ello implica, demarcar geográficamente la cuenca hidrográfica por región y otorgarles a las OUAs las competencias necesarias para la distribución de aguas y redistribución, en caso de severa sequía, siempre respetando la polifuncionalidad del agua reconocida por el legislador.

En conclusión, el agua al ser un recurso fundamental para la vida y el desarrollo requiere de una gestión integrada y participativa del agua, de manera de no solo garantizar el acceso mediante un uso eficiente y responsable, sino que también asegurar el bienestar de las generaciones presentes y futuras.

---

34 Artículo 2.° letra g) de la Ley N.° 19.300 sobre Bases Generales del Medio Ambiente: «el proceso de mejoramiento sostenido y equitativo de la calidad de vida de las personas, fundado en medidas apropiadas de conservación y protección del medio ambiente, de manera de no comprometer las expectativas de las generaciones futuras».

35 Declaración de Río sobre el Medio Ambiente y el Desarrollo, 1992. Principio 3 sobre el desarrollo sostenible: «El derecho al desarrollo debe ejercerse en forma tal que responda equitativamente a las necesidades de desarrollo y ambientales de las generaciones presentes y futuras».

IV. Régimen jurídico de la sequía en Chile, en particular la declaratoria de escasez

Frente a la sequía que rige en nuestro país desde ya 13 años, la única herramienta específica que cuenta la Administración para hacer frente a la escasez hídrica es la Declaratoria de Escasez regulada en los artículos 314 y 315 del Código de Aguas.

En este mecanismo participan los dos grandes actores a nivel de gobernanza, por un lado, el Estado a través de la DGA y por otro, los particulares mediante las OUAs.

Siguiendo a la profesora Camila Boettiger, podemos definir la declaratoria de escasez como «el acto mediante el cual la autoridad administrativa, ante la situación de hecho de una sequía extraordinaria en una zona hidrográfica o cauce determinado, permite la adopción temporal de medidas extraordinarias por parte de la autoridad sectorial (DGA), con el fin de reducir al mínimo los daños generales derivados de ella». Tras la reforma legal de la Ley N.° 21.435, sequía extraordinaria pasa a denominarse «severa sequía»[36].

En primer término, el procedimiento se encuentra encabezado por el Presidente de la República y la DGA, en que el primero a petición y con informe técnico de la División de Hidrología de la DGA, podrá declarar zonas de escasez hídrica ante una situación de severa sequía por un periodo máximo de un año prorrogable sucesivamente, previo informe de la Dirección, para cada periodo de prórroga.

En este sentido, es la propia Dirección la encargada de calificar previamente, mediante resolución los criterios que determinan el carácter de severa sequía, recordemos que se encuentra regulado a través de la Resolución (exenta) N.° 1331 DGA, de 7 de junio de 2022. De esta forma, fija criterios objetivos en base a condiciones hidrometeorológicas como de pluviometría, caudales de los ríos, volúmenes de los embalses, condiciones de los acuíferos y también el nivel de captación de las aguas subterráneas. Niveles medidos en estaciones de monitoreos del propio Servicio[37].

Aunque desde ya, observamos que la autoridad no toma en cuenta el nivel de nieve en la cordillera, si bien este año en Chile a nivel de lluvias fue relativamente «normal» en comparación con los 13 años de sequía, vemos que la cantidad de nieve sigue siendo inferior a la de otros años y, de hecho, se estima que este nivel siga bajando, por lo que la autoridad también debiera tomar en consideración al momento de decretar zonas de escasez hídrica en una determinada localidad.

---

36 Costa, E.; Montenegro, S. (2019: 349).

37 Ídem.

La herramienta de declaratoria de escasez se concreta mediante un decreto supremo, el cual es despachado mediante el Ministerio de Obras Públicas. Y se agrega que tanto los decretos como resoluciones del Servicio que se dicten en virtud de las facultades conferidas por el artículo 314 del Código de Aguas, se cumplirán de inmediato, sin perjuicio de la posterior toma de razón por la Contraloría General de la República. Esto con la finalidad de evitar y/o paliar daños o graves perjuicios a la colectividad o al Fisco, originados por las condiciones de severa sequía que imperan en la zona declarada, y que pueden significar una afectación concreta al consumo humano al agua y al saneamiento, así como al desarrollo de las actividades económicas en la zona.

En cuanto al objetivo encomendado por el legislador es reducir al mínimo los daños generales derivados por la sequía, especialmente para garantizar el consumo humano o el uso doméstico de subsistencia, en conformidad con el artículo 5 bis del Código de Aguas.

Ahora bien, dicho decreto tiene ciertas particularidades, las cuales pasaremos a revisar:

1. Transitorio: esto quiere decir que sus efectos tienen como un plazo máximo de un año desde la vigencia del decreto de escasez, sin perjuicio de la posibilidad de prorrogarse un año más bajo informe de la DGA.
2. Si bien, desde el año 2008 se han emitido más de 190 declaraciones a nivel nacional, se observa un aumento sostenido desde el 2017 al 2022, provocando que durante el 2021 más del 45 % de la población se encontraba bajo los efectos de los decretos de escasez hídrica.
3. Lo anterior, nos permite concluir que ya la sequía no es una situación excepcional, sino que lamentablemente la regla general y es el Estado que debe actualizar y cambiar su ámbito acción reactivo a una gestión más de riesgos que de crisis.
4. Zona espacial de aplicación: vemos que no hay una clara delimitación territorial de los decretos de escasez, puesto que permite declarar como zona de escasez hídrica, una cuenca, región, provincia o comuna. Por lo que, en definitiva, sugerimos uniformar el espacio territorial en que va a surtir efectos el decreto para una mejor eficacia de la medida y conocimiento de la comunidad que, muchas veces desconoce por completo la declaratoria de escasez y sus efectos[38].

38 Histórico de decretos de zonas de escasez DGA. En línea: https://view.officeapps.live.com/op/view.aspx?src=https%3A%2F%2Fdga.mop.gob.cl%2FDGADocumentos%2FDecretos_zonas_escasez_historico.xls&wdOrigin=BROWSELINK (fecha de consulta: 15 de septiembre de 2023).

5. Facultades extraordinarias a la Administración: Como se vio en el primer apartado de este trabajo, el principal gestor en materia de aguas son los particulares y que sólo el Estado intervenía en casos excepcionales. Este es uno de ellos, y otorga las siguientes singularidades: a) constituye una excepción al control de legalidad que realiza la Contraloría General de la República, a través de la toma de razón; b) permite la autorización de extracciones de aguas superficiales o subterráneas destinadas con preferencia al consumo humano, sin la necesidad de regirse por el procedimiento de constitución de derechos; c) faculta al Servicio suspender las atribuciones de las Juntas de Vigilancias, y liquidar y cobrar los costos asociados a la redistribución de los derechos.

En cuanto a los efectos jurídicos de la declaratoria de escasez, una vez declarada una zona de escasez hídrica, se pueden distinguir tanto consecuencias directas e indirectas.

Efectos directos: en primer término, la DGA podrá exigir, para estos efectos, a la o las Juntas de Vigilancias respectivas la presentación de un acuerdo de redistribución de las aguas, que contenga las condiciones técnicas mínimas que aseguren que, en la redistribución de las aguas, entre todos los usuarios de la cuenca, prevalezcan los usos para el consumo humano, saneamiento o el uso doméstico de subsistencia, precaviendo la comisión de faltas graves o abusos.

De aprobarse el acuerdo, se da cumplimiento al acuerdo en un plazo de 5 días corridos desde su aprobación y su ejecución es oponible a los usuarios de la respectiva cuenca. Lo mismo ocurre tratándose en caso de que exista un acuerdo previo de las JdV que cumpla con los requisitos exigidos por el Servicio debe ser puesto en ejecución 5 días corridos desde la declaratoria.

Aquellas asociaciones de canalistas o comunidades de aguas que, al interior de sus redes de distribución, abastezcan a prestadores de servicio sanitarios, deberán adoptar las medidas necesarias para que, con la dotación que le corresponda por la aplicación del acuerdo de distribución, dichos prestadores reciban el caudal o los volúmenes requeridos para garantizar el consumo humano, saneamiento o el uso doméstico de subsistencia.

En caso contrario, si la DGA rechaza el acuerdo, ya sea porque las JdV no presentaron el acuerdo de redistribución o no diesen cumplimiento, la ley facultad extraordinariamente al Servicio a realizar directamente la redistribución de las aguas superficiales y/o subterráneas disponibles en la fuente, con cargo a las juntas de vigilancia respectivas. Asimismo, facultad a la DGA liquidar y cobrar mensualmente los costos asociados a la redistribución de las aguas.

Sin perjuicio de lo anterior, la DGA podrá autorizar extracciones de aguas superficiales o subterráneas destinadas con preferencia a los usos de consumo humano, saneamiento o al uso doméstico de subsistencia y la ejecución de las obras en los cauces necesarias para ello desde cualquier punto sin necesidad de someterse al procedimiento de constitución establecido por el regulador, aunque su vigencia será mientras esté en vigor el decreto respectivo.

Efectos indirectos: La declaratoria de escasez no solo tiene por objeto reducir al mínimo los daños generados por la sequía, sino que usualmente va acompañada de la liberación de fondos extraordinarios de la Administración a través de los denominados «decretos de emergencia agrícola por déficit hídrico» del Ministerio de Agricultura, solicitada a veces tanto por el sector público como privado. De esta manera a través de dicho ministerio se busca proveer alimento para animales y apoyo de optimización del uso del agua, para aquellas zonas afectadas por una baja disponibilidad del recurso hídrico.

En el mismo sentido, por parte de la Administración solicita la compra y distribución de agua potable con camiones aljibes para las localidades afectadas por la escasez hídrica. Esta herramienta puede operar tanto por recursos de la respectiva municipalidad o mediante la liberación de fondos extraordinarios del Ministerio del Interior.

V. Observaciones, propuestas y palabras finales

Tal como se ha expuesto precedentemente, la administración frente a situaciones de sequías utiliza la herramienta de la declaratoria de escasez, y llama la atención que dicha declaración sea cuando se cumplen los criterios técnicos de la propia Dirección, es decir, cuando ya estamos envuelto en una situación de severa sequía, lo cual nos dice que la política del Estado es más de gestor de crisis que de riesgos.

Pues dicha herramienta debe ir acompañada de una información clara y transversal de datos por parte de la DGA para una mejor toma de decisiones y también se deben implementar otros títulos de intervención administrativa que permitan adoptar medidas eficientes contra la severa sequía y escasez hídrica, bajo un carácter preventivo y reactivo.

En cuanto a la gestión del recurso debe fomentarse una gobernanza no solo hídrica, sino que también urbanística, en el sentido que se obligue al sector inmobiliario a colocar mecanismos idóneos que permitan el ahorro máximo del recurso, ya sea desde la ducha, cocina al riego del jardín.

También, resulta adecuado para prevenir la escasez de agua, fomentar la reutilización de las aguas y desalación del agua para las grandes ciudades del país.

Asimismo, siendo el sector agrícola el principal consumidor del agua, es conveniente realizar una fuerte colaboración con el sector público-privado para subministrar distintos mecanismos de riego tecnificado y nuevas formas de aprovechar el recurso de manera sustentable y eficiente.

Y justamente tratándose de este sector, es importante establecer mecanismos de ayuda expedita para los agricultores que se encuentren en una localidad con baja disponibilidad del recurso, por ello, una alternativa sería ampliar el objetivo de la declaratoria de escasez e incorporar una liberación de fondos directa desde el Ministerio de Obras Públicas a los afectados por el decreto de escasez.

Además, otra medida apropiada en localidades que estén bajo los efectos de un decreto de escasez hídrica sería restringir el uso del agua para ciertas actividades, tales como no permitir el lavado de vehículo, o el llenado de piscinas.

Por último, implementar políticas educacionales y cultura respecto al uso del agua, y fomentar su desarrollo sostenible, entre las medidas que podemos recomendar.

Para finalizar, si bien no hay una receta universal para la mejora de la gobernanza del agua, se debe propenderse a una gestión y colaboración integrada de los recursos hídricos a través de instrumentos preventivos y reactivos que permitan adoptar políticas claves frente a situaciones de severa sequía y escasez hídrica. De manera que contar con información actualizada, aumentar instancias de participación entre el Estado y la sociedad civil junto a los particulares, mediante respectivas organizaciones de usuarios, fomentar los PEGH en las cuencas y adoptar un plan de Estado a largo plazo para hacer frente a las necesidades presentes sin comprometer a las futuras generaciones, son algunas de las medidas que se deben adoptar para mejorar nuestra institucionalidad hídrica.

Referencias

Bermúdez Soto, J. (2014). *Fundamentos del derecho ambiental* (2.a ed.). Valparaíso. PUC Editor.

Burgos Garrido, B. (2021). *Régimen jurídico administrativo de la sequía y escasez hídrica. Instrumentos para su prevención y gestión*. (1.a ed.) Navarra. Thomson Reuters.

Centro De Ciencia Del Clima Y Resiliencia (CR)2. En línea: https://www.cr2.cl/el-superavit-de-lluvias-de-este-ano-ha-interrumpido-la-megasequia-que-afecta-a-chile-terram/ (fecha de consulta: 15 de septiembre de 2023).

Costa Cordella, E.; Montenegro Arriagada, S. (2019). *La regulación de las aguas: Nuevos desafíos del siglo XXI. Actas de las II Jornadas del Régimen Jurídico de las Aguas* (2.a ed.). Santiago. DER Ediciones Limitada.

Costa Cordella, E.; Celume Byrne, T. (2023). *Sequía y escasez hídrica: Mejoras institucionales y regulatorias en materias de aguas* (1.a ed.). Santiago. DER Ediciones Limitada.

Banco Mundial (2013). *Estudio para el mejoramiento del marco institucional para la gestión del agua.* Chile. 28 de junio de 2013. En línea: https://documents1.worldbank.org/curated/en/728921592935741966/pdf/Chile-Institutional-Framework-of-Water-Sector.pdf (fecha de consulta: 10 de septiembre 2023).

Banco Mundial (2011). *Diagnóstico de la Gestión de los Recursos Hídricos.* 31 de marzo de 2011. En línea: https://documents1.worldbank.org/curated/en/452181468216298391/pdf/633920ESW0SPAN0le0GRH0final0DR0REV-0doc.pdf (fecha de consulta: 12 de septiembre 2023).

García Vázquez, B. (2020). *La compatibilidad del derecho humano al agua con la legislación chilena: el reconocimiento latinoamericano de este Derecho. Ius et Praxis*, 26(3), 175. En línea: https://dx.doi.org/10.4067/S0718-00122020000300172 (fecha de consulta: 10 de octubre de 2023).

Rivera Bravo, D. (2023). *Desafíos hídricos para el desarrollo sostenible. XXIV Jornadas de Derecho y Gestión de Aguas UC* (1.a ed.). Santiago. DER Ediciones Limitada.

Rojas Hernández, J.; Barra Ríos, R. (2020). *Seguridad hídrica: Derechos de agua, escasez, impactos y percepciones ciudadanas en tiempos de cambio climático* (1.a ed.). Santiago. RIL Editores.

CAPÍTULO 22

GOBIERNO ABIERTO SUBNACIONAL: BALANCE DE LA POLÍTICA PÚBLICA DE TRANSPARENCIA DEL MUNICIPIO DE BUCARAMANGA, COLOMBIA

Miguel Jesús Pardo Uribe
Universidad Autónoma de Bucaramanga (UNAB-Colombia)

María Eugenia Bonilla Ovallos
Instituto de Estudios Políticos (IEP)
Universidad Autónoma de Bucaramanga (UNAB-Colombia)

Eduardo Villareal Cantú
Centro de Investigación y Docencia Económicas (CIDE - México)

Sumario: I. Gobierno abierto como concepto. II. Gobierno abierto en Colombia. III. Gobierno abierto y gobierno abierto subnacional. IV. El caso de la PP de Bucaramanga. V. Agenda subnacional. Referencias.

I. Gobierno abierto como concepto

El Gobierno Abierto ha sido un concepto en constante cambio y evolución. Una primera acepción del término se puede encontrar en el ámbito de la teoría política a partir de los trabajos de Beetham y Boyle (1996, citado por Ramírez-Alujas, 2014) sobre la democracia representativa, así como en la agenda pública de los años 50´s y 60´s en Estados Unidos a través del movimiento social y político que logró la aprobación en el Congreso de la Ley de Acceso a la información pública de 1966. En tal sentido, la agenda de Gobierno Abierto de la segunda mitad del siglo XX buscaba principalmente reformar las leyes sobre secretos oficiales y protección de datos surgidas en el contexto de la guerra fría y generar un debate sobre la importancia del acceso a la información pública y la obligación de informar sobre las actividades del gobierno.

Un segundo hito señalado por RAMÍREZ-ALUJAS (2014) clave para la consolidación del concepto de Gobierno Abierto, lo constituye la publicación en 2003 del Informe *Open Government: Fostering Dialogue with Civil Society*, elaborado por la OCDE, en el cual se amplía el alcance del Gobierno Abierto. Una de las conclusiones que se desprende de dicho informe es que no basta con que los gobiernos informen sus decisiones, sino que además se requiere que los Gobiernos consulten e involucren a los ciudadanos en la construcción de políticas, la prestación de servicios, el acceso a derechos y la calidad de la democracia, todo lo anterior a partir de los principios de transparencia e integridad en la administración pública. En tal sentido, la OCDE (2010: 4) promovía la adopción del Gobierno Abierto con la expectativa de alcanzar 6 beneficios.

1. Reestablecer una mayor confianza en el Gobierno.
2. Garantizar mejores resultados a menor costo
3. Elevar los niveles de cumplimiento del Gobierno
4. Asegurar la equidad de acceso a la formulación de políticas públicas
5. Fomentar la innovación y nuevas actividades económicas
6. Mejorar la eficiencia mediante el aprovechamiento de los conocimientos y los recursos de los ciudadanos.

Finalmente, el tercer hito lo constituye la promulgación en el año 2009 por parte del Gobierno de Barack Obama del «Memorando sobre transparencia y gobierno abierto», el cual direcciona el enfoque de Gobierno Abierto soportado en los pilares de transparencia, participación y colaboración, de la mano del uso intensivo de tecnología puesta al servicio de la gestión pública y el cual aporta la siguiente definición de Gobierno Abierto:

> «(...) un sistema de transparencia (divulgación de información para solicitar la opinión pública), de participación del público (aumento de las oportunidades de participar en la formulación de políticas) y de colaboración (el uso de herramientas innovadoras, métodos y sistemas para facilitar la colaboración entre lo departamentos del Gobierno, y con organizaciones sin fines de lucro, empresas y particulares en el sector privado)»[1]

Este nuevo hito da impulso a la creación de organizaciones internacionales como *Open Government Partnership*, la cual fue lanzada oficialmente en la Asamblea Gen3) Implementaraciones Unidas en el año 2011, mediante la promulgación de la Declaración de Gobierno Abierto suscrita por 8 paí-

1 Cfr. citado por CRUZ-RUBIO (2015).

ses fundadores entre los que se encontraban: Brasil, Indonesia, México, Noruega, Filipinas, Sudáfrica, Reino Unido y Estados unidos y 38 países más que se sumaron a esta iniciativa, en la cual se comprometían a: 1) aumentar la disponibilidad de información sobre actividades gubernamentales, 2) Apoyar la participación ciudadana; 3)Implementar los más altos estándares de integridad profesional en la administración pública y 4) Aumentar el acceso a nuevas tecnologías para la apertura y la rendición de cuentas (*Open Government Partnership*, 2011).

De esta manera, se comienza a dar la institucionalización del enfoque de Gobierno Abierto, lo que dio pie para que en diversos países se comenzaran a diseñar e implementar marcos normativos para regular el acceso a la información pública, la transparencia y rendición de cuentas, en concordancia con la agenda de desarrollo sostenible y el objetivo 16 «paz, justicia e instituciones sólidas», en la que se plantean metas orientadas crear instituciones transparentes, eficaces y que rindan cuentas, reducir la corrupción y garantizar el acceso público a la información.

Particularmente en Latinoamérica en la segunda década del siglo XXI, se comienzan a implementar Planes de Acción de Gobierno Abierto en la mayoría de los países de la región, empezando por Colombia y México en 2011; Brasil, Chile, Perú, Paraguay, Guatemala, Honduras y República Dominicana en el 2012; Argentina y Costa Rica en 2013. Así mismo, se adoptan una serie de reformas de acceso a la información pública, protección de datos, gobierno digital, transparencia y rendición de cuentas; tal como lo plantea Roberta Solis (2019) «muchas de estas reformas constituían el núcleo de medidas anticorrupción que se estaban adoptando para implementar convenciones anticorrupción. «En el área de prevención de la corrupción, uno se encuentra con que casi todos (si no todos) los temas también se relacionan con el gobierno abierto. Si bien no debe afirmarse que el gobierno abierto es tan solo una forma de lucha contra la corrupción, y aunque ambos temas son independientes, tienen una conexión innegable. Cuando se utilizan juntos, el potencial para lograr una transformación y un impacto más profundo es enorme» (Solis, 2017: 97).

En el campo de las políticas públicas, el Gobierno Abierto ha venido ganado relevancia de cara a complementar medidas de lucha contra la corrupción, debido al agotamiento del tradicional enfoque legal-sancionatorio, lo que ha impulsado la adopción de medidas de prevención de la corrupción mediante, el fortalecimiento institucional especialmente en la gestión efectiva de los recursos públicos, la apertura fiscal, la transparencia en la contratación pública, la promoción la integridad y los estándares éticos en el servicio público, la rendición de cuentas y la implementación de herramientas para fortalecer el control social por parte de la ciudadanía.

Así mismo, existen dos aspectos claves relacionados con el importante impacto que ha tenido el enfoque de Gobierno Abierto en la definición y adopción de políticas públicas y/o de mejoras o reformas a la gestión pública, el primero señalado por Ruvalcaba *et. al.* (2021: 25) en el sentido de que

> «los señalamientos, conceptos y propuesta de la Gobernanza y del Gobierno Abierto convergen en reconocer el rol activo del ciudadano como coautor, coproductor, colaborador de las decisiones de gobierno y, por ende, coinciden en valorar y validar la gobernanza multiactor, multisectorial, intergubernamental, gubernamental-social, internacional: la gobernanza en modo de cogobernanza».

Dicha congruencia entre el Gobierno Abierto y la Gobernanza también ha sido señalada por la OCDE (2017), que define al Gobierno Abierto como «una cultura de gobernanza que promueve los principios de transparencia, integridad, rendición de cuentas y participación de las partes interesadas en apoyo de la democracia y el crecimiento inclusivo».

El segundo aspecto, lo señala Schmidthuber *et al.* (2021) y tiene que ver con la capacidad del gobierno abierto de dar respuesta a la falta de confianza pública en el gobierno (Public Trust), y para tal fin, se apoya en la en la distinción de regímenes de confianza establecida por Bouckaert (2012) Para el autor la confianza pública puede ser analizada a partir de los modelos de administración pública, empezando por el Modelo Burocrático Weberiano en el que la confianza se basa en el imperio de la ley y la profesionalización de los servidores públicos, mientras que, en la Nueva Gestión Pública NGP la confianza está determinada en mayor o menor medida por el desempeño del gobierno en la satisfacción y confianza en la prestación de servicios; por su parte, el modelo de Gobernanza se basa en la información y los valores compartidos de los ciudadanos con su gobierno. Por último el Gobierno abierto si bien guarda relación con el modelo de Gobernanza por su énfasis en la participación ciudadana, su régimen de confianza se centra más en la capacidad de incidencia de los ciudadanos en la toma de decisiones y en el uso intensivo de la tecnología. En tal sentido, Schmidthuber *et al.* (2021), sostiene que existe una relación entre la integración del ciudadano en la toma de decisiones que promueve el Gobierno Abierto que se relaciona con mayor confianza en el sector público.

En la actualidad el Gobierno Abierto se presenta como un enfoque en el cual se basan buena parte de las expectativas de cambio en la administración pública, fomento de la transparencia e integridad pública y fortalecimiento de la confianza ciudadana en el gobierno. En tal sentido «cuando hablamos de gobierno abierto hacemos referencia a la expresión de ciertos principios que se manifiestan en: a) mejorar los niveles de transparencia y acceso a la información mediante la apertura de datos públicos (para ejercer control social y rendición de cuentas) y la reutilización de la información del sector público (para promover la innovación y el desarrollo económico); b) facilitar la participación de la ciudadanía en el diseño e implementación de las políticas públicas (e incidir en la toma de decisiones); y c) favorecer la generación de espacios de colaboración entre diversos actores, particularmente entre las administraciones públicas, la sociedad civil y el sector privado, para co-diseñar y/o co-producir valor público». (Ramírez-Alujas, 2014:202).

II. Gobierno abierto en Colombia

Como hemos mencionado en el apartado anterior, uno de los más importantes resultados del proceso de institucionalización del enfoque de Gobierno Abierto, ha consistido en la creación de Comités Nacionales en cada uno de los países firmantes de la Declaración de la ONU del 2011 y la construcción de Planes de Acción, impulsados por *Open Government Partnership* en los que participan tanto entidades gubernamentales como organizaciones de la sociedad civil y ciudadanos. De esta manera se ha buscado ampliar el tradicional enfoque de Gobierno Abierto hacia el Estado Abierto, con el fin de establecer compromisos en materia de acceso a información pública, participación ciudadana, rendición de cuentas e innovación en todas las ramas del poder público, a partir de lo cual han surgido nuevos enfoques y experiencias como la Justicia Abierta y los Parlamentos Abiertos.

En tal sentido, los Planes de Acción de Estado Abierto son el resultado de un ejercicio colaborativo de problematización y concertación de una agenda para el fortalecimiento de la gestión pública, a partir de los cuales se formulan una serie de compromisos a corto plazo que se evalúan y renuevan, de acuerdo con los avances, necesidades y al nivel de compromiso político y capacidad de coordinación de las tres ramas del poder público.

Colombia, ha implementado desde el año 2012 un total de cuatro Planes de Acción y actualmente se encuentra en etapa de formulación del V Plan d Acción de Estado Abierto. Si bien, previo a la formulación del primer plan de acción, en Colombia ya se venían desarrollando iniciativas de Estado Abierto, los Planes de acción han sido un factor clave para avanzar en la consolidación de una política nacional en la materia.

Algunos de los avances más importantes previos a la construcción del primer plan de acción se encuentran en temas claves como: la digitalización y simplificación de trámites; la expedición del CONPES (Consejo Nacional de Política Económica y Social) 3654 del 2010 que fija los lineamientos para la rendición de cuentas en la rama ejecutiva, la creación de la Secretaría de Transparencia de Presidencia de la Republica y la Comisión Nacional de Moralización; la creación de la Comisión Nacional Ciudadana para la lucha contra la corrupción contemplada en el en el Estatuto Anticorrupción (ley 1474 de 2011), la creación de plataformas de datos abiertos, la creación del SECOP I (Sistema de Seguimiento a la Contratación Pública) y la creación en el una estrategia digital para fomentar la participación ciudadana denominada Urna de Cristal.

El I Plan de Acción de Estado Abierto en Colombia, estableció 17 compromisos enfocados principalmente al fortalecimiento del acceso a la información pública a través de acciones orientadas a reducir la brecha de cobertura y acceso a internet en el país, promover el uso de datos abiertos en temas sensibles para la ciudadanía como la regulación de los servicios públicos y la defensa del consumidor, y la creación de la Ley de Transparencia y acceso a la información pública con el fin de generar compromisos y lineamientos en todas la entidades públicas para la digitalización y mejora de los servicios al ciudadano, la implementación del lenguaje claro en las comunicaciones gubernamentales, la estructuración y publicación de datos, entre otros.

También se plantean algunos compromisos para implementar la rendición de cuentas y la participación ciudadana en el Gobierno Nacional. Así mismo, se incluyen acciones en materia de lucha contra la corrupción, especialmente en lo relacionado con la implementación de Planes Anticorrupción y de Atención al Ciudadano y mapas de riesgo de corrupción en las entidades públicas subnacionales, la creación de un Observatorio en la Secretaría de Transparencia de la Presidencia de la República con el fin de generar informes e indicadores como el Índice Nacional Anticorrupción (INAC), indicadores de sanciones penales, disciplinarias y fiscales por delitos contra la administración pública, entre otros. Además, se propone la creación de una plataforma de datos abiertos para el seguimiento a la inversión de los recursos del Sistema General de Regalías y un plan de seguimiento a los proyectos de saneamiento básico debido al alto riesgo de corrupción en la inversión de infraestructura de servicios públicos.

Tabla I. Compromisos del I Plan de acción de Estado Abierto de Colombia 2012-2014.

COMPROMISO	RAMA	TEMA
Ampliar la red de conectividad a 1078 municipios	Ejecutivo	Acceso a información pública
Generar lineamientos para la apertura de datos	Ejecutivo	Acceso a información pública
Transparencia en la regulación de servicios públicos	Ejecutivo	Acceso a información pública
Divulgación de los derechos de los consumidores.	Ejecutivo	Acceso a información pública
Creación de centros comunitarios de acceso a internet	Ejecutivo	Acceso a información pública
Mejorar la atención al ciudadano y rendición de cuentas	Ejecutivo	Rendición de cuentas
Crear la ley de transparencia y acceso a la información pública.	Legislativo	Acceso a información pública
Mejorar la rendición de cuentas del gobierno.	Ejecutivo	Rendición de cuentas
Fortalecer la implementación del Estatuto Anticorrupción a nivel territorial	Ejecutivo	Anticorrupción
Crear el Observatorio de lucha contra la corrupción.	Ejecutivo	Anticorrupción

COMPROMISO	RAMA	TEMA
Consolidar la Política Nacional de Participación Ciudadana	Ejecutivo	Participación ciudadana
Fortalecer la Agencia Colombia Compra Eficiente.	Ejecutivo	Anticorrupción
Fortalecer el portal de transparencia económica	Ejecutivo	Acceso a información pública
Unificar sistemas de denuncia de hechos de corrupción	Ejecutivo	Acceso a información pública
Transparencia en los recursos del Sistema General de Regalías (SGR)	Ejecutivo	Anticorrupción
Seguimiento a proyectos de saneamiento básico	Ejecutivo	Anticorrupción
Promover alianzas público -privadas	Ejecutivo	Participación ciudadana

Fuente: Elaboración propia a partir de datos de Alianza Gobierno Abierto Colombia (2012).

El II Plan de Acción de Estado Abierto, introduce por primera vez compromisos en la Rama Judicial específicamente para fortalecer la rendición de cuentas, al igual que en el sector extractivo y en la distribución de recursos del Fondo de Compensación Ambiental a las Corporaciones Autónomas Regionales y Corporaciones de Desarrollo Sostenible a nivel subnacional. También se generaron compromisos para la fortalecer los sistemas de información, la apertura de datos y la digitalización de trámites y servicios en sectores claves como educación, salud, medio ambiente, paz e inclusión social. Se definen acciones para la aplicación de criterios diferenciales de accesibilidad a plataformas gubernamentales para personas con discapacidad, promover la participación ciudadana de comunidades negras, raizales y palenqueras (NARP) y de la comunidad LGTBI. Y en materia anticorrupción se establecen acciones orientadas a promover el uso del SECOP en todas las entidades públicas y promover la transparencia en la industria farmacéutica. Vale la pena destacar en que en el II Plan de Acción se incluye por primera vez una meta de un gobierno subnacional a través del Programa Antioquia Transparente para la realización de audiencias de rendición de cuentas en todos los municipios del departamento.

Tabla II. Compromisos del II Plan de acción de Estado Abierto de Colombia 2015-2017.

COMPROMISO	RAMA	TEMA
Implementar la ley de transparencia y acceso a la información pública	Ejecutivo	Acceso a información pública
Fortalecer SECOP (Sistema de seguimiento a la contratación pública)	Ejecutivo	Anticorrupción

COMPROMISO	RAMA	TEMA
Fortalecer criterios diferenciales de accesibilidad	Ejecutivo	Acceso a información pública
Promover la rendición de cuentas de la rama judicial	Judicial	Rendición de cuentas
Aplicar estándares de transparencia en la industria farmacéutica	Ejecutivo	Anticorrupción
Fortalecer la transparencia en el sector educativo	Ejecutivo	Acceso a información pública
Mejorar el Sistema Nacional de Información Ambiental	Ejecutivo	Acceso a información pública
Rendición de cuentas en el sector extractivo	Ejecutivo	Rendición de cuentas
Implementar el programa Antioquia Transparente	Ejecutivo	Rendición de cuentas
Fortalecer la participación de las comunidades NARP.	Ejecutivo	Participación ciudadana
Implementar la herramienta Mapa Inversiones	Ejecutivo	Acceso a Información Pública
Asistencia técnica a entidades territoriales.	Ejecutivo	Rendición de cuentas
Implementación de la herramienta Mapa Social.	Ejecutivo	Acceso a información pública
Fortalecer la rendición de cuentas del Fondo de Compensación Ambiental.	Ejecutivo	Rendición de cuentas
Racionalización de trámites en los sectores justicia, salud, educación, ambiente e inclusión social.	Ejecutivo	Acceso a información pública
Implementar la rendición de cuentas en el Consejo de Estado.	Judicial	Rendición de cuentas
Crear el archivo de DD.HH. y la construcción del Museo Nacional de Memoria Histórica.	Ejecutivo	Acceso a información pública
Formulación participativa de la Política Pública LGTBI	Ejecutivo	Participación ciudadana

Fuente: Elaboración propia a partir de datos de Alianza Gobierno Abierto Colombia (2015)

El III Plan de Acción plantea 26 compromisos en lo que si bien el actor predominante sigue siendo la rama ejecutiva, por primera vez se incluyen compromisos de la rama legislativa, el primero relacionado con la participación ciudadana a través del aplicativo App Mi Senado, y el segundo con la estrategia de Gobierno Abierto del Concejo de Bogotá; también se incluyen compromisos de entes de control como la Procuraduría General de la Nación mediante los cuales se busca el acompañamiento a jóvenes para la realización de ejercicios de control social en el marco del Estatuto de Ciudadanía Juvenil y el diseño de un Sistema de Alertas Tempranas para casos de corrupción, así mismo la Veeduría Distrital de Bogotá establece como objetivo implementar procesos de rendición de cuentas en las Alcaldías Menores del Distrito Capital.

Se evidencia una mayor participación de Gobiernos subnacionales en la generación de compromisos como la Política Pública de Gobierno Abierto de Nariño, programas de participación ciudadana en el departamento de Boyacá, el Observatorio de Mujer y Género de la Gobernación de Antioquia y las acciones para mejorar la transparencia en la contratación pública del Departamento del Quindío. Por su parte, la rama ejecutiva establece compromisos en temas relacionados con la participación ciudadana en el componente de justicia comunitaria del Ministerio de Justica, en la producción de normatividad de la rama ejecutiva del orden nacional y para la inclusión de niños, niñas, adolescentes y jóvenes (NNAJ) en estrategias de control social. En lo relacionado con el acceso a información pública el ejecutivo enfoca acciones en temas relacionados con la prevención de la violencia sexual en mujeres y niñas, la caracterización del servicio al ciudadano, sistemas de información para el posconflicto en el marco del proceso de paz y para mejorar la gestión del empleo público. Llama la atención que es la primera vez que un Plan de Acción de Estado Abierto en Colombia, incorpora un compromiso para la innovación pública, el cual es uno de los pilares más importantes del enfoque de Gobierno Abierto, dicho compromiso consiste en la realización de ejercicios ciudadanos por parte del Ministerio de Tecnologías de la información y las comunicaciones (Mintic) en los que a partir del periodismo de datos, el desarrollo de aplicaciones digitales, la analítica de datos, entre otros se busca diseñar soluciones a problemáticas públicas.

Tabla III. Compromisos III Plan de acción de Estado Abierto de Colombia 2017 -2019

COMPROMISO	RAMA	TEMA
Territorializar lineamientos para la prevención de la violencia sexual	Ejecutivo	Acceso a información pública
Fortalecer la participación ciudadana en la Justicia Comunitaria	Ejecutivo	Participación ciudadana
Crear el Sistema Único de Consulta Pública (SUCOP)	Ejecutivo	Participación ciudadana
Fortalecer la caracterización de los servicios al ciudadano	Ejecutivo	Acceso a información pública
Fortalecer la mesa intersectorial para la democracia ambiental.	Ejecutivo	Participación ciudadana
Fortalecer la participación ciudadana en la rendición de cuentas del Ministerio de Minas y Energía	Ejecutivo	Participación ciudadana / Rendición de cuentas
Fortalecer control social a obras de vías terciarias	Ejecutivo	Rendición de cuentas

COMPROMISO	RAMA	TEMA
Implementar el Sistema Integrado de Información del Posconflicto	Ejecutivo	Acceso a información pública
Realizar ejercicios ciudadanos para la solución de problemas públicos	Ejecutivo	Innovación Pública
Fortalecer el portal de transparencia económica	Ejecutivo	Acceso a información pública
Implementar un plan de participación de NNAJ para el control social a la gestión del ICBF	Ejecutivo	Participación ciudadana
Fortalecer el acceso a información pública de la Policía Nacional	Ejecutivo	Acceso a información pública
Implementar el Sistema de Información para la Gestión del Empleo Público (SIGEP)	Ejecutivo	Acceso a información pública
Implementar rendición de cuentas del acuerdo de paz	Ejecutivo	Rendición de cuentas
Fortalecer la participación y rendición de cuentas en la Comisión Nacional del Servicio Civil	Ejecutivo	Rendición de cuentas / Participación ciudadana
Implementar rendición de cuentas en el Consejo de Estado	Judicial	Rendición de cuentas
Fortalecer la participación ciudadana en el legislativo	Legislativa	Participación ciudadana
Fortalecer el estatuto de ciudadanía juvenil	Procuraduría	Participación ciudadana
Diseñar un Sistema de Alertas Tempranas para casos de corrupción	Procuraduría	Anticorrupción
Implementar un programa de participación ciudadana en el departamento de Boyacá	Gobernación de Boyacá	Participación ciudadana
Diseñar la Política Pública de Gobierno Abierto de Nariño	Gobernación de Nariño	Política Pública
Fortalecer la rendición de cuentas en las localidades de Bogotá	Veeduría Distrital	Rendición de cuentas
Implementar una estrategia de Concejo Abierto	Consejo de Bogotá	Acceso a información pública
Fortalecer la apertura de datos de la Alcaldía de Cali	Alcaldía de Cali	Acceso a información pública
Mejorar la transparencia en la contratación pública	Gobernación de Quindío	Anticorrupción
Fortalecer el Observatorio de Asuntos de Mujer y Género	Gobernación de Antioquia	Acceso a información pública

Fuente: Elaboración propia a partir de datos de Alianza Gobierno Abierto Colombia (2017).

El IV Plan de Acción se caracteriza porque la mitad de sus compromisos están liderados por gobierno subnacionales tal es el caso de la Gobernación del Valle que plantea acciones para la apertura de datos y la implementación de una Escuela de Gobierno Abierto, así mismo la Gobernación de Boyacá propone una estrategia de seguimiento al Plan de Desarrollo mediante el uso de plataformas de datos abiertos. También se destaca la participación de las Alcaldías de Bogotá y Cali que le apuestan a la construcción de estrategias de gobierno abierto a nivel municipal, mientras que las Alcaldías de Yumbo y Palmira se orientan por estrategias de acceso a la información pública y lucha contra la corrupción. La rama Judicial asume dos compromisos relacionados con la implementación de herramientas tecnológicas para fortalecer la rendición de cuentas en el Consejo de Estado y para fortalecer el acceso a información pública de la Corte Constitucional. En la rama ejecutiva se evidencian 4 compromisos asociados al acceso a la información pública, uno de carácter regional a través del Programa Interamericano de Datos Abiertos, otro orientado a generar una racionalización de trámites de alto impacto para la ciudadanía en los sectores de ambiente, salud, y hacienda pública y otro orientado al fortalecimiento del Sistema de Información Ambiental; así mismo se incluye un compromiso para el control a los recursos destinados para atender la emergencia por Covid19.

Tabla IV. Compromisos del IV Plan de Acción de Estado Abierto de Colombia 2020-2022.

COMPROMISO	RAMA	TEMA
Implementar el Programa Interamericano de Datos Abiertos (PIDA)	Ejecutivo	Acceso a información pública
Racionalización de trámites de alto impacto	Ejecutivo	Acceso a información pública
Fortalecer el Sistema de Información Ambiental (SIAC)	Ejecutivo	Acceso a información pública
Mejorar la transparencia activa en las finanzas públicas	Ejecutivo	Acceso a información pública
Control social a proyectos de inversión financiados con recursos del SGR para atender la emergencia por COVID 19	Ejecutivo	Anticorrupción
Implementar un Banco de licitaciones Abiertas a nivel municipal	Alcaldía de Palmira	Anticorrupción
Implementar estrategia de transparencia activa municipal	Alcaldía de Yumbo	Acceso a información pública
Diseñar una estrategia de Gobierno Abierto Distrital	Alcaldía de Bogotá	Política Pública
Diseño de una estrategia de Gobierno Abierto municipal	Alcaldía de Cali	Política Pública

COMPROMISO	RAMA	TEMA
Crear un sistema de datos abiertos para el seguimiento al Plan de Desarrollo de Boyacá	Gobernación de Boyacá	Acceso a información pública
Implementación de la Escuela de Gobierno Abierto y diálogos Vallecaucanos	Gobernación del Valle	Participación ciudadana
Fortalecer la estrategia de datos abiertos del departamento del Valle del Cauca	Gobernación del Valle	Acceso a información pública
Fortalecer el enfoque de género para el acceso a información pública	Procuraduría	Acceso a información pública
Implementar herramientas tecnológicas para la rendición de cuentas en el Consejo de Estado	Judicial	Rendición de cuentas
Fortalecer el acceso a información pública en la Corte Constitucional	Judicial	Acceso a información pública

Fuente: Elaboración propia a partir de datos de Alianza Gobierno Abierto Colombia (2020).

Como resultado de la implementación de los Planes de Acción de Estado Abierto, se puede concluir que, si bien la rama ejecutiva ha sido el actor que concentra y lidera la mayoría de los compromisos institucionales, en los últimos años ha venido creciendo de manera importante el protagonismo de los gobiernos subnacionales; mientras que la actuación de la rama legislativa y judicial sigue siendo deficitaria. Así mismo, se evidencia en los dos primeros Planes de Acción un sesgo orientado a favorecer la inclusión de acciones relacionados con el acceso a la información pública que poco se fue diversificando con la incorporación de acciones en materia de participación ciudadana y rendición de cuentas. No obstante, la innovación pública, uno de los pilares principales del Gobierno Abierto ha tenido bajo impacto. Por su parte, las acciones anticorrupción han cumplido un papel más significativo y estratégico especialmente utilizado para promover una mayor transparencia en la contratación pública.

III. Gobierno abierto y gobierno subnacional

Autores como Ramírez-Alujas (2022), Nasser *et al.* (2020), Bianchi *et al.* (2017) coinciden en destacar el importante auge que ha tenido en los últimos años el diseño e implementación de políticas subnacionales de gobierno abierto en América latina y el caribe y las diversas posibilidades que tienen la adopción de estas políticas para generar procesos de colaboración, transparencia y rendición de cuentas más directos y cercanos con la ciudadanía.

Entre los gatilladores para la creación de diversos planes, políticas e innovación vinculadas al Gobierno Abierto a nivel subnacional se señalan los procesos de descentralización administrativa experimentada en América Latina que han permitido el aumento de responsabilidades y funciones de los gobierno locales (Bianchi, 2017); la creación de la estrategia OGP local que impulsó la creación de planes de acción a nivel local (RAMÍREZ-ALUJAS, 2022) que en la actualidad cuenta con la participación de 35 gobierno locales de América Latina y el Caribe; la ampliación de la participación e inclusión social en la gestión pública (FINOT, 2001), así como la influencia de la CEPAL, CLAD y la OCDE en la generación de lineamientos de política pública para la adopción de estrategias y programas de gobierno abierto a nivel subnacional.

Entre las oportunidades y buenas prácticas que se han generado a partir de las políticas de Gobierno Abierto a nivel subnacional señaladas por BIANCHI *et al.* (2017) se encuentran: 1) la capacidad de agenciar recursos propicios para la financiación de agenda de gobierno abierto; 2) la creación de equipos interdisciplinarios especializados dedicados exclusivamente a ejecutar políticas de gobierno abierto y el diseño de estrategias de innovación pública; 3) la posibilidad de gestionar y establecer alianzas con empresas, universidades, sociedad civil y agencias de cooperación internacional; 4) la adopción de soluciones tecnológicas de bajo costo como el código abierto y la participación activa de comunidades de desarrolladores; y 4) La implementación de metodologías de cocreación y colaboración para la solución de problemas públicos. Así mismo, la OCDE señala que «muchas de las innovaciones sociales, de mejoras de servicios públicos, de participación ciudadana e integridad, que son ejemplo de gobierno abierto, han surgido del nivel territorial. Esto es el caso por ejemplo de los presupuestos participativos de Porto Alegre (Brasil), de la asamblea ciudadana de Bogotá (Colombia) o de los portales de datos abiertos de la ciudad de Buenos Aires (Argentina)». (OCDE, 2019: 22)

No obstante, BIANCHI *et al.* (2017:31) también señala que «se han identificado cuatro obstáculos que dificultan la profundización del Gobierno Abierto: la falta de una cultura y voluntad política hacia lo "abierto"; la sostenibilidad de los proyectos; la poca comprensión técnica y disponibilidad de recursos humanos propios; y la falta de confianza entre instituciones y ciudadanos».

Para el caso colombiano, la OCDE por su parte, ha señalado el rol clave que pueden cumplir las entidades territoriales en la creación de un Estado Abierto dado que «los gobiernos, subnacionales, como las entidades territoriales en Colombia (Departamentos y Municipios), constituyen un eslabón fundamental en los mecanismos de gobernanza pública. Por un lado, el nivel territorial tiene más proximidad con la ciudadanía, tanto en la toma de decisión, como en la prestación de servicios básicos, por lo cual, la interacción entre gobierno y ciudadanía es más directa en el nivel territorial. Por otro lado, el nivel territorial tiende a ser más ágil y responsivo, lo cual le puede permitir innovar más fácilmente» (OCDE, 2019: 22). Así mismo señala los diversos beneficios que tiene la creación de estrategias territoriales de Gobierno Abierto, particularmente para: asegurar la coherencia de la política de gobierno abierto de la entidad territorial, mejorar la eficacia y eficiencia en la prestación de servicios y el diseño de políticas; propiciar la colaboración y coordinación intersectorial e intergubernamental; fomentar la creación de mecanismos de gobernanza; promover la rendición de cuentas y garantizar la sostenibilidad a largo plazo de la agenda de gobierno abierto (OCDE, 2019).

No obstante, a pesar de las recomendaciones de organismos internacionales y los esfuerzos a nivel gubernamental como la suscripción de 4 Planes de Acción de Gobierno Abierto, la creación del Conpes 4070 de Gobierno Abierto, hasta el momento tan son pocos los departamentos y municipios que incorporan estrategias de gobierno abierto a nivel subnacional en Colombia, de las que podríamos destacar la participación de departamentos como Nariño, Boyacá, Antioquia, Quindío y a nivel municipal Bogotá, Cartagena, Manizales, Cali, Palmira, Yumbo y recientemente Bucaramanga.

IV. El caso de la PP de Bucaramanga

El 19 de mayo del año 2023, mediante el decreto 018, el Concejo Municipal de Bucaramanga aprobó la adopción de la Política Pública de Transparencia y lucha contra la corrupción del municipio de Bucaramanga, dicha Política Pública fue el resultado del trabajo colaborativo entre actores de la academia, la sociedad civil y el sector público, en el que participaron la Alcaldía de Bucaramanga, el Instituto de Estudios Políticos de la Universidad Autónoma de Bucaramanga, la Red Santandereana por la Transparencia, el Comité de Transparencia por Santander y la Fundación Corona.

La Política Pública surgió con el interés de dar una respuesta institucional a los principales riesgos de corrupción en la gestión pública a nivel municipal e implementar estrategias de redición de cuentas, participación ciudadana, apertura de datos e innovación pública mediante el enfoque de Gobierno Abierto. En tal sentido, se plantearon dos ejes estratégicos orientados al diagnóstico y formulación de metas y objetivos de política pública, en materia de lucha contra la corrupción y gobierno abierto.

El eje estratégico de medidas anticorrupción se dividió en tres componentes principales: la meritocracia e integridad de los servidores públicos, la gestión de riesgos de corrupción y la contratación pública. Por su parte el eje de Gobierno Abierto se dividió en los componentes de datos abiertos, rendición de cuentas, innovación pública y participación ciudadana en la gestión pública.

Tabla V. Ejes y componentes de la política pública de transparencia y anticorrupción del municipio de Bucaramanga.

Ejes Estratégicos	Eje Anticorrupción	Eje gobierno abierto
Componentes	– Meritocracia e integridad de los servidores públicos. – Transparencia para la prevención de la corrupción. – Contratación pública	– Datos abiertos. – Rendición de cuentas – Innovación pública – Participación ciudadana en la gestión pública

Fuente: Elaboración propia.

Dicho planteamiento permitió que en la Política Pública de Transparencia y Anticorrupción de Bucaramanga se privilegiará un abordaje desde una perspectiva neoinstitucional y avanzar en la construcción de una agenda de política subnacional que respondiera las disparidades del fenómeno de la corrupción a nivel territorial, las capacidades institucionales de los municipios y las expectativas de gobernanza multinivel.

A continuación, se presentan algunos de los resultados más importantes del diagnóstico de la Política Pública de Transparencia y Anticorrupción del municipio de Bucaramanga señalados por Pardo y Bonilla (2023):

- El empleo público a nivel subnacional en Colombia es deficitario, en el municipio de Bucaramanga por ejemplo a corte de 2021, se calculaban tan solo 28 servidores públicos de carrera administrativa por cada 100 contratados (Alcaldía de Bucaramanga, 2023), lo que implica una proporción desmesurada de personal vinculado por medio de contratos de prestación de servicios, los cuales funcionan como moneda de cambio del clientelismo político, debido a la alta discrecionalidad de los Alcaldes para la vinculación de estos trabajadores y ante la ausencia de estándares de meritocracia y transparencia.
- De acuerdo con los datos suministrados por el Observatorio de Transparencia y Anticorrupción de la Secretaría de Transparencia de Presidencia de la República, el prevaricato por omisión, prevaricato por acción y el peculado por uso son los delitos contra la administración pública más comunes en el municipio de Bucaramanga con el 69 % de los casos reportados (2021a).
- Según datos del Observatorio de Transparencia y Anticorrupción de la Secretaría de Transparencia de la Presidencia de la República (2021b) y el Sistema de Registro de Inhabilidades (SIRI) de la Procuraduría General de la Nación, entre 2015 y 2020 el 57 % de las sanciones disciplinarias en Bucaramanga tuvieron como responsable a un miembro de la fuerza pública y en segundo lugar los docentes de instituciones educativas oficiales con el 7,5 % de los casos.
- Baja articulación entre la Oficina de Control Interno de la Alcaldía de Bucaramanga y otras dependencias como la Secretaría administrativa y de Planeación, lo cual dificulta tener una visión estratégica de los riesgos de corrupción a nivel institucional.
- Debilidades en la en la estructuración de presupuestos de los pliegos de convocatorias públicas.
- Ausencia de políticas de transparencia empresarial, especialmente por parte de los oferentes en las convocatorias de contratación pública.
- Bajos niveles de participación ciudadana en la gestión pública caracterizados por la falta de herramientas metodologías y procesos para garantizar un adecuado nivel de incidencia ciudadana en la toma de decisiones,

carencia de lineamientos para garantizar el enfoque diferencial y el involucramiento ciudadano, bajos niveles de articulación con grupos de valor como academia, sector privado, sociedad civil, entre otros.

- Bajo nivel de cualificación de la ciudadanía respecto al ejercicio del control social y la veeduría ciudadana.
- Ausencia de estrategias de control social y veeduría ciudadana en políticas públicas y programas que ejecuta el municipio.
- Debilidades en el proceso de rendición de cuentas, especialmente en lo relacionado con la metodología, enfoque diferencial, identificación de grupos de valor, y las acciones de seguimiento y evaluación.
- Bajo nivel de apropiación y uso de los servicios digitales ciudadanos y déficit de la oferta de tramites en línea.
- Debilidades para garantizar el adecuado manejo y seguridad de la información institucional.
- Rezago a nivel institucional para la gestión del conocimiento.
- Bajo conocimiento del enfoque de Gobierno Abierto entre los servidores públicos y contratistas de la entidad, así como pocos incentivos a nivel institucional para la innovación y experimentación y la búsqueda de soluciones creativas.

A partir de las problemáticas identificadas en el diagnóstico, la revisión del marco normativo, la información recolectada en los espacios de participación con servidores públicos, ciudadanía y sociedad civil y teniendo en cuenta las recomendaciones y lineamientos de Política Pública planteados por entidades nacionales e internacionales, se plantearon un total de 16 objetivos estratégicos y 56 acciones de política pública, divididos de la siguiente manera:

Tabla VI. Resumen de los ejes, componentes, objetivos y acciones de la Política Pública de Transparencia y Anticorrupción de Bucaramanga 2023.

Eje Estratégico	Componente	No. De Objetivos	No. De Acciones
Lucha contra la corrupción	Meritocracia e integridad del talento humano	2	6
	Transparencia y prevención de la corrupción	1	5
	Contratación pública	4	10
Gobierno abierto	Datos Abiertos	3	16
	Rendición de cuentas	1	3
	Participación ciudadana	2	10
	Innovación Pública	3	6
Total		16	56

Fuente: tomado de Pardo y Bonilla (2023).

En la siguiente tabla, se presentan los objetivos estratégicos de la Política Pública de Transparencia y Anticorrupción adoptados en el Decreto 018 de 2023.

Tabla VII. Componentes y Objetivos estratégicos de la Política Pública de Transparencia y Anticorrupción del municipio de Bucaramanga.

Componente	Objetivo estratégico
Meritocracia e integridad del talento humano	Implementar buenas prácticas en los procesos de contratación de prestación de servicios de apoyo a la gestión y profesionales en la Alcaldía de Bucaramanga.
	Fortalecer los procesos de gestión de la calidad e integridad de los servidores públicos con el fin de promover una administración pública transparente y eficiente.
Transparencia y prevención de la corrupción	Fortalecer la adecuada gestión de riesgos de corrupción a través de mecanismos de información y la capacitación en materia de prevención y denuncia.
Contratación Pública	Fortalecer la transparencia en los procesos de contratación pública del Municipio de Bucaramanga, mediante la aplicación de la política de Datos Abiertos.
	Fortalecer la regulación interna de la contratación pública en el Municipio de Bucaramanga.
	Promover la corresponsabilidad de actores públicos y privados en materia de prevención de la corrupción en la contratación pública.
	Implementar estrategias para la prevención de la corrupción en los contratos de mayor interés ciudadano e impacto social del Municipio de Bucaramanga.
Datos abiertos	Fortalecer la política de gobierno abierto y el Centro de Analítica de Datos de la Alcaldía de Bucaramanga, para garantizar el derecho de acceso a la información, generar espacios de participación y la co-creación con grupos de valor y ciudadanos.
	Promover la analítica de datos para la toma de decisiones basadas en evidencia y el monitoreo a la ejecución de planes, programas y políticas, así como, el seguimiento a asuntos de interés público.
	Fortalecer las capacidades para la atención de los ciudadanos a través de servicios digitales, acceso a rutas institucionales, acciones de descentralización de la oferta institucional y diseño centrado en el usuario.
Rendición de cuentas	Implementar un proceso de rendición de cuentas permanente, estructurado y ajustado a los criterios de acceso a la información pública, buen gobierno y control social.
Participación ciudadana	Fortalecer los espacios de participación ciudadana en la toma de decisiones y el control social.
	Promover una cultura de transparencia en las Instituciones Educativas Oficiales del Municipio de Bucaramanga.

Componente	Objetivo estratégico
Innovación Pública	Impulsar estrategias colaborativas entre el Municipio de Bucaramanga, la ciudadanía, el sector privado, la academia y demás actores de la ciudad, para la coproducción de proyectos de innovación social.
	Fortalecer las acciones de almacenamiento, gestión y seguridad digital de la información, con el fin de promover una gestión pública moderna, eficiente y de calidad.
	Consolidar la política pública de transparencia y anticorrupción del Municipio de Bucaramanga como una experiencia destacada a nivel regional y nacional.

Fuente: tomado de Pardo y Bonilla (2023).

V. Agenda subnacional

Como resultado del proceso de formulación de la Política Pública de Transparencia del municipio de Bucaramanga, a continuación, señalamos algunos temas y problemáticas que pueden ser abordadas desde la agenda de investigación académica y la agenda pública en materia de gobierno abierto y lucha contra la corrupción en los próximos años en Colombia.

Fortalecer el acceso a la información pública. A pesar de los esfuerzos y avances en la construcción de una plataforma nacional de datos abiertos (www.datos.gov.co), en la actualidad no se cuenta con un portal que garantice información actualizada, en formatos amigables y de fácil búsqueda y navegación. Como alternativa, los departamentos y municipios de categoría especial (Bogotá, Medellín, Cali, Barranquilla, Bucaramanga y Cartagena) pueden avanzar en la implementación de portales de datos abiertos a nivel local y regional (algunos ya lo están haciendo) a partir de información propia y de sus aliados, con el fin de fortalecer los procesos de diagnóstico, caracterización, seguimiento y toma de decisiones frente a temas y problemáticas que conforman la agenda pública. De igual manera los Departamentos pueden jugar un rol clave, especialmente para apoyar a municipios de categorías 2, 3, 4, 5 y 6 que en el marco del actual modelo de descentralización no cuentan con las capacidades técnicas y financieras para la implementación de portales de datos abiertos.

Así mismo, el aprovechamiento y uso de datos abiertos a nivel local y regional pueden tener impactos positivos para el desarrollo de estrategias de innovación pública y el diseño de servicios, aplicaciones y soluciones para la ciudadanía.

Participación ciudadana en la gestión pública. El contexto local es un espacio idóneo para el fortalecimiento de los procesos de participación ciudadana, sin embargo, las administraciones locales suelen tener serias limitaciones en la convocatoria, el abordaje metodológico y la implementación de estrategias de involucramiento ciudadano en la toma de decisiones, lo cual repercute en la poca confianza ciudadana en el gobierno.

De tal manera que, la participación ciudadana en los procesos de planeación del desarrollo, en la formulación de políticas públicas y en los procesos de rendición de cuentas y control social, entre otros, quedan muchas veces relegados a ser simples espacios de socialización o de participación simbólica, en los que no existen una verdadera participación e incidencia en la toma de decisiones por parte de la ciudadanía (Hart, 1993).

En tal sentido, resulta importante fortalecer capacidades en los gobiernos locales para la implementación de estrategias de participación ciudadana en la gestión pública orientados a ampliar la participación, mejorar los niveles de cualificación de la ciudadanía, superar barreras socioeconómicas que impiden la participación, mejorar los canales de comunicación y concertación con grupos de valor, garantizar el enfoque diferencial e interseccional en el diseño de los espacios de participación, propiciar la integración de diversos actores de la sociedad civil, la academia, los medios de comunicación el sector privado, la cooperación internacional, entre otros en mecanismos y redes de gobernanza, así como fortalecer el ejercicio del control social y la veeduría ciudadana.

Innovación pública. El Departamento Nacional de Planeación (citado por DNP, 2021) define la innovación pública como «los procesos, productos o servicios nuevos o mejorados para responder a desafíos colectivos; incrementando la productividad del sector, la apertura democrática de sus instituciones, la producción de política públicas más pertinentes y eficientes, y una mayor satisfacción ciudadana» (pp. 7). En tal sentido, en años recientes el sector público colombiano ha buscado impulsar la adopción de procesos de innovación pública, muestra de ello lo constituye la conformación de un equipo de innovación pública en el DNP, la creación del índice de capacidades para la innovación pública, la publicación de lineamientos, diagnósticos y documentos de análisis, la identificación de buenas prácticas e iniciativas de innovación, la creación de laboratorios de innovación pública como LABCapital e IBO en Bogotá, y el Laboratorio de Innovación Pública de Manizales, así como equipos de innovación en ministerios y agencias estatales.

Sin embargo, uno de los hallazgos de la Política Pública de Transparencia y Anticorrupción de Bucaramanga (Pardo & Bonilla, 2023) evidencian que a en el plano subnacional, los gobiernos locales pueden enfrentarse a limitaciones como el bajo de nivel de conocimiento y apropiación de temas relacionados con la innovación publica y el gobierno abierto por parte de los servidores públicos, así como la existencia de estructuras institucionales altamente jerarquizadas, adversas al cambio y la experimentación, así como con pocos incentivos para el trabajo colaborativo a nivel intersectorial y con grupos de valor.

En tal sentido, resulta importante que los Gobiernos Subnacionales incluyan en sus agendas, la realización de autodiagnósticos de las condiciones institucionales para la gestión del conocimiento y la innovación, la realización de procesos de cualificación con el fin de fortalecer competencias para la innovación en los servidores públicos, la sistematización de buenas prácticas de innovación e incentivar la generación de espacios de cocreación a través del uso de metodologías colaborativas, el diseño basado en el usuario y la experimentación.

Reducir prácticas clientelistas y garantizar la meritocracia. El servicio público en Colombia es deficitario y los gobiernos subnacionales no cuentan con los suficientes funcionarios de carrera administrativa para garantizar el funcionamiento de la entidad y cumplir con las metas trazadas en los Planes de Desarrollo, por lo cual, los gobiernos locales se ven obligados a recurrir a la vinculación de trabajadores bajo la modalidad de prestación de servicios. Esto genera graves riesgos de corrupción dado que, ante la alta discrecionalidad de los alcaldes para contratar personal y la ausencia de mecanismos meritocráticos que garanticen procesos de convocatoria y selección transparentes, la vinculación de contratistas se convierte en la moneda de cambio del clientelismo.

Al respecto, Transparencia por Colombia (2019), en su estudio sobre la corrupción en el empleo público señala que: 1) existen debilidades institucionales en la Comisión Nacional del Servicio Civil CNSC y el Departamento Administrativo de la Función Pública DAFP, caracterizados por la falta de coordinación entre las entidades, la inadecuada limitación de competencias y los limitados recursos financieros; 2) La existencia de riesgos de corrupción en el ingreso y selección de funcionarios al servicio civil; 3) El sistema de seguimiento y evaluación del desempeño de los servidores públicos es ineficiente, no promueve la eficacia, ni genera incentivos para la movilidad laboral; 4) Precariedad laboral en modalidades de empleo que no cuentan con garantías plenas como contratistas por prestación de servicios, empelados ocasionales, empelados de tiempo parcial, entre otros.

Por otra parte GONZÁLEZ (2019), en su investigación sobre la calidad del empleo público en Colombia evidencia que existen claras brechas de calidad del empleo entre contratistas y funcionarios de carrera administrativa, entre los hallazgos más importantes de dicho estudio, se encontró que: «los contratistas se encuentran en desventaja en aspectos como los ingresos (menor salario bruto mensual en 37 %) y la satisfacción con las condiciones y los beneficios laborales (ser contratista aumenta la probabilidad de desear cambiar de trabajo (27 pp), disminuye la probabilidad de estar satisfecho con el trabajo (28 pp), con los beneficios ofrecidos (78 pp), con la jornada de trabajo (49 pp) y de tener una percepción de trabajo estable (50 pp))» (González, 2019: 27).

Regímenes excepcionales de contratación (Contratadero). Las sociedades de economía mixta y los Esquemas Asociativos Territoriales son entidades que cuentan con régimen excepcional de contratación y están siendo utilizadas por parte de alcaldías y gobernaciones para eludir la ley 80 de contratación pública y realizar millonarias inversiones sin los mínimos estándares de transparencia, y sin que exista libre competencia y pluralidad de oferentes.

De acuerdo con lo señalado por la Procuraduría General de la Nación (2023) bajo esta modalidad de corrupción conocida como «contratadero» se han detectado irregularidades en 918 convenios interadministrativos realizados por 19 entidades con régimen excepcional de contratación, las cuales ejecutan 3,3, billones de pesos y frente a las cuales se tienen serias dudas sobre la experiencia e idoneidad para la ejecución de dichos convenios.

Referencias

Alcaldía De Bucaramanga. (2023). *Política Pública de Transparencia y Anticorrupción 2023-2033. Documento técnico*. En línea: http://hdl.handle.net/20.500.12749/23285 (fecha de consulta: 11 de enero de 2024).

Alianza Gobierno Abierto Colombia. (2012). *I Plan de Acción Estado Abierto. AGA Colombia.* En Línea: https://drive.google.com/file/d/1-f4p-ThcY7IBmvaG0NcKRqtsBxLPSYWUs/view (fecha de consulta: 23 de abril de 2024).

Alianza Gobierno Abierto Colombia (2015): *II Plan de Acción Estado Abierto. AGA Colombia.* En línea: https://drive.google.com/file/d/1_baj4F6c2c6a1xYGU1hpRvP_aFoacj3W/view (fecha de consulta: 23 de abril de 2024).

Alianza Gobierno Abierto Colombia (2017): *III Plan de Acción Estado Abierto. AGA Colombia.* En línea: https://somosmas.org/aga/docs/III-Plan-Colombia_GobAb.pdf (fecha de consulta: 23 de abril de 2024).

Alianza Gobierno Abierto Colombia (2020): *IV Plan de Acción Estado Abierto. AGA Colombia.* En línea: https://www.opengovpartnership.org/wpcontent/uploads/2020/12/Colombia_Action-Plan_2020-2022.pdf (fecha de consulta: 23 de abril de 2024).

Bianchi, M.; León, C.; Perini, A. (2017): «Gobierno abierto en contextos locales. Agendas y desafíos. Banco de Desarrollo de América Latina» - *CAF/Asuntos del Sur.* Buenos Aires. En línea: https://drive.google.com/file/d/1BAmpplap63fmv41ZBHjQKttF6LWuwuNY/view (fecha de consulta: 2 de diciembre de 2023).

Bouckaert; Geert. (2012): «Reforming for Performance and Trust: Some Reflections. Network of Institutes and Schools of Public Administration in Central and Eastern Europe». *The NISPAcee Journal of Public Administration and Policy*, vol.5, n.° 1 (9–20). En línea: https://sciendo.com/article/10.2478/v10110-012-0001-4 (fecha de consulta: 14 de enero de 2024).

Cruz-Rubio, C. N. (2015): «¿Qué es (y que no es) gobierno abierto? Una discusión conceptual». *EUNOMÍA. Revista En Cultura De La Legalidad*, vol. 8 (37-53). En línea: https://e-revistas.uc3m.es/index.php/EUNOM/article/view/2475 (fecha de consulta: 24 de noviembre de 2023).

Finot, I. (2001): *Descentralización en América Latina: teoría y práctica. ONU-CEPAL-ILPES*. En línea: https://hdl.handle.net/11362/7261 (fecha de consulta: 11 de noviembre de 2023).

González Arenas, M. (2019): *Diferencias en la calidad del empleo público en Colombia: una comparación entre empleados de planta y contratistas. Universidad de los Andes, Escuela de Gobierno Alberto Lleras Camargo*. En Línea: http://hdl.handle.net/1992/40789 (fecha de consulta: 14 de enero de 2024).

Hart; Roger. A. (1993): «La participación de los niños: de la participación simbólica a la participación autentica». *Ensayos Innocenti n.° 4. UNICEF*. En Línea: https://www.unicef-irc.org/publications/pdf/ie_participation_spa.pdf (fecha de consulta: 4 de diciembre de 2023).

Nasser, A.; Fideleff, V.; Tognoli, J. (2020): *Gestión de planes de acción locales de gobierno abierto: herramientas para la cocreación, el seguimiento y la evaluación. Documentos de Proyectos, Comisión Económica para América Latina y el Caribe* (CEPAL). En línea: https://repositorio.cepal.org/server/api/core/bitstreams/6161d8e9-a602-41de-a639-4c8b-921cbb07/content (fecha de consulta: 14 de octubre de 2023).

Open Government Partnership (2011): *Declaración de Gobierno Abierto*. En Línea: https://www.opengovpartnership.org/es/process/joining-ogp/open-government-declaration/ (fecha de consulta: 11 de enero de 2024).

Ocde. (2010): *OECD Guiding Principles for Open and Inclusive Policy Making. Background document for expert meeting on «Building an open and inovative government for better policies and service delivery»*. París, 8-9 de junio de 2010. En Línea: https://web-archive.oecd.org/2012-06-14/101116-46560128.pdf (fecha de consulta: 14 de enero de 2024).

Ocde (2017): *Recomendación Del Consejo de la OCDE sobre Gobierno Abierto*. En Línea: https://www.oecd.org/gov/recomendacion-del-consejo-sobre-gobierno-abierto-141217.pdf (fecha de consulta: 2 de diciembre de 2023).

Ocde (2019): *Guía OCDE para diseñar e implementar estrategias territoriales de gobierno abierto en Colombia.* En línea: https://www.academia.edu/49004202/Gu%C3%ADa_OCDE_para_Dise%C3%B1ar_e_Implementar_Estrategias_Territoriales_de_Gobierno_Abierto_en_Colombia (fecha de consulta: 24 de abril de 2024).

Pardo Uribe, M. J.; Bonilla, M. E. (2023): «Gobierno abierto y lucha contra la corrupción a nivel subnacional en Colombia: El caso de la política pública de transparencia y anticorrupción de Bucaramanga». *Reflexión Política*, vol. 25, n.º 52 (50–64). En línea: https://doi.org/10.29375/01240781.4817 (fecha de consulta: 11 de enero de 2024).

Procuraduría General De La Nación (2023): *Procuraduría alerta sobre la ejecución de $ 3,3, billones por medio de 19 «contratadero»*. Boletín 170-2023. En línea: https://www.procuraduria.gov.co/Pages/procuraduria-alerta-ejecucion-3-billones-de-19-contratadero.aspx (fecha de consulta: 4 de diciembre de 2023).

Ramírez-Alujas, A. (2014): «Gobierno abierto». *EUNOMÍA. Revista En Cultura De La Legalidad*, vol. 5 (201-216). En línea: https://e-revistas.uc3m.es/index.php/EUNOM/article/view/2180 (fecha de consulta: 22 de noviembre de 2023).

Ramírez-Alujas, A. (2022): «Las políticas de gobierno abierto en Iberoamérica. Explorando una década de cambios en el contexto de la Alianza para el Gobierno Abierto (2011-2021)», en *Revista del CLAD Reforma y Democracia n.º 82* (21-58). En línea: https://clad.org/wp-content/uploads/2023/10/082-03-R.pdf (fecha de consulta: 26 de octubre de 2023).

Ruvalcaba, E.; Criado, J.; Aguilar, L. F. (2021): «Gobierno Abierto y Gobernanza: una reflexión de los imperativos de legitimidad y efectividad en gobiernos subnacionales». En E. Aguilar Y L.F. Ruvalcaba (eds.), *Gobierno abierto en Iberoamérica Estudios de Caso en Gobiernos Subnacionales Volumen 1*. Tirant lo Blanch.

Solis, R. (2017): «¿En qué consiste un gobierno abierto?» En: *Desde el gobierno abierto al Estado abierto en América Latina y el Caribe*. En Naser, A.; Ramírez-Alujas, A.; Rosales, D. (eds.). En línea: https://doi.org/10.18356/320272ce-es (fecha de consulta: 16 de noviembre de 2023).

Schmidthuber, L.; Ingrams, A.; Hilgers, D. (2021): «Government Openness and Public Trust: The Mediating Role of Democratic Capacity». Public Admin Rev, 81: 91-109. En línea: https://doi.org/10.1111/puar.13298 (fecha de consulta: 16 de enero de 2024).

Secretaría De Transparencia De La Presidencia De La República. Observatorio De Transparencia Y Anticorrupción (2021a): *Indicador de sanciones penales*. En línea: http://anticorrupcion.gov.co/medir/indicador-de-sanciones-penales (fecha de consulta: 4 de diciembre de 2023).

Secretaría De Transparencia De La Presidencia De La República. Observatorio De Transparencia Y Anticorrupción (2021b): *Indicador de sanciones disciplinarias.* En Línea: http://anticorrupcion.gov.co/medir/indicador-de-sanciones-disciplinarias (fecha de consulta: 4 de diciembre de 2023).

Transparencia Por Colombia (2019): *Recomendaciones para fortalecer la lucha contra la corrupción en el empleo público.* En línea: https://transparenciacolombia.org.co/recomendaciones-fortalecer-lucha-contra-corrupcion-empleo-publico/ (fecha de consulta: 4 de diciembre de 2023).

CAPÍTULO 23

INNOVACIÓN, SOSTENIBILIDAD Y ESTADO DE DERECHO: PERSPECTIVAS DESDE AMÉRICA LATINA CON UN ENFOQUE EN PANAMÁ

Luis Oliva

Centro de Investigación para la Gobernanza Global
Universidad de Salamanca

I. Resumen

Este artículo explora la sinergia entre la inversión en Investigación, Desarrollo e Innovación (I+D+I), la implementación de ciudades inteligentes y economías circulares, y el fortalecimiento del Estado de Derecho en América Latina, con especial atención en Panamá. Analiza cómo estas áreas interactúan para promover un desarrollo sostenible, mejorar la calidad de vida, y asegurar una gobernanza transparente y eficaz. Destaca la importancia de adoptar políticas basadas en evidencia científica y tecnológica para superar desafíos socioeconómicos y ambientales, enfatizando el rol crítico de la educación y la participación ciudadana en este proceso.

Palabras Clave: Investigación, Desarrollo e Innovación (I+D+I), Estado de Derecho, América Latina, Panamá, ciudades inteligentes, economía circular, desarrollo sostenible, transparencia gubernamental, educación científica, políticas de datos abiertos.

II. Introducción

La intersección de la innovación tecnológica, la sostenibilidad ambiental y el fortalecimiento institucional presenta una oportunidad única para América Latina de avanzar hacia un desarrollo integral y sostenible. Este artículo se centra en cómo la inversión estratégica en I+D+I, junto con el fomento de ciudades inteligentes y la adopción de principios de economía circular, puede servir como catalizador para mejorar la transparencia, la eficiencia gubernamental y la equidad social en la región, tomando a Panamá como caso de estudio. A través de un análisis detallado y la integración de tres estudios previos, se propone un marco para comprender los desafíos y oportunidades que estas dinámicas representan para el fortalecimiento del Estado de Derecho y el logro de un crecimiento económico inclusivo y sostenible.

III. Marco teórico

1. Estado de la I+D+I en América Latina con Enfoque en Panamá

La inversión en Investigación, Desarrollo e Innovación (I+D+I) es un pilar fundamental para el crecimiento económico y el desarrollo sostenible de las naciones. América Latina, una región marcada por su diversidad y potencial, ha experimentado avances significativos en este ámbito, aunque aún enfrenta desafíos notables en comparación con otras regiones del mundo. Panamá, en particular, emerge como un caso de estudio relevante debido a sus esfuerzos por integrar la I+D+I en su modelo de desarrollo nacional.

Esta sección destaca la importancia de seguir estándares internacionales, como los manuales de Oslo y Frascati, para la correcta identificación, catalogación y supervisión de proyectos de innovación. La adopción de estas directrices facilita la comparabilidad internacional de los datos y promueve prácticas de gestión del conocimiento alineadas con las mejores prácticas globales.

En Panamá, el compromiso con la I+D+I se refleja en iniciativas gubernamentales y privadas que buscan fomentar un ecosistema innovador. Estas iniciativas no solo están orientadas a mejorar la competitividad del país en el escenario global sino también a abordar problemas sociales mediante soluciones tecnológicas y creativas. Sin embargo, la inversión en I+D+I aún representa un porcentaje modesto del PIB nacional, lo que señala la necesidad de un mayor impulso y apoyo tanto en el sector público como en el privado.

La relación entre la inversión en I+D+I y el fortalecimiento del Estado de Derecho se evidencia en la mejora de la transparencia, la eficiencia gubernamental y la participación ciudadana. Al invertir en tecnología y conocimiento, Panamá puede avanzar hacia una sociedad más justa y equitativa, donde la innovación juegue un papel central en la solución de desafíos contemporáneos.

Este análisis subraya la importancia crítica de la I+D+I para el desarrollo de América Latina y, en particular, de Panamá. Al abordar los desafíos y aprovechar las oportunidades presentes en este campo, la región puede asegurar un futuro más próspero y sostenible para las generaciones venideras.

Organizaciones como el World Justice Project (WJP) y la Organización para la Cooperación y Desarrollo Económico (OCDE) confirman que, al transformar los procesos públicos en sistemas digitales, los índices de transparencia y rendición de cuentas aumentan y así mismo disminuye la tasa de percepción de la corrupción, puesto que la tramitología ya deja de estar en manos de los humanos y pasa a formar parte de un sistema automatizado (World Justice Project, 2020). Existe una línea ambivalente entre la implementación de sistemas digitales a niveles gubernamentales y los mecanismos de un país para aumentar su desarrollo económico proveniente de la innovación, ya que no todas las formas de implementación de mejoras son consideradas innovadoras (Albornoz, 2009). Para ello, existen manuales mundialmente validados que dictaminan cuál es la manera correcta de catalogar una acción innovadora y así, poder llevar una legislación adecuada de supervisión y rendición de cuentas sobre las acciones concretas que impulsan el desarrollo de la economía del conocimiento a niveles públicos (OCDE & Eurostat, 2005; OECD, 2015). Los manuales de Oslo y Frascati, completamente validados por la OCDE y utilizados por organismos internacionales que buscan colaborar con diferentes países en materia de innovación, son aquellos que pautan el esquema de qué estudios, inversiones y proyectos pueden llevar el mérito de ser catalogados como innovativos. Para alcanzar este objetivo, la inversión en investigación y desarrollo forma parte de su sistema medular porque propone la participación de centros de investigación acreditados, universidades, investigadores con la debida formación científica y académica a estar en el frente del liderazgo de estos proyectos.

Países como Uruguay, que dentro de América Latina cuentan con la inversión más alta en I+D, un 0.48 reportado en el 2019 por los datos abiertos del Banco Mundial, son ejemplos de que cuando existe una legislación adecuada e interés del sector público, la inversión se puede aumentar para beneficio de situaciones específicas y necesarias para cada país (Banco Mundial, 2022).

Los factores mencionados anteriormente como el incremento de la transparencia, la modernización del estado, y la rendición de cuentas son los resultados en el sector público de tener una cultura de innovación; sin embargo, existen otros indicadores económicos que también guardan relación con la inversión en innovación. Philipe Castets (2017) comenta en su tesis que existen dos indicadores que se ven alterados cuando se invierte en innovación (investigación y desarrollo), uno es el coeficiente de GINI que mide el grado de desigualdad y el otro es el índice de desarrollo humano (IDH). En el estudio de

Castets (2017) se indica que a mayor inversión en innovación, investigación y desarrollo menor es el coeficiente de GINI y mayor el IDH. Este último se construye en base al PIB por habitante, el acceso a la educación y la esperanza de vida de un país, por lo que parte de su hipótesis de investigación fue que la inversión en I+D+I influye también en el aumento del PIB de un país.

Otro de los factores que también se pueden ver afectados de manera indirecta tras la inversión en I+D+I es el fortalecimiento del estado de derecho, para las cuales todavía no se reporta una fórmula ni una correlación que indique que el impacto es directo y definitivo; no obstante, para efectos de este estudio se mostrarán consecuencias de la inversión en I+D+I en distintos factores que sí influyen en el fortalecimiento del estado de derecho (Calle Saravia, 2017; World Justice Project, 2020).

Al observarse los países con mayor inversión en I+D+I hay una coincidencia en que la mayoría son países industrializados y desarrollados como Alemania, Reino Unido, Japón, Estados Unidos, Canadá, y Suiza donde resulta esperado por el PIB por habitante, su alto IDH y sus bajos coeficientes de desigualdad. Además, por ser países cuya educación puntúa entre las más calificadas a nivel mundial por la cantidad de conocimiento que se produce a nivel universitario, centros de investigación y sectores públicos y privados y, por ende, estos países cuentan con un alto número de patentes y de datos que se comercializan y forman parte de su economía nacional (Albornoz, 2009; Avila-Lopez *et al.*, 2019). Esta sección introdujo una nueva variable a la ecuación que son aquellos países en vías de desarrollo y que tuvieron un crecimiento económico rápido, pero que sus recursos no les permiten superar a los países industrializados, y por ende, al no implementar estrategias que promuevan mayores inversiones extranjeras, u otras fuentes de economía pueden caer en lo que Gill y Kharas (2007) denominaron como la trampa del ingreso medio alto (citado en Alarco Tosoni & Castillo García, 2018). La relación que guarda la inversión en I+D+I en el fortalecimiento del estado de derecho y a su vez cómo este influye en que países en vías de desarrollo puedan salir de la trampa de los ingresos medios y datos sobre Panamá formaron parte importante de esta sección del artículo ya que es el país donde el investigador cumplió un rol de administrador público responsable de la modernización del estado.

2. Ciudades Inteligentes y Economía Circular como Motores de Desarrollo Sostenible

El curso de esta sección examina cómo las ciudades inteligentes y la economía circular pueden promover un desarrollo sostenible y mejorar la calidad de vida, enfatizando la importancia de la tecnología y la inclusión de la dimensión social en estos modelos (Alcayaga & Hansen. 2017). Destaca que la economía circular busca optimizar recursos y aumentar la competitividad reduciendo residuos y reutilizando materiales, mientras que las ciudades inteligentes utilizan tecnologías avanzadas para gestionar eficientemente los recursos y fomentar comportamientos sostenibles entre los ciudadanos (MARTÍNEZ-CERNA *et al.*, 2019; CAMACHO, OTERO, *et al.*, 2020; NIKOLAOU & STEFANAKIS, 2021). Este enfoque no solo beneficia el medio ambiente, sino que también impulsa el crecimiento económico, la creación de empleo y mejora la salud pública, subrayando la necesidad de investigar más sobre cómo estas prácticas pueden contribuir significativamente a los objetivos de desarrollo sostenible.

Se abordaron las siguientes temáticas:

Definición y beneficios de las ciudades inteligentes y la economía circular: Se describe cómo las ciudades inteligentes aplican tecnologías avanzadas para gestionar recursos de manera eficiente, mejorando la calidad de vida urbana y reduciendo el impacto ambiental. La economía circular se presenta como un modelo económico que busca minimizar el desperdicio y maximizar el uso de recursos, contribuyendo a la sostenibilidad (BRESSANELLI *et al.*, 2022; DINCA *et al.*, 2022; SCHAFFNER, 2022).

La tecnología como herramienta para mejorar la calidad de vida y promover la sostenibilidad: Se examinó la importancia de la tecnología en la optimización de servicios urbanos, la reducción de emisiones de carbono y la promoción de prácticas de consumo sostenible, destacando su papel clave en la transición hacia modelos de desarrollo más sostenibles (KISNU DARMAWAN *et al.*, 2020).

Impacto social de la implementación de estos modelos en América Latina: Se resalta el potencial de estos modelos para abordar desafíos sociales en América Latina, incluyendo la reducción de desigualdades, el fomento del acceso a servicios y recursos de calidad, y la creación de oportunidades económicas, subrayando cómo la adopción de ciudades inteligentes y economías circulares puede llevar a un desarrollo más inclusivo y sostenible en la región (BIBRI & KROGSTIE, 2016; DE PADUA PIERONI *et al.*, 2018; ALVARADO-LÓPEZ, 2020; PADILLA-RIVERA *et al.*, 2020; KUMAR SHEE *et al.*, 2021).

IV. Educación, Ciencia y Fortalecimiento del Estado de Derecho

La tercera parte de esta investigación destaca la estrecha relación entre educación, ciencia y fortalecimiento institucional, argumentando que la formación en ciencia y tecnología es esencial para el desarrollo sostenible y la consolidación democrática (MOHOR, 2008; COLLADO *et al.*, 2021; RAMSZA *et al.*, 2021). Subraya la importancia de las políticas de datos abiertos para mejorar la transparencia y el acceso a la información, contribuyendo así al Estado de Derecho. Además, resalta la educación científica como pilar fundamental para la innovación y el desarrollo, enfatizando su rol en la creación de una sociedad más informada, participativa y resiliente (UNODC, 2019).

La interconexión entre la educación, la ciencia y el fortalecimiento institucional, resaltando cómo la promoción de la educación científica y la implementación de políticas de datos abiertos son fundamentales para el desarrollo y la consolidación del Estado de Derecho (World Justice Project, 2022). Se argumenta que una sociedad bien educada en ciencia está mejor equipada para participar activamente en procesos democráticos, promoviendo la transparencia y la rendición de cuentas en la gestión pública. Este enfoque contribuye a la creación de un entorno propicio para la innovación y el desarrollo sostenible, reforzando las instituciones y promoviendo una gobernanza efectiva y justa (UNODC, 2019; World Justice Project, 2020; Collado *et al.*, 2021; Torres Fragoso, 2022).

La política de datos abiertos en Panamá se orienta hacia la transparencia, accesibilidad y reutilización de los datos del gobierno por cualquier persona para cualquier fin, incluidos fines comerciales, sin costo ni restricciones (Autoridad Nacional de Transparencia y Acceso a la Información, 2020; Autoridad de Innovación Gubernamental, 2023). Esta política busca promover la transparencia y la rendición de cuentas, aumentar la participación ciudadana, fomentar la innovación y el desarrollo económico, mejorar la eficiencia en la gestión pública y facilitar la colaboración interinstitucional. Su implementación efectiva contribuye significativamente al fortalecimiento del Estado de Derecho al mejorar la gobernabilidad y servir como fuente para la innovación (Ávila-López *et al.*, 2019; Banco Mundial, 2022; Acosta Vega, nd).

V. Metodología

Para integrar las metodologías de las tres secciones de la investigación se propuso un enfoque multidisciplinario que combina el análisis cuantitativo y cualitativo, el uso de tecnologías de la información para la recopilación y análisis de datos, y el estudio de casos para examinar la implementación y efectos de políticas de I+D+I, ciudades inteligentes, economía circular, y educación científica en el desarrollo económico, social, y fortalecimiento del Estado de Derecho en Panamá y América Latina. Esta metodología enfatiza la participación de stakeholders y el análisis de políticas públicas. Adicionalmente, se realizaron cinco entrevistas a personas con autoridad gubernamental para obtener información sobre su percepción sobre el Estado de Derecho en Panamá y qué acciones se han llevado a cabo para su fortalecimiento.

VI. Resultados

1. Integración de la I+D+I, Sostenibilidad y Estado de Derecho para el Desarrollo Discusión sobre cómo la inversión en I+D+I impacta en el desarrollo económico y social, y su relación con el Estado de Derecho

Los tres artículos articulan cómo la inversión en I+D+I es crucial para el desarrollo económico y social, impulsando la innovación, la eficiencia y la competitividad. Esta inversión se relaciona directamente con el fortalecimiento del Estado de Derecho al promover la transparencia, mejorar la gobernanza y facilitar el acceso a la información pública, lo cual es fundamental para una sociedad justa y equitativa. Además, subrayan la importancia de la educación y la ciencia como pilares para el desarrollo sostenible, la innovación y el fortalecimiento institucional en Panamá y América Latina.

Los tres artículos sugieren que la innovación y la sostenibilidad son esenciales para impulsar el crecimiento económico y promover la justicia social en Panamá y América Latina. Destacan el papel de la tecnología avanzada y prácticas sostenibles en la mejora de la calidad de vida, la reducción de la desigualdad y la protección del medio ambiente. La implementación de estos principios fomenta un desarrollo inclusivo y equitativo, crucial para el progreso social y económico de la región.

El análisis de las tendencias en las respuestas de los entrevistados revela una preocupación común por el fortalecimiento del Estado de Derecho en Panamá, destacando la importancia de la independencia de los poderes del Estado, la participación activa de la sociedad civil y los agentes económicos en el proceso democrático, y el papel crucial de la transparencia y la rendición de cuentas. Se enfatiza la necesidad de modernizar las instituciones públicas, promover la educación cívica, y asegurar un sistema judicial independiente y eficiente. Estas tendencias subrayan la interconexión entre un Estado de Derecho sólido, el desarrollo económico, y la cohesión social.

2. Discusión sobre Panamá en cuanto a su Estado de Derecho e Inversión en I+D+I

El estado de derecho es un sistema compuesto por leyes, políticas públicas y un conjunto de métodos con el objetivo de que exista la transparencia en las operaciones del gobierno, la accesibilidad a la justicia y a los resultados del sector público (The World Justice Project, 2020). En esta investigación se revisó el índice de estado de derecho el cual es un indicador del impacto que tienen la políticas públicas sobre el acceso de los ciudadanos a la justicia y a la transparencia del gobierno. Por ejemplo, si las personas tienen acceso a los tribunales de justicia, o si tienen acceso a plataformas de salud o a la rendición de cuentas cuando existe algún proyecto público en marcha. Esta medición se puede realizar de distintas formas, una de ellas es a través de la auditoría y la verificación de existencia de leyes, políticas, plataformas abiertas y cumplimiento de normas previamente escritas.

Como primer hallazgo se refleja el mapeo realizado por el World Justice Project sobre la puntuación a nivel mundial de los estados reconocidos por la ONU en su fortalecimiento del estado de derecho, posicionando a Panamá de #63 con un puntaje de total de 0.52, siendo el 1 la categoría máxima de fortalecimiento del estado de derecho (Ver Anexo 1).

En el segundo hallazgo se muestra una comparación de los países de la región de América Latina y el Caribe (LAC) en su adhesión al estado de derecho. Panamá se posiciona en la mitad, de #15 sobre los 30 países que formaron parte de este estudio, teniendo por encima a países como Uruguay, Argentina y Costa Rica que funcionaron como referente en el presente estudio a la hora de comparar datos que indicasen la relación entre la inversión en I+D+I y su estancamiento o vencimiento de la trampa de los ingresos medios altos (Ver Anexo 2).

El tercer hallazgo muestra una de las categorías utilizadas por el World Justice Project para dividir a los países participantes en el estudio, siendo una de ellas por su estatus de ingreso nacional. En este estudio, Panamá fue categorizado dentro del ranking de países con ingresos altos, y cae dentro de la última posición en países dentro de esta categoría en su fortalecimiento del estado de derecho. De la región LAC se encuentran Uruguay, Chile, Bahamas, Trinidad y Tobago, y Barbados, y Antigua y Barbuda como países en la misma categoría y con una puntuación más alta dentro de este ranking (Ver Anexo 3).

El cuarto hallazgo refleja el desglose de los indicadores específicos para Panamá en su estado de derecho. En la imagen se observa que el punto más fuerte es el de orden y seguridad, seguido de los límites al poder gubernamental y en tercer lugar los derechos fundamentales (Ver Anexo 4). Además, se detallan las dimensiones de cada indicador o variable utilizada para realizar la calificación total (Ver Anexo 5). Por ejemplo, podemos observar que, dentro de la variable de orden y seguridad, la dimensión de ausencia de conflicto civil en 2020 fue nuestro puntaje más alto en comparación con otros países de la región LAC y de países con ingreso alto. En la variable de derechos fundamentales, las dimensiones de vida y seguridad, debido proceso legal, libertad de expresión, derecho a la privacidad, libertad de asociación y derechos laborales también puntúan por encima de la región de LAC, pero no en todos los casos está encima de los países con ingresos altos. Con respecto a límites del poder gubernamental, las dimensiones de transición de poder y de contrapesos no gubernamentales también se muestran como puntuaciones superiores al promedio de países de la región LAC. Más adelante, exploraremos cuáles son las consecuencias a la hora de invertir en I+D+I y en qué dimensiones la inversión en innovación tiene correlación.

3. Inversión en I+D+I

El concepto de inversión en investigación, desarrollo e innovación (I+D+I) se refiere a la creación formal de nuevo conocimiento. Históricamente, este concepto se aplicaba en todas las disciplinas científicas como la química, las ciencias de la salud, entre otras ciencias naturales; sin embargo, ahora se ha adaptado a las ciencias sociales, humanidades, artes y la ingeniería. Los sistemas de contabilidad nacional (SCN) solían llamar a este concepto como gasto; no obstante, actualmente se habla de inversión puesto que su propósito final es la creación de capitales basados en conocimientos adquiridos a raíz de actividades de I+D+I (OECD, 2015). Según el Manual de Frascati no importa cuál sea la actividad que se realice, si se cumplen los cinco criterios de la innovación, cualquier actividad puede ser considerada como I+D+I; y aquellas investigaciones pueden ser de tres tipos: básica, aplicada y experimental. La investigación básica es referente a conocimiento nuevo que se genera luego de hacer experimentación con fenómenos observables, pero cuyo fin no es el de implementar cambios, sino describir el conocimiento nuevo. La investigación aplicada aparte de adquirir conocimiento nuevo también está enfocada en llevar estos nuevos conocimientos, llámense procedimientos o metodologías a tener un uso práctico. La investigación enfocada al desarrollo experimental utiliza conocimientos existentes para producir nuevos procesos y/o productos.

Es importante reconocer que el concepto de innovación ha sido utilizado desde el siglo pasado por diferentes académicos de la economía, como un punto de la ecuación del crecimiento económico (Harrod, 1939; Schumpeter, 1934 citado e Sandoval Cabrera, 1997; Solow, 1956). Sin embargo, las teorías más recientes lo vinculan como parte del ciclo del crecimiento técnico de las instituciones; es decir, que a mayor innovación mayor crecimiento económico, y por ende mayor progreso técnico (Castets, 2017). Los países que invierten más en I+D+I en datos del 2020 tales como Suiza con una inversión de 3.14 % de su PIB, Suecia (3.53 %), Estados Unidos (3.45 %), Corea del Sur (4.81 %), Singapur (1.89 %), Finlandia (2.94 %), Alemania (3.14 %), son también aquellos con menor coeficiente de GINI y con mayor índice de desarrollo humano (IDH), y de los países mencionados aquí, Singapur, Corea del Sur y Finlandia lograron salir de la trampa de los ingresos medios altos gracias a sus aportes en la innovación a nivel universitario, privado y público (Banco Mundial, 2022; Castets, 2019; Ramsza *et al.*, 2021). Por otro lado, al observar la situación en América Latina, se decidió comparar la inversión en I+D+I de Panamá con Chile, Argentina y Uruguay, tres de los países que se tomaron como punto de referencia en cuanto a su estancamiento y superación de la trampa de ingresos medios altos. En esta comparación, Uruguay obtuvo el puntaje mayor con un 0.48 % de inversión, seguido de Argentina con un 0.46 %, luego Chile con un 0.34 % y por último Panamá con un 0.15 % en el año 2017. Cabe destacar que estos datos su mayoría provienen del año 2019, con la excepción de Panamá y en el caso de Venezuela los últimos datos que se reportan fueron del año 2013 (Banco Mundial, 2022). Al verificar el índice de GINI en estos países de observa que el país con mayor coeficiente de desigualdad es Panamá seguidos de Chile, Argentina y Uruguay como se puede observar en la ilustración #9.

Al comparar la inversión en I+D+I de Panamá con los países de Centroamérica, se observa que Panamá ocupa un tercer lugar luego de Costa Rica siendo el primero (0.37 %), El Salvador ocupando el segundo lugar (0.17 %) y Panamá (0.15 %) (Banco Mundial, 2022). No obstante, al observar el índice de GINI en los países de América Central, Panamá ocupa el primer lugar en estos datos como se observa en la ilustración #10 (Banco Mundial, 2022) (Ver Anexo 6).

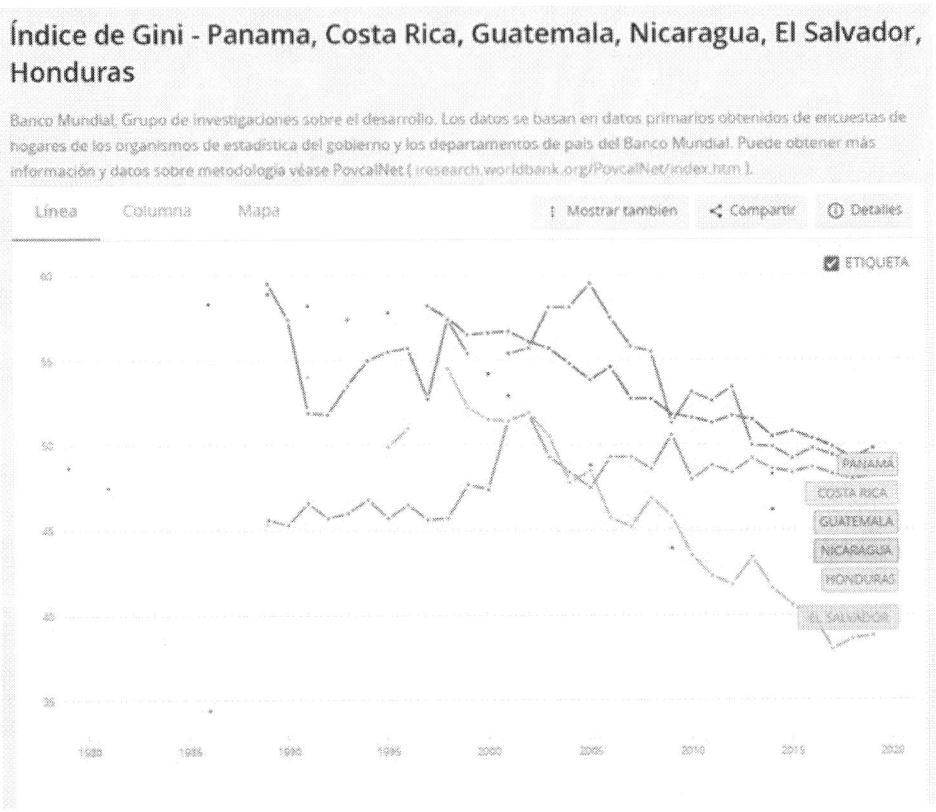

Ilustración 10 Índice de GINI 1980-2020 tomado de Banco Mundial Datos

4. Análisis de asociación de indicador con relación a inversión en % en I+D+I

Se realizó un estudio de correlación entre inversión en I+D+I con el % del PIB per cápita con distintos indicadores con una muestra de 80 países con ingresos altos, donde se utilizó el coeficiente de correlación de Pearson para medir el grado de relación entre los indicadores analizados (Banco Mundial, 2022). Los análisis se llevaron a cabo en base a la disponibilidad de datos de cada país para cada indicador y año. Dentro de los resultados más sobresalientes se encuentran la esperanza de vida al nacer con un 75 % de alta correlación donde a mayor inversión en I+D+I la esperanza de vida aumenta. La tasa de mortalidad en menores de cinco años ocupa un 74 % de alta correlación a la inversa donde a mayor inversión en I+D+I menor la cantidad de muertes en menores de cinco años. La tasa de mortalidad en neonatos y bebés ocupa un 72 % de alta correlación inversa. El número en la población de mayores a 65 años aumenta a mayor inversión en I+D+I con un 66.67 %

de correlación. Adicionalmente, en el componente laboral se vio que a mayor inversión en I+D+I hay un aumento de la población activa laborando con un 69.81 % de correlación. Con respecto a las áreas de desarrollo social se muestra que a mayor inversión en I+D+I existe una disminución de nacimientos por cada 1000 mujeres entre 15 y 19 años con un 66.67 % de correlación inversa. En el ámbito económico se observa que a mayor inversión en I+D+I existe una disminución en los precios al consumidor en gran parte de los países que fueron encuestados con un 45.10 % de correlación inversa; también, a mayor inversión en I+D+I un mayor aumento en el valor agregado en la manufactura de alta tecnología con 56.86 % de correlación. En cuanto al aumento del PIB per cápita, existe un 59.65 % de correlación donde a mayor inversión en I+D+I más aumenta el PIB de un país. Otro aspecto dentro del ámbito económico muestra que existe un 57.14 % de correlación donde a mayor inversión en I+D+I existe cuantitativamente un mejor indicador de transferencias personales y remuneración de empleados.

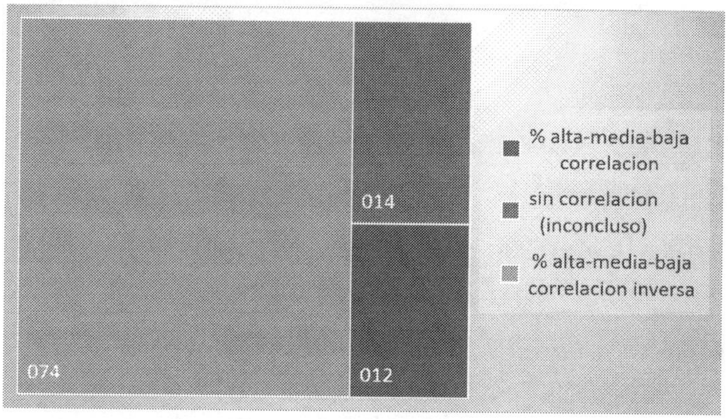

Ilustración 11 Tasa de mortalidad menores de 5 años

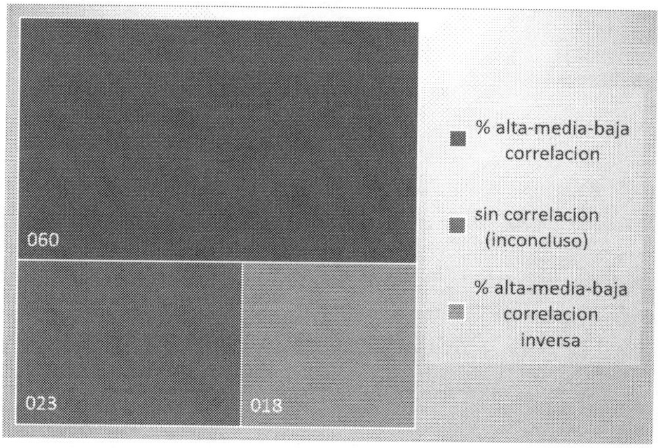

Ilustración 12 Economía PIB per cápita (US$ a precios acuales)

En el ámbito agrícola ocurre una situación interesante donde a mayor inversión en I+D+I aunque las tierras que son cultivables se reducen con respecto al indicador de I+D+I y su correlación inversa de 47.27 %, sus valores son mejores que los de la población rural y valores agregados, lo que sugiere que se mejora el uso de la tecnología para el desarrollo de las actividades agrícolas.

En el ámbito climático se observa una correlación de 66.04 % la cual sugiere que a mayor inversión en I+D+I, mayor es el consumo de energía de fuentes renovables en la mayoría de los países analizados. En el sector público se muestra que a mayor inversión en I+D+I, mayor es el índice de fortaleza de derechos legales con una correlación de 71.43 %. En el área de ciencia y tecnología la correlación muestra que a mayor inversión en I+D+I mayor es el número de publicaciones científicas y técnicas con un 76.92 % de correlación, y también aumenta el número de investigadores dedicados con un 82.69 %. En el área comercial, se muestra que a mayor inversión en I+D+I, existe un aumento en las exportaciones de bienes y servicios con un 50.91 % de correlación, y por último, a mayor inversión en I+D+I se aumenta el comercio de mercaderías con un 52.83 % de correlación.

5. Discusión sobre las Ciudades Inteligentes como Motor para el Desarrollo Sostenible

La revisión de la literatura reveló que la economía circular es una herramienta necesaria para lograr la sostenibilidad en las ciudades inteligentes; sin embargo, existe menor evidencia sobre las mejores prácticas de economía circular para lograr un estado ideal de sostenibilidad. Dos dimensiones que se encontraron son el uso de tecnología avanzada como Internet de las Cosas (IoT) y la dimensión social que según este estudio, ambas son necesarias para seguir desarrollando el conocimiento sobre ciudades inteligentes y economía circular. Las dimensiones sociales de las ciudades inteligentes y la economía circular son multifacéticas. Las ciudades inteligentes están diseñadas para utilizar tecnología y datos para mejorar la calidad de vida de los ciudadanos, reducir los impactos ambientales y aumentar la eficiencia económica (ALCAYAGA & HANSEN, 2017). Esto incluye crear sistemas de transporte más eficientes, mejorar el acceso a los servicios de salud, proporcionar mejores sistemas de seguridad pública y desarrollar fuentes de energía más sostenibles (EKINS, *et al.*, 2019). La economía circular es un sistema económico que se centra en reducir los residuos y reutilizar los recursos, creando así un sistema de circuito cerrado que minimiza la necesidad de nuevos materiales (KIRCHHERR *et al.*, 2017). Esto puede implicar el uso de fuentes de energía renovables como la solar o la eólica, así como el reciclaje de materiales para crear productos con una vida útil más larga (COSTA *et al.*, 2021). Ambos conceptos tienen el potencial de reducir la pobreza y la desigualdad al brindar mejores servicios y recursos a quienes más los necesitan (Banco Mundial, 2022; BIBRI & KROGSTIE, 2016).

La combinación de ciudades inteligentes y economía circular tiene el potencial de generar una serie de beneficios. Las ciudades inteligentes pueden aprovechar la tecnología para mejorar la eficiencia y la sostenibilidad de sus operaciones, mientras que los principios de la economía circular pueden ayudar a las ciudades a reducir los residuos y maximizar la utilización de recursos (Alcayaga & Hansen, 2017; Alvarado-López, 2020; Bressanelli *et al.*, 2022) . Juntos, estos dos enfoques pueden ayudar a las ciudades a ser más resilientes frente a las condiciones ambientales cambiantes, reducir su huella de carbono y crear un acceso más equitativo a los recursos. Además, esta combinación puede conducir a un mayor crecimiento económico mediante la creación de empleo y una mayor inversión en infraestructura (Schroeder *et al.*, 2018). Por último, al crear sistemas más eficientes para la gestión de residuos y la utilización de recursos, las ciudades inteligentes y la economía circular pueden conducir a mejores resultados de salud pública al reducir la contaminación del aire y otras formas de degradación ambiental (De Padua Pieroni *et al.*, 2018).

Las dimensiones sociales de las ciudades inteligentes son un factor importante a considerar cuando se discute el potencial de una economía circular (Padilla-Rivera *et al.*, 2020). Las ciudades inteligentes están diseñadas para ser más eficientes y sostenibles, pero esto no se puede lograr sin considerar los impactos en las personas y las comunidades (Bibri & Krogstie, 2016). Los principales artículos analizados en esta revisión de la literatura señalaron que las ciudades inteligentes deben diseñarse con énfasis en la equidad, la inclusión y el acceso a servicios para todos los ciudadanos (Alcayaga & Hansen, 2017; Bibri & Krogstie, 2016; Dinca *et al.* ., 2022; Padilla-Rivera *et al.*, 2020). Esto incluye brindar acceso al transporte público, espacios verdes y otros recursos que pueden ayudar a reducir la pobreza y crear oportunidades más equitativas para todos los residentes. Además, las ciudades inteligentes deben garantizar que la infraestructura digital esté disponible para todos para maximizar el potencial de una economía circular (Whitmore *et al.*, 2015). Al tener en cuenta estas dimensiones sociales, las ciudades inteligentes pueden volverse más equitativas y sostenibles y, al mismo tiempo, ayudar a crear una economía circular.

Las dimensiones sociales de una economía circular son un factor clave para el éxito de las ciudades inteligentes. En una economía circular, los recursos se reutilizan y reciclan para reducir los residuos y crear una sociedad más sostenible (Nikolaou & Stefanakis, 2021). Esto tiene el potencial de crear empleos, reducir la pobreza y aumentar el acceso a los recursos para quienes tradicionalmente han estado excluidos de las oportunidades económicas (Padilla-Rivera *et al.*, 2020). Al crear un entorno donde los recursos puedan reutilizarse y reciclarse, la economía circular puede ayudar a reducir la desigualdad y crear un acceso más equitativo a los recursos (Martínez-Cerna *et al.*, 2019). Además, al reducir los desechos, la economía circular puede ayudar a mejorar la salud pública al reducir la contaminación del aire y otros peligros ambientales (Han & Jin, 2018). Finalmente, al crear un entorno donde las personas puedan colaborar e innovar en torno al uso de recursos, la economía circular puede ayudar a fomentar la creatividad y la innovación en las ciudades inteligentes.

El estado actual de la investigación sobre ciudades inteligentes y economía circular sugiere que se pueden obtener muchos beneficios potenciales si ambos conceptos trabajan juntos. Sin embargo, se necesita más investigación para determinar los detalles.

6. Discusión sobre la situación actual de Panamá en su Estado de Derecho

Dentro de la variable de la percepción de conductas autoritarias en los gobernantes Panamá puntúa con un porcentaje entre 60 % y 83 % de que sus gobernantes deben respetar la libertad de expresión, las leyes y las decisiones de la sociedad civil. Además, la muestra evaluada en Panamá presenta un rango entre 56 % al 74 % de aprobación de que la ciudadanía, los medios de comunicación, los partidos políticos y otros actores pueden expresarse libremente a favor y en contra del gobierno.

Por otro lado, la percepción de la corrupción muestra hallazgos distintos. La percepción de la corrupción ha aumentado dentro de los miembros de la Asamblea Nacional en un 31 % del 2014 al 2022. Ha aumentado un 11 y 12 % en la percepción de corrupción de los oficiales gubernamentales del órgano ejecutivo, y no ha habido una diferencia significativa en la percepción de la policía y de los actores del órgano judicial, manteniendo un rango entre 31 % y 43 %.

Con respecto a la evaluación del impacto de la política de datos abiertos en Panamá, la revisión arrojó las consecuencias de la continuidad del impacto de la implementación del gobierno digital. Desde el 2014 se había estado trabajando en sintonía con las recomendaciones de OCDE en el fortalecimiento de la gobernanza, en el fomento de las capacidades institucionales, en un sector público basado en datos para mejorar la entrega de servicios. Esto ha traído como consecuencia que a la fecha existan estos impactos en la cultura digital y de innovación del país:

1. Participación Ciudadana: La disponibilidad de datos abiertos ha fomentado la participación ciudadana en la toma de decisiones públicas. Los ciudadanos pueden utilizar la información para formular propuestas, realizar análisis y contribuir con ideas en temas de interés público. Además, el acceso a datos abiertos ha facilitado la realización de investigaciones y proyectos sociales que abordan problemas específicos de la sociedad.

2. Desarrollo Económico e Innovación: Los datos abiertos han impulsado el desarrollo económico y la innovación en Panamá. Emprendedores, empresas y organizaciones pueden utilizar datos abiertos para desarrollar aplicaciones, servicios y soluciones innovadoras que respondan a necesidades sociales y de mercado. Esto ha generado un ecosistema digital más dinámico y ha fomentado la creación de empleo en el sector tecnológico.
3. Eficiencia en la Gestión Pública: La disponibilidad de datos abiertos ha mejorado la eficiencia en la gestión pública. Los funcionarios y tomadores de decisiones pueden acceder a información actualizada y confiable para diseñar políticas y programas basados en evidencia. La apertura de datos también ha facilitado la coordinación interinstitucional y la optimización de recursos en la administración pública.

En la búsqueda del impacto de la educación científica y la promoción de una cultura de innovación, investigación y desarrollo se presentan estos índices de correlación dentro de la base de datos de Banco Mundial. Dentro de los resultados más sobresalientes se encuentran la esperanza de vida al nacer con un 75 % de alta correlación donde a mayor inversión en I+D+I la esperanza de vida aumenta. La tasa de mortalidad en menores de cinco años ocupa un 74 % de alta correlación a la inversa donde a mayor inversión en I+D+I menor la cantidad de muertes en menores de cinco años. La tasa de mortalidad en neonatos y bebés ocupa un 72 % de alta correlación inversa. El número en la población de mayores a 65 años aumenta a mayor inversión en I+D+I con un 66.67 % de correlación. Adicionalmente, en el componente laboral se vio que a mayor inversión en I+D+I hay un aumento de la población activa laborando con un 69.81 % de correlación. Con respecto a las áreas de desarrollo social se muestra que a mayor inversión en I+D+I existe una disminución de nacimientos por cada 1000 mujeres entre 15 y 19 años con un 66.67 % de correlación inversa. En el ámbito económico se observa que a mayor inversión en I+D+I existe una disminución en los precios al consumidor en gran parte de los países que fueron encuestados con un 45.10 % de correlación inversa; también, a mayor inversión en I+D+I un mayor aumento en el valor agregado en la manufactura de alta tecnología con 56.86 % de correlación. En cuanto al aumento del PIB per cápita, existe un 59.65 % de correlación donde a mayor inversión en I+D+I más aumenta el PIB de un país. Otro aspecto dentro del ámbito económico muestra que existe un 57.14 % de correlación donde a mayor inversión en I+D+I existe cuantitativamente un mejor indicador de transferencias personales y remuneración de empleados. Estos hallazgos a pesar de que no están directamente relacionados con el Estado de Derecho son datos que aquellos países con un Estado de derecho fortalecido cuentan gracias a su también inversión en educación científica, innovación e investigación.

La Universidad de Panamá juega un rol crucial en el fortalecimiento del Estado de Derecho por diversas razones fundamentales que impactan directamente en el desarrollo y consolidación de una sociedad democrática y justa en el país. A continuación, se enumeran algunas de las razones más destacadas:

1. Formación de Profesionales del Derecho: La Universidad de Panamá es una institución académica líder en la formación de profesionales del Derecho. A través de sus facultades de Derecho y Ciencias Políticas, la universidad prepara a abogados y juristas con sólidos conocimientos en materia legal, ética y principios jurídicos. Estos profesionales juegan un papel fundamental en la administración de justicia, la asesoría legal, la defensa de los derechos humanos y en la promoción de un sistema jurídico justo y equitativa.
2. Investigación y Desarrollo Jurídico: La Universidad de Panamá impulsa la investigación y el desarrollo en el campo del Derecho. Sus académicos y estudiantes realizan estudios y análisis jurídicos que contribuyen a la generación de conocimiento y propuestas de políticas públicas. La investigación en temas como la reforma legal, la jurisprudencia, la protección de los derechos humanos y la lucha contra la corrupción enriquece el debate público y aporta soluciones a los desafíos jurídicos del país.
3. Espacios de Debate y Reflexión: La Universidad de Panamá ofrece espacios de debate y reflexión sobre temas de interés público y jurídico. Conferencias, seminarios y foros organizados por la institución permiten discutir asuntos cruciales para el fortalecimiento del Estado de Derecho, involucrando a expertos, profesionales, académicos y estudiantes en la construcción de soluciones y políticas más efectivas y justas.

VII. Conclusiones

Basado en los tres artículos, la inversión en I+D+I, junto con políticas enfocadas en educación y tecnología, es fundamental para el desarrollo sostenible y el fortalecimiento del Estado de Derecho. Estos factores impulsan el crecimiento económico, promueven la justicia social y mejoran la transparencia y eficiencia gubernamental. Los hallazgos sugieren una relación positiva entre la inversión en innovación y mejoras en el bienestar social y económico. Se recomienda fortalecer las políticas públicas en I+D+I, educación científica y tecnología para avanzar hacia sociedades más justas y sostenibles en América Latina.

No obstante, la economía circular y las ciudades inteligentes son cruciales para la sostenibilidad y la eficiencia económica, utilizando tecnología avanzada para mejorar la calidad de vida y reducir los impactos ambientales. La sinergia entre estas prácticas promueve un desarrollo equitativo y resiliente, destacando la importancia de considerar las dimensiones sociales para un impacto integral en la sociedad.

Referencias

Acosta Vega, M. (nd). *Conociendo la política pública de transparencia de datos abiertos de gobierno*. Panamá City, Panamá.

Albornoz, M. (2009). «Desarrollo y políticas públicas en ciencia y tecnología en América Latina». *Revista de investigaciones políticas y sociológicas*, 8(1), 65-75.

Alcayaga, A., & Hansen, E. G. (2017). *Smart-circular systems: A service business model perspective.* PLATE: Product Lifetimes and the Environment: Conference proceedings of PLATE 2017. Delft. IOS Press Incorporated.

Alvarado-López, R. A. (2020). «Ciudades inteligentes y sostenibles: Una medición a cinco ciudades de México». *Revista de alimentación contemporánea y desarrollo regional*, 30(55).

Anii. (2015). «Indicadores de ciencia, tecnología e innovación en Uruguay». *Unidad de Evaluación y Monitoreo de la ANII.*

Autoridad De Innovación Gubernamental (AIG). (2023). AIG. Obtenido de Documentos.

Autoridad Nacional de transparencia y acceso a la información (ANTAI). (17 de enero de 2018). *Resolución N.° DS 3513-2018.*

Autoridad Nacional de transparencia y acceso a la información. (2020). Datos abiertos de gobierno. Obtenido de ANTAI.

Avila-Lopez, L. A., Lyu, C., & Lopez-Leyva, S. (2019). «Innovation and growth: Evidence from Latin American countries». *Journal of Applied Economics*, 22(1), 287-303.

Banco Mundial. (2022). *Gasto en investigación y desarrollo (% del PIB)-Panamá, Costa Rica, El Salvador, Nicaragua, Honduras, Guatemala*. Retrieved from Banco Mundial Datos.

Banco Mundial. (2022). *Gasto en investigación y desarrollo (% del PIB)-Uruguay, Chile, Panama, Argentina, Venezuela, RB*. Retrieved from Banco Mundial Datos.

Banco Mundial. (2022). *Gastos en investigación y desarrollo (% del PIB)-Switzerland, Finland, Sweden, Korea, Rep., Germany, United States, Germany*. Retrieved from Banco Mundial Datos.

Banco Mundial. (2022). *Indicadores*. Retrieved from Banco Mundial Datos.

Banco Mundial. (2022). *Índice de GINI-Panamá, Costa Rica, El Salvador, Nicaragua, Honduras, Guatemala.* Retrieved from Banco Mundial Datos.

Buiter, W. H., & Purvis, D. D. (1980). *Oil, disinflation, and export competitiveness: A model of the «Dutch disease»*. Cambridge MA: NBER Working Paper Series.

Calle Saravia, M. P. (2017). *Competencia por la inversión extranjera directa y estado de derecho en México: Un análisis a nivel subnacional*. Flasco México.

Castets, P. (2017). *El rol de la innovación en la generación de crecimiento y desarrollo económico en la OCDE* [Tesis no publicada para obtener grado de maestría]. Universidad de Chile.

Collado, J., Salmon, M., Vega, J., Mera, A., & Kirton, C. (2021). «El estado de derecho». *Semilla Científica*, 458-473.

Foxley, A., & Sossdorf, F. (2011). *Making the transition: From middle incomes to advanced economies.* Washington DC. The Carnegie Papers.

Gill, I., & Kharas, H. (2007). *An east asian renaissance: Ideas for economic growth*. World Bank.

Harrod. (1939). Resumen del paper original. In Harrod, *La teoría dinámica: Modelo de crecimiento Harrod.*

Huang, M. C., Liou, M.-H., & Iwaki, Y. (2021). «The impact of R&D and innovation on global supply chain transition: GTAP analysis on Japan´s public R&D investment». *Journal of Social and Economic Development*, 23, 447-467.

Mohor, A. (2008). *Indicadores para medir el funcionamiento del estado de derecho: Una aproximación global*. Santiago. Centro de Estudios en Seguridad Ciudadana del Instituto de Asuntos Públicos de la Universidad de Chile.

Ocde & Eurostat. (2005). Manual de Oslo: *Guía para la recogida e interpretación de datos sobre innovación*. OCDE.

Oecd. (2015). Manual de Frascati: *Guía para la recopilación y presentación de información sobre la investigación y el desarrollo experimental*. Paris. OECD.

OCDE Estudios De Gobierno Digital. (2019). *Revisión del gobierno digital de Panamá: Mejorando la transformación digital del sector público*. OCDE.

Ramsza, M., Karbowski, A., & Platkowski, T. (2021). «Process R&D investment and social dilemmas». *Journal of Industrial and Business Economics*(48), 315-336.

Sandoval Cabrera, S. V. (1997). Notas Clase, teoría del desenvolvimiento económico de Schumpeter. Retrieved from http://www.proglocode.unam.mx/sites/proglocode.unam.mx/files/docencia/Notas%20Clase%20Seyka%20-%20Teor%C3%ADa%20del%20desenvolvimiento%20econ%C3%B3mico%20Schumpeter.pdf

Solow, R. M. (1956). «A contribution to the theory of economic growth». *Quarterly Journal of Economics*, 70, 65-94.

The World Justice Project. (2020). *Medición del estado de derecho mundial*. Washington DC. World Justice Project.

Torres Fragoso, J. (2022). *Edo. de derecho, corrupción y gobierno abierto en Latinoamérica y el Caribe: ¿cómo estamos y hacia a dónde vamos? XXVII Congreso Internacional del CLAD sobre la Reforma del Estado y la Administración Pública*. Sucre-Bolivia.

Unodc. (2019). *Fortalecimiento del estado de derecho mediante la educación: Guía para los encargados de la formulación de políticas.* UNODC.

World Justice Project. (2020). *Índice de Estado de Derecho*. World Justice Project.

World Justice Project. (2022). *Rule of law index: 2022 insights*. Washington DC. World Justice Project.

World Justice Project. (2022). *The rule of law in Panama: Key findings from the general population.* World Justice Project.

ANEXOS

Anexo 1

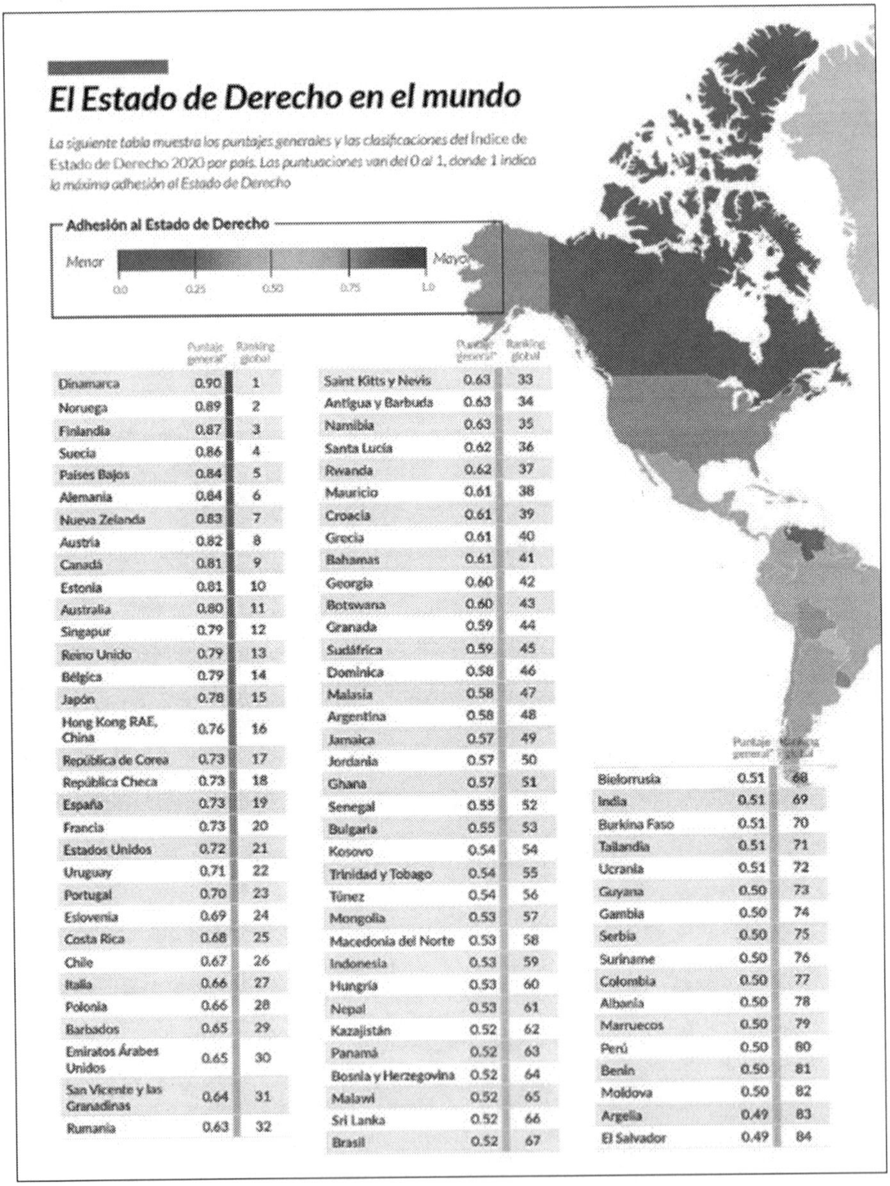

El Estado de Derecho en el mundo

La siguiente tabla muestra los puntajes generales y las clasificaciones del Índice de Estado de Derecho 2020 por país. Las puntuaciones van del 0 al 1, donde 1 indica la máxima adhesión al Estado de Derecho

	Puntaje general*	Ranking global
Dinamarca	0.90	1
Noruega	0.89	2
Finlandia	0.87	3
Suecia	0.86	4
Países Bajos	0.84	5
Alemania	0.84	6
Nueva Zelanda	0.83	7
Austria	0.82	8
Canadá	0.81	9
Estonia	0.81	10
Australia	0.80	11
Singapur	0.79	12
Reino Unido	0.79	13
Bélgica	0.79	14
Japón	0.78	15
Hong Kong RAE, China	0.76	16
República de Corea	0.73	17
República Checa	0.73	18
España	0.73	19
Francia	0.73	20
Estados Unidos	0.72	21
Uruguay	0.71	22
Portugal	0.70	23
Eslovenia	0.69	24
Costa Rica	0.68	25
Chile	0.67	26
Italia	0.66	27
Polonia	0.66	28
Barbados	0.65	29
Emiratos Árabes Unidos	0.65	30
San Vicente y las Granadinas	0.64	31
Rumania	0.63	32

	Puntaje general*	Ranking global
Saint Kitts y Nevis	0.63	33
Antigua y Barbuda	0.63	34
Namibia	0.63	35
Santa Lucía	0.62	36
Rwanda	0.62	37
Mauricio	0.61	38
Croacia	0.61	39
Grecia	0.61	40
Bahamas	0.61	41
Georgia	0.60	42
Botswana	0.60	43
Granada	0.59	44
Sudáfrica	0.59	45
Dominica	0.58	46
Malasia	0.58	47
Argentina	0.58	48
Jamaica	0.57	49
Jordania	0.57	50
Ghana	0.57	51
Senegal	0.55	52
Bulgaria	0.55	53
Kosovo	0.54	54
Trinidad y Tobago	0.54	55
Túnez	0.54	56
Mongolia	0.53	57
Macedonia del Norte	0.53	58
Indonesia	0.53	59
Hungría	0.53	60
Nepal	0.53	61
Kazajistán	0.52	62
Panamá	0.52	63
Bosnia y Herzegovina	0.52	64
Malawi	0.52	65
Sri Lanka	0.52	66
Brasil	0.52	67

	Puntaje general*	Ranking global
Bielorrusia	0.51	68
India	0.51	69
Burkina Faso	0.51	70
Tailandia	0.51	71
Ucrania	0.51	72
Guyana	0.50	73
Gambia	0.50	74
Serbia	0.50	75
Suriname	0.50	76
Colombia	0.50	77
Albania	0.50	78
Marruecos	0.50	79
Perú	0.50	80
Benín	0.50	81
Moldova	0.50	82
Argelia	0.49	83
El Salvador	0.49	84

Ilustración 1. tomada de World Justice Project. (2020).
Índice de Estado de Derecho. Washington DC.

Anexo 2

América Latina y el Caribe

País/Jurisdicción	Ranking regional	Puntaje general*	Ranking global	Cambio en puntaje general*	Cambio en ranking global†
Uruguay	1/30	0.71	22	0.00	1 ▲
Costa Rica	2/30	0.68	25	0.00	1 ▼
Chile	3/30	0.67	26	-0.01	1 ▼
Barbados	4/30	0.65	29	0.00	0
San Vicente y las Granadinas	5/30	0.64	31	0.02	4 ▲
Saint Kitts y Nevis	6/30	0.63	33	-0.01	3 ▼
Antigua y Barbuda	7/30	0.63	34	0.00	1 ▼
Santa Lucía	8/30	0.62	36	0.00	2 ▲
Bahamas	9/30	0.61	41	-0.01	2 ▼
Granada	10/30	0.59	44	-0.01	1 ▼
Dominica	11/30	0.58	46	0.00	1 ▼
Argentina	12/30	0.58	48	0.00	2 ▼
Jamaica	13/30	0.57	49	0.00	1 ▲
Trinidad y Tobago	14/30	0.54	55	0.00	1 ▲
Panamá	15/30	0.52	63	0.00	2 ▲
Brasil	16/30	0.52	67	-0.02	7 ▼
Guyana	17/30	0.50	73	0.00	3 ▲
Suriname	18/30	0.50	76	-0.01	5 ▼
Colombia	19/30	0.50	77	0.00	5 ▲
Perú	20/30	0.50	80	-0.01	7 ▼
El Salvador	21/30	0.49	84	0.02	2 ▲
Ecuador	22/30	0.49	86	0.01	3 ▲
Belice	23/30	0.48	89	0.00	1 ▼
República Dominicana	24/30	0.48	90	0.01	7 ▲
Guatemala	25/30	0.45	101	-0.01	3 ▼
México	26/30	0.44	104	-0.01	3 ▼
Honduras	27/30	0.40	116	0.00	1 ▲
Nicaragua	28/30	0.39	118	-0.01	2 ▼
Bolivia	29/30	0.38	121	0.00	0
Venezuela, RB	30/30	0.27	128	-0.01	0

Adhesión al Estado de Derecho

Menor 0.0 — 0.25 — 0.50 — 0.75 — 1.0 *Mayor*

Ilustración 2. Tomado de World Justice Project. (2020). Índice de Estado de Derecho. Washington DC.

Anexo 3

Ranking de ingreso alto

País/Jurisdicción	Ranking de ingreso bajo	Puntaje general*	Ranking global
Dinamarca	1/37	0.90	1
Noruega	2/37	0.89	2
Finlandia	3/37	0.87	3
Suecia	4/37	0.86	4
Países Bajos	5/37	0.84	5
Alemania	6/37	0.84	6
Nueva Zelanda	7/37	0.83	7
Austria	8/37	0.82	8
Canadá	9/37	0.81	9
Estonia	10/37	0.81	10
Australia	11/37	0.80	11
Singapur	12/37	0.79	12
Reino Unido	13/37	0.79	13
Bélgica	14/37	0.79	14
Japón	15/37	0.78	15
Hong Kong RAE, China	16/37	0.76	16
República de Corea	17/37	0.73	17
República Checa	18/37	0.73	18
España	19/37	0.73	19
Francia	20/37	0.73	20
Estados Unidos	21/37	0.72	21
Uruguay	22/37	0.71	22
Portugal	23/37	0.70	23
Eslovenia	24/37	0.69	24
Chile	25/37	0.67	26
Italia	26/37	0.66	27
Polonia	27/37	0.66	28
Barbados	28/37	0.65	29
Emiratos Árabes Unidos	29/37	0.65	30
Saint Kitts y Nevis	30/37	0.63	33
Antigua y Barbuda	31/37	0.63	34
Croacia	32/37	0.61	39
Grecia	33/37	0.61	40
Bahamas	34/37	0.61	41
Trinidad y Tobago	35/37	0.54	55
Hungría	36/37	0.53	60
Panamá	37/37	0.52	63

Ilustración 3. Tomado de World Justice Project. (2020). Índice de Estado de Derecho. Washington DC.

Anexo 4

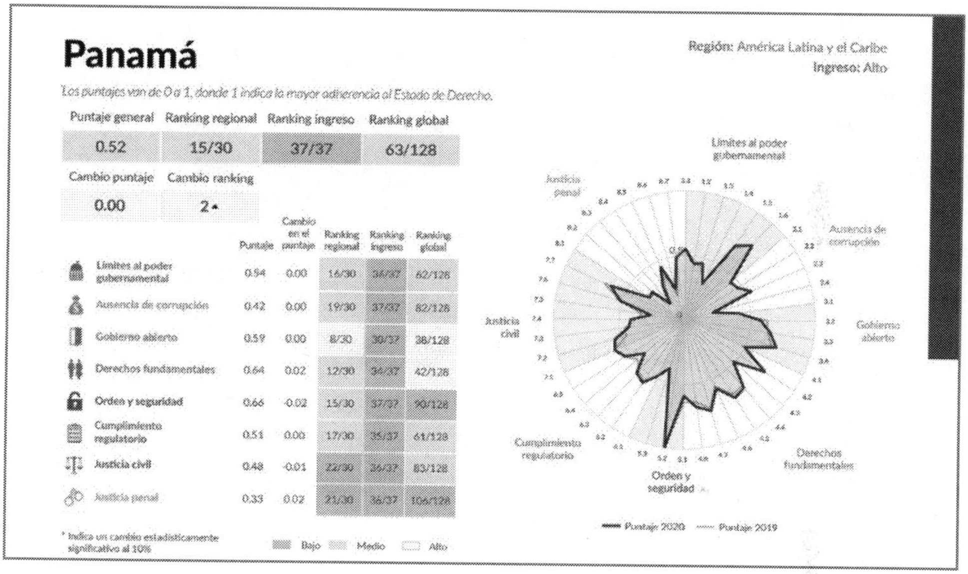

Ilustración 4. Tomado de World Justice Project. (2020).
Índice de Estado de Derecho. Washington DC.

Anexo 5

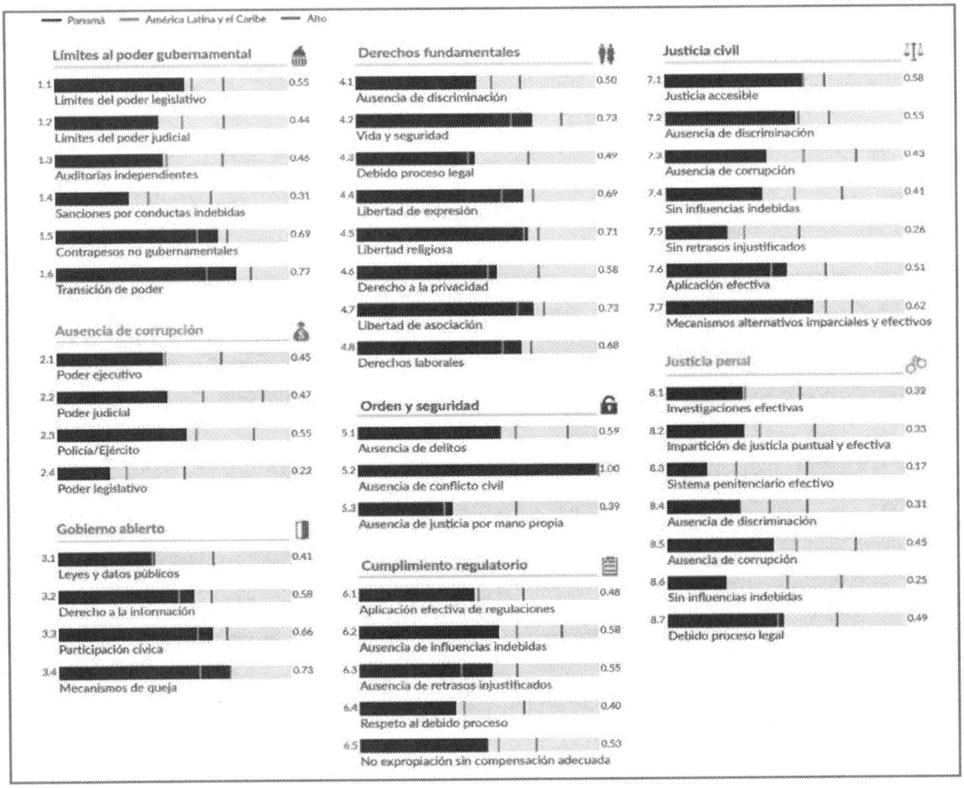

Ilustración 5. Tomado de World Justice Project. (2020). Índice de Estado de Derecho. Washington DC.

Made in the USA
Monee, IL
08 November 2026

68144952R00297